ବିବିଧ

ବିବିଧ

ଅବସର ବେଉରିଆ

ବ୍ଲାକ୍ ଈଗଲ୍ ବୁକ୍ସ
ଭୁବନେଶ୍ୱର, ଓଡ଼ିଶା

BLACK EAGLE BOOKS
Dublin, USA

ବିବିଧ / ଅବସର ବେଉରିଆ

ବ୍ଲାକ୍ ଇଗଲ୍ ବୁକ୍ସ : ଭୁବନେଶ୍ୱର, ଓଡ଼ିଶା ● ଡବଲିନ୍, ଯୁକ୍ତରାଷ୍ଟ୍ର ଆମେରିକା।

 BLACK EAGLE BOOKS

USA address:
7464 Wisdom Lane
Dublin, OH 43016

India address:
E/312, Trident Galaxy, Kalinga Nagar,
Bhubaneswar-751003, Odisha, India

E-mail: info@blackeaglebooks.org
Website: www.blackeaglebooks.org

First International Edition Published by
BLACK EAGLE BOOKS, 2023

BIBIDHA
by **Abasara Beuria**

Copyright © **Abasara Beuria**

All rights reserved. No part of this publication may be reproduced, stored in a retrieval system, or transmitted, in any form or by any means, electronic, mechanical, photocopying, recording or otherwise without the prior permission of the publisher.

Cover & Interior Design: Ezy's Publication

ISBN- 978-1-64560-334-4 (Paperback)

Printed in the United States of America

ଉତ୍ସର୍ଗ

ପଦ୍ମବିଭୂଷଣ ଶ୍ରୀ ସୀତାକାନ୍ତ ମହାପାତ୍ରଙ୍କୁ ସମର୍ପିତ।

– ଲେଖକ

ବହି ବିଷୟରେ

ମୋର ପୂର୍ବ ପ୍ରକାଶିତ ଦୁଇଟି ବହି - "ଦେଶ, ବିଦେଶ ଓ ପ୍ରଦେଶ" ଏବଂ "ନାନାକଥା" ପାଠକମାନଙ୍କ ଦ୍ୱାରା ଆଦୃତ ହୋଇଥିଲା। ସେଥିରେ ଥିବା ଆଲେଖ୍ୟଗୁଡ଼ିକ ୨୦୧୬ ପୂର୍ବରେ। ଇତି ମଧ୍ୟରେ ଆଉ କିଛି ଆଲେଖ୍ୟ ଗଣମାଧ୍ୟମରେ ପ୍ରକାଶିତ ହୋଇଛି। ସେଗୁଡ଼ିକୁ ବହି ଆକାରରେ ପ୍ରକାଶିତ କରିବା ପାଇଁ ବହୁ ବନ୍ଧୁଙ୍କର ପରାମର୍ଶ। କାରଣ ସମ୍ବାଦପତ୍ରରେ ପ୍ରକାଶିତ ହୋଇଥିବା ଆଲେଖ୍ୟଗୁଡ଼ିକ ଗୋଟିଏ ଦିନର ଏବଂ ଏହାର ପ୍ରଭାବ ସାମୟିକ। ଏଭଳି ବିଷୟବସ୍ତୁ ରହିଛି ଯାହାର ଯଥାର୍ଥତା ଦୀର୍ଘକାଳୀନ। ତେଣୁ ଏ ବହିଟିର ପରିକଳ୍ପନା। ପାଠକଙ୍କ ଦ୍ୱାରା ଆଦୃତ ହେଲେ ଆନନ୍ଦିତ ହେବି। ଏ ବହିଟିର ଶ୍ରୁତିଲିଖନରେ ଶ୍ରୀ ଦିଗମ୍ବର ମହାଲିକଙ୍କ ସମ୍ପୂର୍ଣ୍ଣ ସହଯୋଗ ଯୋଗୁଁ ଓ ପ୍ରକାଶକ 'ବ୍ଲାକ୍ ଇଗଲ ବୁକ୍ସ' ବହିଟିକୁ ପ୍ରକାଶ କରିଥିବାରୁ ମୁଁ ଚିର ଋଣୀ।

ଶୁଭେଚ୍ଛା ସହ

ଅବସର ବେଉରିଆ

ସୂଚିପତ୍ର

ସ୍ୱଚ୍ଛତା ଓ ସୌନ୍ଦର୍ଯ୍ୟ	୯
ଧନୀ ଓ ଦେବାର ଶପଥ	୧୨
ଆଲେକ୍ସା ଓ ଆଗାମୀ	୧୬
ସଙ୍କଟର ସଙ୍କେତ	୨୧
ସମ୍ବେଦନହୀନ ମହାଶକ୍ତି	୨୪
ଭାରତ-ଚୀନ ଅନୌପଚାରିକ ଶିଖର ସମ୍ମିଳନୀ	୨୮
ପୂର୍ବଭାରତ ଓ ଇଣ୍ଡୋ-ପାସିଫିକ୍	୩୧
ଆମେରିକାର ସଂଶୟ	୩୬
ପୁଲଓ୍ୱାମା ପରେ	୪୧
କୋରିଆ ଉପଦ୍ୱୀପ ଉପାଖ୍ୟାନ	୪୫
ମଧ୍ୟପ୍ରାଚ୍ୟର ମହାନାଟକ	୪୯
ଚୀନର ମତିଗତି	୫୪
ଆମେରିକାରେ ୬ ଜାନୁଆରୀ ୨୦୨୧	୫୯
ବିଶ୍ୱ ବ୍ୟବସ୍ଥା ଓ କରୋନା ଭୂତାଣୁ	୬୨
ଗଲଓ୍ୱାନ୍-ଚୀନ୍ ସହ ସମ୍ପର୍କ	୬୬
ଆମେରିକା ନିର୍ବାଚନ	୭୨
ଆମେରିକା ନିର୍ବାଚନ ପରର ଚିତ୍ରପଟ	୭୭
ବିରୋଧାଭାସ	୮୨
ଟୋକିଓ ୨୦୨୦ ଓ ଆମ କଥା	୮୪
କୋଭିଡ-୧୯ର ଅନ୍ୟ ଦିଗ	୮୮
ବିପର୍ଯ୍ୟୟ: ଏ ଦିଗ, ସେ ଦିଗ	୯୩
ଗଣତନ୍ତ୍ରର ଭବିଷ୍ୟତ	୯୭
ସୋସିଆଲ ମିଡିଆର ପ୍ରଭାବ	୧୦୧
'ସମାଜ'ର ବିଶେଷତ୍ୱ	୧୦୬

ଯୁଦ୍ଧ ସରି ନାହିଁ	୧୦୯
ଗଣତନ୍ତ୍ରରେ ସମାଲୋଚନା	୧୧୩
ଭୂତାଣୁ, ଭାରତ ଓ ଆମ ପ୍ରଦେଶ	୧୧୭
ଆମେରିକା ରାଷ୍ଟ୍ରପତି ନିର୍ବାଚନ	୧୨୪
ବାଇଡେନ୍‌ଙ୍କ ବାର୍ତ୍ତା	୧୩୦
ସାଧୁବାଦ	୧୩୩
ଦକ୍ଷିଣ ଏସିଆ ଓ ଭାରତ ମହାସାଗର	୧୩୭
ବଡ଼ ଠାକୁର, ବଡ଼ ଦେଉଳ, ବଡ଼ଦାଣ୍ଡ	୧୪୧
୨୦୧୯ ନିର୍ବାଚନ ଓ 'ଟିନା'	୧୪୫
ସିଙ୍ଗାପୁର ଶିଖର ସମ୍ମିଳନୀ	୧୫୨
ପୂର୍ବୋଦୟର ପୂର୍ବାଭାଷ	୧୫୫
୨୦୧୯ ନିର୍ବାଚନ: ଏ ପର୍ଯ୍ୟନ୍ତ	୧୬୦
ତୈଳ କୂଟନୀତି	୧୬୪
ଭାରତ-ପାକିସ୍ତାନ ଓ କୁଳଭୂଷଣ	୧୬୯
ଇମ୍ରାନ ଖାଁଙ୍କ ଆବିର୍ଭାବ	୧୭୩
ଆମେ ଶ୍ରୀଲଙ୍କାଠାରୁ କ'ଣ ଶିଖିପାରିବା ?	୧୭୭
ନିର୍ବାଚନ, ନାରୀ ଏବଂ ନିଶା	୧୮୧
ଟ୍ରମ୍ପଙ୍କ ବିଶ୍ୱଦୃଷ୍ଟି ଓ ଚୀନ	୧୮୬
ମହାଶକ୍ତି ଓ କିନ୍ତୁ	୧୯୩
ରାଜନୀତିର ରଙ୍ଗ	୧୯୬
ବେଶ୍‌ କିଛି ଶିଖିବାର ଅଛି	୧୯୯
୧୫୦ତମ ପୂର୍ତ୍ତିର ବାର୍ତ୍ତା	୨୦୨
ଓଡ଼ିଆ ଭାଷାରେ ବୈଷୟିକ ଶିକ୍ଷା	୨୦୬
କୋଭିଡ, ୟୁକ୍ରେନ୍‌ ଓ ଆଫଗାନିସ୍ତାନ	୨୦୯
ରୁଷ-ୟୁକ୍ରେନ ଯୁଦ୍ଧ	୨୧୩

ସ୍ୱଚ୍ଛତା ଓ ସୌନ୍ଦର୍ଯ୍ୟ

ଗତ ଶତାବ୍ଦୀର ସତୁରି ଦଶକର ପ୍ରଥମାର୍ଦ୍ଧରେ ଜଣେ ଭାରତୀୟ କୂଟନୀତିଜ୍ଞ ହିସାବରେ ଜାପାନକୁ ଦେଖିବାର ସୁଯୋଗ ମିଳିଥିଲା । ମୋର ରହଣି କାଳରେ ସେ ଦେଶର ଜୀବନ ଦର୍ଶନ, ପରମ୍ପରା, ରୀତିନୀତି, ମୂଲ୍ୟବୋଧ, ସାମାଜିକ ଶୃଙ୍ଖଳତା, ଦେଶ ପ୍ରୀତିର ଝଲକ ଦେଖିବାକୁ ପାଇଥିଲି । ତନ୍ମଧ୍ୟରୁ କିଛି ମୋ ମନରେ ରେଖାପାତ କରିଥିଲା, ଯାହା ଏବେ ବି ପ୍ରତିବିମ୍ବିତ ହୋଇ ରହିଛି । ସେଗୁଡ଼ିକ ଅନ୍ୟ ସଂସ୍କୃତି ଓ ସଭ୍ୟତାରେ ପ୍ରାୟ ଦେଖିବାକୁ ମିଳେନାହିଁ ।

'ଇକେବାନା' ଫୁଲ ସଜାଇବାରେ ଏକ ଶୈଳୀ, ଯାହା ଜାପାନର ନିଜସ୍ୱ, ଶହଶହ ବର୍ଷ ଧରି ସମସ୍ତଙ୍କୁ ମୁଗ୍ଧ କରିଆସିଛି । କିନ୍ତୁ ନିର୍ଦ୍ଦିଷ୍ଟ ରୀତି ଅନୁସାରେ, ସଜା ଯାଉଥିବା ଫୁଲର ବୈଶିଷ୍ଟ୍ୟ ଜାଣିବାକୁ ପାଇଲି, ଯେତେବେଳେ ମୋର ସହଧର୍ମିଣୀ 'ଇକେବାନା' ଶିଖିବାରେ ଆଗ୍ରହ ପ୍ରକାଶ କଲେ ଏବଂ ପ୍ରଥମ ଦିନ ଏହି କଳାର ଜଣେ ନିପୁଣ ଶିକ୍ଷକ ଏବଂ ମହାନ୍ କଳାକାର 'ଇକେବାନା'ର ମହତ୍ତ୍ୱ ଓ ଗୁରୁତ୍ୱ ବିଷୟରେ ଅନଭିଜ୍ଞ ଓ ଅପରିଚିତ ଆମଭଳି ଦୁଇ ବିଦେଶୀଙ୍କୁ ପରିଚିତ କରାଇଲେ । 'ଇକେବାନା'ର ପ୍ରସ୍ତୁତି ପାଇଁ ସବୁ ସମୟରେ ବହୁ ଫୁଲର ସମାହାରର ପ୍ରୟୋଜନ ହୁଏ ନାହିଁ । ଅତି ଅଳ୍ପ ଫୁଲରେ, ସାମାନ୍ୟ କିଛି ପତ୍ର, ଶାଖା, ପ୍ରଶାଖା ଓ ଅନ୍ୟ ସାଧାରଣ ବସ୍ତୁ ସାହାଯ୍ୟରେ ମଧ୍ୟ 'ଇକେବାନା' ଶୈଳୀରେ ଫୁଲ ସଜାଯାଇପାରେ । ଏହା ଘରର ଏକ ନିର୍ଦ୍ଦିଷ୍ଟ ଚିହ୍ନିତ ଉତ୍ସର୍ଗୀକୃତ ସ୍ଥାନରେ ରଖାଯାଏ । ଆହୁରି ସରଳ ଭାବରେ ବୁଝାଇ କହିଲେ - ଗୋଟିଏ ମାତ୍ର ଫୁଲରେ ଅନ୍ତର୍ନିହିତ ବ୍ରହ୍ମାଣ୍ଡର ପରିକଳ୍ପନା କରିହୁଏ । ସ୍ୱର୍ଗ, ପୃଥିବୀ ଓ ମଣିଷ ସମ୍ପର୍କର ସମନ୍ୱୟର ପ୍ରଦର୍ଶନର ଏକ ପ୍ରଚେଷ୍ଟା କରାଯାଏ । କେବଳ ସେତିକି ନୁହେଁ, ଅନ୍ଧକାର, ଆଲୋକ, ପୁରୁଷ, ନାରୀ, ଦୁର୍ବଳ, ସବଳର ଗୋଟିଏ ସୁସଂଗତ ସନ୍ତୁଳନତାର ଆଭାସ ଦିଏ । ତେଣୁ 'ଇକେବାନା'

ବୁଝିବାକୁ ହେଲେ ନିରୀକ୍ଷଣ କରିବାକୁ ପଡ଼େ, ମଗ୍ନ ହେବାକୁ ପଡ଼େ, ମନୋନିବେଶ କରିବାକୁ ପଡ଼େ, ପ୍ରକୃତିର ନିକଟତର ହେବାକୁ ପଡ଼େ। ନିଜର ଦେହ, ମନ ଓ ଆତ୍ମାର ଶୁଦ୍ଧତା ଏବଂ ଚିତ୍ତ ବିନୋଦନ, ବିଶ୍ରାନ୍ତି ପାଇଁ ଏହା ଏକ ପରିବେଶ ସୃଷ୍ଟି କରେ। ଏହା ଆଉ ଗୋଟିଏ ବାର୍ତ୍ତା ମଧ୍ୟ ଦିଏ, ତାହା ହେଲା ସ୍ୱଳ୍ପତାର ପ୍ରୟୋଗ। ଅତି ଅଳ୍ପର ଉପଯୋଗରେ ସୌନ୍ଦର୍ଯ୍ୟକରଣ ସହିତ ଗୂଢ଼ ରହସ୍ୟର ଚିନ୍ତନ।

ସେଇଭଳି ଏପ୍ରିଲ-ମେ ମାସରେ ସ୍ୱଳ୍ପ ସମୟ ପାଇଁ 'ଚେରୀ ବ୍ଲସମ୍' ଉତ୍ସବ ମଧ୍ୟ ସାରା ଜାପାନୀ ଜାତି ପାଇଁ ଏକ ମହାନ ପର୍ବ। ଚେରୀ ଫୁଲ ପ୍ରସ୍ଫୁଟିତ ହୋଇ ଖୁବ୍ କମ୍ ସମୟ ପାଇଁ ରହେ। ସେତେବେଳେ ସାରା ଜାପାନରେ ଲୋକେ ହର୍ଷ, ଉଲ୍ଲାସ, ଆନନ୍ଦ, ଉନ୍ମାଦନାରେ ସେଇ କେତୋଟି ଦିନ ବିତାନ୍ତି। ଥରେ ଜଣେ ଯୁବକ ଗୋଟିଏ ଚେରୀ ଗଛର ନିର୍ଦ୍ଦିଷ୍ଟ ସ୍ଥାନରେ ସାତଦିନ ପ୍ରାତଃକାଳରୁ ବିଳମ୍ବିତ ରାତି ପର୍ଯ୍ୟନ୍ତ ରହିବାର ରହସ୍ୟ ବିଷୟରେ ଲେଖକ ପଚାରିବାରୁ ଯେଉଁ ଉତ୍ତର ପାଇଥିଲା ତାହା ଏବେ ବି ମନରେ ଧ୍ୱନିତ ହୁଏ। ସେ ଯୁବକର ଭାଷାରେ 'ଚେରୀ ବ୍ଲସମ୍' ଜାପାନୀ ସାମୁରାଇ ପରମ୍ପରାର ପ୍ରତୀକ। ଈଷତ୍ ନାଲି ରଙ୍ଗର ସେଇ ଚମତ୍କାର ଫୁଲ ଅଳ୍ପଦିନ ବଂଚି ରହେ, କିନ୍ତୁ ନିଜର ରଙ୍ଗ ଓ ସୁଗନ୍ଧରେ ସମସ୍ତଙ୍କ ମନ ଭିତରେ ଏକ ଅଦ୍ଭୁତ ଅନୁଭୂତି ଛାଡ଼ିଯାଏ। ସନ୍ଦେଶ ଦିଏ - ସ୍ୱଳ୍ପ ଜୀବଦ୍ଦଶାରେ ଜୀବନକୁ ଅର୍ଥପୂର୍ଣ୍ଣ ଓ ମହତ୍ କରିହେବ।

ଜଣେ ସାମୁରାଇ ଲୋକମାନସରେ ଅମରତ୍ୱ ଲାଭ କରେ, ଯେବେ ଚିରନ୍ତନ, କାଳଜୟୀ ନୀତିଗୁଡ଼ିକର ପ୍ରତିଫଳନ ହୁଏ, ତା'ର ଆଚରଣରେ ସାଧୁତା, ସଚ୍ଚୋଟତା, ନ୍ୟାୟପରାୟଣତା, ନୈତିକତା, ରୁଚିପୂର୍ଣ୍ଣ ବ୍ୟବହାର, ଚିନ୍ତନ, କଥନ ଓ କର୍ମରେ ପ୍ରତିଫଳିତ ହୁଏ, ବିଚାରଶୀଳ ଅନ୍ତର୍ଦୃଷ୍ଟି; ସେଥିରେ ଥାଏ ବୀରତ୍ୱ, ନିର୍ଭୀକତା, ଉଚିତ କାର୍ଯ୍ୟ ପାଇଁ ସାହସ, ପ୍ରୟୋଜନ ପଡ଼ିଲେ ମୃତ୍ୟୁକୁ ସ୍ୱାଗତ କରିବାର ଦୃଢ଼ତା। ଏଥିସହିତ ଥାଏ ପ୍ରେମ, କରୁଣା, ସମ୍ବେଦନଶୀଳତା, ଦୟାଶୀଳତା, ସମ୍ମାନ, ଭକ୍ତି, ସତ୍ୟବାଦିତା, ସ୍ୱାଭିମାନ, ବିଶ୍ୱସ୍ତତାର ମିଶ୍ରଣ। ଏହି ଗୁଣଗୁଡ଼ିକ ଗଢ଼ିତୋଳେ ଏକ ଅନନ୍ୟ ସାମଗ୍ରିକ ବ୍ୟକ୍ତିତ୍ୱ, ଯାହା ବିଶ୍ୱସନୀୟ ଓ ସମ୍ମାନଯୋଗ୍ୟ। ସାମୁରାଇ ଇତିହାସର ଏକ ଚରିତ୍ର ହୋଇପାରେ, କିନ୍ତୁ ଜାପାନୀ ଭାବନାରେ ଏବେ ବି ଜୀବିତ।

ଏହି ଦୁଇଟି ଘଟଣାରୁ ଯେଉଁ ବାର୍ତ୍ତା ମିଳିଲା ତାହା ହେଲା - ସ୍ୱଳ୍ପରେ ମଧ୍ୟ ସୌନ୍ଦର୍ଯ୍ୟ ଭରି ରହିଛି। ଅନ୍ୟଟି ହେଲା - ମଣିଷର ଜୀବନ ଓ ଆୟୁ ସୀମିତ ହେଲେ ମଧ୍ୟ ତାହା ଅର୍ଥପୂର୍ଣ୍ଣ, ତାତ୍ପର୍ଯ୍ୟପୂର୍ଣ୍ଣ ଓ ମହତ୍ କରିହେବ।

ହୋଇପାରେ 'ଇକେବାନା' ଶିକ୍ଷକ ଓ ସେଇ ଯୁବକର 'ଚେରୀ ବ୍ଲସମ୍'

ଦର୍ଶନ ଓ ଚିନ୍ତାଧାରା ସେମାନଙ୍କର ଏକାନ୍ତ ବ୍ୟକ୍ତିଗତ; କିନ୍ତୁ ସେଗୁଡ଼ିକର ବାର୍ତ୍ତାର ଗୁରୁତ୍ୱକୁ ଆମେ ଗୌଣ ଦୃଷ୍ଟିରେ ଦେଖିପାରିବା ନାହିଁ।

ଆଧୁନିକ ଜୀବନରେ ଏଇ ଦୁଇଟି ବାର୍ତ୍ତାର ମହତ୍ତ୍ୱ, ଗୁରୁତ୍ୱ ରହିଛି। ବସ୍ତୁବାଦୀ ସଭ୍ୟତାରେ ଆମର ବସ୍ତୁ ପ୍ରତି ଆସକ୍ତି ଏତେ ପରିମାଣରେ ବଢ଼ିଯାଇଛି ଯେ, ବର୍ତ୍ତମାନ ତାହା ମଣିଷର ଅସ୍ତିତ୍ୱ ପାଇଁ ବିପଦ ଟାଣି ଆଣୁଛି। ଆମ ନିଜ ଜୀବନରେ, ପରିବାରରେ, କାର୍ଯ୍ୟସ୍ଥଳୀରେ ସବୁଠି ଆବଶ୍ୟକତା ଠାରୁ ବେଶୀ ବସ୍ତୁର ଉପସ୍ଥିତି। ପ୍ରଖର ଗତିଶୀଳ ଟେକ୍ନୋଲୋଜି ଓ ପ୍ରସ୍ତୁତି ଉପାଦାନ, ଉପକରଣ ଆବଶ୍ୟକତା ଥାଉ ନଥାଉ ଆମେ ଆହରଣ, ଅର୍ଜନ, ସଂଗ୍ରହ କରୁଛେ। ସେଗୁଡ଼ିକ କିପରି ବର୍ଜନ ବା ଫୋପାଡ଼ିବା ଏକ ସଂକଟ ସୃଷ୍ଟି କରିଛି। ଇ-ଆବର୍ଜନା, ବର୍ଜ୍ୟବସ୍ତୁ ଇତ୍ୟାଦିର ବର୍ଜନ ପ୍ରକ୍ରିୟା କର୍ତ୍ତୃପକ୍ଷଙ୍କ ମୁଣ୍ଡବ୍ୟଥାର କାରଣ। ଜଳବାୟୁ ପରିବର୍ତ୍ତନ ଓ ପ୍ରଦୂଷଣର ମୂଳ କାରଣ ହେଲା - ଆମର ବର୍ତ୍ତମାନର ଜୀବନଶୈଳୀ ଓ ସବୁକ୍ଷେତ୍ରରେ ଆବଶ୍ୟକତାଠାରୁ ମାତ୍ରାଧିକ ଆହରଣ। ସେ ଦୃଷ୍ଟିରୁ ଜାପାନର ସେଇ ଦୁଇଟି ଘଟଣାର ବାର୍ତ୍ତା ବହୁତ କିଛି ମାନେ ରଖିଛି।

ଏ ସଂକ୍ରାନ୍ତରେ ଗାନ୍ଧିଜୀଙ୍କ ଜୀବନଶୈଳୀ ମଧ୍ୟ ମନକୁ ଆସେ। ସରଳ ଜୀବନ ଯାପନର ସେ ଥିଲେ ପ୍ରତୀକ। ଧୋତି, ଚଦର, ଗୋଟିଏ ଘଣ୍ଟା, ଚପଲ, ଚଷମା ଛଡ଼ା ଆଉ କିଛି ନଥିଲା କହିଲେ ଅତ୍ୟୁକ୍ତି ହେବନାହିଁ। ଯେତେବେଳେ ତାଙ୍କୁ ପଚରା ଯାଇଥିଲା ତାଙ୍କର ବିଶ୍ୱକୁ ବାର୍ତ୍ତା କ'ଣ? ସେ ନିଃସଂକୋଚରେ କହିଥିଲେ - ମୋ ଜୀବନ ହିଁ ମୋ ବାର୍ତ୍ତା। ତେବେ ଆଧୁନିକ ଯୁଗରେ ତାଙ୍କର ଅନୁସରଣ କରିବା ହୁଏତ କଷ୍ଟକର ବ୍ୟାପାର। ହୁଏତ ସେଭଳି ଆତ୍ମସଂଯମ କଠିନ, ବିଳାସ ଦ୍ରବ୍ୟ ପରିତ୍ୟାଗ କରିବା ଦୂରୁହ, କିନ୍ତୁ ଆମେ ସମସ୍ତେ ଜୀବନ ଶୈଳୀରେ ପରିବର୍ତ୍ତନ ଆଣି ସଂଯତ ଭାବେ ଚଳିପାରିବା। ଆବଶ୍ୟକତା ଠାରୁ ମାତ୍ରାଧିକ ବସ୍ତୁ ପରିହାର କରିବା, ବର୍ଜନ କରିବା ଆଭିମୁଖ୍ୟ ଆମର ଇଛା ଅଧୀନ। ସ୍ୱଳ୍ପତା ବା ମିନିମାଲିଜିମ୍ ହେଉ ଆମର ଧ୍ୟେୟ।

ଧନୀ ଓ ଦେବାର ଶପଥ

ବହୁ ସମୟରେ ଗଣମାଧମରେ ବିଶ୍ୱର ଧନୀ ବ୍ୟକ୍ତିଙ୍କ ସଂକ୍ରାନ୍ତରେ ସମ୍ବାଦ ପ୍ରସାରିତ ହୁଏ। ସ୍ତମ୍ଭକାରମାନେ ମଧ ସେମାନଙ୍କ ସଂଖ୍ୟା, ଧନର ପରିମାଣ ଓ ତାହା ବିଶ୍ୱଧନ ସମ୍ପତ୍ତିର କେତେ ପ୍ରତିଶତ ପ୍ରଭୃତି ବିଷୟରେ ଧ୍ୟାନ ଆକର୍ଷଣ କରନ୍ତି ଓ ନିଜ ଟିପ୍ପଣୀ ଓ ମତାମତ ବ୍ୟକ୍ତ କରନ୍ତି। ସଂକ୍ଷେପରେ ଓ ସରଳ ଭାବେ କହିବାକୁ ଗଲେ ବାସ୍ତବତା ହେଉଛି ଖୁବ୍ ଅଳ୍ପ ସଂଖ୍ୟକ ଲୋକଙ୍କ ପାଖରେ ବିଶ୍ୱର ବେଶୀ ଧନ ସମ୍ପତ୍ତି ଠୁଳ ହୋଇରହିଛି। କେବଳ ଏତିକି କହିଲେ ଯଥେଷ୍ଟ ହେବ ଯେ ଅକ୍ସଫାମ୍ ୨୦୧୭ ରିପୋଟ ସୂଚଉଛି ଯେ ବିଶ୍ୱର ସବୁଠାରୁ ବେଶୀ ଧନୀଙ୍କ ଧନସମ୍ପତ୍ତି ମାନବ ସମାଜର ଅର୍ଦ୍ଧେକ ଜନସଂଖ୍ୟାର ନିଜ ମାଲିକାନାରେ ଥିବା ମୋଟ୍ ଧନସମ୍ପତ୍ତିଠାରୁ ଅଧିକ। ଭାରତର ଦୃଶ୍ୟକ୍ରମ ମଧ ଏକାଭଳି। ଜନସଂଖ୍ୟାର ଏକ ପ୍ରତିଶତ ନାଗରିକ ୫୮%ରୁ ଅଧିକ ଜାତୀୟ ଧନସମ୍ପତ୍ତିର ମାଲିକ।

ଏଭଳି ଏକ ଅବାଂଛନୀୟ ପରିସ୍ଥିର ଅନୁଶୀଳନ କଲେ ଜଣାପଡ଼ିବ ଯେ, ଦୁଇ ଦଶନ୍ଧି ମଧରେ ଏ ପ୍ରକ୍ରିୟା ତ୍ୱରାନ୍ୱିତ ହୋଇଛି। ସବୁ ସମାଲୋଚନା ସତ୍ତ୍ୱେ ସ୍ୱୀକାର ପଡ଼ିବାକୁ ପଡ଼ିବ ଯେ ଜଗତୀକରଣ ଫଳରେ ଚୀନ୍, ଭାରତ ସହ ଏସିଆ, ଆଫ୍ରିକା, ଲାଟିନ୍ ଆମେରିକାର ବହୁଦେଶର କୋଟିକୋଟି ନାଗରିକ ଦାରିଦ୍ର୍ୟର ସୀମାରେଖା ଉର୍ଦ୍ଧ୍ୱକୁ ଲମ୍ଫ ପ୍ରଦାନ କରିବାକୁ ସକ୍ଷମ ଓ ସମର୍ଥ ହୋଇପାରିଲେ, କିନ୍ତୁ ଜଗତୀକରଣର ଅନ୍ୟ ଦିଗଟି ହେଲା ଯେ ଏହା ଧନୀ ଓ ଗରିବଙ୍କ ଭିତରେ ଥିବା ଆୟ ଓ ଆର୍ଥିକ ବ୍ୟବଧାନକୁ ଆହୁରି ପ୍ରଶସ୍ତ କରାଇଲା ଏବଂ ଏବେ ମଧ୍ୟ କରୁଛି। ଫଳରେ ସମାଜରେ ଅସ୍ଥିରତା, ଅନିଶ୍ଚିତତା ଲାଗି ରହିଛି ଯାହା ଶୁଭଙ୍କର ନୁହେଁ। ଏଭଳି ପରିସ୍ଥିତି ସୃଷ୍ଟି ହେବାର ମୂଳ କାରଣ ହେଲା ନୀତିଗତ ଦୁର୍ବଳତା ହେତୁ ଜାତୀୟ ସମ୍ପତ୍ତିର ବିତରଣ ପ୍ରଣାଳୀରେ ତ୍ରୁଟି।

୨୦୦୦ ମସିହାରେ ବିଶ୍ୱର ବିଲିଅନାୟାର୍ ବା ଅର୍ବୁଦପତି (୧୦୦୦ ମିଲିୟନ ଡଲାରରେ ୧ ବିଲିୟନ ହୁଏ; ଅନ୍ୟଭାବେ ପ୍ରକାଶ କରିବାକୁ ହେଲେ ୧,୦୦୦,୦୦୦,୦୦୦ ବା ୧ରେ ୯ଟି ଶୂନ) ପାଖରେ ମୋଟାମୋଟି ୮୯୮ ବିଲିୟନ ଡଲାର ଧନସମ୍ପତ୍ତି ଥିଲାବେଳେ ୨୦୧୮ ମସିହାରେ ତାହା ୯.୧ ଟ୍ରିଲିୟନ୍‌କୁ ବୃଦ୍ଧି ପାଇଛି (ଟ୍ରିଲିୟନ ହେଲା ୧,୦୦୦,୦୦୦,୦୦୦,୦୦୦ ବା ୧ରେ ୧୨ଟି ଶୂନ)। ବର୍ତ୍ତମାନ ପୃଥିବୀରେ ମୋଟ ଅର୍ବୁଦପତିଙ୍କ ସଂଖ୍ୟା ୨୨୦୮। ସେଥି ମଧ୍ୟରୁ ମହିଳାଙ୍କ ସଂଖ୍ୟା ୨୫୬ ଏବଂ ୬୩ ଜଣଙ୍କ ବୟସ ୪୦ରୁ କମ୍। ଏହି ତାଲିକାରେ ନୂତନ ସାମିଲ ହେଉଥିବା ଅର୍ବୁଦପତିଙ୍କ ସଂଖ୍ୟା ୨୫୯ ଥିଲେ ଏବଂ ଅଧିକାଂଶ ଚୀନବାସୀ। ଏହିମାନେ ନିଜର ବୁଦ୍ଧି, କଠିନ ପରିଶ୍ରମ, ଅଧ୍ୟବସାୟ ବଳରେ ଅଭିନବ ଚିନ୍ତା ଓ ନୂତନତ୍ୱ ପ୍ରବର୍ତ୍ତନ ପ୍ରକ୍ରିୟା ଇତ୍ୟାଦି ମନୋଭାବ ମାଧ୍ୟମରେ ଧନସମ୍ପତ୍ତି ସୃଷ୍ଟି କରିବାରେ ଥିଲେ ଅଗ୍ରଣୀ। ଉବେର ଓ ଭାରତର ଫ୍ଲିପ୍‌କାର୍ଟର ପ୍ରତିଷ୍ଠାତାଙ୍କ ଅନୁକରଣୀୟ ଉଦାହରଣ ଦିଆଯାଇପାରେ। ସବୁଠାରୁ ସୁଖର କଥା ୨୦୧୦ ମସିହାରୁ ମାଇକ୍ରୋସଫ୍ଟର ପ୍ରତିଷ୍ଠାତା ବିଲ୍ ଗେଟ୍‌ସ କଳ୍ପିତ ଓ ଉଦ୍ୟମରେ ଆରମ୍ଭ 'ଗିଭିଂ ପ୍ଲେଜ୍' ବା ଦବାର ଶପଥରେ ବିଶ୍ୱର ଅନ୍ୟତମ ଧନୀ ୱାରେନ୍ ବଫେଙ୍କ ସହ ବର୍ତ୍ତମାନ ସୁଦ୍ଧା ୨୨ଟି ଦେଶରୁ ୧୮୩ ଜଣ ଧନୀ ବ୍ୟକ୍ତି ଏମାନେ ଜନହିତୈଷୀ ମାନବ ସମାଜର ମଙ୍ଗଳ ପାଇଁ ୩୬୫ ବିଲିୟନ ଡଲାର ଦାନ ପାଇଁ ପ୍ରତିଶ୍ରୁତିବଦ୍ଧ। ଏମାନଙ୍କ ଭିତରୁ ବହୁ ତାଙ୍କର ଅର୍ଜିତ ଧନରାଶିରୁ ଅର୍ଦ୍ଧେକ ତାଙ୍କର ଜୀବଦ୍ଦଶା କିମ୍ବା ମୃତ୍ୟୁ ପରେ ମହତ କାର୍ଯ୍ୟ ପାଇଁ ଉତ୍ସର୍ଗୀକୃତ। ଏହି ତାଲିକାରେ ବିଲ୍ ଗେଟ୍‌ସ, ୱାରେନ୍ ବଫେ"ଙ୍କ ଛଡ଼ା ଫେସ୍‌ବୁକ୍‌ର ମାର୍କ ଜୁକରବର୍ଗ ଓ ଆମାଜନ୍‌ର ଜେଫ୍ ବେଜୋ ପ୍ରମୁଖ ରହିଛନ୍ତି। ଏଭଳି ଗୋଟିଏ ଆନ୍ଦୋଳନ ବା କାର୍ଯ୍ୟକଳାପର ମୁଖ୍ୟ ଉଦ୍ଦେଶ୍ୟ ହେଲା ମାନବ ସମାଜ ସମ୍ମୁଖୀନ ହେଉଥିବା ଜରୁରୀ ସମସ୍ୟାଗୁଡ଼ିକର ସମାଧାନର ପଥ ଖୋଜିବା ଏବଂ ଅନ୍ୟମାନଙ୍କ ମଧ୍ୟରେ ପରୋପକାର ପାଇଁ ଦେବାର ମାନସିକତା ଉଦ୍ରେକ କରାଇବା। ଏ ଆନ୍ଦୋଳନ କେବଳ ଅତିଧନୀଙ୍କ ଏକ ସୁରକ୍ଷିତ କ୍ଲବ୍ ନୁହେଁ, ବରଂ ଏହା ଏକ ପ୍ରେରଣା ଦେବାର ଅଭିପ୍ରାୟ। ଏଥିରେ ସମସ୍ତେ ନିଜ ନିଜର ସାମର୍ଥ୍ୟ ଅନୁଯାୟୀ ମହତ୍ କାର୍ଯ୍ୟରେ ସହଯୋଗ କରିପାରିବେ। ଅନ୍ୟ ଅର୍ଥରେ ସମାଜକୁ ପ୍ରତିଦାନର ଏକ ବାତାବରଣ ସୃଷ୍ଟି କରିବା ଏହାର ଲକ୍ଷ୍ୟ। ଦାରିଦ୍ର୍ୟ ଦୂରୀକରଣ, ଶରଣାର୍ଥୀଙ୍କ ଥଇଥାନ, ପ୍ରାକୃତିକ ବିପର୍ଯ୍ୟୟରେ ସହାୟତା, ବିଶ୍ୱ ସ୍ୱାସ୍ଥ୍ୟ, ଶିକ୍ଷା, ମହିଳା/କନ୍ୟା ସଶକ୍ତିକରଣ, ପରିବେଶ ସଂରକ୍ଷଣ, ଅପରାଧ ସଂକ୍ରାନ୍ତ ନ୍ୟାୟ ପଦ୍ଧତି ପ୍ରଭୃତି ବହୁକ୍ଷେତ୍ରରେ ସଂଗୃହୀତ ହୋଇଥିବା ଅର୍ଥରୁ ବର୍ତ୍ତମାନ ସାହାଯ୍ୟ ପ୍ରଦାନ କରାଯାଉଛି।

ବିଲ୍ ଗେଟ୍ସ ପ୍ରତିଷ୍ଠାନ ତରଫରୁ ଏସବୁ କ୍ଷେତ୍ରରେ ବହୁ କାର୍ଯ୍ୟ ଆମ ଦେଶରେ ଆଗେଇ ଚାଲିଛି। ତେବେ ସେମାନଙ୍କର ଇପ୍‌ସିତ ଲକ୍ଷ୍ୟ ହେଲା ଚିରାଚରିତ ପ୍ରଥାରେ ସମସ୍ୟାର ସମାଧାନ ପାଇଁ ସଂଗ୍ରାମ ବା ରଣକୌଶଳରେ ନୂତନତ୍ୱ ରହିବାର ଆବଶ୍ୟକତା ରହିଛି। ଯଥା ସ୍ୱାସ୍ଥ୍ୟ କ୍ଷେତ୍ରରେ ନୂତନ ଗବେଷଣା, ଉଦ୍ଭାବନ ଯାହା ସମଗ୍ର ବିଶ୍ୱବାସୀଙ୍କୁ ସାହାଯ୍ୟ କରିପାରିବା ଭଳି କ୍ଷମତା ଥିବ। ଏହାର ଗୋଟିଏ ଛୋଟ ଉଦାହରଣ ଦିଆଯାଇପାରେ। ଗତ ଶତାବ୍ଦୀର ଷାଠିଏ ଦଶକରେ ଫୋର୍ଡ ଓ ରକ୍‌ଫେଲାର ଫାଉଣ୍ଡେସନ ଅବଦାନରେ କୃଷି କ୍ଷେତ୍ରରେ ଯେଉଁ ଗବେଷଣା ଓ ସବୁଜ ବିପ୍ଳବ ସମ୍ଭବପର ହୋଇପାରିଲା ତାହା ଭାରତବର୍ଷର ଅଗଣିତ ବୁଭୁକ୍ଷୁ ଜନତାଙ୍କ ପାଇଁ ଥିଲା ବଡ଼ ଆଶୀର୍ବାଦ। ସବୁଜ ବିପ୍ଳବ ଥିଲା ବିଶ୍ୱର ଅନାହାର ବିରୋଧରେ ସଫଳ ସଂଗ୍ରାମ। ସେଭଳି ରଚନାତ୍ମକ ସୁଦୂରପ୍ରସାରୀ ପରିଣାମ ଥିବା କାର୍ଯ୍ୟକ୍ରମ ବର୍ତ୍ତମାନ ମଧ୍ୟ କିଛିକାଂଶରେ ହୋଇପାରିବ ବଡ଼ବଡ଼ ବ୍ୟବସାୟୀ ଅନୁଷ୍ଠାନ, କର୍ପୋରେଟଙ୍କ ସି.ଏସ୍.ଆର୍. ବା କର୍ପୋରେଟ୍ ସାମାଜିକ ଦାୟିତ୍ୱ ପରିଧିରେ।

'ଗିଭିଂ ପ୍ଲେଜ୍' ବା 'ଦେବାର ଶପଥ'ରେ ଆଗେଇ ଆସିଛନ୍ତି କିଛି ପ୍ରଗତିଶୀଳ ଭାରତୀୟ ଉଦ୍ୟୋଗୀ। ସେମାନଙ୍କ ମଧ୍ୟରେ ଅଛନ୍ତି 'ୱିପ୍ରୋ'ର ଅଜିମ୍ ପ୍ରେମ୍‌ଜୀ, 'ଆଧାର'ର ପ୍ରାଣଦାତା ନନ୍ଦନ ନିଲକାନୀ ଓ ତାଙ୍କର ପତ୍ନୀ, ଆବୁଧାବୀର ପଦ୍ମଶ୍ରୀ ବି.ଆର୍. ସେଟ୍ଟୀ ଓ ତାଙ୍କର ପତ୍ନୀ ଡକ୍ଟର ଚନ୍ଦ୍ରା ସେଟ୍ଟୀ, ବାଇଓକନ୍‌ର କିରଣ ମଜୁମ୍‌ଦାର ଶ' ଏବଂ ବିଦେଶରେ ରହୁଥିବା ଭାରତୀୟ ବଂଶଜ ମନୋଜ ଭାର୍ଗବ ଓ ବିନୋଦ ଖୋସଲା ପ୍ରମୁଖ। ଏମାନେ ସମସ୍ତେ ପରିବାରର ଆବଶ୍ୟକତା ମେଣ୍ଟାଇବା ପରେ ସମାଜକୁ ଦେବାର ନୈତିକ ଦାୟିତ୍ୱକୁ ହୃଦୟଙ୍ଗମ କରିଛନ୍ତି।

ଏହି ପୃଷ୍ଠଭୂମିରେ ଓଡ଼ିଶାର ଦୃଶ୍ୟକ୍ରମ ନୈରାଶ୍ୟଜନକ। ସ୍ୱାଧୀନତା ପୂର୍ବବର୍ତ୍ତୀ କାଳରେ ରାଜାରାଜୁଡ଼ା, ଜମିଦାର ଓ ହାତଗଣତି କେତେକ ସରକାରୀ ଚାକିରିଆଙ୍କୁ ଛାଡ଼ିଦେଲେ ଅନ୍ୟମାନେ ଥିଲେ ଗରିବ। ବର୍ତ୍ତମାନ କିନ୍ତୁ ସେ ଅବସ୍ଥାରେ ପରିବର୍ତ୍ତନ ଆସିଛି। ସୀମିତ ସଂଖ୍ୟା ହେଲେ ମଧ୍ୟ ମଧ୍ୟବର୍ଗର ସୃଷ୍ଟି ହୋଇଛି ଓ ପ୍ରଦେଶର ସହରମାନଙ୍କରେ ସେମାନେ ଦୃଷ୍ଟିଗୋଚର ହୁଅନ୍ତି। ସେ ବର୍ଗର କ୍ରମବର୍ଦ୍ଧିଷ୍ଣୁ ସଂଖ୍ୟା ମଧ୍ୟ ଉତ୍ସାହଜନକ, କିନ୍ତୁ ମାନସିକତା ଅପରିବର୍ତ୍ତିତ ରହିଛି କହିଲେ କିଛି ଅତ୍ୟୁକ୍ତି ହେବ ନାହିଁ। ପ୍ରଥମତଃ ଆମ୍ଭମାନଙ୍କର ଧାରଣା ଧନୀ ହେବା ଗର୍ହିତ କାର୍ଯ୍ୟ। ଆମେ ବିଚାର କରୁ କୈଣସି କ୍ଷେତ୍ରରେ ଶ୍ରେଷ୍ଠତା ପାଇଁ ଶଠତା ହିଁ ଏକମାତ୍ର ମାର୍ଗ। କୌଣସି ଅନୁଷ୍ଠାନର କାର୍ଯ୍ୟକ୍ରମ ଲକ୍ଷ୍ୟ କଲେ ଲାଗିବ ସରକାରୀ କିମ୍ବା ବ୍ୟବସାୟୀ ପ୍ରତିଷ୍ଠାନରୁ ଅନୁଦାନ ନେଇ କାର୍ଯ୍ୟକ୍ରମ କରିପାରିଲେ ବୁଦ୍ଧିମାନର କାର୍ଯ୍ୟ। ଅନୁଷ୍ଠାନର କର୍ମକର୍ତ୍ତା ଓ ସଦସ୍ୟ ନିଜ ଦାନରେ ସମ୍ବଳ ସୃଷ୍ଟି କରିବା ମୂର୍ଖତା ବୋଲି ବିଚାର କରାଯାଏ।

ଏହାର ମୂଳ କାରଣ ହେଲା ସ୍ୱାବଲମ୍ବନଶୀଳତା ଓ ଅଭିମାନକୁ ଯେତେ ମର୍ଯ୍ୟାଦା ଦିଆଯିବା କଥା ତାହା ଆମ ସାମାଜିକ ମୂଲ୍ୟବୋଧରେ ଦିଆଯାଉନାହିଁ। ସାମାନ୍ୟ ଅବଦାନରେ ସମାଜରେ ବହୁ କିଛି ମହତ୍ କାର୍ଯ୍ୟ ସମାପନ କରିହେବ, କିନ୍ତୁ ଦେଖାଯାଉଛି ଇଚ୍ଛା ଶକ୍ତିର ଅଭାବ, ମୂଲ୍ୟବୋଧର ଅନୁପସ୍ଥିତି। ଦାରିଦ୍ର୍ୟ ସତ୍ତ୍ୱେ ଏଭଳି ମାନସିକତା ଅତୀତରେ ଆମମାନଙ୍କର ନଥିଲା। ପିଲାବେଳେ ଆମେ ଦେଖିଛୁ କିଛି ଲୋକ ଅନ୍ୟକୁ ଖୁଆଇ ଆନନ୍ଦ ପାଉଥିଲେ। ଗରିବ, ନିରାଶ୍ରୟଙ୍କୁ ସାହାଯ୍ୟ କରିବାର ସାମାଜିକ ପରମ୍ପରା ଥିଲା। ସେତେବେଳେ ଶୋଷଣ, ଅତ୍ୟାଚାର, ଅନ୍ୟାୟ ଥିଲା। କିଛିଲୋକ ଦାନଧର୍ମରେ ବିଶ୍ୱାସ କରୁଥିଲେ। ବର୍ତ୍ତମାନ ସବୁକିଛି ସରକାର କରିବେ। ଯଦିବା କେହି ସ୍ୱଚ୍ଛଳ ବ୍ୟକ୍ତି କିଛି ସାହାଯ୍ୟ କରୁଛି ମନେ ହେଉଛି ପ୍ରଚାର ପ୍ରସାର ପାଇଁ ଅଧିକ ଆୟ ପାଇଁ, ଇନ୍‌କମ ଟ୍ୟାକ୍ସ ରିଆତି ନଚେତ୍ ସାମାଜିକ ପ୍ରତିଷ୍ଠା ପାଇଁ। ସମାଜଠାରୁ ନେବାର ମାନସିକତା ପରିବର୍ତ୍ତେ ଦେବାର ଆଭିମୁଖ୍ୟରେ ଥାଏ ଉଦାରତା, ବଦାନ୍ୟତା, ଛଳନାବିହୀନ ନମ୍ରତା, ବିନମ୍ରତା। ଆମ ଦାନରେ ଗୋଟିଏ ଗରିବ କିମ୍ବା ଅନାଥ ଶିଶୁ ମୁହଁରେ ହସ ଯେଉଁ ଆନନ୍ଦ ଓ ତୃପ୍ତି ଆଣି ଦେଇଥାଏ ତାହା ଅନ୍ୟ କୌଣସି ଉପଲବ୍ଧିରେ ମିଳିନଥାଏ। ଗିଭିଂ ପ୍ଲେଜ୍‌ର ଦର୍ଶନ ହେଉଛି ଯେଉଁମାନେ ଧନୀ ସେମାନଙ୍କର ସମାଜ ପ୍ରତି କର୍ତ୍ତବ୍ୟ ରହିଛି। ସେ କର୍ତ୍ତବ୍ୟ ନୈତିକତାର। ଆମର ଏହି ପୃଥିବୀକୁ ଭବିଷ୍ୟତ ବଂଶଧରଙ୍କ ପାଇଁ ସୁଖମୟ ମଙ୍ଗଳମୟ କରିବାକୁ ଏହା ଅନ୍ତରାତ୍ମାର ଏକ ଆହ୍ୱାନ।

■

ଆଲେକ୍ସା ଓ ଆଗାମୀ

ଗତ ଦୁଇତିନି ବର୍ଷ ହେବ ଆମେରିକାର ବହୁଘରେ ପରିବାରର ସଦସ୍ୟଙ୍କ ଛଡ଼ା ଆଉ ଜଣକର ଉପସ୍ଥିତି ଉପଲବ୍ଧ ହେଉଛି। ସେ ଜଣେ ବ୍ୟକ୍ତି ନୁହନ୍ତି; ବରଂ ଗୋଟିଏ ଉପକରଣ। ନାଁଟି ତାର ଆଲେକ୍ସା। ଆମାଜନ୍ ପ୍ରସ୍ତୁତ ଏହି ଉପକରଣଟିର ଉଚ୍ଚତା ପ୍ରାୟ ୧ଫୁଟ ହେବ ଓ ଗୋଲାକୃତି।

ଆପଣ ସକାଳୁ ଉଠି ଜାଣିବାକୁ ଚାହିଁଲେ ଦିନର ପାଣିପାଗ। ଆଲେକ୍ସା ସର୍ବଶେଷ ବିବରଣୀ ତତ୍‌କ୍ଷଣାତ ଜଣାଇ ଦେବ। ଇଚ୍ଛା ହେଲା କିଛି ସଂଗୀତ ଶୁଣିବା ପାଇଁ, ଆଲେକ୍ସା ତା' ପାଖରେ ଗଚ୍ଛିତ ସଂଗୀତରୁ ଆପଣଙ୍କ ପସନ୍ଦ ମୁତାବକ ସଂଗୀତ ଶୁଣେଇ ଦେବ। ମନ କଲେ କିଛି ନୂଆ ପ୍ରକାରର ଚା', ଜଳଖିଆ ପ୍ରସ୍ତୁତ କରିବା ପାଇଁ, ସଙ୍ଗେ ସଙ୍ଗେ ଉତ୍ତର ଆସିବ ପ୍ରସ୍ତୁତ ପ୍ରଣାଳୀର। ଚାହିଁଲେ ସକାଳୁ ବି.ବି.ସି. ସମ୍ବାଦ ଶୁଣିବା ପାଇଁ, ଅବିଳମ୍ବେ କାର୍ଯ୍ୟଟି ସମାପନ ହେବ। ପଚାରିବା ମାତ୍ରେ ସାରାଦିନର କାର୍ଯ୍ୟସୂଚୀ କେଉଁଠି କେତେବେଳେ ମିଟିଙ୍ଗ୍, ଡାକ୍ତର ଆପଏଣ୍ଟମେଣ୍ଟ, ଆଲେକ୍ସା ଗଦ୍‌ଗଦ୍ କରି କହିଦେବ। ପ୍ରେସର କୁକରରେ ଖାଇବା ବସାଇଛନ୍ତି। ଆଲେକ୍ସାକୁ ନିର୍ଦ୍ଦେଶ ଦେଲେ ତିନିମିନିଟ୍ ପରେ ମନେ ପକାଇଦେବା ପାଇଁ, ଠିକ୍ ତିନି ମିନିଟ୍ ପରେ ମନେ ପକାଇ ଦେବ। ପିଲାଙ୍କର ସ୍କୁଲ ଓ ଟିଉସନ୍ ସାର୍ ଆସିବା ସମୟ ଆଲେକ୍ସାକୁ ପ୍ରଶ୍ନ କରିବା ମାତ୍ରେ ଅବିଳମ୍ବେ କହିଦେବ। ଅଫିସ୍ ଯିବାପାଇଁ ସକାଳ ସାଢ଼େ ନ'ଟାରେ ଉବେର ବୁକିଂ ଦରକାର - ଦାୟିତ୍ୱଟି ଆଲେକ୍ସା ପାଇଁ ଛାଡ଼ି ଦିଅନ୍ତୁ। ଦେଖିବେ ଉବେର ଗାଡ଼ି ଆପଣଙ୍କ ଦୁଆର ସାମ୍ନାରେ ଠିକ୍ ସାଢ଼େ ନ'ଟାରେ ହାଜର। ଘରର ଯାହା ଦୈନନ୍ଦିନ ଆବଶ୍ୟକତା ତାହା ତାଲିକା ଦେଇଦେଲେ, ଆଲେକ୍ସା ଆମାଜନ୍‌ରୁ ଅନ୍‌ଲାଇନ୍ ଅର୍ଡର ଦେଇଦେବ। ଅଫିସ୍‌ରୁ ଫେରି ଆପଣ ଦେଖିବେ ଆପଣଙ୍କର ମନ ପସନ୍ଦ ମୁତାବକ ଜିନିଷ ଆମାଜନ୍ ଘରେ ଡେଲିଭରି କରିଦେଇଛି।

ଅଫିସ୍‌ରୁ କ୍ଲାନ୍ତ ହୋଇ ଫେରିଛନ୍ତି ମନକୁ ତାଜା କରିବା ପାଇଁ କହିବେ ଆଲେକ୍ସାକୁ ଗୋଟିଏ ହସକଥା କହିବା ପାଇଁ। ଆଲେକ୍ସା ଆପଣଙ୍କୁ ହସାଇବ 'ଜୋକ୍' କହି। ସଂକ୍ଷେପରେ ଆଲେକ୍ସା ବ୍ୟକ୍ତିଗତ ସହାୟକର ଭୂମିକା ଗ୍ରହଣ କରିଛି। ଅନ୍ୟ ଅର୍ଥରେ ବ୍ୟକ୍ତିଗତ ସହାୟକଙ୍କ ଆବଶ୍ୟକା ବହୁ ଭାଗରେ କମିଯାଇଛି।

ଆର୍ଟିଫିସିଆଲ ଇଣ୍ଟେଲିଜେନ୍ସ (କୃତ୍ରିମ ବୁଦ୍ଧିମତ୍ତା), ଅଟୋମେସନ୍ ଓ ରୋବୋଟିକ୍ କ୍ଷେତ୍ରରେ ଏଭଳି ପ୍ରଗତି ହେଉଛି ଯେ ଆମ ସଭ୍ୟତା ବର୍ତ୍ତମାନ ଗୋଟିଏ ଘଡ଼ିସନ୍ଧି ଦେଇ ଗତି କରୁଛି। ଗୋଟିଏ ପଟେ ସୁଖ ସ୍ୱାଚ୍ଛନ୍ଦ୍ୟ, ଅନ୍ୟପଟେ ନୂତନ ଅକଳ୍ପନୀୟ ସମସ୍ୟା। ବର୍ତ୍ତମାନ ଚାଳକବିହୀନ ମଟରଗାଡ଼ି ଗୋଟିଏ ବାସ୍ତବତା। କିଛି ବର୍ଷରେ ସବୁଆଡ଼େ ଦେଖାଯିବ। ଡ୍ରୋନ୍ ସାହାଯ୍ୟରେ କିଣା ଜିନିଷ ଘରେ ପହଞ୍ଚିପାରିବ। ଗୋଟିଏ ବହୁଚର୍ଚ୍ଚିତ ପ୍ରତିଯୋଗିତାରେ ରୋବଟ୍ ରୋଗ ଚିହ୍ନିବାରେ ପୃଥିବୀର ନାମକରା ଡାକ୍ତରଙ୍କୁ ହରାଇପାରିଲା। ଶଲ୍ୟ ଚିକିତ୍ସାରେ ମଧ୍ୟ ରୋବଟ୍‌ର ପାରଦର୍ଶିତା ଆଉ ସ୍ୱପ୍ନ ନୁହେଁ। ରେଷ୍ଟୋରାଁରେ ମନ ମୁତାବକ ଖାଦ୍ୟ ପ୍ରସ୍ତୁତ ପାଇଁ ରାନ୍ଧୁଣିଆ କିମ୍ବା ପରଷିବା ପାଇଁ ଆଟେଣ୍ଡାଣ୍ଟଙ୍କର ପ୍ରୟୋଜନ ରହିବ ନାହିଁ। ଅନ୍‌ଲାଇନ୍ ସପିଂ ଫଳରେ କିଛିବର୍ଷ ଭିତରେ ସପିଂ ମଲ୍ ସବୁ ବନ୍ଦ ହେବାର ସମ୍ଭାବନା ରହିଛି। ଏୟାରପୋର୍ଟରେ ବାଇଓମେଟ୍ରିକ୍ ଚିହ୍ନ ସାହାଯ୍ୟରେ ସବୁ କାମ ହେବ। ଏତେ କର୍ମଚାରୀଙ୍କ ଆବଶ୍ୟକତା ନଥିବ କି ଗହଳଚହଳ ନଥିବ। ଏଗୁଡ଼ିକ ସବୁ ବାସ୍ତବତା। ଫଳରେ ବହୁଲୋକ ଚାକିରି ହରାଇବେ କୌଣସି ବିକଳ୍ପ ବିନା। ଗୁଡ଼ିଏ ଅପ୍ରୟୋଜନୀୟ ଲୋକଙ୍କ ଗୋଷ୍ଠୀ ସୃଷ୍ଟି ହେବ। ସେମାନଙ୍କୁ କିଭଳି ଉପଯୋଗ କରିହେବ ତାହା ହେବ ଶାସକ ଗୋଷ୍ଠୀର ନୀତି ନିର୍ଦ୍ଧାରକଙ୍କର ମୁଖ୍ୟ ସମସ୍ୟା। ପ୍ରଖ୍ୟାତ ପ୍ରଫେସର ହକିଂଙ୍କ ଭଳି ଚିନ୍ତାନାୟକମାନେ ତ ସୂଚନା ଦେଲେଣି ଯେ ରୋବଟ୍, ଆର୍ଟିଫିସିଆଲ ଇଣ୍ଟେଲିଜେନ୍ସ ପ୍ରଭୃତି ଉପରେ ଅଂକୁଶ ନଲାଗିଲେ ମାନବ ସଭ୍ୟତା ଲୋପ ପାଇବାର ସମ୍ଭାବନା ମଧ୍ୟ ହୋଇପାରେ। ମଣିଷ ପ୍ରସ୍ତୁତ ରୋବଟ୍ ପ୍ରଖର ବୁଦ୍ଧିଶାଳୀ ହୋଇ ମଣିଷର ନିୟନ୍ତ୍ରଣରେ ନରହି ସ୍ରଷ୍ଟାକୁ ଧ୍ୱଂସ କରିଦେଇପାରେ। ତେଣୁ ତାଙ୍କ ମତରେ ସମୟ ଆସିଛି ଚିନ୍ତା କରିବାର ଯେ ପୃଥିବୀ ବାହାରେ ଅନ୍ୟ ଗ୍ରହ, ନକ୍ଷତ୍ରରେ ବସତି। ଏ କ୍ଷେତ୍ରରେ ଉଲ୍ଲେଖନୀୟ କାମ କରିଥିବା ଟେସ୍‌ଲା କମ୍ପାନୀର ମୁଖ୍ୟ ମସ୍କ ମଧ୍ୟ ଏଥିରେ ସହମତ ଏବଂ ନିକଟ ଅତୀତରେ ଫେସବୁକ୍‌ର ଜୁକରବର୍ଗଙ୍କ ସହିତ ବିବାଦ ଓ ମତାନ୍ତର ଏହି ବିଷୟବସ୍ତୁ ଉପରେ ହୋଇଥିଲା। ଆଲେକ୍ସାର ପ୍ରତିଦ୍ୱନ୍ଦ୍ୱୀ ମଧ୍ୟ ଅଛନ୍ତି ଯଥା ଆପଲ୍‌ର 'ଶିରି' ଇତ୍ୟାଦି। କିନ୍ତୁ ଦକ୍ଷତାରେ ଆଲେକ୍ସା ସମସ୍ତଙ୍କ ଆଗରେ। ଧୀରେ ଧୀରେ ଆଲେକ୍ସା ଆମେରିକାରୁ ବାହାରି ଅନ୍ୟ ଦେଶରେ ମଧ୍ୟ ପ୍ରବେଶ କଲାଣି।

ଇଂଲଣ୍ଡ ଓ ଜର୍ମାନୀରେ ସୀମିତ ସଂଖ୍ୟାରେ ଉପଲବ୍ଧ। ଶୁଣାଯାଉଛି ଆମାଜନ୍ ଏଥର ଦୀପାବଳିରେ ଭାରତରେ ଆଲେକ୍ସା ପ୍ରେମୀଙ୍କ ପାଇଁ ବଜାରରେ ପ୍ରବେଶ କରିଛି।

ଏ ବିଷୟବସ୍ତୁ ଉପରେ କିଛିଦିନ ତଳେ ସୁଧାଂଶୁ ଷଡ଼ଙ୍ଗୀ ଓ ଜିତେନ୍ଦ୍ର ପ୍ରସାଦ ଦାସ ଉପାଦେୟ ପ୍ରବନ୍ଧମାନ ଲେଖିଛନ୍ତି। ଆର୍ଟିଫିସିଆଲ ଇଣ୍ଟେଲିଜେନ୍ସ ବା କୃତ୍ରିମ ବୁଦ୍ଧିମତ୍ତାର ପ୍ରଗତି ଓ ପରିଣାମ ଉପରେ ପ୍ରାଞ୍ଜଳ ଭାବରେ ବିଭିନ୍ନ ଦିଗରୁ ଆଲୋଚନା କରିଛନ୍ତି। ଗଣମାଧ୍ୟମରେ ମଧ୍ୟ ଏହା ଉପରେ ଆଲୋଚନା ଚାଲୁ ରହିଛି।

ଏଥି ସହିତ ଆଉ ଗୋଟିଏ ଦିଗରେ ମଧ୍ୟ ପ୍ରଚୁର ପରିବର୍ତ୍ତନର ଆଭାସ ମିଳୁଛି। ଦ୍ୱିତୀୟ ମହାଯୁଦ୍ଧ ପରେ ମଣିଷର ଆୟୁ ପ୍ରାୟ ଦ୍ୱିଗୁଣିତ ହୋଇଛି। ଚିକିତ୍ସା ବିଜ୍ଞାନର ପ୍ରଗତି ଓ ଜନ୍ମହାର ହ୍ରାସ ଫଳରେ ପୃଥିବୀର ବରିଷ୍ଠ ନାଗରିକଙ୍କ ସଂଖ୍ୟା କ୍ରମାଗତ ଭାବେ ବୃଦ୍ଧି ପାଉଛି। ଏଭଳି ଜନସଂଖ୍ୟାର ସମସ୍ୟା ମଧ୍ୟ ଭିନ୍ନ। ଫଳରେ ନୀତି ନିର୍ଦ୍ଧାରକ ପାଇଁ ଗୃହ ନିର୍ମାଣର ନକ୍‌ସା, ଆସବାବପତ୍ରର ଡିଜାଇନ୍, ଚିକିତ୍ସା ବିଜ୍ଞାନରେ ନୂତନ ସିଲାବସ୍ ଏବଂ ସେମାନଙ୍କର ସେବା ଶୁଶ୍ରୂଷା ପାଇଁ ବନ୍ଦୋବସ୍ତ କ୍ରମବର୍ଦ୍ଧିଷ୍ଣୁ ଆବଶ୍ୟକତା ରହିଛି। ପାଲିଏଟିଭ୍, ଜେରିଆଟ୍ରିକ୍ ଚିକିତ୍ସାର ଆବଶ୍ୟକତା ଆମେ ସମସ୍ତେ ଅନୁଭବ କରୁଛେ। ଆଶା କରାହେଉଛି ଆସନ୍ତା ପଚାଶ ବର୍ଷ ଭିତରେ ମନୁଷ୍ୟର ଆୟୁ ଦ୍ୱିଗୁଣିତ ହୋଇ ପ୍ରାୟ ଦେଢ଼ଶହ ବର୍ଷରେ ପହଞ୍ଚିବ। ସେଠାରେ ପୂର୍ଣ୍ଣଚ୍ଛେଦ ନପଡ଼ିପାରେ। ମଣିଷର ପ୍ରଚେଷ୍ଟା ଓ ପ୍ରୟାସରେ ଆୟୁ ଅବିରତ ବୃଦ୍ଧି ଲାଭ କରିପାରେ। ଅନ୍ୟ ଅର୍ଥରେ ମଣିଷ ଅମରତ୍ୱ ଲାଭ ପାଇଁ ଚେଷ୍ଟିତ, ଈଶ୍ୱରତ୍ୱ ପାଇଁ ଇଚ୍ଛୁକ। ବିଂଶ ଶତାବ୍ଦୀର ଦ୍ୱିତୀୟ ମହାଯୁଦ୍ଧ ପୂର୍ବରୁ ମାନବ ମୃତ୍ୟୁର ମୂଳ କାରଣ ଥିଲା - ଯୁଦ୍ଧ, ବ୍ୟାଧି ବା ମହାମାରୀ (ଯଥା ପ୍ଲେଗ) ଏବଂ ପ୍ରାକୃତିକ ଦୁର୍ବିପାକ ଯଥା - ଦୁର୍ଭିକ୍ଷ ଇତ୍ୟାଦି। ଏଗୁଡ଼ିକ ମଣିଷ ଅଭିଶାପ ଓ ନିଜର ଦୁର୍ଭାଗ୍ୟ ବୋଲି ଗ୍ରହଣ କରୁଥିଲା। ଦୈବର ଏଭଳି ଆଚରଣରେ ମଣିଷ ନିଜକୁ ଅସହାୟ ମନେ କରୁଥିଲା; କିନ୍ତୁ ସେ ସମୟ ନାହିଁ। ସେଗୁଡ଼ିକ ବିରୁଦ୍ଧରେ ଯୋଜନାବଦ୍ଧ ଭାବେ, ସନ୍ତୁଳିତ ପଦକ୍ଷେପ ନେବାରେ ମଣିଷ ସମର୍ଥ ହୋଇଛି। ଅତୀତରେ ସେଥିରୁ ଉଦ୍ଧାର ପାଇଁ ଈଶ୍ୱରଙ୍କ ପାଖେ ପ୍ରାର୍ଥନା ଓ ମିନତି କରୁଥିଲା।

ବର୍ତ୍ତମାନ ମରୁଡ଼ି କିମ୍ବା ବନ୍ୟା ହେଲେ ଭାଗ୍ୟକୁ ଆଦରି ନନେଇ ସଙ୍ଗେ ସଙ୍ଗେ ସେ ଦୁର୍ବିପାକର ମୁକାବିଲା କରିବା ପାଇଁ ତତ୍‌କ୍ଷଣିକ ପଦକ୍ଷେପ କିମ୍ବା ଆଗୁଆ ପ୍ରସ୍ତୁତି କରୁଛି। ଭଗବାନଙ୍କ ଉପରେ ଅଭିମାନ କରି ଦୋଷ ଲଦୁ ନାହିଁ। କୌଣସି ଅଘଟଣ ଓ ଅବହେଳା ହେଲେ, ତଦନ୍ତ କମିସନ ବସାଇ ସମସ୍ୟାର ଗଭୀରତମ ପ୍ରଦେଶର ବିଶ୍ଳେଷଣ କରୁଛି। ଯଦି କେହି ଦାୟୀ ବୋଲି ସାବ୍ୟସ୍ତ ହୁଏ; ତା' ବିରୋଧରେ

ପଦକ୍ଷେପ ନେଉଛି । ଦରକାର ପଡ଼ିଲେ ସମସ୍ୟା ଓ ପୀଡ଼ିତଙ୍କ ଯାଂଚ କରାଇ ଆବଶ୍ୟକ ଆକଳନ କରିପାରୁଛି, ଯାହା ନିଷ୍ପତ୍ତି ନେବାରେ ସହାୟକ ହୋଇପାରିବ। ଆଜିକାର ବ୍ୟବସ୍ଥା ଓ ମନୋଭାବ ଥିଲେ ଅତୀତର ବହୁ ପ୍ରାକୃତିକ ଦୁର୍ବିପାକରେ ହୋଇଥିବା ଧ୍ୱଂସଲୀଳା ଓ ମୃତ୍ୟୁକୁ ଏଡ଼ାଇ ହୋଇପାରିଥାନ୍ତା । ବର୍ତ୍ତମାନ ଏଡ୍ସ ଭଳି ମାରାତ୍ମକ ରୋଗର ଚିକିତ୍ସା ହୋଇପାରୁଛି। ପ୍ରାରମ୍ଭରେ ମନେ ହେଉଥିଲା ଏଗୁଡ଼ିକ ମାନବ ସମାଜକୁ ନିଶ୍ଚିହ୍ନ କରିଦେବ; କିନ୍ତୁ ବିଜ୍ଞାନସମ୍ମତ, ଉତ୍ସର୍ଗୀକୃତ ଗବେଷଣା, ବିଶେଷକରି ବାୟୋଟେକ୍ନୋଲୋଜି, ସୂଚନା ଓ ପ୍ରଯୁକ୍ତି କ୍ଷେତ୍ରରେ, ମାନବ ସମାଜର ସାମଗ୍ରିକ ସହଯୋଗ, ସହାନୁଭୂତି ଦ୍ୱାରା ଏଭଳି ମାରାତ୍ମକ, ମହାମାରୀର ନିୟନ୍ତ୍ରଣ ହୋଇ ପାରିଛି। ବସନ୍ତ ଭଳି ରୋଗର ନିରାକରଣ ହୋଇପାରିଛି। ଯୁଦ୍ଧର ବିଭୀଷିକାକୁ ହୃଦୟଙ୍ଗମ କରି ବିବାଦର ବିକଳ୍ପ କଥା ମଧ୍ୟ ଚିନ୍ତା କରାଯାଉଛି। ସତ କହିବାକୁ ଗଲେ ଆଜିକାର ସମସ୍ୟା ଭିନ୍ନ। କ୍ଷୁଧା ପରିବର୍ତ୍ତେ ଅନାବଶ୍ୟକ ମାତ୍ରାଧିକ ଭକ୍ଷଣ, ସଂକ୍ରାମକ ରୋଗ ଅପେକ୍ଷା ବାର୍ଦ୍ଧକ୍ୟ, ଆତଙ୍କବାଦ, ଅପରାଧୀ ଓ ସୈନ୍ୟବାହିନୀ ଦ୍ୱାରା ମୃତ୍ୟୁ ଅପେକ୍ଷା ଆତ୍ମହତ୍ୟା ମୃତ୍ୟୁର ଅଧିକ କାରଣ ହୋଇଉଠିଛି। ସଂକ୍ଷେପରେ ମଣିଷ ବିଭିନ୍ନ କ୍ଷେତ୍ରରେ ନିଜ ବୁଦ୍ଧିରେ ଅମରତ୍ୱ ଓ ଈଶ୍ୱରତ୍ୱ ପ୍ରାପ୍ତି ପାଇଁ ଅଣ୍ଟା ଭିଡୁଥିବା ବେଳେ ନିଜ ପ୍ରସ୍ତୁତ, ବିକଶିତ, କଳ୍ପିତ ଆର୍ଟିଫିସିଆଲ ଇଣ୍ଟେଲିଜେନ୍ସ, ଅଟୋମେସନ ଓ ରୋବୋଟିକ୍ କ୍ଷେତ୍ରରେ ପ୍ରତିବର୍ଷଭଳି ଅଭୂତପୂର୍ବ, ଅକଳ୍ପନୀୟ ପ୍ରଗତି କରୁଛି ଯେ ଆମେ ଅନିଚ୍ଛା ସତ୍ତ୍ୱେ ଗୋଟିଏ ନୂତନ ସଭ୍ୟତାର ଦ୍ୱାରଦେଶରେ ଦଣ୍ଡାୟମାନ। ଏ ସଭ୍ୟତା ଆଶା ଓ ଆଶଙ୍କାର।

ଓଡ଼ିଶାର ସଭାସମିତିରେ ଏ ବିଷୟରେ ଦୃଷ୍ଟିପାତ କଲେ କିଛି ଲୋକ ବ୍ୟଙ୍ଗାତ୍ମକ ମନ୍ତବ୍ୟ ଦିଅନ୍ତି ଯେ ନଗଡ଼ା ପ୍ରଭୃତିର ବାସ୍ତବତା ଭିତରେ ଏଗୁଡ଼ିକ ଆଲୋଚନାର ପ୍ରାସଙ୍ଗିକତା ନାହିଁ। ପ୍ରକୃତରେ ନଗଡ଼ା ଭଳି ସମସ୍ୟା ସମାଧାନର ଅଗ୍ରାଧିକାର ସହ ପୃଥିବୀର ବିଭିନ୍ନ ପ୍ରାନ୍ତରେ ବିଭିନ୍ନ କ୍ଷେତ୍ରରେ ଘଟୁଥିବା ଘଟଣା ପ୍ରତି ସଚେତନତା ମଧ୍ୟ ଜରୁରୀ। ନଚେତ୍ ଆମେ ଅନ୍ଧକାର ଓ ଅଜ୍ଞାନତାର ଏକ ଅଲୋଡ଼ା ଇଲାକା ହୋଇ ରହିଯିବା।

■

ସଙ୍କଟର ସଙ୍କେତ

ଇତିମଧ୍ୟରେ ଦେଶରେ ବହୁ କିଛି ଘଟିଯାଇଛି, ଘଟୁଛି ମଧ୍ୟ। ଘଟଣାଗୁଡ଼ିକ ଏତେ ତୀବ୍ରଗତିରେ ଘଟୁଛି ଯେ ସେଗୁଡ଼ିକର ତତ୍‌କ୍ଷଣିକ ସମୀକ୍ଷା କରିବା ଏବଂ ପ୍ରତିକ୍ରିୟା ରଖିବା ସମ୍ଭବପର ହେଉନି। ମହାରାଷ୍ଟ୍ରର ମହାନାଟକ, ହାଇଦ୍ରାବାଦର ଗଣଧର୍ଷଣ ଏବଂ ବର୍ତ୍ତମାନର ନାଗରିକ ଆଇନ ସଂଶୋଧନ ଓ ଏନ୍‌ଆରସି ବିରୋଧରେ ଯେଉଁ ଜନଆନ୍ଦୋଳନ ଗଢ଼ି ଉଠୁଛି, ତାହା କର୍ତ୍ତୃପକ୍ଷଙ୍କ ନିୟନ୍ତ୍ରଣ ବାହାରକୁ ଚାଲିଯାଉଛି ବୋଲି ମନେହୁଏ। ସାରା ଦେଶର ବିଭିନ୍ନ ପ୍ରାନ୍ତରେ କର୍ଫ୍ୟୁ, ୧୪୪ ଧାରା, ଇଣ୍ଟରନେଟ୍ ଓ ସୋସିଆଲ ମିଡିଆ ଉପରେ କଟକଣା ସୂଚାଉଛି ଯେ ବିରୋଧ ଓ ଆନ୍ଦୋଳନ ଏବଂ ଲୋକଙ୍କର ରୋଷର ପୂର୍ବାନୁମାନ କରିବାରେ ସରକାର ବିଫଳ ହେଉଛନ୍ତି। ବର୍ତ୍ତମାନ ଆନ୍ଦୋଳନ ଏକ ଦେଶବ୍ୟାପୀ ଛାତ୍ର ଆନ୍ଦୋଳନର ରୂପ ନେଉଛି। ଜରୁରୀ ପରିସ୍ଥିତି ଓ ମଣ୍ଡଳ କମିଶନ ରିପୋର୍ଟ ପରେ ଏଭଳି ଏକ ଯୁବ ଆନ୍ଦୋଳନ ଦୃଷ୍ଟିଗୋଚର ହୋଇନଥିଲା। ଗଣମାଧ୍ୟମରେ ସରକାରଙ୍କ ନିଷ୍ପତ୍ତିର ଏ ଦିଗ ଓ ସେ ଦିଗର ଚର୍ଚ୍ଚା ବିଷଦ ଭାବରେ ହେଉଛି ଏବଂ ଜନସାଧାରଣ ବର୍ତ୍ତମାନ ସଚେତନ। ମନେ ରଖିବାକୁ ହେବ ଯେ ଗଣତନ୍ତ୍ର କହିଲେ ବୁଝାଯାଏ ଆଇନର ଶାସନ। ଲୋକକ୍ଷେତ୍ରରେ ଜନସାଧାରଣଙ୍କ ଭାବନା ଓ ବିଚାର ସବୁଠାରୁ ବଡ଼କଥା। ନେତୃତ୍ୱର ଭାବମୂର୍ତ୍ତି, ନିଷ୍ପତ୍ତିକୁ ଜନସାଧାରଣ ସେମାନଙ୍କ ବିଚାରରେ କିଭଳି ଗ୍ରହଣ କରୁଛନ୍ତି ସେଇଟା ହିଁ ବିଚାରଯୋଗ୍ୟ।

ମହାରାଷ୍ଟ୍ର ସରକାର ଗଠନରେ ଯାହାସବୁ ଘଟିଲା ସେଥିରେ ବହୁଲୋକ ମର୍ମାହତ ହେଲେ। ମନେହେଲା ରାଷ୍ଟ୍ରର ସର୍ବୋଚ୍ଚ ଓ ସରକାରଙ୍କ ମୁଖ୍ୟଠାରୁ ଆରମ୍ଭ କରି ସାମ୍ବିଧାନିକ ପଦପବୀରେ ଥିବା ଓ ସରକାରୀ ଉଚ୍ଚ ପଦାଧିକାରୀ ସଂବିଧାନର ଧାରା ଉପଧାରା ଓ ଗଣତାନ୍ତ୍ରିକ ପରମ୍ପରାକୁ ଜଳାଞ୍ଜଳି ଦେଇ କ୍ଷମତା ଉପଲବ୍ଧିର ପ୍ରୟାସରେ

ନିଜର ବିବେକକୁ ସମାଧି ଦେଲେ ବା ସାଲିସ କଲେ। ଏହା ଥିଲା 'ଏକ୍ ରାତ୍ କି କାହାନି', ଯାହା ଭାରତୀୟ ରାଜନୀତିରେ ଏକ ଭିନ୍ନ ମୋଡ଼ ନେଲା। ଆମ ସମ୍ବିଧାନ ଦେଶର ସମସ୍ୟା ଏବଂ ଲୋକଙ୍କର ଆଶା ଓ ଆକାଙ୍କ୍ଷାକୁ ଦୃଷ୍ଟିରେ ରଖି ପ୍ରଣୟନ ହୋଇଥିଲା। ସେତେବେଳର ନେତୃତ୍ୱର ଦେଶ ଗଠନ ପାଇଁ ଯେଉଁଭଳି ଉଚ୍ଚ ଅଭିଳାଷ ଓ ସ୍ୱପ୍ନ ଥିଲା ତା'ର ରୂପାୟନ କେବଳ ସମ୍ବିଧାନର ଧାରା, ଉପଧାରାରେ ସୀମିତ ନଥିଲା। ଗଣତନ୍ତ୍ରରେ ଉଚ୍ଚ ରାଜନୈତିକ ଓ ସାମ୍ବିଧାନିକ ପରମ୍ପରାର ମଧ୍ୟ ଆବଶ୍ୟକତା ରହିଛି।

ହାଇଦ୍ରାବାଦ ଗଣଧର୍ଷଣରେ ଯେଭଳି ଭାବେ, ଯେଉଁ ପରିସ୍ଥିତିରେ ଅଭିଯୁକ୍ତଙ୍କୁ ଏନ୍‌କାଉଣ୍ଟରରେ ମାରି ଦିଆଗଲା ତାହା ମଧ୍ୟ ପ୍ରଶ୍ନବାଚୀ ସୃଷ୍ଟି କରିଛି। ଏହା ରହସ୍ୟମୟ ଏବଂ କର୍ତ୍ତୃପକ୍ଷଙ୍କ ଟିପ୍ପଣୀ ଜନସାଧାରଣ ସହଜରେ ଗ୍ରହଣ କରିନାହାନ୍ତି। ବିନା ଚାର୍ଜସିଟ୍‌ରେ ଆଇନକୁ ଉପେକ୍ଷା କରି ଏଭଳି ଏକ ଘଟଣା ଘଟିବାରେ ଦେଶରେ ଭିନ୍ନଭିନ୍ନ ମତ ପ୍ରକାଶ ପାଇଛି। କେତେକ ଏହାକୁ ସମର୍ଥନ କରିଛନ୍ତି ଏବଂ ଅନ୍ୟମାନେ ସମାଲୋଚନା କରିଛନ୍ତି। ଭାବପ୍ରବଣତା ଏବଂ ଆବେଗ ଦ୍ୱାରା ପରିଚାଳିତ ହୋଇ ବହୁ ସେଲିବ୍ରିଟି ମଧ୍ୟ ତତ୍‌କ୍ଷଣିକ ନ୍ୟାୟ ଏବଂ ପୁଲିସର କାର୍ଯ୍ୟକୁ ପ୍ରଶଂସା କରିଛନ୍ତି। ନିର୍ଭୟା ବଳାତ୍କାର ଘଟଣାରେ ସାରାଦେଶରେ ଯେଭଳି ପ୍ରତିକ୍ରିୟା ସୃଷ୍ଟି ହୋଇଥିଲା ଅଥଚ ସାତବର୍ଷ ପରେ ମଧ୍ୟ ଦୋଷୀକୁ ଦଣ୍ଡିତ କରିବାରେ ନ୍ୟାୟ ପ୍ରକ୍ରିୟାରେ ଯେଉଁ ବିଳମ୍ବ ହେଉଛି ସେଥିରେ ସୁପ୍ରିମକୋର୍ଟର ମୁଖ୍ୟବିଚାରପତି ଅସନ୍ତୋଷ ପ୍ରକାଶ କରି ସେଥିରେ ସୁଧାର ଆଣିବା ସହ ପଦ୍ଧତିରେ ସଂସ୍କାର ଆଣି ପ୍ରକ୍ରିୟାକୁ ତ୍ୱରାନ୍ୱିତ କରିବା ନିମିତ୍ତ ନିର୍ଦ୍ଦେଶ ଦେଇଛନ୍ତି। ଏ ଘଟଣାଟି ଦର୍ଶାଇଲା ଦେଶରେ ବିଭାଜିତ ମତ ଓ ଚିନ୍ତାଧାରା। ବର୍ତ୍ତମାନର ନାଗରିକତ୍ୱ ସଂଶୋଧନ ଓ ଏନ୍‌ଆର୍‌ସି ଆଇନ ମଧ୍ୟ ସେଇଭଳି ଦେଶରେ ଏକ ଅସ୍ୱାଭାବିକ ପରିସ୍ଥିତି ସୃଷ୍ଟି କରିଛି। ଆଇନର ବିଭିନ୍ନ ଧାରା ଓ ଏହାର ଉଦ୍ଦେଶ୍ୟ ବିଷୟରେ ସବୁ ପ୍ରକାରର ସରଳାର୍ଥ ସତ୍ତ୍ୱେ ଜନସାଧାରଣ ଏହାକୁ ସମ୍ପୂର୍ଣ୍ଣ ଭାବେ ଗ୍ରହଣ କରୁନାହାନ୍ତି। ଉତ୍ତର ଭାରତରେ ଏହି ଆନ୍ଦୋଳନ ସମ୍ପ୍ରଦାୟଭିତ୍ତିକ ଚିତ୍ରଣ ହେଲାବେଳେ ଆସାମ ଓ ଉତ୍ତର-ପୂର୍ବ ରାଜ୍ୟଗୁଡ଼ିକ ସତୁରି, ଅଶୀ ଦଶକରେ ହୋଇଥିବା ଆନ୍ଦୋଳନ ଓ ବୁଝାମଣାର ଖିଲାପ ବୋଲି ଚିତ୍ରଣ କରାଯାଇଛି। ସେମାନଙ୍କର ଆଶଙ୍କା ଏ ଆଇନଗୁଡ଼ିକ ଲାଗୁ ହେଲେ ସେମାନଙ୍କର ସଂସ୍କୃତି ଓ ଅସ୍ତିତ୍ୱ ଲୋପ ପାଇବ। ଇତି ମଧ୍ୟରେ ପଞ୍ଜାବ, ପଶ୍ଚିମବଙ୍ଗ, ଓଡ଼ିଶା ଓ ଅନ୍ୟ କେତେକ ରାଜ୍ୟ ଏନ୍‌ଆର୍‌ସିକୁ ପ୍ରତ୍ୟାଖ୍ୟାନ କରିଛନ୍ତି ଓ ତାହା ପ୍ରଦେଶଗୁଡ଼ିକରେ କାର୍ଯ୍ୟକାରୀ କରାଇ ନ ଦେବାର ଧମକ ମଧ୍ୟ ଦେଇଛନ୍ତି। ଗୃହମନ୍ତ୍ରୀଙ୍କ ବକ୍ତବ୍ୟ ମଧ୍ୟ ସମୟ ସମୟରେ

ଭୁଲ ସନ୍ଦେଶ ଦେଉଛି । ମନେହେଉଛି ଲୋକମତକୁ ଉପେକ୍ଷା କରାଯାଉଛି । ଏଥିସହିତ ଛାତ୍ରଛାତ୍ରୀମାନେ ମନେକରୁଛନ୍ତି ଯେ ପୁଲିସର ବ୍ୟବହାର ଏବଂ ଆଲିଗଡ଼, ଜମିଆ ମିଲିଆ ପ୍ରଭୃତି ବିଶ୍ୱବିଦ୍ୟାଳୟରେ କାର୍ଯ୍ୟକଳାପ ଉଦ୍ଦେଶ୍ୟମୂଳକ ଏବଂ ବିଶ୍ୱବିଦ୍ୟାଳୟ ଶିକ୍ଷା ଅନୁଷ୍ଠାନଗୁଡ଼ିକର ସ୍ୱାଧୀନତାରେ ହସ୍ତକ୍ଷେପ । ତତ୍‌ସହିତ ବିଭେଦମୂଳକ ପକ୍ଷପାତୀ । ବେଳେବେଳେ ମନେହୁଏ ୨୦୧୯ ନିର୍ବାଚନରେ ଆଶାତୀତ ସଫଳତା ପରେ ଶାସକ ଦଳ ଇସ୍ତାହାରରେ ଥିବା ପ୍ରତିଶ୍ରୁତିକୁ କାର୍ଯ୍ୟକାରୀ କରିବା ପାଇଁ ବ୍ୟଗ୍ର । ନିର୍ବାଚନରେ ସଫଳତା ପାଇଁ ବହୁ ପ୍ରତିଶ୍ରୁତି ଦିଆଯାଏ, କିନ୍ତୁ ଶାସନରେ ସବୁ ଦିଗକୁ ବିଚାରକରି, ଦେଶ ଅବସ୍ଥା ଏବଂ ଜନମତକୁ ସମ୍ମାନ ଦେଇ ପ୍ରତିଶ୍ରୁତିଗୁଡ଼ିକର ପ୍ରାଥମିକତା ଓ ଅଗ୍ରାଧିକାର ବିଚାରକୁ ନିଆଯାଏ । ଭାରତର ବିବିଧତା ଓ ଏହାର ଇତିହାସକୁ ଦୃଷ୍ଟିରେ ରଖି ସାବଧାନ ଓ ସତର୍କତା ସହ ପଦକ୍ଷେପ ନେବା ବର୍ତ୍ତମାନ ସମୟର ଆହ୍ୱାନ ।

ସମ୍ବେଦନହୀନ ମହାଶକ୍ତି

ଆମେରିକା ରାଷ୍ଟ୍ରପତି ଡୋନାଲ୍ଡ ଟ୍ରମ୍ପଙ୍କ କେତେକ ନିଷ୍ପତ୍ତିର ସୁଦୂରପ୍ରସାରୀ କୁପରିଣାମ ଜୀବଜଗତ ଓ ମାନବସମାଜ ଉପରେ ନିଶ୍ଚିତ ଭାବରେ ପଡ଼ିବ। ଜଳବାୟୁ ପରିବର୍ତ୍ତନକୁ ଜୀବନର ଏକ ପରିହାସମୂଳକ ପ୍ରତାରଣା ବୋଲି ବର୍ଣ୍ଣନା କରି ଅନ୍ତର୍ଜାତୀୟ ବୁଝାମଣାରୁ ଆମେରିକା ଓହରି ଯିବାଦ୍ୱାରା ସେ ଦିଗରେ ଗତ କିଛି ଦଶନ୍ଧିରୁ ବେଶୀ ସମୟ ଧରି ଚାଲିଥିବା ଆଲୋଚନା ଓ ଆନ୍ତର୍ଜାତିକ ସହମତିରେ ରିଓ, କ୍ୟୋଟୋ, କୋପେନ୍ ହାଗେନ୍, ପ୍ୟାରିସ୍‌ରେ ହୋଇଥିବାର ଅଗ୍ରଗତିରେ ଶିଥିଳତା ଓ ଅନିଶ୍ଚିତତା ବର୍ତ୍ତମାନ ସୁସ୍ପଷ୍ଟ। ଯଦିଓ ଆମେରିକା ପ୍ରତିନିଧି ଦଳର ପ୍ରସ୍ତାବ ବିଚାରାଧୀନର ଆଶ୍ୱାସନା ଶୁଣାଇଛନ୍ତି, ଟ୍ରମ୍ପଙ୍କ ନୀରବତା ସୂଚାଉଛି ନିଷ୍ପାର ଅଭାବ ଓ ନିଷ୍ପତ୍ତି ଅପରିବର୍ତ୍ତନୀୟ। ଭାରତ ସମେତ ପୃଥିବୀର ବିଭିନ୍ନ ପ୍ରାନ୍ତରେ କ୍ରମବର୍ଦ୍ଧିଷ୍ଣୁ ଉତ୍ତାପ, ବୃଷ୍ଟିପାତରେ ବୃଦ୍ଧି-ହ୍ରାସ, ଅପ୍ରତ୍ୟାଶିତ ବନ୍ୟା, ମରୁଡ଼ି, ବାତ୍ୟା କେବଳ କୃଷି ଉତ୍ପାଦନ ଓ ଜଳସମ୍ପଦକୁ ପ୍ରଭାବିତ କରୁନାହିଁ, ସାମୁଦ୍ରିକ ଜଳସ୍ତରର ବୃଦ୍ଧି ମଧ୍ୟ କେତେକ ଦ୍ୱୀପ-ଦେଶର ଅସ୍ତିତ୍ୱ ଲୋପ କରିବାର ଆଶଙ୍କାକୁ ଦୃଢ଼ୀଭୂତ କରୁଛି। ସଂକ୍ଷେପରେ ଜଳବାୟୁ ପରିବର୍ତ୍ତନ ଆମେରିକାର ପୂର୍ବତନ ଉପରାଷ୍ଟ୍ରପତି ଆଲ୍‌ଗୋରଙ୍କ ଭାଷାରେ – ଅସୁବିଧାଜନକ ସତ୍ୟ ଏବଂ ଏହା ମନୁଷ୍ୟକୃତ। ଅଙ୍ଗାରକାମ୍ଳ, ମିଥେନ୍ ଇତ୍ୟାଦି ବାଷ୍ପର ପରିମାଣ ବୃଦ୍ଧିରେ ବିକଶିତ ଦେଶ, ବିଶେଷକରି ଆମେରିକାର ଅବଦାନ ଅତ୍ୟଧିକ। ଏହାର ହ୍ରାସ, ପ୍ରଶମନର ବେଶୀ ଦାୟିତ୍ୱ ମଧ୍ୟ ପ୍ରଦୂଷଣକାରୀ ଦେଶଗୁଡ଼ିକର। ଏହି ଲେଖକ ନିକଟରେ ଆଲାସ୍କା ଭ୍ରମଣ ସମୟରେ ପ୍ରତ୍ୟକ୍ଷ ଅନୁଭୂତି ହେଲା ଯେ ସେଠାକାର ଶହଶହ ବର୍ଷ ଧରି ବିଦ୍ୟମାନ ଗ୍ଲାସିଏର ବା ଉଚ୍ଚସ୍ଥାନରେ ସୃଷ୍ଟି ହୋଇଥିବା ବରଫଖଣ୍ଡ, ହିମସ୍ରୋତ ବର୍ତ୍ତମାନ ବିପଦଶଂକୁଳ ଓ ଭଙ୍ଗପ୍ରବଣ। ଯଦି ଜଳବାୟୁ ପରିବର୍ତ୍ତନର ଗତି ଏହିଭଳି ରହେ, ହୁଏତ କିଛି ବର୍ଷ ପରେ ସେଗୁଡ଼ିକ ନିଶ୍ଚିହ୍ନ ହୋଇଯିବା ଅବଶ୍ୟମ୍ଭାବୀ।

ହିମାଳୟ ଓ ସୁମେରୁବୃତ୍ତ ଅଞ୍ଚଳରେ ମଧ୍ୟ ସମାବସ୍ଥା। ଗ୍ଲାସିଏରଗୁଡ଼ିକ ମଧୁର ଜଳର ଉତ୍ସ, ନଦୀ ଓ ହ୍ରଦର ସୃଷ୍ଟିକର୍ତ୍ତା। କହିବା ବାହୁଲ୍ୟ ଯେ ଅବିଳମ୍ବେ ଏ ସମସ୍ୟାର ସମାଧାନ ଆନ୍ତର୍ଜାତିକ ସମଦୃଷ୍ଟିକୋଣ ଓ ସହଯୋଗରେ ହିଁ ସମ୍ଭବ।

ଏ ସପ୍ତାହରେ ଟ୍ରମ୍ପ ଶାସନର ଆଉ ଗୋଟିଏ ଘୋଷଣା ଲୁପ୍ତାଭିମୁଖ ବନ୍ୟଜନ୍ତୁ ସମ୍ପଦ, ପ୍ରାକୃତିକ ପରିବେଶର ସୁରକ୍ଷା ଓ ସଂରକ୍ଷଣ ପାଇଁ ଏକ ବିରାଟ ଆହ୍ୱାନ। ପ୍ରସ୍ତାବିତ ନୂତନ ଆଇନ (ଯାହା ସେପ୍ଟେମ୍ବର ୨୦୧୯ରୁ କାର୍ଯ୍ୟକାରୀ ହେବ) ଦ୍ୱାରା ବିଲୁପ୍ତ ବନ୍ୟଜନ୍ତୁମାନଙ୍କୁ ସୁରକ୍ଷା ଓ ସଂରକ୍ଷଣ ପାଇଁ ପ୍ରସ୍ତୁତ ହୋଇଥିବା ତାଲିକାରୁ ବାଦ୍ ଦେବା ସହଜ ଓ ସରଳ ହେବ। କାରଣ ଏହି ଆଇନ ସାହାଯ୍ୟରେ ନିୟନ୍ତ୍ରକମାନେ ପ୍ରଥମଥର ପାଇଁ ରାଜସ୍ୱଭିତ୍ତିକ, ଅର୍ଥନୈତିକ ମାପଦଣ୍ଡରେ କୌଣସି ପଶୁପକ୍ଷୀର ପ୍ରାକୃତିକ ଆବାସ ପରିବେଶ ବା ଜନ୍ତୁବର୍ଗ, ଉଦ୍ଭିଦ ସମୂହର ଯଥାର୍ଥତା ନିରୂପଣ କରିବେ। ଜଙ୍ଗଲ ନାଶ, ଉଦ୍ଭିଦ ସମୂହ, ଜନ୍ତୁବର୍ଗ ପ୍ରାକୃତିକ ଆବାସ କିମ୍ବା କୌଣସି ପ୍ରଜାତିର ସୁରକ୍ଷା ବିଧ୍ୱଂସ ନିର୍ଭର କରିବ ଅର୍ଥନୈତିକ ମୂଲ୍ୟାଙ୍କନ ଉପରେ। ଏଭଳି ପରିକଳ୍ପନାରେ ଜଳବାୟୁ ପରିବର୍ତ୍ତନର ପରିଣାମକୁ ଉପେକ୍ଷା କରାଯାଇଛି। କାରଣ ଜଳବାୟୁ ପରିବର୍ତ୍ତନର ପ୍ରଭାବ ଅନୁଭୂତ ହେବାକୁ କିଛି ସମୟ ଲାଗେ। ସେଥିପାଇଁ ସତର୍କତା ଓ ପୂର୍ବାନୁମାନର ପ୍ରୟୋଜନ ରହିଛି।

ସାମଗ୍ରିକ ଭାବେ ବିଚାର କଲେ ଜଣାପଡ଼ିବ ଯେ, ଏଭଳି ନିଷ୍ପତ୍ତି କେବଳ ଖଣିଜ ପଦାର୍ଥ ଉତ୍ତୋଳନ, ତୈଳ ଓ ଗ୍ୟାସ ଉତ୍ତୋଳନ ପ୍ରକ୍ରିୟାରେ ସହାୟକ ହେବ ଏବଂ ଏଥିସହିତ ଜଡ଼ିତ ଉଦ୍ୟୋଗ, ଶିଳ୍ପପତି, କର୍ପୋରେଟ ହାଉସ୍, ବ୍ୟବସାୟୀ ଗୋଷ୍ଠୀ ଲାଭବାନ ହେବେ। ଯେଉଁ ଅଞ୍ଚଳଗୁଡ଼ିକ ଏଥିଯୋଗୁ ପ୍ରଭାବିତ ହେବେ ସେଗୁଡ଼ିକ ବିପଦଗ୍ରସ୍ତ ପଶୁପକ୍ଷୀଙ୍କ ଆବାସ ବା ଆଶ୍ରୟସ୍ଥଳୀ। ଆମେରିକାର ବିଲୁପ୍ତପ୍ରାୟ ବିପଦଜନକ ପରିସ୍ଥିତିରେ ଥିବା ଜନ୍ତୁବର୍ଗଙ୍କ ସଂରକ୍ଷଣ ବ୍ୟବସ୍ଥା ଉଦାହରଣୀୟ; ପରିସ୍ଥିତିରୁ ସଂରକ୍ଷଣ କରିବାର ସାଫଲ୍ୟ ଓ ପାରଙ୍ଗମତା ଅନୁକରଣୀୟ। ତେଣୁ ପ୍ରସ୍ତାବିତ ନୂତନ ଆଇନ ବିରୋଧରେ ବହୁ ଡେମୋକ୍ରାଟିକ ଦଳର ନେତା, ଆଇନଜୀବୀ, ପରିବେଶବିତ୍ ସ୍ୱର ଉତ୍ତୋଳନ କରିଛନ୍ତି ଓ ସଂଗ୍ରାମ ଜାରୀ ରଖିବାର ଚେତାବନୀ ଦେଇଛନ୍ତି, କିନ୍ତୁ ରିପବ୍ଲିକ୍ ଦଳର ପ୍ରତିନିଧିମାନେ ପ୍ରଚଳିତ ଆଇନକୁ ବିକାଶ, ଅର୍ଥନୈତିକ ଅଭିବୃଦ୍ଧି ବିରୋଧୀ, ପ୍ରତ୍ୟାବର୍ତ୍ତନଶୀଳ, ପୁନରାବର୍ତ୍ତକ ଆଇନ ବୋଲି ଅଭିହିତ କରିଛନ୍ତି। ସେମାନଙ୍କ ମତରେ ୧୯୭୩ ମସିହାରେ ରାଷ୍ଟ୍ରପତି ନିକ୍ସନଙ୍କ ଶାସନ କାଳରେ ପ୍ରଣୀତ ଆଇନ ସମୟୋପଯୋଗୀ ନୁହେଁ। କାରଣ ସଂରକ୍ଷଣଜନିତ କୌଣସି ପ୍ରଜାତିର ବଂଶବୃଦ୍ଧି ସତ୍ତ୍ୱେ ପ୍ରସ୍ତୁତ ହୋଇଥିବା ତାଲିକାରୁ ବାଦ୍ ଦେବା

ପ୍ରକ୍ରିୟା ଆଶାନୁରୂପ ନୁହେଁ। ତେବେ ଅସଲ କାରଣ ହେଉଛି, ଶିଳ୍ପାୟନ, ଉଦ୍ୟୋଗପତି, ବ୍ୟବସାୟୀ ଗୋଷ୍ଠୀଙ୍କ ଲବି ଓ ଚାପ ଏବଂ ରାଷ୍ଟ୍ରପତି ଟ୍ରମ୍ପଙ୍କ ସମର୍ଥନ। ଜଳବାୟୁ ପରିବର୍ତ୍ତନକୁ ବିଚାରକୁ ନନେଇ କେବଳ ଅର୍ଥନୈତିକ ମାନଦଣ୍ଡରେ ନୀତି ନିର୍ଦ୍ଧାରଣ କରିବା ସମ୍ବେଦନହୀନ, ସ୍ପର୍ଶାନୁଭୂତିହୀନ ଆଭିମୁଖ୍ୟର ପରିଚୟ। ଜାତିସଂଘର ଏକ ରିପୋର୍ଟ ଅନୁଯାୟୀ ମାନବୀୟ ଚାପ ଓ ପ୍ରଭାବ ଯୋଗୁ ନିକଟ ଭବିଷ୍ୟତରେ ପ୍ରାୟ ଏକ ନିୟୁତ ପଶୁପକ୍ଷୀମାନଙ୍କର ସମ୍ପୂର୍ଣ୍ଣ ବିଲୋପନର ଆଶଙ୍କା ରହିଛି। ତେଣୁ ସେମାନଙ୍କ ଆଶ୍ରୟସ୍ଥଳୀ ଓ ଜୈବ ବିବିଧତାର ସଂରକ୍ଷଣ ଅତ୍ୟନ୍ତ ଜରୁରୀ ହୋଇପଡ଼ିଛି। ବର୍ତ୍ତମାନ ଆମେରିକା କଂଗ୍ରେସରେ ରାଜନୈତିକ ଗଣିତରେ ଅନିଶ୍ଚିତତା ଥିଲେ ମଧ୍ୟ ପ୍ରସ୍ତାବିତ ଆଇନଟି ପରିବେଶବିତ୍‌ମାନଙ୍କ ମଧ୍ୟରେ ଆଶଙ୍କା ସୃଷ୍ଟି କରିଛି। ଗତ ସପ୍ତାହରେ ଟ୍ରମ୍ପ ପେନସିଲ୍‌ଭାନିଆରେ ବହୁ ବିଲିୟନ ଡଲାର ଖର୍ଚ୍ଚରେ ନିର୍ମିତ ହେଉଥିବା ପେଟ୍ରୋ-କେମିକାଲ କାରଖାନା ପରିଦର୍ଶନରେ ଯାଇଥିଲେ। ଏହି କାରଖାନାର ଲକ୍ଷ୍ୟ ପ୍ରାକୃତିକ ଗ୍ୟାସରୁ ପ୍ଲାଷ୍ଟିକକୁ ରୂପାନ୍ତର କରିବା। ଆଶା କରାଯାଉଥିଲା ସେ ଉର୍ଜା ନୀତି ଉପରେ କିଛି କହିବେ। ପରିବର୍ତ୍ତେ ଏଭଳି ପ୍ରକଳ୍ପ ପାଇଁ ପ୍ରତିବନ୍ଧ, ବାଧା, ଅନ୍ତରାୟକୁ ଅକାମୀ କରିବାରେ ନିଜ ଶକ୍ତି ସେକ୍ରେଟାରୀ ଓ ପରିବେଶ ସୁରକ୍ଷା ଏଜେନ୍ସିର ଅବଦାନର ଭୂୟସୀ ପ୍ରଶଂସା କରିଥିଲେ। ଭୂତଳରେ ଥିବା ସମସ୍ତ ଉତ୍ସର ଉପଯୋଗ ପାଇଁ ଉଦ୍ୟମକୁ ପ୍ରୋତ୍ସାହନ ଦେବାର ପ୍ରତିଶ୍ରୁତି ଦେଲାବେଳେ ଜୀବାଶ୍ମଶକ୍ତି (ଫସିଲ ଫୁଏଲ) ବ୍ୟବହାର ସପକ୍ଷରେ ମତପ୍ରକାଶ କରିବା ସହିତ ବିରୋଧୀ ଡେମୋକ୍ରାଟ୍‌ଙ୍କର 'ନ୍ୟୁ ଡିଲ' ସାହାଯ୍ୟରେ ଜଳବାୟୁ ପରିବର୍ତ୍ତନ ସମସ୍ୟାର ସମାଧାନ ପ୍ରଚେଷ୍ଟାକୁ ସମାଲୋଚନା କରିବାକୁ ଭୁଲିନଥିଲେ। ସମାଲୋଚକମାନଙ୍କୁ ତାଙ୍କର ଜବାବ ଥିଲା 'ସାମୁଦ୍ରିକ ପ୍ଲାଷ୍ଟିକ୍ ପ୍ରଦୂଷଣ ସିଂହଭାଗ ଏସିଆରେ ଘଟୁଛି। ମନେ ହେଉଛି ପରିବେଶ ପ୍ରଦୂଷଣ ଅପେକ୍ଷା ରାଷ୍ଟ୍ରପତି ଟ୍ରମ୍ପ ନିଯୁକ୍ତିକୁ ବେଶ୍ ପ୍ରାଧାନ୍ୟ ଓ ଅଗ୍ରାଧିକାର ଦେବାକୁ ଚାହାନ୍ତି ରାଜନୈତିକ ଦୃଷ୍ଟିରୁ।

ପ୍ଲାଷ୍ଟିକ୍ ପ୍ରଦୂଷଣ ବର୍ତ୍ତମାନ ବିଶ୍ୱର ସବୁରାଷ୍ଟ୍ରଙ୍କ ଧ୍ୟାନ ଆକର୍ଷଣ କରିଛି। ଏହାଦ୍ୱାରା ସାମୁଦ୍ରିକ ଜୀବଜଗତ ଓ ପରିବେଶ କ୍ଷତିଗ୍ରସ୍ତ ହେଉଛି। କିଛିବର୍ଷ ତଳେ ପ୍ରଶାନ୍ତ ମହାସାଗରେ ଗୋଟିଏ ବିରାଟ ଭାସମାନ ଆବର୍ଜନା ଓ ଅଳିଆ ଦ୍ୱୀପର ସନ୍ଧାନ ମିଳିଥିଲା। ଯାହା ବ୍ରିଟେନ ଭଳି ଦେଶର କ୍ଷେତ୍ରଫଳର ଛ'ଗୁଣ। ଏହି ଭାସମାନ ଦ୍ୱୀପ ଗଠିତ ହୋଇଥିଲା ବାହ୍ୟ ପ୍ଲାଷ୍ଟିକ୍ ଆବର୍ଜନାରୁ। ପୃଥିବୀର ଅନ୍ୟ ପ୍ରାନ୍ତରେ ମଧ୍ୟ ଏଭଳି ଦୃଶ୍ୟ ଦେଖିବାକୁ ମିଳୁଛି।

ଏ ପର୍ଯ୍ୟନ୍ତ ପ୍ଲାଷ୍ଟିକରୁ ପୁନଃବ୍ୟବହାର (ରିସାଇକ୍ଲ) କରିବା ପାଇଁ ବିଶ୍ୱର ବଡ଼

ପ୍ଲାଷ୍ଟିକ ଆବର୍ଜନା ଖରିଦ୍‌ଦାର ଚୀନ ଥିଲା, କିନ୍ତୁ ଗତବର୍ଷ ଠାରୁ ଆଭ୍ୟନ୍ତରୀଣ ଅସନ୍ତୋଷ ଓ ଚାପ ଯୋଗୁ ଚୀନ ଏହାର ଆମଦାନୀ ବନ୍ଦ କରିଛି। ଫଳରେ ବହୁଦେଶ ନୂଆ ପରିସ୍ଥିତିର ସମ୍ମୁଖୀନ ହୋଇ ନୂଆ ନୂଆ ଯୋଜନା କରିବାରେ ପ୍ରୟାସରତ। ଅଷ୍ଟ୍ରେଲିଆର ପ୍ରଧାନମନ୍ତ୍ରୀଙ୍କ ମତରେ - 'ଆବର୍ଜନା ଆମର ତେଣୁ ଏହାର ଦାୟିତ୍ୱ ମଧ୍ୟ ଆମର।' ଫଳରେ ଅଷ୍ଟ୍ରେଲିଆରୁ ବର୍ଜ୍ୟବସ୍ତୁ ରପ୍ତାନୀରେ ରୋକ୍ ଲାଗିଛି। ପ୍ଲାଷ୍ଟିକ ଆବର୍ଜନାରେ ପରିବର୍ତ୍ତନ ଆଣି ଆଉଥରେ ବ୍ୟବହାର ସାପେକ୍ଷ କରାଇ ରାସ୍ତା ନିର୍ମାଣରେ ଉପଯୋଗ କରାଯାଇଛି। ଛୋଟ ଛୋଟ କାରଖାନାରର ଡିଜାଇନ୍ କରାହେଉଛି। ଯଦ୍ୱାରା ରିସାଇକ୍ଲର ବିକେନ୍ଦ୍ରୀକରଣ ହୋଇପାରିବ। ଚେୟାର, ବେଞ୍ଚ, ପୁନଃ ବ୍ୟବହାର ହୋଇପାରୁଥିବା କଫି କପ୍, ବଗିଚା ଉପକରଣ ଇତ୍ୟାଦି ତିଆରି ହୋଇପାରିବ। ସ୍ୱିଡେନ୍‌ରେ ପ୍ଲାଷ୍ଟିକ୍‌ର ଆବର୍ଜନାକୁ ଭସ୍ମୀଭୂତ କରି ଉର୍ଜା ଉତ୍ପାଦନ କରି ଛୋଟ ଛୋଟ ସହରରେ ବିଦ୍ୟୁତ ଯୋଗାଣ ସମ୍ଭବ ହେଉଛି। ପଶ୍ଚିମ ଆଫ୍ରିକାରେ ପ୍ଲାଷ୍ଟିକ୍ ଆବର୍ଜନାରୁ ଇଟା ତିଆରି କରି ସ୍କୁଲ ଘର ନିର୍ମାଣ ହେଉଛି, ଯାହା ସାଧାରଣ କଂକ୍ରିଟ ଘରଠାରୁ ଥଣ୍ଡା। ଆମ ଦେଶରେ କିଛି କମ୍ପାନୀ ରିସାଇକ୍ଲ ଦ୍ୱାରା ଉପଯୋଗୀ ଉପକରଣ ତିଆରି କରୁଛନ୍ତି। ତେବେ ଚୀନର ନୂତନ ନୀତି ହେବା ଫଳରେ ବିଶ୍ୱର ବହୁ ପ୍ରାନ୍ତରୁ ପ୍ଲାଷ୍ଟିକ ଆବର୍ଜନା ଭାରତମୁହାଁ ହେବା ସ୍ୱାଭାବିକ। ବ୍ୟାବସାୟିକ ଦୃଷ୍ଟିକୋଣରୁ ଏହା କେତେ ଲାଭବାନ ଏବଂ ପରିବେଶ ଦୃଷ୍ଟିରୁ ଗ୍ରହଣଯୋଗ୍ୟ କି ନୁହେଁ, ତାହା ବିଚାରଯୋଗ୍ୟ।

ମାନବ ଜୀବନ ସମ୍ବନ୍ଧୀୟ ଅତ୍ୟନ୍ତ ପ୍ରୟୋଜନୀୟ ସମସ୍ୟା ନେଇ ଯେତେବେଳେ ସାରା ବିଶ୍ୱ ଚିନ୍ତିତ, ପୃଥିବୀର ସବୁଠାରୁ ଶକ୍ତିଶାଳୀ, ଅଗ୍ରଣୀ ଆମେରିକାର ବର୍ତ୍ତମାନର ନେତୃତ୍ୱର ଆଭିମୁଖ୍ୟ ସମ୍ବେଦନହୀନ ବୋଲି ମନେହୁଏ।

■

ଭାରତ-ଚୀନ ଅନୌପଚାରିକ ଶିଖର ସମ୍ମିଳନୀ

ପ୍ରଧାନମନ୍ତ୍ରୀ ମୋଦୀଙ୍କର ଚୀନ ଗସ୍ତ ଓ ଅନୌପଚାରିକ ଶିଖର ସମ୍ମିଳନୀ ବହୁ ଲୋକଙ୍କ ପାଖରେ ରହସ୍ୟମୟ ଓ କୌତୁହଳ ଉଦ୍ରେକକାରୀ। ଏହା ଦୁଇଦେଶ ମଧ୍ୟରେ ଥିବା ପୁରୁଣା ବିବାଦ ସମାଧାନ କରିବାରେ କେତେ ଉପଯୋଗୀ ହେବ ସେ ବିଷୟରେ ବହୁ ଲୋକଙ୍କ ମନରେ ପ୍ରଶ୍ନବାଚୀ। ଅନୌପଚାରିକ ଶିଖର ସମ୍ମିଳନୀ ଆନ୍ତର୍ଜାତିକ କୂଟନୀତିରେ ବିରଳ। କ୍ୱଚିତ୍ ରାଷ୍ଟ୍ରମୁଖ୍ୟ ଓ ସରକାରୀ ମୁଖ୍ୟ ବିନା କୌଣସି କାର୍ଯ୍ୟତାଲିକା ବା କାର୍ଯ୍ୟସୂଚୀ, ଯାହାକୁ ଇଂରାଜୀରେ ଏଜେଣ୍ଡା କୁହାଯାଏ, ଦ୍ୱିପାକ୍ଷିକ ସମ୍ପର୍କ, ବିଶେଷକରି ଭଲ ସମ୍ପର୍କ ନଥିବା ଦେଶ ସହିତ ଏଭଳି ପ୍ରକ୍ରିୟାକୁ ଆଦରେଇଥାନ୍ତି। ଦୁଇଦେଶର ଗଣମାଧ୍ୟମ ଦୁଇ ନେତାଙ୍କ ଏକାନ୍ତରେ ଆଲୋଚନା ଓ ଦୁଇଦିନରେ ୬ଥର ବୈଠକ; ବିଶେଷକରି ନୌକାବିହାର ଓ ଚା'ପେ ଚର୍ଚ୍ଚା ଏବଂ ଭବ୍ୟ ସ୍ୱାଗତରେ ମୁଗ୍ଧ ହୋଇ ଚୀନ ଓ ଭାରତର ସମ୍ପର୍କ, ବନ୍ଧୁତ୍ୱ ସୁଦୃଢ଼ ହେବାର କଳ୍ପନାଜଳ୍ପନା ଆରମ୍ଭ କରିଛନ୍ତି।

ଏସିଆ ରାଷ୍ଟ୍ରଗୁଡ଼ିକରେ ଅତିଥିଙ୍କୁ ଭବ୍ୟସ୍ୱାଗତ କରିବା ସଭ୍ୟତା, ସଂସ୍କୃତି ଓ ଆଚରଣ ବିଧିର ଏକ ଅଂଶ। ଉପରୋକ୍ତ ଅନ୍ତର୍ଜାତୀୟ କୂଟନୀତି ପ୍ରୋଟୋକଲର ପାରସ୍ପରିକ ଆଦାନପ୍ରଦାନ, ବିନିମୟ କ୍ରିୟା-ପ୍ରକ୍ରିୟାକୁ ପ୍ରାଧାନ୍ୟ ଦିଆଯାଏ। ଜିଙ୍ଗପିନ୍‌ଙ୍କ ପ୍ରଥମ ଭାରତ ଗସ୍ତରେ ଯେଭଳି ଭବ୍ୟ ସ୍ୱାଗତ କରି ଗସ୍ତକୁ ସଫଳ କରାଇବାରେ ଓ ବ୍ୟକ୍ତିଗତ ସମ୍ପର୍କ ପ୍ରତିଷ୍ଠା କରାଇବା ପାଇଁ ପ୍ରଧାନମନ୍ତ୍ରୀ ମୋଦି ଯେଉଁ ପ୍ରୟାସ କରିଥିଲେ, ପ୍ରଧାନମନ୍ତ୍ରୀଙ୍କ ଉହାନ୍ ଗସ୍ତରେ ଚୀନ ପକ୍ଷର ଆୟୋଜନ ଜିଙ୍ଗପିନ୍‌ଙ୍କ ପ୍ରତିଦାନ ମାତ୍ର। ଆନ୍ତର୍ଜାତିକ କୂଟନୀତିରେ ଏହା ଏକ ଜଣାଶୁଣା ନିୟମିତ ପ୍ରକ୍ରିୟା। ବଡ଼ ରାଷ୍ଟ୍ରମାନଙ୍କର

ବିଦେଶ ନୀତିରେ ଜାତୀୟ ସ୍ୱାର୍ଥ ହିଁ ନିର୍ଣ୍ଣାୟକ - ଏଥିରେ ବ୍ୟକ୍ତିଗତ ସମ୍ପର୍କ ଅବଦାନର ମାତ୍ରା ବହୁତ କମ।

ଚୀନ୍-ଭାରତ ସମ୍ପର୍କରେ ବହୁ ବିବାଦ ବିଦ୍ୟମାନ। ସୀମା ବିବାଦ ଆମ ସମ୍ପର୍କର ସବୁଠାରୁ ଜଟିଳ ପ୍ରଶ୍ନ। ଆକସାଇ ଚୀନ୍‌ରେ ଚୀନ୍‌ର ଉପସ୍ଥିତି, ଅରୁଣାଚଳ ପ୍ରଦେଶ ଉପରେ ଚୀନର ଦାବି, ଡୋକଲାମ ଅଞ୍ଚଳରେ ଚୀନ ସେନାବାହିନୀର ଅନୁପ୍ରବେଶ ଓ ଆକ୍ରମଣାତ୍ମକ ଆଭିମୁଖ୍ୟ, ଦଲାଇଲାମାଙ୍କର ଭାରତରେ ଉପସ୍ଥିତି, ଏନ୍‌ଏସ୍‌ଜି ଓ ଜାତିସଂଘର ନିରାପତ୍ତା ପରିଷଦରେ ଭାରତର ସ୍ଥାୟୀ ସଦସ୍ୟତା, ଆତଙ୍କବାଦ; ବିଶେଷକରି ମାସୁଦ ଆଝାର ବିଷୟରେ ଚୀନର ଆଭିମୁଖ୍ୟ, ଦ୍ୱିପାକ୍ଷିକ ବାଣିଜ୍ୟରେ ଅସନ୍ତୁଳନତା ଏବଂ ବ୍ରହ୍ମପୁତ୍ର ନଦୀରେ ଚୀନର ପ୍ରକଳ୍ପ ପ୍ରସ୍ତୁତି ବହୁ ବିବାଦୀୟ ବିଷୟ ଦୁଇଦେଶର ସମ୍ପର୍କରେ ସୁଧାର ଆଣିବାରେ ବାଧା ସୃଷ୍ଟି କରିଛି। ଏତଦ୍‌ବ୍ୟତୀତ ଚୀନର ଭାରତକୁ ଚାରିପଟରୁ ଘେରିବାର ବହୁବର୍ଷର ରଣକୌଶଳ, ଯୋଜନା ମଧ୍ୟ-ଭାରତରେ ସଂଶୟ ସୃଷ୍ଟି କରିଛି। ମିଆଁମାର, ଶ୍ରୀଲଙ୍କା, ମାଲଡିଭ୍, ପାକିସ୍ତାନ, ଜିବୁତିରେ ଚୀନର ଗତିବିଧି, ଭିତ୍ତିଭୂମି ନିର୍ମାଣରେ ସଂପୃକ୍ତି ସହିତ ସାମରିକ ଉପସ୍ଥିତିର ସମ୍ଭାବନା ଚୀନ-ଭାରତ ସମ୍ପର୍କରେ ତିକ୍ତତା ବୃଦ୍ଧିରେ ସହାୟକ ହୋଇଛି। ଏଥି ସହିତ ଚୀନ୍‌ର ବେଲ୍‌ଟ ଓ ରୋଡ୍ ପ୍ରକଳ୍ପ ମାଧ୍ୟମରେ ସାରା ବିଶ୍ୱକୁ ସଂଯୋଗ ଆଳରେ ଆଧିପତ୍ୟର ଆକାଂକ୍ଷା ମଧ୍ୟ-ଭାରତ ସହ ବହୁଦେଶ ଆଶଙ୍କା କରନ୍ତି। ଚୀନ୍-ପାକିସ୍ତାନ ଇକୋନୋମିକ କରିଡର ଚୀନ ଅଧିକୃତକୁ ଏକ ବିରାଟ ଆହ୍ୱାନ। ନେପାଳରେ ଭାରତ ସୀମା ପର୍ଯ୍ୟନ୍ତ ରେଳ ରାଜପଥ ନିର୍ମାଣ ଓ ବାଂଲାଦେଶକୁ ବହୁ ଅନୁଦାନ ଦେଇ ଭାରତର ଦକ୍ଷିଣ-ଏସିଆରେ ମୁଖ୍ୟ ଭୂମିକାକୁ ପ୍ରତିହତ କରିବାରେ ଚୀନ ଉଦ୍ୟମରତ।

ଏତେଗୁଡ଼ିଏ ଜଟିଳ ସମସ୍ୟାର ସମାଧାନ ଦୁଇଦିନରେ ନିଭୃତ ବୈଠକ ଦ୍ୱାରା ହେବାର ଆଶା ବାସ୍ତବଧର୍ମୀ ନୁହେଁ। ଐତିହାସିକ କାରଣରୁ ଏବଂ ଅତୀତର ଅନୁଭୂତିରୁ ଭାରତକୁ ଦ୍ୱିପାକ୍ଷିତ ସମ୍ପର୍କରେ ଭବିଷ୍ୟତ ପାଇଁ ସତର୍କ ଓ ସାବଧାନ ରହିବାକୁ ପଡ଼ିବ। ମିଳିତ ବିବୃତି କିମ୍ବା କୌଣସି ଚୁକ୍ତିର ଅନୁପସ୍ଥିତିରେ ଠିକ୍ କେଉଁ ବିଷୟରେ ଦୁଇ ନେତାଙ୍କର ସବିଶେଷ ଆଲୋଚନା ଓ ସହମତି ହେଲା ଜାଣିବା କଷ୍ଟ। ତେବେ ଭାରତୀୟ ବିଦେଶ ସଚିବଙ୍କ ମନ୍ତବ୍ୟରୁ ଯାହା ଜଣାଗଲା - ସୀମାନ୍ତରେ ଶାନ୍ତିପୂର୍ଣ୍ଣ ବାତାବରଣ ସୃଷ୍ଟିପାଇଁ ଉଭୟ ଦେଶର ସେନାକୁ ସ୍ୱତନ୍ତ୍ର ରଣନୀତି ସମ୍ବନ୍ଧୀୟ ନିର୍ଦ୍ଦେଶାବଳୀ ଜାରି କରାଯିବ। ସୀମାରେ ଶାନ୍ତି ଓ ସ୍ଥିରତା ଭାରତ ପାଇଁ ବିଶେଷ ଆବଶ୍ୟକତା। ସରକାରଙ୍କ ପାଇଁ ଏହା ଅପରିହାର୍ଯ୍ୟ। ସାଧାରଣ ନିର୍ବାଚନ ଆସନ୍ନ।

ସେ ସମୟରେ ସୀମାରେ ଅଶାନ୍ତି ଓ ଅସ୍ଥିରତା ବାତାବରଣ ନିର୍ବାଚନକୁ ପ୍ରଭାବିତ କରିବାର ସମ୍ଭାବନା ରହିଛି। ଏହାଛଡ଼ା ଆଫଗାନିସ୍ଥାନରେ ମିଳିତ ଅର୍ଥନୈତିକ ପ୍ରକଳ୍ପ କାର୍ଯ୍ୟକାରୀ କରିବା ଲାଗି ଦୁଇନେତା ମଧ୍ୟରେ ସହମତି ପ୍ରକାଶ ପାଇଛି। ଏହା ଗୋଟିଏ ସ୍ୱାଗତଯୋଗ୍ୟ ପଦକ୍ଷେପ ଏବଂ ସମ୍ଭବପର ମଧ୍ୟ।

ଆତଙ୍କବାଦ ବିରୋଧରେ ଲଢ଼େଇରେ ଦୁଇ ଦେଶର ପ୍ରତିଶ୍ରୁତିବଦ୍ଧତା ଉତ୍ସାହଜନକ। ଆଶା କରାଯାଇପାରେ, ମାସୁଦ ଆଝାରକୁ ଆତଙ୍କବାଦୀ ଘୋଷିତ କରିବାରେ ଚୀନ ଆଉ ପ୍ରତିବନ୍ଧକ ସୃଷ୍ଟି କରିବ ନାହିଁ। ବିଶ୍ୱସ୍ତରୀୟ ବହୁ ପ୍ରସଙ୍ଗ ବିଶେଷକରି, ବିଶ୍ୱବାଣିଜ୍ୟରେ ସଂରକ୍ଷଣାତ୍ମକ ନୀତିର ମୁକାବିଲା କରିବାପାଇଁ ବୋଧହୁଏ ଦୁଇ ଦେଶ ସହଯୋଗ କରିବେ।

ଅନୌପଚାରିକ ଶିଖର ସମ୍ମିଳନୀରେ ଆଲୋଚିତ ବୁଝାମଣା ହୋଇଥିବା ସବୁ ବିଷୟବସ୍ତୁର ସଫଳତା ବା ବିଫଳତା ଜଣାପଡ଼ିବ ତୃଣମୂଳସ୍ତରରେ। ଏହାର ଅନୁଭବସାପେକ୍ଷ, ନିଶ୍ଚିତ ପ୍ରଭାବ କାର୍ଯ୍ୟକାରିତା ଉପରେ ଚୀନ ଗଣମାଧ୍ୟମରେ କୋରିଆ ଶିଖର ସମ୍ମିଳନୀଠାରୁ ଚୀନ-ଭାରତ ଶିଖର ସମ୍ମିଳନୀକୁ ବେଶୀ ଗୁରୁତ୍ୱ ଦେବା କିମ୍ବା ଭାରତୀୟ ଗଣମାଧ୍ୟମରେ ପ୍ରଧାନମନ୍ତ୍ରୀଙ୍କ ଗସ୍ତକୁ ଉତ୍ସାହିତ, ଆଳଙ୍କାରିକ, ଆଡ଼ମ୍ବରପୂର୍ଣ୍ଣ ଶବ୍ଦାବଳୀ ଚିତ୍ରଣରେ ନୁହେଁ।

■

ପୂର୍ବଭାରତ ଓ ଇଣ୍ଡୋ-ପାସିଫିକ୍

ଗତ ଗଣତନ୍ତ୍ର ଦିବସ ସମାବେଶରେ ଆସିଆନର ଦଶଟି ରାଷ୍ଟ୍ରର ସରକାରୀ ମୁଖ୍ୟଙ୍କ ସମାଗମ ଏବଂ ଯୋଗଦାନ ଥିଲା ଅଭୂତପୂର୍ବ ଓ ଅଣପାରମ୍ପରିକ। ଅତୀତରେ ଏଭଳି ସମୂହ ଅତିଥିଙ୍କ ଉପସ୍ଥିତିରେ ରାଜଧାନୀ ଦିଲ୍ଲୀରେ ୨୬ ଜାନୁଆରୀ ପାଳିତ ହୋଇନଥିଲା। ଏଥିରୁ ଅନୁମାନ କରାଯାଇପାରେ ଯେ ଏ ଦେଶଗୁଡ଼ିକ ସହିତ ସୁସମ୍ପର୍କକୁ ଭାରତର ବିଦେଶ ନୀତିରେ ଅଗ୍ରାଧିକାର ଦେବାର ସମୟ ଆସିଛି। ଏହା ଗତ ଶତାବ୍ଦୀର ନବେଦଶକର ପ୍ରାରମ୍ଭରେ ଆରମ୍ଭ ହୋଇଥିବା ପ୍ରଧାନମନ୍ତ୍ରୀ ନରସିଂହ ରାଓଙ୍କର 'ଲୁକ୍ ଇଷ୍ଟ' ଏବଂ ପ୍ରଧାନମନ୍ତ୍ରୀ ନରେନ୍ଦ୍ର ମୋଦୀଙ୍କର 'ଆକ୍ଟ ଇଷ୍ଟ' ନୀତିର ସମ୍ପ୍ରସାରିତ ପଦକ୍ଷେପ। ୧୯୯୨ ମସିହାରେ ଅଙ୍କୁରିତ ହୋଇଥିବା 'ଡାଇଲଗ ପାର୍ଟନରସିପ୍'ର ରୌପ୍ୟ ଜୟନ୍ତୀ ଉପଲକ୍ଷେ ସମ୍ପର୍କକୁ ଆହୁରି ଦୃଢ଼ ଓ ଫଳପ୍ରଦ କରାଇବା ପାଇଁ ଭାରତ ଓ ଆସିଆନର ଦଶଟି ରାଷ୍ଟ୍ର ପ୍ରତିଶ୍ରୁତିବଦ୍ଧ। ଇତି ମଧ୍ୟରେ ୨୦୦୨ରେ ଆମ ସମ୍ପର୍କ ଆହୁରି ଗୋଟିଏ ସୋପାନ ଅତିକ୍ରମ କରି 'ଶିଖର ସ୍ତରରେ ପାର୍ଟନରସିପ୍'ର ନୂତନ ଅଧ୍ୟାୟ ଆରମ୍ଭ କରି ୨୦୧୨ରେ ତାହା 'ଷ୍ଟ୍ରାଟେଜିକ୍ ପାର୍ଟନରସିପ୍' ବା ରଣନୀତିକ ଭାଗୀଦାରିରେ ପହଞ୍ଚିଛି।

ଭାରତ ଓ ଆସିଆନ ଦେଶଗୁଡ଼ିକର ସମ୍ପର୍କ ବହୁ ପୁରାତନ ଓ ସଭ୍ୟତା ଓ ସଂସ୍କୃତିର ପରଂପରାରେ ନିବିଡ଼ ଭାବରେ ଜଡ଼ିତ। ଏବେବି ସେ ଦେଶଗୁଡ଼ିକର କଳା, ସଂଗୀତ, ନୃତ୍ୟ, ସାହିତ୍ୟ, ସ୍ଥାପତ୍ୟ, ଜୀବନଶୈଳୀରେ ଭାରତୀୟ ଛାପ ପରିସ୍ଫୁଟ। ସ୍ୱାଧୀନତା ପ୍ରାପ୍ତି ପରଠାରୁ ଆସିଆନ୍‌ର ପ୍ରତ୍ୟେକ ସଦସ୍ୟ ରାଷ୍ଟ୍ର ସହିତ ଆମର କୂଟନୀତିକ, ଆର୍ଥିକ ଓ ସୁରକ୍ଷା ଭାଗୀଦାରି ବୃଦ୍ଧି ପାଇଛି, ତଥାପି ଭାରତ-ଆସିଆନର ସମ୍ପର୍କ ଯେଉଁ ଉଚ୍ଚାଙ୍ଗ ସ୍ତରରେ ପହଞ୍ଚିବାର ସମ୍ଭାବନା ଏବଂ ଇପ୍‌ସିତ ଲକ୍ଷ୍ୟ ରହିଛି

ତାହା ଚରିତାର୍ଥ କରିବାରେ ଆମେ ଏ ପର୍ଯ୍ୟନ୍ତ ସଫଳତା ହାସଲ କରିପାରି ନାହୁଁ।

ଭାରତ-ଆସିଆନ ବର୍ତ୍ତମାନର ବାଣିଜ୍ୟ ପ୍ରାୟ ୭୧ ବିଲିୟନ ଡଲାର। ୨୦୧୦-୧୧ରେ ତାହା ୮୦ ବିଲିୟନ ଡଲାରରେ ପହଞ୍ଚିଥିଲା। ଅପରପକ୍ଷରେ ଚୀନ-ଆସିଆନର ବାଣିଜ୍ୟ ପ୍ରାୟ ୪୫୦ ବିଲିୟନ ଡଲାର। ତେଣୁ ୨୦୨୦ ସୁଦ୍ଧା ଭାରତ-ଆସିଆନ ଦ୍ୱିପାକ୍ଷିକ ବାଣିଜ୍ୟକୁ ୨୦୦ ବିଲିୟନ ଡଲାରରେ ପହଞ୍ଚିବାର ଯେଉଁ ଲକ୍ଷ୍ୟ ଧାର୍ଯ୍ୟ କରାଯାଇଛି ବୋଧହୁଏ ହାସଲ କରିବା ଦୁରୂହ ମନେହୁଏ। ୨୦୧୬ରେ ଭାରତ ଆସିଆନରେ ପୁଞ୍ଜି ନିବେଶ ୧ ବିଲିୟନ ଡଲାର ଥିଲାବେଳେ ଚୀନର ନିବେଶ ଥିଲା ୧୦ ବିଲିୟନ ଡଲାର। ଆସିଆନ ଦେଶମାନଙ୍କ ଭିତରୁ କେବଳ ସିଙ୍ଗାପୁରରୁ ୩୦ ବିଲିୟନ ଡଲାରର ନିବେଶ ଭାରତରେ ହୋଇଛି। ଅନ୍ୟ ଦେଶଗୁଡ଼ିକରୁ ନିବେଶ ନଗଣ୍ୟ। ଏ ପର୍ଯ୍ୟନ୍ତ ସିଙ୍ଗାପୁର, ମାଲେସିଆ, ଥାଇଲାଣ୍ଡ ହିଁ ବ୍ୟବସାୟରେ ଆମର ପ୍ରମୁଖ ଭାଗୀଦାରି। ଅନ୍ୟ ରାଷ୍ଟ୍ରଗୁଡ଼ିକ ସହିତ ବ୍ୟବସାୟ ବାଣିଜ୍ୟ ସ୍ୱଳ୍ପ।

ଦ୍ୱିପାକ୍ଷିକ ଓ ସମୂହ ଭାରତ ଆସିଆନ ଦେଶଗୁଡ଼ିକ ସହିତ ଅର୍ଥନୈତିକ ସମ୍ପର୍କ ବୃଦ୍ଧି କରିବାରେ ସବୁଠାରୁ ବଡ଼ ବାଧକ ହେଉଛି ଯୋଗାଯୋଗର ଅଭାବନୀୟ ପରିସ୍ଥିତି। ବର୍ତ୍ତମାନ ଆକାଶମାର୍ଗରେ ଯୋଗାଯୋଗ ଭାରତ ସିଙ୍ଗାପୁରକୁ ସପ୍ତାହରେ ୪୦୦ ଉଡ଼ାଣ। ଭାରତ, ଥାଇଲାଣ୍ଡ, ମାଲେସିଆରୁ ସାପ୍ତାହିକ ଉଡ଼ାଣ ପ୍ରାୟ ୨୦୦। ଅଥଚ ଆସିଆନର ସବୁଠାରୁ ବଡ଼ ରାଷ୍ଟ୍ର ଇଣ୍ଡୋନେସିଆ ସହିତ ସିଧାସଳଖ ଉଡ଼ାଣ ଏପର୍ଯ୍ୟନ୍ତ ସମ୍ଭବ ହୋଇ ପାରିନାହିଁ। ସେହିଭଳି ସିଙ୍ଗାପୁର ଓ ମାଲେସିଆ ବ୍ୟତୀତ ଅନ୍ୟ ଦେଶଗୁଡ଼ିକ ସହିତ ନୌବାଣିଜ୍ୟର ଉପାଦେୟତା ଓ ଆବଶ୍ୟକତା ହୃଦୟଙ୍ଗମ କରାଯାଇ ନାହିଁ।

ଏଥିସହିତ ଚୀନର ଅର୍ଥନୈତିକ ଓ ସାମାଜିକ ମହାଶକ୍ତି ଭାବେ ଉଦୟ ଏବଂ ଦକ୍ଷିଣ ଚୀନ ସମୁଦ୍ରରେ ଉପସ୍ଥିତି ଓ ଆନ୍ତର୍ଜାତିକ ଆଇନ ଓ ପରମ୍ପରାକୁ ଭ୍ରୂକ୍ଷେପ ନକରି କେତେକ ଅଞ୍ଚଳକୁ ଅକ୍ତିଆର କରି ସେ ଅଞ୍ଚଳରେ ଅସ୍ଥିରତା ସୃଷ୍ଟି କରି ନିଜର ପ୍ରତିପତ୍ତି ପ୍ରତିଷ୍ଠା କରିବାପାଇଁ ଉଦ୍ୟମରତ ଥିଲାବେଳେ ସ୍ୱାଭାବିକ ଭାବେ ଆସିଆନ ଦେଶଗୁଡ଼ିକ ଚାହିଁବେ ସେ ଅଞ୍ଚଳରେ ଭାରତର ଉପସ୍ଥିତି ଓ ସୁରକ୍ଷାରେ ସମତୁଲତା ପାଇଁ ଭାରତର ପ୍ରସ୍ତୁତି। ଆମ ଦେଶର ହିତ ଦୃଷ୍ଟିରୁ ମଧ୍ୟ ସେ ଅଞ୍ଚଳରେ ନୌବାଣିଜ୍ୟ ଓ ବିମାନ ଉଡ଼ାଣ ଜାରି ରହିବା ଅପରିହାର୍ଯ୍ୟ, କାରଣ ଆମର ବହୁ ବାଣିଜ୍ୟ ସେଇ ଜଳପଥରେ ହୋଇଥାଏ।

ସୁରକ୍ଷା ଦୃଷ୍ଟିରୁ ମଧ୍ୟ ଭାରତ, ଜାପାନ ଓ ଅଷ୍ଟ୍ରେଲିଆ (ଇଣ୍ଡୋ-ପାସିଫିକ) ବିଶାଳ

ଇଲାକାରେ ବ୍ୟାପକ ପ୍ରସ୍ତୁତିର ପ୍ରୟୋଜନୀୟତା ବୃଦ୍ଧି ପାଇଛି। ଚୀନ ଏହି ଅଞ୍ଚଳରେ ଆମେରିକାର ଆଧିପତ୍ୟକୁ ଅସ୍ୱୀକାର କରି ଏକଚଟିଆ ଭାବେ ନିଜର ପ୍ରତାପ ସାବ୍ୟସ୍ତ କରିବାପାଇଁ ଇଚ୍ଛୁକ ଏବଂ ଚେଷ୍ଟିତ ମଧ୍ୟ। ଚୀନର ଏହି ଅଭିଳାଷକୁ ନିଶ୍ଚିତଭାବେ ପ୍ରତିହତ କରିବାପାଇଁ ଭାରତ, ଜାପାନ ଓ ଆମେରିକା ବର୍ତ୍ତମାନ ଆଲୋଚନାରତ ଏବଂ ଅଷ୍ଟ୍ରେଲିଆକୁ ସେଥିରେ ସାମିଲ କରିବାପାଇଁ ପ୍ରୟାସ ଜାରି ରହିଛି। ଡୋନାଲ୍ଡ ଟ୍ରମ୍ପ ଶାସନ କାଳରେ ଆମେରିକାର ଆଭିମୁଖ୍ୟରେ ସ୍ଥାୟିତ୍ୱର ଅଭାବ ପରିଲକ୍ଷିତ ହେଉଛି। ଆମେରିକା ଉତ୍ତର କୋରିଆ ସମସ୍ୟାର ସମାଧାନ ପାଇଁ ଚୀନର ସହାୟତା ଚାହେଁ। ଟ୍ରାନ୍ସ ପାସିଫିକ୍ ପାର୍ଟନରସିପ୍‌ରୁ ଆମେରିକା ଓହରିଯିବା ଫଳରେ କ୍ୱାଡ୍ (ଭାରତ, ଜାପାନ, ଅଷ୍ଟ୍ରେଲିଆ ଓ ଆମେରିକା)ର ଭବିଷ୍ୟତ ନେଇ ଆକଳନ କରିବା ଏତେ ସହଜ ନୁହେଁ। କିନ୍ତୁ ଗୋଟିଏ କଥା ସ୍ପଷ୍ଟ ଯେ ଇଣ୍ଡୋ-ପାସିଫିକ୍ ଅଞ୍ଚଳର ଗୁରୁତ୍ୱ ବାଣିଜ୍ୟ ଓ ସୁରକ୍ଷା ଦୃଷ୍ଟିରୁ ବହୁମାତ୍ରାରେ ବୃଦ୍ଧି ପାଇଛି।

ଆମେରିକା ଓ ଅନ୍ୟ ବିଶ୍ୱଶକ୍ତି ବର୍ତ୍ତମାନ ଭାରତ ମହାସାଗର ଓ ପ୍ରଶାନ୍ତ ମହାସାଗରର ଇଲାକାକୁ (ଇଣ୍ଡୋ-ପାସିଫିକ୍) ତୁଳନାତ୍ମକ ଭାବେ ଆଟ୍‌ଲାଣ୍ଟିକ୍ ମହାସାଗର ଠାରୁ ବେଶୀ ପ୍ରାଧାନ୍ୟ ଦେଉଛନ୍ତି। ଏହି ପରିପ୍ରେକ୍ଷୀରେ ଭାରତର ଆସିଆନ୍ ରାଷ୍ଟ୍ରଗୁଡ଼ିକ ସହିତ ଯୋଗାଯୋଗ ବ୍ୟବସ୍ଥାକୁ ଦ୍ରୁତଗତିରେ ଉନ୍ନତ କରିବାର ଆବଶ୍ୟକତା ବୃଦ୍ଧି ପାଇଛି। ମିଆଁମାର ଓ ଭାରତ ମଧ୍ୟରେ 'କାଲାଦାନ' ପ୍ରକଳ୍ପର କାର୍ଯ୍ୟକାରିତାର ଗୁରୁତ୍ୱ ଉପଲବ୍ଧ ହେଉଛି। ଭାରତ-ମିଆଁମାର-ଥାଇଲାଣ୍ଡ ହାଇଓ୍ୱେ ବିଳମ୍ବିତ ହେଲେ ମଧ୍ୟ ଶୀଘ୍ର ସମ୍ପୂର୍ଣ୍ଣ ହେବାର ସମସ୍ତ ଉଦ୍ୟମ ହେବା ଉଚିତ। ଗଙ୍ଗା-ମେକଙ୍ଗ ପ୍ରକଳ୍ପର ସ୍ୱପ୍ନକୁ ସାକାର କରିବାପାଇଁ ପଦକ୍ଷେପ ନେବାର ସମୟ ଆସିଛି। ବିମ୍‌ଷ୍ଟେକ୍ ବଙ୍ଗୋପସାଗର ତଟବର୍ତ୍ତୀ ଓ ପଡ଼ୋଶୀ ରାଷ୍ଟ୍ରଙ୍କର ବୈଷୟିକ ଓ ଅର୍ଥନୈତିକ ସଂସ୍ଥାକୁ ସକ୍ରୀୟ କରାଇ କଳ୍ପିତ ଯୋଜନାଗୁଡ଼ିକର କାର୍ଯ୍ୟକାରିତାକୁ ତ୍ୱରାନ୍ୱିତ କରିବା ଦିଗରେ ଇଚ୍ଛାଶକ୍ତିର ପ୍ରୟୋଜନ ରହିଛି। ଆମେ ସମସ୍ତେ ଜାଣୁ ଇଣ୍ଡୋ-ପାସିଫିକ୍ ଇଲାକାର ଦେଶଗୁଡ଼ିକରେ ନିଜର ଅର୍ଥନୈତିକ ଅଭିବୃଦ୍ଧି ପାଇଁ ସବୁ ପ୍ରକାରର ଶକ୍ତିର ଚାହିଦା ରହିଛି। ପେଟ୍ରୋଲ, ଗ୍ୟାସ, କୋଇଲା, ୟୁରାନିୟମର କ୍ରମବର୍ଦ୍ଧିଷ୍ଣୁ ଚାହିଦା ଫଳରେ ଅସ୍ଥିରତା ଓ ସଂଘର୍ଷର ସମ୍ଭାବନାକୁ ଏଡ଼ାଇଯିବା ବାସ୍ତବଧର୍ମୀ ନୁହେଁ। ୨୦୩୦ ମସିହା ବେଳକୁ ଭାରତ ନିଜର ଶକ୍ତିର ଚାହିଦା ମେଣ୍ଟାଇବା ପାଇଁ ୯୦ ପ୍ରତିଶତ ଆମଦାନୀ ଉପରେ ନିର୍ଭର କରିବ। ବିକାଶର ଧାରା ବୃଦ୍ଧି ପାଇବା ସଙ୍ଗେ ସଙ୍ଗେ କଞ୍ଚାମାଲର ଚାହିଦା ବୃଦ୍ଧି ପାଇବ। ପ୍ରାକୃତିକ ଗ୍ୟାସର ଚାହିଦା ବୃଦ୍ଧି ପାଇବ। ପେଟ୍ରୋଲ, ଗ୍ୟାସ, କୋଇଲାର ଚାହିଦା ବିକାଶଶୀଳ ଦେଶଗୁଡ଼ିକରେ ଆଗାମୀ ଦିନରେ ରହିବ।

ଏଥି ସହିତ ଅଣପାରମ୍ପରିକ, ବିଶେଷ କରି ଅଣୁଶକ୍ତି, ସୌରଶକ୍ତି, ବାୟୁଶକ୍ତି ପ୍ରଭୃତିର ପ୍ରୟୋଗ ସହିତ ଶକ୍ତି ଉତ୍ପାଦନର ଦକ୍ଷତା ମଧ୍ୟ ବଢ଼ାଇବାକୁ ପଡ଼ିବ। ଆମର ଶକ୍ତି ନିରାପତ୍ତା ଦୃଷ୍ଟିରୁ ଇଣ୍ଡୋ-ପାସିଫିକ୍ ଅଞ୍ଚଳ ଗୁରୁତ୍ୱପୂର୍ଣ୍ଣ।

ଏହି ପୃଷ୍ଠଭୂମିରେ ମାର୍ଚ୍ଚ ୧୬-୧୮ରେ 'କଳିଙ୍ଗ ଇଣ୍ଟରନ୍ୟାସ୍‌ନାଲ ଫାଉଣ୍ଡେସନ' ଆନୁକୂଲ୍ୟରେ ଭୁବନେଶ୍ୱରଠାରେ ଅନୁଷ୍ଠିତ ହେଉଥିବା 'ପୂର୍ବାଶା : ପୂର୍ବଭାରତ ଓ ଇଣ୍ଡୋ-ପାସିଫିକ୍' ସମ୍ପର୍କ କର୍ମଶାଳାର ତାତ୍ପର୍ଯ୍ୟ ରହିଛି। କଳିଙ୍ଗର ଦକ୍ଷିଣ-ପୂର୍ବ ଏସିଆ ବିଶେଷ କରି ମିଆଁମାର, କାମ୍ବୋଡିଆ, ଇଣ୍ଡୋନେସିଆ ଓ ଶ୍ରୀଲଙ୍କା ସହିତ ବାଣିଜ୍ୟ ଓ ସଂସ୍କୃତି କ୍ଷେତ୍ରରେ ଶହଶହ ବର୍ଷ ଧରି ବିଶେଷ ସମ୍ପର୍କ ଥିଲା। ସେ ଦେଶଗୁଡ଼ିକର କଳା, ସ୍ଥାପତ୍ୟ, ହସ୍ତଶିଳ୍ପ, ହସ୍ତତନ୍ତ, ରୀତିନୀତି, ଜୀବନଶୈଳୀରେ ଓଡ଼ିଆ ଛାପ ପରିସ୍ଫୁଟ। ପ୍ରଧାନମନ୍ତ୍ରୀ ମୋଦି ତାଙ୍କ ଭାଷଣରେ ବହୁବାର ନିଜର ସ୍ୱପ୍ନର ଭାରତ କଥା କହିଲାବେଳେ ପ୍ରକାଶ କରିଛନ୍ତି ଯେ ପୂର୍ବୋଦୟ ବିନା ଭାରତର ଉଦୟ ଅସମ୍ପୂର୍ଣ୍ଣ। ଅନ୍ୟ ଅର୍ଥରେ ସେ କହିବାକୁ ଚାହାନ୍ତି ଯେ ପୂର୍ବ ଭାରତର ବିକାଶ ଓ ଉଦୟ ବିନା ଭାରତର ସର୍ବାଙ୍ଗୀଣ ବିକାଶ ଅସମ୍ଭବ ଓ ଅପରିକଳ୍ପନୀୟ।

ଏହି ପରିପ୍ରେକ୍ଷୀରେ କର୍ମଶାଳାରେ ଆଲୋଚ୍ୟ ବିଷୟଗୁଡ଼ିକ ମଧ୍ୟରେ ଆସିଆନ୍ ଦେଶଗୁଡ଼ିକ ସହିତ ଯୋଗାଯୋଗ, ବାଣିଜ୍ୟ, ସଂସ୍କୃତି ହିଁ ପ୍ରାଧାନ୍ୟ ପାଇବ। ଏଥିରେ ଭାଗ ନେବାପାଇଁ ଆସିଆନର ପ୍ରାୟ ସବୁ ଦେଶରୁ ପ୍ରତିନିଧି ଦଳ ସହ ନେପାଳ, ଭୂଟାନ, ବାଂଲାଦେଶ, ଶ୍ରୀଲଙ୍କା, ଜାପାନ ଓ ଅଷ୍ଟ୍ରେଲିଆର ପ୍ରତିନିଧିମାନେ ଯୋଗଦେବେ। ଯେଉଁଥିରେ ବହୁ ଦେଶର ରାଜନୀତିଜ୍ଞ, ସରକାରୀ ପ୍ରତିନିଧି, ଭାରତରେ ଅବସ୍ଥାପିତ କୂଟନୀତିଜ୍ଞ, ଗବେଷକ, ବୁଦ୍ଧିଜୀବୀ ପ୍ରଭୃତି ଆଲୋଚନାରେ ଭାଗ ନେବେ। ଭାବର ଆଦାନ ପ୍ରଦାନ ହେବ। ଆଶା କରାଯାଉଛି ସେତେବେଳର କଳିଙ୍ଗ ବର୍ତ୍ତମାନର ଓଡ଼ିଶା ଭବିଷ୍ୟତରେ ହେବ ପ୍ରଗତି ଓ ବିକାଶର ଉତ୍ସ, ନିର୍ମାଣର କେନ୍ଦ୍ରସ୍ଥଳ। ପୂର୍ବଭାରତ ଓ ଇଣ୍ଡୋ-ପାସିଫିକ୍ ମିଳନ ସ୍ଥଳ। ଏହା ହେବ ପ୍ରକୃତ ପୂର୍ବୋଦୟ – ପ୍ରଗତିର ଯାତ୍ରା।

ଆମେରିକାର ସଂଶୟ

ଆମେରିକାର ୨୦୨୦ ରାଷ୍ଟ୍ରପତି ନିର୍ବାଚନର ପ୍ରାକ୍‌ପ୍ରସ୍ତୁତି ଆରମ୍ଭ ହୋଇଯାଇଛି। ଗତ ସପ୍ତାହରେ ଡେମୋକ୍ରାଟ୍ ଦଳର ଆଶାୟୀ ପ୍ରାର୍ଥୀଙ୍କ ଆନୁଷ୍ଠାନିକ ଆଲୋଚନା ମିଆମି ଠାରେ ଅନୁଷ୍ଠିତ ହୋଇଥିଲା। ପ୍ରାୟ ୨୦ ଜଣ ଇଚ୍ଛୁକ ପ୍ରାର୍ଥୀ ଯୁକ୍ତିତର୍କ ମାଧ୍ୟମରେ ବିଭିନ୍ନ ବିଷୟବସ୍ତୁ ଉପରେ ନିଜର ମତାମତ ଉପସ୍ଥାପନ କରିଥିଲେ। ସେମାନଙ୍କ ମଧ୍ୟରେ କାଲିଫର୍ଣ୍ଣିଆର ସିନେଟର କମଳା ହାରିସ ଯାହାଙ୍କ ମା' ଭାରତୀୟ ଓ ବାପା ଜାମାଇକାର, ଗଣମାଧ୍ୟମର ଦୃଷ୍ଟି ଆକର୍ଷଣ କରିଛନ୍ତି। ପୂର୍ବତନ ଉପରାଷ୍ଟ୍ରପତି ବାଇଡେନ୍ ମଧ୍ୟ ପ୍ରତିଦ୍ୱନ୍ଦ୍ୱିତାରେ ଅଗ୍ରଣୀ ଅଛନ୍ତି। ତେବେ ଡିମୋକ୍ରାଟ ଦଳର କିଏ ମନୋନୀତ ପ୍ରାର୍ଥୀ ହେବେ ତାହା ଏବେଠାରୁ କହିବା କଷ୍ଟ, ଯେଉଁଭଳି ଗତ ନିର୍ବାଚନରେ ଡୋନାଲ୍ଡ ଟ୍ରମ୍ପଙ୍କ ପ୍ରାର୍ଥିତ୍ୱ କଥା ପ୍ରାରମ୍ଭରେ କେହି କଳ୍ପନା କରିନଥିଲେ। ଏଥର ରାଷ୍ଟ୍ରପତି ଟ୍ରମ୍ପ ପୁନର୍ବାର ନିର୍ବାଚନରେ ଭାଗ ନେବା ଏବଂ ଜିତିବାର ଦୃଢ଼ ଆଶା ରଖିଛନ୍ତି। ତା'ର ମୂଳ କାରଣ ହେଲା ଆମେରିକାର ଅର୍ଥନୀତି ବର୍ତ୍ତମାନ ସୁଦୃଢ଼ ଅଛି ଏବଂ ଅଭିବୃଦ୍ଧି ହାର ସନ୍ତୋଷଜନକ। ତତ୍‌ସହିତ ନିଯୁକ୍ତି ହାର ବଢ଼ିଛି ଏବଂ ପାରିଶ୍ରମିକରେ ମଧ୍ୟ ବୃଦ୍ଧି ଘଟିଛି ବୋଲି ସରକାରୀ ତଥ୍ୟରେ ପ୍ରକାଶିତ ହୋଇଛି। ଏହି ସ୍ଥିତି ନିର୍ବାଚନ ପର୍ଯ୍ୟନ୍ତ ବଳବତ୍ତର ରହିବ ବୋଲି ଆଶା କରାଯାଉଛି। ଜନସାଧାରଣଙ୍କ ଆସ୍ଥାଭାଜନ ହେବାପାଇଁ ଏବଂ ନିର୍ବାଚନରେ ଜିତିବା ପାଇଁ ଅର୍ଥନୈତିକ ସ୍ଥିତିର ଭୂମିକାକୁ ଉପେକ୍ଷା କରିହେବନି ଯଦିଓ ଲୋକମତ ସର୍ଭେରେ ଟ୍ରମ୍ପଙ୍କ ସ୍ଥିତି ସନ୍ତୋଷଜନକ ନୁହେଁ ଏବଂ ଭୋଟର ତାଙ୍କର ନୀତି ଓ ଶାସନ ଶୈଳୀ ବିରୋଧରେ ମତ ପ୍ରକାଶ କରିଛନ୍ତି। ଆମେରିକାର ଗଣମାଧ୍ୟମ ମଧ୍ୟ ତାଙ୍କର ନୀତି, ଶୈଳୀ, ବ୍ୟକ୍ତିତ୍ୱର ସମାଲୋଚନା କରିବାରେ ଅବିରତ ବ୍ୟସ୍ତ। ଅତୀତରେ ଟ୍ରମ୍ପଙ୍କ ମହିଳାଙ୍କ ପ୍ରତି ଦୁର୍ବ୍ୟବହାର, ଦୁଷ୍କର୍ମ ଏବେବି ଗଣମାଧ୍ୟମରେ ଚର୍ଚ୍ଚିତ। ପରିବାର ସଦସ୍ୟଙ୍କର ସରକାରୀ ଆଲୋଚନା ଓ

ନିଷ୍ପତ୍ତିରେ ସଂପୃକ୍ତି ଏକ ଅପାରମ୍ପରିକ ପ୍ରକ୍ରିୟା ଯାହା ଆଗରୁ ଦେଖାଯାଇ ନଥିଲା। କନ୍ୟା ଇଭାନା ଓ ଜାମାତା କୁସନରଙ୍କର ବିଦେଶ ନୀତି ଓ ବିଦେଶୀ ସରକାର ପ୍ରତିନିଧିଙ୍କ ସହିତ ସମ୍ପର୍କ ଏବଂ ଆଲୋଚନାରେ ଅଂଶଗ୍ରହଣ ଅନ୍ୟମାନଙ୍କ ପାଇଁ ଅପ୍ରୀତିକର ପରିସ୍ଥିତି ସୃଷ୍ଟି କରିଛି। ଏଭଳିକି ପୂର୍ବତନ ବିଦେଶ ସଚିବ ଟିଲରସନ୍ ନିଜର ଅସହାୟତା, ଅବହେଳିତ ବିଷୟ ପ୍ରକାଶ କରିବାକୁ କୁଣ୍ଠାବୋଧ କରିନଥିଲେ। ଜଣେ ରାଷ୍ଟ୍ରପତିଙ୍କ ଶାସନ କାଳରେ ଘନଘନ ଉଚ୍ଚାଧିକାରୀଙ୍କ ଅପସାରଣ ଓ ପରିବର୍ତ୍ତନ ଅଦୃଷ୍ଟପୂର୍ବ, ଯାହା ପୂର୍ବେ ଦେଖାଯାଇ ନଥିଲା। ସବୁ ବିରୋଧ ସତ୍ତ୍ୱେ ଇମିଗ୍ରାଣ୍ଟଙ୍କ ଅନୁପ୍ରବେଶକୁ ରୋକିବା ପାଇଁ ମେକ୍ସିକୋ ଓ ଆମେରିକା ସୀମାରେ ଉଚ୍ଚ ପ୍ରାଚୀର ନିର୍ମାଣ ଓ ଅକଥନୀୟ ବ୍ୟବହାର ବର୍ତ୍ତମାନ ଦେଶର ଏକ ମୁଖ୍ୟ ପ୍ରସଙ୍ଗ। ନ୍ୟାୟାଳୟ ବିଭିନ୍ନ ବିଷୟରେ ଟ୍ରମ୍ପଙ୍କ କେତେକ ନୀତି ଓ ନିଷ୍ପତ୍ତିକୁ ଅଗ୍ରାହ୍ୟ ବା ପ୍ରତ୍ୟାଖ୍ୟାନ କରିଛି ଯାହା ଟ୍ରମ୍ପଙ୍କ ଉପରେ କୌଣସି ପ୍ରଭାବ ପକାଇଛି ବୋଲି ମନେ ହେଉନାହିଁ। ତାଙ୍କ ମତରେ ଆମେରିକାକୁ ଶ୍ରେଷ୍ଠ, ଶକ୍ତିଶାଳୀ ଓ ପ୍ରଭାବଶାଳୀ କରିବାକୁ ପଡ଼ିବ। ତେଣୁ ତାଙ୍କ ନୀତିରେ ଆମେରିକା ପ୍ରଥମ, ଆମେରିକା ଓ ଆମେରିକୀୟମାନଙ୍କର ପ୍ରାଥମିକତା ଓ ସେମାନଙ୍କ ସ୍ୱାର୍ଥକୁ ପ୍ରାଧାନ୍ୟ ଦେବା ହିଁ ତାଙ୍କର ଘୋଷିତ ଲକ୍ଷ୍ୟ, କିନ୍ତୁ ସମାଲୋଚକମାନଙ୍କ ମତ ହେଲା ତାଙ୍କର ସବୁ ନିଷ୍ପତ୍ତିରେ ନିଜର ପରୋକ୍ଷ ସ୍ୱାର୍ଥ ନିହିତ। ଏଥର ଜୁଲାଇ ୪ ସ୍ୱାଧୀନତା ଦିବସ ଉତ୍ସବରେ ଶକ୍ତି ପ୍ରଦର୍ଶନ ପାଇଁ ସାମରିକ ବାହିନୀରେ ସବୁଠାରୁ ଆଧୁନିକ ଟ୍ୟାଙ୍କ, ଅସ୍ତ୍ରଶସ୍ତ୍ର ଓ ବାୟୁସେନାର ଲଢୁଆ ବିମାନଗୁଡ଼ିକର ପ୍ରଦର୍ଶନ ପ୍ୟାରେଡ୍ ମାଧ୍ୟମରେ ହୋଇଥିଲା। ଏଭଳି ପ୍ୟାରେଡ୍ ଓ ପ୍ରଦର୍ଶନ ଅତୀତରେ ଅନୁଷ୍ଠିତ ହୋଇନଥିଲା କିମ୍ବା କୌଣସି ରାଷ୍ଟ୍ରପତି ଏଭଳି ପ୍ରଦର୍ଶନର ଆବଶ୍ୟକତା ଉପଲବ୍ଧ କରିନଥିଲେ। ରୁଷ, ଫ୍ରାନ୍ସ ଓ ଭାରତର ଜାତୀୟ ଉତ୍ସବରେ ଏଭଳି ପ୍ରଦର୍ଶନର ଆୟୋଜନ ହୋଇଥାଏ। ଗଣମାଧ୍ୟମ ତାଙ୍କ ମତରେ 'ଫେକ୍' ବା ଛଳନାକାରୀ।

ଟ୍ରମ୍ପଙ୍କର ବିଦେଶ ନୀତି ମଧ୍ୟ ଅଦ୍ଭୁତ। ସକାଳେ କଫି ପିଉଥିବାବେଳେ ବା ମଧ୍ୟରାତ୍ରିରେ ଟି.ଭି. ଦେଖୁଥିବାବେଳେ ଟୁଇଟ୍ ଦ୍ୱାରା ବିଦେଶ ନୀତି ଉପରେ ତତ୍‌କ୍ଷଣାତ୍ ମତପ୍ରକାଶ କରନ୍ତି। ଆମେରିକା ବିଦେଶ ମନ୍ତ୍ରାଳୟର ବରିଷ୍ଠ କର୍ମଚାରୀ ବା ବିଶେଷଜ୍ଞଙ୍କ ସହିତ ପରାମର୍ଶ କରି ପଦକ୍ଷେପ ନେବାରେ ତାଙ୍କର ଆଗ୍ରହ ନଥାଏ। ବୋଧହୁଏ ତାହା ସମ୍ମାନ ହାନିକର ପଦମର୍ଯ୍ୟାଦା ଅନୁପଯୁକ୍ତ ବୋଲି ମନେକରନ୍ତି। ଟ୍ରମ୍ପଙ୍କ ବିଦେଶ ନୀତିରେ ଅନିଶ୍ଚିତତା ଓ ଅନିର୍ଦ୍ଦିଷ୍ଟତା ହେତୁ ଅନ୍ୟ ରାଷ୍ଟ୍ରଗୁଡ଼ିକ ଆମେରିକାର କୌଣସି ନିଷ୍ପତ୍ତିକୁ ଗୁରୁତ୍ୱର ସହିତ ଗ୍ରହଣ କରିବାକୁ କୁଣ୍ଠାବୋଧ କରନ୍ତି। ଦ୍ୱିତୀୟ ମହାଯୁଦ୍ଧ

ପରେ ବିଶ୍ୱ ବ୍ୟବସ୍ଥାରେ ଆମେରିକାର ମହାଶକ୍ତି ଭାବରେ ଭୂମିକା ଓ ଶାନ୍ତି, ସୁରକ୍ଷା, ଭାରସାମ୍ୟ ରକ୍ଷାରେ ଏହାର ସଂପୃକ୍ତି, ସ୍ଥିତି ଉପରେ ବର୍ତ୍ତମାନ ପ୍ରଶ୍ନବାଚୀ ସୃଷ୍ଟି ହୋଇଛି। ୟୁରୋପରେ ନାଟୋ ସହଯୋଗୀଙ୍କ ସହ ସୁରକ୍ଷା ଓ ଅର୍ଥନୈତିକ ବିକାଶରେ ଅଂଶୀଦାର ଭାବେ ହେଉ କିମ୍ବା ପ୍ରାଚ୍ୟର ଜାପାନ ଓ କୋରିଆର ସୁରକ୍ଷା ଓ ଅଞ୍ଚଳରେ ଶାନ୍ତି ପ୍ରତିଷ୍ଠା ପାଇଁ ପ୍ରତିଶ୍ରୁତିବଦ୍ଧତା ଅଥବା ମଧ୍ୟପ୍ରାଚ୍ୟ ତୈଳ ଉତ୍ପାଦନକାରୀ ରାଷ୍ଟ୍ରମାନଙ୍କୁ ସୁରକ୍ଷା ଦେବାର ବ୍ୟବସ୍ଥାର ଭବିଷ୍ୟତ ଅନିଶ୍ଚିତ। ଜଳବାୟୁ ପରିବର୍ତ୍ତନ ପାଇଁ ବିଶ୍ୱସ୍ତରୀୟ ବୁଝାମଣା କାଳ୍ପନିକ ଓ ପ୍ରତାରଣାପୂର୍ଣ୍ଣ ବୋଲି ଚିତ୍ରଣ କରି ସେଥିରୁ ଓହରିଯିବା ଜଳବାୟୁ ପରିବର୍ତ୍ତନରେ ସୁଚିନ୍ତିତ ଯୋଜନା ଓ ଅଗ୍ରଣୀ ରାଷ୍ଟ୍ରମାନଙ୍କର ଦାୟିତ୍ୱ ଓ କାର୍ଯ୍ୟକ୍ରମର ଅଗ୍ରଗତିରେ ଭଟା ପଡ଼ିଛି ବୋଲି କହିଲେ ଅତ୍ୟୁକ୍ତି ହେବ ନାହିଁ। ଇରାନର ଆଣବିକ, ପରମାଣୁ ଅସ୍ତ୍ର ପ୍ରଭୃତି କାର୍ଯ୍ୟକ୍ରମ ରୋକିବା ପାଇଁ ବରାକ୍ ଓବାମାଙ୍କ ସମୟରେ ଆମେରିକା ଓ ଅନ୍ୟ ରାଷ୍ଟ୍ରମାନଙ୍କ ସହିତ ଯେଉଁ ବୁଝାମଣା ହୋଇଥିଲା ସେଥିରୁ ଓହରିଯିବା ଦ୍ୱାରା ଏବଂ ଇରାନ୍ ଉପରେ ଅଧିକ ଅର୍ଥନୈତିକ କଟକଣା ଧାର୍ଯ୍ୟ କରିବା ଦ୍ୱାରା ଏକ ବିସ୍ଫୋରକ ସ୍ଥିତି ସୃଷ୍ଟି ହୋଇଛି। ଫଳରେ ଇରାନ ଆଣବିକ କାର୍ଯ୍ୟକ୍ରମରେ କୌଣସି ଆତ୍ମସଂଯମ, ନିରୋଧର କଟକଣା ଆଶା ନ କରିବା କଥା। ଏହା ତୈଳ କୂଟନୀତିରେ ଅନିଶ୍ଚିତତା ସୃଷ୍ଟି କରିଛି। ମଧ୍ୟପ୍ରାଚ୍ୟରେ ଅସ୍ଥିରତା ଆଣି ଦେଇଛି, ଉତ୍ତେଜନା ସୃଷ୍ଟି କରିଛି। ଜର୍ମାନୀ, ଫ୍ରାନ୍ସ ଭଳି ୟୁରୋପୀୟ ରାଷ୍ଟ୍ରଗୁଡ଼ିକଙ୍କୁ ଅସୁବିଧା ଓ ଲଜ୍ଜାକର ପରିସ୍ଥିତିରେ ପକାଇଛି। ସେଇଭଳି ଆମେରିକା ଦୂତାବାସକୁ ଜେରୁଜେଲମକୁ ସ୍ଥାନାନ୍ତର ନିଷ୍ପତ୍ତି ସେଠାକାର ଶାନ୍ତି ପ୍ରକ୍ରିୟା ପ୍ରତି ଏକ ବିରାଟ ଧକ୍କା। ଚୀନ ଓ ଆମେରିକା ବିଶ୍ୱବାଣିଜ୍ୟର ଆଗକୁ ଗତି କରାଇବାରେ ଦୁଇଟି ପ୍ରମୁଖ ଇଞ୍ଜିନ୍ ଓ ଇନ୍ଧନ। ଦୁଇଦେଶର ବାଣିଜ୍ୟ ପରସ୍ପର ନିର୍ଭରଶୀଳ। ଏଥିରେ ବିଶ୍ୱର ପ୍ରାୟ ସବୁରାଷ୍ଟ୍ର ଜଡ଼ିତ। ଚୀନରୁ ଆମଦାନୀ ହେଉଥିବା ବସ୍ତୁ ଉପରେ ଉଚ୍ଚକର ଧାର୍ଯ୍ୟ ଓ ବାରବାର କାର୍ଯ୍ୟକାରୀ କରାଇବାରେ ବିଳମ୍ବ ସୂଚାଏ ଯେ ଟ୍ରମ୍ପ ଏଭଳି ପଦକ୍ଷେପର ପରିଣାମ ବିଷୟରେ ଗଭୀର ଚିନ୍ତା କରିନାହାନ୍ତି। ସେ ଭାବନ୍ତି ଯେ ବିଦେଶନୀତି ଓ ବିଦେଶୀ ରାଷ୍ଟ୍ର ସହିତ ସମ୍ପର୍କ ଏକ ବ୍ୟବସାୟଗତ ଚୁକ୍ତି ଯାହାକୁ ଇଂରାଜୀରେ 'ଡିଲ୍' କୁହାଯାଏ। ୟୁକ୍ରେନରେ ରୁଷର ସନ୍ଦେହଜନକ ଭୂମିକା ଓ ପରବର୍ତ୍ତୀ କାଳରେ ରୁଷ ବିରୋଧରେ ଅର୍ଥନୈତିକ କଟକଣା ଥିଲାବେଳେ ଗତ ନିର୍ବାଚନ ସମୟରେ ଟ୍ରମ୍ପଙ୍କୁ ଜିତାଇବା ପାଇଁ ରୁଷର ସନ୍ଦେହାତ୍ମକ ଆଧୁନିକ ଟେକ୍ନୋଲୋଜିର ପ୍ରୟୋଗ ଓ ଟ୍ରମ୍ପଙ୍କର ଏ ବିଷୟରେ ବିଭିନ୍ନ ସମୟରେ ମତାମତ ଓ ଆମେରିକାରେ ସେ ସଂକ୍ରାନ୍ତରେ ଚାଲିଥିବା ଅନୁସନ୍ଧାନ ଏକ ଗୋଳମାଳିଆ, ଅସ୍ପଷ୍ଟ ପରିସ୍ଥିତି ସୃଷ୍ଟି କରିଛି। ଉତ୍ତର କୋରିଆକୁ ଏ

ଧରାରୁ ନିଶ୍ଚିହ୍ନ କରିବାର ଧମକ ପରେ ସେ ଦେଶର ରାଷ୍ଟ୍ରପତିଙ୍କ ସହ କରମର୍ଦ୍ଦନ ଓ ବିଶ୍ୱଯୁଦ୍ଧ ପରେ ଆମେରିକାର ପ୍ରଥମ ରାଷ୍ଟ୍ରପତି ଭାବେ ଉତ୍ତର କୋରିଆର ଭୂମି ସ୍ପର୍ଶ କରିବା ମଧ୍ୟ ଆମେରିକାବାସୀଙ୍କ ସମେତ ବିଶ୍ୱର ଅନ୍ୟ ରାଷ୍ଟ୍ରମାନଙ୍କୁ ଚକିତ କରିଛି ସତ, କିନ୍ତୁ ଏହା ବୋଧଗମ୍ୟର ବାହାରେ। ସଂକ୍ଷେପରେ ଦ୍ୱିତୀୟ ମହାଯୁଦ୍ଧ ପରେ ଗଢ଼ି ଉଠିଥିବା ବିଶ୍ୱ ବ୍ୟବସ୍ଥାରେ ପରିବର୍ତ୍ତନ ଆଣିବା ଇପ୍‌ସିତ ତାଙ୍କର ଉଦ୍ଦେଶ୍ୟ।

ଏହି ପୃଷ୍ଠଭୂମିରେ ଓସାକାରେ ଅନୁଷ୍ଠିତ ଜି-୨୦ ସମ୍ମିଳନୀରେ ଟ୍ରମ୍ପଙ୍କ ହାଲ୍‌କା ମନ୍ତବ୍ୟ ଏବଂ ବ୍ୟବହାର ସମସ୍ତଙ୍କୁ ଆଚମ୍ବିତ ଓ ଆମୋଦିତ କରିଥିଲା। ଗଣମାଧ୍ୟମ ଅନୁଯାୟୀ ପ୍ରଧାନମନ୍ତ୍ରୀ ମୋଦି ଓ ଭାରତୀୟ ପ୍ରତିନିଧିଦଳ ପରିସ୍ଥିତିକୁ ହୃଦୟଙ୍ଗମ କରି ଆମେରିକା ଦଳକୁ ସ୍ପଷ୍ଟବାର୍ତ୍ତା ଦେଇଛନ୍ତି। ପ୍ରଥମତଃ ଭାରତ ପାଇଁ ଇରାନ କେବଳ ଶକ୍ତି ବା ତୈଳ ରପ୍ତାନୀକାରୀ ଦେଶ ନୁହେଁ। ଇରାନ ସହିତ ଆମର ସଭ୍ୟତା ଭିତ୍ତିକ ସମ୍ପର୍କ ରହିଛି। ଏଥି ସହିତ ମଧ୍ୟପ୍ରାଚ୍ୟରେ ପ୍ରାୟ ୮ ନିୟୁତ ଭାରତୀୟଙ୍କ ଜୀବନ ଓ ଜୀବିକା ଜଡ଼ିତ। ତେଣୁ ସେଠାରେ ଅସ୍ଥିରତା ଭାରତ ପାଇଁ ବିପଦ। ଦ୍ୱିତୀୟରେ ରୁଷ-ଭାରତର ବନ୍ଧୁତ୍ୱ ବହୁ ପୁରାତନ। ଅତୀତରେ ରୁଷ ଭାରତର ସୁରକ୍ଷା ଓ ଅର୍ଥନୀତିର ବିକାଶରେ ପ୍ରମୁଖ ଭୂମିକା ଗ୍ରହଣ କରିଛି। ତେଣୁ ସେଠାରୁ ସୁରକ୍ଷାଜନିତ ଉପକରଣ କ୍ରୟରେ ଦେଶର ସ୍ୱାର୍ଥ ଓ ଆବଶ୍ୟକତାକୁ ପ୍ରାଥମିକତା ଦିଆଯିବ। ତୃତୀୟ ଭାରତ ଚାହେଁ ଡବ୍ଲୁଟିଓ ବା ବିଶ୍ୱବାଣିଜ୍ୟ ସଂସ୍ଥା ନୀତି ଓ ନିର୍ଦ୍ଦେଶାବଳୀ ମାଧ୍ୟମରେ ବିଶ୍ୱବାଣିଜ୍ୟର ପରିଚାଳନା। ଜି-୨୦ ସମ୍ମିଳନୀରେ ଭାରତୀୟ କୂଟନୀତିର କୁଶଳତା ଅନ୍ୟ ଏକ ସଫଳତା - ଜାପାନ, ଭାରତ ଓ ଆମେରିକା ଆଲୋଚନାରେ ଇଣ୍ଡୋ-ପାସିଫିକ୍ ଇଲାକାରେ ସୁରକ୍ଷା କ୍ଷେତ୍ରରେ ସହଯୋଗିତା ସହ ରୁଷ-ଚୀନ ଓ ଭାରତ ଆଲୋଚନାରେ ସଂରକ୍ଷଣାତ୍ମକ ବାଣିଜ୍ୟ ନୀତି ବିରୋଧରେ ସ୍ୱର ଉତ୍ତୋଳନ କରିବାରେ ଭାରତ କୌଣସି ବିରୋଧାଭାସ ଦେଖେ ନାହିଁ ଜାତୀୟ ସ୍ୱାର୍ଥ ଦୃଷ୍ଟିରୁ।

ଆମେରିକା ସାମରିକ, ଅର୍ଥନୈତିକ, ବିଜ୍ଞାନ ଓ ଟେକ୍ନୋଲୋଜିରେ ଅଗ୍ରଣୀ ରାଷ୍ଟ୍ର ଏବଂ ଏହାର ନେତୃତ୍ୱ ଓ ନୀତି ଉପରେ ବିଶ୍ୱର ବହୁ କ୍ଷେତ୍ରରେ ପ୍ରଭାବ ପଡ଼ିବ। ଏସବୁ ଦୃଷ୍ଟିରୁ ଆମେରିକୀୟ ନାଗରିକଙ୍କ ସମେତ ପୃଥିବୀର ପ୍ରାୟ ସବୁ ରାଷ୍ଟ୍ର ଆମେରିକାର ଆଗାମୀ ରାଷ୍ଟ୍ରପତି ନିର୍ବାଚନର ଫଳାଫଳକୁ ଉତ୍କଣ୍ଠାର ସହିତ ଅପେକ୍ଷା କରିବେ।

ପୁଲଓ୍ୱାମା ପରେ

ପୁଲଓ୍ୱାମାରେ ଯାହା ଘଟିଲା, ତାହା ଦେଶବାସୀଙ୍କୁ ସ୍ତବ୍ଧ ଓ ସ୍ତମ୍ଭିତ କରିଛି। ଗତ ଦୁଇ ଦଶନ୍ଧିରେ ଆତଙ୍କବାଦୀମାନଙ୍କର ସେନାବାହିନୀ ଉପରେ ଏମିତି ଆତ୍ମଘାତୀ ଆକ୍ରମଣ କେବେ ହୋଇନଥିଲା। ଏହା କିଭଳି ସଂଗଠିତ ଓ ଯୋଜନାବଦ୍ଧ ଭାବେ ଅତର୍କିତ ଆକ୍ରମଣର ରୂପ ନେଇ ଏତେ ସଂଖ୍ୟାରେ ମୃତାହତ କରିବାରେ ସକ୍ଷମ ହେଲା ତାହା ବୁଝିପାରିବା ବୋଧଶକ୍ତିର ବାହାରେ। ମିଳିଥିବା ସୂଚନା ଅନୁଯାୟୀ, ୭୮ଟି ଭ୍ୟାନ୍‌ରେ ୨୫୦୦ରୁ ଊର୍ଦ୍ଧ୍ୱ ଯବାନ ଜାମ୍ମୁରୁ ଶ୍ରୀନଗର ଯାଉଥିଲେ ଏବଂ ଅଚାନକ ଭାବେ ଗୋଟିଏ ପାର୍ଶ୍ୱରୁ ବୋଝେଇ ହୋଇଥିବା ୩୫୦ କିଲୋ ବିସ୍ଫୋରକ ସହ ଏକ ସ୍କର୍ପିଓ ଭ୍ୟାନ୍ ସହ ଧକ୍କା ହେବା ଫଳରେ ସୁରକ୍ଷା ବ୍ୟବସ୍ଥା ସହ ଗମନ କରୁଥିବା ଗାଡ଼ିରେ ବିସ୍ଫୋରଣ ହେଲା; ଯାହାର ପ୍ରଭାବରେ ଦଶ କିଲୋମିଟର ପର୍ଯ୍ୟନ୍ତ ପରିମିତ ଅଞ୍ଚଳ କିଛି ସମୟ ପାଇଁ ଥରି ଉଠିଥିଲା ଓ ୪୦ରୁ ଊର୍ଦ୍ଧ୍ୱ ଯବାନ ସହିଦ ହେଲେ।

ଏ ଘଟଣା ପରେ କେତେଗୁଡ଼ିଏ ପ୍ରଶ୍ନ ମନକୁ ଆସିବା ସ୍ୱାଭାବିକ। ତାହା ହେଉଛି ସେନାର ଏଭଳି ଗତିବିଧିରେ ଗୋପନୀୟତା ରଖାଯାଏ। ସୁରକ୍ଷା ବ୍ୟବସ୍ଥା ସହ ଗମନ କରୁଥିବା ଯାନବାହନଗୁଡ଼ିକ କିଭଳି ପରିଚାଳିତ ହୋଇ ଗତି କରିବେ ତାହା ପାଇଁ ନିର୍ଦ୍ଦିଷ୍ଟ ନିର୍ଦ୍ଦେଶାବଳୀ ରହିଛି। ଗୋଟିଏ ଭ୍ୟାନ୍ ଅନ୍ୟ ଭ୍ୟାନ୍‌ଠାରୁ କେତେ ଦୂରତ୍ୱରେ ଚାଲିବ ଏବଂ କ'ଣ କ'ଣ ସୁରକ୍ଷା ଭିତ୍ତିକ ସତର୍କତା ଅବଲମ୍ବନ କରାଯିବ ସେଥିପାଇଁ ଷ୍ଟାଣ୍ଡାର୍ଡ ଅପରେସନ ପ୍ରୋସେଡିଅର ରହିଛି। କେବଳ ସେତିକି ନୁହେଁ, ଏ ପ୍ରକାର ସେନାବାହିନୀର ଯାତ୍ରା ପୂର୍ବରୁ ସମଗ୍ର ରାସ୍ତାଟିର ତଦାରଖ କରି ବିପଦମୁକ୍ତ କରିବାର ଟିକିନିଖି ବ୍ୟବସ୍ଥା, ଯାହାକୁ ଇଂରାଜୀରେ କୁହାଯାଏ ସାନିଟାଇଜେସନ କରିବାକୁ ପଡ଼େ। ଏସବୁ ସତ୍ତ୍ୱେ ଆତଙ୍କ ସଂଗଠନ ଜୈସ୍-ଇ-ମହମ୍ମଦ ସୁରକ୍ଷା ଘେରରେ ପ୍ରବେଶ କରି ଏଭଳି ଆତଙ୍କୀ ହମ୍‌ଲା କରିବାରେ ସକ୍ଷମ ହେଲା, କେବଳ ସୂଚାଉଛି ଯେ

ଗୋଇନ୍ଦା ବିଭାଗ (ଇଣ୍ଟେଲିଜେନ୍‌ସର) ବା ସୈନ୍ୟବାହିନୀ ପାଇଁ ସବୁ ଖବର ଓ ସମ୍ବାଦ ସଂଗ୍ରହକାରୀ ସଂସ୍ଥାର ସମ୍ପୂର୍ଣ୍ଣ ବିଫଳତା। ଏସବୁ ବ୍ୟତୀତ ଇଣ୍ଟେଲିଜେନ୍‌ସ ବ୍ୟୁରୋ, 'ର' ଓ ସ୍ଥାନୀୟ ପୋଲିସ୍ ପ୍ରଭୃତି ସଂସ୍ଥା ମଧ୍ୟ ବିଫଳତାରେ ଜଡ଼ିତ। ବହୁ ସମୟରେ ଦେଖାଯାଏ, ଏସବୁ ସଂସ୍ଥା ମଧ୍ୟରେ ସମନ୍ୱୟ ଓ ସହଯୋଗର ଅଭାବ ଏବଂ ଅନ୍ୟମାନଙ୍କୁ ପଛରେ ପକାଇ ନିଜର ବାହାଦୂରୀ ନେବାର ପ୍ରବଳ ପ୍ରତିଯୋଗିତା। କାରଣ କିଛିଦିନ ଆଗରୁ ଆତଙ୍କୀ ସଂଗଠନ ଏଭଳି ଏକ ଆକ୍ରମଣର ଚେତାବନୀ ଦେଇଥିଲା। ଏଥିସହିତ ସ୍ୱୀକାର କରିବାକୁ ପଡ଼ିବ ଯେ ଗୋପନୀୟତା ରଖିବା ପାଇଁ ଯେତିକି ସତର୍କତା ରହିବା କଥା ତାହା ହୋଇନାହିଁ ଏବଂ ସେନାବାହିନୀର ସବୁ ସୂଚନା ଶତ୍ରୁ ପାଖରେ ଅନାୟାସରେ ପହଞ୍ଚି ପାରୁଛି। ଯେଉଁ ଆକାରରେ ଏ ଆକ୍ରମଣ ହୋଇଛି ତା'ର ପ୍ରସ୍ତୁତି ପାଇଁ ଅତି କମ୍‌ରେ ମାସେ ଦୁଇମାସ ସମୟର ପ୍ରୟୋଜନ ରହିଛି। ସାମଗ୍ରୀ ସଂଗ୍ରହ କରିବା, ଏକତ୍ର ହେବା, ଜମା କରିବା, ଯାତ୍ରାପଥର ନିର୍ଦ୍ଦିଷ୍ଟ ସମୟ ଓ ସ୍ଥାନ ନିରୂପଣ କରି ସମକାଳୀନ ଘଟାଇବା ପାଇଁ ରିହରସାଲ୍‌ର ମଧ୍ୟ ଆବଶ୍ୟକତା ରହିଛି। ତେଣୁ ସମୟ ସାପେକ୍ଷ ପ୍ରସ୍ତୁତିରେ ଗୋଇନ୍ଦା ବିଭାଗ କୌଣସି ସୂଚନା ନ ପାଇବା ଜଣାଉଛି ଆନୁଷ୍ଠାନିକ ଦୁର୍ବଳତା, ଅପାରଗତା, ମାତ୍ରାଧିକ ଆତ୍ମବିଶ୍ୱାସ କିମ୍ବା ଖାମଖିଆଲି ମନୋଭାବ। ସାରା ଦେଶରେ ଏଥିପାଇଁ ତୀବ୍ର ପ୍ରତିକ୍ରିୟା ପ୍ରକାଶ ପାଇଛି, ଯାହା ସ୍ୱାଭାବିକ। ପ୍ରଧାନମନ୍ତ୍ରୀ ଏହାର କଡ଼ା ଜବାବ ଦିଆଯିବ ବୋଲି ଚେତାବନୀ ଦେଇଛନ୍ତି। ଏ ପରିସ୍ଥିତିରେ ଏହାର ମୁକାବିଲା ପାଇଁ ଭାରତ ପାଖରେ କ'ଣ ସୁଯୋଗ ରହିଛି ? ପ୍ରଥମତଃ ଆମେ ଇଣ୍ଟେଲିଜେନ୍‌ସ ଅନୁଷ୍ଠାନଗୁଡ଼ିକୁ ଆହୁରି ସକ୍ରିୟ ଓ ଶୃଙ୍ଖଳିତ କରିବା ଦରକାର। ଅନୁଷ୍ଠାନଗୁଡ଼ିକର ଦୋଷ ଦୁର୍ବଳତା, ଅଭାବର ଦୂରୀକରଣ ପାଇଁ ଅବିଳମ୍ବେ ପଦକ୍ଷେପ ନିଆଯାଉ। ଆତଙ୍କବାଦୀ ସହିତ ଜଡ଼ିତ ଯେ କୌଣସି ବ୍ୟକ୍ତି, ଗୋଷ୍ଠୀ ବା ଅନୁଷ୍ଠାନଗୁଡ଼ିକ ଉପରେ ତୀକ୍ଷ୍ଣ ନଜର ରଖି, ସ୍ଥଳବିଶେଷରେ ଉଦାହରଣୀୟ ପଦକ୍ଷେପ ନିଆଯାଉ। ଜାମ୍ମୁ ଓ କାଶ୍ମୀରରେ ଯୁବକ ଯୁବତୀଙ୍କ ପାଇଁ ନିଯୁକ୍ତିର ସୁଯୋଗ ସୃଷ୍ଟି କରାଯାଉ ଓ ସେମାନଙ୍କୁ କାଳବିଳମ୍ବ ନକରି ମୁଖ୍ୟସ୍ରୋତକୁ ଅଣାଯିବାର ଉଦ୍ୟମ କରାଯାଉ। ସେନାବାହିନୀ ମଧ୍ୟ ସଂଯମର ସହ ଆତଙ୍କବାଦୀଙ୍କୁ ଦମନ କରିବା ସହ ଅନ୍ୟମାନଙ୍କ ପ୍ରତି ସମ୍ବେଦନଶୀଳ ଆଭିମୁଖ୍ୟ ରଖୁ। ସାଧାରଣ ନାଗରିକଙ୍କୁ ହଇରାଣ ହରକତ କରାନଯାଉ। ଆବଶ୍ୟକତା ଆଳରେ ଦେଶଦ୍ରୋହୀମାନଙ୍କୁ ଅଯଥାରେ ମାନ୍ୟତା ଓ ସମ୍ମାନ ଦିଆନଯାଉ। ରାଜନୈତିକ ଦଳମାନେ ଜନସାଧାରଣଙ୍କ ସଂଗେ ସମ୍ପର୍କ ରଖନ୍ତୁ। ସେମାନଙ୍କର ଅଭାବ, ଅସୁବିଧା, ଦୁଃଖ, ଦୁର୍ଦ୍ଦଶାର ନିରାକରଣ ପାଇଁ କର୍ତ୍ତୃପକ୍ଷଙ୍କ ସହିତ ଯୋଗାଯୋଗ ରଖନ୍ତୁ। ସୀମାରେ

ସୁରକ୍ଷାବାହିନୀର ମନୋବଳ ପାଇଁ ସମସ୍ତ ପ୍ରକାର ପଦକ୍ଷେପ ନିଆଯାଉ। ସେମାନଙ୍କ ପାଖେ ଉପଯୁକ୍ତ ଅସ୍ତ୍ରଶସ୍ତ୍ର ଆବଶ୍ୟକମତେ ଯୋଗାଇ ଦିଆଯାଉ। ଦେଶର ଅନ୍ୟ ପ୍ରାନ୍ତରେ ଗୁଇନ୍ଦା ବିଭାଗଗୁଡ଼ିକୁ ଶକ୍ତିଶାଳୀ କରାଯାଉ।

ଆତଙ୍କବାଦର ଅନ୍ତୁଡ଼ିଶାଳ ହେଉଛି ପାକିସ୍ଥାନ, ଏହା ବିଶ୍ୱବିଦିତ। ବିଶେଷକରି ପାଶ୍ଚାତ୍ୟ ଦେଶଗୁଡ଼ିକ ଆତଙ୍କବାଦର ଶିକାର ଓ ଭୁକ୍ତଭୋଗୀ। ବିଶ୍ୱବ୍ୟାପୀ ଆତଙ୍କବାଦ ବିରୋଧରେ ଜନମତ ରହିଛି। ଆତଙ୍କବାଦର ମୂଳୋତ୍ପାଟନ ଗୋଟିଏ ଦେଶ ପକ୍ଷେ ସମ୍ଭବ ନୁହେଁ। ଏଥିପାଇଁ ପ୍ରୟୋଜନ ଅନ୍ତର୍ଜାତୀୟ ସହଯୋଗ। ପାକିସ୍ଥାନ ପ୍ରୋତ୍ସାହନରେ ଘଟୁଥିବା ଆତଙ୍କବାଦ ବିରୋଧରେ ଠୋସ୍ ପଦକ୍ଷେପ ନିଆଯାଉ। ଅର୍ଥନୈତିକ ଅଙ୍କୁଶ, ବଳ ପ୍ରୟୋଗ, ଯାହାକୁ ସାଂକ୍ସନ୍ କୁହାଯାଏ ପ୍ରୟୋଗ କରାଯାଉ। ବିଶେଷକରି ଆମେରିକା, ସାଉଦି ଆରବ, ୟୁ.ଏ.ଇ. ଓ ଚୀନ ପ୍ରଭୃତି ରାଷ୍ଟ୍ର ଏଭଳି ପଦକ୍ଷେପ ନେବାପାଇଁ ଆଗ୍ରହ ପ୍ରକାଶ କରି ଆଗେଇ ଆସନ୍ତୁ। ପାକିସ୍ଥାନର ଅର୍ଥନୈତିକ ଅବସ୍ଥା ଶୋଚନୀୟ। ସେ ଦେଶ ବର୍ତ୍ତମାନ ଧନୀ ରାଷ୍ଟ୍ରଙ୍କର ବଦାନ୍ୟତା ଉପରେ ନିର୍ଭରଶୀଳ। ଆମେରିକା ଓ ଚୀନ ରାଜନୈତିକ କାରଣରୁ ପାକିସ୍ଥାନ ପ୍ରତି କଠୋର ପଦକ୍ଷେପ ନେବାକୁ ଅନିଚ୍ଛୁକ। ଆଫଗାନିସ୍ଥାନରେ ଆମେରିକାର ସେନାବାହିନୀ ଉପସ୍ଥିତି ଓ ଅପସାରଣ ପ୍ରକ୍ରିୟାରେ ଆମେରିକା ପାକିସ୍ଥାନ ସହଯୋଗ ଉପରେ ନିର୍ଭରଶୀଳ। ବର୍ତ୍ତମାନ ଆଫଗାନିସ୍ଥାନ ତାଲିବାନଙ୍କ ସହ ଆଫଗାନିସ୍ଥାନର ଭବିଷ୍ୟତ ଶାସନ ଢାଞ୍ଚା ପାଇଁ ଯେଉଁ ଆଲୋଚନା ଚାଲିଛି, ସେଥିରେ ପାକିସ୍ଥାନର ମୁଖ୍ୟ ଭୂମିକା ରହିଛି। ତେଣୁ ଡୋନାଲ୍ଡ ଟ୍ରମ୍ପଙ୍କ ଫମ୍ପା ଧମକ ସତ୍ତ୍ୱେ ସ୍ୱାର୍ଥ ଦୃଷ୍ଟିରୁ ଆମେରିକାର ବିକଳ୍ପ ସୀମିତ। ଚୀନର ବିଶ୍ୱବ୍ୟବସ୍ଥାରେ ମହାଶକ୍ତି ହେବାର ସ୍ୱପ୍ନରେ ପାକିସ୍ଥାନର ବନ୍ଧୁତ୍ୱ ମଧ୍ୟ ଏକ ଆବଶ୍ୟକତା। ଚୀନ-ପାକିସ୍ଥାନ ଇକୋନମିକ୍ କରିଡୋର ସଫଳତା ଏହାପାଇଁ ଅପରିହାର୍ଯ୍ୟ। ସାଉଦି ଆରବର ପାକିସ୍ଥାନ ସହିତ ପାରମ୍ପରିକ ସମ୍ପର୍କ ଓ ସହଯୋଗିତା ଦୃଷ୍ଟିରୁ ଆର୍ଥିକ ସହାୟତା ହ୍ରାସ ପାଇବାର ସମ୍ଭାବନା କ୍ଷୀଣ।

ଭାରତ ଓ ପାକିସ୍ଥାନ ପରମାଣୁ ଅସ୍ତ୍ର ସଜ୍ଜିତ ଦୁଇଟି ଦେଶ। ତେଣୁ ଯୁଦ୍ଧର ସମ୍ଭାବନା କମ୍। ଦୁଇ ଦେଶର ବର୍ତ୍ତମାନର ଆଭ୍ୟନ୍ତରୀଣ ଅବସ୍ଥା ଓ ଅର୍ଥନୀତି ଦୃଷ୍ଟିରୁ ଦୀର୍ଘଦିନ ଧରି ଯୁଦ୍ଧ ବାସ୍ତବବାଦୀ ବିକଳ୍ପ ନୁହେଁ। ଆଜିର ଦୃଶ୍ୟକ୍ରମରେ ଯୁଦ୍ଧ ବିକଳ୍ପ ନୁହେଁ। କାରଣ ଯୁଦ୍ଧ ବର୍ତ୍ତମାନ ଦୁଇ ରାଷ୍ଟ୍ର ମଧ୍ୟରେ ସୀମିତ ନୁହେଁ। ସିରିଆ, ୟେମେନ୍, ଇରାକ ଓ କୁଏତ ଯୁଦ୍ଧ ପ୍ରମାଣିତ କଲା ବର୍ତ୍ତମାନର ଯୁଦ୍ଧରେ ଦୁଇ ରାଷ୍ଟ୍ର ମଧରେ ସୀମିତ ହେବା ସମ୍ଭବ ନୁହେଁ। ବିଭିନ୍ନ କାରଣରୁ ଅନ୍ୟ ରାଷ୍ଟ୍ରମାନେ ସେଥିରେ ଜଡ଼ିତ ହୋଇଯାଆନ୍ତି। ତେଣୁ ପାକିସ୍ଥାନ ଉପରେ ଆନ୍ତର୍ଜାତିକ ଚାପ ଏବଂ ଅର୍ଥନୈତିକ

ଅଙ୍କୁଶ ସହିତ ଆତଙ୍କବାଦୀଙ୍କ ଉପରେ ସାମରିକ ପଦକ୍ଷେପ ସମାନ୍ତରାଳ ଭାବରେ ରହିବା ଉଚିତ। ଆଉ ଗୋଟିଏ ଦିଗ ପ୍ରତି ମଧ୍ୟ ସରକାରଙ୍କର ସତର୍କ ରହିବା ପ୍ରୟୋଜନ। ଆଗରୁ ଆତଙ୍କବାଦୀମାନେ ଥିଲେ ବିଦେଶୀ ନାଗରିକ। ପୁଲଓ୍ୱାମାରେ ଦେଖାଗଲା ସ୍ଥାନୀୟ ଆତଙ୍କବାଦୀ ଏବଂ ନୂଆ ରଣକୌଶଳ - ଆତ୍ମଘାତୀ ଆକ୍ରମଣ ତାଲିବାନ ଶୈଳୀରେ। ସେମାନଙ୍କୁ ମୁକାବିଲା କରିବା ସକାଶେ ସରକାର ଏକ ଦୀର୍ଘସ୍ଥାୟୀ ରଣନୀତି ପ୍ରସ୍ତୁତ କରିବା ଆବଶ୍ୟକ। ଏହା ଆତଙ୍କବାଦକୁ ରୋକିବା ସହ ଦେଶ ଭିତରେ ଯେଭଳି ଆତଙ୍କବାଦର ଚେର ନ ବ୍ୟାପେ ସେଥିପ୍ରତି ବିଶେଷ ସତର୍କ ଦୃଷ୍ଟି ଦେବାର ସମୟ ଉପସ୍ଥିତ। ଭାରତର ନେତୃତ୍ୱ ପାଇଁ ଏହା ଏକ ବଡ଼ ଆହ୍ୱାନ।

■

କୋରିଆ ଉପଦ୍ୱୀପ ଉପାଖ୍ୟାନ

ବେଳେବେଳେ ଇତିହାସର ଗତିପଥରେ ଏଭଳି ପରିବର୍ତ୍ତନ ଆସେ ଯାହା ଅକଳ୍ପନୀୟ ଓ ପୂର୍ବାନୁମାନ ରହିତ। ସେ ପରିବର୍ତ୍ତନର ପରିଣତି ସୁଦୂରପ୍ରସାରୀ। ଏଭଳି ପରିବର୍ତ୍ତନ ଦୃଷ୍ଟିଗୋଚର ହୋଇଥିଲା ଅଗଷ୍ଟ ୧୯୪୫ ମସିହାରେ, ଜାପାନରେ ପ୍ରଥମଥର ପାଇଁ ପରମାଣୁ ଅସ୍ତ୍ର ପରୀକ୍ଷାରେ। ତା'ର ପରିଣାମ କେବଳ ହିରୋସିମା ଓ ନାଗାସାକିରେ ସୀମିତ ନଥିଲା। ପ୍ରଭାବିତ କରିଥିଲା ସମଗ୍ର ମାନବ ସମାଜକୁ ଓ ପୃଥିବୀର ବହୁ ରାଷ୍ଟ୍ରଙ୍କୁ। ତାହା ଥିଲା ଗୋଟିଏ ନୂତନ ଯୁଗର ଆଗମନ ଯାହା ବିଶ୍ୱବ୍ୟବସ୍ଥାରେ ଆଣିଥିଲା ବୈପ୍ଳବିକ ପରିବର୍ତ୍ତନ, ଯାହାର ଫଳାଫଳ ଏବେବି ବହୁ ରାଷ୍ଟ୍ରକୁ ଆଲୋଡ଼ିତ କରୁଛି ଏବଂ ପୃଥିବୀର ବହୁ ପ୍ରାନ୍ତରେ ଅସ୍ଥିରତା ଆଣୁଛି। ଇରାନ୍ ଓ ଉତ୍ତର କୋରିଆରେ ଦେଖାଯାଇଥିବା ସମସ୍ୟା ତା'ର କିଞ୍ଚିତ ପ୍ରତିଫଳନ ମାତ୍ର। ଗତ ଶତାବ୍ଦୀର ଅଶୀ ଓ ନବେ ଦଶକରେ ବର୍ଲିନ ପ୍ରାଚୀର ପତନ ଓ ସୋଭିଏତ୍ ୟୁନିୟନର ବିଲୟ ମଧ୍ୟ ସେଇଭଳି ବିଶ୍ୱବ୍ୟବସ୍ଥାରେ ଗୋଟିଏ ବଡ଼ ଭୂକମ୍ପ ଆଣିଥିଲା। ବିଶ୍ୱଯୁଦ୍ଧ ପରେ ଗଢ଼ା ହୋଇଥିବା ସବୁ ରାଜନୈତିକ, ଅର୍ଥନୈତିକ ଓ ସୁରକ୍ଷା ବ୍ୟବସ୍ଥାକୁ ଓଲଟପାଲଟ କରି ଗୋଟିଏ ନୂଆ ସମୀକରଣର ସୂଚନା ଦେଇଥିଲା ଯାହାର ଅବଶିଷ୍ଟାଂଶ ଏବେ ବି ବହୁ ରାଷ୍ଟ୍ରଙ୍କ ଆନ୍ଦୋଳିତ କରି ବହୁ ଅଞ୍ଚଳରେ ଅନିଶ୍ଚିତତା ସୃଷ୍ଟି କରିଛି। ଏପ୍ରିଲ ୨୭ରେ ଉତ୍ତର ଓ ଦକ୍ଷିଣ କୋରିଆ ଶିଖର ସମ୍ମିଳନୀ ମଧ୍ୟ ଥିଲା ସେଇଭଳି - ଐତିହାସିକ, ଅତି ଗୁରୁତ୍ୱପୂର୍ଣ୍ଣ, ଅପ୍ରତ୍ୟାଶିତ ଏବଂ ରୋମାଞ୍ଚକର। ଗୋଟିଏ ମାସ ପୂର୍ବରୁ ଡୋନାଲ୍ଡ ଟ୍ରମ୍ପ ଓ କିମ୍ଙ୍କ ଭିତରେ ବାକ୍ୟବାଣ ଆଶଙ୍କା ଉଦ୍ରେକ କରାଇବା ସହ ଆମ ସମସ୍ତଙ୍କୁ ଆମୋଦିତ କରୁଥିଲା। ଟ୍ରମ୍ପଙ୍କର କୋରିଆକୁ ସମ୍ପୂର୍ଣ୍ଣ ଧ୍ୱଂସ କରି ଦେବାର ଏବଂ ପୃଥିବୀ ଦେଖିନଥିବା ଅଗ୍ନିବର୍ଷଣ ଓ ପ୍ରଚଣ୍ଡ ଶକ୍ତି ନିଦର୍ଶନ ଧମକର ଉତ୍ତରରେ କିମ୍ ଟ୍ରମ୍ପଙ୍କୁ ଜଣେ ବିକୃତ ମସ୍ତିଷ୍କ ଥିବା ବ୍ୟକ୍ତିସହ ତୁଳନା କରିଥିଲେ।

ଜାତିସଂଘ ମଞ୍ଚରେ ଗୋଟିଏ ସାର୍ବଭୌମ ରାଷ୍ଟ୍ରକୁ ଧ୍ୱଂସ କରିବାର ଧମକର ଜବାବ ଦେବାକୁ ଉତ୍ତର କୋରିଆ ପ୍ରସ୍ତୁତ ବୋଲି କହିଥିଲେ ଏବଂ ଦାବି କରିଥିଲେ ଯେ ଉତ୍ତର କୋରିଆର କ୍ଷେପଣାସ୍ତ୍ର ଓ ପରମାଣୁ ଅସ୍ତ୍ର ଆମେରିକା ଭୂଖଣ୍ଡରେ ଅକ୍ଲେଶରେ ପହଞ୍ଚି ପାରିବାର କ୍ଷମତା ରହିଛି। ଏହି ପୃଷ୍ଠଭୂମିରେ କିମ୍ ଓ ମୁନ୍ (ଦକ୍ଷିଣ କୋରିଆ ରାଷ୍ଟ୍ରପତି)ଙ୍କ ଭିତରେ ଶିଖର ସମ୍ମିଳନୀ ଓ ଅନ୍ତେ ମିଳିତ ଘୋଷଣାରେ ପ୍ରସ୍ତାବିତ ଦୁଇ ଦେଶ ମଧ୍ୟରେ ଥିବା ବିବାଦ, ସନ୍ଦେହ ଅବସାନର ମାର୍ଗ ନିଶ୍ଚିତ ଭାବେ କେବଳ ପ୍ରାଚ୍ୟ ନୁହେଁ, ପଶ୍ଚିମ ରାଷ୍ଟ୍ରଗୁଡ଼ିକୁ ମଧ୍ୟ ପ୍ରଭାବିତ କରିବ।

କୋରିଆ ସଂକଟ ସଂକ୍ଷେପରେ ଏହିଭଳି - ୧୯୫୦ ମସିହା ଜୁନ୍ ମାସରେ ଆରମ୍ଭ ହୋଇଥିବା ଭୟଙ୍କର କୋରିଆ ଯୁଦ୍ଧ ୧୯୫୩ ଜୁଲାଇରେ ସମାପ୍ତ ହୋଇଥିଲା। ରୁଷ ଓ ଚୀନର ସମର୍ଥନରେ ଉତ୍ତର କୋରିଆ ଆମେରିକା ସମର୍ଥିତ ଦକ୍ଷିଣ କୋରିଆ ଉପରେ ଆକ୍ରମଣ କରିଥିଲା। ଯୁଦ୍ଧରେ ୫ ନିୟୁତ ସୈନ୍ୟ ଓ ସାଧାରଣ ଜନତା ପ୍ରାଣ ହରାଇଥିଲେ। ଗତ ଶତାବ୍ଦୀର ପଚାଶ ଦଶକରେ ଆମେରିକା ସୈନ୍ୟବାହିନୀର ଦକ୍ଷିଣ କୋରିଆରେ ଉପସ୍ଥିତି ଓ ସହାୟତା ଦକ୍ଷିଣ କୋରିଆକୁ ସୁରକ୍ଷିତ କରିବା ପାଇଁ ପରମାଣୁ ଅସ୍ତ୍ରର ଗୁରୁତ୍ୱପୂର୍ଣ୍ଣ ସ୍ଥାପନ, ନିୟୋଜନ ଉତ୍ତର କୋରିଆ ପାଇଁ ଥିଲା ଜୀବନ-ମରଣର ସଂକଟ। ଫଳରେ ପରମାଣୁ ଅସ୍ତ୍ର ଓ କ୍ଷେପଣାସ୍ତ୍ର ପ୍ରାପ୍ତି ପାଇଁ ଉତ୍ତର କୋରିଆର ନେତୃତ୍ୱ ବହୁ ପ୍ରକାର କୌଶଳ ଅବଲମ୍ବନ କରି ଶେଷରେ ସଫଳ ହୋଇଥିଲେ। ୨୦୧୭ ମସିହାରେ ଉତ୍ତର କୋରିଆର ବାରମ୍ବାର ପରମାଣୁ ଅସ୍ତ୍ର ପରୀକ୍ଷଣ ଓ ବାଲିଷ୍ଟିକ୍ କ୍ଷେପଣାସ୍ତ୍ର ପରୀକ୍ଷା ଦକ୍ଷିଣ କୋରିଆ ଓ ଏହାର ମିତ୍ର ରାଷ୍ଟ୍ରଗୁଡ଼ିକୁ ଭୟଭୀତ କରିଥିଲା। ଆଶଙ୍କା କରାଯାଉଥିଲା ଯେ ବିଶ୍ୱ ତୃତୀୟ ମହାଯୁଦ୍ଧ ନିକଟତର ଓ ସେଥିଲାଗି ଆମେରିକା ପ୍ରଭୃତି ରାଷ୍ଟ୍ରମାନେ ସବୁପ୍ରକାର ସମ୍ଭାବ୍ୟ ଘଟଣା ପାଇଁ ନିଜକୁ ପ୍ରସ୍ତୁତ କରୁଥିଲେ।

ଏହି ପରିପ୍ରେକ୍ଷୀରେ ପାନ୍‌ମୁନ୍ ଜୋମ୍‌ରେ ଦୁଇଦେଶ ମଧ୍ୟରେ ବନ୍ଧୁତ୍ୱର ଯେଉଁ ନୂଆ ଅଧ୍ୟାୟର ସୂତ୍ରପାତ ହୋଇଛି ତାହା ମଧ୍ୟ ବିଶ୍ୱର ଅନ୍ୟ ରାଷ୍ଟ୍ରଗୁଡ଼ିକ ପାଇଁ ଏକ ନୂତନ ଆହ୍ୱାନ। ଉତ୍ତର କୋରିଆ ଓ ଦକ୍ଷିଣ କୋରିଆ ମଧ୍ୟରେ ଥିବା ୬୫ ବର୍ଷର ଶତ୍ରୁତାର ଅବସାନ କରି କୋରିଆ ଉପଦ୍ୱୀପରେ ଶାନ୍ତି ପ୍ରତିଷ୍ଠା, ପରମାଣୁ ନିରସ୍ତ୍ରୀକରଣ ଦିଗରେ ସକାରାତ୍ମକ ପଦକ୍ଷେପର ପ୍ରତିଶ୍ରୁତି, ଯୁଦ୍ଧର ପରିସମାପ୍ତି ଓ ଶାନ୍ତିଚୁକ୍ତିର ସମ୍ଭାବନା ସହ କୋରିଆ ଉପଦ୍ୱୀପର ଶାନ୍ତି, ସମୃଦ୍ଧି ଓ ଏକତା ପାଇଁ ଉଭୟ ରାଷ୍ଟ୍ରମୁଖ୍ୟଙ୍କ ଅଙ୍ଗୀକାରବଦ୍ଧତା ବିଶ୍ୱଶାନ୍ତି ଓ ନିରସ୍ତ୍ରୀକରଣ ଦିଗରେ ଏକ ବିରାଟ ପଦକ୍ଷେପ ହେବ। ସେହି ଦୃଷ୍ଟିରୁ ଆମେରିକା, ଚୀନ, ଜାପାନ ଓ ରୁଷ ପ୍ରଭୃତି ଦେଶ ଏହାକୁ ସ୍ୱାଗତ କରିଛନ୍ତି।

ଦୁଇ ଦେଶର ଶିଖର ସମ୍ମିଳନୀକୁ ସଫଳ କରାଇବା ପାଇଁ ବହୁ ପ୍ରସ୍ତୁତି ଓ ପ୍ରତୀକାତ୍ମକ ପଦକ୍ଷେପର ଉଦାହରଣ ଦେଖିବାକୁ ମିଳିଥିଲା ବାନ୍‌ମୁନ୍ ଜୋମ୍‌ରେ। ଦୁଇଦେଶର ମାଟି ଓ ଜଳରେ ରୋପଣ କରାଯାଇଥିଲା ପାଇନ୍ ଗଛ - ବନ୍ଧୁତାର ପ୍ରତୀକ ସ୍ୱରୂପ। ଯେଉଁଠାରେ ଦୁଇନେତା ନିଭୃତରେ ଆଲୋଚନା କରିଥିଲେ ସେଇ ସେତୁର ମଧ୍ୟ ଗୁରୁତ୍ୱ ରହିଛି। ଦୁଇ ରାଷ୍ଟ୍ର ମୁଖ୍ୟଙ୍କର ହାତଧରା, କୋଳାକୋଳି ମନେ ପକାଇଦିଏ ଚଉ-ଏନ୍-ଲାଇ ଓ କିସିଂଜରଙ୍କର ୭୦ ଦଶକର ସାକ୍ଷାତ। ମୁନ୍ ଓ କିମ୍‌ଙ୍କ ଦୁଇଦେଶର ମାଟିରେ ପାଦ ପକାଇବା ବିଶେଷକରି କିମ୍‌ଙ୍କ ଦକ୍ଷିଣ କୋରିଆରେ ପାଦଦେବା ଥିଲା ଯୁଗାନ୍ତକାରୀ। ତାଙ୍କର ଅଙ୍ଗଭଙ୍ଗୀରେ ପ୍ରତିଫଳିତ ହେଉଥିଲା ଆତ୍ମବିଶ୍ୱାସ।

ତେବେ ଏ ସବୁ ଆନନ୍ଦ, ଆଶା, ଆବେଗ ଓ ଉଚ୍ଛ୍ୱାସ ମଧ୍ୟରେ ଲୁଚି ରହିଛି କେତେକ ଅସାମହିତ ପ୍ରଶ୍ନ - କୋରିଆ ଉପଦ୍ୱୀପରେ ଯୁଦ୍ଧ ବିରତି ଘୋଷଣା ଓ ଶାନ୍ତିଚୁକ୍ତିର ସମ୍ଭାବନାରେ ଦକ୍ଷିଣ କୋରିଆରେ ମୁତୟନ ଥିବା ୨୮୫୦୦ ଆମେରିକା ସେନାଙ୍କ ଭବିଷ୍ୟତ ଅନିଶ୍ଚିତତା, କୋରିଆର ବିକାଶ, ସମୃଦ୍ଧି ଓ ଏକତ୍ରୀକରଣ କେବଳ କୋରିଆ ଲୋକଙ୍କ ଦ୍ୱାରା ସମାହିତ ହେବାର ଘୋଷଣା ପରୋକ୍ଷରେ ଚେତାବନୀ ଦେଉଛି ଯେ ବାହ୍ୟଶକ୍ତି ଏହି ପ୍ରକ୍ରିୟାରୁ ଦୂରେଇ ରୁହନ୍ତୁ। ପ୍ରସ୍ତାବିତ ପରମାଣୁମୁକ୍ତ କୋରିଆ ଉପଦ୍ୱୀପ ମଧ୍ୟ ସୂଚଉଛି ଯେ ଆମେରିକା ନୌବାହିନୀର ପରମାଣୁ ସଜ୍ଜିତ ଜାହାଜ ସେ ଅଞ୍ଚଳରେ ମୁକ୍ତ ଯାତାୟତ କରିପାରିବ ନାହିଁ। ବହୁଚର୍ଚ୍ଚିତ ଟ୍ରମ୍ପ-କିମ୍‌ଙ୍କ ମେ ମାସ ସାକ୍ଷାତରେ ଆମେରିକା ରାଷ୍ଟ୍ରପତିଙ୍କ ପ୍ରାଧାନ୍ୟ ଓ ଗୁରୁତ୍ୱ ରହିବ ଉତ୍ତର କୋରିଆର ନିରସ୍ତ୍ରୀକରଣ ଉପରେ ଏବଂ ଉତ୍ତର କୋରିଆର ରାଷ୍ଟ୍ରପତିଙ୍କର ନଜର ରହିବ ଦକ୍ଷିଣ କୋରିଆରେ ଆମେରିକା ସେନାବାହିନୀ ଓ ପରମାଣୁ ଅସ୍ତ୍ର ଉପସ୍ଥିତି ଉପରେ। ଏହାର ଶାନ୍ତିପୂର୍ଣ୍ଣ ସମାଧାନ ନହେବା ପର୍ଯ୍ୟନ୍ତ ଉତ୍ତର କୋରିଆ ଉପରେ ଜାତିସଂଘରେ ପାରିତ ଅର୍ଥନୈତିକ କଟକଣା କୋହଳ ହେବାର ସମ୍ଭାବନା କ୍ଷୀଣ। ଟ୍ରମ୍ପ କୋରିଆରୁ ସେନାବାହିନୀର ଅପସାରଣରେ ଇଚ୍ଛୁକ ଥିଲେ ମଧ୍ୟ ଆମେରିକା ସିନେଟ୍ ଓ ସେନାବାହିନୀ ଏହାର ବିରୋଧ କରିପାରନ୍ତି। ପ୍ରସ୍ତାବିତ କୋରିଆ ଶାନ୍ତିଚୁକ୍ତି, ଦୁଇ କୋରିଆର ଏକତ୍ରୀକରଣ, ନିରସ୍ତ୍ରୀକରଣ, ବିଭାଜିତ ପରିବାରଗୁଡ଼ିକର ପୁନଃମିଳନ, ଅର୍ଥନୈତିକ ସହଯୋଗର ଘୋଷିତ ଉଚ୍ଚ ଆକାଙ୍‌କ୍ଷାକୁ ଚରିତାର୍ଥ କରିବାକୁ ହେଲେ ଅନ୍ୟ ରାଷ୍ଟ୍ର ଯଥା - ଆମେରିକା, ଚୀନ, ଜାପାନ ଓ ରୁଷର ସଂପୃକ୍ତି ଅପରିହାର୍ଯ୍ୟ ଓ ଅବଶ୍ୟମ୍ଭାବୀ, କିନ୍ତୁ ପରିବର୍ତ୍ତିତ ପରିସ୍ଥିତିରେ ଚୀନର ଉତ୍ତର କୋରିଆରେ ଆଧିପତ୍ୟ ଓ ଏହାର ଅର୍ଥନୀତିରେ ଏକଚାଟିଆ ନିୟନ୍ତ୍ରଣ ସହ ସମ୍ପୂର୍ଣ୍ଣ ପ୍ରଭାବ ପରିବର୍ତ୍ତେ ଗୋଟିଏ ଶକ୍ତିଶାଳୀ, ଏକତ୍ରିତ କୋରିଆ ଏବଂ ସହଯୋଗୀ ଆମେରିକା ହୋଇପାରେ ଚୀନ

ପାଇଁ ବିପଦ। ସେଇଭଳି ଆମେରିକା ଓ ଚୀନ ମଧ୍ୟ ସେହି ଅଞ୍ଚଳରେ ଶକ୍ତିଶାଳୀ ଜାପାନର ଉଦୟ ସମ୍ଭାବନାକୁ ସହଜରେ ଗ୍ରହଣ କରିବା କଷ୍ଟକର ବ୍ୟାପାର। ଆଉ ଗୋଟିଏ ପ୍ରଶ୍ନବାଚୀ ହେଉଛି ୨୦୦୦ ମସିହାରେ ଦୁଇଦେଶର ଶିଖର ସମ୍ମିଳନୀରେ ସ୍ଥିରୀକୃତ ହୋଇଥିବା କଳ୍ପିତ ଏକତ୍ରୀକରଣରେ ଉତ୍ତର କୋରିଆ ପ୍ରସ୍ତାବିତ ଫେଡେରେସନ ଓ ଦକ୍ଷିଣ କୋରିଆ ପ୍ରସ୍ତାବିତ କନ୍‌ଫେଡେରେସନ୍‌ର ଭବିଷ୍ୟତ। ହୁଏତ ଚୀନ ଓ ହଂକଂରେ ପରୀକ୍ଷିତ ହୋଇଥିବା ଗୋଟିଏ ଦେଶ, ଦୁଇ ବ୍ୟବସ୍ଥା ଉତ୍ତର କୋରିଆ ଓ ଦକ୍ଷିଣ କୋରିଆ ଆପଣେଇ ନେଇପାରନ୍ତି। ଉତ୍ତର କୋରିଆ ଅଞ୍ଚଳରେ ଅର୍ଥନୈତିକ ଅଭିବୃଦ୍ଧି ପାଇଁ ହୁଏତ ୨୦୦୭ରେ ଦୁଇଦେଶର ସହମତିରେ ସ୍ଥିରୀକୃତ ହୋଇଥିବା ପ୍ରକଳ୍ପଗୁଡ଼ିକୁ କାର୍ଯ୍ୟକାରୀ କରାଇବାକୁ ପ୍ରାଥମିକତା ଦିଆଯାଇପାରେ।

କଥା ହେଉଛି - ଗତ ଶୀତ ଋତୁରେ ବୋହୁଥିବା ପବନରେ ଯୁଦ୍ଧ, ହିଂସାର ବାର୍ତ୍ତା ଥିବାବେଳେ ଏ ବସନ୍ତର ଶୀତଳ ସମୀର ଶାନ୍ତି ଓ ସମୃଦ୍ଧିର ବାର୍ତ୍ତା ଦେଉଛି। ତେବେ କୋରିଆ ଉପଦ୍ୱୀପରେ ଶାନ୍ତି ଓ ସମୃଦ୍ଧିର ରୂପାୟନ ନିର୍ଭର କରୁଛି କୋରିଆ ଛଡ଼ା ଅନ୍ୟ ବହୁ ରାଷ୍ଟ୍ରଙ୍କର ଆଭିମୁଖ୍ୟ ଓ ସ୍ୱାର୍ଥ ଉପରେ।

ମଧ୍ୟପ୍ରାଚ୍ୟର ମହାନାଟକ

ଗତ କିଛିଦିନ ହେବ ଅନ୍ତର୍ଜାତୀୟ, ଜାତୀୟ ଓ ସ୍ଥାନୀୟ ଗଣମାଧ୍ୟମରେ ବିଶେଷକରି ଟିଭି ଚାନେଲଗୁଡ଼ିକରେ ଇରାନ୍-ଆମେରିକା ବିବାଦର ବିଶେଷ ବିବରଣୀ ଘନଘନ ପ୍ରସାରିତ ହେଉଛି। ମନେ ହେଉଛି ଯେଭଳି ବିଶ୍ୱ ବର୍ତ୍ତମାନ ତୃତୀୟ ବିଶ୍ୱଯୁଦ୍ଧର ଦ୍ୱାରଦେଶରେ। କାସିମ ସୁଲେମାନିଙ୍କ ଉପରେ ଆକ୍ରମଣ କରି ମୃତ୍ୟୁ ସୁନିଶ୍ଚିତ କରିବା ପରେ ଆମେରିକା ରାଷ୍ଟ୍ରପତିଙ୍କ ଘୋଷଣା ଅସ୍ଥିରତା ଲାଗି ରହିଥିବା ମଧ୍ୟପ୍ରାଚ୍ୟର ପରିସ୍ଥିତିକୁ ଆହୁରି ଜଟିଳ କରିଦେଲା। ଯେଭଳି ଭାବେ ମରଣାନ୍ତକ ଆକ୍ରମଣକୁ ସଙ୍ଗଠିତ ଓ କାର୍ଯ୍ୟକାରୀ କରାଗଲା ଏହା ପ୍ରମାଣିତ କଲା ଆମେରିକାର ଉନ୍ନତ ଧରଣର ଅସ୍ତ୍ରଶସ୍ତ୍ର ଶତ୍ରୁକୁ କାବୁକରି ନିର୍ଭୁଲ ଭାବରେ ନିପାତ କରିବାରେ ସକ୍ଷମ। ଟ୍ରମ୍ପଙ୍କ ଘୋଷଣାରେ ଆତ୍ମସନ୍ତୁଷ୍ଟି ସହିତ ବିଶ୍ୱକୁ ବାର୍ତ୍ତା ଥିଲା ଯେ ସୁଲେମାନି ଏକ ଦୁର୍ଦ୍ଧର୍ଷ ଆତଙ୍କବାଦୀ ଯାହାର ମୃତ୍ୟୁରେ ଯୁଦ୍ଧ ନୁହେଁ ବରଂ ଯୁଦ୍ଧ ସମ୍ଭାବନାର ସମାପ୍ତି ଘଟିଲା। ଏଥିସହିତ ବିଭିନ୍ନ ସମୟରେ ଆମେରିକା ରାଷ୍ଟ୍ରପତି ଇରାନ୍‌କୁ ଚେତାବନୀ ଦେଲେ ଯେ ଆମେରିକାର କ୍ଷମତା ରହିଛି, ଇରାନ୍‌ର ସହର ଓ ଐତିହ୍ୟ ସ୍ଥଳଗୁଡ଼ିକୁ ସମ୍ପୂର୍ଣ୍ଣ ଧ୍ୱଂସ କରିବାର, କିନ୍ତୁ ତା' ସହିତ ଅର୍ଥନୈତିକ କଟକଣା (ସାଙ୍କସନ୍)କୁ ଆହୁରି ଅଧିକ ଓ ଦୃଢ଼ୀଭୂତ କରି ଇରାନକୁ ପଙ୍ଗୁ କରିଦେବାର ଧମକ ମଧ୍ୟ ଦିଆଗଲା। ତତ୍‌ସହିତ ଆମେରିକା ଆଲୋଚନା ପାଇଁ ପ୍ରସ୍ତୁତ ବୋଲି ଇଙ୍ଗିତ ଦେଲା।

ଆକ୍ରମଣର ପ୍ରତିକ୍ରିୟା ଓ ପ୍ରତିବାଦ ସାରା ଇରାନ୍‌ରେ ବିକ୍ଷୋଭ ମାଧ୍ୟମରେ ପ୍ରକାଶ ପାଇଲା। ଇରାନ୍‌ର ମୁଖ୍ୟ ଓ ସରକାର ଆମେରିକା ଆକ୍ରମଣର ଉପଯୁକ୍ତ ଓ ସମୁଚିତ ଜବାବ ଦିଆଯିବ ବୋଲି ଘୋଷଣା କଲେ ଏବଂ ମଧ୍ୟପ୍ରାଚ୍ୟରେ ଥିବା ଆମେରିକାର ସୈନ୍ୟ, ସମ୍ପତ୍ତି, ସାମରିକ ଘାଟି, ଦୂତାବାସଗୁଡ଼ିକର କ୍ଷତି ପହଞ୍ଚାଇବାର କ୍ଷମତା ଥିବାର ଧମକ ଦିଆଗଲା। କେବଳ ସେତିକି ନୁହେଁ, ମଧ୍ୟପ୍ରାଚ୍ୟରେ ଆମେରିକାର

ବନ୍ଧୁ ଓ ସହଯୋଗୀ ଦେଶଗୁଡ଼ିକ ଇରାନ୍ କ୍ଷେପଣାସ୍ତ୍ରର ପରିସରଭୁକ୍ତ ବୋଲି ମଧ୍ୟ ଜଣାଇଲେ। ଇସ୍ରାଏଲ, ହାଇଫା ଓ ୟୁଏଇର ଦୁବାଇ ମଧ୍ୟ ଏଥିରେ ଅନ୍ତର୍ଭୁକ୍ତ ବୋଲି ଜଣାଇଲେ। ତାହା ସହିତ ଆମେରିକା ସୈନ୍ୟବାହିନୀର ମଧ୍ୟପ୍ରାଚ୍ୟରୁ ସମ୍ପୂର୍ଣ୍ଣ ପ୍ରତ୍ୟାବର୍ତ୍ତନର ଦାବି କରାଗଲା। ଇରାକ୍, ଇରାନ ସହିତ ସ୍ୱର ମିଳାଇ ସେଇଭଳି ଦାବି କଲା ଯାହା ଟ୍ରମ୍ପ ପ୍ରତ୍ୟାଖ୍ୟାନ କଲେ ଏବଂ ସୂଚେଇଲେ ଯେ ଇରାକର ସୁରକ୍ଷା ପାଇଁ ପ୍ରତିରକ୍ଷା କ୍ଷେତ୍ରରେ ଆମେରିକା ନିବେଶ କରିଥିବା ସମସ୍ତ ଅର୍ଥ ନ ଫେରାଇଲେ ତାହା ସମ୍ଭବ ନୁହେଁ। ଏସବୁ ଧମକ ଓ ଦାବି ସତ୍ତ୍ୱେ ଇରାନ୍‌ର ବିଦେଶ ମନ୍ତ୍ରୀ ଜାରିଫ୍ ମନ୍ତବ୍ୟ ରଖିଲେ ଯେ କ୍ରମବର୍ଦ୍ଧମାନ ସଙ୍ଗୀନ୍ ଅବସ୍ଥାର ଅବସାନ ଓ ପ୍ରଶମିତ କରିବା ପାଇଁ କୂଟନୀତି ମାଧ୍ୟମରେ ଆଲୋଚନାର ଦ୍ୱାର ଉନ୍ମୁକ୍ତ। ଇରାନ୍‌ର କେତେକ କ୍ଷେପଣାସ୍ତ୍ର ଇରାକରେ ବ୍ୟବହୃତ ହେଉଥିବା ଆମେରିକାର ଦୁଇଟି ଘାଟିକୁ ଆକ୍ରମଣ କଲେ, କିନ୍ତୁ ଦୁର୍ଘଟଣା ହେଉ କିମ୍ବା ପୂର୍ବ ପ୍ରାୟୋଜିତ କାରଣରୁ ସେ ଦୁଇଟି କ୍ଷେପଣାସ୍ତ୍ର ଲକ୍ଷ୍ୟ ମୂଳରେ କ୍ଷତି ପହଞ୍ଚାଇବାରେ ନିଷ୍ଫଳ ହେଲେ। ଆମେରିକାର ସୈନ୍ୟମାନେ ସେ ସ୍ଥାନ ପରିତ୍ୟାଗ କରି ଅନ୍ୟ ସ୍ଥାନକୁ ଚାଲିଯାଇଥିଲେ। ଗଣମାଧ୍ୟମରେ ପ୍ରକାଶ ପାଇଲା ଇରାନ୍ ଇରାକକୁ ପ୍ରାକ୍ ସୂଚନା ଦେଇଥିଲା ଏବଂ ଆମେରିକାର ଇଣ୍ଟେଲିଜେନ୍ସ ଆଗୁଆ ଖବର ପାଇଥିଲା। ଅଥଚ ସୁଲେମାନିଙ୍କ ବିରୋଧରେ ଆକ୍ରମଣ ଯୋଜନାର କୌଣସି ସୂଚନା ଇରାକ୍ ଆମେରିକାଠାରୁ ପାଇନଥିଲା। ସାରା ବିଶ୍ୱ ଟ୍ରମ୍ପ ଓ ଆୟାତୋଲ୍ଲା ଖୋମେନିଙ୍କ ପ୍ରତିକ୍ରିୟା ଓ ଆଗାମୀ ପଦକ୍ଷେପ ବିଷୟରେ ଉତ୍କଣ୍ଠାର ସହିତ ଅପେକ୍ଷା କରିଥିଲାବେଳେ ଆମେରିକାର ରାଷ୍ଟ୍ରପତି ନାଟକୀୟ ଭାବେ ଘୋଷଣା କଲେ ଯେ ତାଙ୍କର ସମସ୍ତ ଇପ୍‌ସିତ ଲକ୍ଷ୍ୟ ପୂରଣ ହୋଇଛି। ଆମେରିକାର କେହି ମୃତାହତ ହୋଇନାହାନ୍ତି କିମ୍ବା କୌଣସି କ୍ଷୟକ୍ଷତି ହୋଇନାହିଁ। ସମସ୍ତ ଘଟଣାକୁ ଅନୁଶୀଳନ କଲେ ମନେ ହେବ ଉଭୟ ପକ୍ଷ ଲଜ୍ଜାକର ପରିସ୍ଥିତିରୁ ନିଜକୁ ବଞ୍ଚାଇ ଆଲୋଚନା ମାଧ୍ୟମରେ ଭବିଷ୍ୟତ ପନ୍ଥା ସ୍ଥିର କରିବେ। ଆଭ୍ୟନ୍ତରୀଣ ଆବଶ୍ୟକତା ହେତୁ ଏହା ଅପରିହାର୍ଯ୍ୟ ଥିଲା। ଯଦିଓ ପ୍ରାରମ୍ଭରେ ଦୁଇରାଷ୍ଟ୍ର ଜାତିସଂଘର ଧାରା ୫୧କୁ ଉଦ୍ଧୃତ କରି ଆତ୍ମରକ୍ଷା ଉଦ୍ଦେଶ୍ୟରେ ପଦକ୍ଷେପର ଯଥାର୍ଥତା ପାଇଁ ଯୁକ୍ତି ବାଢ଼ିଥିଲେ। କେତେକ ବିଶେଷଜ୍ଞଙ୍କ ମତରେ ଟ୍ରମ୍ପ ତାଙ୍କ ବିରୋଧରେ ମହାଭିଯୋଗ ଓ ଆଗାମୀ ନିର୍ବାଚନକୁ ଦୃଷ୍ଟିରେ ରଖି ଏଭଳି ଏକ ଦୁଃସାହସିକ ପଦକ୍ଷେପ ନେଲେ ଏବଂ ଇରାନ୍ ଉପରେ ଚାପ ସୃଷ୍ଟିକରି ପରମାଣୁ କାର୍ଯ୍ୟକ୍ରମକୁ ନିବୃତ୍ତ କରିବାର ଏହା ଥିଲା ଏକ ରଣକୌଶଳ। ଆମେରିକା ୟୁରୋପୀୟ ଦେଶମାନଙ୍କର ବିରୋଧ ଓ ଅସମ୍ମତି ସତ୍ତ୍ୱେ ୨୦୧୫ ପରମାଣୁ ବୁଝାମଣାରୁ ଓହରିଯିବା ପରେ ପୁରୁଣା ବୁଝାମଣା ସର୍ତ୍ତ କିମ୍ବା ନୂଆ ସର୍ତ୍ତ ଥିବା

ଆଲୋଚନାରେ ଇରାନ୍ ଭାଗ ନେବା ଏତେ ସହଜ ନୁହେଁ। କାରଣ ଇତିମଧ୍ୟରେ ଇରାନ୍ ପରମାଣୁ କ୍ଷେତ୍ରରେ ଆହୁରି ଅଧିକ ଅଗ୍ରଗତି କରିଛି ଏବଂ ୨୦୧୫ ଚୁକ୍ତିର ଉଲ୍ଲଂଘନ କରିଛି। ଅର୍ଥନୈତିକ କଟକଣାର ଅପସାରଣ, ଦୂରୀକରଣ କିମ୍ବା କୋହଳ ମନୋଭାବ ବିନା ଇରାନ୍ ନିଜର ନାଗରିକଙ୍କୁ ନିରାଶ କରିବାର ଅବସ୍ଥାରେ ନାହିଁ। ଇରାନ୍‌କୁ କ୍ଷତିପୂରଣର ଯେଉଁ ଆଶ୍ୱାସନା ଦିଆଯାଇଥିଲା ତାହା ଏ ପର୍ଯ୍ୟନ୍ତ ମିଳିନାହିଁ। ଅର୍ଥନୈତିକ କଟକଣା ଏବେ ବି ଜାରୀ ରହିଛି। ଏହାର କଷ୍ଟଦାୟକ ସର୍ତ୍ତ ହେତୁ ଇରାନ୍ ବହୁ ବିଲିୟନ ଡଲାରର ଆୟରୁ ବଞ୍ଚିତ ହୋଇଛି ଏବଂ କ୍ଷତି ସହିଛି। ଦୁଇରାଷ୍ଟ୍ରଙ୍କ ନୀତି ଓ ଲକ୍ଷ୍ୟ ଇରାକ, ସିରିଆ, ଆଫଗାନିସ୍ତାନ, ଇସ୍ରାଏଲ ଓ ପାଲେଷ୍ଟାଇନ୍‌ରେ ଭିନ୍ନ। ପରସ୍ପର ବିରୋଧୀ। ଏଥର ଆଉ ଗୋଟିଏ କଥା ସମସ୍ତଙ୍କୁ ଆଚମ୍ବିତ କଲା - ଆମେରିକାର ବନ୍ଧୁରାଷ୍ଟ୍ର ବୋଲି ବିବେଚିତ ହେଉଥିବା ସାଉଦି ଆରବ, ୟୁଏଇ, ଏଭଳିକି ପାକିସ୍ତାନ ଓ ଇସ୍ରାଏଲ ଏ ପ୍ରସଙ୍ଗରେ ନୀରବ ରହିଲେ ଏବଂ ସଂଯମ ରକ୍ଷା ପାଇଁ ଅନୁରୋଧ କଲେ। ଇରାନ୍ ଏହିଭଳି ସଂକଟ କାଳରେ ସୁଯୋଗ ପାଇଲା ଜଣାଇବା ପାଇଁ ଯେ ଆମେରିକାର ମଧ୍ୟପ୍ରାଚ୍ୟରେ ହଜାର ହଜାର ସୈନ୍ୟ, ସାମରିକ ଘାଟି ଓ ଦୂତାବାସ ପ୍ରଭୃତି ସୁରକ୍ଷିତ ନୁହନ୍ତି। ଏହା ପାଖରେ ଥିବା ପ୍ରଚୁର କ୍ଷେପଣାସ୍ତ୍ର ସେଗୁଡ଼ିକ ଧ୍ୱଂସ କରିବାରେ ସକ୍ଷମ। ଏହି ପୃଷ୍ଠଭୂମିରେ ନୂତନ ପରମାଣୁ ବିଷୟରେ ଆଲୋଚନାର ସମ୍ଭାବନା କମ୍; ଯଦିବା ହୁଏ ତା'ର ରୂପରେଖ କ'ଣ ହେବ ଅନୁମାନ କରିବା କଷ୍ଟ।

ମଧ୍ୟପ୍ରାଚ୍ୟର ଏହି ନାଟକର ପ୍ରଭାବ ତତ୍‌କ୍ଷଣାତ୍ ପ୍ରତିଫଳିତ ହୋଇଥିଲା ତୈଳ ଓ ପେଟ୍ରୋଲିୟମ ପଦାର୍ଥ ବଜାରରେ। ଗୋଟିଏ ଦିନରେ ୩/୪ ପ୍ରତିଶତ ମୂଲ୍ୟବୃଦ୍ଧି ପୃଥିବୀର ବିଭିନ୍ନ ପ୍ରାନ୍ତରେ ଆଲୋଡ଼ନ ସୃଷ୍ଟି କରିଥିଲା। ଭାରତ ସମେତ ବହୁରାଷ୍ଟ୍ର ଷ୍ଟକ୍ ଏକ୍ସଚେଞ୍ଜ ଓ ଦରଦାମ୍‌ରେ ଅସ୍ଥିରତା ଆଣି ଦେଇଥିଲା। ଯଦି ଏହି ଯୁଦ୍ଧ ଭଳି ପରିସ୍ଥିତି ସମ୍ପ୍ରସାରିତ ହୋଇଥାନ୍ତା ତେବେ ଅନ୍ୟ ରାଷ୍ଟ୍ରଗୁଡ଼ିକ ମଧ୍ୟ ଏଥିରେ ଯୋଡ଼ି ହୋଇଯାଇଥାଆନ୍ତେ। ଟ୍ରମ୍ପ ତାଙ୍କ ବକ୍ତବ୍ୟରେ ନାଟୋ ସହଯୋଗୀ ରାଷ୍ଟ୍ରଙ୍କର ମଧ୍ୟପ୍ରାଚ୍ୟରେ ଅଧିକ ସମ୍ପୃକ୍ତି ପାଇଁ ନିବେଦନ କରିଥିଲେ, କିନ୍ତୁ ନାଟୋର ଅନ୍ୟ ରାଷ୍ଟ୍ରମାନେ ୟୁରୋପ ବାହାରେ ସମ୍ପୃକ୍ତି ପାଇଁ ଅନିଚ୍ଛୁକ। ନାଟୋର ସୃଷ୍ଟି ସୋଭିଏତ ୟୁନିୟନ ବିରୋଧରେ ହୋଇଥିଲା। ଏହାର ଆଫଗାନିସ୍ତାନ ଯୁଦ୍ଧରେ ସମ୍ପୃକ୍ତି ଫଳପ୍ରଦ ହୋଇନଥିଲା। ଟ୍ରମ୍ପ ନିର୍ବାଚନ ପ୍ରତିଶ୍ରୁତି ପୂରଣ ପାଇଁ ଚାହାନ୍ତି ଆମେରିକା ସୈନ୍ୟବାହିନୀ ଅପସାରଣ। ସେଥିଲାଗି ନାଟୋ ସଦସ୍ୟଙ୍କ ସମ୍ପୃକ୍ତି ପାଇଁ ବ୍ୟଗ୍ର ଏବଂ ତାହା ଆମେରିକା ସୈନ୍ୟଙ୍କ ମଧ୍ୟପ୍ରାଚ୍ୟରେ ସଂଖ୍ୟା କମାଇବାରେ ସହାୟକ ହେବ, କିନ୍ତୁ ବର୍ତ୍ତମାନ

ଇରାନ୍ ସହିତ ମୁହାଁମୁହିଁରେ ଆମେରିକା ଆହୁରି ବେଶୀ ସୈନ୍ୟଙ୍କୁ ମୁତୟନ କରିବା ପାଇଁ ବାଧ୍ୟ ହୋଇଛି। ବାହାରିନ୍ ଓ କାତାରରେ ଉପସ୍ଥିତି ଅପରିହାର୍ଯ୍ୟ ହୋଇପଡ଼ିଛି।

ମଧ୍ୟପ୍ରାଚ୍ୟରେ କୌଣସି ଅସ୍ଥିରତା ବା ଯୁଦ୍ଧର ପ୍ରଭାବରେ ଭାରତ ନିଶ୍ଚିତ ଭାବେ ବହୁଳଭାବରେ କ୍ଷତିଗ୍ରସ୍ତ ହେବ। ପ୍ରଥମତଃ ପେଟ୍ରୋଲିୟମ କ୍ଷେତ୍ରରେ ନିଜର ଚାହିଦା ମେଣ୍ଟାଇବା ପାଇଁ ୮୦ ପ୍ରତିଶତରୁ ବେଶୀ ବିଦେଶରୁ ଆମଦାନୀ ଉପରେ ଭାରତ ନିର୍ଭର କରେ। ତାହାର ୫୦ ପ୍ରତିଶତରୁ ଅଧିକ ମଧ୍ୟପ୍ରାଚ୍ୟର ଦେଶଗୁଡ଼ିକରୁ ଆସେ। ଯୁଦ୍ଧ ଫଳରେ ଦେଶର ବିକାଶ ବାଧାପ୍ରାପ୍ତ ହୋଇଥାନ୍ତା। ଦରଦାମ୍ ବୃଦ୍ଧିରେ ସାଧାରଣ ନାଗରିକ କ୍ଷତିଗ୍ରସ୍ତ ହୋଇଥାନ୍ତେ। ଦ୍ୱିତୀୟରେ ମଧ୍ୟପ୍ରାଚ୍ୟରେ ରହୁଥିବା ଲକ୍ଷଲକ୍ଷ ପ୍ରବାସୀ ଭାରତୀୟଙ୍କ ଜୀବନ ବିପଦସଂକୁଳ ହୋଇଥାନ୍ତା ଓ ସେମାନଙ୍କର ଭାରତକୁ ପ୍ରତ୍ୟାବର୍ତ୍ତନ ଭଳି ଏକ ଜଟିଳ କାର୍ଯ୍ୟକ୍ରମ ସଂଗଠନ ସରକାରଙ୍କ ପାଖେ ଏକ ମୁଖ୍ୟ ଚାଲେଞ୍ଜ ହୋଇଥାନ୍ତା। ପ୍ରବାସୀ ଭାରତୀୟଙ୍କ ଦେଶକୁ ବିଲିୟନ ବିଲିୟନ ଡଲାର ଅର୍ଥ ପ୍ରେରଣ ବାଧାପ୍ରାପ୍ତ ହୋଇଥାନ୍ତା ଯାହା କେରଳ ଭଳି ବହୁ ପ୍ରଦେଶର ଅର୍ଥନୀତି ଓ ଜୀବନଶୈଳୀକୁ ଦୋହଲାଇ ଦେଇଥାନ୍ତା। ସର୍ବଶେଷରେ ମଧ୍ୟପ୍ରାଚ୍ୟରେ ଯୁଦ୍ଧ କେତେକ ଆତଙ୍କବାଦୀ ଗୋଷ୍ଠୀକୁ ସକ୍ରୀୟ କରିବାରେ ସାହାଯ୍ୟ କରିଥାନ୍ତା। ଆଇଏସ୍, ଅଲକାଇଦା ଭଳି ଆତଙ୍କୀ ଗୋଷ୍ଠୀଙ୍କର ପ୍ରମୁଖ ଲକ୍ଷ୍ୟସ୍ଥଳ ମଧ୍ୟରେ ଭାରତ ଅନ୍ୟତମ। ଏହିଭଳି ଅବସ୍ଥାରେ ୟୁକ୍ରେନ୍ ବିମାନ ଦୁର୍ଘଟଣା ଓ ଶତାଧିକ ଯାତ୍ରୀଙ୍କର ମୃତ୍ୟୁରେ ଇରାନ୍‌ର ସମ୍ପୃକ୍ତି ଓ ସ୍ୱୀକାର ଏବଂ ଏଥିରୁ ଉପୁଜିଥିବା ଜନଆନ୍ଦୋଳନ ଏବଂ ପରିବର୍ତ୍ତନର ଦାବି ସେଠାରେ ଥିବା ପୁଞ୍ଜିଭୂତ ଅସନ୍ତୋଷର ଏକ ଝଲକ।

ଏହି ପରିବର୍ତ୍ତନଶୀଳ ପରିସ୍ଥିତିରେ ଭାରତର ଇରାନ୍ ଓ ଆମେରିକା ଭିତରେ ମଧ୍ୟସ୍ଥତା କରିବାର ପ୍ରସ୍ତାବ ଭାରତରେ ଅବସ୍ଥାପିତ ଥିବା ଇରାନ୍‌ର ରାଷ୍ଟ୍ରଦୂତ ସୂଚନା ଦେଇଥିଲେ। ତେବେ ଦୁଇଟି ପରସ୍ପର ବିରୋଧୀ ବନ୍ଧୁରାଷ୍ଟ୍ର ଯୁଦ୍ଧକାଳୀନ ପରିସ୍ଥିତିରେ ଦଣ୍ଡାୟମାନ ଅବସ୍ଥାରେ ନିପୁଣତା ଓ ସତର୍କତା ସାପେକ୍ଷ ପଦକ୍ଷେପ ଆବଶ୍ୟକ କରେ। ଇରାନ୍ ସହିତ ଭାରତର ସଭ୍ୟତାଭିତ୍ତିକ ସମ୍ପର୍କ ହଜାର ହଜାର ବର୍ଷ ଧରି ରହିଛି। ଏବେ ବି ଦୁଇଦେଶ ବହୁ ଆନ୍ତର୍ଜାତିକ ବିଷୟରେ ଏକମତ ଓ ବାଣିଜ୍ୟ କ୍ଷେତ୍ରରେ ଏକ ପ୍ରଧାନ ସହଯୋଗୀ। ବର୍ତ୍ତମାନ ପରିସ୍ଥିତିରେ ଇରାନ୍‌ରୁ ତେଲ ଆମଦାନୀ ପ୍ରାୟ ଶୂନ୍ୟ ଏବଂ ଛବର ବନ୍ଦରର ନିର୍ମାଣ ଗତି ବ୍ୟାହତ। ସେଥିପାଇଁ କେନ୍ଦ୍ର ପେଟ୍ରୋଲିୟମ ମନ୍ତ୍ରୀ ବିକଳ୍ପ ବ୍ୟବସ୍ଥା ପ୍ରସ୍ତୁତିରେ ରୁଷିଆ ଓ ଅନ୍ୟ ଦେଶ ସହିତ ଆଲୋଚନାରତ ଯଦ୍ୱାର ଭବିଷ୍ୟତରେ ଶକ୍ତି କ୍ଷେତ୍ରରେ ସଙ୍କଟ ନଉପୁଜେ ଓ ବିକାଶର ଧାରା ବ୍ୟାହତ ନହୁଏ। ଆମେରିକା ମଧ୍ୟ ଆମର ବନ୍ଧୁ। ଗତ ଦୁଇ ଦଶନ୍ଧି ଧରି ଏହା ସହିତ ସମ୍ପର୍କ

ଆହୁରି ନିବିଡ଼ତର ହେଉଛି। ଆମେରିକା ଭାରତର ଷ୍ଟ୍ରାଟେଜିକ୍ ପାର୍ଟନର। ସୁରକ୍ଷା ଓ ଅର୍ଥନୀତି କ୍ଷେତ୍ରରେ ଆମର ପ୍ରମୁଖ ସହଯୋଗୀ। ତେଣୁ ମଧ୍ୟସ୍ଥତା ଓ ପରାମର୍ଶର ଗ୍ରହଣୀୟତାରେ ନିଶ୍ଚିତତା ନଥିଲେ ସଂଯମ, ଗମ୍ଭୀର ଆଚରଣ ଭାରତ ପାଇଁ ଶ୍ରେୟସ୍କର।

ଚୀନର ମତିଗତି

କିଛିଦିନ ହେଲା ଗଣମାଧ୍ୟମରେ ଚର୍ଚ୍ଚିତ ମୁଖ୍ୟ ବିଷୟବସ୍ତୁ ହେଲା (୧) କରୋନା (କୋଭିଡ-୧୯), (୨) ଅର୍ଥନୀତିରେ ଅନିଶ୍ଚିତତା ଓ (୩) ଭାରତ-ଚୀନ ସୀମାରେ ସଂଘର୍ଷ। ପ୍ରଥମ ଦୁଇଟି ଜୀବନ ଓ ଜୀବିକା ସହିତ ଜଡ଼ିତ। ଅନ୍ୟଟି ସୁରକ୍ଷା ଓ ସାର୍ବଭୌମତା ସମ୍ବନ୍ଧୀୟ। ସ୍ୱାଧୀନତା ପରବର୍ତ୍ତୀ କାଳରେ ଦେଶ ଏକସଙ୍ଗେ ଏତେଗୁଡ଼ିଏ ଆହ୍ୱାନର ସମ୍ମୁଖୀନ ଅତୀତରେ ହୋଇନଥିଲା। କୋଭିଡ-୧୯ ଓ ଅର୍ଥନୀତିକୁ ନିୟନ୍ତ୍ରଣକୁ ଆଣିବା ପାଇଁ ସାରା ବିଶ୍ୱ ଯୁଝୁଛି। କିନ୍ତୁ ସୀମା ବିବାଦରେ ଭାରତକୁ ହିଁ କଳ, ବଳ, କୌଶଳ ଉପଯୋଗ କରିବାକୁ ପଡ଼ିବ। ଚୀନ ଆମର ପଡ଼ୋଶୀ, ଯାହା ଅପରବର୍ତ୍ତନୀୟ ଏବଂ ବର୍ତ୍ତମାନ ଅର୍ଥନୈତିକ ଓ ସାମରିକ କ୍ଷେତ୍ରରେ ଶକ୍ତିଶାଳୀ। ଏସିଆ ଓ ବିଶ୍ୱର ନେତୃତ୍ୱ ନେବାପାଇଁ ଆଶାୟୀ ଓ ଆମେରିକାର ପ୍ରତିଦ୍ୱନ୍ଦ୍ୱୀ। ସାମରିକ, ଅର୍ଥନୈତିକ କ୍ଷେତ୍ର ବ୍ୟତୀତ ବିଜ୍ଞାନ ଓ ଟେକ୍‌ନୋଲୋଜିରେ ମଧ୍ୟ ଅଗ୍ରଣୀ। ଭାରତ-ଚୀନ ସୀମା ବହୁଦିନରୁ ବିବାଦୀୟ। ତାହାର ମୁଖ୍ୟ କାରଣ ହେଲା ଉପନିବେଶବାଦୀ ବ୍ରିଟିଶ ସରକାରଙ୍କ ଦ୍ୱାରା ଚିହ୍ନିତ ହୋଇଥିବା ସୀମାରେଖା ଚୀନ ପାଇଁ ଗ୍ରହଣୀୟ ନୁହେଁ ଓ ସ୍ୱୀକୃତି ଦେବାକୁ ନାରାଜ। ୧୯୧୪ ମସିହାରେ ସିମଲାରେ ସୀମା ସମ୍ବନ୍ଧୀୟ ରାଜିନାମାରେ ସେତେବେଳର ଭାରତ ସରକାର ଓ ତଦ୍ଧତର ପ୍ରତିନିଧି ସ୍ୱାକ୍ଷର କରିଥିଲେ। ଚୀନର ପ୍ରତିନିଧି ଦସ୍ତଖତ କରିନଥିଲେ।

ସେ ସୀମା ରାଜିନାମାରେ ପ୍ରାକୃତିକ ପାହାଡ଼, ନଦୀ ଇତ୍ୟାଦି ଅଂଶବିଶେଷ। ଭୌଗୋଳିକ, ଭୌତିକ, ଭୂତାତ୍ତ୍ୱିକ କାରଣରୁ ସେ ଅଂଶଗୁଡ଼ିକ ମଧ୍ୟ ପରିବର୍ତ୍ତନଶୀଳ; ଯେମିତି ନଦୀଗୁଡ଼ିକର ସ୍ରୋତ ପରିବର୍ତ୍ତନ ସମ୍ଭାବନାମୟ। ସ୍ୱାଧିନତା ପରଠାରୁ ଏବଂ ଚୀନରେ କମ୍ୟୁନିଷ୍ଟ ସରକାର ପ୍ରତିଷ୍ଠିତ ହେବାଠାରୁ ଭାରତ ପକ୍ଷରୁ ଦୀର୍ଘମିଆଦୀ ଓ ଚିରସ୍ଥାୟୀ ସୀମାର ମାନଚିତ୍ର ଚିହ୍ନିତ ସୀମାଙ୍କନ ବା ସୀମା ନିର୍ଦ୍ଧାରଣ କରିବାର ସମସ୍ତ

ଉଦ୍ୟମ ଓ ପ୍ରଚେଷ୍ଟା ଚୀନ ସରକାର ଏଡ଼ାଇ ଆସିଛନ୍ତି। ଏହିଭଳି ଏକ ଦୋଦୁଲ୍ୟମାନ ଅବସ୍ଥା ଚୀନକୁ ସୁହାଉଛି ଓ ତା'ର ସୁବିଧା ନେଇ ଦୁଇ ପାଦ ଆଗକୁ ଓ ଗୋଟେ ପାଦ ପଛକୁ ନେବାର ରଣକୌଶଳରେ ଭାରତର କିଛି ଅଞ୍ଚଳ ଚୀନର ଅଧିକୃତ। ଏଭଳି ଅବସ୍ଥାକୁ ଆହୁରି ଜଟିଳ କରୁଛି ଦୁଇଦେଶର କୂଟନୀତିରେ ଗୋଟିଏ ନୂତନ ଉପାଦାନ, ତାହା ହେଉଛି 'ଧାରଣା'। ଭାରତ ଓ ଚୀନର ସୀମା ବିଷୟରେ ପୃଥକ ପୃଥକ ଧାରଣା। ଧାରଣାର ବ୍ୟବଧାନକୁ କମାଇବାରେ ଚୀନର ଆଗ୍ରହ ନାହିଁ। ବରଂ ଏହାର ରଣକୌଶଳ ହୋଇଛି ଗୋଟିଏ ସମ୍ପୂର୍ଣ୍ଣ ଯୁଦ୍ଧ ବିନା ସୀମିତ ସଂଘର୍ଷ ଦ୍ୱାରା ଛୋଟ ଛୋଟ ଇଲାକାଗୁଡ଼ିକ ନିଜ ଅକ୍ତିଆରକୁ ନେବା, ଯାହା ଗୋଟିଏ ବୃହତ୍ତର ଯୁଦ୍ଧରେ ପରିଣତ ହେବ ନାହିଁ ଏବଂ ଯେଉଁ ପକ୍ଷର ଅଣ-ଆଣବିକ ପାରମ୍ପରିକ ସାମରିକ ଶକ୍ତିରେ ସାମର୍ଥ୍ୟ ଥିବ ଶେଷରେ ବିଜୟୀ ହେବ। ଏଭଳି ଛୋଟ ଛୋଟ ସାମରିକ ଅଭିଯାନ ଦ୍ୱାରା ଭାରତର ଭାବମୂର୍ତ୍ତିକୁ ନଷ୍ଟ କରିବା ସହ ନିଜ ଭୂଖଣ୍ଡର ସଂପ୍ରସାରଣ କରିବା ହେଉଛି ଉଦ୍ଦେଶ୍ୟ। ଗଲଓ୍ୱାନ ଉପତ୍ୟକାରେ ଗତ ମେ' ଓ ଜୁନ୍ ମାସରେ ଦୁଇ ସେନାବାହିନୀର ସଂଘର୍ଷ ହେଲା ଓ ମଲ୍ଲଯୁଦ୍ଧରେ ଦୁଇପକ୍ଷର ବହୁ ସୈନ୍ୟ ମୃତାହତ ହେଲେ ଏବଂ ସୀମାରେ ସୈନ୍ୟ ମୁତୟନ ହେଲେ ଏବଂ ସୀମାରେ ଶାନ୍ତି ଓ ସ୍ଥିରତା ପ୍ରତିଷ୍ଠା ପାଇଁ ସାମରିକ ଓ କୂଟନୈତିକ ସ୍ତରରେ ଯେଉଁ ଆଲୋଚନା ହେଲା ଏବଂ ଶେଷରେ ଯେଉଁ ପଦକ୍ଷେପ ଓ ନିଷ୍ପତ୍ତି ନିଆଗଲା ସେଥିରେ ସ୍ୱଚ୍ଛତାର ଅଭାବ ରହିଛି। ସୀମାର ସଂଲଗ୍ନିତ ଚିହ୍ନଟ 'ନୋ ମ୍ୟାନ୍ ଲ୍ୟାଣ୍ଡ'ରେ ଦୁଇସେନା ଓହରିଯିବାର ଅର୍ଥ ଭାରତ ଶାନ୍ତି ପ୍ରତିଷ୍ଠା ପାଇଁ ଦାବି କରୁଥିବା ନିଜ ଇଲାକାରୁ ଓହରିଗଲା। ଏକଥା ଭାରତର ପୂର୍ବତନ ଜାତୀୟ ସୁରକ୍ଷା ପରାମର୍ଶଦାତା ଶିବଶଙ୍କର ମେନନ ଗଣମାଧ୍ୟମରେ କହିଛନ୍ତି। ଡୋକଲାମରେ ମଧ୍ୟ ଚୀନ ଆଲୋଚନା ମାଧ୍ୟମରେ ଶାନ୍ତି ପ୍ରତିଷ୍ଠାରେ ରାଜି ହେଲେ ମଧ୍ୟ ବିବାଦୀୟ ସ୍ଥଳୀରେ ଭିତ୍ତିଭୂମିକୁ ଆହୁରି ସୁଦୃଢ଼ କରିଛି। ଗଲଓ୍ୱାନ୍ ଉପତ୍ୟକାରେ ଚୀନ ସୈନ୍ୟ ଅପସାରଣ କଲେ ମଧ୍ୟ ଅନ୍ୟ ଅଞ୍ଚଳ ଯଥା - ପାଙ୍ଗଗ୍, ହଟ୍ ସ୍ପ୍ରିଙ୍ଗ୍, ଗୋଗରା ଅଞ୍ଚଳରୁ ଏପର୍ଯ୍ୟନ୍ତ ସମ୍ପୂର୍ଣ୍ଣ ଭାବେ ସୈନ୍ୟ ଅପସାରଣର କୌଣସି ନିର୍ଦ୍ଦିଷ୍ଟ ଓ ଠିକ୍ ତଥ୍ୟ ମିଳିନାହିଁ। ଗଣମାଧ୍ୟମରେ ସେ ବିଷୟରେ ସନ୍ଦେହ ପ୍ରକାଶ ପାଇଛି।

ଚୀନ୍‌ର ଏଭଳି ଆଭିମୁଖ୍ୟ କମ୍ୟୁନିଷ୍ଟ ସରକାର କ୍ଷମତାକୁ ଆସିବା ପରେ ନୁହେଁ, ପୂର୍ବର କୋମିଙ୍ଗଟଙ୍କ ସରକାର ଓ ଚ୍ୟାଙ୍ଗ କାଇସେକ ଓ ତାଙ୍କ ପୂର୍ବରୁ ସନ୍‌ୟାତ୍ ସେନ୍‌ଙ୍କର ମଧ୍ୟ ଚୀନର ସୀମା ବିଷୟରେ ସମଧାରଣା ଥିଲା। ଚୀନର ରାଜତନ୍ତ୍ର କାଳରେ ମଧ୍ୟ ବିଶାଳ ଚୀନର ପରିକଳ୍ପନା କରାଯାଇଥିଲା। ମାଓ ସେ ତୁଙ୍ଗ ଓ ଜିଙ୍ଗ

ପିନ୍ ଚୀନ୍‌ର ପୂର୍ବସୁରୀଙ୍କୁ ଦିଆହୋଇଥିବା ସମସ୍ତ ଭୂଖଣ୍ଡକୁ ଦରକାର ପଡ଼ିଲେ ବନ୍ଧୁକ ମୁନରେ ଅକ୍ତିଆର କରିବାକୁ ଚୀନ ପଛାଇବ ନାହିଁ ବୋଲି ଆଲୋଚନା ଛଳରେ ବହୁବାର ବିଦେଶୀ ଅତିଥିଙ୍କୁ କହିଛନ୍ତି।

ଆଉ ଗୋଟିଏ ଦିଗ ପ୍ରତି ଧ୍ୟାନ ଦେବାକୁ ପଡ଼ିବ। ଇତିମଧ୍ୟରେ କୋଭିଡ-୧୯ ଯୋଗୁ ଚୀନର ଆଭ୍ୟନ୍ତରୀଣ ଅବସ୍ଥାରେ ନୂତନ ସମସ୍ୟା ସୃଷ୍ଟି ହୋଇଛି। ଦେଶରେ ପ୍ରାୟ ୮କୋଟି ଲୋକ ବେରୋଜଗାର, ସେଥିମଧ୍ୟରୁ କେତେକଙ୍କୁ ଦକ୍ଷତା ବୃଦ୍ଧିପାଇଁ ନୂତନ କୌଶଳ ଶିଖାଇବାକୁ ଚୀନ ସରକାର ଯୋଜନା କରିଛନ୍ତି। ରପ୍ତାନି ବାଣିଜ୍ୟ ବ୍ୟାହତ, ଯାହା ଉତ୍ପାଦନ ଓ ଶ୍ରମିକ ନିଯୁକ୍ତିକୁ ପ୍ରଭାବିତ କରୁଛି। ଘରୋଇ ଚାହିଦା ହ୍ରାସ ପାଉଛି। ପୃଥିବୀର ଅନ୍ୟ ବହୁ ଦେଶ ଭଳି ଚୀନ ମଧ୍ୟ ଅର୍ଥନୈତିକ ସଂକଟ ଦେଇ ଗତି କରୁଛି। ରାଷ୍ଟ୍ରପତି ଜିଙ୍ଗପିନ୍‌ଙ୍କ ବିରୋଧରେ କରୋନା କୁପରିଚାଳନାର ଆକ୍ଷେପର ଚାପା ଗୁଂଜରଣ ଶୁଣିବାକୁ ମିଳୁଛି। ଏଣୁ ଚୀନବାସୀଙ୍କ ଅସନ୍ତୋଷକୁ ଏଡ଼ାଇବା ପାଇଁ ଚୀନର ନେତୃତ୍ୱ ବହିଃଜଗତ ପ୍ରତି ଧ୍ୟାନଦେବାକୁ ପ୍ରୟାସ କରୁଛନ୍ତି ବୋଲି କେତେକ ବିଶେଷଜ୍ଞଙ୍କ ମତ। ତତ୍‌ସହିତ କୋଭିଡ-୧୯ ବ୍ୟାପିବାରେ ଚୀନ ଦାୟୀ ଓ କେତେକାଂଶରେ ବିଶ୍ୱ ସ୍ୱାସ୍ଥ୍ୟ ସଂଗଠନର ସହାୟତା ଓ ସନ୍ନିବେଶର ଆରୋପ ଆମେରିକା ସହ ଅନ୍ୟ ବହୁଦେଶ କରୁଛନ୍ତି ଓ ଚୀନକୁ ଏକଘରିଆ କରିବାରେ ଉଦ୍ୟମରତ। ଫଳରେ ଆମେରିକା, ଅଷ୍ଟ୍ରେଲିଆ ବ୍ୟତୀତ ଜାପାନ, ଭିଏତ୍‌ନାମ, ଫିଲିପାଇନ୍ସ, ଇଣ୍ଡୋନେସିଆ, ଦକ୍ଷିଣ କୋରିଆ, ତାଇୱାନ ପ୍ରଭୃତି ଦେଶ ଚୀନର ଆକ୍ରମଣାତ୍ମକ ଆଭିମୁଖ୍ୟ ବିରୋଧରେ ସ୍ୱର ଉତ୍ତୋଳନ କରିଛନ୍ତି। କେତେକ ଦେଶ ଚୀନ ଋଣରେ ଭାରାକ୍ରାନ୍ତ। ଚୀନର ସମ୍ମାନଜନକ ବିଶ୍ୱ ସହିତ ସଂଯୋଗ କରୁଥିବା ଓ ଚୀନର ଉପସ୍ଥିତି ଆଧିପତ୍ୟ କଳ୍ପିତ ବିଆର୍‌ଆଇ ପ୍ରକଳ୍ପର ଭବିଷ୍ୟତ ଏବେ ଅନିଶ୍ଚିତ।

ଏହି ପୃଷ୍ଠଭୂମିରେ ଭାରତରେ ଚୀନ ବିରୋଧୀ ସ୍ୱର ଦେଶର ବିଭିନ୍ନ ପ୍ରାନ୍ତରେ ଶୁଣିବାକୁ ମିଳୁଛି। ଚୀନ ପ୍ରସ୍ତୁତ ଦ୍ରବ୍ୟକୁ ଲୋକେ ସ୍ୱଇଚ୍ଛାରେ ପ୍ରତ୍ୟାଖ୍ୟାନ କରୁଛନ୍ତି। ଚୀନ ଦ୍ରବ୍ୟ ବର୍ଜନର ହାୱା ସୃଷ୍ଟି ହୋଇଛି। କେନ୍ଦ୍ର ସରକାର ଓ ପ୍ରାଦେଶିକ ସରକାରଙ୍କ ନିର୍ଦ୍ଦେଶାବଳୀ ଅନୁସାରେ, ଚୀନରୁ ଆମଦାନୀ ନିଷେଧ ସହ ପୁଞ୍ଜିନିବେଶର ପ୍ରକଳ୍ପ, ରେଲୱେ, ଟେଲିକମ୍ୟୁନିକେସନ, ଇଲେକ୍‌ଟ୍ରୋନିକ ଓ ଶକ୍ତି କ୍ଷେତ୍ରରେ ଚୀନ ଉପକରଣ ପ୍ରୟୋଗ ଉପରେ କିଛି କଟକଣା କରାଯାଇଛି।

ଭାରତ-ଚୀନ ଦ୍ୱିପାକ୍ଷିକ ବାଣିଜ୍ୟ ବର୍ତ୍ତମାନ ଏକତରଫା। ଭାରତର ସମୁଦାୟ ଆମଦାନୀର ୧୪% ଚୀନରୁ ଏବଂ ରପ୍ତାନି ପ୍ରାୟ ୫%। ଚୀନରୁ ଆମଦାନୀର ପରିମାଣ ୭୦ ବିଲିୟନ ଡଲାରରୁ ବେଶୀ। ଭାରତୀୟ ଷ୍ଟାର୍ଟ ଅପ୍‌ଙ୍କ ପାଇଁ ଅଳ୍ପ କିଛି ବର୍ଷରେ

ଚୀନ ୩ ବିଲିୟନ ଡଲାରରୁ ଅଧିକ ପୁଞ୍ଜି ନିବେଶ କରିଛି । ଗୋଟିଏ ସୂତ୍ର ଅନୁସାରେ, ଏପର୍ଯ୍ୟନ୍ତ ଚୀନର ପୁଞ୍ଜି ନିବେଶ ୨୬ ବିଲିୟନ ଡଲାର । ୮୦୦ ଚୀନ କମ୍ପାନୀ ବର୍ତ୍ତମାନ ଭାରତୀୟ ମାର୍କେଟରେ ଉପସ୍ଥିତ ଓ କାର୍ଯ୍ୟରତ । ବାସ୍ତବରେ ଚୀନର ବହୁ ପୁଞ୍ଜିନିବେଶ ଭାରତରେ ହଂକଂ, ସିଙ୍ଗାପୁର, ମରିସସ୍ ମାଧ୍ୟମରେ ହେଉଛି, ଯାହା ଭାରତ-ଚୀନ ବାଣିଜ୍ୟ, ନିବେଶ ଆଙ୍କଡ଼ାରେ ପ୍ରତିଫଳିତ ନୁହେଁ । ଚୀନ ସ୍ନାପଡିଲ, ସ୍ୱିଗି, ଜମାଟୋ, ବାଇଜୁ, ଫ୍ଲିପ୍‌କାର୍ଟ, ଓଲା, ଓୟିଓ, ପେଟିମ୍, ପଲିସି ବଜାର, ଏଚଡିଏଫସି ବ୍ୟାଙ୍କ ପ୍ରଭୃତି କମ୍ପାନୀରେ ପୁଞ୍ଜିନିବେଶ କରିସାରିଛି । ପର୍ଯ୍ୟଟନ କ୍ଷେତ୍ରରେ ୧୯୮୧ରେ ଚୀନ ପର୍ଯ୍ୟଟକଙ୍କ ସଂଖ୍ୟା ମାତ୍ର ୧୩୦୦ ଥିଲାବେଳେ ୨୦୧୮ରେ ତାହା ବୃଦ୍ଧିପାଇ ପ୍ରାୟ ୩ ଲକ୍ଷରେ ପହଞ୍ଚିଛି । ଭାରତୀୟ ସ୍ମାର୍ଟ ଫୋନ୍ ମାର୍କେଟରେ ୭୨% ଚୀନ କବଳିତ । ଭାରତୀୟ ଫାର୍ମାସିଉଟିକାଲ ପ୍ରସ୍ତୁତିରେ ଦୁଇ-ତୃତୀୟାଂଶ ମୌଳିକ ଉପାଦାନ ଚୀନରୁ ଆମଦାନୀ କରାଯାଏ । ଅପର ପକ୍ଷରେ ଚୀନର ସମୁଦାୟ ରପ୍ତାନିର ୩%ରୁ କମ୍ ଭାରତୀୟ ଭାଗ । ଚୀନ ଭାରତରୁ ଆମଦାନୀ କରେ ଖଣିଜ ଦ୍ରବ୍ୟ, କପା, ଇସ୍ପାତ, ପ୍ଲାଷ୍ଟିକ ଇତ୍ୟାଦି । ବଦଳରେ ରପ୍ତାନି କରେ ସ୍ମାର୍ଟଫୋନ୍, ଇଲେକ୍ଟ୍ରିକାଲ ଉପକରଣ, ସାର, ଯାନବାହନ ଉପକରଣ, ଟେଲିକମ ଉପକରଣ, ରେଳ ବଗି, ରାସାୟନିକ ଦ୍ରବ୍ୟ, ଔଷଧ ପ୍ରସ୍ତୁତି ମୌଳିକ ଉପାଦାନ, ଇଂଜିନିୟରିଂ ଦ୍ରବ୍ୟ, ପ୍ଲାଷ୍ଟିକ୍ ଇତ୍ୟାଦି ।

ତେଣୁ ବିକାଶର ଧାରା ବିନା ବ୍ୟାହତରେ ବଜାୟ ରଖିବାକୁ ହେଲେ ଚୀନରୁ ଆମଦାନୀ ହେଉଥିବା ବସ୍ତୁଗୁଡ଼ିକର ବିକଳ୍ପ ଯୋଗାଣକ୍ଷେତ୍ର ପ୍ରଥମେ ଚିହ୍ନଟ କରିବାକୁ ପଡ଼ିବ । ହୁଏତ ବିଦେଶରେ ଅନ୍ୟ କିଛି ରାଷ୍ଟ୍ରରୁ ସେଗୁଡ଼ିକ ଆମଦାନୀ କରାଯାଇପାରେ । ଆତ୍ମନିର୍ଭର ଭାରତ ପରିକଳ୍ପନାର ଚରିତାର୍ଥ ପାଇଁ ସେଗୁଡ଼ିକର ପ୍ରସ୍ତୁତି, ନିର୍ମାଣ ଦେଶ ଭିତରେ କରାଯାଇପାରେ । କିନ୍ତୁ ତାହା ସମୟସାପେକ୍ଷ । ଗୋଟିଏ ପ୍ରକଳ୍ପ କାର୍ଯ୍ୟକାରୀ କରିବାକୁ କିଛି ବର୍ଷ ଲାଗିଯାଏ । ଉତ୍ପାଦନ ପ୍ରକ୍ରିୟାକୁ ବିଭିନ୍ନ ସ୍ତର ଦେଇ ଗତି କରିବାକୁ ପଡ଼େ । ଚୀନରୁ ଆମଦାନୀ ହେଉଥିବା ଅନାବଶ୍ୟକ ବସ୍ତୁଗୁଡ଼ିକର ଅନ୍ତ ଶୀଘ୍ର ହେବା ଦରକାର । ଆବଶ୍ୟକୀୟ ବସ୍ତୁଗୁଡ଼ିକ ପର୍ଯ୍ୟାୟକ୍ରମେ ବନ୍ଦ ହେବା ସହ ବିକଳ୍ପ ବ୍ୟବସ୍ଥା ଜରୁରୀକାଳୀନ ଭିତ୍ତିରେ ହେବା ଦରକାର ।

ଚୀନର ଆଭ୍ୟନ୍ତରୀଣ ଅବସ୍ଥା, ବର୍ତ୍ତମାନର ବିଶ୍ୱର ଆନ୍ତର୍ଜାତିକୀ ଦୃଶ୍ୟକ୍ରମ ଓ ଜନତାଙ୍କୁ ଦୃଷ୍ଟିରେ ରଖି ପ୍ରଧାନମନ୍ତ୍ରୀ ସ୍ପଷ୍ଟଭାବରେ ବକ୍ତବ୍ୟ ରଖିଛନ୍ତି ଯେ, ଭାରତ ଶାନ୍ତି ଚାହେଁ, କିନ୍ତୁ ଭାରତର ଅଖଣ୍ଡତା, ସାର୍ବଭୌମତାରେ କୌଣସି ସାଲିସ କରାହେବ ନାହିଁ । ପ୍ରୟୋଜନ ପଡ଼ିଲେ କଡ଼ା ଜବାବ ଦେବାର କ୍ଷମତା ଆମର ରହିଛି । ଆମକୁ

ସର୍ବଦା ସାବଧାନତା ଓ ସତର୍କତାର ସହ ପ୍ରସ୍ତୁତ ରହିବାକୁ ପଡ଼ିବ। ତ୍ୟାଗ, ସଂଯମ, ଶୃଙ୍ଖଳା ବର୍ତ୍ତମାନର ଆହ୍ୱାନ। ଚୀନର ଅଧିକୃତ ଭାରତୀୟ ଅଞ୍ଚଳ ମୁକ୍ତ କରିବାର ଦାୟିତ୍ୱ ସରକାର ଓ ସେନାବାହିନୀର। ଦେଶର ପ୍ରତ୍ୟେକ ନାଗରିକ ସହଯୋଗ ଓ ତ୍ୟାଗ ପାଇଁ ପ୍ରତିଶ୍ରୁତିବଦ୍ଧ।

ଆମେରିକାରେ ୬ ଜାନୁଆରୀ ୨୦୨୧

୬ ଜାନୁଆରୀ ୨୦୨୧ ଗଣତନ୍ତ୍ରର ଗଡ଼ କୁହାଯାଉଥିବା ଆମେରିକାର ରାଜଧାନୀ ୱାଶିଂଟନ ଡିସିରେ ଯାହା ଘଟିଲା ଓ ଇଲେକ୍‌ଟ୍ରୋନିକ୍ ଗଣମାଧ୍ୟମରେ ଯାହା ପ୍ରସାରିତ ହେଲା ତାହା ଦୁଃଖଦାୟକ, ଲଜ୍ଜାଜନକ ଓ ଇତିହାସରେ ସ୍ମରଣୀୟ ହୋଇ ରହିବ। ସ୍ମରଣୀୟ ଏଇଥିପାଇଁ ଯେ, ସେଦିନ ଜନମତ ସମର୍ଥିତ, ସାମ୍ବିଧାନିକ ପ୍ରକ୍ରିୟାରେ ନିର୍ବାଚିତ ରାଷ୍ଟ୍ରପତିଙ୍କୁ ଜାନୁଆରୀ ୨୦ରେ ଶପଥ ଗ୍ରହଣ କରିବାର ସୁଯୋଗ ଦେବାରେ ଆମେରିକା କଂଗ୍ରେସର ସମ୍ମତି ପ୍ରଦାନ। ରାଷ୍ଟ୍ରପତି ଟ୍ରମ୍ପଙ୍କ ସମସ୍ତ ପ୍ରଚେଷ୍ଟା, ବିରୋଧ ସତ୍ତ୍ୱେ ନ୍ୟାୟାଳୟ, କାର୍ଯ୍ୟପାଳିକା, ନିର୍ବାଚନ ଅଧିକାରୀ, ରାଜ୍ୟ ବିଧାନସଭାଗୁଡ଼ିକର ନିରପେକ୍ଷ, ସ୍ୱଚ୍ଛ, ଆଇନସମ୍ମତ ଭୋଟ୍‌ଦାନ ଓ ଭୋଟ୍ ଗଣନା ପ୍ରକ୍ରିୟାରେ ସନ୍ତୋଷ ବ୍ୟକ୍ତ କରିବା ପରେ ମଧ୍ୟ ଶେଷ ମୁହୂର୍ତ୍ତ ପର୍ଯ୍ୟନ୍ତ ଡୋନାଲ୍ଡ ଟ୍ରମ୍ପ ନିର୍ବାଚନ ଫଳାଫଳକୁ ଅବୈଧ, ଅସିଦ୍ଧ ଘୋଷଣା କରିବା ପାଇଁ ଆପ୍ରାଣ ଚେଷ୍ଟା ଓ ସମସ୍ତ ଉଦ୍ୟମ କରିବା ଏବଂ ନିଜ ସମର୍ଥକଙ୍କୁ ଗଣତନ୍ତ୍ରର ମନ୍ଦିର 'କାପିଟଲ' (କଂଗ୍ରେସର ସ୍ଥାନ) ଅପବିତ୍ରୀକରଣ କରିବାରେ ସହାୟକ ହୋଇଥିଲେ। କେତେକଙ୍କ ମତରେ ଏହା ଥିଲା ଯୋଜନାବଦ୍ଧ ଷଡ଼ଯନ୍ତ୍ର; ଯେଉଁଠି ଟ୍ରମ୍ପ ସମର୍ଥକମାନଙ୍କୁ ସମ୍ବୋଧନ କରି କହିଲେ ଯେ, ଭୋଟଦାନ ଓ ଗଣନାରେ ଜାଲିଆତି, ଠକାମି ହେଲେ ଏଭଳି ଘଟେ। ମନେ ହେଉଥିଲା ତାହା ଥିଲା ଏକ ସୁଚିନ୍ତିତ, ପ୍ରାକ୍ ପ୍ରାୟୋଜିତ ଯୋଜନା। ଏଥିରେ ଭଙ୍ଗାରୁଜା, ଲୁଟ୍‌ପାଟ ଛଡ଼ା ଜଣେ ମହିଳାଙ୍କ ସମେତ ୪ ଜଣଙ୍କର ମୃତ୍ୟୁ ଘଟିଛି। ଘଟଣା ଦିନ ଟ୍ରମ୍ପଙ୍କ ବିଶ୍ୱାସୀ ୩ ଜଣ ଉଚ୍ଚପଦସ୍ଥ କର୍ମଚାରୀ ଇସ୍ତଫା ମଧ୍ୟ ଦେଇଛନ୍ତି। ପରିସ୍ଥିତି ଏପରି ହେଲା ଯେ, ରାଜନୀତିଜ୍ଞ ଓ ବିଶେଷଜ୍ଞମାନେ ଚିନ୍ତା କଲେ ସମ୍ବିଧାନର ୨୫ତମ ସଂଶୋଧନ ମାଧ୍ୟମରେ ରାଷ୍ଟ୍ରପତିଙ୍କ କ୍ଷମତାକୁ ସାମୟିକ ଭାବେ କାଢ଼ି ନିଆଯିବ ଅଥବା ଆଇନ ଅନୁଯାୟୀ ଷଡ଼ଯନ୍ତ୍ର ଓ ଦେଶଦ୍ରୋହ ଆରୋପରେ ତାଙ୍କ

ବିରୋଧରେ କାର୍ଯ୍ୟାନୁଷ୍ଠାନ କରାଯିବ। କେତେକ ଟ୍ରମ୍ପଙ୍କ ସମର୍ଥକଙ୍କୁ ଆତଙ୍କବାଦୀର ଆଖ୍ୟା ଦେବାକୁ ପଛାଇ ନାହାନ୍ତି। ନିଶ୍ଚିତ ଭାବେ ଟ୍ରମ୍ପ ନିର୍ବାଚନ ପୂର୍ବରୁ ଓ ପରେ ଗଣବିଦ୍ରୋହ ପାଇଁ ଅନୁଗାମୀମାନଙ୍କୁ ଉତ୍ତେଜିତ କରି ପ୍ରବର୍ତ୍ତାଇବା ପାଇଁ ଅବିରତ କାର୍ଯ୍ୟକ୍ରମ ଜାରି ରଖିଥିଲେ। ଯାହା ଫଳରେ ଏଭଳି ଏକ ବିଷାକ୍ତ ପରିବେଶ ସୃଷ୍ଟି କରାହୋଇ ପାରିଲା। ଏଥିପାଇଁ କେବଳ ଟ୍ରମ୍ପ ଦାୟୀ ନୁହନ୍ତି, ରିପବ୍ଲିକାନ୍ ଦଳର ନେତୃତ୍ୱ ମଧ୍ୟ ଦାୟୀ। ରିପବ୍ଲିକାନ୍ ସିନେଟର ଓ କଂଗ୍ରେସର ଅନ୍ୟ ପ୍ରତିନିଧିମାନେ ମଧ୍ୟ ସମପରିମାଣରେ ଦାୟୀ। ଗତ ଚାରିବର୍ଷ ଧରି ଟ୍ରମ୍ପଙ୍କର ସମସ୍ତ ଅବାଞ୍ଛନୀୟ କୁକର୍ମରେ ନୀରବତା ଅବଲମ୍ବନ କରିବା ଏବଂ ବର୍ଣ୍ଣବୈଷମ୍ୟ ବିରୋଧରେ ସ୍ୱର ଉତ୍ତୋଳନ ନ କରିବା ମଧ୍ୟ ଅପରାଧ। କେବଳ ଛ' ଜାନୁଆରୀରେ ଜଣେ କ୍ଷମତାପିପାସୁ, ଏକଛତ୍ରବାଦୀ, ସ୍ୱାର୍ଥାନ୍ୱେଷୀ, ବର୍ଣ୍ଣଭେଦରେ ବିଶ୍ୱାସ କରୁଥିବା, ମହିଳାମାନଙ୍କୁ ମର୍ଯ୍ୟାଦା ଦେଉନଥିବା, ଗଣତନ୍ତ୍ରରେ ଆସ୍ଥା ନଥିବା ରାଷ୍ଟ୍ରପତିଙ୍କ ବିଷୟରେ ସଚେତନ ହେବା ଓ କାର୍ଯ୍ୟାନୁଷ୍ଠାନ କରିବା ପ୍ରବଞ୍ଚନା ମାତ୍ର। ଡୋନାଲ୍ଡ ଟ୍ରମ୍ପ ପରାଜିତ ହୋଇପାରନ୍ତି; କିନ୍ତୁ ଟ୍ରମ୍ପବାଦ ବଞ୍ଚି ରହିବ। ବର୍ଣ୍ଣବୈଷମ୍ୟର ଯେଉଁ ବିଷ ବୀଜ ବୁଣିଛନ୍ତି ତାହା ବିଭାଜିତ କରିଛି ସମଗ୍ର ଆମେରିକାକୁ। ସେ ବର୍ତ୍ତମାନ କଲ୍ଟଫିଗର, ଯାହାଙ୍କ ପ୍ରତି ସମର୍ଥକଙ୍କର ଗଭୀର ଶ୍ରଦ୍ଧା, ଭକ୍ତି ରହିଛି ଓ ନୀତିରେ ଅଗାଧ ବିଶ୍ୱାସ ରହିଛି। ନିର୍ବାଚନରେ ପ୍ରାୟ ୭୨ ନିୟୁତ ଭୋଟ ତାଙ୍କ ସପକ୍ଷରେ। ତାଙ୍କ ସପକ୍ଷରେ ସଂଗ୍ରାମ ଜାରି ରଖିବାପାଇଁ ୨୦୦ ନିୟୁତରୁ ଊର୍ଦ୍ଧ୍ୱ ଡଲାର ଟ୍ରମ୍ପପ୍ରେମୀ ଅନୁଦାନ ଆକାରରେ ଦେଇ ସାରିଲେଣି। ସେ ସଂଖ୍ୟା ଭବିଷ୍ୟତରେ ଆହୁରି ବୃଦ୍ଧି ପାଇବ। ଏହି ପୃଷ୍ଠଭୂମିରେ ନିର୍ବାଚିତ ନୂତନ ରାଷ୍ଟ୍ରପତି ବାଇଡେନ ତାଙ୍କ ଶାସନରେ ପ୍ରାଥମିକତା, ଅଗ୍ରାଧିକାର ବିଷୟରେ ଘୋଷଣା କରିଛନ୍ତି। ତାହା ହେଲା ପାନଡେମିକ କରୋନା ମହାମାରୀକୁ ନିୟନ୍ତ୍ରଣରେ ଆଣିବା, ଟ୍ରମ୍ପଙ୍କ ବେପରୁଆ, ଖାମଖିଆଲି, ଦାୟିତ୍ୱହୀନ ଆଭିମୁଖ୍ୟ ଯୋଗୁ ଆମେରିକାରେ ପ୍ରାୟ ୨୧ ମିଲିୟନ ସଂକ୍ରମିତ ଓ ସାଢ଼େ ତିନି ଲକ୍ଷରୁ ଊର୍ଦ୍ଧ୍ୱ ଏ ମହାମାରୀରେ ଏ ପର୍ଯ୍ୟନ୍ତ ମୃତ। ଦ୍ୱିତୀୟ ପ୍ରାଥମିକତା ହେଲା ଅର୍ଥନୀତିରେ ସୁଧାର ଆଣିବା, ଯାହା ବର୍ତ୍ତମାନ ଅବକ୍ଷୟମୁଖୀ।

ଏହା ସହିତ ଆମେରିକାର ସ୍ୱାର୍ଥରେ ଓ ବିଶ୍ୱର ହିତରେ ବାଇଡେନ୍‌ଙ୍କୁ ଆଉ ଗୋଟିଏ ବିଷୟକୁ ଅଗ୍ରାଧିକାର ଦେବାକୁ ପଡ଼ିବ। ତାହା ହେଲା ଟ୍ରମ୍ପବାଦର ବିଲୋପ, ବିନାଶ, ସମାପ୍ତି କବର।

ଜାନୁଆରୀ ୬ର ଆଉ ଗୋଟିଏ ବାର୍ତ୍ତା ମଧ୍ୟ ରହିଛି ବିଶ୍ୱର ଅନ୍ୟ ରାଷ୍ଟ୍ରଗୁଡ଼ିକ ପ୍ରତି। ଗଣତନ୍ତ୍ରର ନେତୃତ୍ୱ ପାଇଁ ଆନୁଗତ୍ୟ ଏକମାତ୍ର ମାପଦଣ୍ଡ ନହେଉ। ସବୁ

ରାଜନୈତିକ ଦଳରେ ଆଭ୍ୟନ୍ତରୀଣ ଗଣତନ୍ତ୍ର ରହୁ। ସ୍ୱାଧୀନ ମତ ପ୍ରକାଶ କରିବାର ବାତାବରଣ ରହୁ। ଦଳୀୟ କର୍ମୀ, ସହକର୍ମୀ, ସହଯୋଗୀଙ୍କ ମତାମତକୁ ସମ୍ମାନ ଦିଆଯାଉ। ଗଣତନ୍ତ୍ରର ମୂଳମନ୍ତ୍ର ହେଲା ଅସମ୍ମତି ପାଇଁ ମଧ୍ୟ ସହମତି। ତଦ୍ୱାରା ଲୋକମାନଙ୍କ ମତାମତର ଫିଡ୍‌ବ୍ୟାକ୍‌ ବା ସଂକେତ ସୂଚନା ମିଳେ। ସଂପୃକ୍ତି ରହେ। ନୀତି କାର୍ଯ୍ୟକାରୀ କରିବା ସହଜ ହୁଏ। ସେ କଥା ଲୋକମତ ସୃଷ୍ଟି କରୁଥିବା ଗଣମାଧ୍ୟମ ପାଇଁ ମଧ୍ୟ ପ୍ରଯୁଜ୍ୟ। ବାଇଡେନ୍‌ଙ୍କ ପାଇଁ ଏହା ଏକ ବିଶାଳ ଆହ୍ୱାନ। ଜଣେ ଭଦ୍ର, ଭଲମଣିଷର ଭାବମୂର୍ତ୍ତି ଥିବା ରାଜନୀତିଜ୍ଞଙ୍କ ସଫଳତା ପାଇଁ ସମସ୍ତଙ୍କର ଶୁଭେଚ୍ଛା ଓ ସହଯୋଗ ରହୁ।

ବିଶ୍ୱ ବ୍ୟବସ୍ଥା ଓ କରୋନା ଭୂତାଣୁ

ଗତ ଶତାବ୍ଦୀର ଦ୍ୱିତୀୟ ମହାଯୁଦ୍ଧ ପରଠାରୁ ସୋଭିଏତ୍ ୟୁନିୟନର ବିଲୟ ପର୍ଯ୍ୟନ୍ତ ପୂର୍ବ-ପଶ୍ଚିମ, କ୍ୟାପିଟାଲିଜିମ୍, କମ୍ୟୁନିଜିମ୍‌ରେ ବିଭାଜିତ ମନେ ହେଉଥିଲେ ମଧ୍ୟ ବିଶ୍ୱ ବ୍ୟବସ୍ଥାରେ ସନ୍ତୁଳନତା ଥିଲା ବୋଲି କେତେକ ବିଶେଷଜ୍ଞଙ୍କ ମତ। ସୁରକ୍ଷା କ୍ଷେତ୍ରରେ ପରମାଣୁ ଅସ୍ତ୍ର ସୁସଜ୍ଜିତ ନାଟୋ ଓ ୱାର୍ସା ଗୋଷ୍ଠୀ ଥିଲେ ବିଭାଜିତ ବିଶ୍ୱର ପ୍ରତୀକ। ମାନବ ସମାଜକୁ ଯୁଦ୍ଧର ବିଭୀଷିକାରୁ ରକ୍ଷା କରିବା ପାଇଁ ଜାତିସଂଘର ସୃଷ୍ଟି ଥିଲା, ବିଶ୍ୱ ବ୍ୟବସ୍ଥାରେ ଅନ୍ତର୍ଜାତୀୟତାର ଆଉ ଗୋଟିଏ ସ୍ୱର। ନବେ ଦଶକରୁ ସେ ଦୃଶ୍ୟକ୍ରମରେ ପରିବର୍ତ୍ତନର ଆଭାସ ମିଳିଲା। ଆମେରିକା ସବୁଠାରୁ ଶକ୍ତିଶାଳୀ ଦେଶ ଭାବେ ଉଭା ହୋଇ ଏକଚାଟିଆ କ୍ଷମତା ବିସ୍ତାର କରିବାକୁ ଲାଗିଲା। ଅନ୍ୟ ଅର୍ଥରେ ଏକକ ମହାଶକ୍ତି ବା ୟୁନିପୋଲାର ବ୍ୟବସ୍ଥା ବିଶ୍ୱବାସୀ ଦେଖିଲେ, କିନ୍ତୁ ପରିବର୍ତ୍ତିତ ପୃଥିବୀରେ ଏଭଳି ଏକ ଅବସ୍ଥା ଓ ବ୍ୟବସ୍ଥା ବହୁ ରାଷ୍ଟ୍ରଙ୍କ ପାଇଁ ଗ୍ରହଣୀୟ ନଥିଲା। ଫଳରେ ପୃଥିବୀର ବିଭିନ୍ନ ପ୍ରାନ୍ତରେ ଆଞ୍ଚଳିକ ଗୋଷ୍ଠୀମାନ ଗଢ଼ି ଉଠିଲେ। ନାଫ୍‌ଟା, ଆସିଆନ୍, ୟୁରୋପିଆନ୍ ୟୁନିୟନ ଭଳି ଗୋଷ୍ଠୀଗୁଡ଼ିକ ଅର୍ଥନୈତିକ, ବାଣିଜ୍ୟ, ପୁଞ୍ଜିନିବେଶ କ୍ଷେତ୍ରରେ ସହାୟକ ହେବା ଉଦ୍ଦେଶ୍ୟରେ ଗଠିତ ହୋଇଥିଲେ। ଏହି ପୃଷ୍ଠଭୂମିରେ ଆଉ ଗୋଟିଏ ସ୍ରୋତ ମଧ୍ୟ ବିଶ୍ୱକୁ ଏକତ୍ରିତ କରି ଗୋଟିଏ ଗ୍ରାମରେ ପରିଣତ କରୁଥିଲା - ଜଗତୀକରଣ ଓ ଟେକ୍‌ନୋଲୋଜି ବିପ୍ଳବ ମାଧ୍ୟମରେ।

ତେବେ ଗତ କିଛିବର୍ଷ ଧରି ଆନ୍ତର୍ଜାତିକ କ୍ଷେତ୍ରରେ କିଛି ଅନିଶ୍ଚିତତା ଦେଖିବାକୁ ମିଳୁଛି। ଆମେରିକା ରାଷ୍ଟ୍ରପତି ଟ୍ରମ୍ପଙ୍କ ନୀତିରେ ସ୍ପଷ୍ଟତା ଅଭାବରୁ ମନେହେଉଛି ବିଶ୍ୱ ଆଉ ଗୋଟିଏ ନୂତନ ବ୍ୟବସ୍ଥାର ଦ୍ୱାରଦେଶରେ ଦଣ୍ଡାୟମାନ। ଆମେରିକା ବର୍ତ୍ତମାନ ବିଶ୍ୱବ୍ୟବସ୍ଥାରେ ଆଗଭଳି ପ୍ରମୁଖ ଭୂମିକା ଗ୍ରହଣ କରିବ କି ନାହିଁ ଏହାର ସୁରକ୍ଷା, ଅର୍ଥନୈତିକ, ବାଣିଜ୍ୟ ନୀତି ୟୁରୋପ, ପ୍ରାଚ୍ୟ, ପଶ୍ଚିମ ଏସିଆ, ଦକ୍ଷିଣ ଏସିଆ,

ପ୍ରଶାନ୍ତ ଓ ଭାରତ ମହାସାଗର ଅଞ୍ଚଳରେ କି ରୂପ ନେବ କହିବା କଠିନ। ପୂର୍ବ ବିଶ୍ୱବ୍ୟବସ୍ଥା ଅତି ସନ୍ତୋଷଜନକ ବା ଦୋଷଶୂନ୍ୟ, ତ୍ରୁଟିହୀନ ନହେଲେ ମଧ୍ୟ ଆଉ ଗୋଟିଏ ବିଶ୍ୱଯୁଦ୍ଧକୁ ଏଡ଼ାଇ ଦେବାରେ ସକ୍ଷମ ହୋଇଥିଲା। ଏବେ ଇରାନ ସହିତ ଆମେରିକାର ସମ୍ପର୍କ ଓ ନୀତି, ସିରିଆ ଏବଂ ଇରାକ୍‌ରେ ପରିସ୍ଥିତି ମଧ୍ୟପ୍ରାଚ୍ୟରେ ଆଶଙ୍କା ଓ ଅସ୍ଥିରତା ଆଣି ଦେଇଛି। ରୁଷ ମଧ୍ୟ ପୁଟିନ୍‌ଙ୍କ ନେତୃତ୍ୱରେ ନିଜକୁ ବିଶ୍ୱର ଅନ୍ୟ ଏକ ଶକ୍ତିଶାଳୀ ରାଷ୍ଟ୍ରଭାବେ ପ୍ରତିପାଦନ କରି ପୂର୍ବ ଗୌରବ ଫେରାଇ ଆଣିବାରେ ପ୍ରଚେଷ୍ଟାରତ। ଇତିମଧ୍ୟରେ ଚୀନ ନିଜର ଅର୍ଥନୈତିକ ଓ ସାମରିକ ସାମର୍ଥ୍ୟ ବଳରେ ଶକ୍ତିଶାଳୀ ଓ ପ୍ରଭାବଶାଳୀ ଦେଶଭାବେ ନିଜକୁ ପ୍ରମାଣିତ ଓ ପ୍ରତିଷ୍ଠିତ କରିପାରିଛି। ନିକଟ ଭବିଷ୍ୟତରେ ଆମେରିକାର ସମସ୍କନ୍ଧ ହେବାର ଯୋଜନା ମଧ୍ୟ ରଖିଛି। ସାଉଥ୍ ଚାଇନା ସମୁଦ୍ରରେ ଚୀନର ଉପସ୍ଥିତି ଓ କାର୍ଯ୍ୟକଳାପ ଆଞ୍ଚଳିକ ଅସ୍ଥିରତା ଆଣିବା ଫଳରେ ସେଠାକାର ଛୋଟ ଛୋଟ ଦେଶଗୁଡ଼ିକ ଯଥା - ଫିଲିପାଇନ୍ସ, ଭିଏତ୍‌ନାମ, ମାଲେସିଆ, ଇଣ୍ଡୋନେସିଆ ନିଜକୁ ଅସୁରକ୍ଷିତ ମନେ କରୁଛନ୍ତି ଏବଂ ସେମାନଙ୍କର ସାର୍ବଭୌମତା ଉପରେ ହସ୍ତକ୍ଷେପ ବୋଲି ଅଭିଯୋଗ କରିଛନ୍ତି। ଚୀନ ବର୍ତ୍ତମାନ ଅତ୍ୟାଧୁନିକ ଆର୍ଟିଫିସିଆଲ୍ ଇଣ୍ଟେଲିଜେନ୍ସ, ଅଟୋମେସନ୍, ରୋବୋଟିକ୍ ଟେକ୍‌ନୋଲୋଜିରେ ଅଗ୍ରଣୀ। ଏକବିଂଶ ଶତାବ୍ଦୀ ଜ୍ଞାନର ଯୁଗ। ଯେଉଁ ଦେଶ ଜ୍ଞାନରେ ଆଗୁଆ ଓ ଅର୍ଥନୈତିକ, ସାମରିକ କ୍ଷେତ୍ରରେ ଶକ୍ତିଶାଳୀ ହେବ ବିଶ୍ୱର ନେତୃତ୍ୱ ଓ ବିଶ୍ୱ ସମ୍ମାନର ଅଧିକାରୀ ହେବ। ଚୀନ ତା'ର ବହୁ ଅପେକ୍ଷିତ ବିଆରଆଇ ନୀତି ମାଧ୍ୟମରେ ଯୋଗାଯୋଗ ଓ ଭିତ୍ତିଭୂମିରେ ପ୍ରଗତି ଆଣି ୟୁରୋପ, ଏସିଆ, ଆଫ୍ରିକାରେ ନିଜର କର୍ତ୍ତୃତ୍ୱ ବଜାୟ ରଖିବାର ଅଭିଳାଷକୁ ଚରିତାର୍ଥ କରିବାପାଇଁ ଉଦ୍ୟମରତ। ବ୍ରେକ୍ସିଟ୍ ଯୋଗୁଁ ବ୍ରିଟେନ୍‌ର ୟୁରୋପିଆନ୍ ୟୁନିଅନରୁ ପ୍ରସ୍ଥାନ ପରେ ୟୁରୋପର ଭବିଷ୍ୟତ ଅନିଶ୍ଚିତ। ଇତିମଧ୍ୟରେ ଚୀନ-ଆମେରିକା ବାଣିଜ୍ୟ ବିବାଦ ବିଶ୍ୱ ଅର୍ଥନୀତିକୁ ପ୍ରଭାବିତ କରିଛି ଯାହା କିଛିମାତ୍ରାରେ ଭାରତୀୟ ଅର୍ଥନୀତିକୁ ମାନ୍ଦାବସ୍ଥାର ସମ୍ମୁଖୀନ କରାଇଛି। କାରଣ ବର୍ତ୍ତମାନ ବିଶ୍ୱନୀତି ପରସ୍ପର ଉପରେ ନିର୍ଭରଶୀଳ।

ଏହି ପରିପ୍ରେକ୍ଷୀରେ ଆମେରିକା ଜଳବାୟୁ ପରିବର୍ତ୍ତନ ବୁଝାମଣାରୁ ଓହରିଯିବା, ବିଶ୍ୱ ବାଣିଜ୍ୟ ଅନୁଷ୍ଠାନ ଡବ୍ଲୁଟିଓକୁ ଅକର୍ମଣ୍ୟ କରିବା, ଜାତିସଂଘର ଆବଶ୍ୟକତା ଉପରେ ସନ୍ଦେହ ପ୍ରକଟ କରିବା ଏବଂ ଏହାପାଇଁ ଅନୁଦାନକୁ ସଂକୁଚିତ କରିବାର ଧମକ ଦେବା ଓ କେବଳ ଆମେରିକାର ସ୍ୱାର୍ଥକୁ ଅଗ୍ରାଧିକାର ଦେବାସହ ସଂରକ୍ଷଣାତ୍ମକ ବାଣିଜ୍ୟନୀତି ପ୍ରୟୋଗ କରିବା ବିଭିନ୍ନ ରାଷ୍ଟ୍ର ପାଇଁ ଏକ ପ୍ରଶ୍ନବାଚୀ ସୃଷ୍ଟି କରିଛି ଓ ବିଶ୍ୱବ୍ୟବସ୍ଥାରେ ଜଟିଳତା ଓ ଅନିଶ୍ଚିତତା ଆଣି ଦେଇଛି।

ପୃଥିବୀର ପରିସ୍ଥିତି ତରଳ ଅବସ୍ଥାରେ ଥିବାବେଳେ ଆଉ ଏକ ଭିନ୍ନ ମୋଡ଼ ଦେଇଛି 'କରୋନା ଭାଇରସ୍'। ଚୀନ୍‌ରେ ଏପର୍ଯ୍ୟନ୍ତ ୭୦ ହଜାରରୁ ଊର୍ଦ୍ଧ୍ୱ ଏ ଭାଇରସ୍ ଦ୍ୱାରା ସଂକ୍ରମିତ, ପ୍ରାୟ ୧୮୦୦ ମୃତ, ୬୦ ନିୟୁତ ଲୋକେ ବାଧ୍ୟବାଧକତାରେ ଓ ସରକାରୀ ନିର୍ଦ୍ଦେଶରେ ଗୃହରେ ସୀମାବଦ୍ଧ। ଏପର୍ଯ୍ୟନ୍ତ ୨୯ଟି ଦେଶରେ ଏହା ବ୍ୟାପ୍ତ। ଭବିଷ୍ୟତରେ ଏହି ଭାଇରସ୍ କି ଭୟଙ୍କର ରୂପ ଗ୍ରହଣ କରିବ ତାହା ଆକଳନ କରିବା ଏତେ ସହଜ ନୁହେଁ। ଏହାର ନିରାକରଣ ପାଇଁ କୌଣସି ଟିକା ଉଦ୍‌ଭାବନ ହୋଇନାହିଁ। ଭାଇରସ୍‌ର ସୃଷ୍ଟି ସ୍ଥାନ ଚିହ୍ନଟ ହୋଇଥିଲେ ମଧ୍ୟ କାରଣ ବିଷୟରେ ଆମେ ଏବେ ଅଜ୍ଞ। କରୋନା ଭାଇରସ୍‌ର କୁପ୍ରଭାବ କେବଳ ଚୀନର ଅର୍ଥନୀତିରେ ସୀମିତ ରହିବ ନାହିଁ। ଅନ୍ୟ ଦେଶ ଯେଉଁମାନେ ବାଣିଜ୍ୟ ଓ ପର୍ଯ୍ୟଟନ ଦ୍ୱାରା ଚୀନ ସହିତ ଜଡ଼ିତ, ସେମାନେ ମଧ୍ୟ ପ୍ରଭାବିତ ହେବେ। ଆନୁମାନିକ ଭାବେ ୧୫ କୋଟି ଚୀନ ନାଗରିକ ପର୍ଯ୍ୟଟକ ଭାବେ ପ୍ରତିବର୍ଷ ବିଦେଶ ଭ୍ରମଣ କରନ୍ତି। ଚୀନରୁ ପ୍ରାୟ ୧ କୋଟିରୁ ଊର୍ଦ୍ଧ୍ୱ ପର୍ଯ୍ୟଟକ ଥାଇଲାଣ୍ଡକୁ ଭ୍ରମଣ କରିବାକୁ ଯାଆନ୍ତି। ଜାପାନରେ ସେମାନଙ୍କ ସଂଖ୍ୟା ପ୍ରାୟ ୭୦ ଲକ୍ଷ। ସେଇଭଳି ପୃଥିବୀର ଅନ୍ୟପ୍ରାନ୍ତକୁ ମଧ୍ୟ ବହୁସଂଖ୍ୟାରେ ଚୀନ ନାଗରିକ ଭ୍ରମଣ କରିବାକୁ ଯାଇଥାଆନ୍ତି। କରୋନା ଭାଇରସ୍ ଫଳରେ ଚୀନ୍ ଭ୍ରମଣକାରୀଙ୍କ ସଂଖ୍ୟା ହ୍ରାସରେ ଗନ୍ତବ୍ୟ ସ୍ଥାନଗୁଡ଼ିକୁ କ୍ଷତି ସହିବାକୁ ପଡ଼ିବ ଏବଂ ସ୍ଥାନୀୟ ଲୋକଙ୍କର ଜୀବନଜୀବିକା ପ୍ରତିକୂଳ ଭାବେ ପ୍ରଭାବିତ ହେବ। ଚୀନରେ ମଧ୍ୟ ପର୍ଯ୍ୟଟନ ସହିତ ସଂପୃକ୍ତ ସଂସ୍ଥା ଓ ଲୋକେ ଅପୂରଣୀୟ କ୍ଷତି ସହିବେ। ବିମାନ କମ୍ପାନୀଗୁଡ଼ିକ କ୍ଷତିଗ୍ରସ୍ତ ହେବେ। ଚୀନର ବର୍ତ୍ତମାନ ୪୮ଟି ସହର ବନ୍ଦ, ବାହାର ଜଗତଠାରୁ ଛିନ୍ନ। ଚୀନରୁ ରପ୍ତାନୀ ହେଉଥିବା ଔଷଧ, ଇଲେକ୍‌ଟ୍ରୋନିକ୍ ବସ୍ତୁ ଓ ମେସିନର ଛୋଟ ଛୋଟ ଅଂଶ ଏବଂ ପ୍ରସ୍ତୁତ ହେଉଥିବା ବହୁ ଉପକରଣ ଓ ସୌଖୀନ, ନିତିଦିନିଆ ବ୍ୟବହୃତ ହେଉଥିବା ଜିନିଷ ଭାରତ ସମେତ ବିଦେଶ ବଜାରଗୁଡ଼ିକରୁ ଉଭାନ ହୋଇଯିବେ। ଏହାର ପ୍ରଭାବ ବର୍ତ୍ତମାନ ସେୟାର ବଜାରରେ ମଧ୍ୟ ପଡ଼ିଲାଣି। ନକାରାତ୍ମକ ମନୋଭାବ ଯୋଗୁ ବିଦେଶୀ ମୁଦ୍ରା, ସୁନା ବଜାର ମଧ୍ୟ ଏଥିରୁ ମୁକ୍ତ ନହୋଇପାରେ। ବିଶ୍ୱ ଜିଡିପି ପ୍ରଭାବିତ ହୋଇପାରେ। ଭାରତରେ ଏହାର ପ୍ରଭାବରେ ମାନ୍ଦାବସ୍ଥା ଅନୁଭୂତ ହେଲାଣି। ୨୦୦୩ରେ ଚୀନରୁ ଉତ୍ପତ୍ତି ସାରସ ଭାଇରସ୍‌ରେ ଚୀନର କ୍ଷତି ପ୍ରାୟ ୨୫ ବିଲିୟନ ଡଲାର ଥିଲା। ସେତେବେଳେ ଚୀନର ଜିଡିପି ଥିଲା ୧.୪ ଟ୍ରିଲିୟନ ଡଲାର। ବର୍ତ୍ତମାନ ତାହା ବୃଦ୍ଧି ପାଇ ୧୪ ଟ୍ରିଲିୟନ ଡଲାରରେ ପହଞ୍ଚିଛି। ତେଣୁ ଆନୁମାନିକ କ୍ଷତି ଅନୁପାତ ବା ପରିମାଣ ୨୫୦ ବିଲିୟନ ଡଲାରରୁ ଟପି ଯାଇପାରେ। ତେବେ ଏହା କେବଳ କାଳ୍ପନିକ

ଆକଳନ। ଭାଇରସ୍‌ର ଭବିଷ୍ୟତ ଯାତ୍ରା ବିଷୟରେ ଆମେ ସମସ୍ତେ ଅନ୍ଧାରରେ। କେତେକ ବୁଦ୍ଧିଜୀବୀ ଭାବୁଥିଲେ ଯଦି କେବେ ଚୀନର ପତନ ହୁଏ, ତେବେ ତାହା କମ୍ୟୁନିଜିମ୍‌ର ପତନ କିମ୍ବା ପରିବେଶର ଅଧୋଗତି, ଅବକ୍ଷୟ ଯୋଗୁ ହେବ; ଦେଶବ୍ୟାପୀ, ସାର୍ବଦେଶିକ, ବ୍ୟାପକ ଗୋଟିଏ ରୋଗ ପାଇଁ ନୁହେଁ। ଏଥିପାଇଁ ଚୀନ ସରକାର ସମସ୍ତ ଦୃଢ଼ ପଦକ୍ଷେପ ନେଉଛନ୍ତି ଏହି ବିପଦକୁ ସୀମିତ ରଖିବାକୁ। ବୋଧହୁଏ ଅନ୍ୟ କୌଣସି ଦେଶରେ ଏଭଳି କିଛି ଘଟିଥିଲେ (ଆମ ଦେଶ ସମେତ) ଏହାର ଭୟାନକ ପରିଣତି କ'ଣ ହୋଇଥାନ୍ତା କଳ୍ପନା କରିହୁଏନା। ବିଶ୍ୱ ସ୍ୱାସ୍ଥ୍ୟ ସଂସ୍ଥା (ଡବ୍ଲୁଏଚଓ) ଚୀନର ଉଦ୍ୟମରେ ସନ୍ତୋଷ ପ୍ରକାଶ କରିଛନ୍ତି, ଯଦିଓ ପ୍ରାରମ୍ଭରେ ଚୀନ ପର୍ତ୍ତୃପକ୍ଷ କଥାଟିକୁ ଲୁଚାଇବାକୁ ଚେଷ୍ଟା କରିଥିଲେ।

ଏଥିପାଇଁ ଭାରତରେ ଅର୍ଥନୀତି ଓ ବଜାର କିଛିମାତ୍ରାରେ ପ୍ରଭାବିତ ହେବାର ସମ୍ଭାବନାରେ ସନ୍ଦେହ ନାହିଁ। ଏୟାର ଇଣ୍ଡିଆ, ଇଣ୍ଡିଗୋ ଭଳି ଏୟାରଲାଇନ୍ସ ଚୀନକୁ ନିଜର ଉଡ଼ାଣ ବାତିଲ କରିଛନ୍ତି। ଉହାନ୍‌ରେ ୨୦୦୦୦ ଭାରତୀୟ ବିଦ୍ୟାର୍ଥୀ ରହିଛନ୍ତି। ସେମାନଙ୍କର ନିରାପତ୍ତା ଓ ଅପସାରଣ ମଧ୍ୟ ଏକ ସମସ୍ୟା। ଉହାନ୍ ମଧ୍ୟ ସେଇ ସହର ଯେଉଁଠି ଚୀନର ରାଷ୍ଟ୍ରପତି ଜିଂପିନ୍ ଓ ପ୍ରଧାନମନ୍ତ୍ରୀ ମୋଦୀଙ୍କର ପ୍ରଥମ ଅନୌପଚାରିକ କଥାବାର୍ତ୍ତା ହୋଇଥିଲା।

ଚୀନରେ ବ୍ୟାପାର କରୁଥିବା ଆମେରିକା ଓ ଅନ୍ୟ ଦେଶଗୁଡ଼ିକର କମ୍ପାନୀମାନେ ସେଠାରେ ବ୍ୟବସାୟ ବନ୍ଦ କରିବାକୁ ଲାଗିଲେଣି। ତାହା ସାମୟିକ ବା ଦୀର୍ଘମିଆଦୀ ଜଣା ପଡୁନାହିଁ। ସଂକ୍ଷେପରେ କରୋନା ଭାଇରସ୍ ଯୋଗୁଁ ବିଶ୍ୱବ୍ୟାପୀ ଯେଉଁ ବିପଦ ଘନେଇ ଆସିବାର ଆଶଙ୍କା ରହିଛି ତାହା ଚୀନର ମହାଶକ୍ତି ହେବାର ଅଭିଳାଷକୁ ଆଘାତ ପହଞ୍ଚାଇବ। ନୂତନ ବିଶ୍ୱ ବ୍ୟବସ୍ଥାର ଯେଉଁ ଆଭାସ ମିଳୁଥିଲା ତାହା ଅନିଶ୍ଚିତତାର ଗହ୍ୱରକୁ ଅନିର୍ଦ୍ଦିଷ୍ଟ ସମୟ ପାଇଁ ଠେଲି ହୋଇଗଲା।

■

ଗଲଓ୍ୱାନ-ଚୀନ୍ ସହ ସମ୍ପର୍କ

କୁହାଯାଏ ଯେ ମାଓ-ସେ-ତୁଙ୍ଗ ଥରେ କହିଥିଲେ - 'ତିବ୍ବତ ଚୀନ୍‌ର ଡାହାଣ ହାତର ପାପୁଲି ଭଳି ଏବଂ ଏହାର ୫ ଆଙ୍ଗୁଳି ହେଲେ - ଲାଡାକ୍, ନେପାଳ, ସିକିମ୍, ଭୁଟାନ ଓ ନେଫା (ବର୍ତ୍ତମାନର ଅରୁଣାଚଳ ପ୍ରଦେଶ)।' ସେଇ ବାସନା ଏବଂ ଇପ୍‌ସିତ ଲକ୍ଷ୍ୟ ବର୍ତ୍ତମାନ ସୁଦ୍ଧା ଚୀନ୍‌ର ବିଦେଶ ନୀତି ଓ ସୁରକ୍ଷା ନୀତିର ପରିଚାଳନାକୁ ପ୍ରଭାବିତ କରୁଛି। ପ୍ରକୃତରେ କହିବାକୁ ଗଲେ କମ୍ୟୁନିଷ୍ଟ ଶାସନ ପୂର୍ବରୁ କୋମିଂଟାଙ୍ଗର ଚ୍ୟାଙ୍ଗ କାଇସେକ ଏବଂ ବର୍ତ୍ତମାନର ତାଇଓ୍ୱାନ ସରକାର ଓ ତା' ପୂର୍ବରୁ ସନ୍‌ୟାତ୍ ସେନ୍ ଏବଂ ରାଜତନ୍ତ୍ର କାଳରେ ମଧ୍ୟ ଚୀନ ନିଜ ସୀମା ହିମାଳୟ ପାଦଦେଶ ପର୍ଯ୍ୟନ୍ତ ଦାବି କରିଆସୁଥିଲା। ତେଣୁ ଔପନିବେଶବାଦ ବିଦେଶୀ ଶାସକ ଦ୍ୱାରା ପ୍ରସ୍ତୁତ, ଚିହ୍ନିତ ଭାରତ-ଚୀନ ସୀମାରେଖା ଚୀନ ପାଇଁ ଗ୍ରହଣୀୟ ନଥିଲା। ଯେବେଠାରୁ ଭାରତ ତିବ୍ବତକୁ ଚୀନର ଏକ ଆଭ୍ୟନ୍ତରୀଣ ସ୍ୱୟଂଶାସିତ ସ୍ୱତନ୍ତ୍ରତା ସହିତ ଅଭିନ୍ନ ଅଙ୍ଗ ବୋଲି ସ୍ୱୀକୃତି ଦେଲା, ଚୀନ୍‌ର ସୀମାରେଖା ପ୍ରତ୍ୟକ୍ଷ ଭାବେ ଭାରତ ସହିତ ରହିଲା। ନଦୀ, ପର୍ବତ ଭରା ଏହି ଅନୁର୍ବର ଇଲାକାରେ ସୀମାରେଖା ଏବେ ବି ବିବାଦୀୟ ଓ ବହୁ ଚେଷ୍ଟା ସତ୍ତ୍ୱେ ଚୀନ୍ ସୀମାରେଖାକୁ ମାନଚିତ୍ର ମାଧ୍ୟମରେ ଚିହ୍ନଟ କରିବାକୁ କୁଣ୍ଠାବୋଧ ପ୍ରକାଶ କରିଆସିଛି। ଗତ ଶତାବ୍ଦୀର ପଚାଶ ଦଶକରେ ଯେତେଥର ଦ୍ୱିପାକ୍ଷିକ ଶିଖର ଆଲୋଚନାରେ ଏକଥା ଉଠାଯାଇଥିଲା, ଚୀନ୍‌ର ପ୍ରଧାନମନ୍ତ୍ରୀ ଚଉ-ଏନ୍-ଲାଇ କହିଥିଲେ ଯେ ଭାରତ-ଚୀନ୍ ସୀମାରେ କୌଣସି ବିବାଦ ନାହିଁ। ଏଭଳି ଉକ୍ତିର ପଛରେ ଥିବା କୁଟିଳ କୂଟନୀତିକୁ ନ ବୁଝିପାରି ସରଳ ଭାବେ ଗ୍ରହଣ କରିବା ଥିଲା ନେହେରୁଙ୍କର ମସ୍ତବଡ଼ ଭୁଲ। ଉଚିତ୍ ଥିଲା ଯେତେବେଳେ ଉପଲବ୍ଧ ମାନଚିତ୍ର ଅନୁଯାୟୀ ସୀମା ଚିହ୍ନଟ କରିବା ଓ ଚିହ୍ନଟକାରୀ ସଂକେତଗୁଡ଼ିକ ସ୍ଥାନ ସୂଚାଉଥିବା ଚିହ୍ନ ରୂପେ ବ୍ୟବହାର କରିବା। ଏଭଳି ପରିସ୍ଥିତି

ଚୀନ୍‌ର ରଣକୌଶଳକୁ ସୁହାଉଛି ଏବଂ ସମ୍ପୂର୍ଣ୍ଣ ଯୁଦ୍ଧ ବିନା ଛୋଟଛୋଟ ସଂଘର୍ଷ ଦ୍ୱାରା ଦୁଇପାଦ ଆଗକୁ ଗୋଟିଏ ପାଦ ପଛକୁ ନୀତିରେ ୧୯୮୦ଠାରୁ ବେଶ୍ କିଛି ଅଞ୍ଚଳ ଚୀନ୍ ଅଧିକୃତ। ସୀମାରେ ଶାନ୍ତି ଓ ସ୍ଥିରତା ପାଇଁ ଯେଉଁ ଦ୍ୱିପାକ୍ଷିକ ବୁଝାମଣା, ଢାଞ୍ଚା, ପରିଚାଳନା ପଦ୍ଧତି ଗତ ତିନିଦଶନ୍ଧି ଧରି ସହାୟକ ହୋଇଥିଲା, ଗଲୱାନ ପରବର୍ତ୍ତୀ ସମୟରେ ସେ ଢାଂଚା ଓ ବୁଝାମଣା ନଷ୍ଟ ହୋଇଛି ଏବଂ ଆମକୁ ସୀମାର ସୁରକ୍ଷା ପାଇଁ ଭିନ୍ନ ନୀତି ପ୍ରଣୟନ କରିବାକୁ ପଡ଼ିପାରେ। ତେବେ ମନରେ ପ୍ରଶ୍ନ ଆସୁଛି ଯେ, ଚୀନ୍ ସମେତ ବିଶ୍ୱ ଯେତେବେଳେ ଗୋଟିଏ ବିରାଟ ସଂକଟ (କୋଭିଡ୍-୧୯) ଦେଇ ଗତି କରୁଛି ଯାହା ବିଭିନ୍ନ ରାଷ୍ଟ୍ରର ଜୀବନ ଓ ଜୀବିକାକୁ ଓଲଟପାଲଟ କରିଦେଉଛି, ଅର୍ଥନୀତିକୁ ଧ୍ୱସ୍ତବିଧ୍ୱସ୍ତ କରିଦେଉଛି, ଅନିଶ୍ଚିତ ଭବିଷ୍ୟତ ସହ ମାନବ ସମାଜ ନିଜର ଅସ୍ତିତ୍ୱ ନେଇ ସନ୍ଦିହାନ, ସେତେବେଳେ ଚୀନ୍‌ର ଏଭଳି ଆଚରଣର ଅଭିପ୍ରାୟ କ'ଣ ? ଏହା କ'ଣ ପ୍ରତିକ୍ରିୟାଶୀଳ ଦୃଢ଼ୋକ୍ତି ବା ଅସୁରକ୍ଷିତ ମାନସିକତାର ଅଭିବ୍ୟକ୍ତି ନା ଅହଂକାରୀ, ଔଦ୍ଧତ୍ୟ ପ୍ରଦର୍ଶନର ଏକ ନିଦର୍ଶନ। ଚୀନ୍‌ର ନେତା ଡେଙ୍ଗ୍ ଥରେ କହିଥିଲେ - 'ହାଇଡ୍ ୟୋର ଷ୍ଟ୍ରେଙ୍ଗ୍‌ଥ ଏଣ୍ଡ ବାଇଡ୍ ୟୋର ଟାଇମ୍' ବା 'ନିଜର ଶକ୍ତିକୁ ଗୋପନୀୟ ରଖ ଏବଂ ଭଲ ସମୟ ଓ ସୁଯୋଗକୁ ଅପେକ୍ଷା କର।' ତା'ଛଡ଼ା ଚୀନ୍‌ର ସଂସ୍କୃତି ଓ ଆଭିମୁଖ୍ୟରେ ଶ୍ରେଣୀବଦ୍ଧ ଢାଞ୍ଚାରେ ବା ହାୟାର୍କିରେ ବିଶ୍ୱାସ ରହିଛି। ତଦନୁଯାୟୀ ସେମାନେ ଏସିଆର କ୍ଷମତା ଢାଞ୍ଚା ବା ଚିତ୍ରରେ ଚୀନ୍‌କୁ ଶୀର୍ଷରେ ଦେଖିବାକୁ ଚାହାନ୍ତି ଏବଂ ବିଶ୍ୱାସ କରନ୍ତି ଯେ ଏସିଆର ସବୁଠାରୁ ଶକ୍ତିଶାଳୀ ଦେଶ ହେଉଛି ଚୀନ୍ ଓ ଏହାର ଆଧିପତ୍ୟ ପ୍ରଭୂତ୍ୱ ଅନ୍ୟମାନଙ୍କର ସ୍ୱୀକୃତିଯୋଗ୍ୟ। ଗଲୱାନ୍‌ରେ ଚୀନ୍ କାର୍ଯ୍ୟକଳାପ ଦ୍ୱାରା ଏସିଆର ଅନ୍ୟ ଛୋଟଛୋଟ ରାଷ୍ଟ୍ରଗୁଡ଼ିକୁ ସନ୍ଦେଶ ଦେବାକୁ ଚାହେଁ ଯେ କେବଳ ଭାରତ ନୁହେଁ, ସେ ଦେଶଗୁଡ଼ିକ ମଧ୍ୟ ଅସୁରକ୍ଷିତ। ତେଣୁ ଚୀନ୍‌ର ପ୍ରଭୁତ୍ୱ ସ୍ୱୀକାର କରିବା ହିଁ ସେମାନଙ୍କ ପାଇଁ ଏକମାତ୍ର ପଥ। ଏସିଆରେ ଚୀନର ଏକମାତ୍ର ପ୍ରତିଦ୍ୱନ୍ଦ୍ୱୀ ହେଉଛି ଭାରତ। ଜନସଂଖ୍ୟା, କ୍ଷେତ୍ରଫଳ ବା ଆକାର, ଅର୍ଥନୈତିକ, ଟେକ୍ନୋଲୋଜି ସଭ୍ୟତାଭିତ୍ତିକ କ୍ଷେତ୍ରରେ ଚୀନ୍‌ର ମୁକାବିଲା କରିବା ପାଇଁ ଭାରତ ହିଁ ସକ୍ଷମ। ତେଣୁ ଭାରତର ଭାବମୂର୍ତ୍ତି ନଷ୍ଟ କରିପାରିଲେ ଏସିଆରେ ନେତୃତ୍ୱ ନେବା ପାଇଁ ଚୀନ୍‌ର କୌଣସି ଅସୁବିଧା ରହିବ ନାହିଁ। ଏହି ପୃଷ୍ଠଭୂମିରେ ଭାରତର ଚୀନ୍ ନୀତି ରୂପରେଖ ଓ ରଣକୌଶଳ କ'ଣ ହେବ ? ବିଶ୍ୱର ଅନ୍ୟ ରାଷ୍ଟ୍ରଗୁଡ଼ିକର ଚୀନ୍ ପ୍ରତି ଆଭିମୁଖ୍ୟ କ'ଣ ହୋଇପାରେ ?

ଆମେରିକାର ନେତୃତ୍ୱରେ କୋଭିଡ-୧୯ ପ୍ରଶ୍ନକୁ ନେଇ ଦକ୍ଷିଣ କୋରିଆ, ଜାପାନ, ଅଷ୍ଟ୍ରେଲିଆ, କାନାଡ଼ା, ଭିଏତନାମ, ଫିଲିପାଇନ୍ସ, ତାଇୱାନ, ଭୁଟାନ ଭଳି

ଦେଶ ଏକଜୁଟ ହେଉଛନ୍ତି। ଚୀନ୍ ମଧ୍ୟ ଏଇ ଦେଶଗୁଡ଼ିକ ବିରୋଧରେ ଆକ୍ରମଣାତ୍ମକ ମନୋବୃତ୍ତି ପ୍ରଦର୍ଶନ କରିଛି। ଏକ ସଙ୍ଗରେ ଏତେଗୁଡ଼ିଏ ଯୁଦ୍ଧକ୍ଷେତ୍ରର ଦ୍ୱାର ଉନ୍ମୁକ୍ତ କରିବାର ପ୍ରୟାସ ପଛରେ କି ଗୁଢ଼ ରହସ୍ୟ ନିହିତ ରହିଛି ବୁଝିବା କଷ୍ଟ। ତେବେ ବିଶ୍ୱର ଗଣତାନ୍ତ୍ରିକ ରାଷ୍ଟ୍ରମାନେ ସହଯୋଗ ମାଧ୍ୟମରେ ବହୁ କିଛି ପଦକ୍ଷେପ ନେଇପାରିବେ, ଯଦ୍ୱାରା ଚୀନ୍‌ର ଏକଚାଟିଆ ଅଧିକାର କେତେକ କ୍ଷେତ୍ରରେ କ୍ରମେ ହ୍ରାସ ପାଇବ, ଯଥା - ମାନୁଫାକ୍‌ଚରିଙ୍ଗ ବା ବସ୍ତୁ ଉତ୍ପାଦନ ପାଇଁ ବିକଳ୍ପ ଯୋଗାଣ କ୍ଷେତ୍ର ଚୀନ୍ ବାହାରେ ତିଆରି କରିବାକୁ ପଡ଼ିବ, ଅତ୍ୟାଧୁନିକ ଟେକ୍ନୋଲୋଜିରେ ରାଷ୍ଟ୍ରମାନେ ନିଜ ନିଜ ଭିତରେ ବୁଝାମଣା ଦ୍ୱାରା ଉପଲବ୍ଧ କରାଇବେ ଯଦ୍ୱାରା ଚୀନ୍‌ର ବାଧ୍ୟ କରାଇବା କ୍ଷମତା ସଂକୁଚିତ ହେବ। ଭିତ୍ତିଭୂମି, ଆର୍ଥିକ ନୀତି, ସୁରକ୍ଷା, ବହୁପକ୍ଷୀୟ ଅନୁଷ୍ଠାନଗୁଡ଼ିକରେ ଗଣତାନ୍ତ୍ରିକ ଦେଶଗୁଡ଼ିକର ଐକ୍ୟ ଓ ସମୂହ କାର୍ଯ୍ୟକ୍ରମ ଚୀନ୍ ଉପରେ ନିର୍ଭରଶୀଳତାକୁ ବହୁ ପରିମାଣରେ ହ୍ରାସ କରିବ। ଚୀନ୍‌ର ଏକଚାଟିଆ ଅଧିକାରର ଅବସ୍ଥିତିରୁ ଏକଘରିଆ ହେବାର ସମ୍ଭାବନା ରହିବ। ଆମେରିକା ବାଣିଜ୍ୟ, ଟେକ୍ନୋଲୋଜି, ଭିସା କଟକଣା ଦ୍ୱାରା ଚୀନ୍‌ର ପ୍ରଭାବକୁ ସୀମିତ କରିବାକୁ ଚାହେଁ। ସେଇଭଳି ଅଷ୍ଟ୍ରେଲିଆ ଆଭ୍ୟନ୍ତରୀଣ ରାଜନୀତିରେ ଚୀନର ହସ୍ତକ୍ଷେପ ପାଇଁ ପ୍ରୟାସରେ ନିନ୍ଦା କରିବା ସହ ଚୀନ୍ ଉପରେ ଅତ୍ୟଧିକ ନିର୍ଭରଶୀଳତାକୁ କମାଇବାକୁ ଉଦ୍ୟମ କରୁଛି। ବ୍ରିଟେନ୍ ମଧ୍ୟ ହଂକଂରେ ଚୀନ୍‌ର ପ୍ରଭାବ ବିରୋଧରେ ସ୍ୱର ଉତ୍ତୋଳନ କରିଛି ଏବଂ ହଂକଂବାସୀଙ୍କୁ ସାହାଯ୍ୟ କରିବା ପାଇଁ ପ୍ରତିଶ୍ରୁତି ଦେଇଛି। ଜାପାନର ସାମରିକ ରୂପାନ୍ତର ଚୀନ୍ ପାଇଁ ସତର୍କ ଘଣ୍ଟି ସଦୃଶ। ଭାରତର ସୀମାରେ ଭିତ୍ତିଭୂମିର ଆଧୁନିକୀକରଣ, ବିକାଶ ଓ ଦକ୍ଷିଣ-ପୂର୍ବ ରାଷ୍ଟ୍ରଗୁଡ଼ିକର ଦକ୍ଷିଣ ଚୀନ୍ ସାଗରରେ ଥିବା ପ୍ରାକୃତିକ ସମ୍ବଳ ଉପରେ ଅଧିକାର ସାବ୍ୟସ୍ତ କରିବା ସୂଚାଉଛି ଚୀନ୍ ବିରୋଧୀ ମନୋଭାବ। ଏସବୁ ସତ୍ତ୍ୱେ ଚୀନ୍ ନେତୃତ୍ୱର ଆକଳନ ବୋଧହୁଏ ଯେ ସାରା ପୃଥିବୀ ବର୍ତ୍ତମାନ କୋଭିଡ-୧୯ ଯୁଦ୍ଧରେ ଯୁଝୁଥିବାବେଳେ ଚୀନ୍ ଏସିଆ ଓ ବିଶ୍ୱରେ ନେତୃତ୍ୱ ପ୍ରତିପାଦିତ କରିବାର ଏହା ଉପଯୁକ୍ତ ସମୟ। ଏହାର ଅନ୍ୟ କାରଣ ହୋଇପାରେ ଚୀନ୍‌ର ଆଭ୍ୟନ୍ତରୀଣ ଅବସ୍ଥା - କରୋନା ଯୋଗୁଁ ଅର୍ଥନୀତି ନିମ୍ନଗାମୀ, ୮ କୋଟି ଲୋକ ବେରୋଜଗାର, ରପ୍ତାନି ବାଣିଜ୍ୟ ବ୍ୟାହତ ଯାହା ଉତ୍ପାଦନ ଓ ନିଯୁକ୍ତିକୁ ପ୍ରଭାବିତ କରୁଛି। ଘରୋଇ ଚାହିଦା ହ୍ରାସ ପାଉଛି। ଏଥିସହିତ କମ୍ୟୁନିଷ୍ଟ ପାର୍ଟିରେ କରୋନାର କୁପରିଚାଳନା ପାଇଁ ନେତୃତ୍ୱ ବିରୋଧରେ ଆକ୍ଷେପର ଗୁଞ୍ଜରଣ ଶୁଣିବାକୁ ମିଳୁଛି। ଅନ୍ୟ ଭାଷାରେ ଚୀନ୍ ବର୍ତ୍ତମାନ ଆଭ୍ୟନ୍ତରୀଣ ଓ ଆନ୍ତର୍ଜାତିକ ଚାପରେ। ହୁଏତ ଚୀନ୍‌ର ନୀତି ନିର୍ଦ୍ଧାରକଙ୍କ ବିଚାରରେ ଯେତେବେଳେ ସମଗ୍ର ବିଶ୍ୱ କରୋନା

ଯୁଦ୍ଧରେ ଲିପ୍ତ ଏବଂ ହତାଶ ଓ ଅସହାୟତାର ବାତାବରଣ ସମସ୍ତଙ୍କୁ ଗ୍ରାସ କରିଛି, ଚୀନ୍‌ର ସ୍ଥିତି ଅପେକ୍ଷାକୃତ ଭାବେ ଭଲ ଅଛି। ଏହା କରୋନା ବା କୋଭିଡ-୧୯କୁ ନିୟନ୍ତ୍ରଣ କରିବାରେ ସକ୍ଷମ ହୋଇଛି। ଚୀନ୍‌ର ଅର୍ଥନୀତି ତୀବ୍ର ଗତିରେ ସ୍ୱାଭାବିକ ସ୍ଥିତିକୁ ଫେରି ଆସୁଛି। ସେ ଦୃଷ୍ଟିରୁ ଚୀନ୍ ପାଇଁ ଏହା ଉପଯୁକ୍ତ ସମୟ ଓ ସୁଯୋଗ ନିଜ ଲକ୍ଷ୍ୟ ପୂରଣ ପାଇଁ।

ଗଲୱାନରେ ଯାହା ଘଟିଲା ସେଭଳି ଘଟଣା ୧୯୭୫ ପରଠାରୁ ଦୃଷ୍ଟିଗୋଚର ହୋଇନଥିଲା ଏବଂ ୧୯୬୭ ଭଳି ବ୍ୟାପକ ଥିଲା। ଦେଖିବାକୁ ମିଳୁଛି ପ୍ରକୃତ ନିୟନ୍ତ୍ରଣ ରେଖା ଇଲାକାରେ ଚୀନ୍‌ର ସ୍ଥାୟୀ ଉପସ୍ଥିତି ଯାହା ଏପର୍ଯ୍ୟନ୍ତ ଭାରତୀୟ ସୈନ୍ୟ ଦ୍ୱାରା ସାଧାରଣ ପେଟ୍ରୋଲିଙ୍ଗ ଇଲାକା ଥିଲା। ୧୯୯୩ରୁ ଏପର୍ଯ୍ୟନ୍ତ ଭାରତ-ଚୀନ୍‌ର ସୀମାରେ ଶାନ୍ତି, ସ୍ଥିରତା ବଜାୟ ପାଇଁ ଯେତେଗୁଡ଼ିଏ ବୁଝାମଣା ହୋଇଥିଲା ସେଗୁଡ଼ିକ ସଫଳ ଭାବେ କାର୍ଯ୍ୟକାରୀ କରାଇବା ପାଇଁ ଚୀନ୍‌ର ପ୍ରତିଶ୍ରୁତିବଦ୍ଧତା ନାହିଁ ବୋଲି ଜଣାପଡ଼ିଲା। ୨୦୧୩ରେ ଦେପସାଙ୍ଗ, ୨୦୧୪ରେ ଚୁମାର ଏବଂ ୨୦୧୭ରେ ଡୋକଲାମ ସଂଘର୍ଷ ପରେ ସେଠାରେ ପକ୍କା ରାସ୍ତା, ସ୍ଥାୟୀ ଘର ଓ ବର୍ଷସାରା ଚୀନ୍ ସୈନ୍ୟମାନଙ୍କର ଉପସ୍ଥିତି ସୂଚାଉଛି ଯେ ଚୀନ୍ ସ୍ଥାୟୀଭାବେ ସେ ଇଲାକାକୁ ଅଧିକୃତ କରିବାର ଯୋଜନା ରଖିଛି। କାରାକୋରମ୍ ପାସ୍‌ର ନିକଟବର୍ତ୍ତୀ ଦୌଲତବେଗ୍ ସୁରକ୍ଷା ଦୃଷ୍ଟିରୁ ଅତି ଗୁରୁତ୍ୱପୂର୍ଣ୍ଣ, ସାମରିକ ଦୃଷ୍ଟିକୋଣରୁ ଏହାର ନିୟନ୍ତ୍ରଣ ଅତ୍ୟନ୍ତ ଆବଶ୍ୟକ। ସେଥିପାଇଁ ଚୀନ୍ ସେଠାରେ ଥିବା ପେଟ୍ରୋଲିଙ୍ଗ୍ ପଏଣ୍ଟକୁ ନିଜ ଅଧୀନରେ ରଖିବା ପାଇଁ ବ୍ୟଗ୍ର। ଚୀନ୍ ଇତିମଧ୍ୟରେ ମଧ୍ୟାଞ୍ଚଳ ଓ ପୂର୍ବାଞ୍ଚଳରେ ମଧ୍ୟ ସ୍ଥିତି ସୁଦୃଢ଼ କରିଛି। ଅରୁଣାଚଳ ପ୍ରଦେଶ ଉପରେ ନିଜର ଦାବି ଅବ୍ୟାହତ ରହିଛି। ନିକଟ ଅତୀତରେ ଅରୁଣାଚଳ ସୀମା ନିକଟରେ ଥିବା ଭୁଟାନର ସାମ୍‌ତେଙ୍ଗ ବନ୍ୟପ୍ରାଣୀ ଆଶ୍ରୟସ୍ଥଳୀ ବା ସାଂକ୍‌ଚୁଆରୀ ପାଇଁ ଆନ୍ତର୍ଜାତିକ ଅନୁଷ୍ଠାନରୁ ଅନୁଦାନ ପାଇବାରେ ଆପତ୍ତି ଉଠାଇଛି। ଅତୀତରେ ଭୁଟାନ ସହିତ ସୀମା ସଂକ୍ରାନ୍ତ ବିବାଦ ଭୁଟାନର ପୂର୍ବ ଭାଗରେ ନଥିଲା। ଏହା ଏକ ନୂଆ ମୋଡ଼। କହିବା ବାହୁଲ୍ୟ ଯେ, ଗତ କିଛି ବର୍ଷ ହେବ ଭାରତ-ଚୀନ୍ ସମ୍ପର୍କ ଟେନ୍‌ସନ୍‌ମୁକ୍ତ ନୁହେଁ। ଏନ୍‌ଏସ୍‌ଜି, ଜାତିସଂଘ ସୁରକ୍ଷା ପରିଷଦର ସ୍ଥାୟୀ ସଦସ୍ୟତା ଓ କାଶ୍ମୀର ପ୍ରସଙ୍ଗ, ପାକିସ୍ତାନରେ ଥିବା ଆତଙ୍କବାଦୀ କିମ୍ବା ସିପିଇସି (ଚୀନ୍-ପାକିସ୍ତାନ ଇକୋନୋମିକ କୋରିଡର) ଓ ପାକ୍ ଅଧିକୃତ କାଶ୍ମୀର ନେଇ ବହୁ ମତଭେଦ ରହିଛି। ଜାମ୍ମୁ-କାଶ୍ମୀରରେ ସମ୍ବିଧାନର ଧାରା ୩୭୦ ଓ ୩୫ଏର ଉଚ୍ଛେଦ ଏବଂ ଲଦାଖକୁ କେନ୍ଦ୍ରଶାସିତ

ଅଞ୍ଚଳ ଘୋଷଣା ଏବଂ ଅକ୍‌ସାଇ ଚୀନ୍ ଓ ପାକ୍ ଅଧିକୃତ କାଶ୍ମୀରକୁ ଭାରତକୁ ଫେରାଇବାର ଦୃଢ଼ୋକ୍ତି ଚୀନ୍‌କୁ ବିଚଳିତ କରିଛି ।

ଏବେ ଆମ ଦେଶରେ ଚୀନ୍ ବିରୋଧୀ ଚିତ୍ର ଦେଖିବାକୁ ମିଳୁଛି । ଚୀନ୍ ବିରୋଧୀ ସ୍ୱର ଶୁଣିବାକୁ ମିଳୁଛି । ଚୀନ୍ ପ୍ରସ୍ତୁତ ଦ୍ରବ୍ୟକୁ ଲୋକେ ସ୍ୱଇଚ୍ଛାରେ ପ୍ରତ୍ୟାଖ୍ୟାନ କରୁଛନ୍ତି । ଚୀନ୍ ଦ୍ରବ୍ୟ ବର୍ଜନର ହାଓ୍ୱା ସୃଷ୍ଟି ହୋଇଛି । ସରକାରଙ୍କ ନିର୍ଦ୍ଦେଶରେ ଚୀନ୍‌ରୁ ଆମଦାନୀ ନିଷେଧ ସହ ପୁଞ୍ଜିନିବେଶର ପ୍ରକଳ୍ପ, ରେଲୱେ, ଟେଲିକମ୍ୟୁନିକେସନ, ଇଲେକ୍ଟ୍ରୋନିକ୍, ଶକ୍ତି କ୍ଷେତ୍ରରେ ଚୀନ୍ ଉପକରଣ ପ୍ରୟୋଗ ଓ ଆପ୍ ଉପରେ କଟକଣା ଲାଗାଇଛି । ଭାରତ-ଚୀନ୍ ଦ୍ୱିପାକ୍ଷିକ ବାଣିଜ୍ୟରେ ଭାରତର ସମୁଦାୟ ଆମଦାନୀର ୧୪% ଚୀନ୍‌ରୁ ରପ୍ତାନି ପ୍ରାୟ ୫% ଅଥଚ ଚୀନର ସମୁଦାୟ ଆମଦାନୀର ମାତ୍ର ୩% ଭାରତର ଭାଗ । ଚୀନ୍‌ରୁ ଭାରତ ବାର୍ଷିକ ୭୦ ବିଲିୟନ ଡଲାରରୁ ବେଶୀ ଆମଦାନୀ କରେ । ଭାରତୀୟ ସ୍ମାର୍ଟ ଫୋନ୍ ମାର୍କେଟର ୭୨% ଚୀନ୍ କବଳିତ । ଭାରତୀୟ ଫାର୍ମାସିଉଟିକାଲ ପ୍ରସ୍ତୁତିର ଦୁଇ-ତୃତୀୟାଂଶ ମୌଳିକ ଉପାଦାନ ଚୀନ୍‌ରୁ ଆମଦାନୀ କରାଯାଏ । ୮୦୦ ଚୀନ୍ କମ୍ପାନୀ ବର୍ତ୍ତମାନ ଭାରତରେ କାର୍ଯ୍ୟରତ । ଚୀନ୍‌ର ଆମ ଦେଶରେ ପୁଞ୍ଜିନିବେଶ ପ୍ରାୟ ୨୬ ବିଲିୟନ ଡଲାର । ଭାରତୀୟ ଷ୍ଟାର୍ଟଅପ୍ ଗୁଡ଼ିକରେ ଅଳ୍ପ କିଛି ବର୍ଷ ମଧ୍ୟରେ ଚୀନ୍ ୩ ବିଲିୟନ ଡଲାର ପୁଞ୍ଜି ନିବେଶ କରିଛି । ଏହାଛଡ଼ା ହଂକଂ, ସିଙ୍ଗାପୁର, ମରିସିଅସ ମାଧ୍ୟମରେ ବହୁ ଚୀନ୍ ପୁଞ୍ଜି ନିବେଶ ହେଉଛି ଯାହା ଦ୍ୱିପାକ୍ଷିକ ବାଣିଜ୍ୟରେ ପ୍ରତିଫଳିତ ନୁହେଁ । ଇଲେକ୍ଟ୍ରୋନିକ୍ ସରଞ୍ଜାମ, ମୋବାଇଲ ଉପକରଣ ଇତ୍ୟାଦିରେ ଭାରତ ଚୀନ୍ ଉପରେ ଏବେ ସୁଦ୍ଧା ନିର୍ଭରଶୀଳ । ଏହି ପରିପ୍ରେକ୍ଷୀରେ ବିକଳ୍ପ ଯୋଗାଣ କ୍ଷେତ୍ରର ଆବଶ୍ୟକତା ରହିଛି ବିଦେଶରେ କିମ୍ବା ଦେଶରେ ।

ଚୀନ୍-ଆମେରିକା ବାଣିଜ୍ୟ ସମ୍ପର୍କର ତିକ୍ତତାରୁ ଯେଉଁ ପ୍ରଭାବ ଆଶା କରାଯାଉଥିଲା ତାହା ଏପର୍ଯ୍ୟନ୍ତ ବାସ୍ତବରେ ପରିଣତ ହୋଇନି । ୯୦% ଆମେରିକା କମ୍ପାନୀଗୁଡ଼ିକର ଚୀନ୍ ଛାଡ଼ିବାର ଯୋଜନା ନାହିଁ । ଅନ୍ୟ ଦେଶଗୁଡ଼ିକ ସ୍ଥିତି ନିରୀକ୍ଷଣ କରୁଛନ୍ତି । ଯେଉଁମାନେ ଚୀନ୍ ଛାଡୁଛନ୍ତି, ଭିଏତ୍‌ନାମ, ଥାଇଲାଣ୍ଡ, ଇଣ୍ଡୋନେସିଆ ଇତ୍ୟାଦିରେ ପୁଞ୍ଜିନିବେଶ କରିବାରେ ଆଗ୍ରହୀ । ଜଗତୀକରଣ ମୃତ୍ୟୁମୁଖରେ ନାହିଁ । ଏହା ଆହୁରି କିଛିବର୍ଷ ପାଇଁ ରହିବ । ପ୍ରତିଦ୍ୱନ୍ଦ୍ୱୀ ହେବାକୁ ଆମର ଅର୍ଥନୈତିକ ସଂସ୍କାର କ୍ଷିପ୍ରଗତିରେ ହେବା ପ୍ରୟୋଜନ । ଟ୍ୟାକ୍ସ, ଭିତ୍ତିଭୂମି, ପୁଞ୍ଜିନିବେଶ, ଶ୍ରମ ଆଇନରେ ଉଦାରୀକରଣ ନିହାତି ଜରୁରୀ । ଯାହା ବିଦେଶୀ ପୁଞ୍ଜି ନିବେଶକୁ ଆକୃଷ୍ଟ କରିବ ।

ସୀମାରେ କେତେକ ଜାଗାରେ ଆମେ ଭଲ ସ୍ଥିତିରେ ଥିଲାବେଳେ ଚୀନ୍

କେତେକ ସ୍ଥାନରେ ଭଲ ସ୍ଥିତିରେ ଅଛି। ଆମେ ନିଜକୁ ସୁଦୃଢ଼ କରିଥିଲାବେଳେ ଚୀନ୍ ମଧ୍ୟ ୧୯୬୨ ପରେ ନିଜର ଅର୍ଥନୀତି ଓ ସାମରିକ ସାମର୍ଥ୍ୟରେ ଅଭୂତପୂର୍ବ ପ୍ରଗତି କରିଛି। ତେଣୁ ସାବଧାନତାର ସହିତ ଆମକୁ ସତର୍କ ରହିବାକୁ ପଡ଼ିବ। ଚୀନ୍‌ର ଭାବମୂର୍ତ୍ତି ଓ ନୂତନ ଦୃଷ୍ଟିଭଙ୍ଗୀ ପ୍ରତି ଧ୍ୟାନ ଦେବାକୁ ପଡ଼ିବ। ପରିବର୍ତ୍ତିତ ପରିସ୍ଥିତିରେ ଦ୍ୱିପାକ୍ଷିକ ସମ୍ପର୍କରେ ନୂତନ ଢାଞ୍ଚାରେ ଆଭିମୁଖ୍ୟର ଆବଶ୍ୟକତା ରହିଛି।

ଆମେରିକା ନିର୍ବାଚନ

ଯଦି କୌଣସି ଦେଶର ନିର୍ବାଚନ ସାରା ବିଶ୍ୱର ଧ୍ୟାନ ଆକର୍ଷଣ କରେ, ତାହା ହେଉଛି ଆମେରିକା ରାଷ୍ଟ୍ରପତି ନିର୍ବାଚନ। ତା'ର ମୁଖ୍ୟ କାରଣ ହେଲା କେବଳ ଅର୍ଥନୈତିକ, ସାମରିକ କ୍ଷେତ୍ରରେ ନୁହେଁ, ବିଜ୍ଞାନ ଓ ଟେକ୍ନୋଲୋଜିରେ ମଧ୍ୟ ଆମେରିକା ଶକ୍ତିଶାଳୀ ଓ ଅଗ୍ରଣୀ। ଆମେରିକା ରାଷ୍ଟ୍ରପତି ନିର୍ବାଚନର ଫଳାଫଳ ନେଇ କୌତୂହଳତା ସ୍ୱାଭାବିକ। କାରଣ ସେ ଦେଶର ରାଷ୍ଟ୍ରପତିଙ୍କର ବିଶ୍ୱବ୍ୟବସ୍ଥାର ଭବିଷ୍ୟତ ରୂପରେଖ ଉପରେ ନିଷ୍ପତ୍ତିମୂଳକ ପ୍ରଭାବ ରହିଥାଏ।

ତେବେ ଏଭଳି ନିର୍ବାଚନରେ ଅନିଶ୍ଚିତତା ଯେତେ ଥାଏ, ତାହା ସେତେ ରୋମାଞ୍ଚକର ହୁଏ। ଆମେରିକା ସହ ସାରା ବିଶ୍ୱରେ ବହୁ କଳ୍ପନାଜଳ୍ପନା ହୁଏ। ନିର୍ବାଚନରେ କେଉଁ ପ୍ରାର୍ଥୀଙ୍କ ସଫଳତାରେ କେଉଁ ଦେଶ, କେଉଁ ଗୋଷ୍ଠୀ କେତେ ଲାଭବାନ ହେବ ବା କ୍ଷତିଗ୍ରସ୍ତ ହେବାର ଆକଳନ କରାହୁଏ। ଏଥର ମଧ୍ୟ ଏ ପର୍ଯ୍ୟନ୍ତ ଫଳାଫଳ ଉପରେ ସ୍ପଷ୍ଟତା ଆସିନାହିଁ। ଯଦିଓ ପ୍ରାକ୍-ନିର୍ବାଚନ ଜନମତ ଆକଳନ ଡେମୋକ୍ରାଟ୍ ଦଳର ପ୍ରାର୍ଥୀ ପୂର୍ବତନ ଉପରାଷ୍ଟ୍ରପତି ବାଇଡେନ୍‌ଙ୍କ ସପକ୍ଷରେ ବୋଲି ଇଙ୍ଗିତ କରୁଛି, କିନ୍ତୁ ଆମେରିକାରେ ପପୁଲାର ବା ଲୋକପ୍ରିୟତାରେ ମିଳିଥିବା ସଂଖ୍ୟାଧିକ ଭୋଟ ରାଷ୍ଟ୍ରପତି ନିର୍ବାଚନ ଫଳାଫଳକୁ ନିୟନ୍ତ୍ରିତ କରିନଥାଏ। ସମ୍ବିଧାନ ଅନୁଯାୟୀ ଇଲେକ୍‌ଟୋରାଲ କଲେଜରେ ସଂଖ୍ୟାଧିକ ଭୋଟ ହିଁ ଗୋଟିଏ ପ୍ରାର୍ଥୀଙ୍କୁ ଜିତାଇଥାଏ। ଏଥିରେ କେତେକ ରାଜ୍ୟଙ୍କ ନିର୍ଣ୍ଣାୟକ ଭୂମିକା ରହେ। ଏଥିପାଇଁ ଫ୍ଲୋରିଡା, ମିଚିଗାନ, ଉଇସକନ୍‌ସିନ୍, ଓହାଇଓ ପ୍ରଭୃତି ରାଜ୍ୟଗୁଡ଼ିକରେ ଭୋଟ ସପକ୍ଷରେ ଆଣିବା ପାଇଁ ପ୍ରାଣମୂର୍ଚ୍ଛା ପ୍ରତିଦ୍ୱନ୍ଦ୍ୱିତା ଚାଲିଛି। ଏକବିଂଶ ଶତାବ୍ଦୀରେ ଲୋକପ୍ରିୟତା ଥାଇ ମଧ୍ୟ ହିଲାରୀ କ୍ଲିଣ୍ଟନ, ଆଲଗୋର୍ ପରାଜୟ ସ୍ୱୀକାର କରିଥିଲେ। ସମ୍ବିଧାନ ରଚନା ସମୟରେ ସେତେବେଳକାର ପରିସ୍ଥିତିକୁ ଦୃଷ୍ଟିରେ ରଖି ରାଷ୍ଟ୍ରପତି

ନିର୍ବାଚନ ଯେଉଁ ବ୍ୟବସ୍ଥା ବା ଆଇନ ପ୍ରକ୍ରିୟା ସ୍ଥାନିତ କରାଯାଇଥିଲା, ତା'ର ଯଥାର୍ଥତା ବର୍ତ୍ତମାନ ଯୁଗରେ ନଥିଲେ ବା ଅଗଣତାନ୍ତ୍ରିକ ମନେହେଲେ ମଧ୍ୟ ରାଜନୈତିକ କାରଣରୁ ପରିବର୍ତ୍ତନ ସମ୍ଭବ ନୁହେଁ। ମନେ ହେଉଛି କରୋନା ମହାମାରୀ ଆମେରିକା ଭୋଟରମାନଙ୍କ ଭୋଟ ପ୍ରଦାନ ପ୍ରକ୍ରିୟାର ଦୃଷ୍ଟିକୋଣରେ ପରିବର୍ତ୍ତନ ଆଣିଛି। ଆଗୁଆ ଭୋଟ ପ୍ରଦାନ ଓ ଡାକ ମାଧ୍ୟମରେ ଭୋଟ ଏ ପର୍ଯ୍ୟନ୍ତ ପ୍ରାୟ ୮୦ ମିଲିୟନରୁ ଊର୍ଦ୍ଧ୍ୱ ଏବଂ ଏହା ଆହୁରି ବୃଦ୍ଧି ପାଇବାର ସମ୍ଭାବନା ରହିଛି। ଅତୀତରେ ଏତେ ସଂଖ୍ୟାରେ ଭୋଟ ନିର୍ବାଚନ ପୂର୍ବରୁ ପ୍ରଦାନ କରାଯାଇନଥିଲା। ତେଣୁ ଆଶା କରାଯାଇପାରେ ଭୋଟ୍ ଦିନ ଅଧିକ ଭୋଟ ପ୍ରଦାନ ଦେଖିବାକୁ ମିଳିବ। ଡୋନାଲ୍ଡ ଟ୍ରମ୍ପଙ୍କ ଆଚରଣ, ବକ୍ତବ୍ୟ, ଭାଷଣ, ଟ୍ୱିଟରରେ ମତାମତ ବହୁ ଲୋକଙ୍କୁ ଅପମାନିତ ସହ କ୍ଷୁବ୍ଧ କରିଛି। ତାଙ୍କର କୃଷ୍ଣକାୟଙ୍କ ପ୍ରତି ମନୋଭାବ, ମହିଳାଙ୍କ ପ୍ରତି ଆଚରଣ, ବିଶେଷଜ୍ଞଙ୍କୁ ଉପେକ୍ଷା, ସମ୍ପୂର୍ଣ୍ଣ ଆଜ୍ଞାନୁବର୍ତ୍ତିତା ଦାବି ଓ ରୁଷ, ଚୀନ ଭଳି ବିଦେଶୀ ରାଷ୍ଟ୍ରଙ୍କ ସହ ଅତୀତରେ ସନ୍ଦେହଜନକ ସମ୍ପର୍କ ନିଶ୍ଚିତ ଭାବରେ କେତେକାଂଶରେ ନକାରାତ୍ମକ ଭାବମୂର୍ତ୍ତି ସୃଷ୍ଟି କରିଛି; କିନ୍ତୁ ଅପରପକ୍ଷରେ ଶ୍ୱେତାଙ୍ଗଙ୍କ ଭୋଟ ଏକତ୍ରୀକରଣ ଓ ଦୃଢ଼ୀକରଣ କରିବାରେ ସେ ଏପର୍ଯ୍ୟନ୍ତ ସଫଳ ହୋଇଛନ୍ତି। ସେମାନଙ୍କୁ ଆମେରିକା ପ୍ରଥମ, ଆମେରିକା ପୁନର୍ଜାଗରଣ ଓ ପୃଥିବୀର ଶ୍ରେଷ୍ଠ, ଶକ୍ତିଶାଳୀ ଦେଶ କରିବାର ସ୍ୱପ୍ନ ବିତରଣ କରିବାରେ ସଫଳ ହୋଇଛନ୍ତି। କେବଳ ସେତିକି ନୁହେଁ, ତାଙ୍କ ଶାସନ କାଳରେ ଅର୍ଥନୈତିକ ଅଭିବୃଦ୍ଧି, ନିଯୁକ୍ତିର ପ୍ରସାରଣର ଦାବି ମଧ୍ୟ ରଖିଛନ୍ତି। ଚୀନକୁ କରୋନା ମହାମାରୀ ପାଇଁ ଦାୟୀ କରାଇ କାଠଗଡ଼ାରେ ଛିଡ଼ା କରାଇବାରେ କେତେକାଂଶରେ କୃତକାର୍ଯ୍ୟ ହୋଇଛନ୍ତି ଓ ସେଥିପାଇଁ ବିଶ୍ୱମତ ସୃଷ୍ଟି କରିବାରେ ବର୍ତ୍ତମାନ କାର୍ଯ୍ୟରତ। ତାଙ୍କ ବିରୋଧରେ ମୁଖ୍ୟ ଅଭିଯୋଗ ହେଉଛି ଯେ କୋଭିଡ-୧୯ରେ ବର୍ତ୍ତମାନ ସୁଦ୍ଧା ପ୍ରାୟ ୯ ନିୟୁତ ଆମେରିକାବାସୀ ସଂକ୍ରମିତ ଓ ୨ ଲକ୍ଷରୁ ଊର୍ଦ୍ଧ୍ୱ ମୃତ। ଏଭଳି ଏକ ଭୟାବହ ଦୁର୍ବିପାକ ପାଇଁ ଯେଉଁ ପ୍ରସ୍ତୁତି ଓ ପରିଚାଳନାଗତ ଦକ୍ଷତା ଓ ନେତୃତ୍ୱର ପ୍ରୟୋଜନ ତାହା ଟ୍ରମ୍ପଙ୍କ ପାଖରେ ଦେଖିବାକୁ ମିଳିନାହିଁ, ବରଂ ସେ ମହାମାରୀକୁ ହାଲ୍‌କାଭାବେ ଗ୍ରହଣ କରି ଏହା ସାମାନ୍ୟ ସାଧାରଣ ଫ୍ଲୁ ବୋଲି ପ୍ରଥମେ ଅଭିହିତ କରିଥିଲେ ଓ ମୁଖା ପିନ୍ଧିବାକୁ ଆଗ୍ରହ ଦେଖାଇ ନଥିଲେ କିମ୍ବା ତା'ର ପ୍ରୟୋଜନୀୟତା ଉପରେ ପ୍ରଶ୍ନବାଚୀ ଉଠାଇଥିଲେ। ରାଜ୍ୟଗୁଡ଼ିକୁ ଠିକ୍ ସମୟରେ ଅତ୍ୟାବଶ୍ୟକ ଉପକରଣ ଯଥା ଭେଣ୍ଟିଲେଟର ଇତ୍ୟାଦି ପହଞ୍ଚାଇବାରେ ଯେଉଁ ତତ୍ପରତା, ତ୍ୱରିତତା ଦରକାର ତାଙ୍କ ପାଖରେ ଦୃଷ୍ଟିଗୋଚର ହୋଇନଥିଲା। ଏ ବିଷୟରେ ବିଶେଷଜ୍ଞଙ୍କ ପରାମର୍ଶକୁ ଅବଜ୍ଞା ଓ ସେମାନଙ୍କୁ ନ୍ୟୁନ ମନେ କରିବା ଥିଲା ତାଙ୍କର

ଆଉ ଗୋଟିଏ ଦୁର୍ବଳତା। କେତେକ ଅର୍ଥନୀତିଜ୍ଞଙ୍କ ମତରେ ଟ୍ରମ୍ପଙ୍କର ଅର୍ଥନୀତି ଭବିଷ୍ୟତରେ ଆମେରିକା ଗୋଟିଏ ଧନୀରାଷ୍ଟ୍ରର ମର୍ଯ୍ୟାଦାରୁ ବଞ୍ଚିତ କରିବ। ରାଷ୍ଟ୍ରପତି ଓବାମାଙ୍କର ବହୁନୀତି ବିଶେଷ କରି ତାଙ୍କର ସ୍ୱାସ୍ଥ୍ୟନୀତି ଯାହା ସବୁଶ୍ରେଣୀର ନାଗରିକଙ୍କ ପାଇଁ ଉଦ୍ଦିଷ୍ଟ ଥିଲା ସେଥିରେ ପରିବର୍ତ୍ତନ ଆଣି ସ୍ୱାସ୍ଥ୍ୟ ସେବା ପ୍ରଦାନରେ ଅପୂରଣୀୟ କ୍ଷତି ପହଞ୍ଚାଇଛନ୍ତି। ଏଥିସହିତ ତାଙ୍କର ଅତୀତରେ ରୁଷ ଓ ଚୀନ ପ୍ରଭୃତି ଦେଶ ସହିତ ରହସ୍ୟମୟ ସମ୍ବନ୍ଧ ଓ ବ୍ୟାବସାୟିକ ସଂପୃକ୍ତି ସହ ରୁଷର ୨୦୧୬ ନିର୍ବାଚନରେ ଟ୍ରମ୍ପଙ୍କୁ ସୁହାଇଲାଭଳି ସନ୍ଦେହଜନକ ଭୂମିକା ଭୋଟରମାନଙ୍କୁ ପ୍ରଭାବିତ କରିଥିଲା। ଆମେରିକାର ଗଣମାଧ୍ୟମ ଓ ଅଗ୍ରଣୀ ପ୍ରିଣ୍ଟ ଓ ଇଲେକ୍ଟ୍ରୋନିକ୍ ମିଡିଆ (ଅଳ୍ପ କେତେକଙ୍କୁ ଛାଡ଼ି ଦେଲେ) ଟ୍ରମ୍ପ ବିରୋଧୀ।

ଡେମୋକ୍ରାଟ ପ୍ରାର୍ଥୀ ବାଇଡେନ୍ ଜଣେ ଭଦ୍ର, ବିଜ୍ଞ ଓ ଅନୁଭବୀ ରାଜନୀତିଜ୍ଞ ଭାବେ ଜଣାଶୁଣା କିନ୍ତୁ ନିର୍ଦ୍ଦୟ ସ୍ୱଭାବ ବା ଅନ୍ୟକୁ ସମ୍ପୂର୍ଣ୍ଣ ଭାବେ ଧ୍ୱଂସ କରିବାର ପ୍ରବୃତ୍ତି ଯାହାକୁ ଇଂରାଜୀରେ କିଲର୍ ଇନ୍‌ଷ୍ଟିକ୍ କୁହାଯାଏ ତାଙ୍କ ପାଖେ ଦେଖା ଯାଏନାହିଁ। ଟ୍ରମ୍ପଙ୍କ ଭଳି ପ୍ରତିଦ୍ୱନ୍ଦ୍ୱୀ ପାଇଁ ସେଭଳି ପ୍ରବୃତ୍ତିର ପ୍ରୟୋଜନ ରାଜନୀତିରେ ରହିଛି। ଏଥର ରାଷ୍ଟ୍ରପତି ନିର୍ବାଚନ ଡିବେଟ୍ ବା ଆଲୋଚନା ଏକ ପ୍ରହସନରେ ପରିଣତ ହୋଇଥିଲା। ଆଶା କରାଯାଉନଥିଲା ଯେ ଆଲୋଚନା ଏତେ ନିମ୍ନ ସ୍ତରରେ ହେବ। ବାଇଡେନ୍ ତାଙ୍କର ଉପରାଷ୍ଟ୍ରପତି ପ୍ରାର୍ଥୀ ଭାବେ କମଳା ହାରିସ୍‌ଙ୍କୁ ମନୋନୀତ କରିଛନ୍ତି। କମଳା ହାରିସ୍ ଜଣେ ଦୃଢ଼ମନା ଓ ସଫଳ ଆଇନଜ୍ଞ ଭାବେ ପ୍ରତିଷ୍ଠିତ। ତାଙ୍କର କଂଗ୍ରେସରେ ଭୂମିକା ଓ କାର୍ଯ୍ୟ କରିବାର ଶୈଳୀ ଉତ୍ସାହଜନକ। ସେ କୃଷ୍ଣକାୟ ଓ ମହିଳା ଭୋଟରଙ୍କୁ ଆକୃଷ୍ଟ କରିପାରିବେ ବୋଲି ଡେମୋକ୍ରାଟ୍ ଦଳ ଆଶା ରଖିଛି। ଭାରତୀୟ ବଂଶଜ ହେଲେ ମଧ୍ୟ ଭାରତ ସରକାରଙ୍କ କେତେକ ନୀତି ବିରୋଧୀ ମନ୍ତବ୍ୟ ଯୋଗୁଁ ହୁଏତ ଆମେରିକାରେ ବସବାସ କରୁଥିବା ଭାରତୀୟଙ୍କ ଭୋଟ୍ ସମ୍ପୂର୍ଣ୍ଣ ଭାବେ ତାଙ୍କ ସପକ୍ଷରେ ନଆସିପାରେ। ଏହି ପୃଷ୍ଠଭୂମିରେ ଆମେରିକାରେ ବସବାସ କରୁଥିବା ଭାରତୀୟ ବଂଶଜଙ୍କ ସଂଖ୍ୟା ସେ ଦେଶରେ ପ୍ରାୟ ୪ ମିଲିୟନ ବା ୪୦ ଲକ୍ଷ; ତନ୍ମଧ୍ୟରୁ ୧ ମିଲିୟନ ବା ଦଶଲକ୍ଷ ଭୋଟର ହେବେ। ଗୋଟିଏ ସର୍ଭେ ଅନୁସାରେ ସେମାନଙ୍କ ମଧ୍ୟରୁ ପ୍ରାୟ ୭୨% ଡେମୋକ୍ରାଟ୍‌ଙ୍କୁ ସମର୍ଥନ କରନ୍ତି ବା ସପକ୍ଷରେ ଏବଂ କେବଳ ୨୮% ଟ୍ରମ୍ପ ବା ରିପବ୍ଲିକାନ୍ ସମର୍ଥକ।

ଏଥର କିନ୍ତୁ ତୃଣମୂଳ ସ୍ତରରେ ବିଳମ୍ବରେ ହେଲେ ମଧ୍ୟ ଚୀନ ବିରୋଧୀ ମତ ତୀବ୍ର କରିବାରେ ଟ୍ରମ୍ପ ବହୁ ପରିମାଣରେ ସଫଳ ହୋଇଛନ୍ତି ବୋଲି ମନେ ହେଉଛି। ଟ୍ରମ୍ପଙ୍କର ଆଉ ଗୋଟିଏ ମନ୍ତବ୍ୟ ବିବାଦୀୟ ହୋଇଉଠିଛି। ତାହା ହେଲା ନିର୍ବାଚନର

ଫଳାଫଳକୁ ଅବୈଧ ଅସିଦ୍ଧ ଘୋଷଣା କରିବାର ସମ୍ଭାବନା। ସେଇଭଳି ଡାକ ମାଧ୍ୟମରେ ଆସୁଥିବା ଭୋଟ୍‌କୁ କେତେଦିନ ପର୍ଯ୍ୟନ୍ତ ଗ୍ରହଣ କରାଯିବ ଓ କେତେଦିନ ପର୍ଯ୍ୟନ୍ତ ଗଣନା କରାହୋଇ ପାରିବ ସେ ଆଉ ଏକ ଅସମାହିତ ବିଷୟ। ଆମେରିକାର ବିଭିନ୍ନ ରାଜ୍ୟରେ ଭିନ୍ନ ଭିନ୍ନ ଆଇନ ଓ ପରମ୍ପରା ରହିଛି। ଫଳାଫଳ ଘୋଷଣା ଯେତେ ବିଳମ୍ବ ହେବ ପରିସ୍ଥିତି ସେତିକି ପଙ୍କିଳ ହେବ। ନିର୍ବାଚନର କିଛିଦିନ ଆଗରୁ ଟ୍ରମ୍ପ ସମର୍ଥିତ ପ୍ରାର୍ଥୀ ସର୍ବୋଚ୍ଚ ନ୍ୟାୟାଳୟ ସୁପ୍ରିମକୋର୍ଟର ବିଚାରପତି ଭାବେ ମନୋନୀତ ହୋଇଛନ୍ତି। ବର୍ତ୍ତମାନ ସୁପ୍ରିମକୋର୍ଟରେ ବେଶୀଭାଗ ବିଚାରପତି ରିପବ୍ଲିକାନ୍ ସମର୍ଥିତ। ତେଣୁ ନିର୍ବାଚନ ଫଳାଫଳ ସୁପ୍ରିମକୋର୍ଟକୁ ଗଲେ ପକ୍ଷପାତିତାର ଆଶଙ୍କା ବହୁ ଆମେରିକା ନାଗରିକଙ୍କୁ ବିଚଳିତ କରୁଛି। ଆଉ ଗୋଟିଏ ମଜାଦାର କଥା ହେଉଛି ବିଗତ ୧୨୦ ବର୍ଷରେ ମାତ୍ର ୫ ଥର କୌଣସି ଆମେରିକା ରାଷ୍ଟ୍ରପତି ଦ୍ୱିତୀୟବାର ପୁନଃ ନିର୍ବାଚନରେ ସଫଳ ହୋଇନାହାନ୍ତି, କିନ୍ତୁ ଭିନ୍ନ ଭିନ୍ନ କାରଣରୁ। ଆମେରିକାର ଏକ ପ୍ରତିଷ୍ଠିତ ପୂର୍ବାନୁମାନ କରୁଥିବା ଅନୁଷ୍ଠାନ ଏବଂ ଷ୍ଟୋନିବ୍ରୁକ ବିଶ୍ୱବିଦ୍ୟାଳୟ ପ୍ରଫେସର ନରଯୋଥ୍ଙ୍କ ପ୍ରାଇମେରୀ ମଡେଲରେ ଅନୁମାନ କରାହେଉଛି ଟ୍ରମ୍ପଙ୍କର ଜିତିବାର ସମ୍ଭାବନା ୯୧% ଏବଂ ଇଲେକ୍‌ଟୋରାଲ କଲେଜର ଭୋଟ୍‌ରୁ ଟ୍ରମ୍ପଙ୍କୁ ୩୬୨ ମିଳିବାର ସମ୍ଭାବନା ଥିଲାବେଳେ ବାଇଡେନ୍‌ଙ୍କୁ ମିଳିବ ୧୭୬। ଏହି ଅନୁଷ୍ଠାନଟି ୧୯୧୨ରୁ ୨୦୧୬ ଭିତରେ ହୋଇଥିବା ୩୨୭ଟି ରାଷ୍ଟ୍ରପତି ନିର୍ବାଚନରୁ ୨୫ଟିରେ ସଠିକ୍ ଭବିଷ୍ୟବାଣୀ ପ୍ରକାଶ କରିଥିଲା। କେବଳ ୧୯୬୦ରେ କେନେଡ଼ିଙ୍କ ବିଜୟ ଓ ନିକ୍ସନଙ୍କ ପରାଜୟ ଏବଂ ୨୦୦୦ ମସିହାରେ ଜର୍ଜ ବୁଶ୍‌ଙ୍କ ସଫଳତା ଓ ଆଲଗୋର୍‌ଙ୍କ ପରାଜୟର ଗଣନା ଓ ଭବିଷ୍ୟବାଣୀ ଭୁଲ୍ ପ୍ରମାଣିତ ହୋଇଥିଲା। ଏଥର ମଧ୍ୟ ଭୁଲ ପ୍ରମାଣିତ ହୋଇଛି।

ଏହିଭଳି ଗୋଟିଏ ଗୋଳମାଳିଆ ପରିସ୍ଥିତିରେ ଅନେକଙ୍କ ମନରେ ପ୍ରଶ୍ନ ଆସେ କେଉଁ ପ୍ରାର୍ଥୀ ନିର୍ବାଚିତ ହେଲେ ଭାରତ ପାଇଁ ହେବ ହିତକାରକ। ଉତ୍ତରରେ ଏତିକି କହିଲେ ଯଥେଷ୍ଟ ହେବ ଯେ ବିଦେଶନୀତି ପ୍ରଣୟନ ହୁଏ ଜାତୀୟ ସ୍ୱାର୍ଥ ଦୃଷ୍ଟିରୁ। ତେଣୁ ଡେମୋକ୍ରାଟ୍ କିମ୍ବା ରିପବ୍ଲିକାନ୍, ଟ୍ରମ୍ପ କିମ୍ବା ବାଇଡେନ୍ ଆମେରିକାର ସ୍ୱାର୍ଥକୁ ପ୍ରାଥମିକତା ଓ ଅଗ୍ରାଧିକାର ଦେବେ। ଏଥିରେ କିଛି ସନ୍ଦେହ ନାହିଁ। ସେଥିରେ ଆବେଗର ସ୍ଥାନ ନାହିଁ କିମ୍ବା ବ୍ୟକ୍ତିଗତ ସମ୍ପର୍କର ଭୂମିକା ନାହିଁ। ତେଣୁ ଆମ ଦେଶର ନୀତି ନିର୍ଦ୍ଧାରକମାନେ ଭାରତର ସ୍ୱାର୍ଥ ଓ ଆମେରିକାର ସ୍ୱାର୍ଥକୁ ଏକାଭିମୁଖୀ କରିପାରିଲେ ହେବ ସବୁଠାରୁ ଉତ୍ତମ ଓ ଉଚିତ୍ ପ୍ରକ୍ଷେପ ପଥ।

ଆମେରିକା ନିର୍ବାଚନ ପରର ଚିତ୍ରପଟ

ଆମେରିକା ରାଷ୍ଟ୍ରପତି ନିର୍ବାଚନରେ ଜୋ ବାଇଡେନ୍‌ଙ୍କ ବିଜୟ ବହୁ ଦୃଷ୍ଟିରୁ ଐତିହାସିକ ଏବଂ ପ୍ରତୀକାତ୍ମକ। ଏହା ସୂଚେଉଛି ଗଣତନ୍ତ୍ରର ବିଜୟ ଓ ଆଜ୍ଞାନୁବର୍ତ୍ତିତା, ପ୍ରଭୁତ୍ୱ, ବିସ୍ତାରକ (ଅଥୋରିଟାରିଆନିଜ୍‌ମ୍‌)ର ପରାଜୟ। ଏ ନିର୍ବାଚନରେ ବହୁତ କିଛି ବାର୍ତ୍ତା ରହିଛି ବର୍ଣ୍ଣବୈଷମ୍ୟ ବିରୋଧରେ। ଗଣତନ୍ତ୍ର କହିଲେ ଆଇନର ଶାସନ, ମନମୁଖୀ ଶାସନ ନୁହେଁ। ବ୍ୟକ୍ତିଗତ ସ୍ୱାର୍ଥ ଓ ଜାତୀୟ ସ୍ୱାର୍ଥ ଏକା କଥା ନୁହେଁ। ନିର୍ବାଚନ ଫଳାଫଳ ଗଣମାଧ୍ୟମରେ ପ୍ରକାଶ ପାଇବା ପରେ ଆମେରିକାର କୋଣ ଅନୁକୋଣରେ ରାଜରାସ୍ତାରେ ସ୍ୱତଃପ୍ରଣୋଦିତ ଭାବେ ଲୋକେ ଏହାକୁ ସ୍ୱାଗତ କରିବା ସହ ଉତ୍ସବ ପାଳନ କରିଥିଲେ। ଏଭଳି ଶାନ୍ତିପୂର୍ଣ୍ଣ ଉତ୍ସାହ ଓ ଉନ୍ମାଦନା ଅତୀତରେ କୌଣସି ରାଷ୍ଟ୍ରପତି ନିର୍ବାଚନରେ ଦେଖାଯାଇ ନଥିଲା। ସେଥିରେ ସାମିଲ ହୋଇଥିଲେ ଅଗଣିତ ନାରୀ-ପୁରୁଷ, ଯୁବ-ବୃଦ୍ଧ, ଶ୍ୱେତାଙ୍ଗ-କୃଷ୍ଣକାୟ ଏବଂ ସବୁ ଧର୍ମର, ସବୁ ଜାତିର ଲୋକେ। ମନେ ହେଉଥିଲା ଦୀର୍ଘ ଦୁଃସ୍ୱପ୍ନର ଦୂରୀଭୂତ ହେବାର ଆନନ୍ଦର ଏକ ଦୃଶ୍ୟ। ଏ ଦୃଶ୍ୟ କେବଳ ଆମେରିକାରେ ସୀମିତ ନଥିଲା, ପୃଥିବୀର ଅନ୍ୟ ପ୍ରାନ୍ତରେ ମଧ୍ୟ ସେଇଭଳି ଆଶ୍ୱସ୍ତି ସହ ଆନନ୍ଦର ଲହରୀ ଖେଳିଯାଇଥିଲା। ସାରା ପୃଥିବୀରେ ଏଭଳି ପ୍ରତିକ୍ରିୟା ଦେଖିବାକୁ ମିଳିଥିଲାବେଳେ ପରାଜିତ ରାଷ୍ଟ୍ରପତି ଟ୍ରମ୍ପ ତାଙ୍କର ସମର୍ଥକଙ୍କୁ ଏକଜୁଟ୍ କରାଇ ରାଜରାସ୍ତାରେ ନିର୍ବାଚନର ଫଳାଫଳ ଅବୈଧ ଓ ଅଗ୍ରାହ୍ୟ ବୋଲି ଦାବି କରିବାରେ ବ୍ୟସ୍ତ ଥିଲେ। କେବଳ ସେତିକି ନୁହେଁ, ଆଇନ ଓ ଅଦାଲତ ସାହାଯ୍ୟରେ ନିର୍ବାଚନ ଫଳାଫଳକୁ ଅସିଦ୍ଧ, ଅବୈଧ ଘୋଷଣା କରିବାରେ ଉଦ୍ୟମ ସହିତ ନିର୍ବାଚିତ ବାଇଡେନଙ୍କୁ ପରମ୍ପରାଗତ ଅଭିନନ୍ଦନ ଜଣାଇବାର ସାଧାରଣ ସୌଜନ୍ୟତା ଦେଖାଇବାକୁ ଅନିଚ୍ଛୁକ। ଜାନୁଆରୀ ୨୦ ତାରିଖରେ ଶପଥଗ୍ରହଣ ଉତ୍ସବର ପ୍ରସ୍ତୁତିପାଇଁ ଦୁଇପକ୍ଷର ଯେଉଁ ପ୍ରାଥମିକ ପଦକ୍ଷେପ ନିଆଯାଏ ସେଥିରେ ଏ ପର୍ଯ୍ୟନ୍ତ

ସହଯୋଗର ସୁରାକ୍ ଦେଖିବାକୁ ମିଳିନାହିଁ। ଶପଥ ଗ୍ରହଣ ପୂର୍ବରୁ ଇଲେକ୍‌ଟୋରାଲ କଲେଜର ମିଟିଂ ଓ ଅନ୍ୟାନ୍ୟ ଆନୁଷଙ୍ଗିକ ବିଧିବିଧାନ ବିଳମ୍ବରେ ବିଶୃଙ୍ଖଳା ଉପୁଜିବାର ଭୟ ଓ ସମ୍ଭାବନା ରହିଛି। ଏଭଳି ଏକ ଅଚଳ ଅବସ୍ଥାର ଅନ୍ତର ଅପେକ୍ଷାରେ ଆମେରିକାବାସୀ ଓ ଆମେ ସମସ୍ତେ। ଅବଶ୍ୟ ଆଇନ ବିଶେଷଜ୍ଞଙ୍କ ମତରେ ଟ୍ରମ୍ପଙ୍କର ସବୁ ପ୍ରଚେଷ୍ଟା ବିଫଳ ହେବ ପ୍ରମାଣ ଅଭାବରେ।

ତେବେ ଏ ନିର୍ବାଚନ ଫଳାଫଳର ଅନ୍ୟ ଦିଗଟି ଉଦ୍‌ବେଗ ଜନକ। ତାହା ହେଉଛି ପ୍ରାୟ ୧୫୦ ମିଲିୟନ ଭୋଟ୍‌ରୁ ୭୦ ମିଲିୟନ ଭୋଟ୍ ଟ୍ରମ୍ପଙ୍କ ସପକ୍ଷରେ। କୋଭିଡ-୧୯ର କୁପରିଚାଳନା, ଅର୍ଥନୈତିକ ସଙ୍କଟ ଓ ଅନ୍ତର୍ଜାତୀୟ କ୍ଷେତ୍ରରେ ଅନିଶ୍ଚିତତା, ବିଶ୍ୱ ବ୍ୟବସ୍ଥାରେ ପରିବର୍ତ୍ତନର ପ୍ରଚେଷ୍ଟା ଓ ବିଭ୍ରାଟ ସତ୍ତ୍ୱେ ଏତେ ସଂଖ୍ୟାରେ ପରାଜିତ ପ୍ରାର୍ଥୀ ଭୋଟ ପାଇବା ଗୋଟିଏ ରେକର୍ଡ। ୫୭% ଶ୍ୱେତାଙ୍ଗ ଭୋଟ ତାଙ୍କ ସପକ୍ଷରେ ଯାଇଛି। ଅନ୍ୟ ଅର୍ଥରେ ସେ ଜଣେ 'କଲ୍ଟ ଫିଗର' ବା ଏଭଳି ବ୍ୟକ୍ତି ଯାହାଙ୍କ ପାଇଁ ବହୁ ଲୋକଙ୍କର ଗଭୀର ଶ୍ରଦ୍ଧା ଓ ଭକ୍ତି ରହିଛି। ସେଇଭଳି ବାଇଡେନ ସହରାଞ୍ଚଳରେ ଅଧିକ ଭୋଟ ପାଇଥିଲାବେଳେ ଟ୍ରମ୍ପ ଗ୍ରାମାଞ୍ଚଳରେ ବେଶୀ ଭୋଟ ସଂଗ୍ରହ କରିବାରେ ସକ୍ଷମ ହୋଇଛନ୍ତି। ଏହା ସେଠାକାର ସମାଜରେ ବିଭାଜନ ଆହୁରି ତୀବ୍ର ଓ ଶାଣିତ ହେବାର ଲକ୍ଷଣ।

ବାଇଡେନ ଭୋଟ ପୂର୍ବରୁ ଓ ପରେ ଯେଉଁ ବକ୍ତବ୍ୟ ରଖିଛନ୍ତି ସେଥିରେ ତାଙ୍କର ଦେଶ ଓ ବିଶ୍ୱପାଇଁ ନୀତିରେ ଅଗ୍ରାଧିକାରର ଆଭାସ ମିଳିଛି। ପ୍ରଥମତଃ ତାଙ୍କର ଏଜେଣ୍ଡା ବା କାର୍ଯ୍ୟ ତାଲିକାରେ କୋଭିଡ-୧୯ ମହାମାରୀ (ଯାହା ଆମେରିକାର ପ୍ରାୟ ୨୦ ମିଲିୟନଙ୍କୁ ସଂକ୍ରମିତ ଓ ଦୁଇଲକ୍ଷରୁ ଊର୍ଦ୍ଧ୍ୱ ମୃତ)କୁ ଶୀଘ୍ର ନିୟନ୍ତ୍ରଣ କରିବାରେ ଉଦ୍ୟମ। ସେଥିପାଇଁ ସେ ଗୋଟିଏ ବିଶେଷଜ୍ଞ କମିଟି ଗଠନର ପ୍ରକ୍ରିୟା ଆରମ୍ଭ କରିଛନ୍ତି ଯାହାର ନେତୃତ୍ୱ ନେବେ ଭାରତୀୟ ବଂଶଜ ଡକ୍ଟର ବିବେକ ମୂର୍ତ୍ତି। ସେ କମିଟିରେ ଆଉଜଣେ ଭାରତୀୟ ବଂଶଜ ଡକ୍ଟର ଗଓ୍ୱାନ୍ଦେ ସାମିଲ ହେବାର ସୂଚନା ମିଳିଛି। ବାଇଡେନଙ୍କ ମତରେ କୋଭିଡ ସମ୍ବନ୍ଧୀୟ ସମସ୍ତ ନିଷ୍ପତ୍ତି ବିଜ୍ଞାନସମ୍ମତ ଓ ବିଶେଷଜ୍ଞ ଆଧାରିତ ହେବା ଦରକାର। ଏଥିସହିତ ସେ ମଧ୍ୟ ଅର୍ଥନୀତି ଓ ବାଣିଜ୍ୟରେ ଶୀଘ୍ର ସୁଧାର ଆଣିବାର ପ୍ରକ୍ରିୟା ପ୍ରାରମ୍ଭରେ ହିଁ କରିବେ। ତେବେ ଅର୍ଥନୀତିର ଅଭିବୃଦ୍ଧି କୋଭିଡର ସଂକୋଚନ ଓ ଦୂରୀକରଣ ଉପରେ ନିର୍ଭରଶୀଳ। ତାଙ୍କର ଲକ୍ଷ୍ୟ ମଧ୍ୟ ରହିବ ବର୍ଣ୍ଣବୈଷମ୍ୟର ହ୍ରାସ ଏବଂ ସମତା ବିଧାନର ସୃଷ୍ଟି। ନିର୍ବାଚନ ଫଳାଫଳ ଘୋଷଣା ପର ଭାଷଣରେ ସେ ଏକତା ଓ ଯେଉଁମାନେ ତାଙ୍କୁ ଭୋଟ ଦେଇନାହାନ୍ତି ସେମାନଙ୍କ ପାଇଁ ମଧ୍ୟ କାର୍ଯ୍ୟ କରିବାର ଆଶ୍ୱସନା ଦେଇଛନ୍ତି। ଆଶା କରାଯାଏ ତାଙ୍କର ନୂତନ କ୍ୟାବିନେଟ୍‌ରେ

ବିବିଧତା ରହିବ। ମହିଳା ଓ କୃଷ୍ଣକାୟଙ୍କ ଉଚିତ ସଂଖ୍ୟାରେ ପ୍ରତିନିଧିତ୍ୱ ରହିବ। ଓବାମାଙ୍କ ଶାସନକାଳର କେତେଗୁଡ଼ିଏ ନୀତିକୁ ଟ୍ରମ୍ପ ଅକାମୀ କରିଦେବା ଫଳରେ ଯେଉଁ ସମସ୍ୟା ଉପୁଜିଛି ତା' ଉପରେ ଗୁରୁତ୍ୱ ଦେଇ ପଦକ୍ଷେପ ନେବାର ସମ୍ଭାବନା ରହିଛି।

ଅନ୍ତର୍ଜାତୀୟତା ଓ ଆମେରିକାର ବିଶ୍ୱବ୍ୟବସ୍ଥାରେ ଅଗ୍ରଣୀ ଓ ଅର୍ଥପୂର୍ଣ୍ଣ ଭୂମିକାରେ ବାଇଡେନ ବିଶ୍ୱାସ କରନ୍ତି। ତେଣୁ ପ୍ୟାରିସ୍ ଜଳବାୟୁ ପରିବର୍ତ୍ତନ ବୁଝାମଣାରେ ଆମେରିକାର ପ୍ରତ୍ୟାବର୍ତ୍ତନ ସୁନିଶ୍ଚିତ। ସେଇଭଳି ଇରାନ ସହିତ ପରମାଣୁ ଅସ୍ତ୍ର ସମ୍ବନ୍ଧୀୟ ବୁଝାମଣାରେ ଆମେରିକାର ସକ୍ରିୟ ଯୋଗଦାନ ସହିତ ୟୁରୋପୀୟ ମିତ୍ର ରାଷ୍ଟ୍ରମାନଙ୍କ ସହିତ ଘନିଷ୍ଠ ସହଯୋଗର ଇଙ୍ଗିତ ମିଳିଛି। ନାଟୋରେ ଆଗପରି ସକ୍ରିୟ ସଂପୃକ୍ତିର ସୂଚନା ମିଳିଛି ଯାହା ଟ୍ରମ୍ପଙ୍କ ନୀତି ଫଳରେ ୟୁରୋପୀୟ ରାଷ୍ଟ୍ରଗୁଡ଼ିକୁ ବିଚଳିତ କରିଥିଲା ଓ ସୁରକ୍ଷା ବ୍ୟବସ୍ଥାରେ ଅନିଶ୍ଚିତତା ଆଣିଥିଲା। ମଧ୍ୟପ୍ରାଚ୍ୟରେ ଲାଗି ରହିଥିବା ସଂଘର୍ଷ ଓ ଟ୍ରମ୍ପଙ୍କ ଶାସନ କାଳରେ ସ୍ୱାକ୍ଷରିତ ହୋଇଥିବା ଚୁକ୍ତିଗୁଡ଼ିକର ଭବିଷ୍ୟତ ବିଷୟରେ ବର୍ତ୍ତମାନ କିଛି ଅନୁମାନ କରିବା କଷ୍ଟକର। ଟ୍ରମ୍ପଙ୍କର ଘନିଷ୍ଠତା ଥିବା ଇସ୍ରାଏଲ ପ୍ରଧାନମନ୍ତ୍ରୀ ନେତାନହ୍ୟୁ ଏବଂ ସାଉଦି ଆରବର ଶାସକ ସଲମାନ ଏବଂ ଅନ୍ୟ ରାଷ୍ଟ୍ରମୁଖ୍ୟମାନେ ବାଇଡେନଙ୍କୁ ଅଭିନନ୍ଦନ ଜଣାଇଛନ୍ତି। ଅବଶ୍ୟ ଏ ରାଷ୍ଟ୍ରଗୁଡ଼ିକ ବାଇଡେନ ଶାସନର ମଧ୍ୟପ୍ରାଚ୍ୟ ନୀତିକୁ ଉତ୍କଣ୍ଠାର ସହିତ ଅପେକ୍ଷା କରିବେ। ବାଇଡେନଙ୍କ ମତରେ ରୁଷିଆ ହେଉଛି ଆମେରିକାର ସବୁଠାରୁ ବଡ଼ ଶତ୍ରୁ। ଚୀନ ସହିତ ଆମେରିକାର ସମ୍ପର୍କରେ ସ୍ୱାଭାବିକତା ଫେରି ଆସିପାରେ। ବିଶେଷକରି ବାଣିଜ୍ୟ କ୍ଷେତ୍ରରେ ବୁଝାମଣାର ସମ୍ଭାବନା ରହିଛି। ମଜାର କଥା ହେଉଛି ଚୀନ ଓ ରୁଷିଆର ନେତୃତ୍ୱ ପୁତିନ ଓ ଜିଙ୍ଗ୍‌ପିନ୍ ଏ ପର୍ଯ୍ୟନ୍ତ ବାଇଡେନଙ୍କୁ ଅଭିନନ୍ଦନ କରିବାରେ କୁଣ୍ଠା ପ୍ରକାଶ କରିଛନ୍ତି। ନିର୍ବାଚନ ଫଳାଫଳର କର୍ତ୍ତୃପକ୍ଷଙ୍କ ଅନ୍ତିମ ଘୋଷଣା ପରେ ହିଁ କରିବେ ବୋଲି ଜଣାପଡୁଛି। ଆନ୍ତର୍ଜାତିକ ଅନୁଷ୍ଠାନଗୁଡ଼ିକରେ ଆମେରିକାର ସକ୍ରିୟ ଭୂମିକା ରହିବ, ବିଶ୍ୱ ସ୍ୱାସ୍ଥ୍ୟ ଅନୁଷ୍ଠାନ (ହୁ) ଏବଂ ଜାତିସଂଘ ସହିତ ସହଯୋଗ ଓ ସାହାଯ୍ୟ ଜାରୀ ରହିବ।

ଟ୍ରମ୍ପଙ୍କ ସମୟରେ ପ୍ରଧାନମନ୍ତ୍ରୀ ମୋଦି ଓ ଟ୍ରମ୍ପଙ୍କ ନିବିଡ଼ତମ ସମ୍ପର୍କ ପରିପ୍ରେକ୍ଷୀରେ ବାଇଡେନଙ୍କ ଭାରତ ପ୍ରତି ଆଭିମୁଖ୍ୟରେ ଅନିଶ୍ଚିତତା ଓ ଭ୍ରୂକୁଞ୍ଚନ ପ୍ରକାଶ ପାଇବା ସ୍ୱାଭାବିକ, କିନ୍ତୁ ଆମର ଭୁଲିଯିବା ଉଚିତ୍ ନୁହେଁ ଯେ, ବାଇଡେନ୍ ଭାରତ-ଆମେରିକା ଅଣୁଚୁକ୍ତିର ବିଲ୍‌କୁ ବହୁ ଡେମୋକ୍ରାଟଙ୍କ ବିରୋଧ ସତ୍ତ୍ୱେ ପ୍ରବର୍ତ୍ତାଇ ସିନେଟ୍‌ରେ ପାସ୍ କରାଇବାରେ ସକ୍ଷମ ହୋଇଥିଲେ। ତେଣୁ ଆମେରିକାର ନେତୃତ୍ୱ ବିଶ୍ୱ ରାଜନୀତିରେ

ଭାରତର ଗୁରୁତ୍ୱକୁ ଭଲ ଭାବରେ ବୁଝିଛନ୍ତି । ଗତ ଦୁଇଦଶନ୍ଧିର ଦ୍ୱିପାକ୍ଷିକ ସମ୍ପର୍କକୁ ଅନୁଶୀଳନ କଲେ ସ୍ପଷ୍ଟ ହେବ ଯେ ଡେମୋକ୍ରାଟ୍ ବିଲ୍ କ୍ଲିଣ୍ଟନ ସମୟରେ ଆରମ୍ଭ ହୋଇଥିବା ବନ୍ଧୁତ୍ୱ ପରବର୍ତ୍ତୀ କାଳରେ ରିପବ୍ଲିକାନ ରାଷ୍ଟ୍ରପତି ଜର୍ଜ ବୁଶ୍‌ଙ୍କ ସମୟରେ ଆହୁରି ଦୃଢ଼ ହୋଇଥିଲା ଏବଂ ଅଣୁଚୁକ୍ତି ସହିତ ଷ୍ଟ୍ରାଟେଜିକ୍ ପାର୍ଟନରସିପ୍‌ର ମୂଳଦୁଆ ପଡ଼ିଥିଲା । ଡେମୋକ୍ରାଟ୍ ଓବାମା ଓ ରିପବ୍ଲିକାନ ଟ୍ରମ୍ପଙ୍କ ଦ୍ୱିପାକ୍ଷିକ ବନ୍ଧୁତ୍ୱ ପ୍ରତି ଆଗ୍ରହ ସୂଚାଉଥିଲା ବିଶ୍ୱ ବ୍ୟବସ୍ଥାରେ ଭାରତର କ୍ରମବର୍ଦ୍ଧିଷ୍ଣୁ ଗୁରୁତ୍ୱ । ଭାରତ ଏକ ବିଶାଳ ବଜାର ଭାବେ ଆକୃଷ୍ଟ କରୁଥିଲା ବିକଶିତ ରାଷ୍ଟ୍ରଗୁଡ଼ିକୁ । ଏଥି ସହିତ ସୁରକ୍ଷା ଦୃଷ୍ଟିରୁ ଆଟ୍‌ଲାଣ୍ଟିକ୍ ମହାସାଗର ପରିବର୍ତ୍ତେ ପ୍ରଶାନ୍ତ ମହାସାଗର ପ୍ରାଧାନ୍ୟ ପାଇବା ଦୃଢ଼ୀଭୂତ କରୁଥିଲା ଭାରତର ମର୍ଯ୍ୟାଦା ଓ ଅପରିହାର୍ଯ୍ୟ ଆବଶ୍ୟକତା । ଚୀନ୍‌ର ମହାଶକ୍ତି ଭାବେ ଉଦୟକୁ ପରାହତ କରିବା ପ୍ରଚେଷ୍ଟାରେ ଭାରତର ଅନ୍ତର୍ନିହିତ ଶକ୍ତିର ମୂଲ୍ୟ ଅନ୍ୟ ରାଷ୍ଟ୍ରମାନେ ହୃଦୟଙ୍ଗମ କରିଛନ୍ତି । ଆତଙ୍କବାଦ ବିରୋଧରେ ଦୁଇ ଦେଶ ଆଗଭଳି ସହଯୋଗ ରଖିବେ । ଦ୍ୱିପାକ୍ଷିକ ବାଣିଜ୍ୟ ସ୍ୱାଭାବିକ ରହିବ । ସୁରକ୍ଷା କ୍ଷେତ୍ରରେ ସହଯୋଗିତା ଓ ସହକାରିତା ରହିବ । ତେବେ ଟ୍ରମ୍ପଙ୍କ ନୀତିଦ୍ୱାରା ଶାସନ କାଳରେ ଅର୍ଥନୈତିକ ଓ ନିଯୁକ୍ତି କ୍ଷେତ୍ରରେ ଆମେରିକା ଲୋକେ ଉପକୃତ ଓ ଲାଭବାନ୍ ହୋଇଛନ୍ତି ତାହାକୁ ଶୀଘ୍ର ପ୍ରତ୍ୟାହାର କରିବା ଏତେ ସହଜ ନୁହେଁ ।

ଏହି ପରିପ୍ରେକ୍ଷୀରେ ଭାରତୀୟ-ଆଫ୍ରିକୀୟ ବଂଶଜ କମଳା ହାରିସ୍‌ଙ୍କ ଉପରାଷ୍ଟ୍ରପତି ପଦ ମଣ୍ଡନରେ ଭାରତୀୟମାନେ ଆଶାନ୍ୱିତ ହେବା ସ୍ୱାଭାବିକ । ସେ ହେବେ ଆମେରିକାର ପ୍ରଥମ ମହିଳା ଓ ପ୍ରଥମ କୃଷ୍ଣକାୟ ଉପରାଷ୍ଟ୍ରପତି । ତାଙ୍କର ମନୋନୟନ ଥିଲା କମଳା ହାରିସ୍‌ଙ୍କର ଭାଷାରେ ବାଇଡେନ୍‌ଙ୍କ ଦୁଃସାହସିକ ନିଷ୍ପତ୍ତି । ଏଥର ବେଶୀ ସଂଖ୍ୟାରେ ଭାରତୀୟ ବଂଶଜର ଲୋକେ କଂଗ୍ରେସ ପ୍ରତିନିଧିରେ ଏବଂ ଆଟର୍ଣ୍ଣି ଭାବେ ଦେଖିବାକୁ ମିଳିବ । ସେଥିଲାଗି ସେମାନଙ୍କୁ 'ସମୋସା କକସ' ଭାବେ ଚିତ୍ରିତ କରିବାକୁ କିଛି ଲୋକ ଆରମ୍ଭ କଲେଣି ।

ଶେଷରେ ଗତ ନିର୍ବାଚନ ଥିଲା ଶିଷ୍ଟତା, ଶାଳୀନତାର ବିଜୟ । ବାଇଡେନ୍‌ଙ୍କର ରହିଛି ଜଣେ ଅନୁଭବୀ, ଭଦ୍ର, ଭଲଲୋକର ଭାବମୂର୍ତ୍ତି । ରାଜନୀତିରେ ଏଭଳି ଲୋକଙ୍କର ବହୁ ଅଭାବ ରହିଛି ସବୁ ଦେଶରେ ।

■

ବିରୋଧାଭାସ

ଓଡ଼ିଶାରେ ବହୁକ୍ଷେତ୍ରରେ ବିରୋଧାଭାସ ପରିଲକ୍ଷିତ ହୁଏ । ପ୍ରଦେଶ ପ୍ରାକୃତିକ ସମ୍ପଦରେ ପରିପୂର୍ଣ୍ଣ, କିନ୍ତୁ ଲୋକେ ଗରିବ । ଯେଉଁ ଇଲାକା ଖଣିଜ ସମ୍ପଦରେ ଭରା, ସେ ଅଞ୍ଚଳଗୁଡ଼ିକ ଅବହେଳିତ, ଅପହଞ୍ଚ, ଆଦିବାସୀ ଅଧ୍ୟୁଷିତ । ସରକାର କଳର ସବୁ ସ୍ତରରେ ଦୁର୍ନୀତି, କିନ୍ତୁ ସରକାରୀ ମୁଖ୍ୟ ନିର୍ମଳ । ଜାତିର ଆରାଧ୍ୟ ଦେବତା ଶ୍ରୀଜଗନ୍ନାଥ ବା ଜଗତର ନାଥ, କିନ୍ତୁ ଶ୍ରୀମନ୍ଦିରରେ ଅଣ-ହିନ୍ଦୁଙ୍କ ପ୍ରବେଶ ନିଷେଧ । ଆମେ ବର୍ତ୍ତମାନ ଜଗନ୍ନାଥଙ୍କୁ ଯେଭଳି ଭକ୍ତି, ସମ୍ମାନ ଓ ଶ୍ରଦ୍ଧା ପ୍ରଦର୍ଶନ କରୁଛେ; ହୁଏତ କିଛିଦିନ ପରେ ପୁରୀର କେତୋଟି ପରିବାରର ନାଥ ବୋଲି ପରିଗଣିତ ହେବେ । ସାହିତ୍ୟ ସମୃଦ୍ଧ, ଭାଷା ଶାସ୍ତ୍ରୀୟ ଅଥଚ ସଂକଟରେ ବୋଲି ମତ ପ୍ରକାଶ ପାଉଛି । ବିକାଶ ଓ ଅଭିବୃଦ୍ଧିର ଡିଣ୍ଡିମ ପିଟା ହେଉଥିଲେ ମଧ୍ୟ ଗରିବ ଶ୍ରେଣୀର ସଂଖ୍ୟା ବୃଦ୍ଧି ପାଉଛି ଓ କେନ୍ଦ୍ର ଅନୁଦାନ ପାଇଁ ଦାବି ହେଉଛି । ସାକ୍ସେନା କମିଟି କିମ୍ବା ତେନ୍ଦୁଲକର କମିଟି ହେଉ ଅଥବା ରଘୁରାମ ରାଜନ ରିପୋର୍ଟ ଅନୁସାରେ ଓଡ଼ିଶା ଦେଶର ଦରିଦ୍ରତମ ପ୍ରଦେଶ । ବିକାଶର ସୁଫଳ ଯେ ସବୁ ଅଞ୍ଚଳରେ ସବୁଶ୍ରେଣୀର ଲୋକମାନଙ୍କ ପାଖରେ ପହଞ୍ଚୁନାହିଁ ତାହା ନଗଡ଼ା ଓ କେନ୍ଦୁଝର ଚିତ୍ରରୁ ସ୍ପଷ୍ଟ । ଓଡ଼ିଶାରେ ପର୍ଯ୍ୟଟନ ପାଇଁ ପ୍ରଶସ୍ତ କ୍ଷେତ୍ର, କିନ୍ତୁ ଭ୍ରମଣରେ ଆସୁଥିବାର ପର୍ଯ୍ୟଟକଙ୍କ ସଂଖ୍ୟା ନଗଣ୍ୟ । ପ୍ରଦେଶରେ ୭୦% ଅଧିକ ଗ୍ରାମାଞ୍ଚଳରେ ରହନ୍ତି ଓ ଚାଷ ଉପରେ ନିର୍ଭର କରନ୍ତି, ଅଥଚ ଚାଷୀ ଆତ୍ମହତ୍ୟା କରେ ଏବଂ ଗ୍ରାମବାସୀ ଚାଷ ପ୍ରତି ବିମୁଖ । ଲୋକେ ଦାରିଦ୍ର୍ୟର କଷାଘାତରେ ପ୍ରଦେଶ ବାହାରେ ଦାଦନ ଶ୍ରମିକ ହେବାକୁ ପସନ୍ଦ କରନ୍ତି, କିନ୍ତୁ ଗ୍ରାମାଞ୍ଚଳରେ ଏବେ ଚାଷ ପାଇଁ ମୂଲିଆ ମିଳୁନାହାନ୍ତି । ଜାତୀୟ ଜଳସମ୍ପଦର ଦଶ ପ୍ରତିଶତରୁ ଅଧିକ ଓଡ଼ିଶାରେ ରହିଛି, କିନ୍ତୁ ଖରାଦିନେ ବିଭିନ୍ନ ଅଞ୍ଚଳରେ ଜଳାଭାବ, ପିଇବା ପାଣି ପାଇଁ ମହିଳାମାନଙ୍କୁ ମାଇଲ ମାଇଲ ଧରି ପଥ ଅତିକ୍ରମ କରିବାକୁ ପଡୁଛି । ରାଜଧାନୀ ଭୁବନେଶ୍ୱର ସ୍ମାର୍ଟ

ସିଟି ସମ୍ଭାବନାରେ ପ୍ରଥମ ଥିଲାବେଳେ ଗଣମାଧ୍ୟମରେ ପ୍ରକାଶ ପାଇଛି ପରିଷ୍କାର ପରିଚ୍ଛନ୍ନତାରେ ଦେଶର ୯୪ତମ ସହର। ଦେଶର ଅଗ୍ରଣୀ ସହର ହେବାର ସବୁ ସମ୍ଭାବନା ଓ ଯୋଗ୍ୟତା ଥିଲେ ମଧ୍ୟ ଦୀପତଳ ଅନ୍ଧାର ଭଳି ଆଖପାଖ ଅଞ୍ଚଳରେ ଗୁଣି, ଗାରେଡ଼ି, ଅନ୍ଧବିଶ୍ୱାସ ଆଦି କୁସଂସ୍କାରର ଦୃଷ୍ଟାନ୍ତ ଦେଖିବାକୁ ମିଳେ।

ଇତିହାସ କହୁଛି ଆମର ପୂର୍ବପୁରୁଷ ବହୁ କଷ୍ଟ ସ୍ୱୀକାର କରି ସାତଦରିଆ ପାରିହୋଇ ନୌବାଣିଜ୍ୟରେ ପାରଦର୍ଶିତା ଦେଖାଇଥିଲେ, ଆଉ ଏବେ? ଉଦ୍ୟୋଗୀ ହେବା ପରିବର୍ତ୍ତେ କେରଳ ରବର ବଗିଚା, ଗୁଜରାଟ କାରଖାନା, ଦିଲ୍ଲୀରେ ପାଣିକଳ ମିସ୍ତ୍ରୀ, ବେଙ୍ଗାଲୁରୁ ଓ ହାଇଦ୍ରାବାଦ ରେସ୍ତୋରାଁ ଆଟେଣ୍ଡାଣ୍ଟ କିମ୍ବା ସିକ୍ୟୁରିଟି ଗାର୍ଡ଼ ଭାବେ କାର୍ଯ୍ୟରତ। ଆମେ ଅସ୍ମିତାର କଥା କହୁଛେ; କିନ୍ତୁ ଆମ ପ୍ରଦେଶରେ ପରିବାରର ସହମତିରେ, ପଡ଼ୋଶୀଙ୍କ ପ୍ରରୋଚନାରେ ଓ ସ୍ଥାନୀୟ ଲୋକଙ୍କ ସହାୟତାରେ ଯୁବତୀ ଚାଲାଣ ଅନବରତ ଅନ୍ୟ ରାଜ୍ୟକୁ ଚାଲିଛି। ବିରୋଧାଭାସର ଆହୁରି ବହୁ ଉଦାହରଣ ଦିଆଯାଇପାରେ।

ବିରୋଧାଭାସର କାରଣ ଖୋଜି ପାଇବା କଷ୍ଟ, କିନ୍ତୁ ନିଃସନ୍ଦେହରେ କହିହେବ - ବ୍ୟବହାର ଓ ବିକାଶ ପାଇଁ ଥିବା ଅନ୍ତର୍ନିହିତ ଶକ୍ତି ସମ୍ବନ୍ଧରେ ଆମେ ସଚେତନ ନୋହୁଁ। ପ୍ରଧାନମନ୍ତ୍ରୀ ମୋଦୀଙ୍କ ଓଡ଼ିଶାର ଦାରିଦ୍ର୍ୟ ବିଷୟରେ ଟିପ୍ପଣୀରେ ଆମ ମନରେ ଆଘାତ ଲାଗୁଛି। କିନ୍ତୁ ଗାନ୍ଧିଜୀ ମଧ୍ୟ ସେଇ ଏକାକଥା ନବେବର୍ଷ ତଳେ କହିଥିଲେ - "ଦାରିଦ୍ର୍ୟ କ'ଣ ବୁଝିବାକୁ ହେଲେ, ଓଡ଼ିଶା ଯାଇ ଦେଖ।" ତାଙ୍କ ମତରେ ଓଡ଼ିଶା ଦାରିଦ୍ର୍ୟର ଦୁଇଟି ମୁଖ୍ୟ କାରଣ ହେଲା - 'ଆଳସ୍ୟ ଓ ନିଶା'। ଶହେବର୍ଷ ବ୍ୟବଧାନରେ ସେ ଦୁଇଟି କାରଣ ଏବେ ବି ଦାରିଦ୍ର୍ୟର କାରଣ ହୋଇରହିଛି।

ଆମର ଆଳସ୍ୟ ବିଷୟରେ କେବଳ ପ୍ରଧାନମନ୍ତ୍ରୀ ଏବଂ ଗାନ୍ଧିଜୀ ବ୍ୟଥିତ ହୋଇ ନାହାନ୍ତି, କେତେକ ଇଂରେଜ ଶାସକ ମଧ୍ୟ ସମାନ ମନ୍ତବ୍ୟ ଦେଇଛନ୍ତି। ତେଣୁ ଆମର ଯେଉଁ ଭାବମୂର୍ତ୍ତି ରହିଛି ତାକୁ ଧୂଳିସାତ୍ କରିବାର ପଥ ଖୋଜିବା ପୂର୍ବରୁ ଆତ୍ମମନ୍ଥନର ପ୍ରୟୋଜନ ରହିଛି। ଗୁଣ ଓ ପରିମାଣରେ ନ୍ୟୂନର କାରଣ ଖୋଜିବାର ଆବଶ୍ୟକତା ରହିଛି। ମୋଟାମୋଟି ଭାବେ କୁହାଯାଇପାରେ - ଆମର ଉଚ୍ଚ ଆକାଙ୍କ୍ଷାର ଅଭାବ, ଉଦ୍ୟୋଗୀ ଗୁଣର ଅନୁପସ୍ଥିତି, ଶାରୀରିକ ପରିଶ୍ରମ ପ୍ରତି ଅନାଗ୍ରହ, ଶ୍ରମର ମର୍ଯ୍ୟାଦା ହୃଦୟଙ୍ଗମ କରିବାର ଅକ୍ଷମତା, ଶେଷରେ ସ୍ୱାଭିମାନ। ସେଥିପାଇଁ ସୃଷ୍ଟି ହେଉ ସଚେତନତା ଓ ନୂତନ ମୂଲ୍ୟବୋଧର ମୂଳଦୁଆ ପରିବାରରେ, ପ୍ରାଥମିକ ବିଦ୍ୟାଳୟରେ। ପ୍ରତିଦ୍ୱନ୍ଦ୍ୱିତା ମୂଳକ ପୃଥିବୀରେ ପ୍ରତିଷ୍ଠା ପାଇଁ ପାରଙ୍ଗମତା ହେଉ ଆଦର୍ଶ ଓ ଲକ୍ଷ୍ୟ।

■

ଟୋକିଓ ୨୦୨୦ ଓ ଆମ କଥା

କିଛିଦିନ ତଳେ ସୋସିଆଲ ମିଡିଆ, ହ୍ୱାଟ୍‌ସଆପ୍ ପ୍ରଭୃତିରେ 'ଟୋକିଓ ୨୦୨୦' ବିଷୟ ବହୁଳ ଭାବେ ପ୍ରସାରିତ, ପ୍ରଚାରିତ ହୋଇଥିଲା। ଟୋକିଓ ୨୦୨୦' ହେଉଛି ୨୦୨୦ରେ ଅନୁଷ୍ଠିତ ହେବାକୁ ଯାଉଥିବା ବିଶ୍ୱ ଅଲିମ୍ପିକ୍। ଯେଉଁ ଭିଡିଓଟି ପ୍ରସାରିତ ହେଉଛି ତାହା ଇଙ୍ଗିତ କରେ ଜାପାନର ଅଲିମ୍ପିକ୍ ପାଇଁ ପ୍ରସ୍ତୁତି ଏବଂ ତତ୍‌ସହିତ ଆଗାମୀ ଯୁଗର ସମ୍ଭାବ୍ୟ ଜୀବନଶୈଳୀ ଉପରେ ଗୋଟିଏ ଝଲକ। ଯାହା ଜଣାପଡୁଛି ଟୋକିଓ ଅଲିମ୍ପିକ୍ କ୍ରୀଡ଼ା ପ୍ରତିଯୋଗିତାର ପରିଚାଳନା ଶତ ପ୍ରତିଶତ ନବୀକରଣ ଶକ୍ତି (ରିନ୍ୟୁଏବ୍ଲ ଏନର୍ଜି) ଦ୍ୱାରା ସମ୍ଭବ ହେବ। ସୌର ଓ ବାୟୁଶକ୍ତି ଷ୍ଟାଡିୟମ ଏବଂ ଖେଳାଳିଙ୍କ ପାଇଁ ନିର୍ମିତ ବାସସ୍ଥାନଗୁଡ଼ିକରେ ପ୍ରୟୋଗ କରାଯିବ। ସୌରଶକ୍ତି ଦ୍ୱାରା ରାସ୍ତାଘାଟ ମଧ୍ୟ ପ୍ରଚଳନ ହେବ। ପୁରୁଣା ଫୋନ୍‌କୁ ଉପଯୋଗ କରି ପ୍ରତିଯୋଗିତାରେ ବିଜୟୀଙ୍କ ପାଇଁ ମେଡାଲ ତିଆରି ହେବ। ପୁରୁଣା ଫୋନ୍‌ଗୁଡ଼ିକରେ କିଛି ମାତ୍ରାରେ ସୁନା, ରୂପା ଓ ତମ୍ବା ଥାଏ। ସେଥିରୁ ଧାତୁଗୁଡ଼ିକ ଉଦ୍ଧାର କରି ପ୍ରାୟ ପାଞ୍ଚଶତ ମେଡାଲ ତିଆରି କରିବାର ଯୋଜନା ରହିଛି। ୮୦୦୦୦ ଫୋନ୍ ଏବଂ ଅନ୍ୟାନ୍ୟ ଉପକରଣ ଲୋକେ ଏଥିପାଇଁ ଦାନ କରିସାରିଲେଣି ଏବଂ ସୂଚନା ଅନୁଯାୟୀ ଅଲିମ୍ପିକ୍‌ରେ ବ୍ୟବହୃତ ହେବାକୁ ଯାଉଥିବା ବିଭିନ୍ନ ଉପକରଣର ୯୯%ରେ ପରିବର୍ତ୍ତନ ଆଣି ଆଉଥରେ ବ୍ୟବହାର ସାପେକ୍ଷ (ରିସାଇକ୍ଲ) ଉପକରଣ ହୋଇପାରିବ।

ଅତିଥିଙ୍କ ପାଇଁ ଚାଳକବିହୀନ ଟ୍ୟାକ୍ସିର ବନ୍ଦୋବସ୍ତ କରାହେଉଛି ଯେଉଁଥିରେ ଯାତ୍ରୀମାନେ ନିଜ ସ୍ମାର୍ଟଫୋନ୍ ସାହାଯ୍ୟରେ ଗାଡ଼ିର ଦୁଆର ଖୋଲିପାରିବେ ଏବଂ ଟ୍ୟାକ୍ସି ଭଡ଼ା ମଧ୍ୟ ଦେଇପାରିବେ। ଏହି ନୂତନ ପରିକଳ୍ପନା ଏତେ ଲୋକପ୍ରିୟ ହୋଇଛି ଯେ ୧୫୦୦ ଲୋକ ଟେଷ୍ଟ ଡ୍ରାଇଭ୍ ପାଇଁ ଇଚ୍ଛା ପ୍ରକାଶ କରିଛନ୍ତି।

ଯେଉଁ ସୌର ରାସ୍ତାଘାଟ ତିଆରି ହେବ, ସେଥିରେ ସୌର ପାନେଲଗୁଡ଼ିକ

ରାସ୍ତାରେ ଖଞ୍ଜା ହେଲାବେଳେ ସେଗୁଡ଼ିକ ବିଶେଷ ପ୍ଲାଷ୍ଟିକ୍‌ରେ ବ୍ୟବହୃତ ହେଉଥିବା ଲାଖ ଭଳି ପଦାର୍ଥ ଦ୍ୱାରା ଆବୃତ୍ତ କରାଯିବ। ଏହାଦ୍ୱାରା ଯାତାୟତ କରୁଥିବା ଯାନ ସମୂହ ପାଇଁ ବିଶେଷ ଭାବେ ତିଆରି ହୋଇଥିବା ରାସ୍ତା ଉପରେ ଗାଡ଼ି ଚଳନା ସମ୍ଭବ ହେବ।

ରୋବଟମାନେ ପର୍ଯ୍ୟଟକଙ୍କୁ ସାହାଯ୍ୟ କରିବା ସହ ଦିବ୍ୟାଙ୍ଗ ଓ ବରିଷ୍ଠ ନାଗରିକଙ୍କର ବ୍ୟାଗ୍ କିମ୍ବା ସୁଟ୍‌କେସ୍‌ର ବୋଝ ନିଜ ଉପରେ ନେବେ। ରୋବଟମାନେ ମଧ୍ୟ ବିଦେଶୀ ଅତିଥିଙ୍କ ସୁବିଧା ପାଇଁ ଜାପାନୀ ଭାଷାର ଭାଷାନ୍ତର କରିବେ ଓ ସବୁ ଗୁରୁତ୍ୱପୂର୍ଣ୍ଣ ଛକ ଓ ଚିହ୍ନଟ ଜାଗାରେ ମୁତୟନ ହେବେ। ଜାପାନର ପ୍ରସ୍ତୁତି ଆଭାସ ଦେଉଛି ଜାପାନୀ ଜାତିର ନିଜର ସ୍ୱତନ୍ତ୍ର ପରିଚୟ ଦେବାର ଆଗ୍ରହ। ସେମାନଙ୍କର ଶୃଙ୍ଖଳା ଜ୍ଞାନ, ସ୍ୱାଭିମାନ, ଦେଶପ୍ରୀତି ବିଶ୍ୱବିଦିତ, କିନ୍ତୁ ନୂତନତ୍ୱକୁ ଗ୍ରହଣ କରିବା ଏବଂ ଐତିହ୍ୟକୁ ସମ୍ମାନ ଦେଇ ଆଧୁନିକତାକୁ ଆବୋରି ନେବା ଜାପାନୀ ଲୋକଙ୍କର ବିଶେଷତ୍ୱ।

ଏହି ପରିପ୍ରେକ୍ଷୀରେ ଆମେ ଯଦି ଓଡ଼ିଶା କଥା ଚିନ୍ତା କରିବା ତେବେ ନିରାଶ ହେବାକୁ ପଡ଼ିବ। ଭୁବନେଶ୍ୱର ସହରକୁ ଗୋଟିଏ ସ୍ମାର୍ଟସିଟି ହେବାର ଅନ୍ତର୍ନିହିତ ଶକ୍ତିକୁ ସ୍ୱୀକୃତି ମିଳିଲା ପରେ ଏବଂ ଅଜସ୍ର ଅର୍ଥ ଅନୁଦାନ ପ୍ରାପ୍ତି ପରେ ଏ ଦିଗରେ ବାସିନ୍ଦାଙ୍କ ଅନୁଭବ କଲାଭଳି କୌଣସି ଆଖିଦୃଶିଆ କାମ ଏ ପର୍ଯ୍ୟନ୍ତ ନଜରକୁ ଆସି ନାହିଁ। ଓଡ଼ିଶାରେ କୌଣସି ପ୍ରକଳ୍ପ ବା ଯୋଜନା ଆରମ୍ଭ ହେଲେ ଗଣମାଧ୍ୟମରେ ତାହାର ବହୁଳ ଆକର୍ଷଣୀୟ ବିଜ୍ଞାପନ ଦେଖିବାକୁ ମିଳେ। କାମଟି ଆଡ଼ମ୍ବରପୂର୍ଣ୍ଣ ସହ ଆରମ୍ଭ ହୁଏ। ପ୍ରଚାର ହୁଏ। ପରବର୍ତ୍ତୀ କାଳରେ ଲକ୍ଷ୍ୟଚ୍ୟୁତ ହୁଏ। ଉଦାହରଣ ସ୍ୱରୂପ ବହୁଚର୍ଚ୍ଚିତ ଜନପଥର 'ରାହାଗିରି', ଉଦ୍ଦେଶ୍ୟ ଥିଲା ଜନପଥର ଏକ ନିର୍ଦ୍ଦିଷ୍ଟ ଅଞ୍ଚଳ ସପ୍ତାହର ଗୋଟିଏ ଦିନ ଯାନବାହନମୁକ୍ତ କରାଯିବ, ଯାହାଦ୍ୱାରା ପ୍ରଦୂଷଣ ହ୍ରାସ ପାଇବ ଏବଂ ସହର ବାସିନ୍ଦାଙ୍କ ପାଖେ ପ୍ରଦୂଷଣମୁକ୍ତ ପରିବେଶର ଉପାଦେୟ ବାର୍ତ୍ତା ପହଞ୍ଚିବ। ପରବର୍ତ୍ତୀ କାଳରେ ତାହା ଆମୋଦ ପ୍ରମୋଦ ଓ ସହରବାସୀଙ୍କ ଭେଟଭାଟ ସ୍ଥଳରେ ରୂପାୟିତ ହେଲା। ବର୍ତ୍ତମାନ ଏ ବିଷୟରେ କେହି ଚର୍ଚ୍ଚା କରିବାକୁ ମଧ୍ୟ ଇଚ୍ଛୁକ ନୁହନ୍ତି। କୌଣସି ପର୍ଯ୍ୟଟକ ବା ଆଗନ୍ତୁକଙ୍କୁ କିଛି ମୁଖ୍ୟପଥ ଦେଇ ନେଇଗଲେ ମନେହେବ – ଏ ସହର ସବୁଜ ଓ ସୁନ୍ଦର, କିନ୍ତୁ ପ୍ରକୃତରେ ଏହାର ବହୁତ ଅଭାବଯୁକ୍ତ, ଅସମ୍ପୂର୍ଣ୍ଣ, ଗୁଣ ଓ ପରିମାଣରେ ନ୍ୟୂନ ଅବସ୍ଥା। ଏହ ପୂର୍ବରୁ ଭାରତ ସରକାରଙ୍କ ସହରୀ ପୁନଃନିର୍ମାଣ ପରିକଳ୍ପନା ଯୋଜନାରେ ଜବାହରଲାଲ ନେହେରୁ ଜାତୀୟ ସହରାଞ୍ଚଳ ନବୀକରଣ ଯୋଜନାରେ ଓଡ଼ିଶାର ଭୁବନେଶ୍ୱର ଓ ପୁରୀ ଅନ୍ତର୍ଭୁକ୍ତ

ହୋଇଥିଲା। ଶହଶହ କୋଟି ଅନୁଦାନ ମଧ୍ୟ ମିଳିଥିଲା, କିନ୍ତୁ ତା'ର ବର୍ତ୍ତମାନ ସ୍ଥିତି ବିଷୟରେ ଆମେ ଅଜ୍ଞ। ଗତ ନବକଳେବର ସମୟରେ ପୁରୀ ସହରର ଉନ୍ନତିକରଣ ପାଇଁ ଅତିରିକ୍ତ ବ୍ୟୟବରାଦ ହୋଇଥିଲେ ମଧ୍ୟ ଅସରାଏ ବର୍ଷାରେ ବଡ଼ଦାଣ୍ଡର ପାଣି ଶ୍ରୀମନ୍ଦିର ସିଂହଦ୍ୱାର ଛୁଉଁଛି। ଭୁବନେଶ୍ୱରର ବହୁ ଅଞ୍ଚଳ ବନ୍ୟାପ୍ଲାବିତ ହେଉଛି। କଟକର ନାଳନର୍ଦ୍ଦମା କଥା ନ କହିଲେ ଭଲ। କାରଣ ଯେଉଁ ଜାପାନ ଟୋକିଓ ଅଲିମ୍ପିକ୍ ପାଇଁ ନୂତନ ଭାବଧାରାର ପଦକ୍ଷେପ ନେଇ ସମସ୍ତଙ୍କୁ ଚମତ୍କୃତ କରିବାପାଇଁ ପ୍ରୟାସରତ, ସେଇ ଜାପାନ ଅନୁଦାନରେ କଟକ ଜାଇକା ପ୍ରକଳ୍ପର ବିମାନଟି ଭୂଇଁରୁ ଉଠି ଉଡ଼ିବାକୁ ସକ୍ଷମ ନୁହେଁ। ପ୍ରଦେଶର ଅନ୍ୟ ସହରଗୁଡ଼ିକ ଯଥା - ବ୍ରହ୍ମପୁର, ସମ୍ବଲପୁର, ରାଉରକେଲା, ବାଲେଶ୍ୱର, ବାରିପଦାର ଉନ୍ନତି କରିବା ପାଇଁ 'ହୃଦୟ', 'ଅମୃତ' ଯୋଜନାର ମଧ୍ୟ ତଥାବସ୍ଥା। ଅର୍ଥର ଅଭାବ ନାହିଁ, କିନ୍ତୁ କାର୍ଯ୍ୟକାରୀ କରିବାର ସଂକଳ୍ପ ନାହିଁ। ଏହାର ମୂଳ କାରଣ ହେଲା ଜନସାଧାରଣଙ୍କର ଉଦାସୀନତା ଓ କର୍ତ୍ତୃପକ୍ଷଙ୍କ ଅପାରଗତା। ପ୍ରକଳ୍ପଗୁଡ଼ିକର ମନ୍ଥର ଗତି ଓ ବିଫଳତାଗୁଡ଼ିକ ତଦାରଖ ଓ ନିୟମିତ ପର୍ଯ୍ୟବେକ୍ଷଣର ଅଭାବ ଯୋଗୁଁ ବର୍ଷ ବର୍ଷ ଧରି ତଥାକଥିତ କାର୍ଯ୍ୟ ଚାଲୁଥିବା ହେତୁ ରାସ୍ତାଘାଟରେ ସ୍ୱାଭାବିକ ଚଳପ୍ରଚଳ ଅସମ୍ଭବ। ସାଧାରଣ ନାଗରିକ ଅସୁଖୀ ଓ ଅସୁବିଧାର ସମ୍ମୁଖୀନ, କିନ୍ତୁ ଆମର ସହନଶୀଳତା, ଧୈର୍ଯ୍ୟ ସୀମାହୀନ। ଓଡ଼ିଶାର କୌଣସି ସହରରେ ଆବର୍ଜନା ଦୂରୀକରଣ, ଜଳ ନିଷ୍କାସନର ସୁବିଧା ଆଶାନୁରୂପ ନୁହେଁ। ଓଡ଼ିଶାର ବିଭିନ୍ନ ସ୍ଥାନରେ ବହୁ ଅଭିଜ୍ଞ ଲୋକ ରହିଛନ୍ତି, ଯେଉଁମାନଙ୍କର ସାହାଯ୍ୟ, ପରାମର୍ଶ ନେବାକୁ କର୍ତ୍ତୃପକ୍ଷ କୁଣ୍ଠାବୋଧ କରନ୍ତି। ଏହି ପୃଷ୍ଠଭୂମିରେ ପ୍ଲାଷ୍ଟିକ୍ ପଦାର୍ଥର ବ୍ୟବହାର ନିଷେଧ କାର୍ଯ୍ୟକ୍ରମର ସଫଳତା ଉପରେ ପ୍ରଶ୍ନବାଚୀ ବା ମନରେ ସନ୍ଦେହ ହେବା ସ୍ୱାଭାବିକ। ସହରଗୁଡ଼ିକ ହେଲା ବିକାଶ ଓ ଅଭିବୃଦ୍ଧିର ଇଞ୍ଜିନ୍। ସେଗୁଡ଼ିକର ଅବହେଳାରେ ବିକାଶ ପ୍ରତିହତ ହେବ ଏବଂ କେବଳ କାଗଜପତ୍ରରେ ରହିଯିବ। ସହରଗୁଡ଼ିକୁ ସର୍ବାଙ୍ଗସୁନ୍ଦର କରିବାରେ ସରକାର ଓ ନାଗରିକଙ୍କ ସମ୍ପୃକ୍ତି ଓ ସମନ୍ୱିତ ପ୍ରଚେଷ୍ଟାର ପ୍ରୟୋଜନ ରହିଛି। ଟୋକିଓ ଅଲିମ୍ପିକ୍‌ରେ ଏକ ସମ୍ପୂର୍ଣ୍ଣ ଭିନ୍ନ ଅନୁଭୂତିର ସୁଆଦ ଦେବାର ପ୍ରଚେଷ୍ଟା ଚାଲିଥିଲାବେଳେ, ଆଶା କରାଯାଉ ବିଶ୍ୱ ହକି ପ୍ରତିଯୋଗିତା ସମୟରେ ଭୁବନେଶ୍ୱର ସହରକୁ ଏକ ନୂତନ ବ୍ୟକ୍ତିତ୍ୱର ପରିଚୟ ମିଳୁ ଓ ପ୍ରଦେଶର ଅନ୍ୟାନ୍ୟ ସହରଗୁଡ଼ିକୁ ପ୍ରେରଣା ମିଳୁ।

■

କୋଭିଡ-୧୯ର ଅନ୍ୟ ଦିଗ

ଲକ୍‌ଡାଉନ ବା ତାଲାବନ୍ଦର ଦ୍ୱିତୀୟ ପର୍ଯ୍ୟାୟରେ କିଛି କୋହଳତା ଆଣି ଅର୍ଥନୀତିରେ ଚଳଚଞ୍ଚଳ ଆଣିବା ପ୍ରୟାସର ଆଜି ପ୍ରଥମ ଦିନ। ଏ ପର୍ଯ୍ୟନ୍ତ ଦୃଶ୍ୟକ୍ରମରେ ମିଶ୍ରିତ ଚିତ୍ର ଦେଖିବାକୁ ମିଳୁଛି। କୋଭିଡ୍‌-୧୯ରେ ସଂକ୍ରମିତ ବ୍ୟକ୍ତିଙ୍କର ସଂଖ୍ୟାରେ ଦ୍ୱିଗୁଣିତ ହେବାର ବ୍ୟବଧାନ ଜାତୀୟ ସ୍ତରରେ ବୃଦ୍ଧି ପାଇବା ସହ ଓଡ଼ିଶା, କେରଳ, ପଞ୍ଜାବ, ତେଲେଙ୍ଗାନାରେ ଉଲ୍ଲେଖନୀୟ ବୃଦ୍ଧି ଘଟିଛି। ଦେଶର ୪୭ଟି ଜିଲ୍ଲାରେ ନୂତନ ଭାବେ କେହି ସଂକ୍ରମିତ ହୋଇନାହାନ୍ତି। ହସ୍‌ପିଟାଲ ଓ ଆସିୟୁରେ ରୋଗୀଙ୍କ ସଂଖ୍ୟା ଅପେକ୍ଷାକୃତ ଭାବେ କମିଛି। ଦିଲ୍ଲୀ ଏମ୍‌ସର ଡାଇରେକ୍ଟର ଡକ୍ଟର ଗୁଲେରିଆଙ୍କ ମତରେ, ଯଦି ଏଭଳି ପରିସ୍ଥିତି ଆଉ ୭ଦିନ ରହିପାରେ ତେବେ ଆମେ ଏକ ନିର୍ଣ୍ଣାୟକ ପରିସ୍ଥିତିରେ ପହଞ୍ଚିବା। କିନ୍ତୁ ଅନ୍ୟପଟରେ ମହାରାଷ୍ଟ୍ର, ମଧ୍ୟପ୍ରଦେଶ, ରାଜସ୍ଥାନ ଓ ପଶ୍ଚିମବଙ୍ଗର କିଛି ଇଲାକାରେ ସଂଗୀନ ଅବସ୍ଥା। ସେଇଭଳି ଦିଲ୍ଲୀରେ କୌଣସି ଲକ୍ଷଣିକ ସୂଚନା ନଥିବା ବ୍ୟକ୍ତି କୋଭିଡ୍‌-୧୯ ଭୂତାଣୁର ବାହକ ହେବାର ଟେଷ୍ଟିଂ ତଥ୍ୟ ମିଳିଛି ଯାହା ଚିନ୍ତାଜନକ।

ଏହାର ଅର୍ଥ କୌଣସି ଲକ୍ଷଣ ନଥିବା ସାଧାରଣ ଲୋକଙ୍କ ପରି ଜୀବନଯାପନ କରୁଥିବା ଓ ପରିବାର ସହିତ ରହିଥିବା ଲୋକ ମଧ୍ୟ ଅନ୍ୟମାନଙ୍କୁ ସଂକ୍ରମିତ କରିପାରେ। ଲକ୍‌ଡାଉନ୍ ମେ' ୩ ତାରିଖ ପର୍ଯ୍ୟନ୍ତ ବଳବତ୍ତର ରହିଛି। ଏଥିମଧ୍ୟରେ ଟେଷ୍ଟିଂ ପ୍ରକ୍ରିୟାକୁ ଆହୁରି ସମ୍ପ୍ରସାରଣ କରି ସାମଗ୍ରିକ ଭାବେ ଦେଶରେ କୋଭିଡ୍‌-୧୯ର ମୋଟାମୋଟି ଭାବେ ସ୍ଥିତି ଓ ଏହାର ଆନୁମାନିକ କ୍ଷତି କରିବାର ଶକ୍ତିର ଆକଳନ କରି ଲକ୍‌ଡାଉନ୍‌ର ଅବଧି ବଢ଼ାଇବା କିମ୍ବା ଅର୍ଥନୀତିକୁ ଆହୁରି ଗତିଶୀଳ କରାଇବାର ନିଷ୍ପତ୍ତି ନିଆଯିବାର ଆବଶ୍ୟକତା ରହିଛି।

ଅର୍ଥନୀତିକୁ ସକ୍ରିୟ କରିବା ପାଇଁ କେନ୍ଦ୍ର ସରକାର ଗ୍ରାମାଞ୍ଚଳରେ କୃଷି,

ଉଦ୍ୟାନକୃଷି, ମତ୍ସ୍ୟଚାଷ, ପଶୁପାଳନ ସମ୍ବନ୍ଧୀୟ ସମସ୍ତ କାର୍ଯ୍ୟ, ରାସ୍ତାଘାଟ ନିର୍ମାଣରେ କିଛି କୋହଳତା ଆଣିଛନ୍ତି। ଆଂଶିକ, କ୍ରମିକ ଭାବେ ଧୀରେ ଧୀରେ ସ୍ୱାଭାବିକ ଅବସ୍ଥାର ପ୍ରକ୍ରିୟା ହିଁ ପ୍ରକୃଷ୍ଟ ପଥ। ପୃଥିବୀରେ ପ୍ରାୟ ସବୁଦେଶର ନେତୃତ୍ୱ ଓ ବିଶେଷଜ୍ଞମାନଙ୍କ ଭିତରେ ଏ ବିଷୟରେ ସହମତ ରହିଛି। ସମ୍ପୂର୍ଣ୍ଣ ଲକ୍‌ଡାଉନ୍ ପରେ ସଙ୍ଗେ ସଙ୍ଗେ ସମ୍ପୂର୍ଣ୍ଣ କୋହଳତା ଆଣିବା ଆତ୍ମଘାତୀ ହୋଇପାରେ। ଏହା ଲାଇଟ୍‌ର ସୁଇଚ୍ ପରି ଅନ୍-ଅଫ୍ ପ୍ରକ୍ରିୟା ନୁହେଁ। ତାହା କଲେ ଲକ୍‌ଡାଉନ୍‌ରେ ମିଳିଥିବା ସବୁ ସଫଳତାର ସମାପ୍ତି ଘଟିବ। ଏ ସମ୍ବନ୍ଧୀୟ ବିସ୍ତୃତ, ସୁଚିନ୍ତିତ କେନ୍ଦ୍ର ସରକାରଙ୍କର ନିର୍ଦ୍ଦେଶାବଳୀ ସ୍ଥାନୀୟ ଅଧିକାରୀଙ୍କର ମାର୍ଗଦର୍ଶକ ହେଉ। ଏଥିରେ ଦୁଇଟି ସର୍ତ୍ତାବଳୀ - ସାମାଜିକ ଦୂରତ୍ୱ, ଲକ୍‌ଡାଉନ୍‌ର କଠୋର ନିୟମ ପାଳନର ପ୍ରୟୋଜନୀୟତା ରହିଛି।

ଅର୍ଥନୀତିକୁ ପୁଣିଥରେ କାର୍ଯ୍ୟକ୍ଷମ କରି ଆଗଭଳି ପ୍ରସାରିତ, ଉନ୍ମୁକ୍ତ କରିବାର ନିଷ୍ପତ୍ତି ନେଲାବେଳେ କେତେଗୁଡ଼ିଏ କଥା ଧ୍ୟାନରେ ରହିବା ଉଚିତ୍। ପ୍ରଥମରେ କେଉଁ କେଉଁ କ୍ଷେତ୍ରକୁ ଅଗ୍ରାଧିକାର ଦିଆଯିବ ତାହାର ଗୋଟିଏ ସୁସ୍ପଷ୍ଟ ଚିତ୍ର ରହିବା ଦରକାର। ଦ୍ୱିତୀୟରେ ଆଞ୍ଚଳିକ, ଏଭଳିକି, ଆନ୍ତଃରାଜ୍ୟ ବୁଝାମଣାର ଆବଶ୍ୟକତା ରହିଛି। ଉଦାହରଣ ସ୍ୱରୂପ ଓଡ଼ିଶା ପାଇଁ ଆନ୍ଧ୍ରପ୍ରଦେଶ ଓ ପଶ୍ଚିମବଙ୍ଗରୁ ପନିପରିବା, ମାଛ, ଅଣ୍ଡା ପ୍ରଚୁର ପରିମାଣରେ ଆସେ। ସେଠାରୁ ଓ ଅନ୍ୟ ପ୍ରଦେଶରୁ ଶ୍ରମିକମାନେ ଆସି ଆମ ପ୍ରଦେଶରେ କାମ କରିବାର ଦୃଷ୍ଟାନ୍ତ ମଧ୍ୟ ଅଛି। ସେ ପ୍ରଦେଶଗୁଡ଼ିକ ସହିତ ବିନା ସମନ୍ୱୟରେ ଏକତରଫା ପଦକ୍ଷେପ ବିଫଳ ହୋଇପାରେ। ସ୍କୁଲ, କଲେଜ ଖୋଲିବାରେ ମଧ୍ୟ ସମୀକ୍ଷା ଓ ସହଯୋଗର ପ୍ରୟୋଜନ ଅଛି।

ସେହିଭଳି ମାଇଗ୍ରାଣ୍ଟ ବା ପ୍ରବାସୀ ଶ୍ରମଜୀବୀ ପାଇଁ ଏ ସଂକଟ କାଳରେ ଗୋଟିଏ ଜାତୀୟ ନୀତିର ଅଭାବ ପରିଲକ୍ଷିତ ହେଉଛି। ଗଣମାଧ୍ୟମରେ ସେମାନଙ୍କର ହୃଦୟବିଦାରକ ସ୍ଥିତି ଦେଖିବାକୁ ମିଳୁଛି। ଏମାନଙ୍କ ପାଇଁ ଅତି ଶୀଘ୍ର ରହିବା ସ୍ଥାନ, ଖାଦ୍ୟ ଓ କିଛି ଆର୍ଥିକ ସହାୟତା ପାଇଁ ତୁରନ୍ତ କାଳବିଳମ୍ବ ନକରି ପଦକ୍ଷେପ ନେବା ଦରକାର। ସେଗୁଡ଼ିକ ଅଭାବରେ ନିଜ ଭିଟାମାଟିକୁ ଫେରିବାର ଉତ୍ସୁକତା, ଆଗ୍ରହ ସାଧାରଣ କଥା। ସହଜାତ ପ୍ରାକୃତିକ ପ୍ରତିକ୍ରିୟା। ତେବେ ସେମାନଙ୍କୁ ନିଜ ପ୍ରଦେଶକୁ ଫେରାଇ ଆଣିବାରେ କେତୋଟି ଦିଗ ପ୍ରତି ସଚେତନ ରହିବାକୁ ପଡ଼ିବ। ଦେଶର ବିଭିନ୍ନ ସ୍ଥାନରେ ଅଟକି ରହିଥିବା ଲକ୍ଷ ଲକ୍ଷ ପ୍ରବାସୀ ଶ୍ରମଜୀବୀଙ୍କୁ ନିଜ ପ୍ରଦେଶକୁ ଆଣିବା ପାଇଁ ଜଟିଳ କାର୍ଯ୍ୟକ୍ରମର ବିସ୍ତୃତ, ବ୍ୟବସ୍ଥାଗତ, ପରିଚାଳନା ସମ୍ବନ୍ଧୀୟ, ଯାହାକୁ ଇଂରାଜୀରେ ଲଜିଷ୍ଟିକ୍ କୁହାଯାଏ, ତା'ର ବନ୍ଦୋବସ୍ତ କରିବାକୁ ପଡ଼ିବ। ନିଶ୍ଚିତ ଭାବେ ଏହା ଲକ୍‌ଡାଉନ୍‌ର ବ୍ୟତିକ୍ରମ ହେବ। ଦ୍ୱିତୀୟରେ ଶ୍ରମଜୀବୀମାନେ

ନିଜ ନିଜ ଗ୍ରାମରେ ପହଞ୍ଚିଲା ପରେ ସେମାନେ କ୍ୱାରେଣ୍ଟାଇନ୍‌ରେ ବା ସଂଗରୋଧରେ କିଛିଦିନ ରହିବେ। ସେମାନଙ୍କର ଜ୍ଞାତି କୁଟୁମ୍ବଙ୍କ ପାଖକୁ ନିୟମିତ ଆର୍ଥିକ ସହାୟତାର ରାସ୍ତା ବନ୍ଦ ହେବାରୁ ସେମାନଙ୍କୁ କେତେଦିନ ନିଜ ଗ୍ରାମରେ ରହିବାକୁ ପଡ଼ିବାର ଅନିଶ୍ଚିତତାର ଆର୍ଥିକ ବୋଝ ସରକାର ବହନ କରିବେ। ପର ସମସ୍ୟାଟି ହେଉଛି, ନିଯୁକ୍ତି ସ୍ଥାନରେ ସ୍ୱାଭାବିକ ଅବସ୍ଥା ଫେରିଲା ପରେ ସେମାନଙ୍କୁ ପୁଣି ପୁନଃନିଯୁକ୍ତି ବା ଥଇଥାନର ବନ୍ଦୋବସ୍ତ କରିବାକୁ ପଡ଼ିବ। ପ୍ରବାସୀ ଶ୍ରମଜୀବୀଙ୍କୁ ତାଙ୍କ କାର୍ଯ୍ୟସ୍ଥଳରେ ରଖି ନିମ୍ନତମ ମାନବୀୟ ସୁବିଧା ଦେବାର ନିଷ୍ପତ୍ତି ଏତେ କଠିନ ନୁହେଁ। ଆଜିକାଲିକାର ଯୁଗରେ ଭିଡିଓ କନ୍‌ଫରେନ୍ସିଂ ମାଧ୍ୟମରେ ପ୍ରଧାନମନ୍ତ୍ରୀ ଓ ମୁଖ୍ୟମନ୍ତ୍ରୀମାନେ ତତ୍‌କ୍ଷଣିକ ନିଷ୍ପତ୍ତି ନେଇପାରିବେ। ଖାଦ୍ୟ, ଆଶ୍ରୟରୁ ବଞ୍ଚିତ ଚରମ ଦାରିଦ୍ର୍ୟରେ ଥିବା ଶ୍ରମଜୀବୀଙ୍କ ପାଇଁ ଜରୁରୀକାଳୀନ ଭିତ୍ତିରେ କମ୍ୟୁନିଟି କିଚେନ ବା ଗୋଷ୍ଠୀ ରନ୍ଧନଶାଳା (ଶିଖମାନଙ୍କର ଲଙ୍ଗର ଭଳି) ଖୋଲାଯିବା ଦରକାର। ସହରାଞ୍ଚଳରେ ମନରେଗା ଭଳି ଯୋଜନା କରି ଲୋକମାନଙ୍କୁ ଆୟ ପନ୍ଥାର ପ୍ରଚେଷ୍ଟା ରହୁ। ସୁଖର କଥା ଓଡ଼ିଶାରେ ମୁଖ୍ୟମନ୍ତ୍ରୀ ନବୀନ ପଟ୍ଟନାୟକ ଏଭଳି ଏକ ୧୦୦ କୋଟିର ଯୋଜନା ଘୋଷଣା କରିଛନ୍ତି। ଫ୍ରାନ୍ସ, ୟୁରୋପର ଅନ୍ୟ କିଛି ଦେଶ ଓ ସିଙ୍ଗାପୁର ଭଳି ଦେଶରେ ବିତାଡ଼ନକୁ ଆଇନସମ୍ମତ ନିଷେଧ କରାଯାଉ। ସାଂଗଠନିକ ଶ୍ରମଜୀବୀଙ୍କ ପାଇଁ କେନ୍ଦ୍ର ସରକାର ଏ ଦୁଃସମୟରେ କିଛି ପ୍ୟାକେଜ ଘୋଷଣା କରନ୍ତୁ କିମ୍ବା ଶ୍ରମ ସବ୍‌ସିଡି ବା ଆର୍ଥିକ ସହାୟତାର ଘୋଷଣା କରାଯାଉ। କେନ୍ଦ୍ର ଓ ପ୍ରଦେଶ ସରକାରଙ୍କର ସହଯୋଗରେ ଏଗୁଡ଼ିକ ସମ୍ଭବ।

କୋଭିଡ-୧୯ରୁ ମୁକ୍ତ ହେଲାପରେ ବିଶ୍ୱର ଚିତ୍ର କ'ଣ ହେବ, ସେଥିପାଇଁ ଏବେଠୁଁ କଳ୍ପନା ଜଳ୍ପନା ଚାଲିଲାଣି। ପ୍ରତିଷ୍ଠିତ ବୁଦ୍ଧିଜୀବୀ, ବିଶେଷଜ୍ଞ ଓ ଚିନ୍ତକଙ୍କ ମତରେ, ଏହାର ସୁଦୂରପ୍ରସାରୀ ପରିଣାମ ବର୍ତ୍ତମାନ ଠିକ୍‌ଭାବେ ଅନୁମାନ କରିବା କଷ୍ଟ। ତେବେ ଭବିଷ୍ୟତର କିଛିଟା ଚିତ୍ର ଅନୁମାନ କରାଯାଇପାରେ। ଗୋଟିଏ କଥା ସ୍ପଷ୍ଟ ଯେ, ଆମ ଦେଶର ସ୍ୱାସ୍ଥ୍ୟସେବାର ଅବସ୍ଥା ଶୋଚନୀୟ। ଭବିଷ୍ୟତରେ ଏହାର ଉନ୍ନତିକରଣ ଓ ଆଧୁନିକୀକରଣ ପାଇଁ ପର୍ଯ୍ୟାପ୍ତ ଅର୍ଥବ୍ୟବସ୍ଥା ଅତ୍ୟନ୍ତ ଆବଶ୍ୟକ। ଜିଡିପିର ୯-୧୦% ସ୍ୱାସ୍ଥ୍ୟସେବା ପାଇଁ ଅଟକଳ ହେବା ପ୍ରୟୋଜନ। ଅଗ୍ରାଧିକାର ଭିତ୍ତିରେ ଚିକିତ୍ସାର ପାରଦର୍ଶିତା ସହିତ ଜନସ୍ୱାସ୍ଥ୍ୟ ବା ପବ୍ଲିକ୍ ହେଲ୍‌ଥ ଗୁରୁତ୍ୱକୁ ଦୃଷ୍ଟିରେ ରଖି ନୀତି ପ୍ରଣୟନ ହେବା ନିହାତି ଦରକାର। ଜନସ୍ୱାସ୍ଥ୍ୟର ଅବହେଳା ଓ ସଚେତନତାର ଅଭାବ ବହୁ ରୋଗ, ମହାମାରୀ ଓ ମୃତ୍ୟୁର କାରଣ। ନାଗରିକଙ୍କ ନିରାପତ୍ତା, ଦାରିଦ୍ର୍ୟ ଦୂରୀକରଣ, ସାର୍ବଜନୀନ ସ୍ୱାସ୍ଥ୍ୟସେବା ନୀତି ନିର୍ଦ୍ଧାରକମାନଙ୍କ

ପାଖରେ ପ୍ରାଧାନ୍ୟ ପାଉ। ବିଶ୍ୱ ଦରବାରରେ ଭାରତର ସ୍ୱର ଓ ସମ୍ମାନ ଏହାର ଆଭ୍ୟନ୍ତରୀଣ ପାରଦର୍ଶିତା ଓ ସମର୍ପିତ କାର୍ଯ୍ୟ ଉପରେ ନିର୍ଭର କରେ। କୋଭିଡ-୧୯ ପାଇଁ ଯେ ପର୍ଯ୍ୟନ୍ତ ଟୀକାର ଉଦ୍‌ଭାବନ ହୋଇନାହିଁ ସେ ପର୍ଯ୍ୟନ୍ତ ସଂଗରୋଧ ଓ ସାମାଜିକ ଦୂରତ୍ୱ ଅବଶ୍ୟମ୍ଭାବୀ। କରୋନା ଭୂତାଣୁ ଏକ ବିବର୍ତ୍ତନଶୀଳ ପ୍ରକ୍ରିୟା। ହୁଏତ ଭବିଷ୍ୟତରେ କୋଭିଡ-୨୦ ପାଇଁ ଆମକୁ ପ୍ରସ୍ତୁତ ରହିବାକୁ ହେବ।

ବିଶ୍ୱର ପ୍ରାୟ ସବୁ ଦେଶରେ ସ୍ୱାସ୍ଥ୍ୟସେବା ଗୁରୁତ୍ୱ ଓ ପ୍ରାଧାନ୍ୟ ପାଇବ। ଆମେ ଅଭ୍ୟସ୍ତ ଥିବା ଜୀବନଶୈଳୀରେ ବହୁ ପରିବର୍ତ୍ତନର ସମ୍ଭାବନା ରହିଛି। ଟେକ୍ନୋଲୋଜିର ବହୁଳ ଉପଯୋଗ ଜୀବନର ସବୁ କ୍ଷେତ୍ରରେ ଦେଖିବାକୁ ମିଳିବ। ବ୍ୟକ୍ତି ସ୍ୱାଧୀନତା, ସ୍ୱାତନ୍ତ୍ର୍ୟତାର ଭବିଷ୍ୟତ ଅନିଶ୍ଚିତ। ବ୍ୟକ୍ତି ଅପେକ୍ଷା ରାଷ୍ଟ୍ର ଅନ୍ୟ ଅର୍ଥରେ ସରକାର ବେଶୀ ବଳୀୟାନ ହେବେ। ଜାତୀୟତା ଭାବ ଦୃଢ଼ୀଭୂତ ହେବ। ଏହିଭଳି ସଂକଟର ମୁକାବିଲା କରିବା ପାଇଁ ଜରୁରୀକାଳୀନ କ୍ଷମତାର ପ୍ରୟୋଗ ହେବା ସ୍ୱାଭାବିକ, ସେ କ୍ଷମତାକୁ ପରିତ୍ୟାଗ କରିବାକୁ ଶାସକଗୋଷ୍ଠୀ ଅନିଚ୍ଛୁକ ହେବେ। ଗଣତନ୍ତ୍ର କହିଲେ ଆମେ ଯାହା ବୁଝୁ ସେଥିରେ ପରିବର୍ତ୍ତନର ସମ୍ଭାବନା ବେଶୀ। ଅନ୍ତର୍ଜାତୀୟ କ୍ଷେତ୍ରରେ ଶକ୍ତି ଓ ପ୍ରଭାବ ପଶ୍ଚିମରୁ ପୂର୍ବମୁହାଁ ହେବ। ଆମେରିକାର ଆଧିପାତ୍ୟ କମିପାରେ। ନୂତନ ଖେଳାଳୀଙ୍କ ଆବିର୍ଭାବ ଘଟିପାରେ। ବିଶ୍ୱ ଅର୍ଥନୀତି ଓ ବାଣିଜ୍ୟ କ୍ଷେତ୍ରରେ ନାଟକୀୟ ପରିବର୍ତ୍ତନର ସମ୍ଭାବନା ରହିଛି। ସଂରକ୍ଷଣାତ୍ମକ ବାଣିଜ୍ୟ ନୀତିର ପ୍ରଚେଷ୍ଟା ହେବ। ଆତ୍ମନିର୍ଭରଶୀଳତା ଓ ବହୁ କେନ୍ଦ୍ର ଯୋଗାଣ ବ୍ୟବସ୍ଥାକୁ ଗୁରୁତ୍ୱ ଦିଆଯିବ। ଫଳରେ ଜଗତୀକରଣର ଭବିଷ୍ୟତ ରୂପରେଖ ଅନିଶ୍ଚିତ ଓ ଅଧୋପତନ ହୋଇପାରେ। ଅନ୍ତର୍ଜାତୀୟତାର ଭବିଷ୍ୟତ ଅସ୍ପଷ୍ଟ ଥିଲାବେଳେ ବିଶ୍ୱ ସମସ୍ୟାର ସମାଧାନ ସବୁ ରାଷ୍ଟ୍ରଙ୍କର ସହଯୋଗ, ସମନ୍ୱୟରେ ସମ୍ଭବ ମଧ୍ୟ ଏଥର ପ୍ରମାଣିତ ହେଲା। ଆତଙ୍କବାଦ, ସାଇବର ଅପରାଧ, ପାନ୍‌ଡେମିକ୍ ବର୍ତ୍ତମାନ ମାନବ ଜାତିର ପ୍ରଧାନ ଶତ୍ରୁ। ଏହାର ଦମନ ପାଇଁ ଆନ୍ତର୍ଜାତିକ ବୁଝାମଣା ଅପରିହାର୍ଯ୍ୟ।

କୋଭିଡ-୧୯ରେ ନୂତନ ବୀରତ୍ୱ, ସାହସ, କର୍ତ୍ତବ୍ୟପରାୟଣତାର ପ୍ରତୀକ ଗୋଷ୍ଠୀର ଉଦୟ ହୋଇଛି। ସେମାନେ ହେଲେ ସ୍ୱାସ୍ଥ୍ୟସେବାରେ ନିୟୋଜିତ ଡାକ୍ତର, ନର୍ସ, ଟେକ୍‌ନିସିଆନ୍ ଫାର୍ମାସିଷ୍ଟ ଓ ଅନ୍ୟାନ୍ୟ ସ୍ୱାସ୍ଥ୍ୟସେବା ସହିତ ଜଡ଼ିତ କର୍ମଚାରୀ, ପୁଲିସ୍ ଓ ସଫେଇ କର୍ମଚାରୀ। ସେବା କାର୍ଯ୍ୟରତ ଥିବାବେଳେ ସେମାନଙ୍କ ମଧ୍ୟରୁ ଅନେକ ହିଂସା, ଅସଦାଚରଣର ଶିକାର ହୋଇଛନ୍ତି। ମୃତ୍ୟୁବରଣ କରିଛନ୍ତି। ସେମାନେ ଆମ ସମସ୍ତଙ୍କର ସମ୍ମାନ ଓ କୃତଜ୍ଞତାର ହକ୍‌ଦାର।

ବିପର୍ଯ୍ୟୟ : ଏ ଦିଗ, ସେ ଦିଗ

'ଫୋନି'ର ସମୁଦ୍ରରେ ସୃଷ୍ଟି ହେବାଠାରୁ ଏହାର ବେଗ, ଗତି, ଅବପତନ ବିଷୟରେ ଭାରତୀୟ ପାଣିପାଗ ବିଭାଗ ପୂର୍ବାନୁମାନ କରି ନିରନ୍ତର ସୂଚନା ଦେଇଥିଲା, ଯାହା ଗଣମାଧ୍ୟମରେ ପ୍ରସାରିତ ହୋଇଥିଲା। ପବନର ବେଗ, ତୀବ୍ରତା, ଗତିର କ୍ଷୀପ୍ରତା, ଜୁଆର ଉଚ୍ଚତା, ବାତ୍ୟା ଆଖିର ପରିଧି, ଭୂଭାଗକୁ ସ୍ପର୍ଶ କରିବାର ଆନୁମାନିକ ସମୟ ଓ ସ୍ଥାନ ବିଷୟରେ ମଧ୍ୟ ମୋଟାମୋଟି ଭାବେ ଠିକ୍ ସୂଚନା ଦେବାରେ ସକ୍ଷମ ହୋଇଥିଲା। ବିଜ୍ଞାନ ଓ ଟେକ୍ନୋଲୋଜିର କ୍ରମାଗତ ପ୍ରଗତି ଫଳରେ ଏଗୁଡ଼ିକ ସମ୍ଭବ ହେଲା। ଏ ସୂଚନା ଏବଂ ତଥ୍ୟ କର୍ତ୍ତୃପକ୍ଷଙ୍କ ପାଇଁ ଠିକ୍ ପଦକ୍ଷେପ ନେବାରେ ସହାୟକ ହୋଇଥିଲା। ସୀମିତ ସମୟ ଭିତରେ ପ୍ରାୟ ୧୫ ଲକ୍ଷ ଲୋକଙ୍କୁ ସ୍ଥାନାନ୍ତର କରି ସେମାନଙ୍କୁ ଅତ୍ୟାବଶ୍ୟକୀୟ ଆଶ୍ରୟସ୍ଥଳୀ, ଖାଦ୍ୟ, ପାନୀୟଜଳ ପ୍ରଭୃତିର ବନ୍ଦୋବସ୍ତରେ ସରକାରଙ୍କ ସଫଳତା କିଛି କମ୍ କଥା ନୁହେଁ। ଏଥିରେ ସମ୍ପୃକ୍ତ ଥିବା ସମସ୍ତ ସରକାରୀ କର୍ମଚାରୀ, ଜନପ୍ରତିନିଧି ଓ ସ୍ୱେଚ୍ଛାସେବୀ ଅନୁଷ୍ଠାନଙ୍କ କାର୍ଯ୍ୟ ଦେଶ ବିଦେଶରେ ପ୍ରଶଂସିତ ହୋଇଛି। ଆମେରିକା ଗଣମାଧ୍ୟମରେ ଏହାର ଭୂୟସୀ ପ୍ରଶଂସା ହୋଇଛି। ଏପରିକି ଭାରତର ସବୁଠାରୁ ଦରିଦ୍ରତମ ପ୍ରଦେଶଠାରୁ ଏ ସଂକ୍ରାନ୍ତରେ ବିଶ୍ୱ କିଛି ଶିଖିବାର ଅଛି ବୋଲି ଟିପ୍ପଣୀ ଦିଆ ହୋଇଛି। ଗତ ଛଅବର୍ଷ ଭିତରେ ମହାବାତ୍ୟା - ଫାଇଲିନ୍, ହୁଡ୍‌ହୁଡ୍, ତିତିଲି ଓ ଶେଷରେ ଫୋନି ଇଂଗିତ କରୁଛି ଯେ, ଆମକୁ ସର୍ବଦା ୨୪X୭ ପ୍ରାକୃତିକ ଦୁର୍ବିପାକର ମୁକାବିଲା ପାଇଁ ପ୍ରସ୍ତୁତ ରହିବାକୁ ପଡ଼ିବ। ଏହା ଥିଲା ପ୍ରାକ୍ ବାତ୍ୟାର ପ୍ରସ୍ତୁତି ଓ ସଫଳତା। ଶାସନରେ ଶୀଘ୍ର ସେବା ପ୍ରଦାନ କରିବାର କ୍ଷମତା ହିଁ ମୂଲ୍ୟାଙ୍କନର ମାନଦଣ୍ଡ। ସେଥିପାଇଁ ଉତ୍ତମ ଯୋଗାଯୋଗ କରିବାର ଭିତ୍ତିଭୂମି ଓ ପୂର୍ବାନୁମାନ କରିବାର ଦକ୍ଷତା ଦରକାର।

କିନ୍ତୁ ବାତ୍ୟାର ପରବର୍ତ୍ତୀ କାଳରେ ପଦକ୍ଷେପ ଓ ପ୍ରସ୍ତୁତିରେ ଅଭାବନୀୟ ପରିସ୍ଥିତି

ଦୃଶ୍ୟମାନ। ଦୁଇମାସରୁ ଅଧିକ ବିତି ଯାଇଥିଲେ ମଧ୍ୟ ବାତ୍ୟା ପ୍ରଭାବିତ କିଛି ଅଞ୍ଚଳରେ ଏ ପର୍ଯ୍ୟନ୍ତ ପରିସ୍ଥିତି ସ୍ୱାଭାବିକ ହୋଇପାରିନି। ଇଲେକ୍‌ଟ୍ରିସିଟିର ଅଭାବରେ କିଛି ଅଞ୍ଚଳ ଅନ୍ଧକାରରେ। ପରିଚାଳନାଗତ ତ୍ରୁଟି ଓ ଶିଥିଳତା ଯୋଗୁ କେତେକ ଜାଗାରେ ରିଲିଫ୍ ସାମଗ୍ରୀ ଲୋକମାନଙ୍କ ଦ୍ୱାରା ଲୁଟ୍ ହେବାର ଖବର ମିଳିଛି। ଓଡ଼ିଶାର ଲୋକେ ଶାନ୍ତିପ୍ରିୟ ଓ ସହନଶୀଳ, ନଚେତ୍ ଏଭଳି ପରିସ୍ଥିତିରେ ଦଙ୍ଗା ହଙ୍ଗାମା, ଶାନ୍ତି ଓ ଶୃଙ୍ଖଳା ଭଙ୍ଗର ସମ୍ଭାବନା ସତ୍ତ୍ୱେ କିଛି ଅଘଟଣ ନହେବା ପାଇଁ ଲୋକଙ୍କ ସହିତ ରାଜ୍ୟ ରିଲିଫ୍ କମିଶନଙ୍କ ଅଫିସ ବହୁତ ବାଧାବିଘ୍ନ ସତ୍ତ୍ୱେ ଧୈର୍ଯ୍ୟର ସହିତ ସମନ୍ୱୟ ଦ୍ୱାରା ଶୃଙ୍ଖଳିତ ଭାବେ ପୀଡ଼ିତ ଲୋକଙ୍କ ପାଖେ ସାହାଯ୍ୟ ପହଞ୍ଚାଇବା ପାଇଁ ଧନ୍ୟବାଦର ପାତ୍ର। କିଛି ସ୍ୱେଚ୍ଛାସେବୀ ଅନୁଷ୍ଠାନଙ୍କ ଉଦ୍ୟମ ଯୋଗୁଁ ପୁରୀ ଜିଲ୍ଲାରେ ବହୁ ଅପହଞ୍ଚ ଜାଗାରେ ଅତ୍ୟାବଶ୍ୟକୀୟ ସାମଗ୍ରୀ ପହଞ୍ଚି ପାରିଲା। ପ୍ରଦେଶର ରାଜଧାନୀ ଭୁବନେଶ୍ୱରରେ ଏପର୍ଯ୍ୟନ୍ତ କିଛି ଇଲାକା ରହିଛି, ଯେଉଁଠି ଆବର୍ଜନା ଗତ ଦେଢ଼ମାସ ଧରି ପଡ଼ିରହିଛି। ସ୍ୱେରେଜ ସିଷ୍ଟମ ଅଚଳ, ଯାହା ନାଗରିକଙ୍କ ସ୍ୱାସ୍ଥ୍ୟ ପ୍ରତି ବିପଦଜନକ। ବିଦ୍ୟୁତ ସରବରାହ ଏ ପର୍ଯ୍ୟନ୍ତ ସାଧାରଣ ଅବସ୍ଥାକୁ ଫେରି ଆସିନାହିଁ। ଏହା ନିଶ୍ଚିତ ଭାବରେ ସରକାରୀ କଳର ବିଫଳତା। ପ୍ରସ୍ତୁତିର ଅଭାବ। ପୂର୍ବାନୁମାନର ଅନୁପସ୍ଥିତି। ପ୍ରାକ୍ ବାତ୍ୟାର ଯେଉଁଭଳି ପ୍ରସ୍ତୁତି ହୁଏ, ବାତ୍ୟା ପରବର୍ତ୍ତୀ କାଳର ପ୍ରଭାବର ଆକଳନ ମଧ୍ୟ ପ୍ରୟୋଜନ। ବାତ୍ୟାର ଗତି, ବେଗ ଓ ଧ୍ୱଂସକାରୀ ଶକ୍ତି କେତେ ଅଞ୍ଚଳକୁ ଓ କେତେ ଲୋକଙ୍କୁ ପ୍ରଭାବିତ କରିବ, ସେ ଇଲାକାର ଭିତ୍ତିଭୂମି, ଯୋଗାଯୋଗର ସୁବିଧା, ଲୋକଙ୍କର ଆର୍ଥିକ ଅବସ୍ଥା, ବୃତ୍ତି, ଭୌଗୋଳିକ ପରିସ୍ଥିତି, ପାନୀୟଜଳ, ସ୍ୱାସ୍ଥ୍ୟସେବାର ଆକଳନ କରି ତଦନୁଯାୟୀ ପ୍ରସ୍ତୁତି ମଧ୍ୟ ହେବା ଦରକାର। ଏସବୁ ତଥ୍ୟ ଜିଲ୍ଲା ସ୍ତରରେ ସରକାରୀ ଦପ୍ତରରେ ଉପଲବ୍ଧ। ବାତ୍ୟାର ତଥ୍ୟଭିତ୍ତିକ କ୍ଷୟକ୍ଷତିର ଆନୁମାନିକ ପ୍ରାଥମିକ ଆକଳନ କରି ପ୍ରସ୍ତୁତିର ସୁବ୍ୟବସ୍ଥିତ କାର୍ଯ୍ୟପ୍ରଣାଳୀ ରଚନା କରିବାକୁ ପଡ଼ିବ। ଭିନ୍ନ ଭିନ୍ନ ଇଲାକାର ଭିନ୍ନ ଭିନ୍ନ ଆବଶ୍ୟକତା ଥାଇପାରେ। ପ୍ରସ୍ତୁତି ମଧ୍ୟ ତଦନୁଯାୟୀ ହେବା ଦରକାର।

ବାତ୍ୟା ସମୟରେ ଅନ୍ୟ କେତୋଟି କଥା ମଧ୍ୟ ନଜରକୁ ଆସିଲା। ତାହା ହେଉଛି ଓଡ଼ିଶା ବାହାରୁ ଯଥା – ଆନ୍ଧ୍ର, ତାମିଲନାଡୁ, କର୍ଣ୍ଣାଟକ, ବଙ୍ଗ, ବିହାର ପ୍ରଭୃତି ପ୍ରଦେଶରୁ ଯେଉଁ ସାହାଯ୍ୟକାରୀ ଦଳ ଆସିଥିଲେ, ସେମାନେ ଅପେକ୍ଷାକୃତ ଭାବେ ସ୍ଥାନୀୟ ଲୋକଙ୍କ ଠାରୁ ଅଧିକ କୁଶଳୀ, ଦକ୍ଷ, ପରିଶ୍ରମୀ ଓ ଉତ୍ସର୍ଗୀକୃତ। ତେଣୁ ଦକ୍ଷତା ମାଧ୍ୟମରେ ସ୍ଥାନୀୟ ଲୋକଙ୍କୁ ଆହୁରି ଅଧିକ ଦକ୍ଷ କରିବା ଜରୁରୀ ହୋଇପଡ଼ିଛି। ଦ୍ୱିତୀୟରେ ଏଭଳି ବାତ୍ୟାବେଳେ ବିଜୁଳି ସରବରାହକୁ ବାଧାପ୍ରାପ୍ତ ନହେବା ପାଇଁ

ଯେଉଁ ଷ୍ଟାଣ୍ଡାର୍ଡ଼ ଅପରେସନ ପ୍ରୋସେଡିଅର ବା ନିର୍ଦ୍ଦେଶାବଳୀ ରହିଛି ସେଥିରେ କୌଣସି ସାଲିସ୍ ନହେବା ଦରକାର। ଖବର ମିଳୁଛି, ଫାଇଲିନ୍ ବାତ୍ୟା ପରେ ଏ ପ୍ରସଙ୍ଗରେ କିଛି ନିଷ୍ପତ୍ତି ନିଆହୋଇଥିଲା ଓ କେନ୍ଦ୍ର ସରକାର ମଧ୍ୟ ପରାମର୍ଶ ଦେଇଥିଲେ। ମନେ ହେଉଛି, ସେଗୁଡ଼ିକର ପାଳନ ହୋଇନାହିଁ। ଟାୱାର, ଟ୍ରାନ୍ସମିଶନ, ବତୀଖୁଣ୍ଟର ଅତ୍ୟାଧୁନିକ ଡିଜାଇନ୍, ସେଗୁଡ଼ିକର ସ୍ଥାପନ ଓ ରକ୍ଷଣାବେକ୍ଷଣରେ ତଦାରଖ ହେଉନାହିଁ। ଏଥି ସହିତ ରହିଛି କର୍ମଚାରୀଙ୍କ ଅଭାବ।

ଏହାପରେ ଆସିବ ଥଇଥାନ, ପୁନଃପ୍ରତିଷ୍ଠା ଓ ପୁନର୍ଗଠନର ଆହ୍ୱାନ। ଏଭଳି କ୍ଷୟକ୍ଷତିକାରୀ, ଧ୍ୱଂସକାରୀ, ପ୍ରାକୃତିକ ଦୁର୍ବିପାକ ଏକ ଦୁର୍ଯୋଗ ଓ ସୁଯୋଗ ମଧ୍ୟ। 'ଫନି' ପୁରୀ, ଖୋର୍ଦ୍ଧା, ଭୁବନେଶ୍ୱରର ବହୁ କିଛି ଅଂଶ ସମ୍ପୂର୍ଣ୍ଣ ଭାବେ ନିଶ୍ଚିହ୍ନ କରିଦେଇଛି। ତେଣୁ ଏହା ପୁନଃନିର୍ମାଣର ଏକ ସୁବର୍ଣ୍ଣ ସୁଯୋଗ। ସେସବୁ ଇଲାକାର ଯାହା ଅଭାବ, ଆବଶ୍ୟକ ଥିଲା ଏବଂ ବହୁ କାରଣରୁ ସେଗୁଡ଼ିକ ଦୂରୀଭୂତ ହୋଇପାରୁ ନଥିଲା, ସେଗୁଡ଼ିକର ପୂରଣ କରିବାର ଏକ ସୁଯୋଗ ଆସିଛି। ସେଥିପାଇଁ ରାଜନୈତିକ ଇଚ୍ଛାଶକ୍ତି ଓ ଭିଜନ ଦରକାର। ପୁରୀ ସହର ଓ ଆଖପାଖ ଅଞ୍ଚଳକୁ ଏକ ସୁନ୍ଦର, ଆଧୁନିକ, ଐତିହ୍ୟ ସହର କରି ଗଢ଼ି ତୋଳିବାରେ ଏକ ସୁବର୍ଣ୍ଣ ସୁଯୋଗ ହାତଛଡ଼ା କରିବାର କଥା ନୁହେଁ। ଭୁବନେଶ୍ୱରକୁ ମଧ୍ୟ ପ୍ରକୃତ ଅର୍ଥରେ ସ୍ମାର୍ଟ ସିଟି କରିବା ପାଇଁ ପ୍ରଚେଷ୍ଟା ହେବା ଦରକାର - ତଳିପକା କାମରେ ନୁହେଁ, କିମ୍ବା ବାହାରୁଆ ଭାବେ ଉନ୍ନତି ଦ୍ୱାରା ନୁହେଁ।

ଫୋନିର ଅନ୍ୟ ଏକ ଦିଗ ଆହୁରି ଚମତ୍କାର, ଅଚ୍ଚନକ ଓ ଅପ୍ରତ୍ୟାଶିତ। ସକାରାତ୍ମକ ପରିବର୍ତ୍ତନର ସୂଚନା ଦିଏ। ପ୍ରଧାନମନ୍ତ୍ରୀ ମୋଦିଙ୍କ ତୁରନ୍ତ ବାତ୍ୟା ପ୍ରପୀଡ଼ିତ ଅଞ୍ଚଳ ପରିଦର୍ଶନ ଓ ଆର୍ଥିକ ସାହାଯ୍ୟ ଘୋଷଣା ଓ ଅଧିକ ସାହାଯ୍ୟର ପ୍ରତିଶ୍ରୁତି ନିର୍ବାଚନ ସମୟର ସମସ୍ତ ବିବାଦ ଓ ତିକ୍ତତାର ଅନ୍ତର ଆରମ୍ଭ ବୋଲି ଆଶା କରାଯାଇପାରେ। କଥାଟି ସେଇଠି ସରି ନାହିଁ। ସେ ଦିଗରେ ଅଧିକତର କାର୍ଯ୍ୟ କରିବା, ଉଦ୍ୟମ ଚାଲୁ ରଖିବା ପାଇଁ କେନ୍ଦ୍ର ପେଟ୍ରୋଲିଅମ୍ ମନ୍ତ୍ରୀ ଧର୍ମେନ୍ଦ୍ର ପ୍ରଧାନ ଓ ମୁଖ୍ୟମନ୍ତ୍ରୀ ନବୀନ ପଟ୍ଟନାୟକଙ୍କ ଭେଟଭାଟ ଓ ଓଡ଼ିଶାର ବିକାଶ ହିଁ ଲକ୍ଷ୍ୟ ଘୋଷଣା ଓଡ଼ିଶାବାସୀଙ୍କ ପାଇଁ ଗତ ଦୁଇ ଦଶନ୍ଧିର ସବୁଠାରୁ ଭଲ ଖବର। କେନ୍ଦ୍ର ସହ ଗଠନମୂଳକ ସହଯୋଗ ଉପରେ ମୁଖ୍ୟମନ୍ତ୍ରୀଙ୍କ ପ୍ରାଧାନ୍ୟ ଓ କେନ୍ଦ୍ରମନ୍ତ୍ରୀଙ୍କର ଓଡ଼ିଶାର ବିକାଶ ଓ ଯୁବପିଢ଼ିର ଭବିଷ୍ୟତ ଉପରେ ଗୁରୁତ୍ୱ ଏକ ନୂତନ ଦିଗନ୍ତର ସୂଚନା ଦିଏ। ରାଜନୈତିକ ପ୍ରତିଦ୍ୱନ୍ଦ୍ୱୀଙ୍କର ପ୍ରଦେଶର ବିକାଶରେ ସହଯୋଗର ବାର୍ତ୍ତା ଓଡ଼ିଶାବାସୀଙ୍କ ପାଇଁ ଆଶ୍ୱାସନାଦାୟକ। ଭାରତୀୟ ସଂଘୀୟ ଢାଞ୍ଚାରେ ଓଡ଼ିଶାର ସ୍ଥିତିକୁ ଦୃଷ୍ଟିରେ

ରଖିଲେ କେନ୍ଦ୍ର ସହିତ ଦ୍ୱନ୍ଦ୍ୱାତ୍ମକ ଓ ମୁହାଁମୁହିଁ ସ୍ଥିତି ପ୍ରଦେଶର ହିତରେ ନୁହେଁ। ପ୍ରଦେଶକୁ ସ୍ୱତନ୍ତ୍ର ପାହ୍ୟା ସ୍ୱୀକୃତି ଦେବାରେ ସାମ୍ବିଧାନିକ ପ୍ରତିରୋଧକ ଥିଲେ ମଧ୍ୟ କେନ୍ଦ୍ର ଚାହିଁଲେ ଆର୍ଥିକ ଅନୁଦାନରେ ସାହାଯ୍ୟ କରିବାର ବହୁ ରାସ୍ତା ରହିଛି। ପ୍ରଧାନମନ୍ତ୍ରୀ ମୋଦିଙ୍କ ଭାଷାରେ ପୂର୍ବ-ଭାରତର ବିକାଶ ବିନା ଦେଶର ବିକାଶ ଅକଳ୍ପନୀୟ। ଗତ ପାଞ୍ଚବର୍ଷ ଭିତରେ ପେଟ୍ରୋଲିଅମ୍ ମନ୍ତ୍ରୀ କେନ୍ଦ୍ରର ବରିଷ୍ଠ ବ୍ୟୁରୋକ୍ରାଟ ଓ ମନ୍ତ୍ରୀମାନଙ୍କୁ ଓଡ଼ିଶା ନିମନ୍ତ୍ରଣ କରି ଯେଉଁଭଳି ଭାବେ ପ୍ରଦେଶର ସମସ୍ୟା ପ୍ରତି କେନ୍ଦ୍ରର ଧ୍ୟାନ ଆକର୍ଷଣ କରିବାରେ ସକ୍ଷମ ହୋଇଛନ୍ତି, ଅତୀତରେ ଏଭଳି ଘଟିନଥିଲା। ଓଡ଼ିଶାକୁ ଦକ୍ଷିଣ-ଏସିଆ ଓ ଦକ୍ଷିଣ-ପୂର୍ବ ଏସିଆର ମାନୁଫାକ୍‌ଚରିଂ ହବ୍ କରିବାର ସ୍ୱପ୍ନ ରହିଛି। ତେଣୁ ପରିବର୍ତ୍ତିତ ରାଜନୀତି ଦୃଶ୍ୟକ୍ରମରେ ଆସନ୍ତା ପାଞ୍ଚବର୍ଷ ଭିତରେ ଓଡ଼ିଶାକୁ ଏକ ସମୃଦ୍ଧ ଓ ପ୍ରଗତିଶୀଳ ରାଜ୍ୟ ରୂପେ ଗଢ଼ି ତୋଳିବାର ସମୟ ଆସିଛି।

■

ଗଣତନ୍ତ୍ରର ଭବିଷ୍ୟତ

ଗଣତନ୍ତ୍ର କହିଲେ ସାଧାରଣତଃ ବୁଝାଯାଏ – ସମାନତା, ସ୍ୱାଧୀନତା, ଆଇନର ଶାସନ, କିଛି ମାନବିକ ଅଧିକାର ଏବଂ ଶାସନ ଓ ସରକାର ଲୋକଙ୍କ ପାଇଁ, ଲୋକଙ୍କ ଦ୍ୱାରା ଓ ଲୋକଙ୍କର। ଲୋକଙ୍କ ହାତରେ ହିଁ ସାର୍ବଭୌମ କ୍ଷମତା। ଅନ୍ୟ ଅର୍ଥରେ ନୀତିନିର୍ଦ୍ଧାରଣ ପ୍ରକ୍ରିୟାରେ ଜନସାଧାରଣଙ୍କ ସମ୍ପୃକ୍ତି ଏବଂ ନୀତିରେ ଜନମତର ପ୍ରତିଫଳନ। ଗଣତନ୍ତ୍ର ବିଷୟରେ ଏପରି ଏକ ଚିନ୍ତନ ପ୍ରଭାବିତ ହୋଇଥିଲା ଫରାସୀ ବିପ୍ଳବ ଏବଂ ଆମେରିକା ସ୍ୱାଧୀନତା ସଂଗ୍ରାମର ଆଦର୍ଶରୁ। ପ୍ରାଚୀନ ଗ୍ରୀସ୍‌ରୁ ଏ ପର୍ଯ୍ୟନ୍ତ ଗଣତନ୍ତ୍ରର ବିବର୍ତ୍ତନର ଅଗ୍ରଗତି ବିଭିନ୍ନ ସମୟରେ ବିଭିନ୍ନ ଆକାରରେ ହୋଇଛି। ଗାନ୍ଧିଜୀ ତ ଭାରତରେ ଗଣତନ୍ତ୍ରରେ ସ୍ୱାୟତ୍ତ ଶାସନ କଥା ଗ୍ରାମପଞ୍ଚାୟତ ସ୍ତରରୁ ଉପରକୁ ଉପରକୁ ଉଠି ପଞ୍ଚାୟତ ଗଠନର ପରିକଳ୍ପନା କରିଥିଲେ। ଯେଉଁମାନଙ୍କର ଏଥିରେ ସଂପୃକ୍ତି ଥିବ ଏବଂ ପରିଚାଳନାରେ ଭୂମିକା ଥିବ ସେମାନଙ୍କ ପାଇଁ ଆଚରଣ ବିଧିସହିତ କାର୍ଯ୍ୟସୂଚୀ ଓ କର୍ତ୍ତବ୍ୟ ତାଲିକାର ଇଙ୍ଗିତ ମଧ୍ୟ ଅନ୍ତିମ ଇଚ୍ଛାପତ୍ରରେ ଦେଇଥିଲେ। ଦଳୀୟ ରାଜନୀତି ମୁକ୍ତ ଲୋକସେବକ ସଂଘ ଗଠନର ପରିକଳ୍ପନା କରିଥିଲେ।

ସୋଭିଏତ୍ ୟୁନିଅନର ବିଲୟ ପରେ ଓ ଜଗତୀକରଣ ଯୋଗୁ ଯେଉଁ ସମୀକରଣ ହେଲା, ତାହା ଏକ ନୂତନ ବ୍ୟବସ୍ଥାର ଆଭାସ ଦେଲା। ଫୁକୁୟାମାଙ୍କ ଭଳି କେତେକ ବୁଦ୍ଧିଜୀବୀ ମତପ୍ରକାଶ କଲେ ଯେ ଇତିହାସ ବର୍ତ୍ତମାନ ଗୋଟିଏ ଦିଗରେ ଗତି କରିବ 'ଗଣତନ୍ତ୍ର ଏବଂ ମୁକ୍ତ ବାଣିଜ୍ୟ'। ସେ ଗତିର ଧାରାରେ କୌଣସି ପରିବର୍ତ୍ତନର ସମ୍ଭାବନା ନାହିଁ। କିନ୍ତୁ ଏ ଭବିଷ୍ୟବାଣୀ କ୍ଷଣସ୍ଥାୟୀ ଥିଲା। ଗତ କିଛିବର୍ଷ ଧରି ବିଭିନ୍ନ ଦେଶର ରାଜନୈତିକ ଦୃଶ୍ୟକ୍ରମ କିଛି ଅନ୍ୟ ବାର୍ତ୍ତା ଦେଉଛି। ସମ୍ପୂର୍ଣ୍ଣ ଆଜ୍ଞାନୁବର୍ତ୍ତିତା ଦାବି କରୁଥିବା (ଯାହାକୁ ଇଂରାଜୀରେ ଅଥରିଟାରିଆନିଜିମ୍ କୁହାଯାଏ) ବ୍ୟକ୍ତିଙ୍କର ଅଭ୍ୟୁଦୟ ସଂକେତ ଦେଉଛି ଯେ ଆମେ ଏକ ନୂଆ ବିଶ୍ୱ ବ୍ୟବସ୍ଥାର ଅନୁସନ୍ଧାନରେ।

ଆମେରିକାର ରାଷ୍ଟ୍ରପତି ଡୋଲାଲ୍ଡ ଟ୍ରମ୍ପ, ଜାପାନର ପ୍ରଧାନମନ୍ତ୍ରୀ ଆବେ, ତୁର୍କୀ ରାଷ୍ଟ୍ରପତି ଏରଡୋଗାନ୍, ରୁଷର ରାଷ୍ଟ୍ରପତି ପୁଟିନ୍ କିମ୍ବା ଚୀନର ରାଷ୍ଟ୍ରପତି କିଙ୍ଗପିନ୍ ସମ୍ବିଧାନ ଅନୁସାରେ ନିର୍ବାଚିତ ହେଲେ ମଧ୍ୟ ନାଗରିକ ଓ ଲୋକପ୍ରତିନିଧିଙ୍କ ଠାରୁ ସମ୍ପୂର୍ଣ୍ଣ ଆଜ୍ଞାନୁବର୍ତ୍ତିତା ଆଶା କରନ୍ତି। କେତେକ ପ୍ରଧାନମନ୍ତ୍ରୀ ମୋଦିଙ୍କୁ ଏହି ତାଲିକାରେ ସାମିଲ କରନ୍ତି।

ରାଷ୍ଟ୍ରୀୟତା, ସାର୍ବଭୌମତା ହେଉଛି ଏବେକାର ସ୍ଲୋଗାନ କିଛି ଦେଶରେ। ସ୍ୱଦେଶୀ ଶିଳ୍ପର ସଂରକ୍ଷଣ ପାଇଁ ନିର୍ଦ୍ଦିଷ୍ଟ ନୀତି, ସଂରକ୍ଷଣାତ୍ମକ ବାଣିଜ୍ୟ ନୀତି ପାଇଛି ଅଗ୍ରାଧିକାର। ପ୍ରଧାନମନ୍ତ୍ରୀ ମୋଦି ଡାଭୋସ୍ ଭାଷଣରେ ଆତଙ୍କବାଦ ସହିତ ଜଳବାୟୁ ପରିବର୍ତ୍ତନ ଓ ସଂରକ୍ଷଣବାଦର ଚର୍ଚ୍ଚା କରିଥିଲେ। ଏ ସଂରକ୍ଷଣାତ୍ମକ ନୀତି ବିଶେଷକରି ଗରିବ ରାଷ୍ଟ୍ରଗୁଡ଼ିକୁ ପ୍ରଭାବିତ କରିବ। ଇଂଲଣ୍ଡର ନିର୍ବାଚନ ଓ ବ୍ରେକ୍ସିଟ୍ର ଫଳାଫଳ ପରେ ୟୁରୋପର ବିଭିନ୍ନ ଦେଶରେ ଲୋକଙ୍କର ପସନ୍ଦ ଶକ୍ତିଶାଳୀ ନେତୃତ୍ୱ। ପଶ୍ଚିମ ଏସିଆ, ଉପସାଗରୀୟ ଦେଶସମୂହ ଏବଂ ଆଫ୍ରିକାର କିଛି ଏକଛତ୍ରବାଦୀ ଶାସକଙ୍କୁ ଯଦି ଏ ଗୋଷ୍ଠୀରେ ଯୋଡ଼ାଯାଏ, ତେବେ ମନେହେବ ପୃଥିବୀର ଅର୍ଦ୍ଧେକରୁ ବେଶୀ ଲୋକ ସମ୍ପୂର୍ଣ୍ଣ ଗଣତନ୍ତ୍ରର ସ୍ୱାଦରୁ ବଞ୍ଚିତ। ଆମେରିକାରେ ଗତ ନିର୍ବାଚନ ଫଳାଫଳ ପୁଣି ଥରେ ପ୍ରମାଣିତ କଲା - ସାମ୍ବିଧାନିକ ବାଧ୍ୟବାଧକତା ଯୋଗୁଁ କିଭଳି ହିଲାରୀ କ୍ଲିଣ୍ଟନ ଅଧିକ ଭୋଟ୍ ଓ ଜନସମର୍ଥନ ପାଇଥିଲେ ବି ପରାଜୟ ସ୍ୱୀକାର କରିଥିଲେ।

ଏଥିସହିତ ଗଣତନ୍ତ୍ର ପ୍ରତି ଆଉ ଏକ ବିପଦ ଘନେଇ ଆସୁଛି। ତାହା ହେଲା - ଟେକ୍ନୋଲୋଜି। ଆମେରିକାର ଗତ ନିର୍ବାଚନରେ ରୁଷର ଭୂମିକା ସନ୍ଦେହଜନକ ଥିଲା। ଇଣ୍ଟରନେଟ୍, ସୋସିଆଲ୍ ମିଡିଆ ଯଥା - ଫେସ୍‌ବୁକ୍, ଟ୍ୱିଟର ପ୍ରଭୃତିର ପ୍ରୟୋଗ କରି ମିଥ୍ୟା ଖବର ଓ ସୂଚନା ସାହାଯ୍ୟରେ ଜନମତକୁ ବିଭ୍ରାନ୍ତ କରିବାରେ ସଫଳ ହୋଇ ରୁଷର ନିଜ ପସନ୍ଦ ଆମେରିକାର ରାଷ୍ଟ୍ରପତିଙ୍କୁ ଗାଦିସୀନ କରାଇବାରେ କୃତକାର୍ଯ୍ୟ ହୋଇଥିଲେ ବୋଲି ଅଭିଯୋଗ ହେଉଛି। ଶୁଣାଯାଉଛି, ଚୀନ୍ ମଧ୍ୟ ରୁଷର ଅନୁକରଣ କରି ଟେକ୍ନୋଲୋଜିର ସେଭଳି ପ୍ରୟୋଗ ପାଇଁ ଉଦ୍ୟମରତ। ତଦନୁଯାୟୀ ବର୍ତ୍ତମାନ ବିଦେଶର ବହୁ ବଛା ବଛା ଗଣମାଧ୍ୟମ ଓ ଆମୋଦ ପ୍ରମୋଦ ଅନୁଷ୍ଠାନମାନଙ୍କରେ ପୁଞ୍ଜିନିବେଶ କରି ସେଗୁଡ଼ିକୁ ନିଜ କର୍ତ୍ତୃତ୍ୱରେ ଆଣିବାରେ ଚେଷ୍ଟିତ। ଯାହାର ଉପଯୋଗ ଭବିଷ୍ୟତରେ ସ୍ଥଳବିଶେଷରେ ଜନମତ ସୃଷ୍ଟି କରିବାରେ ସହାୟକ ହେବ। ହଜାର ହଜାର ମାଇଲ ଦୂରରେ ରହି ଅନ୍ୟ ଏକ ଦେଶର ଆଭ୍ୟନ୍ତରୀଣ ବ୍ୟାପାରରେ ହସ୍ତକ୍ଷେପ କରିବାରେ କୌଣସି ପ୍ରତିବନ୍ଧକ ରହିବ ନାହିଁ।

ଆମ ଦେଶର ନିର୍ବାଚନରେ ରାଜନୈତିକ ଦଳଗୁଡ଼ିକରେ ଅର୍ଥସର୍ବସ୍ୱ

ରଣକୌଶଳ ଯୋଗୁ ଭୟ ଓ ଋପଗ୍ରସ୍ତ ସାଧାରଣ ଭୋଟର ପସନ୍ଦ ଅନୁଯାୟୀ ମତଦାନ ଏକ ପ୍ରହସନରେ ପରିଣତ ହେଲାଣି। ଫଳରେ ଯୋଗ୍ୟ ବ୍ୟକ୍ତି, ଶିକ୍ଷିତ ଗୋଷ୍ଠୀ ରାଜନୀତି ପ୍ରତି ଉଦାସୀନ। ରାଜନୈତିକ ଦଳମାନେ ମଧ୍ୟ ସେମାନଙ୍କୁ ଅକୁଣ୍ଠ ଚିତ୍ତରେ ଆମନ୍ତ୍ରଣ କରିବାକୁ ଆଗ୍ରହ ପ୍ରକାଶ କରୁନାହାନ୍ତି। ଏଭଳି ଏକ ନୈରାଶ୍ୟଜନକ ପରିସ୍ଥିତିରେ କ୍ଷୀଣ ଆଶାର ଆଲୋକ ମଧ୍ୟ ଦେଖିବାକୁ ମିଳୁଛି କେତେକ ଦେଶର ନୀତିରେ; ପ୍ରାଥମିକତା ପ୍ରାଧାନ୍ୟରେ। ପ୍ରଥମତଃ, ପଡ଼ୋଶୀ ଭୁଟାନରେ ରାଜତନ୍ତ୍ର ଥିଲେ ମଧ୍ୟ ଗଣତନ୍ତ୍ର ପାଇଁ ପ୍ରୋତ୍ସାହନ ଓ ପୃଷ୍ଠପୋଷକତା କରିଛନ୍ତି ରାଜପରିବାର। ତାହାଠାରୁ ବଡ଼ କଥା ହେଲା ପ୍ରଜା ବା ନାଗରିକଙ୍କ କଲ୍ୟାଣ, ସୁଖ ଓ ଆନନ୍ଦ ପାଇଁ ଜିଡିପି ପରିବର୍ତ୍ତେ ଜିଡିଏଚ୍ (ଗ୍ରସ୍ ଡୋମେଷ୍ଟିକ୍ ହାପିନେସ୍) ଅଭିବୃଦ୍ଧି, ବିକାଶର ମାନଦଣ୍ଡ ପାଇଁ ନିଷ୍ପତ୍ତି ନେଇଛନ୍ତି। ଏହା ଏକ ବୈପ୍ଳବିକ ବିଋରଧାରା ଏବଂ ଜାତିସଂଘର ଏଥିପ୍ରତି ସମର୍ଥନ ରହିଛି। ଏଭଳି ଆଭିମୁଖ୍ୟ ହେଉ ସବୁଦେଶ ଏବଂ ଶାସକ ଗୋଷ୍ଠୀର। ଏହାର ସଫଳତା ନିର୍ଭର କରେ ନାଗରିକଙ୍କର ସଂପୃକ୍ତିରେ; ଯୋଗଦାନରେ।

ୟୁଏଇ (ୟୁନାଇଟେଡ୍ ଆରବ ଏମିରେଟ୍ସ) ମଧ୍ୟ ଏଭଳି ଏକ ନୂତନ ପରୀକ୍ଷା ନିରୀକ୍ଷା ପାଇଁ ନିଷ୍ପତ୍ତି ନେଇଛି। ପ୍ରଥମଥର ପାଇଁ ସେ ଦେଶର ଶାସକଗୋଷ୍ଠୀ (ରାଜପରିବାର) ସୃଷ୍ଟି କରିଛନ୍ତି ଦୁଇଟି ନୂତନ ମନ୍ତ୍ରାଳୟ। ଗୋଟିଏ ହେଉଛି ଆନନ୍ଦ, ସୁଖ ସହିତ ସକାରାତ୍ମକ, ଗଠନମୂଳକ ବ୍ୟାବହାରିକ ଆଭିମୁଖ୍ୟ ସୃଷ୍ଟି କରିବାପାଇଁ ମନ୍ତ୍ରାଳୟ। ଅନ୍ୟଟି ହେଉଛି ସହନଶୀଳତା ପାଇଁ ମନ୍ତ୍ରାଳୟ। ସେ ଦୁଇଟି ମନ୍ତ୍ରାଳୟ ଗୁରୁତ୍ୱ ଦେଇଛନ୍ତି ଗୋଟିଏ ଦୃଷ୍ଟିକୋଣରୁ - ନାଗରିକର ହିତ ପାଇଁ ଏକ ସୁଖମୟ, ଆନନ୍ଦମୟ. ତ୍ରୁଟିପୂର୍ଣ୍ଣ ସମାଜ ଗଠନ। ଏହା ଏକ ଉଚ୍ଚାଭିଳାଷ ବିଜ୍ଞ ଆଭିମୁଖ୍ୟ ଶାସକ ଗୋଷ୍ଠୀର, ଯାହା ଦେଶର ବିଭିନ୍ନ ଗୋଷ୍ଠୀକୁ ଗୋଟିଏ ସୂତ୍ରରେ ବାନ୍ଧି ରଖିବାରେ ସହାୟକ ହେବ। ବିଭିନ୍ନ ମତ ବା ସ୍ୱରର ମିଳନ କରିପାରିବ। ସରକାରଙ୍କର ସମସ୍ତ ଯୋଜନା, କାର୍ଯ୍ୟକ୍ରମ, ନୀତି, ବିଧିକୁ ସୁସଂଗତ ଭାବେ ପରିଋଳନା କରିପାରିବ। ଏହାଦ୍ୱାରା ସୁଖ ଓ ଆନନ୍ଦ ସହ ସକାରାତ୍ମକ ଚିନ୍ତାଧାରା କର୍ମକ୍ଷେତ୍ରରେ ଏବଂ ଜୀବନଶୈଳୀରେ ପ୍ରତିଫଳିତ ହେବ। କୃତଜ୍ଞତା, ବନ୍ଧୁତ୍ୱ, ଦାନ ଭଳି ମାନବୀୟ ଗୁଣର ମୂଲ୍ୟବୋଧ ସୃଷ୍ଟି କରି ସକାରାତ୍ମକ ଚିନ୍ତନକୁ ଆହୁରି ଦୃଢ଼ୀଭୂତ କରିବ। ସରକାରଙ୍କର ପ୍ରଚେଷ୍ଟା ରହିବ ଏଭଳି ଗୋଟିଏ ବାତାବରଣ ସୃଷ୍ଟି କରିବେ ଯାହା ଲକ୍ଷ୍ୟ ପୂରଣ କରିବାକୁ ସମର୍ଥ ହେବ। ଆମ ଦେଶର ସାଂପ୍ରତିକ ପରିସ୍ଥିତି ଉପରେ ଦୃଷ୍ଟିପାତ କଲେ ମନେହେବ ଏହା ଏକ ଅବାସ୍ତବ, ଉଦ୍ଭଟ ପରିକଳ୍ପନା ଓ ଖସଡ଼ା।

କିନ୍ତୁ ଭୁଟାନ ଓ ୟୁଏଇ ଭଳି ଦୁଇଟି ଭିନ୍ନ ସଂସ୍କୃତି, ଧର୍ମ, ଭାଷା, ରାଜନୈତିକ ଢାଞ୍ଚାର ଦେଶ ହୋଇ ମଧ୍ୟ ସମଦୃଷ୍ଟିକୋଣ ସହ ନାଗରିକଙ୍କ ପାଇଁ ସୁଖ, ଆନନ୍ଦ ଓ ସହାବସ୍ଥାନରେ ଯେଉଁ ଚିତ୍ର ଆଙ୍କିଛନ୍ତି ଓ ଲକ୍ଷ୍ୟ ପୂରଣ ପାଇଁ ପଦକ୍ଷେପ ନେଇଛନ୍ତି ତାହା ହେଉ ଅନ୍ୟମାନଙ୍କ ପାଇଁ ଆଦର୍ଶ ଓ ମାର୍ଗଦର୍ଶକ।

ସୋସିଆଲ ମିଡିଆର ପ୍ରଭାବ

ସୋସିଆଲ ମିଡିଆର କ୍ରମବର୍ଦ୍ଧିଷ୍ଣୁ ଲୋକପ୍ରିୟତା ଏବଂ ଗ୍ରହଣୀୟତା ଓ ଏହାର ବ୍ୟକ୍ତି ଓ ସମାଜ ଉପରେ ପ୍ରଭାବ କିଛିବର୍ଷ ପୂର୍ବରୁ କେହି କଳ୍ପନା କରିନଥିଲେ। ୧୯୯୯ରେ ଆରମ୍ଭ ହୋଇଥିବା ବ୍ଲଗ୍, ୨୦୦୪ରେ ୟୁଟ୍ୟୁବ୍ ଏବଂ ୨୦୦୬ରେ ଫେସ୍‌ବୁକ୍‌ର ରୂପରେଖ ଏଭଳି ହେବ ବୋଲି ଏହାର ଉଦ୍ଭାବକ, ନିର୍ମାତା ମଧ୍ୟ ଚିନ୍ତା କରିପାରି ନଥିଲେ। ପ୍ରାରମ୍ଭରେ ଏହାର ଉଦ୍ଦେଶ୍ୟ ଥିଲା - ସମଭାବାପନ୍ନ କିଛି ବନ୍ଧୁବାନ୍ଧବ, ଜାତି, କୁଟୁମ୍ବଙ୍କ ସହ ଦୈନନ୍ଦିନ ଜୀବନର ଛୋଟ ଛୋଟ ଘଟଣା ଓ ଭାବର ଆଦାନ ପ୍ରଦାନ କରିବା ଓ ତତ୍‌ସହିତ ନୂତନ ବନ୍ଧୁତ୍ୱ ସୃଷ୍ଟି କରିବା। ପରବର୍ତ୍ତୀ ବିବର୍ତ୍ତନରେ ଅନ୍‌ଲାଇନ୍ ଗୋଷ୍ଠୀ ସୃଷ୍ଟି କରିବାରେ ଏହା ସାହାଯ୍ୟକାରୀ ହେଲା। ସୂଚନା, ନୂତନ ଭାବନା, ଚିନ୍ତାଧାରା, ବ୍ୟକ୍ତିଗତ ବାର୍ତ୍ତା, ବିତରଣ କରିବା ପାଇଁ। ଏବେ ଫଟୋ, ଭିଡିଓ ବିତରଣ ମଧ୍ୟ ସମ୍ଭବ ହୋଇପାରୁଛି। ବର୍ତ୍ତମାନ ସୋସିଆଲ ମିଡିଆ ଏକ ପ୍ରଭାବଶାଳୀ ମାଧ୍ୟମ ଭାବେ ଉଭା ହେଇଚି। ଏହାର ଅନୁଗାମୀ ବା ବ୍ୟବହାରକାରୀଙ୍କ ସଂଖ୍ୟା ପ୍ରାୟ ୩୫୦ କୋଟି। ଅନ୍ୟ ଅର୍ଥରେ ପୃଥିବୀ ଜନସଂଖାର ଅର୍ଦ୍ଧେକ। ଏମାନଙ୍କୁ ଗ୍ରାହକ ପରିବର୍ତ୍ତେ ଭକ୍ତବୃନ୍ଦ ବୋଲି ଚିତ୍ରଣ କଲେ ଉଚିତ୍ ହେବ। କେବଳ ସେତିକି ନୁହେଁ, ଇତିମଧ୍ୟରେ ସୋସିଆଲ ମିଡିଆ ଯୁଗାନ୍ତକାରୀ ପରିବର୍ତ୍ତନ ପ୍ରକ୍ରିୟାକୁ ତ୍ୱରାନ୍ୱିତ କରିବାର ଭୂମିକା ମଧ୍ୟ ନେଇଛି। ଟ୍ୟୁନେସିଆ, ଇଜିପ୍ଟରେ ଆଜ୍ଞାନୁବର୍ତ୍ତକାରୀ, ଏକଛତ୍ରବାଦୀ ଶାସନର ଅବସାନ ସମ୍ଭବ ହୋଇପାରିଛି ସୋସିଆଲ ମିଡିଆ ସାହାଯ୍ୟରେ ସଂଗଠିତ ହୋଇଥିବା ଜନଆନ୍ଦୋଳନ ଯୋଗୁଁ। ସାଉଦି ଆରବ ଓ ମଧ୍ୟପ୍ରାଚ୍ୟର ଅନ୍ୟ ରକ୍ଷଣଶୀଳ ଦେଶଗୁଡ଼ିକରେ ନାରୀ ସଶକ୍ତିକରଣର ଅଙ୍କୁରୋଦ୍‌ଗମ ହୋଇପାରୁଛି ସୋସିଆଲ ମିଡିଆ ପ୍ରୟୋଗରେ। ନିକଟ ଅତୀତରେ ଫ୍ରାନ୍ସରେ କୌଣସି ରାଜନୈତିକ ଦଳ ବା ଟ୍ରେଡ୍ ୟୁନିଅନ ପୃଷ୍ଠପୋଷକତା ବିନା ତୃଣମୂଳ ସ୍ତରରେ

ଅର୍ଥନୈତିକ ନ୍ୟାୟ ପାଇଁ ଜନଆନ୍ଦୋଳନ ସଂଗଠିତ ହୋଇପାରିଥିଲା ସୋସିଆଲ ମିଡିଆ ସାହାଯ୍ୟରେ। ଗ୍ୟାସ୍ ଦର ବୃଦ୍ଧି ବିରୋଧରେ ଏକ ନିୟୁତ ନାଗରିକ ଅନ୍‌ଲାଇନ୍‌ରେ ପିଟିସନ ଦାଖଲ କରି ଶାସନକଳକୁ ଦୋହଲାଇ ଦେଇପାରିଥିଲା। ହଳଦିଆ କୁର୍ତ୍ତାପିନ୍ଧା ବିକ୍ଷୋଭକାରୀ ପ୍ୟାରିସ୍ ଓ ଛୋଟ ଛୋଟ ସହରରେ ସାଧାରଣ ଜୀବନକୁ ଅଚଳ କରିବାରେ ସମର୍ଥ ହୋଇ ବିଶ୍ୱବ୍ୟାପୀ ବାର୍ତ୍ତା ପ୍ରସାରଣ କରିବାରେ ସକ୍ଷମ ହୋଇଥିଲେ। ହଂକଂରେ ଚାଲିଥିବା ଆନ୍ଦୋଳନ ସୋସିଆଲ ମିଡିଆ ଶକ୍ତିର ଆଉ ଗୋଟିଏ ଉଦାହରଣ। ୧୪୦ କୋଟି ଜନସଂଖ୍ୟା ଥିବା ଶକ୍ତିଶାଳୀ କମ୍ୟୁନିଷ୍ଟ ଚୀନ୍ ବିରୋଧରେ ୭୦ ଲକ୍ଷ ହଂକଂବାସୀଙ୍କ ଗଣତନ୍ତ୍ର, ସ୍ୱାଧୀନ ମତବ୍ୟକ୍ତ କରିବାର ଅଧିକାର, ଅନ୍ୟାୟ ବିରୋଧରେ ସ୍ୱର ଉତ୍ତୋଳନ କରିବାର ସଂଗ୍ରାମ ଅଭୂତପୂର୍ବ। ଟେକ୍ନୋଲୋଜି ମାଧ୍ୟମରେ, ଇମେଜ ଓ ଅନ୍ୟ ପ୍ରତୀକ ସାହାଯ୍ୟରେ ଅଳ୍ପ ସମୟ ନୋଟିସ୍‌ରେ କେଉଁ ଜାଗାରେ ବିକ୍ଷୋଭ ପ୍ରଦର୍ଶନ ହେବ, କେଉଁ ଜାଗାରେ ତତ୍‌କ୍ଷଣିକ ଅନ୍ତର୍ଦ୍ଧାନ ଓ ଦରକାର ପଡ଼ିଲେ ସୂଚନା ପାଇବା ମାତ୍ରେ ବିଧିବଦ୍ଧ ଭାବେ ସର୍ବସାଧାରଣରେ ଉପସ୍ଥିତ ହେବାର ରଣକୌଶଳ ହିଁ ଏ ପର୍ଯ୍ୟନ୍ତ ଆନ୍ଦୋଳନକୁ ବଞ୍ଚାଇ ରଖିପାରିଛି। ଏହା ସୋସିଆଲ ମିଡିଆର କରାମତି। ଯଦିଓ ଟେକ୍ନୋଲୋଜି କ୍ଷେତ୍ରରେ ବିକ୍ଷୋଭକାରୀଙ୍କ ତୁଳନାରେ ଚୀନ୍ ସରକାର ବହୁ ଆଗୁଆ। ୨୦୧୬ ଆମେରିକା ରାଷ୍ଟ୍ରପତି ନିର୍ବାଚନରେ ଡୋନାଲ୍ଡ ଟ୍ରମ୍ପ୍ ବିଜୟ ପଛରେ ରୁଷିଆର ପ୍ରଚ୍ଛନ୍ନ ସାହାଯ୍ୟ ନିର୍ଣ୍ଣାୟକ ଥିଲା ବୋଲି ବହୁ ଲୋକଙ୍କର ବିଶ୍ୱାସ। ସୋସିଆଲ ମିଡିଆ ମାଧ୍ୟମରେ ପ୍ରତିଦ୍ୱନ୍ଦ୍ୱୀ ହିଲାରୀ କ୍ଲିଣ୍ଟନଙ୍କ ବିରୋଧରେ ଭୋଟରଙ୍କ ମତକୁ ପ୍ରଭାବିତ କରିବାରେ କେତେକ ରାଜ୍ୟରେ ରୁଷିଆ ସମର୍ଥ ହୋଇଥିଲା। କେତେକ ବ୍ୟକ୍ତିତ୍ୱ ଓ ପସନ୍ଦକୁ ତନ୍ନ ତନ୍ନ ଭାବେ ଅନୁଧ୍ୟାନ କରି ତଦନୁଯାୟୀ ହିଲାରୀବିରୋଧୀ ମତ ସୃଷ୍ଟି କରିବା ଥିଲା ଅଭିପ୍ରାୟ। ଏ ସଂକ୍ରାନ୍ତରେ ରବର୍ଟ ମୁଏଲର ତାଙ୍କ ତଦନ୍ତ ରିପୋର୍ଟ ଓ କଂଗ୍ରେସ ଅନୁସନ୍ଧାନ ସମୟରେ ସ୍ପଷ୍ଟଭାବେ ପ୍ରକାଶ କରିଥିଲେ ଯେ, ୨୦୧୬ ରାଷ୍ଟ୍ରପତି ନିର୍ବାଚନରେ ରୁଷିଆର ସଂପୃକ୍ତି ଏବଂ ଏବେ ବି ଉଦ୍ୟମରତ ଏକ ନିଃସନ୍ଦେହ ବାସ୍ତବତା। କିନ୍ତୁ ରାଷ୍ଟ୍ରପତିଙ୍କ ବିରୋଧରେ ମହାଭିଯୋଗ ପାଇଁ ବିଚାର ପାଇଁ ନିବେଦନ କରିବା ପାଇଁ ପ୍ରାମାଣିକ ତଥ୍ୟ ଯଥେଷ୍ଟ ନୁହେଁ। ରୁଷିଆର ଆମେରିକାର ଗଣତନ୍ତ୍ର ଉପରେ ଏହି ଆକ୍ରମଣ ବର୍ତ୍ତମାନ ରାଜନୈତିକ ଦଳ ଓ ଗଣମାଧ୍ୟମଗୁଡ଼ିକର ପ୍ରମୁଖ ପ୍ରସଙ୍ଗ। ଆମେରିକା ସମେତ କେତେକ ଦେଶର ଗୋଏନ୍ଦା ସୂଚନା ଅନୁଯାୟୀ ଚୀନ୍ ମଧ୍ୟ ରୁଷର ଏଭଳି ଟେକ୍ନୋଲୋଜି ଓ ରଣକୌଶଳ ଆୟତ୍ତ କରି ଅନ୍ୟ ଦେଶର ରାଜନୀତିରେ ହସ୍ତକ୍ଷେପ କରିବା ପ୍ରଚେଷ୍ଟାରେ। ରାଷ୍ଟ୍ରପତି ଟ୍ରମ୍ପ ନିର୍ବାଚିତ ହେବାପରେ

ତାଙ୍କ ନୀତି ଓ ଆଚରଣ ବିରୋଧରେ ଯେଉଁସବୁ ବିକ୍ଷୋଭ ଓ ଜନମତ ସୃଷ୍ଟି ହୋଇପାରୁଛି କେବଳ ସୋସିଆଲ ମିଡିଆ ଓ ଗଣମାଧ୍ୟମ ଯୋଗୁଁ। ମୋଦିଙ୍କ ୨୦୧୪ ଓ ୨୦୧୯ ନିର୍ବାଚନରେ ସଫଳତାର ଅନ୍ୟ ଏକ ମୁଖ୍ୟ କାରଣ ହେଲା ସୋସିଆଲ ମିଡିଆର ଉପଯୁକ୍ତ ପ୍ରୟୋଗ। ବିଶେଷକରି ଯୁବଗୋଷ୍ଠୀ ପାଖରେ ନିଜର ବାର୍ତ୍ତା ପହଞ୍ଚାଇବା ପାଇଁ ଏହା ସବୁଠାରୁ ଫଳପ୍ରଦ ମାଧ୍ୟମ ବୋଲି କହିଲେ ଅତ୍ୟୁକ୍ତି ହେବ ନାହିଁ। ଫେସ୍‌ବୁକ୍, ଟ୍ୱିଟର, ଆପ୍, ଲିଙ୍କଡିନ୍, ଇନ୍‌ଷ୍ଟାଗ୍ରାମ୍, ୟୁଟ୍ୟୁବ୍, ହ୍ୱାଟସ୍ ଆପ୍ ପ୍ରଭୃତି ନିଜ ନିଜର ଅନୁଗାମୀମାନଙ୍କ ପାଇଁ ଭିନ୍ନ ଭିନ୍ନ କାର୍ଯ୍ୟସୂଚୀ ପ୍ରସ୍ତୁତ କରନ୍ତି। ଫଳରେ ପେସାଦାର, ରାଜନୀତିଜ୍ଞ, ସମାଜସେବୀ ଓ ସମାଜର ବହୁବର୍ଗର, ଶ୍ରେଣୀର ଲୋକଙ୍କ ଚାହିଦା ଅନୁଯାୟୀ ସେବା ପ୍ରଦାନ କରିଆସୁଛନ୍ତି। ତେଣୁ ବିଜ୍ଞାପନ ପାଇଁ ସୋସିଆଲ ମିଡିଆ ଏକ ପ୍ରମୁଖ ମାଧ୍ୟମ।

ସୋସିଆଲ ମିଡିଆର ଅନ୍ୟ ବହୁ ଉପାଦେୟତା ମଧ୍ୟ ରହିଛି। ପ୍ରଥମତଃ, ବିଶ୍ୱବ୍ୟାପୀ ସମ୍ପର୍କ ରଖିବାରେ ଏହା ସହାୟକ। ଅଧୁନାତନ ସୂଚନା ଓ ଘଟଣା ଜାଣିବା ପାଇଁ ସାମର୍ଥ୍ୟ, ସୁଯୋଗ ଓ ସୁବିଧା ଦେବା, ଅପହଞ୍ଚ ଇଲାକାରେ ଶିକ୍ଷା ଓ ସ୍ୱାସ୍ଥ୍ୟ କ୍ଷେତ୍ରରେ ସେବା ପ୍ରଦାନ ପାଇଁ ସାହାଯ୍ୟକାରୀ। ବହୁ ଦୂରରେ ରହୁଥିବା ପରିବାର ସଦସ୍ୟ, ଜ୍ଞାତି କୁଟୁମ୍ବଙ୍କ ସହ ସମ୍ପର୍କ ସମ୍ଭବ। ନିଜ ବ୍ୟବସାୟର ପ୍ରସାରଣ ପାଇଁ ସୁବିଧାଜନକ ମାଧ୍ୟମ। କେତେକ କ୍ଷେତ୍ରରେ ଜୀବନସାଥୀ ଚୟନରେ ମଧ୍ୟ ସୋସିଆଲ ମିଡିଆ ମଧ୍ୟସ୍ଥିର କାର୍ଯ୍ୟ କରିପାରୁଛି।

ତେବେ ସୋସିଆଲ ମିଡିଆର ନକାରାତ୍ମକ ଦିଗକୁ ମଧ୍ୟ ଅଣଦେଖା କରିହେବନି। ଡିପ୍ରେସନ, ସ୍ଫୂର୍ତ୍ତିହୀନତା, ସ୍ୱାସ୍ଥ୍ୟଜନିତ ସମସ୍ୟା, ଉଦ୍‌ବେଗ, ଉତ୍କଣ୍ଠା, ବିନିଦ୍ରା, ସାମାଜିକ ଭାବେ ଅନ୍ୟମାନଙ୍କ ସଂଗେ ନିଜକୁ ଖାପଖୁଆଇ ନ ପାରିବା। ସାମାଜିକ ପାରସ୍ପରିକ ଆଦାନପ୍ରଦାନ କରିବା ଅସମର୍ଥ ହେବା ଏଗୁଡ଼ିକର ଲକ୍ଷଣ। ଅତ୍ୟଧିକ ଆସକ୍ତି ବର୍ତ୍ତମାନ ଏଭଳି ସ୍ତରରେ ପହଞ୍ଚିଲାଣି ଯେ କେତେକ ମେଟ୍ରୋ ସହରରେ ଡିଆଡିକ୍ସନ ବା ଆସକ୍ତି ନିବାରଣ ପାଇଁ ସ୍ୱତନ୍ତ୍ର ପ୍ରୋଗ୍ରାମ ଓ କ୍ଲିନିକ୍ ଖୋଲିଲାଣି। ଲେଖକର ନିଜର ଅନୁଭୂତି - ଭଞ୍ଜ କଳାମଣ୍ଡପରେ ଅନୁଷ୍ଠିତ ଏକ ନୃତ୍ୟ ମହୋତ୍ସବରେ ଜଣେ ପ୍ରତିଷ୍ଠିତ, ପ୍ରଖ୍ୟାତ ନୃତ୍ୟାଙ୍ଗନା ନୃତ୍ୟ ପ୍ରଦର୍ଶନ କରୁଥିବାବେଳେ ପ୍ରଥମ ଧାଡ଼ିରେ ବସିଥିବା ୧୩ଜଣ ସମ୍ମାନନୀୟ ଅତିଥିଙ୍କ ମଧ୍ୟରୁ ୧୧ଜଣ ଅବିରତ ନିଜ ମୋବାଇଲରେ ନିମଗ୍ନ ଥିଲେ ନୃତ୍ୟ ଶେଷ ହେବା ପର୍ଯ୍ୟନ୍ତ। ଏହା କଳା ପ୍ରତି ଅନାଦର ଏବଂ କଳାକାର ପ୍ରତି ଅପମାନ, ଅସମ୍ମାନ। ଏ ଦୃଶ୍ୟ ବ୍ୟତିକ୍ରମ ନୁହେଁ। ପ୍ରେକ୍ଷାଳୟରେ ପ୍ରାୟ ଦେଖାଯାଏ। ଆଜିକାଲି ନିମନ୍ତ୍ରିତ ଅତିଥି

ଘରକୁ ଆସିଲେ ଅଭ୍ୟର୍ଥନା ଦୂରର କଥା, କଥାବାର୍ତ୍ତା କରିବାର ସାମାନ୍ୟ ସୌଜନ୍ୟ ମଧ୍ୟ ଦେଖାଯାଏ ନାହିଁ। ଘରର ସଦସ୍ୟ ମୋବାଇଲ, ସୋସିଆଲ ମିଡିଆକୁ ଅତିଥି ଅପେକ୍ଷା ଅଧିକ ଅଗ୍ରାଧିକାର ଦିଅନ୍ତି। ଆଜିକାଲି ତ ଲୋକେ ମୋବାଇଲ ସହ ବିଛଣାରେ ଶୋଉଛନ୍ତି ଓ ରାତି ଅଧରେ ସୋସିଆଲ ମିଡିଆରେ ଆସୁଥିବା ମେସେଜ୍‌କୁ ନିରୀକ୍ଷଣ କରୁଛନ୍ତି। ହୁଏତ କିଛିଦିନ ପରେ ସ୍ୱାମୀ-ସ୍ତ୍ରୀ କଥାବାର୍ତ୍ତା ହ୍ୱାର୍ଟସ୍ ଆପ୍ ମାଧ୍ୟମରେ କରିବାକୁ ପସନ୍ଦ କରିବେ।

ସବୁଠାରୁ ବଡ଼ କଥା ହେଉଛି ସୋସିଆଲ ମିଡିଆ, ଟେକ୍ନୋଲୋଜି କେବଳ ଜନସାଧାରଣଙ୍କ ପାଖରେ ଉପଲବ୍ଧ ନୁହେଁ, ଏହା ଆତଙ୍କବାଦୀ ଓ ମାଫିଆ ଗୋଷ୍ଠୀ, ଅସାମାଜିକ ବ୍ୟକ୍ତିଙ୍କ ପାଖରେ ମଧ୍ୟ ଉପଲବ୍ଧ ଏବଂ ଏହାର କୁଶଳ ପ୍ରୟୋଗ ସେମାନଙ୍କର ଆୟତ୍ତରେ। ସୋସିଆଲ ମିଡିଆର ଅନ୍ୟ ଗୋଟିଏ ଅବାଞ୍ଛନୀୟ, ନିନ୍ଦନୀୟ, କ୍ଷତିକାରକ ଦିଗ ପାଇଁ ସମସ୍ତେ ଚିନ୍ତିତ। ତାହା ହେଲା ବ୍ୟକ୍ତିଗତ ସୂଚନାର ଗୋପନୀୟତା ସୁରକ୍ଷା। ହାକିଂ ବା ବିନା ଅନୁମତିରେ ଅନ୍ୟ ନେଟ୍‌ୱାର୍କରେ ପ୍ରବେଶ କରୁଥିବା ବ୍ୟକ୍ତି ବା ଗୋଷ୍ଠୀଙ୍କର ଅପୂରଣୀୟ କ୍ଷତି ପହଞ୍ଚାଇବାର କ୍ଷମତା ଦିନକୁ ଦିନ ବୃଦ୍ଧି ପାଉଛି। ଯାହାର ନିବାରଣ ସମୟସାପେକ୍ଷ ଏବଂ ସମୟ ସମୟରେ ଅସମ୍ଭବ ବୋଲି ମନେହୁଏ। କିଛିଦିନ ପୂର୍ବେ ଆମେରିକାରେ ଗୋଟିଏ ବଡ଼ କମ୍ପାନୀର କମ୍ପ୍ୟୁଟର ସିଷ୍ଟମକୁ ଅଚଳ କରାଇ ସେଭଳି ଗୋଟିଏ ଗୋଷ୍ଠୀ ଅର୍ଥ ପ୍ରାପ୍ତି ପରେ ଯାହାକୁ ଇଂରାଜୀରେ ରାନ୍‌ସମ୍ କୁହାଯାଏ ସେ ସିଷ୍ଟମକୁ ଆଉ ଥରେ କାର୍ଯ୍ୟକ୍ଷମ କରାଇବାର ପ୍ରତିଶ୍ରୁତି ଦେଇଥିଲେ। ଅଶ୍ଳୀଳ ଚିତ୍ର, ଭିଡିଓ ପ୍ରସାରଣ, ଚରିତ୍ର ସଂହାର, କୁତ୍ସା ରଟନା ସାଧାରଣ କଥା ହୋଇଗଲାଣି ସୋସିଆଲ ମିଡିଆରେ। ଅନ୍ୟ ଗୋଟିଏ ବ୍ୟାଧି ବ୍ୟାପକ ଭାବେ ସଂକ୍ରମିତ ହେଉଛି - ଫେକ୍ ନ୍ୟୁଜ ବା ଅସତ୍ୟ ଆଧାରିତ, କପୋଳକଳ୍ପିତ, ଅପ୍ରକୃତ ମିଥ୍ୟା ପ୍ରଚାର କୌଣସି ବ୍ୟକ୍ତି ବା ଗୋଷ୍ଠୀକୁ ଜନମାନସରେ ନିନ୍ଦିତ କରିବାପାଇଁ। ପ୍ରଧାନମନ୍ତ୍ରୀ ମୋଦି, ଅମିତ ଶାହା ଓ ଜାତୀୟ ସୁରକ୍ଷା ପରାମର୍ଶଦାତା ଅଜିତ୍ ଡୋଭାଲଙ୍କ ନାମରେ ଦସ୍ତଖତ ସହ ପ୍ରସାରିତ ହେଉଛି ବହୁ ବାର୍ତ୍ତା, ଯାହା ସମ୍ପୂର୍ଣ୍ଣ ମିଥ୍ୟା ନେହେରୁ ପରିବାରଙ୍କ ବିଷୟରେ ମଧ୍ୟ ଅରୁଚିପୂର୍ଣ୍ଣ, ଅସତ୍ୟ ତଥ୍ୟ ପ୍ରସାରିତ ହେଉଛି; ଧାର୍ମିକ, ଜାତିଗତ ପ୍ରଭେଦକୁ ଉତ୍ତେଜିତ କଲାଭଳି ବିଷୟବସ୍ତୁକୁ ବିକୃତ ଭାବେ ପରିବେଷଣ କରାହେଉଛି ସୋସିଆଲ ମିଡିଆରେ। ଏଭଳି ଅପପ୍ରଚାର ଓ ମିଥ୍ୟା ସୂଚନା ଉପରେ ଅଙ୍କୁଶ ଲଗାଇବା ପାଇଁ ସମସ୍ତଙ୍କର ବା ସବୁ ଭାଗୀଦାରଙ୍କର ଗୁରୁଦାୟିତ୍ୱ ରହିଛି। ନଚେତ୍ ଏହା ଅନିୟମିତ ହୋଇ ବିସ୍ତାରିତ ଧ୍ୱଂସମୁଖୀ ଦାନବରେ ପରିଣତ ହେବ।

ଏହି ପରିପ୍ରେକ୍ଷୀରେ ଆମ ପ୍ରଦେଶ ଓଡ଼ିଶା କଥା ଚିନ୍ତା କଲେ ଭିନ୍ନ ଚିତ୍ର ଦେଖିବାକୁ ମିଳେ। ଏ ପର୍ଯ୍ୟନ୍ତ ପ୍ରଦେଶରେ ସୋସିଆଲ ମିଡିଆକୁ ଏକ ଶକ୍ତିଶାଳୀ ମାଧ୍ୟମ ଭାବେ ପ୍ରୟୋଗ କରିବାର ପ୍ରଚେଷ୍ଟା ହୋଇନାହିଁ। ଓଡ଼ିଶାରେ ବହୁ ସମସ୍ୟା ରହିଛି, ଶାସନକଳର ବିଫଳତା ରହିଛି, ଅନ୍ଧବିଶ୍ୱାସ, କୁସଂସ୍କାର ଅଛି, ଶିକ୍ଷା, ସ୍ୱାସ୍ଥ୍ୟ, ମାନବ ଅଧିକାର, ଅର୍ଥନୈତିକ ଅସମାନତା ଇତ୍ୟାଦି ଅଛି। ଏ ସଂକ୍ରାନ୍ତରେ ସଚେତନତା ସୃଷ୍ଟି କରିବାରେ, ଅନ୍ୟାୟ ବିରୋଧରେ ସ୍ୱର ଉତ୍ତୋଳନ କରିବା ଭଳି କୌଣସି ସୂଚନା ଦେଖିବାକୁ ମିଳୁନାହିଁ।

‘ସମାଜ’ର ବିଶେଷତ୍ୱ

‘ସମାଜ’ ସମ୍ବାଦପତ୍ରର ଶତବାର୍ଷିକୀ ଉତ୍ସବର ଶୁଭାରମ୍ଭ ଗତବର୍ଷ ଅକ୍ଟୋବର ମାସରେ ଏକ ସମ୍ଭ୍ରାନ୍ତ, ମର୍ଯ୍ୟାଦାପୂର୍ଣ୍ଣ, ଭବ୍ୟ ସମାରୋହରେ ଆରମ୍ଭ ହୋଇଥିଲା। ଉତ୍ସବରେ ସାରାବର୍ଷର ପାଳନ ପାଇଁ ଯେଉଁ ଯୋଜନା ବା ଖସଡ଼ା ପ୍ରସ୍ତୁତ ହୋଇଥିଲା ତାହା ସମ୍ପୂର୍ଣ୍ଣ ଭାବେ କାର୍ଯ୍ୟକାରୀ ହୋଇପାରିଲା ନାହିଁ କରୋନା ମହାମାରୀଜନିତ ଅନିଶ୍ଚିତତା ହେତୁ। ଭାରତବର୍ଷରେ କେବଳ ତିନି ଚାରୋଟି ନିରନ୍ତର, ନିରବଚ୍ଛିନ୍ନ ଭାବେ ପ୍ରକାଶ ପାଉଥିବା ଏବଂ ଶତକ ବର୍ଷ ସ୍ପର୍ଶ କରିଥିବା ସମ୍ବାଦପତ୍ରମାନଙ୍କ ମଧ୍ୟରେ ‘ସମାଜ’ ଅନ୍ୟତମ। ଏହା ଆମ ପାଇଁ ଗର୍ବ ଓ ଗୌରବର ବିଷୟ। ଲାଲା ଲଜପତ୍ ରାୟ ଓ ଉତ୍କଳମଣି ଗୋପବନ୍ଧୁ ଦାସଙ୍କ ଆଦର୍ଶରେ ଅନୁପ୍ରାଣିତ ଓ ତତ୍ତ୍ୱାବଧାନରେ ଗଢ଼ି ଉଠିଥିବା ଏହି ଅନୁଷ୍ଠାନଟି ଓଡ଼ିଶାର ଭାଷା, ସାହିତ୍ୟ ଓ ସଂସ୍କୃତି ସହ ଭାଷାଭିତ୍ତିକ ପ୍ରଦେଶ ଗଠନ ଏବଂ ଓଡ଼ିଆର ପରିଚୟ ସୃଷ୍ଟି କରିବାରେ ଅଗ୍ରଣୀ ଭୂମିକା ଗ୍ରହଣ କରିଥିଲା। ଦିନ ଥିଲା ଯେତେବେଳେ ସମ୍ବାଦପତ୍ର କହିଲେ ‘ସମାଜ’କୁ ବୁଝାଯାଉଥିଲା ଏବଂ ଏହା ଓଡ଼ିଆ ଭାଷାର ମାନ ନିର୍ଦ୍ଧାରଣ କରୁଥିଲା। ଏଥିରେ ପ୍ରୟୋଗ ହେଉଥିବା ଶବ୍ଦ ଓ ସଂଯୋଜନାକୁ ବିନା ପ୍ରଶ୍ନରେ ଲୋକେ ଗ୍ରହଣ କରିଥାଆନ୍ତି।

‘ସମାଜ’ ସବୁବେଳେ ସବୁ ଶ୍ରେଣୀର, ସବୁ ବର୍ଗର ସାଧାରଣ ଲୋକଙ୍କର ଅନ୍ୟାୟ ବିରୋଧରେ ସ୍ୱର ଉତ୍ତୋଳନ କରିଆସିଛି। ‘ସମାଜ’ ଅବହେଳିତ, ନିଷ୍ପେଷିତ ହେଉଥିବା ମୂକ ଜନତାର ସ୍ୱର। ଏହାର ରାଜସ୍ୱର ଲାଭାଂଶର କିଛି ଅଂଶ ପ୍ରାକୃତିକ ଦୁର୍ବିପାକ ପ୍ରପୀଡ଼ିତ ଏବଂ ଅଭାବୀ ଜନତାର କଲ୍ୟାଣରେ ବିନିଯୋଗ ହୋଇଥାଏ। ଅର୍ଥନୈତିକ ଦୁର୍ବଳ ଶ୍ରେଣୀର ଅଭାବଗ୍ରସ୍ତ ମେଧାବୀ ବିଦ୍ୟାର୍ଥୀଙ୍କୁ ଅଧ୍ୟୟନ ପାଇଁ ସହାୟତା ଦିଆଯାଇଥାଏ। ତେଣୁ ‘ସମାଜ’ କେବଳ ଏକ ସମ୍ବାଦପତ୍ର ନୁହେଁ, ଅନୁଷ୍ଠାନ ନୁହେଁ, ଏକ ମିସନ। ଗୋପବନ୍ଧୁଙ୍କ ନୀତି, ଆଦର୍ଶରେ ସମାଜ ସେବାର ଏ ପର୍ଯ୍ୟନ୍ତ ସକ୍ରିୟ।

ଆମ ଦେଶରେ ସାମ୍ବାଦିକତା ସ୍ୱାଧୀନତା ଆନ୍ଦୋଳନ ସମୟରେ ଓ ପରବର୍ତ୍ତୀ କାଳରେ କିଛି ବର୍ଷ ପାଇଁ ମିସନ ଭଳି ଗ୍ରହଣ କରାଯାଉଥିଲା। ପରେ ତାହା ପ୍ରଫେସନ ବା ବୃତ୍ତି ବୋଲି ବିଚାର କରାଗଲା। ବର୍ତ୍ତମାନ ଏହାର ବ୍ୟବସାୟୀକରଣ ହୋଇଛି। ତେବେ ସ୍ୱୀକାର କରିବାକୁ ପଡ଼ିବ ଯେ 'ସମାଜ' ପୁଞ୍ଜିପତି ଓ ପରିବାରବାଦରୁ ମୁକ୍ତ। ଏବେ ବି ଆପତ୍ତି ଜନକ ବିଜ୍ଞାପନ ନୀତିଗତଭାବେ ଏଥିରେ ପ୍ରକାଶ ହୁଏ ନାହିଁ। ଏହା ହିଁ ହେଲା 'ସମାଜ'ର ବିଶେଷତ୍ୱ। ଅତୀତରେ 'ସମାଜ' ବହୁ ଝଡ଼ଝଞ୍ଜାର ସମ୍ମୁଖୀନ ହୋଇଛି; କିନ୍ତୁ ଦିଶାହରା ହୋଇନାହିଁ। ଚିରନ୍ତନ ମାନବୀୟ ମୂଲ୍ୟବୋଧ ଆଧାରିତ ଆଦର୍ଶ ଏହାର ମାର୍ଗଦର୍ଶକ। ଓଡ଼ିଶାର ଅସ୍ମିତା ଏବଂ ଏହାର ବିଭବଶାଳୀ, ଗୌରବମୟ ଐତିହ୍ୟର ଜାତୀୟ, ଅନ୍ତର୍ଜାତୀୟ ସ୍ତରରେ ସ୍ୱୀକୃତି ପାଇ 'ସମାଜ' ସଂଗ୍ରାମରତ। 'ସମାଜ'ରେ ପ୍ରକାଶିତ ଖବର ପ୍ରଭାବ ପ୍ରତିଫଳନ ହୁଏ ସରକାରୀ ପଦକ୍ଷେପରେ।

ଇତିମଧ୍ୟରେ ଲୋକସେବକ ମଣ୍ଡଳ ମଧ୍ୟ ବିଭିନ୍ନ ବିବର୍ତ୍ତନ ଓ ପରିବର୍ତ୍ତନ ସହ ଦୃଷ୍ଟାନ୍ତମୂଳକ ଭାବେ ନେତୃତ୍ୱର ଦାୟିତ୍ୱ ଯୁବପିଢ଼ିକୁ ହସ୍ତାନ୍ତର କରିଛି - ଯାହା ସମୟୋପଯୋଗୀ ଓ ଯୁଗୋପଯୋଗୀ। ଜନସଂଖ୍ୟାର ଦୃଷ୍ଟିକୋଣରୁ ଆମ ଦେଶ ବର୍ତ୍ତମାନ ଯୁବପିଢ଼ି ବା ଯୁବଦେଶ। ଗତବର୍ଷର ଶତବାର୍ଷିକୀ ଉଦ୍‌ଘାଟନ ଉତ୍ସବରେ ସମ୍ମାନିତ ଅତିଥି ଭାରତର ଉପରାଷ୍ଟ୍ରପତି ଭେଙ୍କୟା ନାଇଡୁ, ରାଜ୍ୟପାଳ ପ୍ରଫେସର ଗଣେଶୀଲାଲ, ମୁଖ୍ୟମନ୍ତ୍ରୀ ନବୀନ ପଟ୍ଟନାୟକ, କେନ୍ଦ୍ର ପେଟ୍ରୋଲିୟମ ମନ୍ତ୍ରୀ ଧର୍ମେନ୍ଦ୍ର ପ୍ରଧାନ ଓ ଲୋକସେବକ ମଣ୍ଡଳର ଅଧ୍ୟକ୍ଷ ଦୀପକ ମାଲବ୍ୟ ଯେଉଁ ବକ୍ତବ୍ୟ ରଖିଥିଲେ ତାହା ପ୍ରଣିଧାନଯୋଗ୍ୟ ଓ ପ୍ରାସଙ୍ଗିକ ଏବଂ ତାହା କେବଳ 'ସମାଜ' ପାଇଁ ଉପାଦେୟ ନୁହେଁ ସେଗୁଡ଼ିକର ଯଥାର୍ଥତା ମଧ୍ୟ ଭବିଷ୍ୟତରେ ସବୁ ଗଣମାଧ୍ୟମ ପାଇଁ ରହିବ। ଭାରତର ଉପରାଷ୍ଟ୍ରପତିଙ୍କ ମତରେ ସୂଚନାକୁ ପରଖି, ଏହାର ସତ୍ୟ, ନିଷ୍ଠାକୁ ତନ୍ନତନ୍ନ ଭାବେ ଯାଞ୍ଚ କରି ଖବର ପରିବେଷଣ କରିବା ଜରୁରୀ। ଆଜିକାର ଗଣମାଧ୍ୟମରେ ଟିଆରପି, ପ୍ରସାରଣ ସଂଖ୍ୟା ଏବଂ ବଟମ୍ ଲାଇନ୍ ଗୁରୁତ୍ୱପୂର୍ଣ୍ଣ ହୋଇପାରେ କିନ୍ତୁ ଏହା ଆଧିପତ୍ୟ ବିସ୍ତାର କରିବା ଅନୁଚିତ। ସେ ଆହୁରି ମଧ୍ୟ କହିଥିଲେ ଗଣମାଧ୍ୟମ ବିନା ଗଣତନ୍ତ୍ର ଚକ ନ ଥିବା ବାହନ ଭଳି। ମୁକ୍ତ ଓ ସ୍ୱଚ୍ଛ ଗଣମାଧ୍ୟମ ଗଣତନ୍ତ୍ର ପାଇଁ ଅପରିହାର୍ଯ୍ୟ। ଖବର ଓ ବିଚାରର ମିଶ୍ରଣଠାରୁ ଦୂରେଇ ରହିବାର ପ୍ରୟୋଜନ ମଧ୍ୟ ରହିଛି। ଗଣମାଧ୍ୟମ ସ୍ୱରହୀନ ଲୋକଙ୍କର ସ୍ୱର ଓ ପରିବର୍ତ୍ତନର ପଥ ପ୍ରଦର୍ଶକ ହେଉ। ରାଜ୍ୟପାଳ ଅନୁସନ୍ଧାନମୂଳକ ସତ୍ୟ ଓ ତଥ୍ୟ ଆଧାରିତ ସମ୍ବାଦ ପରିବେଷଣ ଉପରେ ପ୍ରାଧାନ୍ୟ ଦେଇ ଗଣମାଧ୍ୟମ ନିଜର ବିଶ୍ୱସନୀୟତା ଓ ନିରପେକ୍ଷତା ଜନତାଙ୍କ ନିକଟରେ

ବଜାୟ ରଖିବାକୁ ନିବେଦନ ରଖିଥିଲେ। ମୁଖ୍ୟମନ୍ତ୍ରୀ ନିଜ ଅଭିଭାଷଣରେ ଗଣମାଧ୍ୟମ ଗଣତନ୍ତ୍ରର ଅମ୍ଳଜାନ ଭଳି ଚିତ୍ରିତ କରିଥିଲେ। କେନ୍ଦ୍ରମନ୍ତ୍ରୀ ପ୍ରଧାନ ନିଜର ବକ୍ତବ୍ୟରେ 'ସମାଜ' ଭଳି ଐତିହ୍ୟସମ୍ପନ୍ନ ସମ୍ବାଦପତ୍ରର ଆଗାମୀ ସମୃଦ୍ଧ ଓଡ଼ିଶାର ବିଶେଷ ଭୂମିକା ସହ ଓଡ଼ିଶା ପାଇଁ ଯେଉଁ ଭିଜନ୍ ରହିଛି ତାହାର ରୂପାୟନ ପାଇଁ ନେତୃତ୍ୱ ନେବାର ପ୍ରୟୋଜନ ଉପରେ ପ୍ରାଧାନ୍ୟ ଦେଇଥିଲେ।

ସେ ଦିନର ଶତବାର୍ଷିକୀ ଉତ୍ସବରେ ପ୍ରଦତ୍ତ ସମ୍ମାନିତ ଅତିଥିଙ୍କର ବକ୍ତବ୍ୟଗୁଡ଼ିକର ଗୁରୁତ୍ୱ, ମହତ୍ତ୍ୱ ଓ ପ୍ରାସଙ୍ଗିକତା ବର୍ତ୍ତମାନର ଦୃଶ୍ୟକ୍ରମରେ ଯଥାର୍ଥ। ଗଣମାଧ୍ୟମର ଢାଞ୍ଚା, ସ୍ୱତନ୍ତ୍ର ବୈଶିଷ୍ଟ୍ୟ ଓ ପରମ୍ପରା ଦ୍ରୁତ ପରିବର୍ତ୍ତନ ସହ ଅବକ୍ଷୟମୁଖୀ। ସୋସିଆଲ ମିଡିଆ ଜନପ୍ରିୟତା ସହ ଆଦୃତ ହୋଇଥିବା ହେତୁ ସେଥିରେ ପ୍ରସାରିତ ହେଉଥିବା ମିଛ ଖବର ଓ ପରିବେଷଣ ଶୈଳୀ ଆଧାରରେ ବହୁ ସମୟରେ ଜନମତ ସୃଷ୍ଟି ହେଉଛି ଯାହା ନିର୍ବାଚନ ଫଳାଫଳ ଛଡ଼ା ନ୍ୟାୟପାଳିକାକୁ ମଧ୍ୟ ପ୍ରଭାବିତ କରୁଛି ବୋଲି ସନ୍ଦେହ ଓ ପ୍ରଶ୍ନ ଉଠୁଛି। ଅତିରଞ୍ଜିତ ଖବର ଓ ଚରିତ୍ର ସଂହାର ବର୍ତ୍ତମାନ ଏକ ମାମୁଲି କଥା। ପରିବର୍ତ୍ତନଶୀଳ ପୃଥିବୀରେ ଲୋକସେବକ ମଣ୍ଡଳ ସଭାପତି ଦୀପକ ମାଲବ୍ୟଙ୍କ ଭାଷାରେ 'ସମାଜ' ଦୃଢ଼ ବିଶ୍ୱାସ ଏବଂ ସତ୍ୟନିଷ୍ଠାର ସହ ଜନଜୀବନର ସମସ୍ୟା ସାମ୍ନାକୁ ଆଣିବାରେ ପଶ୍ଚାତ୍‌ପଦ ହେବନି। 'ସମାଜ' ଜରିଆରେ ଏକ ଉତ୍ତମ ରାଜ୍ୟ ଓ ରାଷ୍ଟ୍ର ଗଠନ ଦିଗରେ ଅବିରତ ଉଦ୍ୟମ କରିବ। ଏହା ହିଁ ହେଉ ସମସ୍ତଙ୍କର ଧ୍ୟେୟ।

■

ଯୁଦ୍ଧ ସରି ନାହିଁ

ଚୀନ୍‌ରେ ସୃଷ୍ଟ କୋଭିଡ୍-୧୯ ଯେତେବେଳେ ପୃଥିବୀର ବିଭିନ୍ନ ପ୍ରାନ୍ତରେ ସଂକ୍ରମିତ ହେବାକୁ ଲାଗିଲା, ବିଶ୍ୱ ନେତୃତ୍ୱ ଏହାକୁ ଯୁଦ୍ଧକାଳୀନ ପରିସ୍ଥିତି ବୋଲି ବର୍ଣ୍ଣନା କରିବାସହ ଯୁଦ୍ଧଭିତ୍ତିକ ପ୍ରସ୍ତୁତି ଆରମ୍ଭ କଲେ। ବିଭିନ୍ନ ଦେଶର ନେତା ଓ ଗଣ ମାଧ୍ୟମରେ ଯେଉଁ ଭାଷାର ପ୍ରୟୋଗ କରାଗଲା, ତାହା ସାଧାରଣତଃ ଯୁଦ୍ଧଲିପ୍ତ ଦେଶଗୁଡ଼ିକରେ ଶୁଣାଯାଏ। ଜୟ ପରାଜୟର ପରିଣାମ ବିଷୟରେ ଲୋକେ କହିବାକୁ ଲାଗିଲେ। ଏ ଯୁଦ୍ଧ କିନ୍ତୁ ଏକ ସମ୍ପୂର୍ଣ୍ଣ ଭିନ୍ନ ଯୁଦ୍ଧ। ଏହା କୌଣସି ଦେଶ ବା ଲୋକ ସମୂହଙ୍କ ସହିତ ଯୁଦ୍ଧ ନୁହେଁ, ଯୁଦ୍ଧ ଏକ ଅଦୃଶ୍ୟ ମାଇକ୍ରୋଅର୍ଗାନିଜିମ୍ ଶତ୍ରୁ ସହ। ଶତ୍ରୁ ସ୍ଥିର କରୁଥିଲା ଯୁଦ୍ଧର ସମୟ ଓ ସ୍ଥାନ। ସେ ଶତ୍ରୁର ଆକ୍ରମଣ କୌଣସି ନିର୍ଦ୍ଦିଷ୍ଟ ଦେଶ ବା ସୀମା ଉପରେ ନଥିଲା କିମ୍ବା ଏହା ଧନୀ, ଗରିବ, ବୃଦ୍ଧ, ଶିଶୁ, ପୁରୁଷ, ନାରୀ, ଜାତି, ଧର୍ମ ଭିତରେ କୌଣସି ପ୍ରଭେଦ ବା ପକ୍ଷପାତିତା କରୁନଥିଲା। ଏ ଯୁଦ୍ଧରେ ଏ ପର୍ଯ୍ୟନ୍ତ ବିଶ୍ୱର ସଂକ୍ରମିତ ୪୫ ଲକ୍ଷ ଓ ୪ ଲକ୍ଷରୁ ଉର୍ଦ୍ଧ୍ୱ ମୃତ, ଭବିଷ୍ୟତ ଅନିଶ୍ଚିତ। ଶତ୍ରୁର ଅନ୍ତର୍ନିହିତ କ୍ଷତିକାରକ ଶକ୍ତିର ଆକଳନ ଅଭାବରେ ଏହାର ଭବିଷ୍ୟତ ରୂପରେଖ, ଗତିପଥ ବିଷୟରେ ଆମେ ସମସ୍ତେ ଅଜ୍ଞ। ମୁକାବିଲା କରିବାପାଇଁ ବିଶ୍ୱର ସବୁ ଦେଶରେ ପ୍ରସ୍ତୁତି ଚାଲିଛି ଯୁଦ୍ଧକାଳୀନ ଭିତ୍ତିରେ - ଗୋଟାଏ ଆବିଷ୍କାର ଓ ଉଦ୍‌ଭାବନ ଆଶାରେ। ତେବେ ଫଳାଫଳ ଉପରେ କୌଣସି ନିର୍ଭରଯୋଗ୍ୟ ନିଶ୍ଚିତତା ଆସିନାହିଁ। ପରୀକ୍ଷା ନିରୀକ୍ଷା ଚାଲିଛି। କେବଳ ଏତିକି ଜଣାପଡୁଛି ଯେ ଶତ୍ରୁକୁ ନିମନ୍ତ୍ରଣ କଲେ ସେ ଆକ୍ରମଣ କରେ। ତେଣୁ ବିକଳ୍ପର ଅଭାବରେ ଆମ ଆଚରଣ ଓ ଜୀବନଶୈଳୀରେ ଶତ୍ରୁକୁ ଆମନ୍ତ୍ରିତ କରିବାର ସୁଯୋଗରୁ ନିବୃତ୍ତ ରହିବା ପାଇଁ ଭିନ୍ନଭିନ୍ନ ଉପାୟ ଅବଲମ୍ବନ କରାହେଉଛି। ଏ ଯୁଦ୍ଧର ଶେଷ ଶୀଘ୍ର ନୁହେଁ, ସଂଗ୍ରାମ ଜାରି ରହିବ। ସେଥିଲାଗି ତିନିଟି ସୁରକ୍ଷା ବଳୟରେ ସଜ୍ଜିତ

ହେବାକୁ ପଡ଼ିବ - ସାମାଜିକ ଦୂରତା, ମୁଖା ପରିଧାନ ଏବଂ ଘନଘନ ନିଜ ହାତକୁ ପରିଷ୍କାର କରିବା।

ବେଳେବେଳେ ଯୁଦ୍ଧରେ ଏଭଳି ସମୟ ଓ ପରିସ୍ଥିତି ଆସେ ଯେତେବେଳେ ଜୟ-ପରାଜୟର ଅନିଶ୍ଚିତତା ଦୁଇପକ୍ଷକୁ ବିବଶ କରିଦିଏ। ପଳାୟନର ପନ୍ଥା ନଥାଏ। ଅନ୍ୟ ଅର୍ଥରେ ଅଚଳ ଅବସ୍ଥାରେ ପହଞ୍ଚିଯାଏ। ମନେହୁଏ ଆମ ଦେଶର ନୀତି ନିର୍ଦ୍ଧାରକ ସେଭଳି ପରିସ୍ଥିତି ହୃଦୟଙ୍ଗମ କଲେଣି। ଗତ ସପ୍ତାହରେ ଭାରତର ସ୍ୱାସ୍ଥ୍ୟମନ୍ତ୍ରୀ ଡକ୍ଟର ହର୍ଷବର୍ଦ୍ଧନ ଗୋଟିଏ ଟିଭି ଚ୍ୟାନେଲ୍‌ରେ ଇଙ୍ଗିତ କଲେ ଯେ - ଆଗକୁ କରୋନା ସହିତ ସହାବସ୍ଥାନ କରିବାକୁ ପଡ଼ିବ। ସେ କଥାକୁ ଭିନ୍ନ ଭାଷାରେ ଦୋହରାଇଲେ କେନ୍ଦ୍ର ମନ୍ତ୍ରୀମଣ୍ଡଳର ବରିଷ୍ଠ ସଦସ୍ୟ ନୀତିନ ଗଡ଼କରୀ କହିଲେ - ଆମକୁ 'ଆର୍ଟ ଅଫ୍ ଲିଭିଂ' ଉଇଥ୍ କରୋନା ଶିଖିବାକୁ ପଡ଼ିବ। ସୋସିଆଲ ମିଡିଆରେ ପ୍ରସାରିତ ଆଇସିଏମଆରର ଆଞ୍ଚଳିକ ଓଡ଼ିଶା ନିର୍ଦ୍ଦେଶିକାଙ୍କ ମତରେ - ଏ ଭୂତାଣୁ ଥିଲା, ଅଛି ଓ ରହିବ। ଏହା ପାଣ୍ଡେମିକ୍ ସୃଷ୍ଟି କରି ପାରିଥାଏ; କିନ୍ତୁ ଏହା କେବେ ଯିବ ତା'ର କୌଣସି ଉତ୍ତର ନାହିଁ। ବରଂ ଯିବ ନାହିଁ ଏବଂ ଆମ ସାଙ୍ଗରେ ରହିବ। ଆମ ଚାରିପଟେ ଓ ଆମ ଭିତରେ ବହୁ ଭୂତାଣୁ, ଜୀବାଣୁ, ରୋଗ ଭରି ରହିଛି, ଟିବି, ଇନ୍‌ଫ୍ଲୁଏଞ୍ଜା, କଲେରା ଇତ୍ୟାଦି। ଆଗକୁ ସେମାନଙ୍କ ସହିତ ଏକତ୍ର ବାସ କରିବାର ଶୈଳୀ ଶିଖିବାକୁ ହେବ। ଆମର ଯଦି ଟେଷ୍ଟିଂ କରାଯାଏ ତେବେ ଏଗୁଡ଼ିକର ଆମ ଶରୀରରେ ଉପସ୍ଥିତି ଅବଶ୍ୟ ରହିବ। ଏଗୁଡ଼ିକ ବାହାରେ ଥିଲେ ନିର୍ଜୀବ; କିନ୍ତୁ ଥରେ କୋଷ ଭିତରେ ପ୍ରବେଶ କଲେ ଇନ୍ଦ୍ରିୟଗୁଡ଼ିକୁ ନିଜ ଇଚ୍ଛାନୁସାରେ ନିୟନ୍ତ୍ରଣ କରିବାକୁ ଚାହିଁବେ। କୋଭିଡ-୧୯ ପ୍ରଥମେ ଚୀନ୍‌ରେ ସୃଷ୍ଟି ହୋଇଥିଲା ବେଳେ ଏହା ଥିଲା ଅତିମାତ୍ରାରେ ମାରାତ୍ମକ, ବିଷାକ୍ତ। ନୂଆ ବର୍ଷର ଉତ୍ସବ ପାଳନ ପାଇଁ ବହୁ ଚୀନ୍‌ବାସୀ ପର୍ଯ୍ୟଟକ ୟୁରୋପ ଓ ଆମେରିକା ଯାତ୍ରା କରିବା ଫଳରେ ସେଠାକାର ସ୍ଥାନୀୟ ଲୋକଙ୍କ ପ୍ରତ୍ୟକ୍ଷ ସଂସ୍ପର୍ଶରେ ଆସିଲେ। ଫଳରେ ଭୂତାଣୁର ଉତ୍କଟତା ସେମାନଙ୍କୁ ମଧ୍ୟ ଆଚ୍ଛନ୍ନ କଲା। ଭାରତୀୟମାନେ ଏ ଭୂତାଣୁ ଦ୍ୱାରା ଆକ୍ରାନ୍ତ ହେଲାବେଳକୁ ଏହାର ପ୍ରାବଲ୍ୟ ଢେର କମିଯାଇଥିଲା ଏବଂ ଓଡ଼ିଶାରେ ପହଞ୍ଚିଲା ବେଳକୁ ଦାରୁଣତା ବହୁ ପରିମାଣରେ ହ୍ରାସ ପାଇଛି। ତେବେ ଯେ ପର୍ଯ୍ୟନ୍ତ ଏଥିପାଇଁ କୌଣସି ପ୍ରତିରୋଧକ ଟୀକା ହେଉ କିମ୍ବା ଔଷଧ ଉଦ୍‌ଭାବନ ବା ଆବିଷ୍କାର ହୋଇନାହିଁ, ଏହି ଭୂତାଣୁ ସହିତ ରହିବାକୁ ପଡ଼ିବ, ଆମର ଦଳବଦ୍ଧ ଗୋଷ୍ଠୀ ପ୍ରତିରୋଧକ ବା ହର୍ଡ ଇମ୍ୟୁନିଟି ସୃଷ୍ଟି ହେବା ପର୍ଯ୍ୟନ୍ତ। ହୁଏତ ଶରୀରରେ ପ୍ରତିରକ୍ଷକ ବା ରୋଗ ପ୍ରତିଷେଧକ କ୍ଷମତାକୁ ସଂବୃଦ୍ଧ କରିବାକୁ ପଡ଼ିବ ପୁରାତନ ଯୋଗ, ପ୍ରାଣାୟାମ ଅଥବା ଉପଯୋଗୀ ଖାଦ୍ୟ ଏବଂ

ଜୀବନଶୈଳୀରେ ପରିବର୍ତ୍ତନ ଆଣି। ପ୍ରତିଷେଧକ ଶକ୍ତି ସୃଷ୍ଟି ହେବା ସମୟ ସାପେକ୍ଷ। ସାମାଜିକ ଦୂରତ୍ୱ, ମାସ୍କ କିମ୍ବା ହାତ ଧୋଇବା କେବଳ ଅଳ୍ପ ମାତ୍ରାରେ ଭୂତାଣୁକୁ ଗ୍ରହଣ କରି ପ୍ରତିରୋଧକ ଶକ୍ତି ବଢ଼ାଇବାର ଏକ ପ୍ରୟାସ। ନିର୍ଦ୍ଦେଶିକାଙ୍କ ଏହି ମତାମତ ବହୁ ମହତ୍ତ୍ୱପୂର୍ଣ୍ଣ। ବିଶ୍ୱସ୍ୱାସ୍ଥ୍ୟ ସଂଗଠନ ବିଶେଷଜ୍ଞମାନେ ମଧ୍ୟ ମତ ଦେଲେଣି ଯେ କୋଭିଡ ୧୯ ଏନ୍‌ଡେମିକ୍ ହୋଇ ବହୁଦିନ ପର୍ଯ୍ୟନ୍ତ ଆମ ସହିତ ରହିବ। ଯେଉଁଭଳି ଏଚଆଇଭି ରହିଛି। ସଂପୂର୍ଣ୍ଣଭାବେ କୋହଳତାରେ ଗୋଷ୍ଠୀ ପ୍ରତିରୋଧତା ସୃଷ୍ଟି ୟୁରୋପରେ କିଛି ଦେଶରେ ବିଫଳ ହୋଇଛି। ତେଣୁ ଏହା ଧୀରେ ଧୀରେ କ୍ରମିକ ଭାବେ ହେବା ଦରକାର। ଆମେ ଯଦି ପୃଥିବୀର ବିଭିନ୍ନ ଦେଶରେ କୋଭିଡ ୧୯ର ଭୟଙ୍କର ପ୍ରାଦୁର୍ଭାବ ଉପରେ ଦୃଷ୍ଟିପାତ କରିବା ମନେହେବ ତୁଳନାତ୍ମକ ଭାବେ ଭାରତ ଓ ଆମ ରାଜ୍ୟ ଓଡ଼ିଶାର ସ୍ଥିତି ଏ ପର୍ଯ୍ୟନ୍ତ ନିୟନ୍ତ୍ରଣ ପରିଧିର ବାହାରକୁ ଯାଇନାହିଁ। ତେବେ ପ୍ରବାସୀ ଶ୍ରମଜୀବୀଙ୍କ ପାଇଁ ମାର୍ଚ୍ଚ ଶେଷ ସପ୍ତାହରେ କେନ୍ଦ୍ର ଓ ରାଜ୍ୟମାନେ ଠୋସ୍ ପଦକ୍ଷେପ ନେଇ ପାରିଥିଲେ ବର୍ତ୍ତମାନର ଦୃଶ୍ୟମାନ ଦାରୁଣ, ହୃଦୟ ବିଦାରକ ସମସ୍ୟାକୁ ଏଡ଼ାଇ ଦିଆଯାଇ ପାରିଥାନ୍ତା। ରାଜ୍ୟମାନେ ପ୍ରବାସୀ ଶ୍ରମମଜୀବୀଙ୍କର କର୍ମସ୍ଥଳକୁ ଜରୁରୀକାଳୀନ ଭିତ୍ତିରେ ସରକାରୀ ଟିମ୍ ପଠାଇ ସ୍ଥାନୀୟ କର୍ତ୍ତୃପକ୍ଷ ଓ ବିକ୍ରେତା, ସେବା ପ୍ରଦାନକାରୀ ସଂସ୍ଥାଙ୍କ ସହଯୋଗରେ ଶ୍ରମଜୀବୀ ରହୁଥିବା ଇଲାକାଗୁଡ଼ିକରେ ଗୁରୁଦ୍ୱାର ଲଙ୍ଗର ଭଳି ରନ୍ଧାଖାଦ୍ୟ ଓ ଆଶ୍ରୟ ସୁବିଧା ଓ କିଛି ଆର୍ଥିକ ସହାୟତା ମାଧ୍ୟମରେ ସେମାନଙ୍କ ମନରେ ଆଶ୍ୱାସନା ଓ ଆଶ୍ୱସ୍ତି ଆଣିବା ଦରକାର ଥିଲା ଏବଂ ସଠିକ୍ ସମୟରେ ସେମାନଙ୍କର ପ୍ରତ୍ୟାବର୍ତ୍ତନ ପାଇଁ ପ୍ରବର୍ତ୍ତାଇବା ଉଚିତ୍ ହୋଇଥାନ୍ତା। ପ୍ରଧାନମନ୍ତ୍ରୀ ପ୍ରଥମେ ଶ୍ରମଜୀବୀମାନଙ୍କର କର୍ମସ୍ଥଳରେ ରହିବାର ସପକ୍ଷରେ ମତ ଦେଇଥିଲେ, କିନ୍ତୁ ପରବର୍ତ୍ତୀ କାଳରେ ହୁଏତ ରାଜ୍ୟମାନଙ୍କର ଚାପରେ ସେଥିରେ ପରିବର୍ତ୍ତନ ଆଣିଲେ। ବର୍ତ୍ତମାନ ତାହା ଆଲୋଚ୍ୟ ବିଷୟବସ୍ତୁ ନୁହେଁ। ପୂର୍ବାବସ୍ଥାକୁ ଫେରିଯିବା ସମ୍ଭବପର ନୁହେଁ। ଏହି ଦୃଶ୍ୟକ୍ରମରେ ଶୃଙ୍ଖଳିତ ଭାବେ ପ୍ରବାସୀ ଶ୍ରମଜୀବୀଙ୍କ ସମସ୍ୟା ପ୍ରତି ଦୃଷ୍ଟି ଦେବାସହ କୋଭିଡ ୧୯ର ସଂପ୍ରସାରଣକୁ ସୀମିତ ରଖିବା ନିତାନ୍ତ ଜରୁରୀ। ଏହାର ସଫଳତା, ସୁଚାରୁରୂପେ ପରିଚାଳନା ନିର୍ଭର କରେ ଶାସନ କଳର ବ୍ୟୁରୋକ୍ରାଟ୍‌ମାନଙ୍କ ଉପରେ। ଦେଖାଯାଇଛି ଏଭଳି ଭୟଙ୍କର ପରିସ୍ଥିତିର ମୁକାବିଲା କରିବା ପାଇଁ କେବଳ ବ୍ୟୁରୋକ୍ରାଟ୍‌ଙ୍କର ହିଁ ଉପଯୋଗ ହେଉଛି। ରାଜନୀତିଜ୍ଞ ଅଥବା ନାଗରିକ ସମାଜର କୌଣସି ଭୂମିକା ନାହିଁ। ଏଭଳି ପରିସ୍ଥିତିରେ ତୃଣମୂଳ ସ୍ତରରେ ଜନସାଧାରଣଙ୍କ ସହିତ ଘନିଷ୍ଠ ସମ୍ପର୍କ ଥିବା ଲୋକ କ୍ଷେତ୍ରରେ କର୍ମୀ, ନେତାମାନେ ବିଶେଷଭାବେ ଉପଯୋଗୀ ଓ ଫଳପ୍ରଦ ହୋଇପାରିବେ।

କୋଭିଡ ୧୯ ଆଗମନରେ ଜୀବନ ଓ ଜୀବିକାର ବିତର୍କ ଓ ଦ୍ୱନ୍ଦ୍ୱର ସମାପ୍ତି ଘଟିଥିଲା। ସେତେବେଳେ ଆମେ ଜୀବନକୁ ପ୍ରାଥମିକତା ଦେଲୁ। ବର୍ତ୍ତମାନ ଜୀବିକା ଉପରେ ଧ୍ୟାନ ଦେବାକୁ ପଡ଼ିବ। ଜୀବନ ଓ ଜୀବିକାକୁ ପୃଥକ୍ ଭାବେ ବିଚାର କରିହେବନି। ଦୁହେଁ ପରିପୂରକ। ତାହାକୁ ଆଉ ବେଶୀଦିନ ଏଡ଼ାଇ ଦିଆଯାଇ ପାରିବ ନାହିଁ। ସମଗ୍ର ବିଶ୍ୱର ଅର୍ଥନୀତି ବର୍ତ୍ତମାନ ଭୁଶୁଡ଼ି ପଡ଼ିଲାଣି ଓ ମୁମୂର୍ଷୁ ଅବସ୍ଥାରେ। ଅର୍ଥନୀତିର ପୁନର୍ଜାଗରଣ ପାଇଁ ବିଭିନ୍ନ ଦେଶ ଭିନ୍ନ ଭିନ୍ନ ମୃତସଞ୍ଜିବନୀ ପ୍ରୟୋଗ କରିବାକୁ ସ୍ଥିର କରିଛନ୍ତି। ଏ ଦାରୁଣ ଦୁର୍ବିପାକ ମଧ୍ୟ ନୂତନ ଭାବେ ଗଢ଼ି ତୋଳିବାର ସୁଯୋଗ। ଦେଶରେ ବିଭିନ୍ନ ଗୋଷ୍ଠୀର ଭିନ୍ନଭିନ୍ନ ମତ ଥାଇପାରେ - କେଉଁକେଉଁ କ୍ଷେତ୍ରକୁ ଅଗ୍ରାଧିକାର ଦିଆଯିବ, ପ୍ରବାସୀ ଶ୍ରମଜୀବୀଙ୍କୁ କିଭଳି ପ୍ରାଥମିକତା ଓ ସାହାଯ୍ୟ ଦିଆଯିବ, ବଜାରରେ ଚାହିଦା କେମିତି ବଢ଼ିବ, ଲୋକଙ୍କର କ୍ରୟଶକ୍ତି ବୃଦ୍ଧିର ଉପାୟ କ'ଣ ଇତ୍ୟାଦି। ପ୍ରଧାନମନ୍ତ୍ରୀ କିଛିଦିନ ତଳେ ୨୦ ଲକ୍ଷ କୋଟିର ଅର୍ଥନୈତିକ ପାକେଜ୍ ସମାଜର ସବୁବର୍ଗର ଲୋକ ଓ ସବୁକ୍ଷେତ୍ର ପାଇଁ ଘୋଷଣା କରିଛନ୍ତି। ଘୋଷଣା ଭାଷଣରେ, ମହତ୍ ଉଦ୍ଦେଶ୍ୟରେ ସୀମିତ ନରହୁ। ଏହାର କାର୍ଯ୍ୟକାରିତାରେ ନିଷ୍ଠା, ଉତ୍ସର୍ଗୀକୃତ, ସକାରାତ୍ମକ ମନୋଭାବ ସରକାରୀ କଳ ଓ ସମାଜରେ ପ୍ରକାଶ ପାଉ।

■

ଗଣତନ୍ତ୍ରରେ ସମାଲୋଚନା

ଗଣତନ୍ତ୍ର କହିଲେ ଆମେ ସାଧାରଣ ଭାବେ ବୁଝୁ ଶାସନ ଓ ସରକାର ଲୋକଙ୍କର, ଲୋକମାନଙ୍କ ଦ୍ୱାରା ଓ ଲୋକମାନଙ୍କ ପାଇଁ। ଅନ୍ୟ ଅର୍ଥରେ ଲୋକଙ୍କ ହାତରେ ହିଁ ସାର୍ବଭୌମ କ୍ଷମତା। ଅଧିକନ୍ତୁ ଏହା ମଧ୍ୟ ସୂଚାଏ ଯେ ନୀତି ନିର୍ଦ୍ଧାରଣ ପ୍ରକ୍ରିୟାରେ ଜନସାଧାରଣଙ୍କର ପ୍ରତ୍ୟକ୍ଷ ବା ପରୋକ୍ଷରେ ସଂପୃକ୍ତି ଏବଂ ନୀତିଗୁଡ଼ିକରେ ଜନମତର ପ୍ରତିଫଳନ। ଗଣତନ୍ତ୍ର ରାଷ୍ଟ୍ରପତି ଅଥବା ପାର୍ଲାମେଣ୍ଟ ପଦ୍ଧତିରେ ହେଉ, ଏହାର ମୂଳତତ୍ତ୍ୱ ହେଲା ଜନସାଧାରଣଙ୍କ ହିତ ପାଇଁ ନାଗରିକ ସମ୍ବନ୍ଧୀୟ କୌଣସି ଆଲୋଚନାରେ ସମସ୍ତଙ୍କ ମତାମତର ତର୍ଜମା ଓ ନିଷ୍କର୍ଷରେ ପହଞ୍ଚିବାର ଉଦ୍ୟମ, ନିଷ୍ପତ୍ତିର ସଫଳତା ଏବଂ ତାହାର କାର୍ଯ୍ୟକାରିତା ସୁନିଶ୍ଚିତ କରିବା। ଜନସଂପୃକ୍ତି ଫଳରେ ସକାରାତ୍ମକ, ଗ୍ରହଣୀୟ ପ୍ରଣାଳୀ ମାଧ୍ୟମରେ ଉଦ୍ଦିଷ୍ଟ ଗୋଷ୍ଠୀଙ୍କ ପାଖରେ ସେବାପ୍ରଦାନ ମଧ୍ୟ ଏହାର ଅନ୍ୟତମ ଲକ୍ଷ୍ୟ।

ଭାରତର ସମ୍ବିଧାନ ଅନୁଯାୟୀ ଏକ ସାର୍ବଭୌମ, ସମାଜବାଦୀ, ଧର୍ମନିରପେକ୍ଷ, ଗଣତାନ୍ତ୍ରିକ ରାଷ୍ଟ୍ର ଗଠନ କରିବାକୁ ଆମେ ସଂକଳ୍ପବଦ୍ଧ। ଏଥିପାଇଁ ସମ୍ବିଧାନ ସମ୍ମତ ମୌଳିକ ଅଧିକାର ଦ୍ୱାରା ସାମାଜିକ, ଅର୍ଥନୈତିକ, ନ୍ୟାୟ, ସ୍ୱାଧୀନ ଚିନ୍ତାଧାରା, ମତପ୍ରକାଶ କରିବାର ସ୍ୱାଧୀନତା, ବିଶ୍ୱାସ, ଉପାସନା, ସମାନତା, ଭ୍ରାତୃଭାବ ଓ ବ୍ୟକ୍ତିଗତ ସମ୍ମାନକୁ ସୁରକ୍ଷିତ କରିବାର ପ୍ରୟାସ ଓ ପ୍ରତିବଦ୍ଧତାର ପ୍ରତିଫଳନ।

ଭାରତ ଗୋଟିଏ ବିରାଟ, ଜନବହୁଳ, ପ୍ରାଚୀନ ସଭ୍ୟତାର ଦେଶ। ଏହା ବହୁ ଭାଷାଭାଷୀ, ବହୁ ସଂପ୍ରଦାୟ, ବହୁ ସଂସ୍କୃତିର ସମଷ୍ଟି। ଆମର ବିବିଧତା ହିଁ ଆମର ଶକ୍ତି। ଯେଉଁମାନେ ନିଜ ଦେଶରେ ଧର୍ମଗତ ବା ରାଜନୀତି କାରଣରୁ ଉତ୍ପୀଡ଼ନ ଓ ନିର୍ଯାତିତ ସେମାନଙ୍କୁ ଆତିଥ୍ୟତା ଦେଇ ଆଦର ସହ ସ୍ୱାଗତ କରି ନିଜର କରିବାର ଉଦାରତା ହିଁ ଭାରତରୁ ଅନ୍ୟଦେଶଠାରୁ ଭିନ୍ନ ଓ ଅନନ୍ୟ କରିଛି। ଇହୁଦି ଓ ପାର୍ସୀ

ଜୋରାଷ୍ଟ୍ରିଆନ୍‌ମାନେ ନିଜ ଦେଶରେ ଧର୍ମ ଆଧାରିତ ବିଭେଦମୂଳକ ପକ୍ଷପାତିତାର ଶିକାର ହେବାପରେ ଅତୀତରେ ନିର୍ଭୟରେ ଭାରତରେ ବସତି ସ୍ଥାପନ କରିଥିଲେ। ସେଥିପାଇଁ ଭାରତର ସଂସ୍କୃତିକୁ ନାନା ବର୍ଣ୍ଣର, ବିଭିନ୍ନ ରଙ୍ଗର ମୋଜାଇକ୍ ସଂସ୍କୃତି ବୋଲି ଚିତ୍ରଣ କରାଯାଇଥାଏ।

ଏହି ସତ୍ୟକୁ ଦୃଷ୍ଟିରେ ରଖି ସମ୍ବିଧାନ ରଚନାବେଳେ ସେତେବେଳକାର ନେତୃବୃନ୍ଦ ସମାନତା, ସ୍ୱାଧୀନତା, ଆଇନର ଶାସନ ଓ କିଛି ମାନବିକ ଅଧିକାର ବ୍ୟବସ୍ଥାକୁ ସୁନିଶ୍ଚିତ କରିବାର ଖସଡ଼ା ତିଆରି କରିଥିଲେ। ତେଣୁ ନବନିର୍ବାଚିତ ସାଂସଦଙ୍କୁ ଉଦ୍‌ବୋଧନ ଦେବା ସମୟରେ ପ୍ରଧାନମନ୍ତ୍ରୀ ନରେନ୍ଦ୍ର ମୋଦୀ ଗଣତନ୍ତ୍ରରେ ବହୁମତ ପ୍ରାଧାନ୍ୟ ପାଏ, କିନ୍ତୁ ସହମତି ସହ ଦେଶ ଓ ଶାସନକୁ ଚଳାଯାଏ ବୋଲି ଦୃଢ଼ଭାବରେ, ପ୍ରଧାନ ଯୁକ୍ତି ଭାବରେ ଉପସ୍ଥାପନ କରିଥିଲେ। ଆଲୋଚନା ଓ ସମାଲୋଚନା ବିନା ଦେଶର ହିତ ପାଇଁ କାର୍ଯ୍ୟକ୍ରମ ସୂଚୀ ପ୍ରସ୍ତୁତ କରିବା ଭାରତରେ ଦୁରୂହ ବ୍ୟାପାର। ସମାଲୋଚନା ବିନା ଗଣତନ୍ତ୍ର ସ୍ୱେଚ୍ଛାଚାରିତାରେ ପରିଣତ ହେବାର ଆଶଙ୍କା ସବୁବେଳେ ଥାଏ। ଗତ ଶତାବ୍ଦୀର ସତୁରି ଦଶକରେ ଇମରଜେନ୍ସି ବା ଆପାଦକାଳୀନ ପରିସ୍ଥିତି ଘୋଷଣା ପରେ ନିର୍ଭୟରେ, ମୁକ୍ତଭାବେ ସରକାର କିମ୍ବା କର୍ତ୍ତୃପକ୍ଷଙ୍କ କୌଣସି ନୀତି ବା କାର୍ଯ୍ୟକଳାପକୁ ସମାଲୋଚନା କରିବାର କୌଣସି ସୁଯୋଗ ନଥିଲା। ଯେଉଁମାନେ ନିଜର ମତାମତ ପ୍ରକାଶ କରୁଥିଲେ ଏବଂ ଯାହା ତତ୍କାଳୀନ ସରକାରକୁ ଲଜ୍ଜାଜନକ ପରିସ୍ଥିତିରେ ପକାଇଥିଲା ସେମାନଙ୍କୁ ବହୁ ଅସୁବିଧାର ସମ୍ମୁଖୀନ ହେବାକୁ ପଡୁଥିଲା। ଫଳରେ ବିକଳ୍ପ ମତ ଓ ନୀତିର ଅଭାବରେ କ୍ଷମତାଶାଳୀ ଶାସକ ଗୋଷ୍ଠୀ ନିଜର ଆଚରଣ ଓ କାର୍ଯ୍ୟରେ ବାସ୍ତବତା ଠାରୁ ଦୂରେଇ ରହିଯାଉଥିଲେ। ନିଜ ନିଷ୍ପତ୍ତି ନିର୍ଭୁଲ, ଆତ୍ମସନ୍ତୋଷ ଓ ଆତ୍ମପ୍ରତାରଣା ସହ ସୁବିଧାପ୍ରାପ୍ତ ମୁଷ୍ଟିମେୟ ଗୋଷ୍ଠୀ ନିଜର ଅସ୍ତିତ୍ୱ ଛଡ଼ା ଅନ୍ୟ ସମସ୍ତଙ୍କୁ ଉପେକ୍ଷା କରୁଥିଲେ। ଜନମତକୁ ବେଖାତିର କରି ମନମୁଖୀ ଶାସନ କରିବାର ଫଳ ହେଲା କିଛି ବର୍ଷ ପରେ ଶାସନ ଗୋଷ୍ଠୀ କ୍ଷମତାଚ୍ୟୁତ ହେଲେ। ସମାଲୋଚନାକୁ ଦମନ କଲେ ଲୋକମାନଙ୍କର ମତାମତକୁ ଜାଣିବାର ଉତ୍ସ ଓ ସ୍ରୋତ ଉଭାଇଯାଏ। ଏହି କାରଣ ଯୋଗୁଁ ସୋଭିଏତ୍ ୟୁନିଅନ ପରି ମହାଶକ୍ତିର ବିଲୟ ଘଟିଥିଲା।

କେବଳ ସେତିକି ନୁହେଁ, ଆରବସ୍ପ୍ରିଂଗ ଭଳି ଆନ୍ଦୋଳନ ସମ୍ଭବ ହେଲା ସୋସିଆଲ ମିଡିଆ ଓ ଆଧୁନିକ ଟେକ୍‌ନୋଲୋଜି ମାଧ୍ୟମରେ ସମାଲୋଚନା ଦ୍ୱାରା ଯାହା ସାଧାରଣ ମଣିଷକୁ ଶକ୍ତି ଦେଲା - କ୍ଷମତାସୀନ ଶାସକ ଗୋଷ୍ଠୀର ଅପାରଗତା ଶୋଷଣର ଚିତ୍ରକୁ ଅନାବୃତ କରିବାରେ। ଇଜିପ୍ଟ, ଟ୍ୟୁନିସିଆ ପ୍ରଭୃତି ଦେଶରେ

ରାଜନୈତିକ, ସାମାଜିକ ଓ ଅର୍ଥନୈତିକ ବିପ୍ଳବ ଆଣିବାରେ ସାହାଯ୍ୟ କଲା। ତାହାହିଁ ଆଣିଦେଲା କୋଟିକୋଟି ନାଗରିକଙ୍କ ପାଇଁ ଗଣତନ୍ତ୍ରର ସ୍ୱାଦ।

ଗଣତାନ୍ତ୍ରିକ ଢାଞ୍ଚାରେ ଆଲୋଚନା ଓ ସମାଲୋଚନା ସମ୍ଭବ ସଂସଦ ଭିତରେ ଓ ବାହାରେ ଥିବା ରାଜନୈତିକ ଦଳ ଓ ନାଗରିକ ସମାଜର ପାରସ୍ପରିକ କ୍ରିୟା ଦ୍ୱାରା। ଏହା କୌଣସି ସମସ୍ୟାର ସମାଧାନ ସମସ୍ତଙ୍କ ପାଇଁ ଗ୍ରହଣୀୟ ହେଲା ଭଳି ନିଷ୍ପତ୍ତିର ଗୋଟିଏ ପ୍ରକ୍ରିୟା।

ଆଜିକାଲି ଗଣମାଧ୍ୟମ – ପ୍ରିଣ୍ଟ ହେଉ କିମ୍ବା ସୋସିଆଲ ମିଡିଆ – ଜନମତ ଓ ଜନସାଧାରଣଙ୍କ ଆଶା ଓ ଆକାଙ୍‌କ୍ଷାକୁ ପରିକଳ୍ପନା ଓ ସ୍ପଷ୍ଟଭାବେ ଉପସ୍ଥାପନ କରିବାର ପ୍ରଭାବଶାଳୀ ମାଧ୍ୟମ। ଅନ୍ୟାୟ ବିରୋଧରେ ସମାଲୋଚନାର ସ୍ୱର। ଏହାଦ୍ୱାରା ବହୁ ସକାରାତ୍ମକ ଓ ଗଠନମୂଳକ କାର୍ଯ୍ୟ କରିହେବ, କିନ୍ତୁ ଦେଖାଯାଉଛି ଜନମତ ସୃଷ୍ଟି କରିବାର ଏହି ଅସ୍ତ୍ରଟିକୁ ବହୁ ସମୟରେ ସାଧାରଣ ଜନତାଙ୍କୁ ବିଭ୍ରାଟ କରି କେତେକ ନ୍ୟସ୍ତସ୍ୱାର୍ଥ ବ୍ୟକ୍ତି ଓ ଗୋଷ୍ଠୀଙ୍କର ହାତବାରିସି ହୋଇପଡୁଛି। ସମାଲୋଚନା ଯେତେ ଯୁକ୍ତିଯୁକ୍ତ ଏବଂ ବଳିଷ୍ଠ ହେଉନା କାହିଁକି ତାହା ସାଧାରଣ ସୌଜନ୍ୟ, ଶାଳୀନତା ଓ ଗ୍ରହଣୀୟ ପରିଧି ଭିତରେ ରହିବା ଉଚିତ। ଗତ ନିର୍ବାଚନ ପ୍ରଚାରରେ ତାହାର ଅନୁପସ୍ଥିତ ଅନୁଭବ ହେଲା। ବ୍ୟକ୍ତିଗତ ଆରୋପ-ପ୍ରତ୍ୟାରୋପ ଯେଉଁ ସ୍ତରରେ ଏବଂ ଯେଭଳି ହେଲା ତାହା ପୂର୍ବର ନିର୍ବାଚନରେ ପରିଦୃଷ୍ଟ ହୋଇନଥିଲା। ଏଥିରେ ରାଜନୈତିକ ଦଳର ଶିଖର ନେତୃତ୍ୱ ମଧ୍ୟ ବାଦ୍ ପଡ଼ିନଥିଲେ। ପଦମର୍ଯ୍ୟାଦାକୁ ବେଖାତିର କରି ସାମାନ୍ୟତମ ସୌଜନ୍ୟ, ଶାଳୀନତା, ରୁଚିପୂର୍ଣ୍ଣ, ସମୁଚିତ ଭଦ୍ର ଆଚରଣର ଅଭାବ ବହୁ ନାଗରିକଙ୍କୁ ଆଚମ୍ବିତ ଓ ବ୍ୟଥିତ କରିଥିଲା। ସ୍ୱାଧୀନ ମତପ୍ରକାଶ ଓ ଆଚରଣରେ ଯେ ସଂଯମର ପ୍ରୟୋଜନୀୟତା ଅଛି ଏକଥା ନିର୍ବାଚନରେ ଭୋଟ୍ କରାୟତ୍ତ କରିବାର ପ୍ରବଳ ଇଚ୍ଛାରେ ବିଲୀନ ହୋଇଗଲା ଓ ରାଜନୀତିଜ୍ଞମାନେ ସେ କଥାଟିକୁ ଭୁଲିଗଲେ। ଦଳର କର୍ମୀ ଓ ଦ୍ୱିତୀୟ ସ୍ତରର ନେତୃତ୍ୱ ପାଇଁ 'ସବ୍ କୁଛ୍ ଚଲତା ହୈ'ର ଦ୍ୱାର ଉନ୍ମୁକ୍ତ ହୋଇଗଲା। ଅବଶ୍ୟ ଗୋଟିଏ ତୁଳୀର ରଙ୍ଗରେ ସବୁ ରାଜନୀତିଜ୍ଞଙ୍କୁ ରଂଗାୟିତ କରିହେବନି। ଅଳ୍ପକିଛି ବ୍ୟତିକ୍ରମ ଥିଲେ। ଆମେ ସଭ୍ୟ, ସଂସ୍କୃତିସମ୍ପନ୍ନ ବୋଲି ଦୃଢ଼ତାର ସହ କହୁ, କିନ୍ତୁ ଆଚରଣରେ ସଂଯମ ହିଁ ଆମକୁ ସଂସ୍କୃତିସମ୍ପନ୍ନ କରାଏ; ଏକଥାଟି ଭୁଲିଯାଇଛୁ। ଆମକୁ ସେଥିପ୍ରତି ଧ୍ୟାନ ଦେବାକୁ ପଡ଼ିବ। ଦରକାର ପଡ଼ିଲେ ଜନତା ନେତୃତ୍ୱର ମାର୍ଗଦର୍ଶକ ହେଉ।

ଭୂତାଣୁ, ଭାରତ ଓ ଆମ ପ୍ରଦେଶ

ଆମ ସମସ୍ତଙ୍କର ଗତ ତିନି ସପ୍ତାହର ଜୀବନଯାପନ ବା ଜୀବନ ପ୍ରଣାଳୀ ରହସ୍ୟମୟ ଅସ୍ୱାଭାବିକ ମଧ୍ୟରେ କଟିଲା । ପରାକ୍ରମୀ ଓ ଅହଂକାରୀ ମଣିଷକୁ ଗୋଟିଏ ଅଦୃଶ୍ୟ, ଅଶ୍ରୁତ ମାଇକ୍ରୋ ଅର୍ଗାନିଜିମ୍ କେବଳ ଗର୍ବ ଚୂର୍ଣ୍ଣ, ଦର୍ପ ଖର୍ବ କରିବାର ସଫଳତାରେ ସୀମିତ ନରହି ବୋଧହୁଏ ନମ୍ର ହେବାକୁ ଓ ସହାବସ୍ଥାନର ସନ୍ଦେଶ ମଧ୍ୟ ଦେଲା । ସିନେମା କାହାଣୀ, ଉପକାହାଣୀ, ଚିତ୍ରନାଟ୍ୟ ପାଇଁ ଅଜସ୍ର ଉପାଦାନ ଓ ସମ୍ଭାବନା ଆମେମାନେ ଦେଖିଲେ । ଚୀନ୍‌ରୁ ଜାତ ଏହି ଭୂତାଣୁ (କୋଭିଡ୍-୧୯ ବା କରୋନା) ସମଗ୍ର ବିଶ୍ୱକୁ ଆୟତ୍ତ କରି ଏ ପର୍ଯ୍ୟନ୍ତ ୨୦ ଲକ୍ଷରୁ ଊର୍ଦ୍ଧ୍ୱ ମଣିଷଙ୍କୁ ସଂକ୍ରମିତ କରି ପ୍ରାୟ ଲକ୍ଷେ ଅଠେଇଶ ହଜାର ଲୋକଙ୍କ ମୃତ୍ୟୁର କାରଣ ହୋଇଛି । ଭବିଷ୍ୟତରେ ଏହାର ରୂପ, କ୍ଷତିକାରକ ଶକ୍ତି କ'ଣ ହେବ କହିବା ବା ଆକଳନ କରିବା ମଧ୍ୟ ସମ୍ଭବ ନୁହେଁ । ଆଉ ଗୋଟିଏ ସତ୍ୟତା ହେଉଛି ଯେଉଁ ରାଷ୍ଟ୍ରମାନେ ଏ ଭୂତାଣୁର କୋପ ଓ ପ୍ରକୋପକୁ ହେୟଜ୍ଞାନ କରିଥିଲେ ଓ ସଠିକ୍ ସମୟରେ ପଦକ୍ଷେପ ନେବାକୁ ପଛେଇଲେ ସେ ରାଷ୍ଟ୍ରଗୁଡ଼ିକ ଏ ପାନ୍‌ଡେମିକ୍ ବା ମହାମାରୀ ପାଇଁ ବହୁ ମୂଲ୍ୟ ଦେବାକୁ ପଡ଼ିଲା । ଆମେରିକା, ଇଟାଲୀ, ସ୍ପେନ୍ ଓ ୟୁରୋପର ବହୁଦେଶରେ ବର୍ତ୍ତମାନର ଦୃଶ୍ୟକ୍ରମ ଓ ଅସହାୟତା, ମର୍ମନ୍ତୁଦ, ଯନ୍ତ୍ରଣାଦାୟକ । କେବଳ ସେତିକି ନୁହେଁ, ଏ ଭୂତାଣୁ ମଣିଷର ଅପରିବର୍ତ୍ତିତ ପ୍ରବୃତ୍ତି, ପ୍ରକୃତି ଓ ପରିଚୟର ଏକ ଝଲକ୍ ମଧ୍ୟ ଆମମାନଙ୍କୁ ଦେଖାଇଲା । ତଥାକଥିତ ସଭ୍ୟ ଓ ବିକଶିତ ଦେଶରେ ଏ ରୋଗରେ ଆକ୍ରାନ୍ତ ବରିଷ୍ଠ ନାଗରିକଙ୍କୁ ଚିକିତ୍ସା ଓ ଉପକରଣ ଅଭାବରେ ବଞ୍ଚେଇବା ପରିବର୍ତ୍ତେ ମରିବାକୁ ଅଗ୍ରାଧିକାର ଦିଆଗଲା । ଲକ୍‌ଡାଉନ୍ ବା ତାଲାବନ୍ଦରେ କେବଳ ଭାରତୀୟ ନୁହଁନ୍ତି, ପଶ୍ଚିମୀ ଦେଶର ନାଗରିକମାନେ ଆବଶ୍ୟକତାଠାରୁ ଅଧିକ ଦରକାରୀ ଜିନିଷ କିଣିବା ଫଳରେ ଅନ୍ୟ ବହୁ ନାଗରିକଙ୍କୁ ଅତ୍ୟାବଶ୍ୟକୀୟ ସାମଗ୍ରୀ ପାଇଁ କଳାବଜାର ଉପରେ

ନିର୍ଭର କରିବାକୁ ପଡ଼ିଲା । ଆମେ କେତେ ଅସହାୟ, କେତେ ଭୟାଳୁ, ସମ୍ବେଦନଶୀଳ, ସ୍ୱାର୍ଥପର ପ୍ରାଣୀ ତାହାର ପ୍ରମାଣ ମିଳିଲା । ଅନ୍ୟ ପଟରେ ସାହାଯ୍ୟ, ସମବେଦନା ଓ ମାନବିକତାର ପ୍ରତୀକ ଭାବେ ବହୁ ବ୍ୟକ୍ତି ଓ ଗୋଷ୍ଠୀ ଆଗେଇ ଆସିଲେ ।

ଏହି ପରିପ୍ରେକ୍ଷୀରେ ଆମ ଦେଶରେ ନୀତି ନିର୍ଦ୍ଧାରକଙ୍କ ପ୍ରାଥମିକତା ଓ ଉପଯୁକ୍ତ ସମୟରେ ପଦକ୍ଷେପ ଯୋଗୁଁ ହିଁ ଦେଶର ପରିସ୍ଥିତି ପୃଥିବୀର ଅନ୍ୟ ବହୁଦେଶର ପରିସ୍ଥିତି ଠାରୁ ଭଲ ଅଛି ବୋଲି କୁହାଯାଇପାରେ । ତୁଳନାତ୍ମକ ଭାବେ ସଂକ୍ରମିତ ରୋଗୀଙ୍କ ସଂଖ୍ୟା ଓ ମୃତ୍ୟୁହାର ନିୟନ୍ତ୍ରଣ ପରିଧି ବାହାରକୁ ଯାଇନାହିଁ । ଗତ ମାର୍ଚ୍ଚମାସରେ ଯେତେବେଳେ ଦେଶରେ ସଂକ୍ରମଣର କୌଣସି ଚିହ୍ନବର୍ଣ୍ଣ ନଥିଲା; ପୃଥିବୀର ଅନ୍ୟ ଭାଗରେ ଘଟୁଥିବା ଖବର ଆଧାରରେ କେନ୍ଦ୍ର ସରକାର ବିଦେଶରୁ ଆସୁଥିବା ଯାତ୍ରୀଙ୍କର ସ୍କ୍ରିନିଂ ବା ରୋଗ ଯାଞ୍ଚ କରିବା ଆରମ୍ଭ କଲେ । ଯେତେବେଳେ ସଂକ୍ରମିତ ଲୋକଙ୍କ ସଂଖ୍ୟା ଶହେରେ ସୀମିତ ଥିଲା, ତତ୍‌କ୍ଷଣାତ୍ ସରକାର ସ୍ଥିର କଲେ ସବୁ ପ୍ରବେଶ ସ୍ଥାନରେ ସଂଗରୋଧ ବା କ୍ୱାରେଣ୍ଟାଇନ୍‌ର ପ୍ରକ୍ରିୟା । ଯେତେବେଳେ ସେ ସଂଖ୍ୟା ୫୦୦ରେ ପହଞ୍ଚିଲା ସମ୍ପୂର୍ଣ୍ଣ ଲକ୍‌ଡାଉନ୍‌ର ଘୋଷଣା କରାଗଲା, ଯାହାଫଳରେ ଜନସାଧାରଙ୍କର ଦୈନନ୍ଦିନ ଜୀବନରେ କିଛି ଅସୁବିଧା ହେଲା ସତ, କିନ୍ତୁ ଏ ପର୍ଯ୍ୟନ୍ତ ୧୩୦ କୋଟିରୁ ଊର୍ଦ୍ଧ୍ୱ ଜନବହୁଳ ରାଷ୍ଟ୍ରରେ ସଂକ୍ରମିତଙ୍କ ସଂଖ୍ୟା ପ୍ରାୟ ୧୨,୦୦୦ରୁ ଊର୍ଦ୍ଧ୍ୱ ଓ ମୃତକଙ୍କ ସଂଖ୍ୟା ୪୦୦ରୁ ଅଧିକ । ଅନ୍ୟ ଦେଶଙ୍କ ସହିତ ତୁଳନା କଲେ ଏହାର ଗୁରୁତ୍ୱ ବୁଝିହେବ । ପ୍ରଧାନମନ୍ତ୍ରୀଙ୍କ ଜନତା କର୍ଫ୍ୟୁ ପ୍ରତି ଜନସମର୍ଥନ ଓ ସହଯୋଗ ଥିଲା ଅଭୂତପୂର୍ବ । ବିଶୃଙ୍ଖଳିତ ଅରାଜକ ଭାବମୂର୍ତ୍ତି ଥିବା ଦେଶରେ ଏପରି ଶୃଙ୍ଖଳା ଏବଂ ଆବେଗ ବିଶ୍ୱବାସୀଙ୍କୁ ଚକିତ କରିଦେଲା । ୧୯୬୨ରେ ବିଦେଶୀ ଆକ୍ରମଣକାରୀ ଏବଂ ଗଣତନ୍ତ୍ରର ରକ୍ଷା ପାଇଁ ଜରୁରୀକାଳୀନ ପରିସ୍ଥିତି ବିରୋଧରେ ଏପରି ଏଭଳି ଐକ୍ୟ ଦୃଷ୍ଟିଗୋଚର ହୋଇଥିଲା । କୋଭିଡ-୧୯ରେ ପୀଡ଼ିତ ରୋଗୀଙ୍କ ପାଇଁ ଉତ୍ସର୍ଗୀକୃତ, ଅବିରତ ଭାବେ ନିଷ୍ଠାସହ କାର୍ଯ୍ୟରତ ଡାକ୍ତର, ନର୍ସ, ଫାର୍ମାସିଷ୍ଟ ଓ ସ୍ୱାସ୍ଥ୍ୟ ସେବା ସହିତ ଜଡ଼ିତ ଅନ୍ୟ କର୍ମଚାରୀଙ୍କ ସ୍ୱୀକୃତି ଥିଲା ।

ପ୍ରଧାନମନ୍ତ୍ରୀ ଦେଶବାସୀଙ୍କୁ ଘର ବାହାରେ ଲକ୍ଷ୍ମଣରେଖା ଟାଣିବାର ଅନୁରୋଧକୁ ଏକମାତ୍ର ଉଦ୍ଦେଶ୍ୟ ଥିଲା ସାମାଜିକ ଦୂରତ୍ୱ, ଅନ୍ୟ ଅର୍ଥରେ ଶାରୀରିକ ଦୂରତ୍ୱ । କୋଭିଡ-୧୯ରେ ପରୀକ୍ଷିତ ଏବଂ ସଫଳ ହୋଇଥିବା କୌଣସି ବିକଳ୍ପ ଉପାୟର ଅନୁପସ୍ଥିତିରେ ସଂକ୍ରମଣକୁ ରୋକିବାର ଏକମାତ୍ର ଅନିଶ୍ଚିତ ରାସ୍ତା ହେଉଛି ଶାରୀରିକ ଦୂରତ୍ୱ । କାରଣ ଏହି ଭୂତାଣୁ ମଣିଷରୁ ମଣିଷକୁ ସଂକ୍ରମିତ ହୋଇଥାଏ । ଲକ୍‌ଡାଉନ୍ ଶାରୀରିକ ଦୂରତ୍ୱ ପାଇଁ ସହାୟକ । ବହୁ ବିଶେଷଜ୍ଞ ଓ ବୁଦ୍ଧିଜୀବୀଙ୍କର ଏ ବିଷୟରେ

ଭିନ୍ନ ମତ ରହିଛି। ସେମାନଙ୍କ ମତ ଅନୁଯାୟୀ ଏହା ସ୍ପାନିସ୍ ଫ୍ଲୁ, ଏସିଆନ୍ ଫ୍ଲୁ ଠାରୁ ବେଶୀ ମାରାତ୍ମକ ନୁହେଁ; କିଛି ସମୟ ସଂକ୍ରମିତ କଲାପରେ ମୃତ୍ୟୁବରଣ କରେ। ତେଣୁ ସମ୍ପୂର୍ଣ୍ଣ ଲକ୍‌ଡାଉନରେ ଅର୍ଥନୈତିକ କ୍ଷତି, ସାମାଜିକ ଅସ୍ଥିରତା ଓ ବ୍ୟକ୍ତିବେଦନାକୁ ଦୃଷ୍ଟିରେ ରଖି ଭିନ୍ନ ରଣକୌଶଳ ଅବଲମ୍ବନ କରିବା ଉଚିତ୍। ଦକ୍ଷିଣ କୋରିଆ, ସିଙ୍ଗାପୁର, ସୁଇଡେନ୍‌ରେ ଭିନ୍ନଭିନ୍ନ ଉପାୟରେ କୋଭିଡ-୧୯କୁ ନିୟନ୍ତ୍ରଣ କରିବା ପାଇଁ ପ୍ରଚେଷ୍ଟା ହୋଇଛି, ଆଂଶିକ ଲକ୍‌ଡାଉନ୍ ସଂକ୍ରମିତ ଇଲାକାର ଟେଷ୍ଟିଂ ବରିଷ୍ଠ ନାଗରିକଙ୍କ ଭଳି ଗୋଷ୍ଠୀବଦ୍ଧ ଟେଷ୍ଟିଂ ଇତ୍ୟାଦି; କିନ୍ତୁ ସେ ଦେଶଗୁଡ଼ିକରେ କୋଭିଡ-୧୯ ଯଦି ଦ୍ୱିତୀୟ ବା ତୃତୀୟ ଥରପାଇଁ ପୁଣି ପ୍ରତ୍ୟାବର୍ତ୍ତନ କରେ ତେବେ ତାହା ହେବ ଭୟାବହ। ଆଜିର ଭୂତାଣୁ ସମ୍ପୂର୍ଣ୍ଣ ନୂଆ। ଏହାର କାରଣ ଓ ନିରାକରଣ ପାଇଁ କୌଣସି ଔଷଧ ବା ପ୍ରତିଷେଧକ ଟିକା ବା ଭାକ୍ସିନ୍ ଉଦ୍‌ଭାବନ ହୋଇନାହିଁ। ତେଣୁ ବର୍ତ୍ତମାନ ପ୍ରାୟୋଜିତ ସବୁ ଉପାୟ, ପ୍ରୟାସ ପରୀକ୍ଷାମୂଳକ। ହାଇଡ୍ରୋକ୍ସି କ୍ଲୋରୋକୁଇନ୍ ଏବଂ ମ୍ୟାଲେରିଆ ଓ ଇବୋଲାରେ ପ୍ରୟୋଗ ହୋଇଥିବା ଔଷଧ ଏଥିପାଇଁ ବିଶଲ୍ୟକରଣୀ ନୁହେଁ, ପରୀକ୍ଷା ମାତ୍ର। ଲକ୍‌ଡାଉନ୍, ସାମାଜିକ ଦୂରତ୍ୱଗୁଡ଼ିକ ଆମପାଇଁ ନୂଆ ନୂଆ ଶବ୍ଦ। ଆମେ ଏଥିପାଇଁ ଅନଭିଜ୍ଞ ଓ ଅନଭ୍ୟସ୍ତ। ଯଦିଓ ଆଗ କାଳରେ ହଇଜା, ବସନ୍ତ ଭଳି ମହାମାରୀରେ ଶାରୀରିକ ଦୂରତ୍ୱ କିଛିମାତ୍ରାରେ ପାଳନ କରାଯାଉଥିଲା। ପ୍ରଧାନମନ୍ତ୍ରୀ ତିନୋଟି କଥାକୁ ବେଶୀ ଗୁରୁତ୍ୱ ଦେଇଛନ୍ତି ଯାହା ବିଶେଷଜ୍ଞଙ୍କ ଦ୍ୱାରା ସମର୍ଥିତ ଓ ଅନୁମୋଦିତ, ତାହାହେଲା - ପରିଷ୍କାର ପରିଚ୍ଛନ୍ନତା ଓ ହାତ ଧୋଇବାର ଅଭ୍ୟାସ, ସାମାଜିକ ଦୂରତ୍ୱ ଏବଂ ଶେଷରେ କାଶ, ଜ୍ୱର, ନିଃଶ୍ୱାସ ପ୍ରଶ୍ୱାସ ପ୍ରକ୍ରିୟାରେ ଯନ୍ତ୍ରଣାରେ କର୍ତ୍ତୃପକ୍ଷଙ୍କୁ ତୁରନ୍ତ ସୂଚନା ଓ ବରିଷ୍ଠ ନାଗରିକଙ୍କ ପାଇଁ ଅଧିକ ଯତ୍ନଶୀଳ ହେବାର କର୍ତ୍ତବ୍ୟ। ଏହି ପୃଷ୍ଠଭୂମିରେ ସମ୍ପୂର୍ଣ୍ଣ ଲକ୍‌ଡାଉନ୍ ଆବଶ୍ୟକ କରେ ସମ୍ପୂର୍ଣ୍ଣ ସହଯୋଗ। ଏଥିପାଇଁ ନିଜର ନିଷ୍ପତ୍ତି ନେବା ପୂର୍ବରୁ ପ୍ରଧାନମନ୍ତ୍ରୀ ବିସ୍ଥାପିତ ବିଭୀଷିକାର ମୁକାବିଲା ପାଇଁ ପ୍ରଦେଶର ମୁଖ୍ୟମନ୍ତ୍ରୀସମୂହ, ବିରୋଧୀ ଦଳର ନେତୃତ୍ୱ, ବୁଦ୍ଧିଜୀବୀ, ବିଶେଷଜ୍ଞ ଓ ସେଲିବ୍ରିଟିଙ୍କ ସହ ପରାମର୍ଶ କରିଛନ୍ତି। ରାହୁଲ ଗାନ୍ଧୀ ମଧ୍ୟ ସାମ୍ବାଦିକ ସମ୍ମିଳନୀରେ ଘଡ଼ିସନ୍ଧି ମୁହୂର୍ତ୍ତରେ ଦେଶରେ ଏକତାର ପ୍ରୟୋଜନୀୟତା ଏବଂ କେତୋଟି ବାସ୍ତବଧର୍ମୀ ପ୍ରସ୍ତାବର କାର୍ଯ୍ୟକାରିତା ଉପରେ ପ୍ରାଧାନ୍ୟ ଦେଇଛନ୍ତି। କୋଭିଡ-୧୯ର ପରାହତ ପାଇଁ ବହୁତ ଟେଷ୍ଟିଂ ଏବଂ ମାଇଗ୍ରାଣ୍ଟ ଓ ଗରିବ ଲୋକଙ୍କ ପାଇଁ ମାଗଣାରେ ଆବଶ୍ୟକ ସାମଗ୍ରୀ, ଖାଦ୍ୟ ଓ କିଛି ଅନୁଦାନ ତୁରନ୍ତ ଦେବା ପାଇଁ ପରାମର୍ଶ ଦେଇଛନ୍ତି।

ଲକ୍‌ଡାଉନ୍‌ର ଦ୍ୱିତୀୟ ପର୍ଯ୍ୟାୟ (୩, ମେ ପର୍ଯ୍ୟନ୍ତ) ଆରମ୍ଭ ହୋଇଛି। ଦେଶରେ

ଧୀରେ ଧୀରେ, ସାମୟିକ ବନ୍ଧନଶୀଳ ଭାବେ ସାଧାରଣ ଅବସ୍ଥା ଫେରାଇ ଆଣିବା ପାଇଁ କିଛି ନିୟମାବଳୀ ଘୋଷଣା କରାଯାଇଛି । ଗ୍ରାମାଞ୍ଚଳରେ ଅର୍ଥନୈତିକ ଚଳଚଞ୍ଚଳତାକୁ ପ୍ରାଧାନ୍ୟ ଦିଆଯାଇଛି । କୃଷି, ଉଦ୍ୟାନ କୃଷି, ମତ୍ସ୍ୟ, ପଶୁପାଳନଭିତ୍ତିକ ସମସ୍ତ କାର୍ଯ୍ୟ ଉପରେ କଟକଣା କୋହଳ କରାଯାଇଛି । ଏତଦ୍‌ବ୍ୟତୀତ ରାସ୍ତାନିର୍ମାଣ, ଅତ୍ୟାବଶ୍ୟକୀୟ ବସ୍ତୁର ଉତ୍ପାଦନ, ଗ୍ରାମାଞ୍ଚଳରେ ଶିଳ୍ପ, ତୈଳ, ଗ୍ୟାସ ଉତ୍ତୋଳନ, କୋଇଲା ଖଣି ଖନନ ପ୍ରଭୃତିରେ କୋହଳତା ପ୍ରଦର୍ଶନ କରାଯାଇଛି । ନିର୍ଦ୍ଦେଶାବଳୀଟି ସୁଚିନ୍ତିତ ଓ ବିସ୍ତୃତ । ଏହାର କାର୍ଯ୍ୟକାରିଣୀ ପାଇଁ ସାମାଜିକ ଦୂରତ୍ୱ ଓ ଲକ୍‌ଡାଉନ୍‌କୁ ସାଲିସ୍‌ବିହୀନ ପାଳନର ସର୍ତ୍ତ, ୧୭୦ଟି ହଟ୍‌ସ୍ପଟ୍ ଓ ୨୦୭ଟି ସେମି ହଟ୍‌ସ୍ପଟ୍ ଜିଲ୍ଲାରେ ଲାଗୁ ହୋଇଛି । ସେଥିରେ ବିଚ୍ୟୁତି ବା ବ୍ୟତିକ୍ରମ (ଖିଲାପ) ହେଲେ ଅନୁମତି ପ୍ରତ୍ୟାହାର କରିବାର କ୍ଷମତା ଜିଲ୍ଲାପାଳଙ୍କୁ ଦିଆଯାଇଛି । ଏପ୍ରିଲ ୨୦ ତାରିଖରେ ନୂତନ ପରୀକ୍ଷାର ପ୍ରାରମ୍ଭ ସମ୍ପୂର୍ଣ୍ଣ ଲକ୍‌ଡାଉନ୍ ଓ ସ୍ୱାଭାବିକ ଅବସ୍ଥାକୁ ପ୍ରତ୍ୟାବର୍ତ୍ତନ ଇଲେକ୍ଟ୍ରିକ୍ ସୁଇଚ୍‌ର ଅଫ୍ ଅନ୍ ସଦୃଶ ନୁହେଁ । ସ୍ୱାଭାବିକ ଅବସ୍ଥାକୁ ଫେରିବା କ୍ରମିକ ହେବାର ଉପାଦେୟତା ସବୁ ରାଷ୍ଟ୍ର ବୁଝିଲେଣି । ଆମେରିକାରେ କିଛି ବିଶେଷଜ୍ଞ ୨୦୨୨ରେ ସ୍ୱାଭାବିକତା ଆସିବାର ଆକଳନ କରିଛନ୍ତି ।

ଲକ୍‌ଡାଉନ୍‌ର ପ୍ରଥମ ପରୀକ୍ଷାରେ ସବୁକିଛି ଯେ ଠିକ୍ ଚାଲିଥିଲା ଏକଥା କହିହେବନି । ମନେହୁଏ ମାଇଗ୍ରାଣ୍ଟ ବା ଅନ୍ୟଦେଶ ବା ପ୍ରଦେଶରେ କାମ କରୁଥିବା ଶ୍ରମଜୀବୀଙ୍କ କଥା ଯେତେ ଗୁରୁତ୍ୱ ପାଇବା କଥା ତାହା ହେଲା ନାହିଁ । ହୁଏତ ସେମାନଙ୍କର ସମସ୍ୟାକୁ କେହି ଅନୁମାନ କରିପାରି ନଥିଲେ । ଫଳ ହେଲା ଦିଲ୍ଲୀ ଓ ମୁମ୍ବାଇର ବାନ୍ଦ୍ରାର ଅକଥନୀୟ ଦୃଶ୍ୟ । ବିନା ଚାକିରି ରୋଜଗାରରେ ପ୍ରବାସରେ ଘରଭଡ଼ା ଦେଇ, ପରିବାରର କ୍ଷୁଧା ମେଣ୍ଟାଇବା ଦୁରୂହ । ଏ ପରିସ୍ଥିତିରେ ସମ୍ପୂର୍ଣ୍ଣ ହତାଶ ବ୍ୟକ୍ତି ଗୁଜବକୁ ମଧ୍ୟ ବାସ୍ତବ ମନେକଲେ । ବୋଧହୁଏ ସିଂଗାପୁର ଭଳି ଆଇନ ପ୍ରଣୟନ ବିତାଡ଼ନକୁ କିଛିଦିନ ପାଇଁ ସମ୍ପୂର୍ଣ୍ଣ ନିଷେଧ କରିବା ଶ୍ରେୟସ୍କର ମନେହୁଏ । ଶ୍ରମଜୀବୀ ପାଖରେ ବଞ୍ଚିବା ପାଇଁ ଖାଦ୍ୟ ଓ କିଛି ଅନୁଦାନର ବ୍ୟବସ୍ଥା ଜରୁରୀ । ବର୍ତ୍ତମାନ ସମୟରେ କୋହଳ ଋଣ ନୀତିରେ ବ୍ୟାଙ୍କ ମାଧ୍ୟମରେ ଯଥେଷ୍ଟ ନଗଦ ଟଙ୍କାର ସହଜ ପ୍ରାପ୍ୟ ହେବା ଦରକାର ।

କୋଭିଡ-୧୯ର ସାମୂହିକ ମୁକାବିଲା ପାଇଁ ଆନ୍ତର୍ଜାତିକ ସହଯୋଗ ଓ ସମନ୍ୱୟର ଆବଶ୍ୟକତାକୁ ହୃଦୟଙ୍ଗମ କରି ପ୍ରଧାନମନ୍ତ୍ରୀଙ୍କ ସାର୍କ ଓ ଜି-୨୦ ଦେଶଗୁଡ଼ିକର ମୁଖ୍ୟଙ୍କ ସହିତ ଆଲୋଚନା ପ୍ରଶଂସନୀୟ । ଏ ଦୁଇଟି ସମ୍ମିଳନୀରେ ସକାରାତ୍ମକ ପ୍ରତିଶ୍ରୁତିବଦ୍ଧତା ଦେଖିବାକୁ ମିଳିଛି ।

ଏବେ ଆସିବା ଆମ ପ୍ରଦେଶକୁ। ପ୍ରଦେଶରେ ପଜିଟିଭ୍ ହାର ସର୍ବନିମ୍ନ ୧.୦୮%, ମୃତ୍ୟୁହାର ୧%। ସଂକ୍ଷେପରେ କହିଲେ - କୋଭିଡ-୧୯ ବିରୁଦ୍ଧ ଯୁଦ୍ଧରେ ଓଡ଼ିଶା ଥିଲା ପଥପ୍ରଦର୍ଶକ। କଟକ, ଭୁବନେଶ୍ୱର, ଭଦ୍ରକ ସଂକ୍ରମିତ ଇଲାକାରେ ଲକ୍‌ଡାଉନ୍ ପରେ ପରେ ୯ଟି ଜିଲ୍ଲାରେ ଏବଂ କିଛି ସମୟ ଭିତରେ ସମଗ୍ର ପ୍ରଦେଶରେ ଲକ୍‌ଡାଉନ୍‌ର ନିଷ୍ପତ୍ତି ଥିଲା ସାହସିକ ଓ ପ୍ରଶଂସନୀୟ ପଦକ୍ଷେପ। ଏହା ସୂଚିତ କରାଇଥିଲା କ୍ରମ ବିକଶିତ ଏବଂ ପରିବର୍ଦ୍ଧିତ ପରିସ୍ଥିତିର ଅନୁଶୀଳନ କରି ତତ୍‌କାଳ କ୍ଷିପ୍ର ପଦକ୍ଷେପ ନେବାରେ ସଜାଗ ଶାସନ କଳ। ଏଥିସହିତ ଦିନମଜୁରିଆ, ଖଟିଖିଆ ଶ୍ରମିକଙ୍କ ପାଇଁ ୨୨୦୦ କୋଟିର ବ୍ୟୟ ବ୍ୟବଧାନ ସରକାରୀ ଓ ବେସରକାରୀ ହସ୍‌ପିଟାଲ ବାହାରେ କୋଭିଡ-୧୯ ରୋଗୀଙ୍କ ପାଇଁ ଅସ୍ଥାୟୀ ଚିକିତ୍ସା କେନ୍ଦ୍ର, ପଞ୍ଚାୟତ ସ୍ତରରେ କୋଭିଡ ରୋଗୀଙ୍କ ପାଇଁ ପୃଥକ୍ ଶଯ୍ୟା ବ୍ୟବସ୍ଥା। କୋଭିଡ୍ ସଂକ୍ରାନ୍ତ କାର୍ଯ୍ୟରେ ଜଡ଼ିତ ହୋଇଥିବା କର୍ମଚାରୀଙ୍କୁ ଆଗୁଆ ବେତନ ପ୍ରଦାନ, ଡାକ୍ତର, ନର୍ସଙ୍କ ପ୍ରତି ଅସଦାଚରଣର ଉପଯୁକ୍ତ ଶାସ୍ତି ପାଇଁ ଆଦେଶ, ଆଶା ଓ ଅଙ୍ଗନବାଡ଼ି କର୍ମୀଙ୍କୁ ସଂପୃକ୍ତ କରାଇ ଗ୍ରାମାଞ୍ଚଳରେ ସଚେତନତା ସୃଷ୍ଟି କରିବା, ରାସନ କାର୍ଡ ନଥିବା ଅଗଣିତ ଦରିଦ୍ରଙ୍କୁ ରନ୍ଧାଖାଦ୍ୟ ଯୋଗାଣ, ଟେଷ୍ଟିଂର ସଂପ୍ରସାରଣ, ଔଷଧ ଓ ମେଡିକାଲ ଉପକରଣ ଜରୁରୀ ଭିତ୍ତିରେ ଉପଲବ୍ଧ କରି ସମ୍ପୂର୍ଣ୍ଣ ଅନୁଷ୍ଠାନ ଓ ବ୍ୟକ୍ତିଙ୍କ ପାଖେ ପହଞ୍ଚାଇବା ଥିଲା ଅନ୍ୟ ରାଜ୍ୟଙ୍କ ପାଇଁ ଅନୁକରଣୀୟ। ପ୍ରବାସୀ ଓଡ଼ିଆ ଶ୍ରମିକଙ୍କର ଏ ଦୁର୍ଦ୍ଦିନରେ ସମସ୍ତଖର୍ଚ୍ଚ ବହନ କରିବାର ପ୍ରତିଶ୍ରୁତି ଥିଲା ଆଶ୍ୱାସନାଦାୟକ। ପ୍ରତି ଗାଁ ସୀମାରେ ଆଗନ୍ତୁକଙ୍କ ପାଇଁ ବାଲଟି, ପାଣି, ସାବୁନର ଉପଲବ୍ଧି ଦୃଶ୍ୟ ଥିଲା ପ୍ରେରଣାଦାୟକ। ସ୍ୱୟଂ ସହାୟକ ଗୋଷ୍ଠୀଙ୍କ ଦ୍ୱାରା ମାସ୍କ ପ୍ରସ୍ତୁତି, ବିତରଣ, ଓଡ଼ିଶା ପୁଲିସ ଲକ୍‌ଡାଉନ୍ ବେଳେ ସମସ୍ତ ସୁବିଧା ଯୋଗାଇ ଦେବାର ପ୍ରଚେଷ୍ଟା, ପୁଲିସ କମିଶନଙ୍କ ଗଣମାଧ୍ୟମରେ ସୂଚନା ଦେବା ପ୍ରତିଫଳିତ କରୁଥିଲା ସମ୍ବେଦନଶୀଳ, ଦାୟିତ୍ୱ ସମ୍ପନ୍ନ, ଆଗ୍ରହୀ ସରକାରୀ ପ୍ରତିନିଧି। ଏ ସବୁର ଶ୍ରେୟ ମୁଖ୍ୟମନ୍ତ୍ରୀ ନବୀନ ପଟ୍ଟନାୟକଙ୍କର ଏବଂ ଏଥି ସହିତ ଜଡ଼ିତ ସମସ୍ତ କର୍ମଚାରୀ ଧନ୍ୟବାଦର ପାତ୍ର।

ଏହାର ଅର୍ଥ ନୁହେଁ ଯେ ସମସ୍ତଙ୍କର ବାଧାବିଘ୍ନ ରହିତ ସୁଖଦ ଅନୁଭୂତି ରହିଛି। ଏଭଳି ଏକ ଅସ୍ୱାଭାବିକ ପରିସ୍ଥିତିରେ ସାମାନ୍ୟ ତ୍ରୁଟିବିଚ୍ୟୁତି ରହିବା ସ୍ୱାଭାବିକ। ତାହା କ୍ଷମଣୀୟ। ଅତୀତର ଶିଥିଳତା, ଉଦାସୀନତା, କ୍ଷମତା ବିକେନ୍ଦ୍ରୀକରଣ ଅନୁପସ୍ଥିତିରେ ବିଳମ୍ବିତ ନିଷ୍ପତ୍ତି ନେଉଥିବା ଭାବମୂର୍ତ୍ତି କରୋନା ଯୁଦ୍ଧରେ ଗୋଟିଏ ଦକ୍ଷ, ଆଗ୍ରହୀ ସମ୍ବେଦନଶୀଳ ପ୍ରୋ-ଆକ୍ଟିଭ୍ ଶାସନକଳରେ ରୂପାନ୍ତରିତ - ଭବିଷ୍ୟତରେ ଏହାକୁ ଜାରୀ ରଖିବା ପାଇଁ ଢାଞ୍ଚାରେ ପରିବର୍ତ୍ତନ ଆଣି ଅନୁଶାସନ ଓ ଆଚରଣବିଧି

କରିବା ଜରୁରୀ। କାରଣ ତୃଣମୂଳ ସ୍ତରରେ ପ୍ରଦେଶର କିଛି ଇଲାକାରେ ଏବେ ବି ଦୁଃଖ ପ୍ରପୀଡ଼ିତ ଦରିଦ୍ରଙ୍କ ପାଖରେ ମାନବିକ ନ୍ୟାୟ ପହଞ୍ଚି ପାରୁନି।

ତେବେ କୋଭିଡ୍ ୧୯ରୁ ଆମକୁ କ'ଣ ଶିକ୍ଷା ମିଳିଲା ? ପ୍ରଥମତଃ ଆମ ଦେଶରେ ସ୍ୱାସ୍ଥ୍ୟ ସେବା ଦୟନୀୟ ଓ ଶୋଚନୀୟ। ତେଣୁ ଭବିଷ୍ୟତରେ ଏହାର ଉନ୍ନତିକରଣ ଓ ଆଧୁନିକୀକରଣ ପାଇଁ ପର୍ଯ୍ୟାପ୍ତ ଅର୍ଥ ବ୍ୟବସ୍ଥା ଅତ୍ୟନ୍ତ ଜରୁରୀ। ଜିଡିପିର ୯/୧୦% ସ୍ୱାସ୍ଥ୍ୟସେବା ପାଇଁ ଅଟକଳ ହେବା ପ୍ରୟୋଜନ। ଜନସ୍ୱାସ୍ଥ୍ୟ ବା ପବ୍ଲିକ୍ ହେଲ୍‌ଥର ଗୁରୁତ୍ୱ ଓ ତଦନୁଯାୟୀ ପଦକ୍ଷେପ ନିହାତି ଆବଶ୍ୟକ ରୋଗର ନିରାକରଣ ପାଇଁ। ଏଭଳି ପାନ୍‌ଡେମିକ ପାଇଁ ବୋଧହୁଏ ବ୍ୟାପକ ଟେଷ୍ଟିଂ ସଂକ୍ରମିତଙ୍କୁ ଚିହ୍ନଟ କରିବାରେ ସାହାଯ୍ୟ କରିବ। ସେଥିପାଇଁ ଦରକାର ଯଥେଷ୍ଟ ମାନବସମ୍ବଳ, ଟ୍ରେନିଂ ଏବଂ କିଟ୍‌ର ଉପଲବ୍‌ଧି। କୋଭିଡ୍-୧୯ର ଯେ ପର୍ଯ୍ୟନ୍ତ ଟିକା ବା ଭାକ୍ସିନ୍ ଉଦ୍‌ଭାବନ ଓ ଜନସାଧାରଣଙ୍କ ପ୍ରୟୋଗ ପାଇଁ ଉପଲବ୍ଧ ନ ହୋଇଛି ସେ ପର୍ଯ୍ୟନ୍ତ ସଙ୍ଗରୋଧ ଓ ସାମାଜିକ ଦୂରତ୍ୱ ଅପରିହାର୍ଯ୍ୟ। ଟିକାର ଉଦ୍ଭାବନ ନାଟକର ଶେଷ ଅଙ୍କ ନୁହେଁ। ଏହା ଏକ ବିବର୍ତ୍ତନଶୀଳ ପ୍ରକ୍ରିୟା। ଅର୍ଥାତ୍ ଆମକୁ କୋଭିଡ୍-୨୦ ପାଇଁ ମଧ୍ୟ ପ୍ରସ୍ତୁତ ରହିବାକୁ ପଡ଼ିବ। କୋଭିଡ୍-୧୯ର ସଂଗ୍ରାମ ସରିନାହିଁ। ଅୟମାରମ୍ଭ ମାତ୍ର। ଏବେ ବି ଏହା ଆମର ସବୁ ନିଷ୍ପତ୍ତିକୁ ପ୍ରଭାବିତ କରୁଛି ଓ କର୍ମନିର୍ଘଣ୍ଟ ନିୟନ୍ତ୍ରକ। ଭବିଷ୍ୟତରେ ଅର୍ଥନୀତିରେ ବହୁ ମୌଳିକ ପରିବର୍ତ୍ତନ ଦେଖିବାକୁ ମିଳିପାରେ। ଟେକ୍ନୋଲୋଜିର ବହୁଳ ଉପଯୋଗ ଅବଶ୍ୟମ୍ଭାବୀ। ସ୍ୱାଭାବିକ ଅବସ୍ଥା ବା ସ୍ୱାଭାବିକୀକରଣ ଫେରିବାକୁ ବହୁ ସମୟ ଅପେକ୍ଷା କରିବାକୁ ପଡ଼ିବ।

ଆମେ ଅଭ୍ୟସ୍ତ ଥିବା ଜୀବନଶୈଳୀରେ ବିରାଟ ପରିବର୍ତ୍ତନର ସମ୍ଭାବନା ରହିଛି। ବ୍ୟକ୍ତି ସ୍ୱାଧୀନତା, ସ୍ୱାତନ୍ତ୍ର୍ୟ, ନିଜ ଇଚ୍ଛା ଅନୁସାରେ କାର୍ଯ୍ୟକରିବା ପାଇଁ ଅଧିକାର ଓ ସୁଯୋଗର ଭବିଷ୍ୟତ ଅନିଶ୍ଚିତ। ଗଣତନ୍ତ୍ର କହିଲେ ଆମେ ଯାହା ବୁଝୁ ତାହା ମଧ୍ୟ ହେବ ପରିବର୍ତ୍ତନାଭିମୁଖୀ। ଅନ୍ତର୍ଜାତୀୟତାର ଭବିଷ୍ୟତ ଅସ୍ପଷ୍ଟ ?

ଆମେରିକା ରାଷ୍ଟ୍ରପତି ନିର୍ବାଚନ

ଆମେରିକା ରାଷ୍ଟ୍ରପତି ନିର୍ବାଚନ ନାଟକର ଶେଷ ଅଙ୍କର ଅନ୍ତ ହେଲା ଫଳାଫଳ ଘୋଷଣା ପରେ। ଏହି ପର୍ବର ଅନ୍ତିମ ନାୟକ ଥିଲେ ଭୋଟର ସମୂହ। ଚାରିଦିନ ଧରି କେବଳ ଆମେରିକାବାସୀ ନୁହଁନ୍ତି, ସାରା ପୃଥିବୀର ବିଭିନ୍ନ ଦେଶର ଲୋକେ ଉତ୍କଣ୍ଠାର ସହିତ ଏହି ଫଳାଫଳକୁ ଅପେକ୍ଷା କରିଥିଲେ। ମନେ ହେଉଥିଲା ଏହା କେବଳ ଗୋଟିଏ ଦେଶର ଭବିଷ୍ୟତ ନୁହେଁ, ବିଶ୍ୱର ଅନ୍ୟ ଦେଶମାନଙ୍କର ଭବିଷ୍ୟତ ମଧ୍ୟ ଏଥି ସହିତ ଘନିଷ୍ଠଭାବେ ଜଡ଼ିତ ଓ ପ୍ରଭାବିତ। ତା'ର ମୁଖ୍ୟ କାରଣ ହେଲା କେବଳ ଅର୍ଥନୈତିକ, ସାମରିକ କ୍ଷେତ୍ରରେ ନୁହେଁ, ବିଜ୍ଞାନ ଓ ଟେକ୍‌ନୋଲୋଜିରେ ମଧ୍ୟ ଆମେରିକା ଶକ୍ତିଶାଳୀ ଓ ଅଗ୍ରଣୀ। ସେ ଦେଶର ରାଷ୍ଟ୍ରପତିଙ୍କର ବିଶ୍ୱବ୍ୟବସ୍ଥାର ଭବିଷ୍ୟତ ରୂପରେଖ ଉପରେ ନିଷ୍ପତ୍ତିମୂଳକ ପ୍ରଭାବ ରହିଥାଏ। ନିର୍ବାଚନର ଭୋଟ ଗଣନା ଓ ତା'ର ପରିଣାମ ଥିଲା ଏକ ରହସ୍ୟମୟ, ରୋମାଞ୍ଚକର ହଲିଉଡ୍ କିମ୍ବା ବଲିଉଡ୍‌ର ସିନେମା ଭଳି। ଉଦ୍‌ବେଗ ଓ ଉତ୍କଣ୍ଠାର ବାତାବରଣ ଥିଲା ଚାରିଆଡ଼େ।

ଆମେରିକାର ଭୋଟରମାନେ କରୋନା ମହାମାରୀର ଭୟାବହତା ସତ୍ତ୍ୱେ ଏତେ ସଂଖ୍ୟାରେ ନିର୍ଭୟରେ ଭୋଟ ଦେବା ଏକ ରେକର୍ଡ, ଗୋଟିଏ ମାଇଲଖୁଣ୍ଟ ଆମେରିକା ନିର୍ବାଚନ ଇତିହାସରେ। ନିର୍ବାଚିତ ପ୍ରାର୍ଥୀ ବାଇଡେନ୍‌ଙ୍କ ସଫଳତା ପରେ କେତୋଟି କଥା ସ୍ପଷ୍ଟ ହୋଇଛି - ପ୍ରଥମରେ ଏହା ଗଣତନ୍ତ୍ରର ବିଜୟ, ଅବଧାରିତ ଅଧିକାର ଥିବା, ପ୍ରଭୁତ୍ୱ ବିସ୍ତାରକ ଏକଛତ୍ରବାଦୀ ଶାସନର ପରାଜୟ। ନିର୍ବାଚନର ବାର୍ତ୍ତା ରହିଛି ବର୍ଣ୍ଣବୈଷମ୍ୟ ବିରୁଦ୍ଧରେ, ଗଣତନ୍ତ୍ର କହିଲେ ଆଇନର ଶାସନ, ମନମୁଖୀ ଶାସନ ନୁହେଁ; ବ୍ୟକ୍ତିଗତ ସ୍ୱାର୍ଥ ଓ ଜାତୀୟ ସ୍ୱାର୍ଥ ଏକାକଥା ନୁହେଁ। ଶାସନରେ ପରିବାରର ପ୍ରାଧାନ୍ୟ ମଧ୍ୟ ଭୋଟରଙ୍କ ଅପସନ୍ଦ। ଯେତେବେଳେ ନିର୍ବାଚନର ଅନ୍ତିମ ଫଳାଫଳ ଗଣମାଧ୍ୟମରେ ପ୍ରକାଶ ପାଇଲା, ସେତେବେଳେ ସ୍ୱତଃପ୍ରବୃତ୍ତ ଭାବେ ଆମେରିକାବାସୀ

ପୁରୁଷ-ନାରୀ, ବୃଦ୍ଧ-ଯୁବ, ଶ୍ୱେତାଙ୍ଗ-କୃଷ୍ଣକାୟ, ଜାତି-ଧର୍ମ ନିର୍ବିଶେଷରେ ଆମେରିକାର ବିଭିନ୍ନ ପ୍ରାନ୍ତରେ ବିଜୟ ଉତ୍ସବ ପାଳନ କଲେ। ଏ ଦୃଶ୍ୟ କେବଳ ଆମେରିକାରେ ସୀମିତ ନଥିଲା, ପୃଥିବୀର ଅନ୍ୟ ପ୍ରାନ୍ତରେ ମଧ୍ୟ ସେଇଭଳି ଆଶ୍ୱସ୍ତି ସହ ଆନନ୍ଦର ଲହରୀ ଖେଳିଯାଇଥିଲା। ଯେତେବେଳେ ସାରା ପୃଥିବୀରେ ଏଭଳି ପ୍ରତିକ୍ରିୟା ଦେଖିବାକୁ ମିଳିଥିଲା, ପରାଜିତ ରାଷ୍ଟ୍ରପତି ଟ୍ରମ୍ପ ତାଙ୍କର ସମର୍ଥକଙ୍କୁ ଏକଜୁଟ୍ କରାଇ ରାଜରାସ୍ତାରେ ନିର୍ବାଚନର ଫଳାଫଳ ଅବୈଧ ଓ ଅଗ୍ରାହ୍ୟ ବୋଲି ଦାବି କରିବାରେ ବ୍ୟସ୍ତ। ଆଇନ ଓ ଅଦାଲତ ସାହାଯ୍ୟରେ ନିର୍ବାଚନ ଫଳାଫଳକୁ ଅସିଦ୍ଧ, ଅବୈଧ ଘୋଷଣା କରିବାର ପ୍ରଚେଷ୍ଟା ସହିତ ନିର୍ବାଚିତ ବାଇଡେନ୍‌ଙ୍କୁ ପରମ୍ପରାଗତ ଅଭିନନ୍ଦନ ଜଣାଇବାର ସାଧାରଣ ସୌଜନ୍ୟ ଦେଖାଇବାକୁ ଅନିଚ୍ଛୁକ। ଜାନୁଆରୀ ୨୦ ତାରିଖରେ ଶପଥ ଗ୍ରହଣ ଉତ୍ସବର ପ୍ରସ୍ତୁତି ପାଇଁ ଦୁଇପକ୍ଷର ଯେଉଁ ପ୍ରାଥମିକ ପଦକ୍ଷେପ ନିଆଯାଏ, ସେଥିରେ ସହଯୋଗର ସୁରାକ୍ ଦେଖିବାକୁ ମିଳିନାହିଁ। ଶପଥ ଗ୍ରହଣ ପୂର୍ବରୁ ଇଲେକ୍‌ଟୋରାଲ କଲେଜର ମିଟିଂ, କଂଗ୍ରେସର ସମ୍ମତି ଓ ଅନ୍ୟାନ୍ୟ ଆନୁଷଙ୍ଗିକ ବିଧିବିଧାନ ବିଳମ୍ବରେ ବିଶୃଙ୍ଖଳା ଉପୁଜିବାର ଭୟ ଓ ସମ୍ଭାବନା ରହିଛି। ତେବେ ଏ ନିର୍ବାଚନର ଫଳାଫଳଟି ଅନ୍ୟ ଦିଗରୁ ଉଦ୍‌ବେଗଜନକ ଏବଂ ଉପେକ୍ଷା କରି ହେବନାହିଁ। ତାହା ହେଉଛି କରୋନାର କୁପରିଚାଳନା, ଅର୍ଥନୈତିକ ସଂକଟ, ଆନ୍ତର୍ଜାତୀୟ କ୍ଷେତ୍ରରେ ଅନିଶ୍ଚିତତା ସତ୍ତ୍ୱେ ୧୫୦ ମିଲିୟନ ଭୋଟରୁ ୭୨ ବିଲିୟନ ଭୋଟ ଟ୍ରମ୍ପଙ୍କ ସପକ୍ଷରେ। ଏତେ ସଂଖ୍ୟାରେ ପରାଜିତ ପ୍ରାର୍ଥୀ ଭୋଟ ପାଇବା ଗୋଟିଏ ରେକର୍ଡ। ପ୍ରାୟ ୫୭ ପ୍ରତିଶତ ଶ୍ୱେତାଙ୍ଗ ଭୋଟ ତାଙ୍କ ସପକ୍ଷରେ ଯାଇଛି। ମନେହେଉଛି ସେ ଜଣେ 'କଲ୍‌ଟ ଫିଗର' ବା ଏଭଳି ବ୍ୟକ୍ତି ଯାହାଙ୍କ ପାଇଁ ବହୁ ଲୋକଙ୍କର ଗଭୀର ଶ୍ରଦ୍ଧା ଓ ଭକ୍ତି ରହିଛି। ସେଇଭଳି ବାଇଡେନ୍ ସହରାଞ୍ଚଳରେ ଅଧିକ ଭୋଟ ପାଇଥିବା ବେଳେ ଟ୍ରମ୍ପ ଗ୍ରାମାଞ୍ଚଳରେ ବେଶୀ ଭୋଟ ସଂଗ୍ରହ କରିବାରେ ସକ୍ଷମ ହୋଇଛନ୍ତି। ଏହା ସୂଚାଉଛି ସେଠାକାର ସମାଜରେ ବିଭାଜନ ଆହୁରି ଶାଣିତ ହେବାର ଲକ୍ଷଣ। କିନ୍ତୁ ମାନିବାକୁ ହେବ ଯେ ଟ୍ରମ୍ପ ଶ୍ୱେତାଙ୍ଗଙ୍କ ଭୋଟ ବିଶେଷ କରି ଗ୍ରାମାଞ୍ଚଳରେ ଏକତ୍ରୀକରଣ ଓ ଦୃଢ଼ୀକରଣ କରିବାରେ ସଫଳ ହୋଇଛନ୍ତି। ସେମାନଙ୍କୁ ଆମେରିକା ପ୍ରଥମ ଓ ପୃଥିବୀର ଶ୍ରେଷ୍ଠ ଦେଶ କରିବାର ସ୍ୱପ୍ନ ବିତରଣ କରିବାରେ ମଧ୍ୟ ସଫଳ ହୋଇଛନ୍ତି। କେବଳ ସେତିକି ନୁହେଁ, ତାଙ୍କ ଶାସନ କାଳରେ ଅର୍ଥନୈତିକ ଅଭିବୃଦ୍ଧି, ନିଯୁକ୍ତିର ପ୍ରସାରଣ ଦାବି ଭୋଟରଙ୍କର ହୃଦ୍‌ବୋଧ ହୋଇଛି। ତେବେ ନିର୍ବାଚନ ଫଳାଫଳରେ ଯେଉଁ ଅସ୍ପଷ୍ଟ, ବିଶୃଙ୍ଖଳା, ଗୋଳମାଳିଆ ଦୃଶ୍ୟକ୍ରମ ଦେଖିବାକୁ ମିଳିଛି ତା'ର ମୂଳ କାରଣ ହେଲା ଆମେରିକାରେ ଲୋକପ୍ରିୟତା ବା ପପୁଲାର ସଂଖ୍ୟାଧିକ

ଭୋଟ ରାଷ୍ଟ୍ରପତି ନିର୍ବାଚନ ଫଳାଫଳକୁ ନିୟନ୍ତ୍ରିତ କରିନଥାଏ। ସମ୍ବିଧାନ ଅନୁଯାୟୀ ଇଲେକ୍‌ଟୋରାଲ କଲେଜର ସଂଖ୍ୟାଧିକ ଭୋଟ ହିଁ ଗୋଟିଏ ପ୍ରାର୍ଥୀକୁ ଜିତେଇବାରେ ସହାୟକ ହୁଏ। ଏଥିରେ କେତେକ ରାଜ୍ୟଙ୍କ ନିର୍ଣ୍ଣାୟକ ଭୂମିକା ରହେ। ସେଇ କାରଣରୁ ଲୋକପ୍ରିୟତା ଥାଇ ମଧ୍ୟ ହିଲାରୀ କ୍ଲିଣ୍ଟନ ଓ ଆଲ୍‌ଗୋର ପରାଜୟ ସ୍ୱୀକାର କରିଥିଲେ। ସମ୍ବିଧାନ ରଚନା ସମୟରେ ସେତେବେଳକାର ପରିସ୍ଥିତିକୁ ବିଚାରକୁ ନେଇ ଯେଉଁ ରାଷ୍ଟ୍ରପତି ନିର୍ବାଚନର ବ୍ୟବସ୍ଥା ବା ଆଇନ୍‌ପ୍ରକ୍ରିୟା ସ୍ଥାନୀତ କରାଯାଇଥିଲା। ତା'ର ଯଥାର୍ଥତା ବର୍ତ୍ତମାନ ଯୁଗରେ ନଥିଲେ ଅଥବା ଅଗଣତାନ୍ତ୍ରିକ ମନେହେଲେ ମଧ୍ୟ ରାଜନୈତିକ କାରଣରୁ ପରିବର୍ତ୍ତନ ସମ୍ଭବ ନୁହେଁ। ତେବେ ବାଇଡେନ୍ ପପୁଲାର ଭୋଟ ଓ ଇଲେକ୍‌ଟୋରାଲ ଭୋଟ ପାଇବାରେ ଅସାଧାରଣ ସଫଳତା ସ୍ପଷ୍ଟ। ଆଇନ ବିଶେଷଜ୍ଞଙ୍କ ମତରେ ପ୍ରମାଣ ଅଭାବରେ ଟ୍ରମ୍ପଙ୍କର ବାଧା, ବିଘ୍ନ ସୃଷ୍ଟି କରିବାର ସବୁ ପ୍ରଚେଷ୍ଟା ବିଫଳ ହେବ।

ଗତ ନିର୍ବାଚନ ମଧ୍ୟ ଥିଲା ଶିଷ୍ଟତା ଓ ଶାଳୀନତାର ବିଜୟ। ବାଇଡେନ୍ ବିଶ୍ୱ ରାଜନୀତିରେ ଏକ ବିରଳ ବ୍ୟକ୍ତିତ୍ୱ। ଜଣେ ବିନୟ, ଭଦ୍ର, ନମ୍ର, ନିରହଙ୍କାରୀ, ଭଲଲୋକର ଭାବମୂର୍ତ୍ତି ତାଙ୍କର ରହିଛି। ଏ ସବୁ ଗୁଣର ଆୟତ୍ତ ପଛରେ ରହିଛି ବାଇଡେନ୍‌ଙ୍କ ସଂଘର୍ଷମୟ କରୁଣ କାହାଣୀ, ଯାହା ଏକ ଦୁର୍ଲଭ ଉପନ୍ୟାସ ଭଳି। ବହୁ ହୁଏତ ଜାଣିନଥିବେ ବାଇଡେନ୍ ବାଲ୍ୟାବସ୍ଥାର ସ୍ପଷ୍ଟ କଥା କହିବାରେ ସମର୍ଥ ହେଉନଥିଲେ। ଖନେଇ ଖନେଇକଥା କହୁଥିବା ହେତୁ ଏହା ତାଙ୍କର ଆତ୍ମସମ୍ମାନ ହାନିକର ବୋଲି ଭାବୁଥିଲେ। ଏହା ତାଙ୍କର ମନ ଭିତରେ ଦୁଶ୍ଚିନ୍ତା ଆଣି ଦେଇଥିଲା କିନ୍ତୁ ଆତ୍ମବିଶ୍ୱାସ, ଦୃଢ଼ ମନୋବଳ ଓ ଅବିରତ ଉଦ୍ୟମରେ ସେ ଏହି ଅଭାବକୁ ନିଜ ଆୟତ୍ତକୁ ଆଣିପାରିଥିଲେ। ଲୋକକ୍ଷେତ୍ରରେ ରାଜନୀତି ଭଳି ବୃତ୍ତିରେ କୃତିତ୍ୱ ଅର୍ଜନ କରିପାରିଥିଲେ। ୧୯୭୨ ମସିହାରେ ସବୁଠାରୁ କନିଷ୍ଠ ସିନେଟର ହିସାବରେ ନିର୍ବାଚିତ ହେବାର କିଛିଦିନ ପରେ ଖ୍ରୀଷ୍ଟମାସ ସମୟରେ ବାଇଡେନ୍ ହରାନ୍ତି ତାଙ୍କର ପ୍ରଥମ ପତ୍ନୀ ଓ କନ୍ୟାଙ୍କୁ ଏକ ମର୍ମନ୍ତୁଦ ଦୁର୍ଘଟଣାରେ। ସେ ସମୟର ଅପୂରଣୀୟ ବିଚ୍ଛେଦ ଓ ବିରହ ଯନ୍ତ୍ରଣା ଓ ଚରମ ଅବସାଦରୁ ମୁକ୍ତି ପାଇବା ପାଇଁ ଏବଂ ଏକକ ଅଭିଭାବକ ଭାବେ ଦୁଇଟି ବଞ୍ଚିଯାଇଥିବା ସନ୍ତାନଙ୍କୁ ଲାଳନପାଳନ କରିବାର ଆତ୍ମବିଶ୍ୱାସ ହରାଇଥିବା ଓ ଆତ୍ମହତ୍ୟା ପାଇଁ ମାନସିକ ସ୍ତରରେ ପ୍ରସ୍ତୁତ ହେଉଥିବା ବାଇଡେନ୍ ନୈତିକ ଦାୟିତ୍ୱର ଆହ୍ୱାନରେ ସେ ସମୟରେ କର୍ମସ୍ଥଳୀରୁ ପ୍ରତିଦିନ ଘଣ୍ଟାର ପଥ ଅତିକ୍ରମ କରି ନିଜର ପିଲାଙ୍କୁ ଶୋଇବା ପୂର୍ବରୁ କାହାଣୀ ଶୁଣାଇବାର ଆଗ୍ରହ ଓ ପ୍ରତିଶ୍ରୁତିବଦ୍ଧତା ଇଙ୍ଗିତ କରେ ତାଙ୍କ ଭିତରେ ଥିବା ମନୁଷ୍ୟତ୍ୱ ଓ

ଦାୟିତ୍ୱବୋଧତା। ସେ ପ୍ରଥମ ସିନେଟର ହିସାବରେ ଶପଥ ଗ୍ରହଣ କରିଥିଲେ ହସ୍‌ପିଟାଲ୍‌ରେ ଚିକିତ୍ସାଧୀନ ପୁତ୍ରଙ୍କ ରୋଗଶଯ୍ୟା ନିକଟରୁ। ସେହିଭଳି ୨୦୧୫ରେ ପ୍ରଥମ ପୁତ୍ର ବୋ ବାଇଡେନ୍‌ଙ୍କ ୪୬ ବର୍ଷ ବୟସରେ ବ୍ରେନ୍ କ୍ୟାନ୍‌ସର ଯୋଗୁଁ ଅକାଳ ମୃତ୍ୟୁରେ ମ୍ରିୟମାଣ ହେବା ସତ୍ତ୍ୱେ ସ୍ଥିର କରିଥିଲେ ଯେ ଜୀବନଟାକୁ ଏଭଳି ଉତ୍ସର୍ଗ କରିବେ ଯେ ତାଙ୍କର ସନ୍ତାନ ତାଙ୍କ ପାଇଁ ଗର୍ବ ଅନୁଭବ କରିବେ। ଛ'ଥର ସିନେଟର ଓ ଦୁଇଥର ଉପରାଷ୍ଟ୍ରପତି ପଦ ମଣ୍ଡନ କରିଥିବା ସେହିଭଳି ଏକ ବ୍ୟତିକ୍ରମ, ଅନନ୍ୟ ବ୍ୟକ୍ତିଙ୍କୁ ଆମେରିକାବାସୀ ରାଷ୍ଟ୍ରପତି ପଦ ପାଇଁ ବହୁସଂଖ୍ୟାରେ ଭୋଟ ଦେଇ ନିର୍ବାଚିତ କରିଛନ୍ତି।

ଅନ୍ତର୍ଜାତୀୟତା ଓ ଆମେରିକାର ବିଶ୍ୱ ବ୍ୟବସ୍ଥାରେ ଅଗ୍ରଣୀ ଓ ଅର୍ଥପୂର୍ଣ୍ଣ ଭୂମିକାରେ ବାଇଡେନ୍ ବିଶ୍ୱାସ କରନ୍ତି। ତେଣୁ ପ୍ୟାରିସ୍ ଜଳବାୟୁ ପରିବର୍ତ୍ତନ ବୁଝାମଣାରେ ଆମେରିକାର ପ୍ରତ୍ୟାବର୍ତ୍ତନ, ସହଯୋଗ ଓ ନାଟୋରେ ସକ୍ରିୟ ସମ୍ପୃକ୍ତିର ଇଙ୍ଗିତ ତାଙ୍କଠାରୁ ମିଳିଛି। ଭବିଷ୍ୟତରେ ଆନ୍ତର୍ଜାତିକ ସହଯୋଗ ପ୍ରକ୍ରିୟାର ଗତି ଦ୍ରୁତତର ହେବବୋଲି ଅନୁମାନ କରାଯାଇପାରେ। ଅନିଶ୍ଚିତତା ଓ ଅସ୍ଥିରତାର ଅବସାନ ଆଶା କରାଯାଇପାରେ। ଇରାନ୍ ସହ ଆମେରିକାର ପରମାଣୁ କ୍ଷେତ୍ରରେ ବୁଝାମଣାର ସୁଧାର ଆସିବାର ଆଶ୍ୱାସନା ଏ ଅଞ୍ଚଳରେ ଆଣିପାରେ ସ୍ୱାଭାବିକତା, ଯାହା ରାଜନୈତିକ ଓ ବାଣିଜ୍ୟ ଦୃଷ୍ଟିରୁ ଭାରତ ପାଇଁ ହେବ ଲାଭଦାୟକ। ଇରାନ୍‌ରୁ ସମ୍ଭାବ୍ୟ ପେଟ୍ରୋଲ ରପ୍ତାନି କଟକଣାର କୋହଳତା ଆମ ପାଇଁ ହେବ ବରଦାନ। ମଧ୍ୟପ୍ରାଚ୍ୟରେ ଲାଗି ରହିଥିବା ସଂଘର୍ଷ ଓ ଟ୍ରମ୍ପଙ୍କ ଶାସନ କାଳରେ ସ୍ୱାକ୍ଷରିତ ହୋଇଥିବା ଚୁକ୍ତିଗୁଡ଼ିକର ଭବିଷ୍ୟତ ବିଷୟରେ କିଛି ଅନୁମାନ କରିବା କଷ୍ଟକର ବ୍ୟାପାର। ବାଇଡେନ୍ ଶାସନରେ ମଧ୍ୟପ୍ରାଚ୍ୟ ନୀତିକୁ ଉତ୍କଣ୍ଠାର ସହିତ ଅପେକ୍ଷା କରିବେ ସେ ଅଞ୍ଚଳର ଶାସକବୃନ୍ଦ। ଚୀନ୍ ସହିତ ଆମେରିକାର ସମ୍ପର୍କରେ ଅପେକ୍ଷାକୃତ ଭାବେ ସ୍ୱାଭାବିକତା ଫେରି ଆସିପାରେ। ବାଣିଜ୍ୟ କ୍ଷେତ୍ରରେ ବୁଝାମଣାର ସମ୍ଭାବନା ରହିଛି। ବାଇଡେନ୍‌ଙ୍କ ମତରେ ରୁଷିଆ ହେଉଛି ଆମେରିକାର ସବୁଠାରୁ ବଡ଼ ଶତ୍ରୁ। ଅନ୍ତର୍ଜାତୀୟ ଅନୁଷ୍ଠାନଗୁଡ଼ିକରେ ଆମେରିକାର ଆଗଭଳି ସକ୍ରିୟ ଭୂମିକା ରହିବ। ବିଶ୍ୱ ସ୍ୱାସ୍ଥ୍ୟ ଅନୁଷ୍ଠାନ (ହୁ) ଏବଂ ଜାତିସଂଘ ସହିତ ସହଯୋଗ ଓ ସାହାଯ୍ୟ ପୁନର୍ବାର ଜାରି ରହିବ।

ଏହି ନିର୍ବାଚନର ଫଳାଫଳ ପରେ ଭାରତର ଲାଭକ୍ଷତିର ପ୍ରଶ୍ନ ଅନେକଙ୍କ ମନରେ ଆସିପାରେ। ଅତୀତକୁ ଅନୁଶୀଳନ କଲେ ଆମେ ଚିନ୍ତିତ ବା ବିଚଳିତ ହେବାର କୌଣସି କାରଣ ନାହିଁ। ଡେମୋକ୍ରାଟ୍ ଓ ରିପବ୍ଲିକାନ୍ ଦୁଇଦଳର ନେତୃତ୍ୱ ସହିତ ଆମର ସମ୍ପର୍କ ସ୍ୱାଭାବିକ ଓ ଭଲ ରହିଛି। ଭାରତ-ଆମେରିକା ସମ୍ପର୍କରେ

ଉଷ୍ମତା ଓ ସୁଦୃଢ଼ ବନ୍ଧୁତ୍ୱର ପ୍ରଥମ ପାହାଚ ଥିଲା ବିଲ୍ କ୍ଲିଣ୍ଟନ୍‌ଙ୍କ ସମୟରେ। କାରଗିଲ ଯୁଦ୍ଧର ଅବସାନ ଓ ଶାନ୍ତି ପ୍ରତିଷ୍ଠାରେ ତାଙ୍କର ଗୁରୁତ୍ୱପୂର୍ଣ୍ଣ ଭୂମିକା ଥିଲା। ସେ ଥିଲେ ଡେମୋକ୍ରାଟ୍ ଦଳର। ଜର୍ଜ ବୁଶ୍‌ଙ୍କ ଶାସନ କାଳରେ ଅଣୁଚୁକ୍ତି ସ୍ୱାକ୍ଷର ଏବଂ ଷ୍ଟ୍ରାଟେଜିକ୍ ପାର୍ଟନରସିପ୍‌ର ମୂଳଦୁଆ ପଡ଼ିଥିଲା। ସେ ଥିଲେ ରିପବ୍ଲିକାନ୍ ଦଳର। ଡେମୋକ୍ରାଟ୍ ଓବାମା ଓ ରିପବ୍ଲିକାନ୍ ଟ୍ରମ୍ପଙ୍କ ଦ୍ୱିପାକ୍ଷିକ ବନ୍ଧୁତ୍ୱ ପ୍ରତି ଆଗ୍ରହ ସୂଚଉଥିଲା ବିଶ୍ୱ ବ୍ୟବସାୟ ଭାରତର କ୍ରମବର୍ଦ୍ଧିଷ୍ଣୁ ଗୁରୁତ୍ୱ। ଭାରତ ଏକ ବିଶାଳ ବଜାର ଭାବେ ଧ୍ୟାନ ଆକର୍ଷଣ କରିଥିଲା ବିକଶିତ ରାଷ୍ଟ୍ରଗୁଡ଼ିକୁ। ଏଥି ସହିତ ସୁରକ୍ଷା ଦୃଷ୍ଟିରୁ ଆଟ୍‌ଲାଣ୍ଟିକ୍ ମହାସାଗର ପରିବର୍ତ୍ତେ ପ୍ରଶାନ୍ତ ମହାସାଗରକୁ ପ୍ରାଧାନ୍ୟ ଦେବା ଦୃଢ଼ୀଭୂତ କରୁଥିଲା ଭାରତର ଅପରିହାର୍ଯ୍ୟ ଆବଶ୍ୟକତା ଓ ମର୍ଯ୍ୟାଦା। ଚୀନ୍‌ର ମହାଶକ୍ତି ଭାବେ ଉତ୍‌ଥାନକୁ ପରାହତ କରିବା ପାଇଁ ଭାରତର ଅନ୍ତର୍ନିହିତ ଶକ୍ତିର ଉପଯୋଗିତା ଅନ୍ୟ ରାଷ୍ଟ୍ରମାନେ ହୃଦୟଙ୍ଗମ କରିଛନ୍ତି। କେତେକ ଭାରତୀୟଙ୍କ ମନରେ ସନ୍ଦେହ ରହିଛି ଯେ ବାଇଡେନ୍‌ଙ୍କ ଶାସନ କାଳରେ ଭାରତ-ଆମେରିକା ସମ୍ପର୍କରେ ଶିଥିଳତା ଆସିପାରେ ବିଭିନ୍ନ କାରଣରୁ। ତେବେ ଆମର ମନେ ରଖିବା ଉଚିତ୍ ହେବ ଯେ ଭାରତ-ଆମେରିକା ଅଣୁଚୁକ୍ତି ବିଲ୍‌କୁ ଡେମୋକ୍ରାଟ୍ ଦଳର ପ୍ରବଳ ବିରୋଧ ସତ୍ତ୍ୱେ ବାଇଡେନ୍‌ଙ୍କର ଦୃଢ଼ ବିଶ୍ୱାସ ଓ ଅନ୍ୟମାନଙ୍କ ବିଲ୍ ସପକ୍ଷରେ ପ୍ରବର୍ତ୍ତାଇବାରେ ଥିଲା ବିଶେଷ ଭୂମିକା। ତେବେ ଏଚ୍‌ୱାନ୍‌ଙ୍କ ଭିସା ସମ୍ବନ୍ଧୀୟ ସମସ୍ୟାର ସମାଧାନ ନିର୍ଭର କରେ ଆମେରିକା ଟେକ୍ନୋଲୋଜି କମ୍ପାନୀଗୁଡ଼ିକରେ ବାଇଡେନ୍ ଶାସନ କାଳରେ ଚପ ଓ ଲବି କରିବାର ସଫଳତା ଉପରେ। ଟ୍ରମ୍ପଙ୍କ ନୀତି ଦ୍ୱାରା ଅର୍ଥନୈତିକ, ନିଯୁକ୍ତି କ୍ଷେତ୍ରରେ ଆମେରିକା ଲୋକେ ଉପକୃତ ଓ ଲାଭବାନ୍ ହୋଇଛନ୍ତି, ତାହାକୁ ଶୀଘ୍ର ପ୍ରତ୍ୟାହାର କରିବା ଏତେ ସହଜ ନୁହେଁ। ଆତଙ୍କବାଦ ବିରୋଧରେ ଦୁଇ ଦେଶ ଆଗଭଳି ଘନିଷ୍ଠ ସହଯୋଗ ରଖିବେ। ସୁରକ୍ଷା କ୍ଷେତ୍ରରେ ସହଯୋଗିତା ରହିବ।

ଏହି ପୃଷ୍ଠଭୂମିରେ ଭାରତୀୟ ଆଫ୍ରିକୀୟ ବଂଶଜ କମଳା ହାରିସନ୍‌ଙ୍କ ଉପରାଷ୍ଟ୍ରପତି ପଦ ମଣ୍ଡନରେ ଭାରତୀୟମାନେ ଉତ୍ସାହିତ ଓ ଆଶାନ୍ୱିତ ହେବା ସ୍ୱାଭାବିକ। କମଳା ହାରିସନ୍ ହେବେ ଆମେରିକାର ପ୍ରଥମ ମହିଳା କୃଷ୍ଣକାୟ ଉପରାଷ୍ଟ୍ରପତି। ଜଣେ ଆଟର୍ଣ୍ଣି ଏବଂ ସିନେଟର ହିସାବରେ ସେ ତାଙ୍କର ଦକ୍ଷତା ଓ ଦୃଢ଼ତା ପ୍ରତିପାଦନ କରିଛନ୍ତି ଏବଂ ଆଶା କରାଯାଏ ବାଇଡେନ୍ ଶାସନରେ ଗୁରୁତ୍ୱପୂର୍ଣ୍ଣ ଭୂମିକା ନିଭାଇବେ।

ତେବେ ଆମକୁ ବାସ୍ତବଧର୍ମୀ ହୋଇ ଗ୍ରହଣ କରିବାକୁ ପଡ଼ିବ ଯେ ବିଦେଶ ନୀତିର ପ୍ରଣୟନ ହୁଏ ଜାତୀୟ ସ୍ୱାର୍ଥକୁ ଦୃଷ୍ଟିରେ ରଖି, ଯେଉଁଥିରେ ଐତିହାସିକ,

ଭୌଗୋଳିକ, ଆଞ୍ଚଳିକ ଭୂରାଜନୀତି ଓ ପରିବର୍ତ୍ତନଶୀଳ ଆନ୍ତର୍ଜାତୀୟ ପରିସ୍ଥିତିକୁ ବିଚାରକୁ ନିଆଯାଏ। ତେଣୁ ଟ୍ରମ୍ପ ହୁଅନ୍ତୁ ବା ବାଇଡେନ୍ ଆମେରିକାର ସ୍ୱାର୍ଥକୁ ଅଗ୍ରାଧିକାର ଦେବେ। ତେଣୁ ଆମର ନେତୃତ୍ୱ ଓ ନୀତି ନିର୍ଦ୍ଧାରକମାନେ ଭାରତର ସ୍ୱାର୍ଥରେ ଆମେରିକାର ସ୍ୱାର୍ଥକୁ ଏକାଭିମୁଖୀ କରିପାରିଲେ ହେବ ପରସ୍ପର ହିତକାରୀ।

ବାଇଡେନ୍‌ଙ୍କ ବାର୍ତ୍ତା

ଏଥର ଆମେରିକା ରାଷ୍ଟ୍ରପତି ନିର୍ବାଚନ ନାଟକର ଯବନିକା ପତନ ହେଲା ଜାନୁଆରୀ ୨୦ ମଧ୍ୟାହ୍ନରେ। ଆମେରିକାର ୪୬ତମ ରାଷ୍ଟ୍ରପତି ଜୋସେଫ୍ ବାଇଡେନ୍‌ଙ୍କ ଶପଥ ଗ୍ରହଣ ଉତ୍ସବ ଓ ଉଦ୍‌ଘାଟନୀ ଅଭିଭାଷଣ ଥିଲା ନିରାଡ଼ମ୍ବର କିନ୍ତୁ ପ୍ରତୀକାତ୍ମକ। ଅନିଶ୍ଚିତତା ଓ ଆଶଙ୍କା, ଉଦ୍‌ବେଗ ଓ ଉତ୍କଣ୍ଠାର ସହିତ ଅପେକ୍ଷା କରିଥିଲେ ଅଗଣିତ ଆମେରିକାବାସୀ ଓ ବିଶ୍ୱର ବହୁ ରାଷ୍ଟ୍ର। ଶପଥର ମୁହୂର୍ତ୍ତଟି ଯେ ବାସ୍ତବ, ବିଶ୍ୱାସ କରିପାରୁ ନଥିଲେ ବହୁ ମଣିଷ। ସାମରିକ, ଅର୍ଥନୈତିକ ଏବଂ ବିଜ୍ଞାନ ଓ ଟେକ୍ନୋଲୋଜି କ୍ଷେତ୍ରରେ ସବୁଠାରୁ ଶକ୍ତିଶାଳୀ ଓ ପୁରାତନ ଗଣତନ୍ତ୍ରର ଭବିଷ୍ୟତ ଉପରେ ଥିଲା ପ୍ରଶ୍ନବାଚୀ।

ଡୋନାଲ୍‌ଡ ଟ୍ରମ୍ପ ୪ ବର୍ଷ ଶାସନ କାଳରେ ପୂର୍ବ ନୀତିରୁ ବିଚ୍ୟୁତ ହେବା ଓ ଭିନ୍ନ ନୀତି କାର୍ଯ୍ୟକାରୀ କରିବା ଦ୍ୱାରା ବିଶ୍ୱ ବ୍ୟବସ୍ଥା କେବଳ କ୍ଷତିଗ୍ରସ୍ତ ହୋଇନାହିଁ, ଅନିଶ୍ଚିତତା ଓ ଆଶଙ୍କାରେ ବହୁ ରାଷ୍ଟ୍ରଙ୍କର ନୀତିର ପୁନଃବିଚାରର ପ୍ରୟୋଜନ ପଡ଼ିଲା। ଆମେରିକା ପ୍ରଥମ ଏବଂ ପୃଥିବୀର ସର୍ବଶ୍ରେଷ୍ଠ ରାଷ୍ଟ୍ର ଭାବେ ପ୍ରତିପାଦିତ କରିବା ପାଇଁ ଟ୍ରମ୍ପଙ୍କର ପଦକ୍ଷେପ ଥିଲା ଅସମୀଚୀନ ବ୍ୟବହାର। ପରମ୍ପରା ଭଙ୍ଗ କରି ଶପଥ ଗ୍ରହଣ ପୂର୍ବରୁ ହ୍ୱାଇଟ୍ ହାଉସ୍‌ରୁ ବିଦାୟ ନେଇ ଫ୍ଲୋରିଡାରେ ନିଜ ପ୍ରାସାଦକୁ ପ୍ରତ୍ୟାବର୍ତ୍ତନ ପ୍ରକ୍ରିୟାରେ ଟ୍ରମ୍ପ ବାଇଡେନ୍‌ଙ୍କ ପାଇଁ ଯେଉଁ ଆମେରିକା ଛାଡ଼ି ଯାଇଛନ୍ତି ତାହା ବିଭାଜିତ, ଧ୍ୱସ୍ତ ବିଧ୍ୱସ୍ତ। ଭୟାବହ କୋଭିଡ-୧୯ର ନିୟନ୍ତ୍ରଣ ଓ ଦୂରୀକରଣ, ଅର୍ଥନୈତିକ ଅଭିବୃଦ୍ଧି ସହ ବର୍ଣ୍ଣବୈଷମ୍ୟର ହ୍ରାସ, ସମତା ବିଧାନର ସୃଷ୍ଟି ସହ ଜାନୁଆରୀ ୬ରେ କାପିଟଲ ହିଲ୍‌ର ଗଣବିଦ୍ରୋହରେ କେତେକ ସୁରକ୍ଷା ବାହିନୀ ସଦସ୍ୟଙ୍କ ସଂପୃକ୍ତିର ସନ୍ଦେହ ସୂଚାଏ ସମସ୍ୟାର ଗଭୀରତା।

କାପିଟଲ ହିଲ୍‌ର ସୁରମ୍ୟ, ଚମତ୍କାର ପ୍ରଚ୍ଛଦପଟରେ ବାଇଡେନ୍‌ଙ୍କ ଉଦ୍‌ଘାଟନୀ

ଅଭିଭାଷଣ ଥିଲା ଏକତ୍ୱ ଏକତ୍ର କରିବାର ଆହ୍ୱାନ। ସମସ୍ତଙ୍କ ପାଇଁ ନ୍ୟାୟ ଓ ନିଜ ଇଚ୍ଛା ଅନୁସାରେ କାର୍ଯ୍ୟ କରିବାର ସୁଯୋଗ ଯାହା ପ୍ରତିପାଦିତ କରୁଥିଲା - ବାଇଡେନ୍ ଉଦାରବାଦୀ, ସ୍ୱାଧୀନଚିନ୍ତା ଓ କାର୍ଯ୍ୟର ସମର୍ଥକ ଓ ଚରମପନ୍ଥୀ ବିରୋଧୀ, ଯାହାଙ୍କର ଗଣତନ୍ତ୍ର ଉପରେ ଅଟଳ ବିଶ୍ୱାସ। ଆବ୍ରାହମ୍ ଲିଙ୍କନ ଓ ମାର୍ଟିନ୍ ଲୁଥର କିଙ୍ଗ୍‌ଙ୍କୁ ସ୍ମରଣ କରି ସେ ସବୁ ନାଗରିକଙ୍କ ରାଷ୍ଟ୍ରପତି ଭାବେ ନୀତି ଓ କାର୍ଯ୍ୟକ୍ରମ ପ୍ରସ୍ତୁତ କରିବାର ଆଶ୍ୱାସନା ମଧ୍ୟ ଦେଇଥିଲେ। କମଲା ହାରିସ୍‌ଙ୍କ ଜଣେ ପ୍ରଥମ ମହିଳା ଓ କୃଷ୍ଣକାୟ ଭାବେ ଉପରାଷ୍ଟ୍ରପତି ଦାୟିତ୍ୱ ଗ୍ରହଣ ତାଙ୍କପାଇଁ ପ୍ରତୀକାତ୍ମକ ଭବିଷ୍ୟତର ସୂଚନା। ଉତ୍ସବରେ ପୂର୍ବତନ ରାଷ୍ଟ୍ରପତି କ୍ଲିଣ୍ଟନ, ଜର୍ଜ ବୁଶ୍ ଓ ଓବାମା ନୂତନ ରାଷ୍ଟ୍ରପତିଙ୍କୁ ଅଭିନନ୍ଦନ ସହ ଆମେରିକାର ପୂର୍ବାବସ୍ଥାକୁ ଫେରିପାରୁଥିବା ଅନ୍ତର୍ନିହିତ, ଅସାଧାରଣ ସୃଜନୀ ଶକ୍ତି ଏବଂ ଆନୁଷ୍ଠାନିକ ସାଧୁତା, ଅଖଣ୍ଡତା ଉପରେ ପ୍ରାଧାନ୍ୟ ଦେଇଛନ୍ତି।

ବାଇଡେନ୍ ତାଙ୍କ ଭାଷଣରେ ଅନ୍ତର୍ଜାତୀୟତାର ପୁନଃ ଆଗମନର ସୂଚନା ଦେଇଛନ୍ତି। ଅନ୍ୟ ରାଷ୍ଟ୍ରଙ୍କ ସହ ନିଯୁକ୍ତ କରିବା, ଅଭିନିବେଶ କରାଇବା ଓ ସହଯୋଗୀଙ୍କ ସହ ସଂଲଗ୍ନ ହେବା ହେବ ତାଙ୍କର ନୀତି। ବାଇଡେନ୍ ଜଣେ ଅନୁଭବୀ, ପୋଖତ, ପରିପକ୍ୱ ରାଜନୀତିଜ୍ଞ। ବହୁବର୍ଷ ଧରି ସିନେଟର ସଦସ୍ୟ ଓ ଉପରାଷ୍ଟ୍ରପତି ଭାବେ ବିଦେଶ ନୀତି ସହ ଘନିଷ୍ଠ ଭାବେ ଜଡ଼ିତ। ବିଶ୍ୱର ବିଭିନ୍ନ ସମସ୍ୟା ଉପରେ ଅବଗତ ଓ ପରିଚିତ। ବହୁ ରାଷ୍ଟ୍ରନେତାଙ୍କୁ ବ୍ୟକ୍ତିଗତ ଭାବେ ଜାଣନ୍ତି। ତେଣୁ ତାଙ୍କର ବିଦେଶ ନୀତିରେ ସନ୍ତୁଳନତା ରହିବ ଓ ବାସ୍ତବଧର୍ମୀ ହେବ। ତାଙ୍କ ସମୟରେ ଭାରତ-ଆମେରିକା ସମ୍ପର୍କ ବିଷୟରେ ପ୍ରଶ୍ନ ପ୍ରକାଶ ପାଇବା ସ୍ୱାଭାବିକ। ଆମର ଜାଣିବା ଉଚିତ୍ ଆମେରିକାର ନେତୃତ୍ୱ ବିଶ୍ୱ ରାଜନୀତିରେ ଭାରତର ଗୁରୁତ୍ୱକୁ ଭଲଭାବରେ ବୁଝିଛନ୍ତି। କୋଡ଼ିଏ ବର୍ଷର ଦ୍ୱିପାକ୍ଷିକ ସମ୍ପର୍କକୁ ଅନୁଶୀଳନ କଲେ ଜଣାଯିବ ଯେ, ଡେମୋକ୍ରାଟ୍, ରିପବ୍ଲିକାନ୍ ନିର୍ବିଶେଷରେ କ୍ଲିଣ୍ଟନ, ବୁଶ୍, ଓବାମା ଓ ଟ୍ରମ୍ପ ଭାରତ ସହିତ ବନ୍ଧୁତ୍ୱକୁ ସୁଦୃଢ଼ କରିବା ପାଇଁ ପଦକ୍ଷେପ ନେଇଥିଲେ ଷ୍ଟ୍ରାଟେଜିକ୍ ପାର୍ଟନର୍ ହିସାବରେ। ଭାରତ ଏକ ବିରାଟ ବଜାର ଭାବେ ଆକୃଷ୍ଟ କରେ ଆମେରିକା କର୍ପୋରେଟ୍ ଜଗତକୁ। ସୁରକ୍ଷା ଦୃଷ୍ଟିରୁ ଭାରତ ମହାସାଗର ଓ ପ୍ରଶାନ୍ତ ମହାସାଗର ପ୍ରାଧାନ୍ୟପାଇବା ଦୃଢ଼ୀଭୂତ କରେ ଭାରତର ଅପରିହାର୍ଯ୍ୟ ଆବଶ୍ୟକତା। ଚୀନ୍‌ର ମହାଶକ୍ତି ହେବାର ପ୍ରବଳ ଆକାଂକ୍ଷା ଓ କାର୍ଯ୍ୟକ୍ରମକୁ ପରାହତ କରିବା ପ୍ରଚେଷ୍ଟାରେ ଭାରତର ଅନ୍ତର୍ନିହିତ ଶକ୍ତି ଆମେରିକା ହୃଦୟଙ୍ଗମ କରିଛି। ଆତଙ୍କବାଦ ବିରୁଦ୍ଧରେ ଦୁଇ ଦେଶର ନିବିଡ଼ ସହଯୋଗ ରହିବ। ସୁରକ୍ଷା କ୍ଷେତ୍ରରେ ସହଯୋଗିତା ଓ ସହକାରିତା ପୂର୍ବଭଳି ରହିବ। ବାଇଡେନ୍ ନିର୍ବାଚନ ପ୍ରଚାରରେ ଇମିଗ୍ରେସନ ଆଇନରେ ସଂସ୍କାର

ଆଣିବାର ପ୍ରତିଶ୍ରୁତି ଦେଇଛନ୍ତି। ଏହାର ଅର୍ଥ ଟ୍ରମ୍ପଙ୍କ ଦ୍ୱାରା ପ୍ରଣୀତ ବିଭିନ୍ନ କଟକଣାର ପୁନର୍ବିଚାର କରାଯିବ ଏବଂ ବହୁ ଅନ୍ୟ ରାଷ୍ଟ୍ରର ନାଗରିକଙ୍କ ଭଳି ଭାରତୀୟମାନେ ମଧ୍ୟ ଲାଭବାନ ହେବେ। ଆମେରିକାର ବୃହତ୍ତର ସ୍ୱାର୍ଥକୁ ଦୃଷ୍ଟିରେ ରଖି ଇମିଗ୍ରେସନ ନୀତି ରଚନା ହେବାର ସମ୍ଭାବନା ବେଶୀ। ଭାରତ-ଆମେରିକା ଅଣୁ ଚୁକ୍ତି ବହୁ ସିନେଟର ବିରୋଧ କରୁଥିବା ସତ୍ତ୍ୱେ ବାଇଡେନ୍‌ଙ୍କ ପ୍ରଚେଷ୍ଟା, ପ୍ରବର୍ତ୍ତାଇବାର କୌଶଳ ଯୋଗୁଁ ତାହା ଗ୍ରହଣୀୟ ହୋଇଥିଲା। ଏ କଥାଟି ବହୁ ଲୋକ ଜାଣିନାହାନ୍ତି।

୨୦ ଜାନୁଆରୀ ୨୦୨୧ରେ ଆମେରିକାର ବାର୍ତ୍ତା ହେଉଛି "ଭୟଶୂନ୍ୟ, ଆଶାର ନୂତନ ପର୍ଯ୍ୟାୟର ପ୍ରାରମ୍ଭ।"

ରାଷ୍ଟ୍ରପତି ବାଇଡେନ୍‌ଙ୍କ ବାର୍ତ୍ତା "ନୋ ଟାଇମ୍ ଟୁ ୱେଷ୍ଟ" ବା ସମୟ ନଷ୍ଟ କରିବାର ବର୍ତ୍ତମାନ ବେଳ ନୁହେଁ।

ଉପରାଷ୍ଟ୍ରପତି କମଳା ହାରିସ୍‌ଙ୍କ ବାର୍ତ୍ତା "ରେଡି ଟୁ ସର୍ଭ" ବା ସେବା ପ୍ରଦାନ ପାଇଁ ପ୍ରସ୍ତୁତ।

ସାଧୁବାଦ

ଗତ ସପ୍ତାହରେ ଗଣମାଧ୍ୟମରେ ପ୍ରସାରିତ ଓ ପ୍ରକାଶିତ ଦୁଇଟି ଘଟଣା ବହୁ ଲୋକଙ୍କୁ ଚମତ୍କୃତ କରିଥିଲା। ଆଶ୍ଚର୍ଯ୍ୟାନ୍ୱିତ ସହ ଆନନ୍ଦିତ କରିଥିଲା ମଧ୍ୟ। ପ୍ରଥମଟି ହେଲା କେନ୍ଦ୍ର ପେଟ୍ରୋଲିୟମ ମନ୍ତ୍ରୀ ଶ୍ରୀ ଧର୍ମେନ୍ଦ୍ର ପ୍ରଧାନଙ୍କର ନିଜ ଅର୍ଜିତ ଆୟର କିଛି ଅଂଶ ତାଙ୍କର ଆଲମା ମ୍ୟାଟର ବା ଶିକ୍ଷାଲାଭ କରିଥିବା ପ୍ରତିଷ୍ଠାନ ଉତ୍କଳ ବିଶ୍ୱବିଦ୍ୟାଳୟର ଉନ୍ନତିକରଣ ପାଇଁ ଅବଦାନ। ଦ୍ୱିତୀୟଟି ହେଲା, ବାଗ୍‌ଚୀ ଦମ୍ପତିଙ୍କର କ୍ୟାନ୍ସର ରୋଗର ଚିକିତ୍ସା ଓ ଗବେଷଣା ସହ ଜୀବନ-ମୃତ୍ୟୁ ସୀମାରେ ସଂଗ୍ରାମରତ ଅସହାୟ ରୋଗୀଙ୍କୁ ମର୍ଯ୍ୟାଦା ସହ ମୃତ୍ୟୁ, ଯାହାକୁ ପାଲିଏଟିଭ୍ କେୟାର ଓ 'ହସ୍‌ପିସ୍'ର ପ୍ରତିଷ୍ଠାରେ ଗ୍ରହଣୀୟ କରିବାର ଉଦ୍ୟମ। ଏ ଦୁଇଟି ଘଟଣାରେ ପରିମାଣ ନୁହେଁ, ବରଂ ଅବଦାନ ପଛରେ ଯେଉଁ ଆବେଗ, ନିଷ୍ଠା, ସଂପୃକ୍ତି, ଉତ୍ସର୍ଗୀକୃତ ମନୋଭାବ ଓ ନିଜ ଲୋକଙ୍କ ପାଇଁ କିଛି କରିବାର ଆଗ୍ରହ ହିଁ ବଡ଼ କଥା।

ଗଭୀର ଭାବେ ଚିନ୍ତା କଲେ ମନେ ହେବ ଶିକ୍ଷା ଓ ସ୍ୱାସ୍ଥ୍ୟ କ୍ଷେତ୍ରରେ ଉପଯୋଗ ହେବାପାଇଁ ଏହା ଅର୍ପିତ। ଏହି ଦୁଇଟି କ୍ଷେତ୍ରରେ ଅବହେଳା ଯୋଗୁଁ ଆମ ପ୍ରଦେଶର ଯେଉଁ ଅବକ୍ଷୟ ଓ ଅଭାବନୀୟ ପରିସ୍ଥିତି ଉପୁଜିଛି ତାହାର ନିରାକରଣ ଓ ରୂପାନ୍ତର ଓ ପରିବର୍ତ୍ତନ ପାଇଁ ବହୁ କିଛି କରିବାକୁ ଅଛି। ଅନୁଧ୍ୟାନ କଲେ ଜଣାପଡ଼ିବ ଯେ, ଆମ ପ୍ରଦେଶ ପଛୁଆ ହୋଇ ରହିଛି ଏ ଦୁଇ କ୍ଷେତ୍ରରେ ପ୍ରାଧାନ୍ୟ, ଅଗ୍ରାଧିକାର ଅଭାବରୁ।

ଦିନ ଥିଲା, ଯେତେବେଳେ ଦେଶର ହାତଗଣତି କେତେକ ଉତ୍କର୍ଷ ବିଶ୍ୱବିଦ୍ୟାଳୟ ସମକକ୍ଷ ହେବାର ସ୍ୱୀକୃତି ପାଇଥିଲା ଉତ୍କଳ ବିଶ୍ୱବିଦ୍ୟାଳୟ। ଏଥିରୁ ବାହାରିଥିବା ବିଦ୍ୟାର୍ଥୀମାନେ ନିଜର ପରିଚୟ ସୃଷ୍ଟି କରିପାରିଥିଲେ ଦେଶ ବିଦେଶରେ। ନିଜର ପାରଙ୍ଗମତା ମାଧ୍ୟମରେ ପ୍ରତିଷ୍ଠିତ ହୋଇଥିଲେ। ସମୟ ଆସିଛି ଏହି ପୁରାତନ, ପ୍ରମୁଖ ବିଶ୍ୱବିଦ୍ୟାଳୟର ପୁନରୁଦ୍ଧାର ପାଇଁ ପ୍ରତିଦ୍ୱନ୍ଦ୍ୱିତାରେ ପାରଙ୍ଗମ ହେବାପାଇଁ।

ବର୍ତ୍ତମାନ ସରକାରଙ୍କର 'ମୋ ସ୍କୁଲ' ଗୋଟିଏ ଉତ୍ତମ, ପ୍ରଶଂସନୀୟ ଉଦ୍ୟମ। ଯାହାଦ୍ୱାରା ପୁରାତନ ଛାତ୍ରଛାତ୍ରୀ ଓ ସରକାର ଭାଗୀଦାର ହିସାବରେ ବହୁ କିଛି କରିପାରିବେ। ଏହାଛଡ଼ା ବହୁ ବରିଷ୍ଠ ପ୍ରଶାସକ ଶିକ୍ଷାନୁଷ୍ଠାନଗୁଡ଼ିକୁ ପୌଷ୍ୟ ଭାବେ ଗ୍ରହଣ କରି ସେଗୁଡ଼ିକର ଉନ୍ନତିକରଣରେ ସକ୍ରିୟ ଭାଗ ନେଉଛନ୍ତି। ତେବେ ଏଥିପାଇଁ ସରକାରଙ୍କର ନିର୍ଦ୍ଦେଶାବଳୀ ପର୍ଯ୍ୟାପ୍ତ ନୁହେଁ। ଏଥିପାଇଁ କିଛି ମାନଦଣ୍ଡ ରହିବା ଦରକାର। ରୋଟାରୀ ଇଣ୍ଟରନ୍ୟାସନାଲର 'ହାପି ସ୍କୁଲ' ପ୍ରକଳ୍ପ, ଏହାର ସଦସ୍ୟ ଯାହାଙ୍କର ସହାୟତାରେ ଗଢ଼ି ଉଠିଛି। 'ହାପି ସ୍କୁଲ'ର ସ୍ୱୀକୃତି ପାଇଁ କିଛି ମାନଦଣ୍ଡ ରହିଛି, ଯଥା- ଶୌଚଗାର, ସ୍ୱାସ୍ଥ୍ୟପ୍ରଦ, ହାତ ଧୋଇବା ପାଇଁ ସ୍ୱତନ୍ତ୍ର ବ୍ୟବସ୍ଥା, ନିରାପଦ ପାନୀୟଜଳ, ଲାଇବ୍ରେରୀ, ପୋଷାକ ଓ ଜୋତା ଇତ୍ୟାଦି। ଏହି ସର୍ତ୍ତଗୁଡ଼ିକ ସଂପୂର୍ଣ୍ଣ ଭାବେ କାର୍ଯ୍ୟକାରୀ କରିବା ପରେ 'ହାପି ସ୍କୁଲ'ର ସ୍ୱୀକୃତି ମିଳେ। 'ମୋ ସ୍କୁଲ' ଅଥବା 'ପୌଷ୍ୟ ସ୍କୁଲ' ପାଇଁ ସେହିଭଳି ମାନଦଣ୍ଡ ରହିବାର ଆବଶ୍ୟକତା ରହିଛି। ତାହାହେଲେ ସ୍କୁଲଗୁଡ଼ିକର ସମାନ ଭାବେ ଭିତ୍ତିଭୂମିର ସମତା ରହିବ।

ବାଗ୍‌ଚୀ ଦମ୍ପତିଙ୍କର ଅତ୍ୟାଧୁନିକ କର୍କଟ ହସ୍‌ପିଟାଲ ଓ ଗବେଷଣା କେନ୍ଦ୍ର ଓ କରୁଣାଶ୍ରୟ ପାଲିଏଟିଭ୍ କେୟାର ସେଣ୍ଟରେ ସରକାରଙ୍କ ସହଯୋଗରେ ପ୍ରତିଷ୍ଠା କରିବାର ପରିକଳ୍ପନା କରାଯାଇଛି। ସ୍ୱାସ୍ଥ୍ୟ କ୍ଷେତ୍ରରେ ଏହି ଦୁଇଟି ଦିଗ ଅଗ୍ରାଧିକାର ପାଇବାର ଆବଶ୍ୟକତା ରହିଛି। ତେଣୁ ଏ ଦିଗରେ ପଦକ୍ଷେପ ପ୍ରଶଂସନୀୟ। ଭାରତରେ ଓ ପୃଥିବୀର ଅନ୍ୟ ପ୍ରାନ୍ତରେ ସାମାଜିକ, ପାରିବାରିକ ପରିସ୍ଥିତିରେ ପରିବର୍ତ୍ତନ ହେତୁ ବାର୍ଦ୍ଧକ୍ୟ, ଜରା ସମ୍ବନ୍ଧୀୟ ଚିକିତ୍ସାର ଗୁରୁତ୍ୱ ବଢୁଛି। ସେଇଭଳି ପାଲିଏଟିଭ୍ କେୟାର ଅନ୍ୟ ଅର୍ଥରେ ପୀଡ଼ାହାରକ, ଉପଶମକାରୀ ଚିକିତ୍ସା ଉପରେ ପ୍ରାଧାନ୍ୟ ଦିଆଯାଉଛି। ମାରାତ୍ମକ, ମରଣାଭିମୁଖୀ, ଅନ୍ତିମ ଅବସ୍ଥାରେ ଥିବା ରୋଗୀଙ୍କ ପାଇଁ 'ହସ୍‌ପିସ୍' ଭଳି ସ୍ୱତନ୍ତ୍ର ସ୍ଥାନର ସୃଷ୍ଟି ହେଉଛି। ଯନ୍ତ୍ରଣା ପରିବର୍ତ୍ତେ ଶେଷ ମୁହୂର୍ତ୍ତକୁ ଆନନ୍ଦମୟ କରିବାର ସ୍ୱାଧୀନତାକୁ ଉପଯୋଗ କରିବା ବୋଧହୁଏ ଶ୍ରେୟ। ସାଂପ୍ରତିକ ଜୀବନ ଶୈଳୀ ଓ ପରିବର୍ତ୍ତିତ ପାରିବାରିକ ପରିସ୍ଥିତିକୁ ଦୃଷ୍ଟିରେ ରଖି ସମୟ ଆସିଛି ଏଗୁଡ଼ିକର ବାସ୍ତବତାକୁ ଗ୍ରହଣ କରିବାର। ପଚଶ ବର୍ଷ ପୂର୍ବେ ବେଶୀ ଭାଗ ମୃତ୍ୟୁ ଘରେ ହେଉଥିଲା ସନ୍ତାନସନ୍ତତି, ଜ୍ଞାତି, କୁଟୁମ୍ବଙ୍କ ଉପସ୍ଥିତିରେ। ମୃତ୍ୟୁ ବର୍ତ୍ତମାନ ହୁଏ ହସ୍‌ପିଟାଲ, ନର୍ସିଂ ହୋମ୍ ଓ ଆଇସିୟୁରେ। ଯେଉଁଠି ଜୀବନର ମାନସିକ, ଦୈହିକ ଆନନ୍ଦରୁ ବଂଚିତ କରାଯାଏ।

ସୁଖର କଥା, ବିଶ୍ୱସ୍ତରରେ ମାଇକ୍ରୋସଫ୍ଟର ପ୍ରତିଷ୍ଠାତା ବିଲ୍ ଗେଟ୍‌ସଙ୍କ ଉଦ୍ୟମରେ ଆରମ୍ଭ ହୋଇଥିବା 'ଗିଭିଂ ପ୍ଲେଜ୍' ବା ଦେବାର ଶପଥରେ ମାନବ ସମାଜ ସମ୍ମୁଖୀନ

ହେଉଥିବା ଜରୁରୀ ସମସ୍ୟାଗୁଡ଼ିକର ଏ ସମାଧାନ ପଥ ଖୋଜିବା ଓ ଲୋକ ଉପକାର ପାଇଁ ଦେବାର ମାନସିକତା ଉଦ୍ରେକ କରାଇବା ହେଉଛି ଲକ୍ଷ୍ୟ। ଏହା ଏକ ପ୍ରେରଣା ଦେବାର ଅଭିପ୍ରାୟ। ଆମ ପ୍ରଦେଶରେ ବହୁତ ଲୋକ ଅଛନ୍ତି, ଯେଉଁମାନେ ନିଜ ନିଜର ସାମର୍ଥ୍ୟ ଅନୁଯାୟୀ ମହତ୍ କାର୍ଯ୍ୟରେ ଯୋଗ ଦେଇପାରିବେ। ସମାଜକୁ ପ୍ରତିଦାନର ଏକ ନୂତନ ବାତାବରଣ ସୃଷ୍ଟି କରିପାରିବେ। ଯେଉଁମାନେ ସେଥିରେ ଅଗ୍ରଣୀ ସେମାନଙ୍କୁ ସାଧୁବାଦ।

ଦକ୍ଷିଣ ଏସିଆ ଓ ଭାରତ ମହାସାଗର

ଦକ୍ଷିଣ ଏସିଆ କହିଲେ ସାଧାରଣତଃ ବୁଝାଯାଏ ସାର୍କ ଦେଶସମୂହ। ଏଭଳି ସଂଜ୍ଞା ବା ସାଧାରଣ ଭାବନା ଏବେକାର। ଏହାର କୌଣସି ଐତିହାସିକ ଭିତ୍ତି ନାହିଁ। ଦକ୍ଷିଣ ଏସିଆର ଅଧିକାଂଶ ଦେଶ ବ୍ରିଟିଶ ଇଣ୍ଡିଆର ଅଂଶବିଶେଷ ଥିଲା। ସ୍ୱାଧୀନତା ପରେ ଭାରତର ଏ ଦେଶଗୁଡ଼ିକ ସହିତ ସୀମା ଲାଗି ରହିଥିଲା। କିନ୍ତୁ ପ୍ରତ୍ୟେକ ଦେଶର ସୀମା ଭାରତ ବ୍ୟତୀତ ଅନ୍ୟ ଦେଶର ସୀମା ସହିତ ସଂଲଗ୍ନିତ ନଥିଲା। କିଛିବର୍ଷ ପୂର୍ବେ ଆଫଗାନିସ୍ଥାନ ସାର୍କର ସଦସ୍ୟତା ପରେ ହିଁ ସେଭଳି ସ୍ଥିତିରେ ପରିବର୍ତ୍ତନ ଆସିଛି। କାରଣ ପାକିସ୍ଥାନ ଓ ଆଫଗାନିସ୍ଥାନ ମଧ୍ୟରେ ସାର୍ବଜନୀନ ସୀମାରେଖା ରହିଛି। ସାର୍କ ଦେଶଗୁଡ଼ିକରେ ଶାସନର ଢାଞ୍ଚା ମଧ୍ୟ ଭିନ୍ନ। ବିବିଧତା ରହିଛି। ଭୁଟାନରେ ବହୁକାଳ ଧରି ରାଜତନ୍ତ୍ର ପରେ ବର୍ତ୍ତମାନ ରାଜତନ୍ତ୍ର ନିୟନ୍ତ୍ରିତ ଗଣତନ୍ତ୍ର। ଭାରତ ଓ ବାଂଲାଦେଶରେ ସଂସଦୀୟ ଗଣତନ୍ତ୍ର, ଶ୍ରୀଲଙ୍କା ଓ ମାଲଡିଭରେ ରାଷ୍ଟ୍ରପତି ପ୍ରଧାନ ଗଣତନ୍ତ୍ର ଏବଂ ପାକିସ୍ଥାନରେ ସାମରିକ ବାହିନୀ, ଶିଳ୍ପପତି, ଧନୀ ଓ ସାମନ୍ତବାଦୀ, ଜମିଦାର ସଂଯୋଜିତ ଗୋଷ୍ଠୀ ନିୟନ୍ତ୍ରିତ ଗଣତନ୍ତ୍ର। ସାର୍କ ଅଞ୍ଚଳରେ ବସବାସ କରୁଥିବା ଜନସମୂହ ପୃଥିବୀ ଜନସଂଖ୍ୟାର ପ୍ରାୟ ୨୫%। ବିଶ୍ୱ ଦରିଦ୍ରର ୪୪%ରୁ ବେଶୀ ଏ ଅଞ୍ଚଳରେ ରହନ୍ତି। ଅର୍ଦ୍ଧେକ ନିରକ୍ଷର।

ଭାରତବର୍ଷର କ୍ଷେତ୍ରଫଳ, ଜନସଂଖ୍ୟା, ଅର୍ଥନୀତିର ଆକାର ଓ ସାମରିକ ଶକ୍ତି ତୁଳନାରେ ଅନ୍ୟମାନେ ସମକକ୍ଷ ନୁହନ୍ତି। କେବଳ ପାକିସ୍ଥାନ ପରମାଣୁ ଶକ୍ତିର ମାନ୍ୟତା ପାଇଥିବାରୁ ଭାରତ ସହିତ ସମତାର ଦାବି ରଖେ। ବେଳେବେଳେ ବୁଦ୍ଧିଜୀବୀ ମହଲରେ ଆଲୋଚନା ହୁଏ ଭାରତର ଏ ଅଞ୍ଚଳରେ ଭୂମିକା ଓ ଗୁରୁତ୍ୱ ବିଷୟରେ। ଏହାର ଉତ୍ତର ପାଇବା ଏତେ ସହଜ ନୁହେଁ। ଭାରତର ଏ ଅଞ୍ଚଳରେ ଷ୍ଟ୍ରାଟେଜିକ୍ ବା ବୃହତ୍ତର ସାମରିକ ଉଦ୍ଦେଶ୍ୟରେ ପ୍ରୟୋଜନୀୟତାର ପ୍ରାଧାନ୍ୟକୁ ବିଚାର କଲେ ପ୍ରଥମେ

ଜାଣିବାକୁ ହେବ ଯେ, ଭାରତର ଗୁରୁତ୍ୱ ବା ପ୍ରୟୋଜନୀୟତା କାହା ଦୃଷ୍ଟିରୁ। କାରଣ ବର୍ତ୍ତମାନ ଭାରତର ପ୍ରତିବେଶୀ ଦେଶଗୁଡ଼ିକରେ ଯାହା ଘଟୁଛି ତାହା ବିଶ୍ଳେଷଣ କଲେ ମନେହେବ ଆମେ ସାର୍କ ଦେଶଗୁଡ଼ିକରେ ଘଟୁଥିବା ରାଜନୈତିକ ଦୃଶ୍ୟକ୍ରମରେ ପ୍ରାଧାନ୍ୟ ହରାଇ ମୂକସାକ୍ଷୀ ହୋଇ ବସିଛୁ। ଶ୍ରୀଲଙ୍କାରେ ଯାହା ଘଟିଛି ଓ ଘଟୁଛି ତାହା ବିସ୍ମୟକର, ଅସ୍ଥିର ରାଜନୈତିକ ଅବସ୍ଥା ଆଡ଼କୁ ଇସାରା କରୁଛି। ରାଷ୍ଟ୍ରପତି ଶିରିସେନା ପ୍ରଧାନମନ୍ତ୍ରୀ ୱିକ୍ରମ ସିଂଗେଙ୍କୁ ବରଖାସ୍ତ କରନ୍ତି। ପୂର୍ବତନ ରାଷ୍ଟ୍ରପତି ରାଜପକ୍ଷଙ୍କୁ ପ୍ରଧାନମନ୍ତ୍ରୀ ଭାବେ ନିଯୁକ୍ତି ଦିଅନ୍ତି। ବାଚସ୍ପତି ତା' ଉପରେ ଭିନ୍ନମତ ରଖନ୍ତି। ନ୍ୟାୟାଳୟ ଆଉ ଗୋଟିଏ ନିର୍ଦ୍ଦେଶ ଦିଅନ୍ତି। ଫଳରେ ଦେଖାଗଲା ସବୁଠାରୁ ହାସ୍ୟାସ୍ପଦ ଦୃଶ୍ୟ - ଦେଶର ଏକକାଳୀନ ଦୁଇଟି ପ୍ରଧାନମନ୍ତ୍ରୀ। ରାଷ୍ଟ୍ରପତି ଓ ପ୍ରଧାନମନ୍ତ୍ରୀ ନିର୍ବାଚନରେ ମିଳିତଭାବେ ରାଜପକ୍ଷଙ୍କୁ ହରାଇ ସରକାର ଗଠନ କରିଥିବାବେଳେ ବ୍ୟକ୍ତିଗତ କାରଣରୁ ଚରମଶତ୍ରୁ ରାଜପକ୍ଷ ଯେ କି ଜଣାଶୁଣା ଚୀନ ସମର୍ଥନବାଦୀଙ୍କ ସହିତ ହାତ ମିଳାଇ ଅଧିଷ୍ଠିତ କରାଇବାର ପ୍ରଚେଷ୍ଟା ନିଶ୍ଚିତଭାବେ ଭାରତ ପ୍ରତି ଏକ ଶକ୍ତ ଧକ୍କା। କାରଣ ଶିରିସେନା ଓ ୱିକ୍ରମ ସିଂଗେଙ୍କ ଭାରତପ୍ରୀତି ଓ ଚୀନ ବିରୋଧୀ ରଣକୌଶଳ ହିଁ ସେମାନଙ୍କୁ କ୍ଷମତାକୁ ଆଣିଥିଲା। କେତେକ ବିଶେଷଜ୍ଞଙ୍କ ମତ ଏଭଳି ଏକ ରାଜନୈତିକ ହଟଚମଟ ପଛରେ ଚୀନର ହାତ ରହିଛି। ଏହାର କିଛି ସତ୍ୟତା ମଧ୍ୟ ରହିଛି। କାରଣ ଚୀନ ବହୁବର୍ଷ ଧରି ଶ୍ରୀଲଙ୍କାରେ ନିଜ ଆଧିପତ୍ୟ ବିସ୍ତାର କରି ବି.ଆର୍.ଆଇ. ପ୍ରକଳ୍ପରେ ଭିତ୍ତିଭୂମିର ବିସ୍ତାର, ବିକାଶ ଓ ଉନ୍ନତିକରଣରେ ଯେଉଁ ଋଣ କୂଟନୀତିର ପ୍ରୟୋଗ କରିଛି ସେଥିରେ ଋଣଗ୍ରସ୍ତ ଶ୍ରୀଲଙ୍କା ଚୀନକୁ ହମ୍ବାନତୋଟା ପୋତାଶ୍ରୟକୁ ହସ୍ତାନ୍ତର କରିବାର ନିଷ୍ପତ୍ତି ଚୀନର ସାମରିକ ଉପଯୋଗୀ ବନ୍ଦର ହୋଇପାରିଥାନ୍ତା ଓ ଚୀନର 'ମୁକ୍ତାର ମାଳା' 'ଷ୍ଟ୍ରିଙ୍ଗ ଅଫ୍ ପାର୍ଲ୍ସ' ରଣକୌଶଳରେ ହୋଇଥାନ୍ତା ସବୁଠାରୁ ଉପଯୋଗୀ ଓ ମୂଲ୍ୟବାନ। କାରଣ ଭାରତ ମହାସାଗରରେ ମିଆଁମାର ଓ ଆଫ୍ରିକାର ଜୀବୁତୀରେ ପୋତାଶ୍ରୟର ସୁବିଧାପ୍ରାପ୍ତ ପରେ ପାକିସ୍ଥାନର ଗନ୍ଧର ବନ୍ଦର ନିଜ ଅକ୍ତିଆରରେ ଆଣିବା ପରେ ଶ୍ରୀଲଙ୍କାର ପୋତାଶ୍ରୟ ବିନ୍ଦୁର ମାନଚିତ୍ରରେ ରେଖାଟାଣି ସଂପୂର୍ଣ୍ଣ ଚିତ୍ର ଆଙ୍କିବା ଭଳି ହୋଇଥାନ୍ତା। ଏହାର ଅନ୍ତିମ ଭବିଷ୍ୟତ ବର୍ତ୍ତମାନ ଶ୍ରୀଲଙ୍କାର ଆଗାମୀ ନିର୍ବାଚନର ଫଳାଫଳ ଓ ବର୍ତ୍ତମାନ ଉପୁଜିଥିବା ରାଜନୈତିକ ଝଡ଼ର ଅବସାନ ଉପରେ ନିର୍ଭର କରିବ। ଆପାତତଃ ସାମୟିକ ଭାବେ ଶ୍ରୀଲଙ୍କା ଚୀନର ଖଞ୍ଜିଥିବା ଯନ୍ତାରୁ ମୁକ୍ତ।

ମାଲଡିଭର ଦୃଶ୍ୟକ୍ରମ ମଧ୍ୟ ବ୍ୟଙ୍ଗାତ୍ମକ ନାଟକ ପରିବେଷଣ ଭଳି ମନେହୁଏ। ସେଠାକାର ରାଷ୍ଟ୍ରପତି ନିର୍ବାଚନ ଫଳାଫଳକୁ ଗ୍ରହଣ ନକରି, ବିରୋଧୀ ନେତାଙ୍କୁ

ବନ୍ଦୀ କରି, ନ୍ୟାୟାଳୟର ନିଷ୍ପତ୍ତିକୁ ଅଗ୍ରାହ୍ୟ କରି ଭାରତର ପରାମର୍ଶକୁ ଉପେକ୍ଷା କରିବା ସହ ବିଶ୍ୱ ଜନମତକୁ ମଧ୍ୟ ପ୍ରତ୍ୟାଖ୍ୟାନ କରିଥିଲା। ଚୀନର ବିପୁଳ ଋଣ ଓ ପୁଞ୍ଜିନିବେଶ ହେତୁ ମାଲଡିଭ ଅର୍ଥନୈତିକ ସ୍ୱାଧୀନତା ହରାଇବା ସଙ୍ଗେ ସଙ୍ଗେ ଚୀନର ଅନୁଗୃହୀତ ରାଷ୍ଟ୍ରଭାବେ ପରିଚାଳିତ ହେଉଥିବା ପରିସ୍ଥିତିର ସମାପ୍ତ ଘଟିଛି। ନବନିର୍ବାଚିତ ରାଷ୍ଟ୍ରପତି ଇବ୍ରାହିମ ମହମ୍ମଦ ସୋଲିହ ଭାରତ ସହିତ ସୁସଂପର୍କ ପୁନଃପ୍ରତିଷ୍ଠା ସହ ଆର୍ଥିକ ସହାୟତା ଓ ସହଯୋଗର ଆଶା ବ୍ୟକ୍ତ କରିଛନ୍ତି।

ବାଂଲାଦେଶରେ ହସିନା ସରକାରଙ୍କ କାର୍ଯ୍ୟକାଳ ଭିତରେ ବନ୍ଧୁତ୍ୱ ବାତାବରଣରେ ବହୁ ଦ୍ୱିପାକ୍ଷିକ ସମସ୍ୟାର ସମାଧାନ ହେବାର ସମାଧାନ ରହିଛି। ରାଜନୈତିକ, ଅର୍ଥନୈତିକ ଓ ସୀମା ସମ୍ବନ୍ଧୀୟ ସମାଧାନ ସମ୍ଭବ। ତେଣୁ କେନ୍ଦ୍ର ଓ ମମତାଙ୍କ ସରକାରଙ୍କ ସହଯୋଗ ଓ ସମନ୍ୱୟରେ ହିଁ କଥା ଆଗେଇ ପାରିବ। ହସିନାଙ୍କ ବିରୋଧୀ ଓ ଧାର୍ମିକ ଗୋଷ୍ଠୀମାନଙ୍କର ଭାରତ ବିରୋଧୀ ମନୋଭାବ ହସିନାଙ୍କ ପାଇଁ ଚିନ୍ତାର କାରଣ। ଚୀନ ବାଂଲାଦେଶକୁ ଋଣ ଜାଲରେ ଛନ୍ଦିବାକୁ ଚେଷ୍ଟା କରୁଥିଲା। କିନ୍ତୁ ଚୀନର ପ୍ରକୃତ ଉଦ୍ଦେଶ୍ୟ ଜାଣିବା ପରେ ଓ ଅନ୍ୟ ଦେଶଗୁଡ଼ିକର ଅନୁଭୂତି ଦେଖି ଚୀନର ସମସ୍ତ ପ୍ରୋତ୍ସାହନକୁ ବାଂଲାଦେଶ ପ୍ରତ୍ୟାଖ୍ୟାନ କରିଛି। ଏହାର ଅର୍ଥ ନୁହେଁ ଯେ, ଅବସ୍ଥାରେ ପରିବର୍ତ୍ତନ ହେବ ନାହିଁ। ଇତି ମଧ୍ୟରେ ବି.ଆର.ଆଇ ଯୋଜନାରେ ଚୀନ ବାଂଲାଦେଶରେ ୬୦ ବିଲିୟନ ଡଲାର ପୁଞ୍ଜିନିବେଶର ଥୋପକୁ ଏଡ଼ାଇବା ବାଂଲାଦେଶ ଭଳି ଦେଶ ପକ୍ଷେ ସବୁବେଳେ ସମ୍ଭବ ନୁହେଁ। ବିକଳ୍ପ ଭାବେ ଭାରତ ତରଫରୁ ଅର୍ଥନୈତିକ ସହାୟତା, ଅନୁଦାନ ହିଁ ଏହାର ଉତ୍ତର।

ପଡ଼ୋଶୀଙ୍କ ଦୃଷ୍ଟିରେ ଭାରତ ଓ ଚୀନ ସେମାନଙ୍କ ପାଇଁ ଗୋଟିଏ ଗୋଟିଏ ବିକଳ୍ପ। ଅତୀତରେ ପ୍ରୟୋଜନ ଅନୁଯାୟୀ ଚୀନ କାର୍ଡ ଖେଳିବାର ଭୟ ଦେଖାଇ ଭାରତକୁ ପ୍ରଭାବିତ କରିବାର ବହୁ ଉଦାହରଣ ରହିଛି। ତେବେ ପଡ଼ୋଶୀ ରାଷ୍ଟ୍ରଗୁଡ଼ିକର ଆଭ୍ୟନ୍ତରୀଣ ଅବସ୍ଥା ଆମ ପାଇଁ ଚିନ୍ତାର କାରଣ ହେବା ସହ ଚୀନର କ୍ରମବର୍ଦ୍ଧିଷ୍ଣୁ ପ୍ରଭାବ ଭାରତ ପାଇଁ ବିପଦର କାରଣ ହୋଇପାରେ। ଏଭଳି ଏକ ପରିସ୍ଥିତି ସୃଷ୍ଟି ପାଇଁ ଅତୀତରେ ଆମର ଅବହେଳା ଓ ଉଦାସୀନତା ମୁଖ୍ୟତଃ ଦାୟୀ।

ଇତି ମଧ୍ୟରେ ଭାରତ ମହାସାଗର ମହାଶକ୍ତିମାନଙ୍କର ଧ୍ୟାନାକର୍ଷଣ କରିଛି। ଆମେରିକା ଓ ୟୁରୋପର ବିକଶିତ ରାଷ୍ଟ୍ରମାନେ ଆଟ୍ଲାଣ୍ଟିକ ମହାସାଗରରୁ ପ୍ରାଧାନ୍ୟ କମାଇ ପ୍ରଶାନ୍ତ ମହାସାଗର ଏବଂ ଇଣ୍ଡୋ-ପାସିଫିକ ଇଲାକାକୁ ସୁରକ୍ଷା ଦୃଷ୍ଟିରୁ ଅଧିକ ପ୍ରାଧାନ୍ୟ ଦେବାକୁ ଉଚିତ ମନେ କରୁଛନ୍ତି। ଏହି ପରିପ୍ରେକ୍ଷୀରେ ସେମାନଙ୍କ ପାଇଁ ଭାରତର ଗୁରୁତ୍ୱ ବଢ଼ିଯାଇଛି। ବିଶ୍ୱର ଦୁଇ-ତୃତୀୟାଂଶ ତୈଳ ଦ୍ରବ୍ୟର ପ୍ରେରଣ ଭାରତ

ମହାସାଗର ଦେଇ ଯାଏ। ସେଇଭଳି କଣ୍ଟେନର ଯାତାୟାତ ଅର୍ଦ୍ଧେକରୁ ବେଶୀ। ବିଶ୍ୱର ଏକ-ତୃତୀୟାଂଶ ବଲ୍କ କାର୍ଗୋ ବା ମାଲ ଭାରତ ମହାସାଗର ଦେଇ ପ୍ରେରଣ ହୁଏ। ଚୀନର ତୈଳ ଆମଦାନୀ ଓ ମଧ୍ୟପ୍ରାଚ୍ୟ ଏବଂ ୟୁରୋପକୁ ରପ୍ତାନି ଭାରତ ମହାସାଗର ଦେଇ ଯାତାୟତ କରେ। ଭାରତ ମହାସାଗର ଚୀନ ପାଇଁ ସୁରକ୍ଷା ଓ ବାଣିଜ୍ୟ ଦୃଷ୍ଟିରୁ ଅତି ଗୁରୁତ୍ୱପୂର୍ଣ୍ଣ। ତେଣୁ ଭାରତ ମହାସାଗରରେ ନିଜର ସ୍ଥିତିକୁ ସୁଦୃଢ଼ କରିବାପାଇଁ ଚୀନର ବହୁବର୍ଷ ଧରି ସୁଚିନ୍ତିତ ଯୋଜନା ରହିଛି। ମିଆଁମାର, ଶ୍ରୀଲଙ୍କା ଓ ଆଫ୍ରିକାର ଜୀବୁତିରେ ବୁଝାମଣା ଦ୍ୱାରା ପୋତାଶ୍ରୟଗୁଡ଼ିକ ନିଜ ଅକ୍ତିଆରରେ ରଖି ଚୀନ ପାକିସ୍ଥାନର ଗଦ୍ଦର ବନ୍ଦରରେ ନିଜର ଆସ୍ଥାନ ଜମାଇବାରେ ବ୍ୟସ୍ତ ଚୀନ-ପାକିସ୍ଥାନ ଇକୋନୋମିକ କରିଡର ଓ ଦ୍ୱିପାକ୍ଷିକ ବନ୍ଧୁତ୍ୱ ଆଧାରରେ। କଳ୍ପନା କରାଯାଇପାରେ ଯେ, ଏହାଦ୍ୱାରା ଚୀନ ଭାରତ ମହାସାଗରରେ ନିଜର ସ୍ୱାର୍ଥରକ୍ଷା ସହ ଭାରତକୁ ଅବରୋଧ କରିବାରେ ସମର୍ଥ ହେବ। ଭାରତର ଉଦୟକୁ ପ୍ରତିହତ କରିବା ଚୀନର ଏକ ସଫଳ ରଣକୌଶଳ। ଚୀନର ଯୁଦ୍ଧଜାହାଜ ଭାରତ ମହାସାଗର ତଟବର୍ତ୍ତୀ ଦେଶଗୁଡ଼ିକରେ ଦୃଷ୍ଟିଗୋଚର ହେବା ବର୍ତ୍ତମାନ ଗୋଟିଏ ସାଧାରଣ କଥା। ଯଦିଓ ବହୁ ବିକଶିତ ରାଷ୍ଟ୍ର ଭାରତକୁ ଆଞ୍ଚଳିକ ଶକ୍ତି ବୋଲି ବିଚାର କରନ୍ତି ଏବଂ ଅତୀତରେ ଶ୍ରୀଲଙ୍କା ଓ ମାଲଦ୍ୱିଭରେ ଭାରତର ହସ୍ତକ୍ଷେପକୁ ବିରୋଧ କରିନଥିଲେ, ବାସ୍ତବରେ କିନ୍ତୁ ଭାରତର ଅର୍ଥନୈତିକ ଓ ସାମରିକ କ୍ଷେତ୍ରରେ ପ୍ରମୁଖ ଭୂମିକା ଗ୍ରହଣ କରିବାର ଯୋଗ୍ୟତା ଚୀନ ତୁଳନାରେ ନାହିଁ କହିଲେ ଚଳେ।

ଏହି ପୃଷ୍ଠଭୂମିରେ ଭାରତର ହିତ ଦୃଷ୍ଟିରୁ ନୌସେନାର ଭାରତ ମହାସାଗରର ଉପସ୍ଥିତିରେ ସଂପ୍ରସାରଣ ଓ ଆଧୁନିକୀକରଣ ନିହାତି ଜରୁରୀ। ସିଙ୍ଗାପୁର, ମରିସସ, ଇରାନ, ଓମାନ ଓ ସେସିଲ୍ସ ସହିତ ବୁଝାମଣା ଓ ଆଲୋଚନାକୁ ବାସ୍ତବ ରୂପ ଦେଇ ଚୀନର ପ୍ରତିରୋଧ କରିବା ସମୟର ଆବଶ୍ୟକତା। ଭାରତ ମହାସାଗରକୁ ମୁକ୍ତ ନୌବାଣିଜ୍ୟ ପାଇଁ ଉନ୍ମୁକ୍ତ ରଖିବା ଓ ସୁରକ୍ଷା ପାଇଁ ଭାରତର ପ୍ରଭାବ ବଳୟରେ ରଖିବା ବାଞ୍ଛନୀୟ। ନିଜର ସ୍ୱାର୍ଥ ଓ ସ୍ୱତନ୍ତ୍ରତାକୁ ରକ୍ଷାକରି ଆମେରିକା, ଜାପାନ, ଭାରତ ଓ ଅଷ୍ଟ୍ରେଲିଆର (କ୍ୱାଡ) ସହଯୋଗରେ ସମୟୋପଯୋଗୀ ପଦକ୍ଷେପ ହିଁ ଦକ୍ଷିଣ ଏସିଆ ଓ ଭାରତ ମହାସାଗରକୁ ମୁକ୍ତ ରଖିପାରିବ।

ବଡ଼ ଠାକୁର, ବଡ଼ ଦେଉଳ, ବଡ଼ ଦାଣ୍ଡ

ହ୍ୱାଟ୍ସ ଆପ୍‌ରେ ଆସୁଥିବା ଅସଂଖ୍ୟ ଖବରରେ କିଛିଦିନ ତଳେ ଗୋଟିଏ ଥିଲା ପ୍ରଖ୍ୟାତ ଲେଖକ, ଚିନ୍ତାନାୟକ ଓ ଆଧ୍ୟାତ୍ମିକବିତ୍ ସମ୍ମାନନୀୟ ମନୋଜ ଦାସଙ୍କ ଏକ ଲେଖାରୁ ଉଦ୍ଧୃତ, ତାହା ହେଲା "ଆମେରିକା ନାସା ଜ୍ୟୋତିର୍ବିଜ୍ଞାନୀମାନେ ମହାକାଶକୁ ଅନୁଧ୍ୟାନ କରୁଥିବାବେଳେ ଦେଖିଲେ ଯେ ପୃଥିବୀ ପୃଷ୍ଠରୁ ଏକ ବିରାଟ ନୀଳ ଆଲୋକ ଉର୍ଦ୍ଧ୍ୱ ଆକାଶକୁ ଉଠି ଚତୁର୍ଦ୍ଦିଗକୁ ବ୍ୟାପୀଯାଉଛି। ଏହା ନିର୍ଦ୍ଦିଷ୍ଟ କେଉଁଠାରୁ ବାହାରୁଛି ବୋଲି ଅନୁସନ୍ଧାନ କରି ସେମାନେ ଜାଣିଲେ ଯେ ଭାରତ ଉପମହାଦେଶର କୌଣସି ସ୍ଥାନରୁ ଏହା ବାହାରୁଛି। ଶେଷରେ ଦେଖିଲେ ଓଡ଼ିଶାର ପୁରୀ ହେଉଛି ଏହି ନୀଳ ଆଭାର ଉଦ୍‌ଗମସ୍ଥଳୀ ଏବଂ ଏହା ଶ୍ରୀମନ୍ଦିରରୁ ବାହାରୁଛି।" ଏହାର ସତ୍ୟାସତ୍ୟ ଉପରେ ବାଦବିବାଦ ଥାଇପାରେ। ଭ୍ରମାତ୍ମକ ହୋଇପାରେ। କିନ୍ତୁ ଏହି ମହାଜାଗତିକ ଲୀଳା ଓ ଜଗନ୍ନାଥ ଯେ ରହସ୍ୟମୟ ଏଥିରେ ସନ୍ଦେହ ନାହିଁ। ଜଗନ୍ନାଥଙ୍କର ବହୁ ରୀତିନୀତି, ପୂଜା ପାର୍ବଣର ପରମ୍ପରା ଅନ୍ୟ ହିନ୍ଦୁ ମନ୍ଦିରରେ ଦେଖିବାକୁ ମିଳେ ନାହିଁ। ତାଙ୍କର ରୂପରେଖ ଅନ୍ୟ ହିନ୍ଦୁ ଦେବଦେବୀଙ୍କଠାରୁ ଭିନ୍ନ। ଦୈନନ୍ଦିନ ପୂଜାପାଠ, ନୀତିକାନ୍ତି ମଧ୍ୟ ଅନ୍ୟଠି ଦେଖିବାକୁ ମିଳେ ନାହିଁ। ସମସ୍ତ ରୀତି ଓ କାର୍ଯ୍ୟପଦ୍ଧତିର ସକାଳ ଅବକାଶଠାରୁ ଆରମ୍ଭ କରି ଗୀତଗୋବିନ୍ଦ ଓ ଶେଷ ପହଡ଼ ନିଦ୍ରା ପର୍ଯ୍ୟନ୍ତ ଜଣେ ସାଧାରଣ ମଣିଷର ଜୀବନ ସହିତ ସାମଞ୍ଜସ୍ୟ ଦେଖାଯାଏ। ଶୀତରେ ତାଙ୍କୁ ଶୀତ ଲାଗେ। ଗ୍ରୀଷ୍ମରେ ଗରମ ବୋଧ କରନ୍ତି। ଅସୁସ୍ଥ ରହନ୍ତି, ଚିକିତ୍ସା ମଧ୍ୟ କରାଯାଏ। ଭକ୍ତମାନଙ୍କ ଦର୍ଶନାର୍ଥେ ମନ୍ଦିର ବାହାରକୁ ଆସନ୍ତି। ସାଧାରଣ ମଣିଷଙ୍କ ଭଳି ସେ ଦେହତ୍ୟାଗ କରନ୍ତି ଏବଂ ସମାଧିସ୍ଥ ଓ ସତ୍କାର କୋଇଲି ବୈକୁଣ୍ଠରେ ହୁଏ। ନବକଳେବରର ସବୁ ପରମ୍ପରା ମଧ୍ୟ ରହସ୍ୟମୟ ଓ ଗୋପନୀୟ। ସେ ଜଣେ ଅଦ୍ୱିତୀୟ ଈଶ୍ୱର।

ଯେଉଁ ସମୁଦ୍ର କୂଳରେ ଅଧିଷ୍ଠିତ ତାହା ଉପସାଗର ହେଲେ ମଧ୍ୟ ଆମେ କହୁ ମହୋଦଧି। ଆମ ପାଇଁ ସେ ହେଲେ ବଡ଼ ଠାକୁର। ତାଙ୍କର ମନ୍ଦିର ହେଲା ବଡ଼ ଦେଉଳ ବା ଶ୍ରୀମନ୍ଦିର, ଦାଣ୍ଡଟି ବି ବଡ଼। ତେବେ ଏଭଳି ଜଣେ ଅନନ୍ୟ ଦେବତାଙ୍କୁ ସଂକୀର୍ଣ୍ଣତା ଓ ବିଶୃଙ୍ଖଳା ବାତାବରଣରେ ଆବଦ୍ଧ ରଖିବାର ପ୍ରୟାସରେ କି ଉଦ୍ଦେଶ୍ୟ ସାଧନ ହେଉଛି ବୁଝିବା ସହଜ ନୁହେଁ। ଏଥର ନବକଳେବର ସମୟରେ ଦାରୁବ୍ରହ୍ମ ଚିହ୍ନଟ, ଶଗଡ଼ି ଯାତ୍ରା ଓ ଶେଷରେ ବ୍ରହ୍ମ ପରିବର୍ତ୍ତନରେ ଯେଉଁ ବିଭ୍ରାଟ ଦେଖାଗଲା ତାହାର ପଟାନ୍ତର ନାହିଁ। ଏଥିସହିତ ଏବେକାର ରତ୍ନଭଣ୍ଡାରର ଚାବି ଉପାଖ୍ୟାନ ଆହୁରି ରହସ୍ୟମୟ ହୋଇଉଠିଛି। ଏହା ଜଗନ୍ନାଥପ୍ରେମୀଙ୍କୁ ଖାଲି ଚକିତ କରିନାହିଁ, ବିଚଳିତ କରିଛି ମଧ୍ୟ। କେବଳ ସେତିକି ନୁହେଁ, ଗଣମାଧ୍ୟମରେ ପ୍ରକାଶ ପାଇଛି ଯେ, ଶୃଙ୍ଖଳିତ ରଥଯାତ୍ରା ପାଇଁ ଅଧିକ ପାଉଣା ଦାବି କରିଛନ୍ତି ଦଇତାପତି। ରଥ ଉପରେ ଭକ୍ତ ନ ଚଢ଼ିବା ଯୋଗୁଁ ରାଜ୍ୟ ସରକାର ଦେଉଥିବା ୨ କୋଟି ଟଙ୍କା କ୍ଷତିପୂରଣ ପାଇଁ ନିଯୋଗ ପ୍ରସ୍ତାବ ଦେଇଛି। ଦଇତାପତିଙ୍କ ପ୍ରାପ୍ୟ ପାଉଣା ବିବାଦ ତୁଟି ନପାରିଥିବା ହେତୁ ଆଉ ଏକ ବୈଠକରେ ଚୂଡ଼ାନ୍ତ ନିଷ୍ପତ୍ତି ଗ୍ରହଣ କରାଯିବ। ଏସବୁ ପ୍ରମାଣ କରୁଛି ଆମର ବଡ଼ ଠାକୁରଙ୍କ ପ୍ରତି ଭକ୍ତି, ଶ୍ରଦ୍ଧା, ଉତ୍ସର୍ଗୀକୃତ ମନୋଭାବ।

ଇତି ମଧ୍ୟରେ ସୁପ୍ରିମ କୋର୍ଟ ମନ୍ଦିରର ସୁପରିଚାଳନା ପାଇଁ ଗୋଟିଏ ରାୟରେ କିଛି ଦିଗ୍‌ଦର୍ଶନର ଇଙ୍ଗିତ କରିଛନ୍ତି। ଶ୍ରୀମନ୍ଦିର ପରିଚାଳନାରେ ସଂସ୍କାରର ଆବଶ୍ୟକତା ଜରୁରୀ ବୋଲି ବହୁ ଲୋକଙ୍କର ମତ। ସୁପ୍ରିମ କୋର୍ଟର ରାୟ ଏ ଦିଗରେ ଏକ ବଳିଷ୍ଠ ପଦକ୍ଷେପ। ସେ ରାୟକୁ କର୍ଯ୍ୟକାରୀ କରାଇବାର ଦାୟିତ୍ୱ ସରକାରଙ୍କର। ସେଥିପାଇଁ ଦରକାର ଇଚ୍ଛାଶକ୍ତି ଓ ଦୃଢ଼ ପଦକ୍ଷେପ। ଶ୍ରୀମନ୍ଦିରର ପରିଚାଳନାକୁ ଦେଶର ଅନ୍ୟାନ୍ୟ ପ୍ରସିଦ୍ଧ ମନ୍ଦିର - ତିରୁପତି, ବୈଷ୍ଣୋଦେବୀ, ଗୁରୁବାୟୁର, ଶିରିଡ଼ି ସାଇ ସହିତ ସମକକ୍ଷ କରାଇବାକୁ ହେଲେ ସଂସ୍କାରର ଆବଶ୍ୟକତା ରହିଛି। ଉପର ଲିଖିତ ମନ୍ଦିରଗୁଡ଼ିକର ଆୟ ଶ୍ରୀମନ୍ଦିରଠାରୁ ଯଥେଷ୍ଟ ଅଧିକ। ସେଠାକୁ ଭକ୍ତମାନେ ବହୁସଂଖ୍ୟାରେ ଦର୍ଶନ ପାଇଁ ଯାଆନ୍ତି, ଯାହାଙ୍କ ମଧ୍ୟରେ ବାରବାର ଆସୁଥିବା ଭକ୍ତମାନଙ୍କ ସଂଖ୍ୟା ମଧ୍ୟ ଅଧିକ। ପୁରୀକୁ ପୁନଃ ପୁନଃ ତୀର୍ଥଯାତ୍ରୀ ଆସିବା କ୍ୱଚିତ୍। ସୁପ୍ରିମ କୋର୍ଟର ରାୟ ଭକ୍ତମାନଙ୍କ ପାଇଁ ଉଦ୍ଦିଷ୍ଟ। କିଭଳି ଭକ୍ତମାନେ ବିନା ଜୁଲମ୍ ଓ ଯନ୍ତ୍ରଣାରେ ସୁରୁଖୁରୁରେ ଶ୍ରୀଜଗନ୍ନାଥଙ୍କ ଦଶର୍ନ କରିପାରିବେ ତାହା ହିଁ ଲକ୍ଷ୍ୟ। ଶୃଙ୍ଖଳିତ ଦର୍ଶନ ହିଁ କାମ୍ୟ। ଜଣେ ଭକ୍ତ ଶ୍ରଦ୍ଧାରେ, ସକ୍ଷମତା ଅନୁଯାୟୀ ପ୍ରଭୁଙ୍କ ପାଇଁ ଦାନପତ୍ରରେ ଯାହା ଦେବ ସେଥିରେ ବିବାଦ, ଅମତ ଓ ବାଧ୍ୟବାଧକତାର ପ୍ରଶ୍ନ ଉଠୁନି। ତେଣୁ ଏହା ଗ୍ରହଣୀୟ ହେବାରେ କୌଣସି ବିରୋଧ ହେବା ଅନୁଚିତ। ଏଥି ସହିତ ମଧ୍ୟ

ସେବକମାନଙ୍କର ବର୍ତ୍ତମାନର ଆର୍ଥିକ ପରିସ୍ଥିତିକୁ ଉପେକ୍ଷା କରି ହେବନାହିଁ। ଏହା ନିଶ୍ଚିତ ସେମାନଙ୍କର ପରିବାରର ସଦସ୍ୟ ସଂଖ୍ୟା ବୃଦ୍ଧି ପାଇଛି। ସେମାନଙ୍କର ପାଳନ ପୋଷଣ ସହିତ ଶିକ୍ଷା ଓ ସ୍ୱାସ୍ଥ୍ୟ କ୍ଷେତ୍ରରେ ସହାୟତା ବାଞ୍ଛନୀୟ। ତେଣୁ ସରକାର, ସେବକମାନଙ୍କର ଭବିଷ୍ୟତ ପାଇଁ ଏକ ସୁଚିନ୍ତିତ ଯୋଜନା ବା ପ୍ୟାକେଜ ନିର୍ଦ୍ଧାରଣ କରନ୍ତୁ, ଯାହା ଫଳରେ ଅର୍ଥନୈତିକ ସମସ୍ୟାର ସମାଧାନ ହୋଇପାରିବ ଏବଂ ଭବିଷ୍ୟତ ପିଢ଼ି ପାଇଁ ଏକ ଗ୍ରହଣୀୟ ଓ ଆକର୍ଷଣୀୟ ବୃତ୍ତି ଭଳି ରହିପାରିବ। ଏହା ସରକାରଙ୍କର ବିଚାରଯୋଗ୍ୟ ଓ ସୁପ୍ରିମ କୋର୍ଟଙ୍କର ରାୟ ଏ ଦିଗରେ ସହାୟକ। ଜଗନ୍ନାଥ ସଂସ୍କୃତିର ଚର୍ଚ୍ଚା, ବହୁ ଆଲୋଚନାଚକ୍ର କର୍ମଶାଳାମାନଙ୍କରେ ହେଉଛି। ତାଙ୍କର ମାହାତ୍ମ୍ୟ, ମହାନତା, ଅଲୌକିକତା ଉପରେ ବହୁ ଗବେଷଣା ଓ ପୁସ୍ତକ ରଚନା ହେଉଛି। କିନ୍ତୁ ଜଣେ ସାଧାରଣ ଭକ୍ତର ଶ୍ରୀମନ୍ଦିରରେ ଜଗନ୍ନାଥ ଦର୍ଶନର ଦାରୁଣ ଅନୁଭୂତି ନିରୁତ୍ସାହିତ କରୁଛି ଆଉଥରେ ଶ୍ରୀମନ୍ଦିରକୁ ଯିବା ପାଇଁ। ଆମେ ତାଙ୍କୁ ଜଗତର ନାଥ କହୁଁ। କିନ୍ତୁ ବହୁ ଅଣହିନ୍ଦୁଙ୍କର ସେଠାରେ ପ୍ରବେଶ ନିଷେଧ। ଆଗେ ତଥାକଥିତ ଅସ୍ପୃଶ୍ୟମାନଙ୍କର ମନ୍ଦିର ଭିତରକୁ ଯିବା ମଧ୍ୟ ନିଷେଧ ଥିଲା। ଏହି କାରଣରୁ ଗାନ୍ଧିଜୀ ଶ୍ରୀମନ୍ଦିରକୁ ଯିବା ପାଇଁ ଇଚ୍ଛା ପ୍ରକାଶ କରିନଥିଲେ। ଏପରିକି ପତ୍ନୀ କସ୍ତୁରବାଙ୍କ ଶ୍ରୀମନ୍ଦିର ଯାତ୍ରାକୁ ନାପସନ୍ଦ କରିଥିଲେ। ସ୍ୱର୍ଗତା ଇନ୍ଦିରା ଗାନ୍ଧୀଙ୍କ ପ୍ରବେଶକୁ ମଧ୍ୟ ବିରୋଧ କରାଯାଇଥିଲା।

ସତ କହିବାକୁ ଗଲେ, ଶ୍ରୀମନ୍ଦିର ଓ ରଥଯାତ୍ରା ପୃଥିବୀର କୋଣ, ଅନୁକୋଣରେ ଲୋକପ୍ରିୟତାର ଶ୍ରେୟ ଇସ୍‌କନ ଓ ପ୍ରଭୁପାଦଙ୍କର ପ୍ରାପ୍ୟ। ଇସ୍‌କନ ଓ ପ୍ରଭୁପାଦଙ୍କର ଅନୁଗାମୀମାନଙ୍କ ଦ୍ୱାରା ହିଁ ଦେଶ, ବିଶେଷକରି ବିଦେଶରେ ଶ୍ରୀଜଗନ୍ନାଥଙ୍କର ପ୍ରଚାର ପ୍ରସାର। ରକ୍ଷଣଶୀଳତା ମନୋବୃତ୍ତି ପରିବର୍ତ୍ତେ ବାସ୍ତବବାଦୀ ହୋଇ ଅନ୍ୟ ଦେଶର ସଂସ୍କୃତି, ପରମ୍ପରାକୁ ଧ୍ୟାନରେ ରଖି ଶ୍ରୀଜଗନ୍ନାଥଙ୍କ ଦର୍ଶନର ଅନ୍ତର୍ନିହିତ ବୈଶିଷ୍ଟ୍ୟ ସମୂହର ପ୍ରଚାର ପ୍ରସାର କରିପାରିଲେ ଆମେ ଶ୍ରରଜଗନ୍ନାଥଙ୍କ ମର୍ଯ୍ୟାଦା ରଖିପାରିବା।

ସୁପ୍ରିମ କୋର୍ଟଙ୍କ ରାୟ ଶ୍ରୀମନ୍ଦିରରେ ସଂସ୍କାର ଆଣିବାର ଏକ ସୁବର୍ଣ୍ଣ (ବୋଧହୁଏ) ଶେଷ ସୁଯୋଗ। ଆଇନ ଓ ନ୍ୟାୟାଳୟ ସଂସ୍କାର ସପକ୍ଷରେ। ତାହାର କାର୍ଯ୍ୟକାରିତା ନିର୍ଭର କରେ ସରକାରଙ୍କ ଇଚ୍ଛାଶକ୍ତି ଓ ଅନ୍ୟମାନଙ୍କର ସହଯୋଗ ଉପରେ। ୧୯୬୦ ମସିହାରୁ ଆଜିପର୍ଯ୍ୟନ୍ତ ବହୁ ଉଚ୍ଚସ୍ତରୀୟ କମିଟି ଓ କମିଶନ ଶ୍ରୀଜଗନ୍ନାଥ ମନ୍ଦିରର ସୁପରିଚାଳନା ପାଇଁ ଗଠିତ ହୋଇଛି। ସେମାନଙ୍କର ପରାମର୍ଶ ଓ ରିପୋର୍ଟଗୁଡ଼ିକ ଉପରେ କି କାର୍ଯ୍ୟାନୁଷ୍ଠାନ କରାହୋଇଛି ସେ ବିଷୟରେ ସାଧାରଣ ଜନତା ଅବଗତ ନୁହନ୍ତି। ମନେହୁଏ, ନିଷ୍କ୍ରିୟତା ମାଧ୍ୟମରେ ନିଷ୍ପତ୍ତି ନେବା ଦାୟିତ୍ୱକୁ

ଏଡ଼ାଇ ଦେବାର ସହଜ ପଥକୁ ସରକାର ଆବୋରି ନେଇଛନ୍ତି। ଅତୀତରେ ଇନ୍‌ଟାକ୍ ତରଫରୁ ଶ୍ରୀମନ୍ଦିରର ସଂସ୍କାର ଉପରେ କେତେକ ପ୍ରସ୍ତାବ ଦିଆଯାଇଥିଲା। ଲେଖକ ସମେତ କେତେକ ବୁଦ୍ଧିଜୀବୀ ଓ ଐତିହାସିକ ଗଜପତିଙ୍କ ସହିତ ଏ ବିଷୟରେ ବିଚାରବିମର୍ଶ କରିଥିଲେ। କିନ୍ତୁ ତାହା ଉପରେ କୌଣସି ପଦକ୍ଷେପ ନେବାର ସୂଚନା ନାହିଁ।

ଶ୍ରୀଜଗନ୍ନାଥଙ୍କୁ ଗୋଟିଏ ଛୋଟ ସହର ଓ କିଛି ପରିବାର ମଧ୍ୟରେ ଆବଦ୍ଧ ନରଖି ତାଙ୍କର ମାହାତ୍ମ୍ୟ, ମହାନତାକୁ ବିଶ୍ୱବ୍ୟାପୀ କରିବାର ପ୍ରୟାସ ଓ ପ୍ରଚେଷ୍ଟା ହେଉ ଆମର କାମ୍ୟ।

୨୦୧୯ ନିର୍ବାଚନ ଓ 'ଟିନା'

କର୍ଣ୍ଣାଟକ ବିଧାନସଭା ନିର୍ବାଚନରେ ନାଟକୀୟ ପରିସ୍ଥିତିରେ ବିରୋଧୀ ଦଳଗୁଡ଼ିକ ଏକାଠି ହୋଇ କୁମାରସ୍ୱାମୀଙ୍କୁ ଗାଦିନସୀନ କରାଇବାରେ ସଫଳ ହେବା ଏବଂ ଶପଥ ଗ୍ରହଣ ଉତ୍ସବରେ ଗୋଟିଏ ପ୍ଲାଟଫର୍ମରେ ବିଜେପି ବିରୋଧୀ ରାଜନୈତିକ ଦଳ ମୁଖ୍ୟଙ୍କର ସମାଗମ ଏକ ଅଭୂତପୂର୍ବ ଘଟଣା। ସୋନିଆ ଗାନ୍ଧୀଙ୍କ ସହିତ ମମତା, ଅଖିଳେଶଙ୍କ ସହିତ ମାୟାବତୀ, ଶରଦ ପୱାର, ଶରଦ ଯାଦବ, ଚନ୍ଦ୍ରବାବୁ ନାଇଡୁ, ବାମପନ୍ଥୀ ଦଳର ଉପସ୍ଥିତି ବିରୋଧୀ ମେଣ୍ଟର ମୋଦୀମୁକ୍ତ ଅଭିଯାନର ଅୟମାରମ୍ଭ ମନେ ହେଉଥିଲା। ଅବଶ୍ୟ ଏହା ପୂର୍ବରୁ ଗୁଜରାଟ ନିର୍ବାଚନରେ ପ୍ରଧାନମନ୍ତ୍ରୀ ମୋଦୀ ପ୍ରଥମଥର ପାଇଁ ହୃଦୟଙ୍ଗମ କଲେ ଯେ ରାହୁଲ ଗାନ୍ଧୀ 'ପପୁ' ନୁହଁନ୍ତି, ଜଣେ ପରିପକ୍ୱ ରାଜନେତା। ଏକାକୀ ଗୁଜରାଟର ତରୁଣ ନେତୃତ୍ୱର ସହଯୋଗରେ ଶାସକ ଦଳ ନେତୃବୃନ୍ଦଙ୍କ ନିଦ ହଜାଇ ଦେବାର କିଛି ଶ୍ରେୟ ପାଇବାର ସେ ହକ୍‌ଦାର। କାରଣ ଗୁଜରାଟରେ ଶେଷ ମୁହୂର୍ତ୍ତ ପର୍ଯ୍ୟନ୍ତ ବିଜେପିର ସଫଳତା ସୁନିଶ୍ଚିତ ନଥିଲା। ଉତ୍ତର ପ୍ରଦେଶର ଉପନିର୍ବାଚନର ଫଳାଫଳ ମଧ୍ୟ ଥିଲା ଅପମାନଜନକ। ମୁଖ୍ୟମନ୍ତ୍ରୀ ଆଦିତ୍ୟନାଥଙ୍କ ନିଜ ଗଡ଼ରେ ତାଙ୍କ ସମର୍ଥକ ପ୍ରାର୍ଥୀଙ୍କ ପରାଜୟ ଥିଲା ଶକ୍ତ ଧକ୍କା। ଏ ସବୁର ଉତ୍ସାହଜନକ ଦୃଶ୍ୟକ୍ରମ ସତ୍ତ୍ୱେ ରାଜସ୍ଥାନ, ମଧ୍ୟପ୍ରଦେଶ, ଛତିଶଗଡ଼, ତେଲଙ୍ଗାନା ନିର୍ବାଚନରେ ବିରୋଧୀ ଦଳଗୁଡ଼ିକ ଏକତ୍ର ହୋଇ ଆସନ ବୁଝାମଣା କରିବାରେ ବିଫଳ ହେବାରେ ବିଶେଷ କରି ମାୟାବତୀଙ୍କ ନିର୍ଦ୍ଦିଷ୍ଟ ମନୋଭାବ ହିଁ ଦାୟୀ। ପରବର୍ତ୍ତୀ କାଳରେ ଗଣମାଧ୍ୟମରେ ପ୍ରକାଶ ପାଇଲା ଅଖିଳେଶ-ମାୟାବତୀ ଆଗାମୀ ନିର୍ବାଚନରେ ଉତ୍ତର ପ୍ରଦେଶରେ ମେଣ୍ଟ କରିବା ପାଇଁ ଆଗ୍ରହୀ, କିନ୍ତୁ ତାହା ହେବ କଂଗ୍ରେସବିହୀନ ମେଣ୍ଟ। ଏଭଳି ଏକ ଅସ୍ପଷ୍ଟ ରାଜନୈତିକ ଚିତ୍ର ମଧ୍ୟରେ ପୁଣି ଦେଖାଗଲା ଅଶାନ୍ତ କିରଣ-କୃଷକଙ୍କ ଦିଲ୍ଲୀ ରାଲିରେ ଯେଉଁଥିରେ କୃଷକମାନଙ୍କ ଦାବିକୁ ସମର୍ଥନ ଜଣାଇ

ସବୁ ବିରୋଧୀ ରାଜନୈତିକ ଦଳ ଏକାଠି ହୋଇଥିଲେ । ଘଟଣାବଳିର ଖିଅରୁ ଚନ୍ଦ୍ରବାବୁ ନାଇଡୁ ପୁଣିଥରେ ବିରୋଧୀ ଦଳଗୁଡ଼ିକୁ ଏକତ୍ର କରାଇବାର ପ୍ରୟାସରେ ଅଛନ୍ତି । ତାଙ୍କର ନିମନ୍ତ୍ରଣ କ୍ରମେ ପ୍ରାୟ ୨୧ଟି ବିରୋଧୀ ଦଳର ପ୍ରତିନିଧି ଦିଲ୍ଲୀରେ ଏକତ୍ରିତ ହୋଇ ଭବିଷ୍ୟତ କାର୍ଯ୍ୟକ୍ରମ ପାଇଁ ବିଚାରବିମର୍ଶ କରିଥିଲେ; କିନ୍ତୁ ସେଥିରେ ଅଖିଳେଶ, ମାୟାବତୀଙ୍କ ଅନୁପସ୍ଥିତି ଏକ ଭିନ୍ନ ବାର୍ତ୍ତା ଦେଲା । ନିର୍ବାଚନରେ ବିଜୟୀ ହେବା ପରେ ଉଭୟ କଂଗ୍ରେସ, ବିଜେପି ବିପକ୍ଷ ବିରୋଧୀ ରାଜନୀତିର ନେତୃତ୍ୱ ନେବା ପାଇଁ ତେଲଙ୍ଗାନା ମୁଖ୍ୟମନ୍ତ୍ରୀ ସି.ଏସ୍.ଆର୍. ଜାତୀୟ ରାଜନୀତିରେ ପରିବର୍ତ୍ତନ ପାଇଁ ଇଚ୍ଛା ପ୍ରକାଶ କରିଛନ୍ତି । ସେ ବର୍ତ୍ତମାନ ସଂଗଠିତ ରାଜନୈତିକ ଗୋଷ୍ଠୀ ସନ୍ଧାନରେ, ନବୀନ-ମମତା ଓ ଅନ୍ୟାନ୍ୟଙ୍କ ସହିତ ଆଲୋଚନାରତ । ଓଡ଼ିଶାର ମୁଖ୍ୟମନ୍ତ୍ରୀ ନବୀନ ପଟ୍ଟନାୟକ ମଧ୍ୟ ରାଜନୈତିକ ପାଣିପାଗ ଦେଖି କଂଗ୍ରେସ ଓ ବିଜେପିଠାରୁ ସମଦୂରତ୍ୱର ସ୍ଲୋଗାନ ଦେଇ ଆସୁଛନ୍ତି । ତେବେ ବାସ୍ତବରେ ଆଲୋଚ୍ୟ ବିଷୟବସ୍ତୁଭିତ୍ତିକ ସମର୍ଥନ ହିଁ ତାଙ୍କର ରଣକୌଶଳ ଯାହା ଆଦର୍ଶ ନୀତିଭିତ୍ତିକ ନୁହେଁ । ବିରୋଧୀ ଦଳଗୁଡ଼ିକର ଅସୁବିଧା ହେଉଛି ବହୁ ଉଚ୍ଚାଭିଳାଷୀ ନେତାଙ୍କୁ ରାଜି କରାଇ ମୋଦୀଙ୍କର ବିକଳ୍ପ ପ୍ରଧାନମନ୍ତ୍ରୀ ପ୍ରାର୍ଥୀଙ୍କୁ ଜନସାଧାରଣଙ୍କ ପାଖରେ ପେସ୍ କରାଇବା ।

କଂଗ୍ରେସରହିତ ବିରୋଧୀ ମେଣ୍ଟର ପରିକଳ୍ପନା ବାସ୍ତବଧର୍ମୀ ନୁହେଁ । ବିଭିନ୍ନ ପ୍ରଦେଶରେ ପରିସ୍ଥିତି ଅନୁଯାୟୀ ବିରୋଧୀ ଦଳଗୁଡ଼ିକ ବିଧାନସଭା ନିର୍ବାଚନ ମଣ୍ଡଳୀଗୁଡ଼ିକରେ ବୁଝାମଣା କରି ପ୍ରାର୍ଥୀ ଛିଡ଼ା କରାଇ ପାରିଲେ ଭୋଟ୍ ଖଣ୍ଡବିଖଣ୍ଡିତ ନହୋଇ ବିଜେପି ବିରୋଧୀ ଭୋଟଦାନରେ ସଂଗଠିତ ପ୍ରତିବାଦ ହୋଇପାରିବ, କିନ୍ତୁ ବିଗତ ଦିନଗୁଡ଼ିକର ଅନୁଭୂତି ଭିତ୍ତିରେ ମନେହେବ ଏହା ଦିବା ସ୍ୱପ୍ନ । ଏକଥା ବି ମନେ ରଖିବାକୁ ପଡ଼ିବ ମେଣ୍ଟ ସରକାର ଯେ, ସବୁବେଳେ ଦୁର୍ବଳ, ନିଷ୍କ୍ରିୟ ଏବଂ ଅସ୍ଥାୟୀ, ଏକଥା ସତ୍ୟ ଉପରେ ଆଧାରିତ ନୁହେଁ । ନରସିଂହ ରାଓ ଓ ଅଟଳ ବିହାରୀ ବାଜପେୟୀଙ୍କ ମେଣ୍ଟ ସରକାରଙ୍କ କାର୍ଯ୍ୟକଳାପର ଯଦି ସଠିକ୍ ମୂଲ୍ୟାୟନ କରାଯାଏ ତେବେ ଜଣାଯିବ ଯେ ଦେଶ ପାଇଁ ବହୁ ସାହସିକ ପଦକ୍ଷେପ, ଯାହାର ସୁଦୂରପ୍ରସାରୀ/ ପରିଣାମ ଥିବା ନିଷ୍ପତ୍ତି ନେବାକୁ ସେମାନେ କୁଣ୍ଠାବୋଧ କରିନଥିଲେ । ଅର୍ଥନୈତିକ ଉଦାରୀକରଣ, ପରମାଣୁ ପରୀକ୍ଷା, ଜାତୀୟ ରାଜପଥ ମାଧ୍ୟମରେ ସାରା ଦେଶକୁ ସଂଯୋଗ କରିବାର ସୁଫଳ ଆମେ ବର୍ତ୍ତମାନ ଭୋଗ କରୁଛେ । ସବୁ ନିର୍ଭର କରେ ନେତୃତ୍ୱ ଉପରେ, ନେତାଙ୍କର ଦେଶ ପାଇଁ ଭବିଷ୍ୟତ ଦୃଷ୍ଟିକୋଣ ଉପରେ, ମେଣ୍ଟ ସରକାର ପରିଚାଳନା କରିବାର ପାରଙ୍ଗମତା ଉପରେ, ସହଯୋଗ ଓ ସମର୍ଥନ ଉପରେ । ବିହାରରେ ଆସନ ବୁଝାମଣାରୁ ସୃଷ୍ଟି ହୋଇଛି ଯେ ବିଜେପି ୨୦୧୯ ନିର୍ବାଚନ

ପରେ ଏକକ ସଂଖ୍ୟା ଗରିଷ୍ଠ ଦଳ ଭାବରେ ଜୟଲାଭର ଆଶା କ୍ଷୀଣ। ତେଣୁ ବହୁ ରାଜ୍ୟରେ ରଣକୌଶଳ ପରିସ୍ଥିତିକୁ ଦେଖି ରଚନା କରିବ। ଆଗାମୀ ଦିନଗୁଡ଼ିକରେ ଏ ଚିତ୍ରରେ କିଛି ସ୍ୱଚ୍ଛତା ଆସିପାରେ। ରାଜନୈତିକ ସମୀକରଣ ହେଲେ ମଧ୍ୟ ତିନୋଟି ରାଜ୍ୟ, ଯଥା - ରାଜସ୍ଥାନ, ମଧ୍ୟପ୍ରଦେଶ ଓ ଛତିଶଗଡ଼ରେ କଂଗ୍ରେସ ସରକାର ଗଠନ କଲାପରେ କଂଗ୍ରେସକୁ ଉପେକ୍ଷା କରି ବିରୋଧୀ ମେଣ୍ଟର ପରିକଳ୍ପନା କରିହୁଏନା। ଏସବୁ ସତ୍ତ୍ୱେ ପ୍ରଶ୍ନ ଉଠେ ଯେ ଜନସାଧାରଣଙ୍କ ସାମନାରେ ନରେନ୍ଦ୍ର ମୋଦୀଙ୍କ ବିକଳ୍ପ କିଏ ? ତାଙ୍କର ଲୋକପ୍ରିୟତା ଅକ୍ଷୁଣ୍ଣ ରହିଛି। ସାଧାରଣ ଭୋଟର ଭାବନାରେ ସେ ଜଣେ ଦକ୍ଷ ଶାସକ ଓ କୁଶଳୀ ରାଜନେତା। ଆସନ୍ତା ସାଧାରଣ ନିର୍ବାଚନରେ ଆଞ୍ଚଳିକ ଦଳମାନଙ୍କର ଗୁରୁତ୍ୱ ଆହୁରି ବଢ଼ିବାର ସମ୍ଭାବନା ରହିଛି। ବିଜେପି ଅଥବା କଂଗ୍ରେସ ଆଞ୍ଚଳିକ ଦଳ ସମର୍ଥନ ବିନା କେନ୍ଦ୍ର ସରକାର ଗଠନ ଦୁରୂହ ହୋଇପାରେ।

୨୦୧୪ ନିର୍ବାଚନରେ ନରେନ୍ଦ୍ର ମୋଦୀଙ୍କର ଦୁଇଟି ସ୍ଲୋଗାନ୍ ଭୋଟରମାନଙ୍କୁ ଆକର୍ଷିତ କରିଥିଲା। ପ୍ରଥମଟି "ଆଚ୍ଛେଦିନ ଆଏଗା" ଓ ଦ୍ୱିତୀୟଟି "ମିନିମମ୍ ଗଭର୍ଣ୍ଣମେଣ୍ଟ ଓ ମାକ୍ସିମମ୍ ଗଭର୍ଣ୍ଣାନ୍ସ"। ୨୦୧୯ରେ ଭୋଟର ରାଜନୈତିକ ଦଳ "ଆଚ୍ଛଦିନ ଆଏଗା"ର ସମୀକ୍ଷା କରିବେ। ଅତୀତ ଅପେକ୍ଷା ଜଣେ ଭୋଟର ପରିସ୍ଥିତିରେ ସୁଧାର ଆସିଛି କି ନାହିଁ ନିଜେ ଭୋଟର ସ୍ଥିର କରିବ ଓ ତଦନୁଯାୟୀ ମନ ସ୍ଥିର କରିବ କାହାକୁ ଭୋଟ ଦେବ। ପ୍ରଧାନମନ୍ତ୍ରୀ ମୋଦୀଙ୍କ ଜନଧନ, ମୁଦ୍ରା, ଷ୍ଟାର୍ଟ ଅପ୍ ଇଣ୍ଡିଆ, ମେକ୍ ଇନ୍ ଇଣ୍ଡିଆ, ମହିଳା ସଶକ୍ତିକରଣ, ସ୍ୱଚ୍ଛ ଭାରତ ପ୍ରଭୃତି ଯୋଜନା "ଆଚ୍ଛେ ଦିନ" ପାଇଁ ଗୋଟିଏ ଆଧାର ସୃଷ୍ଟି କରିବା ପାଇଁ ଉଦ୍ଦିଷ୍ଟ ଥିଲା। ସରକାରଙ୍କର ସବୁଠାରୁ ବଡ଼ ଅସୁବିଧା ହେଉଛି ସେଗୁଡ଼ିକର ତଦାରଖ, ମନିଟରିଂ ଓ ଫଳାଫଳର ସାମୟିକ ମୂଲ୍ୟାୟନ ହେଉନାହିଁ। କାର୍ଯ୍ୟକ୍ରମର ସଫଳତାଗୁଡ଼ିକ ସ୍ଲୋଗାନରେ ସୀମିତ ହୋଇ ରହିଯାଇଛି। ନରେନ୍ଦ୍ର ମୋଦି ଜଣେ "ପ୍ରାଇମ୍ ମିନିଷ୍ଟର ଇନ୍ ଏ ହରି"। ସବୁକଥା ବ୍ୟଗ୍ରର ସହିତ କରିବାକୁ ଚାହାନ୍ତି। ପ୍ରାଚୀନ ସଭ୍ୟତା, ବିବିଧତାପୂର୍ଣ୍ଣ ଜନବହୁଳ ଥିବା ଗଣତନ୍ତ୍ରରେ ବେଳେବେଳେ ଗତି ମନ୍ଥର ହୁଏ। ସେ ସବୁକୁ ହୃଦୟଙ୍ଗମ କରି ସମସ୍ତଙ୍କୁ ସଂପୃକ୍ତ କରାଇ ଉଚିତ୍ ପଦକ୍ଷେପରେ ହିଁ କାର୍ଯ୍ୟ ତ୍ୱରାନ୍ୱିତ କରିହୁଏ। ବିମୁଦ୍ରାୟନ ଘୋଷିତ ଲକ୍ଷ୍ୟ ସାଧନ ବିଫଳ ହୋଇଛି। କଳାଧନ, ଆତଙ୍କବାଦ, ଜାଲି ନୋଟର ସମାପ୍ତି କେବଳ ଘୋଷଣାରେ ରହିଯାଇଛି। ସରକାର ଓ ଅର୍ଥମନ୍ତ୍ରୀ ଜେଟଲୀ ବିମୁଦ୍ରାୟନର ଯଥାର୍ଥତା ଯେତେ ବିଚକ୍ଷଣ ଓ ଆଳଙ୍କାରିକ ଶବ୍ଦ ପ୍ରୟୋଗରେ କଲେ ମଧ୍ୟ ବାସ୍ତବ ପରିସ୍ଥିତି ତୃଣମୂଳ ସ୍ତରରେ ଅଲଗା। ସାଧାରଣ ଭୋଟର ବହୁ ସମସ୍ୟା ଓ ଅସୁବିଧାର ସମ୍ମୁଖୀନ ହୋଇଛି। ଜିଏସ୍‌ଟି ଗୋଟିଏ ଉତ୍ତମ

ନୀତି ଅର୍ଥନୀତିକୁ ସୁଦୃଢ଼ କରିବା ପାଇଁ, କିନ୍ତୁ କାର୍ଯ୍ୟକାରୀ କରିବାର ସୁଚିନ୍ତିତ ନିର୍ଦ୍ଦେଶାବଳୀ, କାର୍ଯ୍ୟକ୍ରମ ଅଭାବରେ ଏ ପର୍ଯ୍ୟନ୍ତ ମନ୍ଥର ଗତିରେ ଚାଲିଛି। ଏ ଦୁଇଟି ନୀତିର କାର୍ଯ୍ୟକାରିତାର ଫଳାଫଳ ହେଉଛି ଯେ ବର୍ତ୍ତମାନ "ମାକ୍ସିମମ୍ ଗଭର୍ଣ୍ଣମେଣ୍ଟ ଓ ମିନିମମ୍ ଗଭର୍ଣ୍ଣାନ୍ସ"। ଏଗୁଡ଼ିକର ଉତ୍ତର ପ୍ରଧାନମନ୍ତ୍ରୀଙ୍କୁ ଭୋଟରଙ୍କୁ ଦେବାକୁ ପଡ଼ିବ। ଅର୍ଥନୀତିରେ କିଛି ସୁଧାରର ଆବଶ୍ୟକତା ରହିଛି। କୃଷି ଓ କୃଷକର ଦୁଃଖଦାୟକ ପରିସ୍ଥିତିରେ ଯୁଦ୍ଧକାଳୀନ ଭିତ୍ତିରେ ପଦକ୍ଷେପ ଏବଂ ଗ୍ରାମାଞ୍ଚଳରେ ସ୍ପନ୍ଦିତ ପରିବର୍ତ୍ତନ ଦରକାର। ଆଶାୟିତ ଯୁବପିଢ଼ିର ନିଯୁକ୍ତିର ସୁଯୋଗ ବୃଦ୍ଧିର ଆବଶ୍ୟକତା ରହିଛି। ଏହାଠାରୁ ବେଶୀ ପ୍ରୟୋଜନ ଗୋରକ୍ଷକ ଗୋଷ୍ଠୀଗୁଡ଼ିକ ଉପରେ ଅଙ୍କୁଶ। ଶାସକ ଦଳର କିଛି ନେତା, ବିଧାୟକ, ସାଂସଦଙ୍କ ଉପରେ ନିୟନ୍ତ୍ରଣ। ସେମାନଙ୍କ ଆଚରଣ ଓ ଉଚ୍ଚାରଣ ସରକାରଙ୍କ ପାଇଁ ଲଜ୍ଜିତ ଓ ଅପ୍ରତିଭ ପରିସ୍ଥିତି ସୃଷ୍ଟି କରାଉଛି।

ଭାରତୀୟ ଭୋଟର ଯେତେବେଳେ ବିଚାର କରିବ, ତୁଳନା କରିବ ଓ ତା' ସାମନାରେ ରହିବ ବିରୋଧୀ ଦଳର ନାନା ମୁନି ନାନା ମତର ଚିତ୍ର ପ୍ରଧାନମନ୍ତ୍ରୀ ପଦ ପାଇଁ ଅସମ୍ମତିର ଅନିଶ୍ଚିତତା ଏବଂ ମୋଦୀଙ୍କ ପାଇଁ ବିକଳ୍ପର ଅନୁପସ୍ଥିତି ଯାହାକୁ ଇଂରାଜୀରେ କୁହାଯାଏ 'ଟିନା' (ଦେୟାର ଇଜ୍ ନୋ ଅଲଟରନେଟିଭ୍)।

୨୦୧୪ ସାଧାରଣ ନିର୍ବାଚନ ପ୍ରଚାର ଶୈଳୀର ରୂପରେଖ ଭିନ୍ନ ଥିଲା। ନରେନ୍ଦ୍ର ମୋଦୀ ଏହାକୁ ଆମେରିକା ଭଳି ରାଷ୍ଟ୍ରପତିପ୍ରଧାନ ପ୍ରଚାର କଲେ ଯାହା ଅତୀତର ପାର୍ଲାମେଣ୍ଟାରି ବା ସଂସଦୀୟ ପ୍ରଚାର ଢାଞ୍ଚାରୁ ଭିନ୍ନ ଥିଲା। ତେଣୁ ସେ ଏଥର ମଧ୍ୟ ତା'ର ପୁନରାବୃତ୍ତି କରିବେ। ଏଭଳି ରଣକୌଶଳ ବିରୋଧୀ ଦଳଙ୍କୁ ଅଡୁଆରେ ପକାଇବ ଜଣେ ବିକଳ୍ପ ପେସ୍ କରାଇବାର ବିଫଳତାରେ। ପ୍ରଧାନମନ୍ତ୍ରୀ ନରେନ୍ଦ୍ର ମୋଦୀ ଭାରତୀୟ ରାଜନୀତିରେ ଜଣେ ବ୍ୟତିକ୍ରମ। ବିଜେପି ସଂଗଠନର ପଦାଧିକାରୁ ସିଧା ମୁଖ୍ୟମନ୍ତ୍ରୀ ଏବଂ ପ୍ରଥମଥର ପାଇଁ ନିର୍ବାଚିତ ସାଂସଦ ହୋଇ ପ୍ରଧାନମନ୍ତ୍ରୀ ପଦ ଅଳଂକୃତ କରିବାର ସମାନ୍ତରାଳ ନାହିଁ। ତେବେ ନୀତିନ ଗଡ଼କରୀ ପରିସ୍ଥିତିର ଆକଳନ କରି କହିଛନ୍ତି ଯେ ୨୦୧୪ ନିର୍ବାଚନରେ ଭୋଟ ପାଇବା ପାଇଁ ବହୁ ମିଛ ପ୍ରତିଶ୍ରୁତିର ନକାରାତ୍ମକ ଫଳାଫଳ ଏବେ ଦେଖିବାକୁ ମିଳୁଛି। ଡି.ଏମ୍.କେ. ଭଳି କେତେକ ଦଳ ରାହୁଲ ଗାନ୍ଧୀଙ୍କ ପ୍ରାର୍ଥୀତ୍ୱ ପାଇଁ ଯୁକ୍ତି ବାଢୁଥିଲେ ମଧ୍ୟ ଅନ୍ୟମାନଙ୍କ ପାଇଁ ନିର୍ବାଚନ ପୂର୍ବରୁ ଏଭଳି ଘୋଷଣା ବିରୋଧୀ ଦଳଗୁଡ଼ିକ ଏକତ୍ର କରାଇବାରେ ଘାତକ ହେବାର ଆଶଙ୍କା କରନ୍ତି। ବେଳେବେଳେ ମନେ ହୁଏ ରାହୁଲ ଗାନ୍ଧୀ ଜଣେ ସଂଗଠନ ବ୍ୟକ୍ତି। ତାଙ୍କର କାର୍ଯ୍ୟଶୈଳୀରେ ସଂଗଠନ ସୁଧାର ଓ ସୁଦୃଢ଼ କରିବାର ନିଷ୍ଠାପର ଆଗ୍ରହ। ୟୁପିଏ (୨)ରେ ରାହୁଲ ଗାନ୍ଧୀଙ୍କୁ କିଛିଦିନ ପାଇଁ ମନ୍ତ୍ରୀମଣ୍ଡଳରେ ସ୍ଥାନ ଦେଇଥିଲେ

ସେ ଶାସନର ଅନୁଭୂତି ଆଘ୍ରାଣ କରିଥାନ୍ତେ ଏବଂ ତାଙ୍କର ଶାସନରେ ରୁଚି ମଧ୍ୟ ଜଣାଯାଇଥାନ୍ତା। ଏଭଳି ଏକ ସ୍ପଷ୍ଟତାବିହୀନ କୁହୁଡ଼ି ଭରା ବର୍ତ୍ତମାନର ବିରୋଧୀ ଗୋଷ୍ଠୀ ସମ୍ମୁଖୀନ ହେବ ଜଣେ ବାଗ୍ମୀ, ଚତୁର ନେତା। ଭୋଟରଙ୍କ ପାଇଁ ରହିବ - 'ଟିନା' (ଦେୟାର ଇଜ୍ ନୋ ଅଲଟରନେଟିଭ୍)।

ଏହି ପରିପ୍ରେକ୍ଷୀରେ ଓଡ଼ିଶାର ରାଜନୀତିର ରଙ୍ଗ କିଛି ଭିନ୍ନ ଚିତ୍ର ଦିଏ।

ବିଜେପିର ଉପନିର୍ବାଚନ ଫଳାଫଳ ଏବଂ ରାଜ୍ୟସଭା ନିର୍ବାଚନ ପାଇଁ ଦଳର ପ୍ରାର୍ଥୀ ମନୋନୟନ ଘୋଷଣା ପରେ ମନେହେଲା କିଛି ନୂତନତ୍ୱର ଆଭାସ। ଦୁଇ ଦଶନ୍ଧିର ଚିରାଚରିତ ପ୍ରକ୍ରିୟାଠାରୁ ସାମାନ୍ୟ ଭିନ୍ନ ଗତି। ଗୋଟିଏ କଥା ସ୍ପଷ୍ଟ ଯେ ମୁଖ୍ୟମନ୍ତ୍ରୀଙ୍କ ଭାବମୂର୍ତ୍ତି ଅକ୍ଷୁଣ୍ଣ ଏବଂ କ୍ଷମତା ରାଜନୀତି ଓ ନିର୍ବାଚନ ରଣକୌଶଳରେ ସେ ଅନ୍ୟମାନଙ୍କଠାରୁ ବେଶୀ ଧୁରନ୍ଧର। ସମୟୋପଯୋଗୀ ପଦକ୍ଷେପ ନେବାରେ ପାରଂଗମ। କାରଣ ଧୈର୍ଯ୍ୟର ସହିତ ପରିସ୍ଥିତିର ଆକଳନ କରି ବିଜୟ ଲାଭ କରିବା ପାଇଁ ସବୁ ପ୍ରକାରର କୌଶଳ ଅବଲମ୍ବନ କରିବାକୁ ପଛାନ୍ତି ନାହିଁ। ବିଜେପୁରରେ ପ୍ରାର୍ଥୀ ମନୋନୟନ ହିଁ ନିର୍ଣ୍ଣାୟକ ଥିଲା ବୋଲି ମନେହୁଏ। ୨୦୧୯ ନିର୍ବାଚନ ପ୍ରସ୍ତୁତି ପାଇଁ ବିଜେପୁର ବିଜୟ ଥିଲା ଅପରିହାର୍ଯ୍ୟ। ନିର୍ବାଚନ ମଣ୍ଡଳୀରେ ପ୍ରଥମଥର ପାଇଁ ମୁଖ୍ୟମନ୍ତ୍ରୀଙ୍କ ରାତ୍ରିଯାପନ ଇଙ୍ଗିତ କରୁଥିଲା ଏହାର ଗୁରୁତ୍ୱ। ତେବେ ଆଜିକାଲି ଅର୍ଥ, ବାହୁବଳ ବିନା ନିର୍ବାଚନ ଜିତିବା ସହଜସାଧ୍ୟ ନୁହେଁ। ବିଜେପୁର ନିର୍ବାଚନରେ ତାହା ହିଁ ଘଟିଥିଲା। ବିଶୃଙ୍ଖଳିତ କଂଗ୍ରେସର ବିଳମ୍ବିତ ନିଷ୍ପତ୍ତି ମଧ୍ୟ ବିଜେପୁରରେ ଥିବା ଦଳର ତୃଣମୂଳ ସ୍ତରର ଶକ୍ତି ଓ ଭୋଟ ବ୍ୟାଙ୍କର ସଦିଚ୍ଛା ହରାଇଛି। ବେଶୀ ସମୟ କ୍ଷମତାରୁ ଦୂରରେ ରହିଲେ କର୍ମୀମାନଙ୍କୁ ବାନ୍ଧି ରଖି ଆନୁଗତ୍ୟ ଆଶା କରିବା ମଧ୍ୟ ବାସ୍ତବଧର୍ମୀ ଚିନ୍ତା ନୁହେଁ।

ମୁଖ୍ୟମନ୍ତ୍ରୀଙ୍କ ରଣକୌଶଳ ବର୍ତ୍ତମାନ ୨୦୧୯ ସାଧାରଣ ନିର୍ବାଚନକୁ ଦୃଷ୍ଟିରେ ରଖି 'ଆମ ଗାଁ ଆମ ବିକାଶ' ମାଧ୍ୟମରେ ପଞ୍ଚାୟତ ସମସ୍ୟାର ତତ୍କାଳ ସମାଧାନ ଏବଂ ସର୍ବୋଚ୍ଚସ୍ତରରୁ ଭିଡିଓ କନ୍‌ଫରେନ୍‌ସିଂ ମାଧ୍ୟମରେ ପଞ୍ଚାୟତଗୁଡ଼ିକର ଅଭାବ ଅସୁବିଧା ଦୂର କରିବାର ନୂତନ ପ୍ରଣାଳୀ ଏକ ଅଭିନବ ଉଦ୍ୟମ ହେଲେ ହେଁ କେତେଦୂର ବାଞ୍ଛନୀୟ କିଛିବର୍ଷ ପରେ ମୂଲ୍ୟାୟନ କଲା ପରେ ଜଣାଯିବ। ତେବେ କଥା ହେଉଛି ପ୍ରଦେଶ ଓ ଜିଲ୍ଲାସ୍ତରରେ ଥିବା ସାମଗ୍ରିକ ବିକାଶ ଯୋଜନାର ଏଗୁଡ଼ିକ ଅଙ୍ଗ ବିଶେଷ ହେବା ଦରକାର। ପ୍ରାକ୍ ନିର୍ବାଚନ ବହୁ ଘୋଷଣା ଓ ପ୍ରତିଶ୍ରୁତି କେବଳ ସାମୟିକ ଲାଭ ପାଇଁ କିନ୍ତୁ ତା'ର କାର୍ଯ୍ୟକାରିତା ପ୍ରତି କାହାର ନିଘା ନାହିଁ। କର୍ତ୍ତୃତ୍ୱବିହୀନ ମନ୍ତ୍ରୀମାନଙ୍କର ଅସହାୟତା ମଧ୍ୟ ସେବା ପ୍ରଦାନ ପ୍ରକ୍ରିୟାକୁ ଜଟିଳ କରୁଛି। ତିନୋଟି

ରାଜ୍ୟରେ କଂଗ୍ରେସ କ୍ଷମତା ହାସଲ କରିବା ପରେ ଓଡ଼ିଶା କଂଗ୍ରେସର କର୍ମୀମାନଙ୍କ ଉତ୍ସାହ, ଉନ୍ମାଦନ ବୃଦ୍ଧି ପାଇଛି। ତେବେ ନେତୃତ୍ୱ ମଧ୍ୟରେ ଅନ୍ତଃକଳହର ନିଆଁ ଏବେ ବି ନିର୍ବାପିତ ହୋଇ ନାହିଁ। କଂଗ୍ରେସ ଭୋଟ ପ୍ରତିଶତରେ ବୃଦ୍ଧି ହେଲେ ମଧ୍ୟ ବହୁ ସଂଖ୍ୟାରେ ବିଜୟ ଲାଭର ସମ୍ଭାବନା ସେତେ ଉଜ୍ଜ୍ୱଳ ନୁହେଁ। ବିଜେପି ଗତ ଚାରିବର୍ଷ ତୃଣମୂଳ ସ୍ତରରେ ନିଜର ଶକ୍ତି ବୃଦ୍ଧି କରିବାର ପ୍ରୟାସରତ। ମାନିବାକୁ ହେବ କେନ୍ଦ୍ର ପେଟ୍ରୋଲିୟମ ମନ୍ତ୍ରୀଙ୍କ ଉଦ୍ୟମ ଯୋଗୁ ପ୍ରଥମଥର ପାଇଁ କେନ୍ଦ୍ରମନ୍ତ୍ରୀ ଓ ବରିଷ୍ଠ ବ୍ୟୁରୋକ୍ରାଟ୍‌ଙ୍କ ଘନଘନ ଆଗମନ ଫଳରେ ଓଡ଼ିଶାର ସମସ୍ୟା ବିଷୟରେ କେନ୍ଦ୍ର ସରକାର ସଚେତନ। ବହୁ ବଡ଼ବଡ଼ ପ୍ରକଳ୍ପ ଓଡ଼ିଶାରେ ପ୍ରତିଷ୍ଠା ହେବାକୁ ଯାଉଛି ଏବଂ ଓଡ଼ିଶା ସରକାର ବିଭାଗଗୁଡ଼ିକ ଚଳଚଞ୍ଚଳ ହୋଇ ଉଠିଛନ୍ତି। ତେବେ ପ୍ରଦେଶ ବିଜେପି ମଧ୍ୟ ଆଭ୍ୟନ୍ତରୀଣ କନ୍ଦଳରୁ ମୁକ୍ତ ନୁହେଁ। ରାଜସ୍ଥାନ, ମଧ୍ୟପ୍ରଦେଶ ଓ ଛତିଶଗଡ଼ ନିର୍ବାଚନରେ ଲଢ଼େଇ ଚାଲିଥିଲା ଦୁଇ ଜାତୀୟ ଦଳର। ଓଡ଼ିଶାରେ କିନ୍ତୁ ହେବ ତ୍ରିକୋଣୀୟ ଲଢ଼େଇ। ଦୁଇ ଜାତୀୟ ରାଜନୈତିକ ଦଳ ଏବଂ ଅନ୍ୟଟି ଆଞ୍ଚଳିକ ଦଳ। ରାଜ୍ୟରେ ତ୍ରିକୋଣୀୟ ନିର୍ବାଚନ ଲଢ଼େଇରେ ପୂର୍ବାନୁମାନ କରିବା କଷ୍ଟ। ଆସନ୍ତା କିଛି ମାସ ଭିତରେ ଅନେକ କିଛି ଘଟିପାରେ, ପରିବର୍ତ୍ତନ ହୋଇପାରେ କିନ୍ତୁ ଆପାତତଃ ବର୍ତ୍ତମାନର ପରିସ୍ଥିତିରେ କୌଣସି ହାୱା ବା ୱେଭ୍ ନହେଲେ ଜାତୀୟ ଓ ପ୍ରାଦେଶିକ ସ୍ତରରେ ଭୋଟର ପାଖେ ପସନ୍ଦର ପସରା ସୀମିତ – 'ଟିନା' (ଦେୟାର ଇଜ୍ ନୋ ଅଲଟରନେଟିଭ୍)। ପରିବର୍ତ୍ତନ ପାଇଁ ବିକଳ୍ପର ଅଭାବ, କ୍ଷମତାସୀନ ଦଳ ବିରୁଦ୍ଧରେ ଅସନ୍ତୋଷ ସତ୍ତ୍ୱେ।

■

ସିଙ୍ଗାପୁର ଶିଖର ସମ୍ମିଳନୀ

ଜୁନ୍ ୧୨, ୨୦୧୮ ବିଶ୍ୱ ଇତିହାସରେ ଏକ ଅବିସ୍ମରଣୀୟ ଘଟଣାବହୁଳ ଦିବସ। ସେ ଦିନଟିକୁ ଦ୍ୱିତୀୟ ବିଶ୍ୱଯୁଦ୍ଧର ଶେଷ ଅମୀମାଂସିତ ସମସ୍ୟା ପରିସମାପ୍ତିର ପ୍ରଚେଷ୍ଟା ବୋଲି ବିଚାର କରାଯାଇପାରେ। ପ୍ରଥମଥର ପାଇଁ ଯୁକ୍ତରାଷ୍ଟ୍ର ଆମେରିକାର ରାଷ୍ଟ୍ରପତି ଡୋନାଲ୍‌ଡ ଟ୍ରମ୍ପ ଉତ୍ତର କୋରିଆର ସର୍ବୋଚ୍ଚ ନେତା କିମ୍‌ଙ୍କ ସହିତ କରମର୍ଦ୍ଦନ କରିବା ସହ ମିଳିତ ଲିଖିତ ଦଲିଲରେ ସ୍ୱାକ୍ଷର କରିବା ଏକ ଅସାଧାରଣ ଘଟଣା। ଦଲିଲରେ ଉଲ୍ଲେଖ ହୋଇଥିବା ବିଷୟବସ୍ତୁ ଓ ଡୋନାଲ୍‌ଡ ଟ୍ରମ୍ପଙ୍କ ପ୍ରେସ୍ କନ୍‌ଫରେନ୍‌ସରେ ବକ୍ତବ୍ୟରୁ ଜଣାଗଲା - ସମ୍ପୂର୍ଣ୍ଣ ପରମାଣୁମୁକ୍ତ କୋରିଆ ଉପଦ୍ୱୀପରେ ଶାନ୍ତି ପ୍ରତିଷ୍ଠା ଓ ସମୃଦ୍ଧିର ଯାତ୍ରା, ଉତ୍ତର କୋରିଆ ଓ ଆମେରିକା ମଧ୍ୟରେ ନୂତନ ସମ୍ପର୍କର ଭିତ୍ତିପ୍ରସ୍ତର ସ୍ଥାପନ ବଦଳରେ ଉତ୍ତର କୋରିଆର ସୁରକ୍ଷା ଓ ନିରାପତ୍ତା ପ୍ରତିଶ୍ରୁତିବଦ୍ଧ। ଏହାଛଡ଼ା ଆମେରିକା ଓ ଦକ୍ଷିଣ କୋରିଆ ସୁରକ୍ଷା ବାହିନୀର ମିଳିତ ସମରାଭ୍ୟାସ ପରିସମାପ୍ତି। ଉତ୍ତର କୋରିଆ ଉପରେ ଲାଗୁ ହୋଇଥିବା ଅର୍ଥନୈତିକ କଟକଣା ବର୍ତ୍ତମାନ ପାଇଁ ବଳବତ୍ତର। ଯୁଦ୍ଧବନ୍ଦୀ, ମୃତ ସୈନ୍ୟଙ୍କ ଦେହାବଶେଷ ହସ୍ତାନ୍ତର, ଦକ୍ଷିଣ କୋରିଆରେ ମୁତୟନ ହୋଇଥିବା ଆମେରିକୀୟ ସୈନ୍ୟବାହିନୀର ଭବିଷ୍ୟତରେ ଅପସାରଣ (ବର୍ତ୍ତମାନ ନୁହେଁ) ଇତ୍ୟାଦି ହେଲା ଶିଖର ସମ୍ମିଳନୀର ଫଳାଫଳ।

କିଛିଦିନ ପୂର୍ବରୁ ଦୁଇ ନେତାଙ୍କର ପରସ୍ପର ପ୍ରତି ଆକ୍ଷେପ ଓ ଧ୍ୱଂସ କରିଦେବାର ଧମକ ପରେ କରମର୍ଦ୍ଦନ ଏବଂ ସହଯୋଗର ସମ୍ଭାବନା ମନେହେଉଛି ଏକ ଅବାସ୍ତବ ସ୍ୱପ୍ନ। ସମସ୍ତ ଘଟଣାବଳୀକୁ ବିଶଦ ଭାବେ ଅନୁଧ୍ୟାନ କଲେ ମନେ ହେବ, ଉତ୍ତର କୋରିଆର କିମ୍ ତୁଳନାତ୍ମକ ଭାବେ ବେଶୀ ଲାଭବାନ ହୋଇଛନ୍ତି। ଗୋଟିଏ ଛୋଟ ଅନୁନ୍ନତ, ରହସ୍ୟମୟ, ଅଲଗା ହୋଇ ରହିଥିବା ରାଷ୍ଟ୍ର ବିଶ୍ୱର ସବୁଠାରୁ ଶକ୍ତିଶାଳୀ

ଦେଶ ମୁଖ୍ୟଙ୍କ ସହିତ ସମାସ୍କନ୍ଧ ଭାବେ ତୃତୀୟ ରାଷ୍ଟ୍ରରେ ଶିଖର ସମ୍ମିଳନୀରେ ସମାନ ସ୍ତରରେ ଆଲୋଚନା କରି ନିଜ ରାଷ୍ଟ୍ରର ସ୍ୱାର୍ଥକୁ ଅଗ୍ରାଧିକାର ଦେବାରେ ସକ୍ଷମ ହେବା କିଛି କମ୍ ସଫଳତା ନୁହେଁ। କେବଳ ସେତିକି ନୁହେଁ, ଜଣେ ନିର୍ମମ, ନିଷ୍ଠୁର, ନୃଶଂସ ନେତାର ଭାବମୂର୍ତ୍ତିରୁ ଶାନ୍ତିପ୍ରେମୀ ସ୍ମାର୍ଟ ମୀମାଂସାକାରୀ ବ୍ୟକ୍ତିତ୍ୱର ପରିଚୟ ସହ ନିଜ ଶାସନର ଆନ୍ତର୍ଜାତିକ ସ୍ତରରେ ମାନ୍ୟତା, ବୈଧତା, ଗ୍ରହଣୀୟତାର ସ୍ୱୀକୃତି ପାଇବା ଥିଲା ତାଙ୍କର ଅନ୍ୟ ଏକ ବିରାଟ ସଫଳତା।

ଡୋନାଲ୍ଡ ଟ୍ରମ୍ପ ପ୍ରେସ୍ କନ୍‌ଫରେନ୍ସରେ ବହୁ ପ୍ରଶ୍ନ ଉତ୍ତରରେ ଶିଖର ସମ୍ମିଳନୀର ସଫଳତା ଉପରେ ଗୁରୁତ୍ୱ ଦେଇଥିଲେ। କିନ୍ତୁ ଗଣମାଧ୍ୟମର ପ୍ରତିନିଧିଙ୍କ କିଛି ପ୍ରଶ୍ନର ସନ୍ତୋଷଜନକ ଉତ୍ତର ମିଳିନଥିଲା; ଯଥା- ସମ୍ପୂର୍ଣ୍ଣ ପରମାଣୁମୁକ୍ତ କୋରିଆ ପାଇଁ ଯାଞ୍ଚ କିଭଳି ହେବ? ପରମାଣୁ ଅସ୍ତ୍ରର ଯାଞ୍ଚ କିଏ କରିବ ଭଳି ପ୍ରଶ୍ନର ଉତ୍ତର ଏତେ ଶୀଘ୍ର ମିଳିବ ନାହିଁ। କାରଣ ଉତ୍ତର କୋରିଆର ପରମାଣୁ ଅସ୍ତ୍ର, କ୍ଷେପଣାସ୍ତ୍ରରେ ପ୍ରଗତି ଓ ପରୀକ୍ଷା ଯୋଗୁଁ ହିଁ ଆମେରିକା ଭଳି ଦେଶକୁ ବାଧ୍ୟ କରାଇଲା ଏଭଳି ଗୋଟିଏ ଶିଖର ସମ୍ମିଳନୀରେ ଅଂଶଗ୍ରହଣ କରିବାକୁ। ତେଣୁ ଗୋଟିଏ ଖରାପ ପରିସ୍ଥିତିରେ ଉତ୍ତମ କାର୍ଯ୍ୟ କରୁଥିବା ଅସ୍ତ୍ରଟିକୁ ହାତଛଡ଼ା କରିବାକୁ ଉତ୍ତର କୋରିଆ ଏତେ ଶୀଘ୍ର ଚାହିଁବ ନାହିଁ। ଲାଗୁ ହୋଇଥିବା ଆର୍ଥିକ କଟକଣାରେ କଠୋରତା ହ୍ରାସ ନହେଲେ ଉତ୍ତର କୋରିଆର ଦଲିଲରେ ରାଜିନାମା ହୋଇଥିବା ବିଷୟଗୁଡ଼ିକରେ ଆଗ୍ରହ ନରହିବା ସ୍ୱାଭାବିକ ହେବ। ଗଣମାଧ୍ୟମରେ ପ୍ରକାଶ ପାଇଛି ଚୀନ ଶୀଘ୍ର ଜାତିସଂଘରେ ଏ ବିଷୟ ଉପସ୍ଥାପନ କରି ଜାତିସଂଘ କଟକଣାଗୁଡ଼ିକରେ କୋହଳତା ପାଇଁ ଯୁକ୍ତି ବାଢ଼ିବ। ଏହାଛଡ଼ା ଆମେରିକାର ଉପସ୍ଥିତ ସେନାବାହିନୀ ଓ ପରମାଣୁ ସଜ୍ଜିତ ଯୁଦ୍ଧଜାହାଜର ସେ ଅଞ୍ଚଳରେ ଭବିଷ୍ୟତ କ'ଣ ହେବ ସେ ବିଷୟରେ କୌଣସି ସ୍ପଷ୍ଟତା ନାହିଁ। ଚୀନର ଶିଖର ସମ୍ମିଳନୀର ଫଳାଫଳ ଉପରେ ପ୍ରତିକ୍ରିୟା କ'ଣ ଏ ପର୍ଯ୍ୟନ୍ତ ମଧ୍ୟ ସ୍ପଷ୍ଟ ହୋଇନାହିଁ ଓ ଆମେରିକାର ସେ ଇଲାକାରେ ଶକ୍ତିଶାଳୀ କୋରିଆର ସହଯୋଗୀ ହିସାବରେ ନୁହେଁ ଏବଂ ଚୀନ୍‌ର ମହାଶକ୍ତି ହିସାବରେ ଉଦୟର ଆକାଙ୍‌କ୍ଷାରେ ବାଧକ।

ପୂର୍ବାନୁମାନ କରାଯାଇ ପାରୁନଥିବା ଭଳି ବ୍ୟକ୍ତିତ୍ୱ ଓ ଦୁଇ ନେତାଙ୍କର ଅଯୌକ୍ତିକ ଓ ଅସଙ୍ଗତର ଆଚରଣ ଯୋଗୁଁ ଶିଖର ସମ୍ମିଳନୀ ଫଳାଫଳର କାର୍ଯ୍ୟକାରିତା ନେଇ ବହୁ ବିଶେଷଜ୍ଞ ଅନିଶ୍ଚିତ ଓ ସନ୍ଦିହାନ। ତେବେ ଦୁଇ ନେତା ନିଜେ ନିଜର ସଫଳତା ପାଇଁ ମୁଗ୍ଧ। କିମ୍ ଆନ୍ତର୍ଜାତିକ କ୍ଷେତ୍ରରେ ବିଶ୍ୱର ସବୁଠାରୁ ଶକ୍ତିଶାଳୀ ଦେଶର ରାଷ୍ଟ୍ରପତିଙ୍କ ସହ ଆଲୋଚନା ଓ ବୁଝାମଣାରେ ଆନନ୍ଦିତ। ଟ୍ରମ୍ପ ମଧ୍ୟ ନିଜକୁ ସାନ୍ତ୍ୱନା ଦେଇପାରିଛନ୍ତି ଯେ, ତାଙ୍କ ପୂର୍ବସୁରୀମାନଙ୍କଠାରୁ ଆହୁରି ଦକ୍ଷତା ସହିତ ବୁଝାମଣାରେ ପହଞ୍ଚି ପାରିଛନ୍ତି।

୧୯୯୪ ଓ ୨୦୦୫ ମସିହାରେ ହୋଇଥିବା ଆନ୍ତର୍ଜାତିକ ବୁଝାମଣାରେ ମଧ୍ୟ ଏଥର ଭଳି ବହୁ ପ୍ରତିଶ୍ରୁତି ଥିଲା ଏବଂ ଉତ୍ତର କୋରିଆ ପ୍ରତିଶ୍ରୁତି ବଦଳରେ ଅର୍ଥନୈତିକ ଓ ବ୍ୟାବସାୟିକ ଫାଇଦା ପାଇଁ ଉତ୍ସୁକ ଥିଲା। କିନ୍ତୁ ସାମାନ୍ୟ ବ୍ୟତିକ୍ରମରେ ବୁଝାମଣାରୁ ଓହରି ଯିବାରେ କୌଣସି ଦ୍ୱିଧା ନଥିଲା। ଏଥର ପରି ମଧ୍ୟ ଶାନ୍ତି, ସୁରକ୍ଷା, ସମୃଦ୍ଧି ଓ ପାରସ୍ପରିକ ବିଶ୍ୱସନୀୟତା ପାଇଥିଲା ଅଗ୍ରାଧିକାର ଅତୀତର ବୁଝାମଣାରେ। କିନ୍ତୁ ବାସ୍ତବତା ହେଉଛି, ଚୀନ ନିଜ ହିତ ଦୃଷ୍ଟିରୁ ଚାହିଁବ ସ୍ଥିତାବସ୍ଥାର ସମୟ ବୃଦ୍ଧି ବା ସମୟକ୍ଷେପଣ ନୀତି। ଦକ୍ଷିଣ କୋରିଆ ଚାହିଁବ ଉପଦ୍ୱୀପରେ ଟେନ୍‌ସନ୍ ହ୍ରାସ ଏବଂ ଆମେରିକୀୟ ଉପସ୍ଥିତିର ସଂପ୍ରସାରଣ ବା ସମୟ ବୃଦ୍ଧି। ଚୀନ ଓ ରୁଷିଆ ସଚେତନ ଯେ, ଏହି ବୁଝାମଣା ଫଳରେ ନିକଟ ଭବିଷ୍ୟତରେ ସେମାନଙ୍କ କ୍ଷତି କଲାଭଳି କୌଣସି ଘଟଣା ଘଟିବାର ସମ୍ଭାବନା କମ୍। ଭାରତ ଆଶା କରିବ ଯେ, ସାମଗ୍ରିକ ନିରସ୍ତ୍ରୀକରଣ ପ୍ରକ୍ରିୟାରେ ଉତ୍ତର କୋରିଆ ଓ ପାକିସ୍ତାନ ପରମାଣୁ ପ୍ରସଙ୍ଗ ମଧ୍ୟ ସ୍ଥାନ ପାଇବ। ଉତ୍ତର କୋରିଆ ଚାହେଁ ପ୍ରଚଳିତ ଶାସନ ପଦ୍ଧତି ଓ ବ୍ୟବସ୍ଥାର ବୈଧତା ବା ସ୍ୱୀକୃତି। ସୁରକ୍ଷା, ନିରାପତ୍ତା ସହ ଅର୍ଥନୈତିକ ପ୍ରତିବନ୍ଧକ ଅପସାରଣ ଏବଂ ଚୀନ ଉପରେ ନିର୍ଭରଶୀଳତାରେ ହ୍ରାସ। ସବୁ ଦେଶର ସ୍ୱାର୍ଥକୁ ଦୃଷ୍ଟିରେ ରଖି କୋରିଆ ଉପଦ୍ୱୀପରେ ଶାନ୍ତି ପ୍ରତିଷ୍ଠାରେ ଏକ ଦୁରୂହ ବ୍ୟାପାର ଏକଥା ବିଶେଷଜ୍ଞମାନଙ୍କର ମତ। ତେବେ ଟ୍ରମ୍ପ ଓ କିମ୍‌ଙ୍କ ଭଳି ବ୍ୟତିକ୍ରମ ବ୍ୟକ୍ତିତ୍ୱଙ୍କଠାରୁ ଅନେକ, ଅପ୍ରତ୍ୟାଶିତ ପଦକ୍ଷେପ ସବୁକିଛି ଗଣନା, ଆକଳନକୁ ଓଲଟପାଲଟ କରିଦେବାର ସମ୍ଭାବନାକୁ ମଧ୍ୟ ଏଡ଼ାଇ ହେବନାହିଁ।

■

ପୂର୍ବୋଦୟର ପୂର୍ବାଭାସ

ବିଶ୍ୱ ଇତିହାସର ଗୋଟିଏ ବିରଳ ଓ ବ୍ୟତିକ୍ରମ ଦୃଷ୍ଟାନ୍ତ ହେଉଛି ଭାରତ ଓ ଦକ୍ଷିଣ-ପୂର୍ବ ଏସିଆର ଦେଶଗୁଡ଼ିକ ସହିତ ଅତୀତର ସମ୍ପର୍କ। ବିନା ଯୁଦ୍ଧ ଓ ରକ୍ତପାତରେ ସଂସ୍କୃତି ମାଧ୍ୟମରେ ଗୋଟିଏ ଭୂଖଣ୍ଡରେ ନିଜର ପ୍ରଭାବ ବିସ୍ତାରର ଏକ ଅନନ୍ୟ ଉଦାହରଣ। ଏବେ ବି ମିଆଁମାର, ଥାଇଲାଣ୍ଡ, ଇଣ୍ଡୋନେସିଆ, କାମ୍ବୋଡିଆ, ଶ୍ରୀଲଙ୍କା ପ୍ରଭୃତି ଦେଶର ସଂସ୍କୃତି ଯଥା - ସଂଗୀତ, ନୃତ୍ୟ, କଳା, ସ୍ଥାପତ୍ୟ, ହସ୍ତଶିଳ୍ପ, ହସ୍ତତନ୍ତୁ, ରୀତିନୀତି, ଜୀବନଶୈଳୀରେ ଆମ ସଂସ୍କୃତିର ଛାପ ପରିସ୍ଫୁଟ। ଏ ଦେଶଗୁଡ଼ିକ ସହିତ ବିଶେଷକରି କଳିଙ୍ଗର ସମ୍ପର୍କ ବହୁ ପୁରାତନ। ବାଲି, ବୋରବୋଦୁର, ମିଆଁମାରର ପାଗାନର କଳାସ୍ଥାପତ୍ୟରେ କଳିଙ୍ଗ ଶିଳ୍ପୀର କଳ୍ପନା, ସୃଜନଶୀଳତା, ଶୈଳୀ ପ୍ରତିବିମ୍ବିତ। ଶ୍ରୀଲଙ୍କାରେ ତ କଳିଙ୍ଗ ରାଜପରିବାରର ସଦସ୍ୟ ନିମନ୍ତ୍ରଣକ୍ରମେ ସେ ଦେଶରେ କିଛିଦିନ ପାଇଁ ରାଜତ୍ୱ କରିଥିଲେ। ବହୁ ସ୍ଥାନର ନାମକରଣ ଓ ସାଙ୍ଗିଆରେ ମଧ୍ୟ କଳିଙ୍ଗର ପ୍ରଭାବ ପରିଲକ୍ଷିତ ହୁଏ। ଦକ୍ଷିଣ-ପୂର୍ବ ଏସିଆରେ ବୌଦ୍ଧଧର୍ମର ପ୍ରଚାର ଓ ପ୍ରସାରରେ କଳିଙ୍ଗର ସ୍ୱତନ୍ତ୍ର ଭୂମିକା ଥିଲା। ସମ୍ରାଟ ଅଶୋକଙ୍କ ସନ୍ତାନ ସଂଘମିତ୍ରା ଓ ମହେନ୍ଦ୍ର ପବିତ୍ର ବୋଧିଦ୍ରୁମର ଚାରା ଶ୍ରୀଲଙ୍କା ନେଇଥିଲେ ଏବଂ ଏ ପର୍ଯ୍ୟନ୍ତ ତାହା ଅନୁରାଧାପୁରରେ ବିଦ୍ୟମାନ ଓ ବୌଦ୍ଧ ଧର୍ମାବଲମ୍ବୀମାନଙ୍କ ପାଇଁ ପବିତ୍ର ସ୍ଥାନ। କିମ୍ବଦନ୍ତୀ କହେ - ସିଂହଳରେ ପୂଜା ପାଉଥିବା ବୁଦ୍ଧଙ୍କର ଦନ୍ତ କଳିଙ୍ଗର ରାଜକୁମାରୀ ହେମମାଳା ନିଜ କେଶରେ ଲୁକ୍କାୟିତ ଭାବେ ନେଇ ଶ୍ରୀଲଙ୍କାରେ ପହଞ୍ଚାଇଥିଲେ। କିନ୍ତୁ ଔପନିବେଶିକତାର ଆଗମନରେ ସେ ନିବିଡ଼ ସଂପର୍କରେ ଶିଥିଳତା ଓ ସ୍ଥାଣୁତା ଦେଖାଗଲା।

ବର୍ତ୍ତମାନର ପରିବର୍ତ୍ତିତ ପୃଥିବୀରେ ସବୁଠାରୁ ଉଲ୍ଲେଖନୀୟ ଘଟଣା ହେଉଛି ଆମେରିକା ଓ ଅନ୍ୟ ବିଶ୍ୱଶକ୍ତି ଆଟଲାଣ୍ଟିକ୍ ମହାସାଗରଠାରୁ ପ୍ରଶାନ୍ତ ମହାସାଗରର

ଇଲାକା (ଇଣ୍ଡୋ ପାସିଫିକ୍)କୁ ସୁରକ୍ଷା ଦୃଷ୍ଟିରୁ ବେଶୀ ଗୁରୁତ୍ୱ ଦେଉଛନ୍ତି । ତଦନୁଯାୟୀ, ସବୁ ଦେଶର ରଣକୌଶଳର ରୂପରେଖରେ ପରିବର୍ତ୍ତନର ଆଭାସ ମିଳୁଛି । ଆମ ଦେଶର ଗତ ଗଣତନ୍ତ୍ର ଦିବସରେ 'ଆସିଆନ୍'ର ଦଶଟି ରାଷ୍ଟ୍ର/ସରକାର ମୁଖ୍ୟଙ୍କ ଉପସ୍ଥିତି ଓ ଯୋଗଦାନ ସୂଚାଉଛି ଯେ ନବେ ଦଶକରେ ପ୍ରଧାନମନ୍ତ୍ରୀ ନରସିଂହ ରାଓଙ୍କ ଦ୍ୱାରା ଆରମ୍ଭ ହୋଇଥିବା 'ଲୁକ୍ ଇଷ୍ଟ' ଓ ପ୍ରଧାନମନ୍ତ୍ରୀଙ୍କର 'ଆକ୍ଟ ଇଷ୍ଟ' ନୀତିର ସଂପ୍ରସାରିତ ପଦକ୍ଷେପ । ଏ ଦେଶଗୁଡ଼ିକ ସହିତ ସୁସମ୍ପର୍କ ଭାରତର ବିଦେଶ ନୀତିରେ ଅଗ୍ରାଧିକାର ପାଇଛି ।

ବିଶେଷଜ୍ଞଙ୍କ ମତରେ, ଚୀନର ଅର୍ଥନୈତିକ ଓ ସାମରିକ କ୍ଷେତ୍ରରେ ମହାଶକ୍ତି ଭାବେ ଉଦୟ ଏବଂ ଏ ଅଞ୍ଚଳରେ ନିଜର ଆଧିପତ୍ୟ ବିସ୍ତାର କରିବାର ଅଭିଳାଷ ଓ ସାଉଥ ଚୀନ୍ ସମୁଦ୍ରରେ କୃତ୍ରିମ ଦ୍ୱୀପ ସୃଷ୍ଟିକରି ସେ ଅଞ୍ଚଳରେ ସାମରିକ ଶକ୍ତି ବୃଦ୍ଧି ଦ୍ୱାରା ଅସ୍ଥିରତା, ଅନିଶ୍ଚିତତାର ଆଶଙ୍କା ବାତାବରଣ ସୃଷ୍ଟି ହୋଇଛି । ସେ ଅଞ୍ଚଳରେ ଭାରତର ଉପସ୍ଥିତି ଓ ସୁରକ୍ଷାରେ ସନ୍ତୁଳନତା ପାଇଁ ଭାରତର ପ୍ରସ୍ତୁତି ଓ ସାହାଯ୍ୟ ସେ ଦେଶଗୁଡ଼ିକ ଆଶା କରିବା ସ୍ୱାଭାବିକ । ସତ କହିବାକୁ ଗଲେ, ଭାରତ ଓ ଆସିଆନ ସମ୍ପର୍କ ଯେଉଁ ସ୍ତରରେ ପହଞ୍ଚିବାର କଥା, ବିଶ୍ୱ ରାଜନୀତି ଓ ଅର୍ଥନୀତିରେ ଯେଉଁ ଭୂମିକା ଗ୍ରହଣ କରିବାର ଅନ୍ତର୍ନିହିତ ଶକ୍ତି ଓ ସମ୍ଭାବନା ଅଛି ତାହା ସମ୍ପୂର୍ଣ୍ଣ ବିକଶିତ ହୋଇପାରିନାହିଁ ।

ଭାରତ-ଆସିଆନ ବର୍ତ୍ତମାନର ବାଣିଜ୍ୟ ପ୍ରାୟ ୭୧ ବିଲିଅନ ଡଲାର । ୨୦୧୦-୧୧ରେ ତାହା ୮୦ ବିଲିୟନ ଡଲାରରେ ପହଞ୍ଚିଲା । ଅପର ପକ୍ଷରେ ଚୀନ-ଆସିଆନ ବାଣିଜ୍ୟ ପ୍ରାୟ ୪୫୦ ବିଲିୟନ ଡଲାର । ତେଣୁ ୨୦୨୦ ସୁଦ୍ଧା ଭାରତ-ଆସିଆନ ଦ୍ୱିପାକ୍ଷିକ ବାଣିଜ୍ୟକୁ ୨୦୦ ବିଲିୟନ ଡଲାରରେ ପହଞ୍ଚିବାର ଯେଉଁ ଲକ୍ଷ୍ୟ ଧାର୍ଯ୍ୟ କରାଯାଇଛି ବୋଧହୁଏ ହାସଲ କରିବା ଦୁରୂହ ବୋଲି ମନେହୁଏ । ୨୦୧୬ରେ ଭାରତର ଆସିଆନ୍‌ରେ ପୁଞ୍ଜିନିବେଶ ୧ ବିଲିୟନ ଡଲାର ଥିଲାବେଳେ ଚୀନ୍‌ର ନିବେଶ ଥିଲା ୧୦ ବିଲିୟନ ଡଲାର । ଆସିଆନ ଦେଶମାନଙ୍କ ଭିତରୁ କେବଳ ସିଙ୍ଗାପୁରରୁ ୩୦ ବିଲିୟନ ଡଲାରର ନିବେଶ ଭାରତରେ ହୋଇଛି । ଅନ୍ୟ ଦେଶଗୁଡ଼ିକରୁ ନିବେଶ ନଗଣ୍ୟ । ଏପର୍ଯ୍ୟନ୍ତ ସିଙ୍ଗାପୁର, ମାଲେସିଆ, ଥାଇଲାଣ୍ଡ ହିଁ ବ୍ୟବସାୟରେ ଆମର ପ୍ରମୁଖ ଭାଗିଦାରୀ । ଅନ୍ୟ ରାଷ୍ଟ୍ରଗୁଡ଼ିକ ସହିତ ବ୍ୟବସାୟ ବାଣିଜ୍ୟ ସ୍ୱଳ୍ପ । ଦ୍ୱିପାକ୍ଷିକ ଓ ସମୂହ ଭାବେ ଆସିଆନ ଦେଶଗୁଡ଼ିକ ସହିତ ଅର୍ଥନୈତିକ ସମ୍ପର୍କ ବୃଦ୍ଧି କରିବାରେ ସବୁଠାରୁ ବଡ଼ ବାଧକ ହେଉଛି ଯୋଗାଯୋଗର ଅଭାବନୀୟ ପରିସ୍ଥିତି ।

ଆକାଶ, ସମୁଦ୍ର, ଭୂଭାଗ ଦ୍ୱାରା ଭାରତର ଆସିଆନ ସହିତ ଯୋଗାଯୋଗ

ବ୍ୟବସ୍ଥାକୁ ତ୍ୱରାନ୍ୱିତ କରିବା ବର୍ତ୍ତମାନର ନିତାନ୍ତ ଜରୁରି ହୋଇଯାଇଛି। ଭାରତରୁ ଜାପାନ ଓ ଅଷ୍ଟ୍ରେଲିଆ ସହିତ ବିଶାଳ ଇଲାକା, ଯାହାକୁ ଇଣ୍ଡୋ-ପାସିଫିକ୍ କୁହାଯାଉଛି ତାହାର ଅର୍ଥନୈତିକ ଅଭିବୃଦ୍ଧି ଓ ସୁରକ୍ଷା ପାଇଁ ନୂତନ ଆଭିମୁଖ୍ୟ, ରଣକୌଶଳ ଓ ଅଭିନବ ଚିନ୍ତନର ସମୟ ଆସିଛି। ଇଣ୍ଡୋ-ପାସିଫିକର ଜନସଂଖ୍ୟା ପ୍ରାୟ ୩ ବିଲିୟନ ଏବଂ ବିଶ୍ୱ ଜିଡିପିକୁ ୫୦ ପ୍ରତିଶତ ଅବଦାନ। ଭାରତର ପୂର୍ବ, ଉତ୍ତର-ପୂର୍ବ ପ୍ରଦେଶଗୁଡ଼ିକ ସହ ଇଣ୍ଡୋ-ପାସିଫିକ ଦେଶଗୁଡ଼ିକ ସହିତ ସମୁଦ୍ର, ଭୂଭାଗ ମାଧ୍ୟମରେ ସାଂସ୍କୃତିକ, ବାଣିଜ୍ୟ ଓ ଆବେଗପୂର୍ଣ୍ଣ ସମ୍ପର୍କ ବହୁ ପ୍ରାଚୀନ କାଳରୁ ରହିଆସିଛି। କେବଳ ଉତ୍ତର-ପୂର୍ବ ରାଜ୍ୟଗୁଡ଼ିକ ଦେଶର ଜନସଂଖ୍ୟାର ୩.୮ ପ୍ରତିଶତ, କିନ୍ତୁ ଭୂଖଣ୍ଡର ୮ ପ୍ରତିଶତ, କିନ୍ତୁ ଅନ୍ତର୍ଜାତୀୟ ସୀମା ୫୩୦୦ କିଲୋମିଟର ଏହି ପ୍ରଦେଶଗୁଡ଼ିକ ମଧ୍ୟରେ ରହିଛି। ପଡ଼ୋଶୀ ରାଷ୍ଟ୍ର ବିଶେଷକରି ଆସିଆନ ଦେଶଗୁଡ଼ିକ ସହିତ ସହଯୋଗ ଓ ଭାଗିଦାରୀ ବ୍ୟବସ୍ଥାରେ ଏ ଅଞ୍ଚଳର ବିକାଶର ଧାରାକୁ ତ୍ୱରାନ୍ୱିତ କରିହେବ। ପରିବେଶ ପ୍ରଦୂଷିତ କରୁଥିବା ଶିଳ୍ପକୁ ବାଦ୍ ଦେଇ କୃଷି, ଉଦ୍ୟାନକୃଷି, ଖାଦ୍ୟ ପ୍ରଶସ୍ତୀକରଣ, ହସ୍ତଶିଳ୍ପ, ହସ୍ତତନ୍ତ କିମ୍ବା ଔଷଧ, ଘଡ଼ି ତିଆରି କରିବା ଭଳି ଛୋଟ ଛୋଟ ଶିଳ୍ପ ସେଠାରେ ପ୍ରତିଷ୍ଠା କରାଯାଇପାରେ। ପର୍ଯ୍ୟଟନ ବିଶେଷକରି ଇକୋ-ଟୁରିଜିମ୍ ପାଇଁ ପ୍ରଶସ୍ତ କ୍ଷେତ୍ର ରହିଛି। ପୂର୍ବ-ଭାରତର ରାଜ୍ୟମାନଙ୍କ ଭିତରେ ଓଡ଼ିଶା ଓ ବିହାରରେ ବହୁ ପ୍ରାଚୀନ ବୌଦ୍ଧ କୀର୍ତ୍ତିରାଜି ରହିଛି। ସେଗୁଡ଼ିକ ବିଷୟରେ ବିଶ୍ୱବାସୀ ଏ ପର୍ଯ୍ୟନ୍ତ ସମ୍ପୂର୍ଣ୍ଣ ଭାବେ ଅବଗତ ନୁହନ୍ତି। ଫଳପ୍ରଦ ଭାବେ ଏଗୁଡ଼ିକର ପ୍ରଚାର କଲେ ବୌଦ୍ଧଧର୍ମୀ ବହୁରାଷ୍ଟ୍ର ଯଥା - ଥାଇଲାଣ୍ଡ, ମିଆଁମାର, ଶ୍ରୀଲଙ୍କା, କାମ୍ବୋଡିଆ, ଲାଓସ, ଚୀନ, ଜାପାନ ଓ ମଙ୍ଗୋଲିଆ ପ୍ରଭୃତିର ବହୁ ପର୍ଯ୍ୟଟନ ପୂର୍ବ-ଭାରତକୁ ଆସିବାପାଇଁ ଆଗ୍ରହ ପ୍ରକାଶ କରିବେ। ଯାହା ଅର୍ଥନୈତିକ ଅଭିବୃଦ୍ଧି ଓ ନିଯୁକ୍ତି କ୍ଷେତ୍ରରେ ସହାୟକ ହେବ। ବାସ୍ତବ କ୍ଷେତ୍ରରେ ଏଗୁଡ଼ିକ ରୂପାୟିତ କରିବାକୁ ହେଲେ ଯୋଗାଯୋଗର ଉନ୍ନତିକରଣ ଜରୁରି। ଭାରତ-ମିଆଁମାର-ଥାଇଲାଣ୍ଡ ହାଇୱେର ସମ୍ପୂର୍ଣ୍ଣତା ଅଗ୍ରାଧିକାର ପାଉ। ସେ ରାଜପଥକୁ ସମ୍ପ୍ରସାରଣ କରି ଲାଓସ, କାମ୍ବୋଡିଆ ଓ ଭିଏତ୍‌ନାମ ପର୍ଯ୍ୟନ୍ତ ବଢ଼ାଯାଉ। ମିଆଁମାର ଓ ଭାରତ ମଧ୍ୟରେ କାଲାଦାନ ପ୍ରକଳ୍ପକୁ ସମ୍ପୂର୍ଣ୍ଣ କରି କାର୍ଯ୍ୟକାରୀ କରାଯାଉ। ବାଂଲାଦେଶ ସହିତ ରେଳ ସଂଯୋଗ ଦ୍ୱାରା ଉତ୍ତର-ପୂର୍ବ ଭାରତ ସହିତ ସବୁଦିନିଆ ଯାତାୟାତର ସୁବିଧା ଉପଲବ୍ଧ କରାଯାଉ। ଆକାଶ ମାର୍ଗରେ ବିମାନ ଚଳାଚଳର ସଂପ୍ରସାରଣ ହେଉ। ଜଳପଥ ଓ ସାମୁଦ୍ରିକ ବାଣିଜ୍ୟକୁ ପ୍ରୋତ୍ସାହନ ଦିଆଯାଉ। ବ୍ଲୁ ଇକୋନୋମିର ଉପଯୋଗିତା, ଉପାଦେୟକୁ ଗ୍ରହଣ କରାଯାଉ, ବ୍ୟବସାୟର ପରିମାଣ ଓ ପରିସର ବୃଦ୍ଧି କରାଯାଉ।

ଆସିଆନର ସମୂହ ଲୋକସଂଖ୍ୟା ପ୍ରାୟ ୬୨ କୋଟି। ଜିଡ଼ିପି ୨.୪ ଟ୍ରିଲିୟନ ଡଲାର। ବିଶ୍ୱର ସପ୍ତମ ବୃହତ୍ତମ ବଜାର। ତୃତୀୟ ବୃହତ୍ତମ ଶକ୍ତି। ଆକଳନ କରାହେଉଛି ଅବିଳମ୍ବେ ଏହା ହେବ ବିଶ୍ୱର ଚତୁର୍ଥ ଅର୍ଥନୈତିକ ଗୋଷ୍ଠୀ। ତେଣୁ ଅତୀତର ଗୌରବମୟ ଅଧ୍ୟାୟକୁ ପୁନର୍ଜୀବିତ କରି ଏକବିଂଶ ଶତାବ୍ଦୀର ଆବଶ୍ୟକତାକୁ ଦୃଷ୍ଟିରେ ରଖି ପ୍ରଗତିର ପଥ ଚୟନ କରାଯାଉ। ଭାରତର ବିକାଶର ପ୍ରଖର ଧାରା ବଜାୟ ରଖିବାକୁ ହେଲେ ଶକ୍ତି ବା ଏନର୍ଜି ସୁରକ୍ଷା ସବୁଠାରୁ ବେଶୀ ଜରୁରି। ଗୋଟିଏ ଆକଳନ ଅନୁସାରେ, ୨୦୩୦ ମସିହା ବେଳକୁ ଭାରତ ଶକ୍ତି ପାଇଁ ୯୦ ପ୍ରତିଶତ ବିଦେଶରୁ ଆମଦାନୀ ଉପରେ ନିର୍ଭର କରିବ। ମିଆଁମାର, ଇଣ୍ଡୋନେସିଆ ଓ ଅଷ୍ଟ୍ରେଲିଆ ଆମ ଚାହିଦାର କିଛି ଅଂଶ ପୂରଣ କରିପାରିବେ ଓ ସେ ଦେଶଗୁଡ଼ିକ ସହିତ ଦୀର୍ଘମିଆଦୀ ବୁଝାମଣାର ପ୍ରୟୋଜନ ରହିଛି। ତତ୍‌ସହିତ ମାଲାକା ଓ ହରମୁଜ୍ ଜଳପଥଗୁଡ଼ିକ ସର୍ବଦା ଉନ୍ମୁକ୍ତ ରଖିବାର ଯୋଜନା ରହିବା ଦରକାର। ଆବଶ୍ୟକ ପଡ଼ିଲେ ବିକଳ୍ପଭାବେ ଆଣ୍ଡାମାନ ସମୂହ ଓ ଥାଇଲାଣ୍ଡ ଉପସାଗରରେ ସଂଯୋଗୀକରଣ କଥା ଚିନ୍ତା କରାଯାଇପାରେ। ଅତୀତରେ ପ୍ରସ୍ତାବିତ କ୍ରା କେନାଲ ବିଚାରକୁ ନିଆଯାଇପାରେ। ଏସିଆ-ଆଫ୍ରିକା ଅର୍ଥନୈତିକ କରିଡର, ଇଣ୍ଡୋ-ପାସିଫିକ ସୁରକ୍ଷା କାର୍ଯ୍ୟକ୍ରମ ଇତ୍ୟାଦିର କାର୍ଯ୍ୟକାରିତା ସେ ଇଲାକାରେ ଥିବା ସବୁ ଦେଶର ଅର୍ଥନୈତିକ ପ୍ରଗତି ଓ ସୁରକ୍ଷାରେ ସନ୍ତୁଳନତା ଆଣିବାରେ ସହାୟକ ହେବ।

ଏହି ପୃଷ୍ଠଭୂମିରେ ମାର୍ଚ୍ଚ ୧୬-୧୮ରେ କଳିଙ୍ଗ ଇଣ୍ଟରନ୍ୟାସନାଲ ଫାଉଣ୍ଡେସନ ଆନୁକୂଲ୍ୟରେ ଭୁବନେଶ୍ୱରରେ ଅନୁଷ୍ଠିତ ହେଉଥିବା 'ପୂର୍ବାସା:ପୂର୍ବ-ଭାରତ ଓ ଇଣ୍ଡୋ-ପାସିଫିକ' ସମ୍ପର୍କରେ କର୍ମଶାଳାର ତାତ୍ପର୍ଯ୍ୟ ରହିଛି। ପ୍ରଧାନମନ୍ତ୍ରୀ ମୋଦି ତାଙ୍କ ଭାଷଣରେ ବହୁଥର ନିଜର ସ୍ୱପ୍ନର ଭାରତ କଥା କହିଲାବେଳେ ପ୍ରକାଶ କରିଛନ୍ତି ଯେ ପୂର୍ବୋଦୟ ବିନା ଭାରତର ଉଦୟ ଅସମ୍ପୂର୍ଣ୍ଣ। ଅନ୍ୟ ଅର୍ଥରେ ସେ କହିବାକୁ ଚାହାନ୍ତି ଯେ, ପୂର୍ବ-ଭାରତର ବିକାଶ ଓ ଉଦୟ ବିନା ଭାରତର ସର୍ବାଙ୍ଗୀନ ବିକାଶ ଅସମ୍ଭବ ଓ ଅପରିକଳ୍ପନୀୟ।

ଏହି ପରିପ୍ରେକ୍ଷୀରେ କର୍ମଶାଳାରେ ଆଲୋଚ୍ୟ ବିଷୟଗୁଡ଼ିକ ମଧ୍ୟରେ ଇଣ୍ଡୋ-ପାସିଫିକ; ବିଶେଷକରି ଆସିଆନ ଦେଶଗୁଡ଼ିକ ସହିତ ଯୋଗାଯୋଗ, ବାଣିଜ୍ୟ, ସଂସ୍କୃତି ହିଁ ପ୍ରାଧାନ୍ୟ ପାଇବ। ଏଥିରେ ଭାଗ ନେବାପାଇଁ ଆସିଆନର ପ୍ରୟାସ ସବୁ ଦେଶରୁ ପ୍ରତିନିଧି ଦଳ ସହ ନେପାଳ, ଭୁଟାନ, ବାଂଲାଦେଶ, ଶ୍ରୀଲଙ୍କା, ଜାପାନ ଓ ଅଷ୍ଟ୍ରେଲିଆର ପ୍ରତିନିଧିମାନେ ଯୋଗ ଦେବେ। ଯେଉଁଥିରେ ବହୁଦେଶର ରାଜନୀତିଜ୍ଞ, ସରକାରୀ ପ୍ରତିନିଧି, ଭାରତରେ ଅବସ୍ଥାପିତ କୂଟନୀତିଜ୍ଞ, ଗବେଷକ, ବୁଦ୍ଧିଜୀବୀ

ପ୍ରଭୃତି ଆଲୋଚନାରେ ଭାଗ ନେବେ। ଭାବର ଆଦାନପ୍ରଦାନ ହେବ। ଆଶା କରାଯାଉଛି, ସେତେବେଳର କଳିଙ୍ଗ ବର୍ତ୍ତମାନର ଓଡ଼ିଶା ଭବିଷ୍ୟତରେ ହେବ ପ୍ରଗତି ଓ ବିକାଶର ଉତ୍ସ। ନିର୍ମାଣର କେନ୍ଦ୍ରସ୍ଥଳୀ। ପୂର୍ବ-ଭାରତ ଓ ଇଣ୍ଡୋ-ପାସିଫିକ ମିଳନ ସ୍ଥଳ। ଏହା ହେବ ପ୍ରକୃତ ପୂର୍ବୋଦୟ।

■

୨୦୧୯ ନିର୍ବାଚନ : ଏ ପର୍ଯ୍ୟନ୍ତ

ମନେ ହେଉଛି ୨୦୧୯ ସାଧାରଣ ନିର୍ବାଚନ - ଜରା ହଟ୍‌କେ। ଅନ୍ୟ ଭାଷାରେ ଅତୀତର ନିର୍ବାଚନଠାରୁ ସାମାନ୍ୟ ଭିନ୍ନ। ଏଥର ମାତ୍ରାଧିକ ରାଲି ଓ ରୋଡ୍ ଶୋ'। ଏସବୁ ରାଲିରୁ କେଉଁ ନେତା ଅନ୍ୟଠାରୁ ବେଶୀ ଲୋକପ୍ରିୟ ଜାଣିବା କଷ୍ଟକର ହୋଇପଡୁଛି। ନିର୍ଦ୍ଦିଷ୍ଟ ଜନସମୂହକୁ ବିଭିନ୍ନ ଦଳ ବିଭିନ୍ନ ସମୟରେ ପାରିଶ୍ରମିକ ଦେଇ ଉପଯୋଗ କରି ରାଲି ଓ ରୋଡ୍ ଶୋ'ରେ ଉପସ୍ଥିତ କରାଉଥିବାର ସମ୍ଭାବନାକୁ ମଧ୍ୟ ଆମେ ଏଡ଼ାଇ ଦେଇପାରିବା ନାହିଁ। ଜଣେ ପ୍ରାର୍ଥୀ ନିର୍ବାଚନ ମଣ୍ଡଳୀର ପ୍ରତିପାଳନ କରି ଭୋଟରମାନଙ୍କ ସହିତ ପ୍ରତ୍ୟକ୍ଷ ସମ୍ପର୍କରେ ରହି ସେମାନଙ୍କର ଆସ୍ଥାଭାଜନ ହେବାର ପ୍ରୟୋଜନୀୟତା ବୋଧହୁଏ ଅନାବଶ୍ୟକ ହୋଇପଡ଼ିଛି। ସବୁ ଦଳର ମନୋନୀତ ପ୍ରାର୍ଥୀଙ୍କ ପାଇଁ ଜିତିବାର ସମ୍ଭାବନାକୁ ହିଁ ଅଗ୍ରାଧିକାର ଦିଆଯାଇଛି। କିନ୍ତୁ ପ୍ରାର୍ଥୀର ବ୍ୟକ୍ତିତ୍ୱ ଓ ଅବଦାନ ଲୋକଲୋଚନ ଅନ୍ତରାଳରେ ରଖାଯାଉଛି। ନ୍ୟୂନ କରି ଦିଆଯାଉଛି। ଜାତୀୟ ଓ ପ୍ରାଦେଶିକ ସ୍ତରରେ ସର୍ବୋଚ୍ଚ ନେତା ଓ ଦଳର ଲୋଗୋ ବା ଚିହ୍ନକୁ ପ୍ରାଧାନ୍ୟ ଦିଆଯାଉଛି। ନେତା ମଧ୍ୟ ନିଜର ଭାଷଣରେ ଭୋଟରମାନଙ୍କୁ ଦଳର ଚିହ୍ନ ଦେଖି ଭୋଟ୍ ଦେବାପାଇଁ ନିବେଦନ କରୁଛନ୍ତି।

ଏଥର ନିର୍ବାଚନ କମିଶନଙ୍କ ନିରପେକ୍ଷତା ଉପରେ ମଧ୍ୟ ସନ୍ଦେହ ସୃଷ୍ଟି ହୋଇଛି। ପକ୍ଷପାତିତା ଓ ଶାସକ ଦଳକୁ ସୁହାଇବା ଭଳି କିଛି ନିଷ୍ପତ୍ତି କମିଶନର ବିଶ୍ୱସନୀୟତା ଉପରେ ମଧ୍ୟ ପ୍ରଶ୍ନବାଚୀ ସୃଷ୍ଟି କରିଛି। ନିର୍ବାଚନ କମିଶନ ନିର୍ବଳ ଓ ଦନ୍ତହୀନ ଏକ ସାମ୍ବିଧାନିକ ସଂସ୍ଥା ବୋଲି ମନେ ହେଉଥିବାବେଳେ ଧର୍ମ ଓ ସଂପ୍ରଦାୟ ନାମରେ ଭୋଟ୍ ମାଗୁଥିବା ଏବଂ ଘୃଣା ଉଦ୍ରେକକାରୀ ଭାଷଣ ଦେବା ବିରୁଦ୍ଧରେ କମିଶନର କ୍ଷମତା ଓ ଶକ୍ତି ସୀମିତ ବୋଲି ଧାରଣା ସୃଷ୍ଟି ହେଉଥିବାବେଳେ ଯୋଗୀ ଆଦିତ୍ୟନାଥ, ମାୟାବତୀ, ମେନକା ଗାନ୍ଧୀ ଓ ସମାଜବାଦୀ ପାର୍ଟିର ଆଜମ୍ ଖାଁଙ୍କ ଉପରେ ପ୍ରଚାର

ପାଇଁ ସାମୟିକ ଅଙ୍କୁଶ ପ୍ରତୀକାତ୍ମକ ହେଲେ ମଧ୍ୟ ଜନସାଧାରଣଙ୍କ ମନରେ ସକାରାତ୍ମକ ପ୍ରଭାବ ପକାଇଛି। 'ମୋଦି, ଦି ପ୍ରାଇମ୍ ମିନିଷ୍ଟର' ଚଳଚ୍ଚିତ୍ରର ପ୍ରେକ୍ଷାଳୟରେ ପ୍ରଦର୍ଶନ ନିଷେଧ ଜାରି ମଧ୍ୟ ସୁନିଶ୍ଚିତ ଭାବେ ବିଶ୍ୱାସପୂର୍ଣ୍ଣ ପଦକ୍ଷେପ। ସୁପ୍ରିମକୋର୍ଟ ଏ ସଂକ୍ରାନ୍ତୀୟ ମାମଲାର ଶୁଣାଣି କରି ନିର୍ବାଚନ କମିଶନଙ୍କୁ ଚଳଚ୍ଚିତ୍ରଟିକୁ ଦେଖିଲା ପରେ ହିଁ ନିଷ୍ପତ୍ତି ନେବାର ପରାମର୍ଶ ମଧ୍ୟ ନିର୍ବାଚନ କମିଶନର କାର୍ଯ୍ୟଶୈଳୀ ଉପରେ ଏକ ଟୀପ୍ପଣୀ। କମିଶନ ଯେ ନିଜର ଶକ୍ତି ଓ କ୍ଷମତା ବିଷୟରେ ଅଜ୍ଞ ବା ଏହା ସ୍ଥଳବିଶେଷରେ ପ୍ରୟୋଗ ପାଇଁ ଅନିଚ୍ଛୁକ ଏବଂ ନିରପେକ୍ଷ, ମୁକ୍ତ ଓ ନିର୍ଭୟରେ ନିର୍ବାଚନ ପରିଚାଳନା କରିବା, ଉପଯୁକ୍ତ ଭାବେ ସଂପାଦନ କରିବା କର୍ତ୍ତବ୍ୟ ଦୃଷ୍ଟିରୁ ବାଧ୍ୟ ବିଷୟରେ ସଚେତନ ନୁହନ୍ତି ବୋଲି ଜଣାପଡୁଛି। ଗୋଟିଏ ଅନୁଷ୍ଠାନର ଉପାଦେୟତା ଏବଂ ଗୁରୁତ୍ୱ ନିର୍ଭର କରେ ଏହାର କାର୍ଯ୍ୟକଳାପ ଉପରେ। ଅତୀତରେ ଟି.ଏନ୍.ଶେଷାନ୍, ଲିଙ୍ଗ୍‌ଡୋଙ୍କ ଭଳି ନିର୍ବାଚନ କମିଶନରମାନେ ଦେଶରେ ଗଣତନ୍ତ୍ର ପ୍ରକ୍ରିୟାକୁ ସୁଦୃଢ଼ କରିବାପାଇଁ ବିଶୃଙ୍ଖଳ, ଅନିୟନ୍ତ୍ରିତ ରାଜନୀତିଜ୍ଞ ଓ ରାଜନୈତିକ ଦଳଗୁଡ଼ିକୁ ଆଇନର ସୀମା ଭିତରେ ଅଦୃଷ୍ଟପୂର୍ବ ପଦକ୍ଷେପ ନେଇ ରଖିବାକୁ ଚେଷ୍ଟା କରିଥିଲେ। ସେତେବେଳର ସରକାର ତାଙ୍କର ପକ୍ଷଚ୍ଛେଦନ କରିବାପାଇଁ ବହୁ ଚେଷ୍ଟା କରିଥିଲେ। କିନ୍ତୁ ଶେଷାନ୍ ପ୍ରମାଣ କରିଥିଲେ ଯେ ନିରପେକ୍ଷ ନିର୍ବାଚନ ପରିଚାଳନା କରିବାପାଇଁ ନିର୍ବାଚନ କମିଶନ୍‌ର ଅମାପ ଶକ୍ତି ଓ କ୍ଷମତା ରହିଛି।

ସୁପ୍ରିମ କୋର୍ଟ ମଧ୍ୟ ଅନ୍ୟ ଗୋଟିଏ ମାମଲାରେ ସବୁ ରାଜନୈତିକ ଦଳ ନିର୍ବାଚନ ସଂକ୍ରାନ୍ତ ବଣ୍ଡ ମାଧ୍ୟମରେ ହସ୍ତଗତ ହୋଇଥିବା ଧନରାଶିର ସମ୍ପୂର୍ଣ୍ଣ ବିବରଣୀ ଦେବାପାଇଁ ନିର୍ଦ୍ଦେଶ ଦେବା ଫଳରେ ଆଶା କରାଯାଉଛି କଳାଧନର ନିର୍ବାଚନ ଉପରେ ପ୍ରଭାବର ବେନିୟମତା ଲୋକଲୋଚନକୁ ଆସିବ। ଆଶଙ୍କା କରାଯାଉଛି, ବ୍ୟାଙ୍କମାନଙ୍କ ଦ୍ୱାରା ହଜାର ହଜାର କୋଟି ଟଙ୍କା ପ୍ରଦତ୍ତ ଋଣକୁ ମାଫ୍ କରାଇଦେଇ ଧନୀବ୍ୟକ୍ତି ଓ କମ୍ପାନୀମାନଙ୍କ ହାୱାଲା ମାଧ୍ୟମରେ ବଣ୍ଡଗୁଡ଼ିକରେ ନିବେଶ କରାଯାଇଛି। ଏହାର ସତ୍ୟାସତ୍ୟ ଶୀଘ୍ର ଜଣାଯିବ। ସେହିଭଳି ସୁପ୍ରିମକୋର୍ଟର ରାଫେଲ ରାୟ ଉପରେ କଂଗ୍ରେସ ଦଳର ଭୁଲ ଧାରଣା ଜନ୍ମାଇବା, ବିଭ୍ରାନ୍ତିକାରୀ ମନ୍ତବ୍ୟ ଉପରେ ମଧ୍ୟ ନ୍ୟାୟାଳୟ ସ୍ପଷ୍ଟୀକରଣ ଦେଇଛନ୍ତି। କଥା ହେଉଛି, ଏଗୁଡ଼ିକ ବହୁ ବିଳମ୍ବରେ ବିଚାରାଧୀନ। ହୁଏତ କିଛି କ୍ଷେତ୍ରରେ ନିର୍ବାଚନ କମିଶନ, ଉଚ୍ଚ ନ୍ୟାୟାଳୟ ଗଣତନ୍ତ୍ରର ସୁରକ୍ଷା ପାଇଁ ବହୁ ପୂର୍ବରୁ ନିର୍ଦ୍ଦେଶ ଦେଇପାରିଥାନ୍ତେ।

ଆଉ ଗୋଟିଏ ଦିଗ ପ୍ରତି ମଧ୍ୟ ଆମର ନଜର ରହିବା ଦରକାର। ତାହା ହେଲା ନିର୍ବାଚନ ସମୟରେ ହିଂସା, ହତ୍ୟାର କ୍ରମବର୍ଦ୍ଧିଷ୍ଣୁ ଗତି। ତତ୍‌ସହିତ ମଦ ଚାହିଦାର

ଅଭୂତପୂର୍ବ ବୃଦ୍ଧି । ରାମଚନ୍ଦ୍ର ଗୁହାଙ୍କ ଭଳି କେତେକ ବୁଦ୍ଧିଜୀବୀଙ୍କ ମତରେ, ଦେଶର ପ୍ରଥମ ନିର୍ବାଚନ ସମୟରୁ ହିଁ ବର୍ତ୍ତମାନର ଦୋଷ ଦୁର୍ବଳତାଗୁଡ଼ିକ ଦୃଷ୍ଟିଗୋଚର ହୋଇଥିଲା । ତେବେ ତାହାର ପରିସୀମା ଓ ପରିମାଣ ସାମାଜିକ ଜୀବନକୁ କବଳିତ କରିନଥିଲା । ସେଗୁଡ଼ିକର ପ୍ରାବଲ୍ୟ କେବଳ (ବିହାର, ମଧ୍ୟପ୍ରଦେଶ, ରାଜସ୍ଥାନ ଓ ଉତ୍ତର ପ୍ରଦେଶ) ପ୍ରଦେଶଗୁଡ଼ିକରେ ଥିଲା । ବର୍ତ୍ତମାନ କିନ୍ତୁ ଅବସ୍ଥା ଭିନ୍ନ । ସବୁଆଡ଼େ (ଓଡ଼ିଶା ସମେତ) ସବୁ ପ୍ରଦେଶରେ ଏହା ନିର୍ବାଚନର ଏକ ଆବଶ୍ୟକୀୟ ଅବଶ୍ୟମ୍ଭାବୀ ଅଙ୍ଗ ବୋଲି ଧରାଯାଉଛି । ତତ୍‌ସହିତ ଧନୀ ଓ ଅପରାଧ ପ୍ରବଣ ବ୍ୟକ୍ତିଙ୍କ ସଂଖ୍ୟା ପ୍ରାର୍ଥୀ ମନୋନୟନରେ ସବୁ ଦଳରେ ଆଶାତୀତ ଭାବେ ବୃଦ୍ଧି ପାଇଛି ।

ନିର୍ବାଚନର ରଂଗ ଓ ଉତ୍ତାପ ମଧ୍ୟ ପରିବର୍ତ୍ତନଶୀଳ । ସଂକଳ୍ପପତ୍ର ବା 'ମାନିଫେଷ୍ଟ'ଗୁଡ଼ିକ ଗୌଣ ହେବାଭଳି ଲାଗୁଛି । ପ୍ରଧାନମନ୍ତ୍ରୀ ବର୍ତ୍ତମାନ 'ବିକାଶ' ପରିବର୍ତ୍ତେ 'ବିଜୟ' ବିଶେଷ କରି ପାକିସ୍ତାନ ବିପକ୍ଷରେ ନେଇଥିବା ପଦକ୍ଷେପକୁ ଗୁରୁତ୍ୱ ଦେଉଛନ୍ତି ଓ ପୁଲୱାମା ସହିଦଙ୍କ ନାମରେ ଭୋଟ ଦେବାପାଇଁ ନିବେଦନ କରୁଛନ୍ତି । କଂଗ୍ରେସ ଦଳ ନାଗରିକଙ୍କୁ 'ନ୍ୟାୟ' ଦେବାର ପ୍ରତିଶ୍ରୁତି ଦେଉଛନ୍ତି ।

ଓଡ଼ିଶାର ମୁଖ୍ୟମନ୍ତ୍ରୀ ବିଶ୍ୱ କପ୍ ହକି ପରେ ଗଣମାଧ୍ୟମରେ ଲେଖିଥିବା ଏକ ସ୍ତମ୍ଭରେ ଉଲ୍ଲେଖ କରିଥିଲେ ଯେ, ଓଡ଼ିଆ ଲୋକଙ୍କର ଭଲ ମଣିଷପଣିଆ, ଆତିଥ୍ୟତା, ସରଳତା ଓଡ଼ିଶା ବାହାରୁ ଆସିଥିବା ଲୋକଙ୍କୁ ଅଭିଭୂତ ଓ ପ୍ରଭାବିତ କରିଛି ଏବଂ ବିସ୍ମିତ ମଧ୍ୟ କରିଛି । ଏଥିସହିତ ଏହି ଭଲ ମଣିଷପଣିଆକୁ ପରିତ୍ୟାଗ ନକରିବା ପାଇଁ ମଧ୍ୟ ଇଚ୍ଛା ପ୍ରକାଶ କରିଥିଲେ । ମୁଖ୍ୟମନ୍ତ୍ରୀ ପ୍ରାର୍ଥୀ ମନୋନୟନ ଓ ନିର୍ବାଚନ ରଣକୌଶଳରେ ଯଦି ସେଇ ଗୁଣଟିକୁ ପ୍ରାଧାନ୍ୟ ଦେଇଥାନ୍ତେ ତେବେ ପ୍ରଦେଶର ନିର୍ବାଚନ ଦୃଶ୍ୟକ୍ରମରେ ଦେଖାଯାଉଥିବା ହିଂସା ଓ ଅନୀତି ବୋଧହୁଏ ଦୃଶ୍ୟମାନ ହୋଇନଥାନ୍ତା ଏବଂ ତାଙ୍କର ଭାବମୂର୍ତ୍ତି ଅକ୍ଷୁଣ୍ଣ ରହିଥାନ୍ତା । ଏହାର ପ୍ରଭାବ ମଧ୍ୟ ବିରୋଧୀ ଦଳଗୁଡ଼ିକର ପ୍ରାର୍ଥୀ ଚୟନରେ ପଡ଼ିଥାନ୍ତା ।

ଏଥର ନିର୍ବାଚନରେ ପ୍ରଚାର, ପ୍ରସାର, ଗଣମାଧ୍ୟମରେ ବିଜ୍ଞାପନ, ହୋର୍ଡିଂ, ରାଲି ଓ ରୋଡ୍ ଶୋ'ରେ ଯେଉଁ ମାତ୍ରାରେ ଅର୍ଥ ଖର୍ଚ୍ଚ କରାଯାଉଛି ତାହା ଅତୀତରେ ଦେଖାଯାଇନଥିଲା । ରାଜନେତାଙ୍କ ଭାଷାରେ ସଂଯମ, ସୌଜନ୍ୟତା ଓ ଶାଳୀନତାର ଅଭାବ ପରିଲକ୍ଷିତ ହେଉଛି । ବ୍ୟକ୍ତିଗତ କୁତ୍ସାରଟନା, ପରସ୍ପର ଦୋଷାରୋପ ଦେଖିବାକୁ ମିଳୁଛି । ସୋସିଆଲ ମିଡିଆରେ ବିଭ୍ରାନ୍ତିକାରୀ ଫେକ୍ ନ୍ୟୁଜ୍ ଭୋଟରଙ୍କୁ ବିଚଳିତ କରୁଛି ।

ଆଶା କରାଯାଉଥିଲା, ଏଥର ମତଦାନରେ ଭୋଟରମାନେ ତୁଳନାତ୍ମକ ଭାବେ

ଅତୀତ ଅପେକ୍ଷା ବହୁସଂଖ୍ୟାରେ ଭୋଟ ପ୍ରଦାନ କରିବେ। କିନ୍ତୁ ପ୍ରଥମ ତିନୋଟି ପର୍ଯ୍ୟାୟ ଭୋଟ୍ ଗ୍ରହଣରେ ତାହା ହେଲା ନାହିଁ। ଏହା କ'ଣ ଇଙ୍ଗିତ କରୁଛି କହିବା କଷ୍ଟ। ଭୋଟର ଏଥର ଚାହୁଁଛି - ସ୍ଥିତାବସ୍ଥା ନା ପରିବର୍ତ୍ତନ ? ଭୋଟ ଗଣତି ପରେ ଜଣାପଡ଼ିବ। ଗଣତନ୍ତ୍ରରେ ଶକ୍ତିଶାଳୀ, ପ୍ରଭାବଶାଳୀ ବିରୋଧୀ ଦଳର ଯେଭଳି ଆବଶ୍ୟକତା ରହିଛି, ସେଇଭଳି ସମୟ ସମୟରେ ପରିବର୍ତ୍ତନର ପ୍ରୟୋଜନୀୟତା ମଧ୍ୟ ରହିଛି।

ଏହିପରି ଏକ ବିସ୍ଫୋରକ ବାତାବରଣରେ ସାଧାରଣ ଭୋଟର ମନେରଖିବା ଉଚିତ ଯେ ନିର୍ବାଚନ ସାଧାରଣ ଭୋଟର ପାଖରେ ଏକ ବଡ଼ ଅସ୍ତ୍ର। ମନ ମୁତାବକ ଶାସକ ଚୟନର ଏକ ଅମୂଲ୍ୟ ପଦ୍ଧତି। ନିଜର ହିତ, ସ୍ୱାର୍ଥ ଓ ଭବିଷ୍ୟତ ଦୃଷ୍ଟିରୁ ଏକ ନିର୍ଣ୍ଣାୟକ ନିଷ୍ପତ୍ତିର ସୁଯୋଗ। ପ୍ରଲୋଭନଠାରୁ ଦୂରରେ ରହି ଦଳ ଓ ପ୍ରାର୍ଥୀର ପୂର୍ବକୃତି ଓ କୀର୍ତ୍ତିକୁ ବିଚାରକୁ ନେଇ ମତଦାନ ଆମର ଅଧିକାର ଓ କର୍ତ୍ତବ୍ୟ।

■

ତୈଳ କୂଟନୀତି

ଗତ ଶତାବ୍ଦୀର ସତୁରୀ ଦଶକରେ ଓପେକ୍ ଦେଶଗୁଡ଼ିକର ନିର୍ଣ୍ଣାୟକ ତୈଳନୀତି ଯୋଗୁଁ ଶିଳ୍ପ କ୍ଷେତ୍ରରେ ଅଗ୍ରଣୀ, ବିକଶିତ ଦେଶଗୁଡ଼ିକ ପ୍ରଥମଥର ପାଇଁ ତୈଳର ଶିଳ୍ପ ଓ ସାଧାରଣ ଲୋକଙ୍କ ଜୀବନଶୈଳୀରେ ପ୍ରଭାବକୁ ଅନୁଭବ କଲେ । ନୀତିନିର୍ଦ୍ଧାରକମାନେ ସଚେତନ ହେଲେ ଯେ, ତୈଳସଂକଟ ଅର୍ଥନୈତିକ ଓ ରାଜନୈତିକ କ୍ଷେତ୍ରରେ ଅସ୍ଥିରତା ଆଣି ସମସ୍ତ ବିଶ୍ୱ ବ୍ୟବସ୍ଥାରେ ବିଭ୍ରାଟ ସୃଷ୍ଟି କରିପାରେ । ତୈଳ ଓ ପ୍ରାକୃତିକ ଗ୍ୟାସ ବିକଶିତ ଦେଶଗୁଡ଼ିକର ବିକାଶଧାରାର ଜୀବନରେଖା ସଦୃଶ ଏବଂ ଏହା ଅର୍ଥନୀତିର ଶକ୍ତି ପ୍ରଦାୟନକାରୀ । ସେ ସମୟରେ ଆକାଶଚୁମ୍ବୀ ମୁଦ୍ରାସ୍ଫୀତି କେବଳ ଶିଳ୍ପ ଓ ଉପଭୋକ୍ତାମାନଙ୍କୁ ପ୍ରଭାବିତ କଲା ନାହିଁ ବରଂ ସତୁରି ଦଶକରେ ପୁଞ୍ଜିବାଦର ଅବସ୍ଥିତି ଓ ବାଧକ ବୋଲି ମନେହେଲା । ପଶ୍ଚିମ ଦେଶଗୁଡ଼ିକର ମଧ୍ୟପ୍ରାଚ୍ୟର ୟୁମକିପ୍ପର ଯୁଦ୍ଧରେ ଇଜିପ୍ଟ ଓ ସିରିଆ ବିରୋଧରେ ଇସ୍ରାଏଲକୁ ସମର୍ଥନର ପରିଣାମ ଭୋଗିବାକୁ ପଡ଼ିଲା । ଅନ୍ୟ ଅର୍ଥରେ, ତୈଳକୁ ରାଜନୈତିକ ଓ ଅର୍ଥନୈତିକ ଅସ୍ତ୍ର ରୂପେ ବ୍ୟବହାର କରି ବିକଶିତ ଦେଶଗୁଡ଼ିକର ଅର୍ଥନୀତିକୁ ପଙ୍ଗୁ କରିବାର ଥିଲା ପ୍ରୟାସ । ପରବର୍ତ୍ତୀ କାଳରେ ବାଣିଜ୍ୟ କାରବାର ନିଷେଧାଜ୍ଞା ଓ କଟକଣାର ଅପସାରଣ ପରେ ହିଁ ଅବସ୍ଥା ସ୍ୱାଭାବିକ ହେବାକୁ ଲାଗିଲା । ଜଣେ କୂଟନୀତିଜ୍ଞ ହିସାବରେ ଆମକୁ ପ୍ରତି ସପ୍ତାହରେ ସରକାରଙ୍କୁ ଗୋଟିଏ ବିଶେଷ ରିପୋର୍ଟ ପଠାଇବାକୁ ପଡୁଥିଲା । ସେ ଦେଶର ତୈଳଦ୍ରବ୍ୟର ଆମଦାନି/ରପ୍ତାନି ପଦାର୍ଥସମୂହର ସର୍ବଶେଷ ତାଲିକା ବା ଇନ୍‌ଭେଣ୍ଟ୍ରି ଏବଂ ସେ ଦେଶର ପ୍ରସ୍ତୁତି ଓ ଭବିଷ୍ୟତ ନୀତି ଉପରେ ନଜର ରଖିବାକୁ ପରାମର୍ଶ ଦିଆଯାଉଥିଲା । ଜଣେ କୂଟନୀତିଜ୍ଞ ହିସାବରେ ଜାପାନରେ ପେଟ୍ରୋଲ ସଂକଟର ପରିଣାମ ଦେଖିବାର ସୁଯୋଗ ମିଳିଥିଲା । ଏହା ପ୍ରଭାବରେ ବହୁ ଛୋଟ ବଡ଼ ଜାପାନୀ ବ୍ୟବସାୟୀ ସଂସ୍ଥା ଦେବାଳିଆ ଘୋଷଣା କଲେ, ଯାହାର ପ୍ରଭାବ ନିଯୁକ୍ତି ଉପରେ

ପଡ଼ିଲା। ଅର୍ଥନୀତିରେ ମାନ୍ଦାବସ୍ଥା ଦେଖାଗଲା। ଜୀବନଶୈଳୀ ପ୍ରଭାବିତ ହେବାକୁ ଲାଗିଲା। ଏବେବି ସ୍ଥୂଳ ଭାବରେ ଦେଖିଲେ ସେ ପରିସ୍ଥିତିରେ ବିଶେଷ କିଛି ପରିବର୍ତ୍ତନ ଆସିନାହିଁ। ଯେଭଳି ମୋବାଇଲ ବିନା ଦୈନନ୍ଦିନ ଜୀବନ ଅକଳ୍ପନୀୟ, ତୈଳ ଓ ପେଟ୍ରୋଲିୟମ ପଦାର୍ଥ ବିନା ବିକାଶ ମଧ୍ୟ ଅଚିନ୍ତନୀୟ। ଯେ ପର୍ଯ୍ୟନ୍ତ ତୈଳର ବିକଳ୍ପର ଶକ୍ତିସୂତ୍ର ଯଥା - ସୌରଶକ୍ତି, ବାୟୁଶକ୍ତି, ଅଣୁଶକ୍ତିର ସମ୍ପୂର୍ଣ୍ଣ ବିକାଶ ଓ ବ୍ୟବସାୟଯୋଗ୍ୟ ହୋଇନାହିଁ, ତୈଳ ଉତ୍ପାଦନକାରୀ ଦେଶଙ୍କ ପାଖରେ ଏହା ଏକ ବଡ଼ ଅସ୍ତ୍ର ଓ ବିକାଶ ପାଇଁ ତୈଳ ଉପରେ ନିର୍ଭରଶୀଳ ଦେଶଗୁଡ଼ିକୁ ତଦନୁଯାୟୀ ଉପଯୁକ୍ତ ରଣକୌଶଳ ସ୍ଥିର କରିବାକୁ ପଡ଼ିବ।

ଏହି ପରିପ୍ରେକ୍ଷୀରେ ନିକଟ ଅତୀତରେ ଆର୍ଜେଣ୍ଟିନାରେ ହୋଇଥିବା ଜି-୨୦ ସମ୍ମିଳନୀରେ ଆରବର ଶାସକ ରାଜକୁମାର ମହମ୍ମଦ ବିନ୍ ସଲମାନ୍‌ଙ୍କ ପ୍ରତି ପୁଟିନ, ଟ୍ରମ୍ପ, ମୋଦି ଓ ଅନ୍ୟନେତାମାନଙ୍କର ମନୋଭାବ, ଅଙ୍ଗଭଙ୍ଗୀ, ଶିଷ୍ଟତା ପ୍ରମାଣିତ କରୁଥିଲା ଯେ ଜାତୀୟ ସ୍ୱାର୍ଥ ହିଁ ବିଦେଶନୀତିର ମୂଳମନ୍ତ୍ର। ଇସ୍ତାନବୁଲରେ ସାମ୍ବାଦିକ କାଶୋଗୀଙ୍କ ନୃଶଂସ ହତ୍ୟା ପରେ ସମଗ୍ର ବିଶ୍ୱ ଆଚମ୍ବିତ ହୋଇ ଏହି ଚାଞ୍ଚଲ୍ୟକର ହତ୍ୟାରେ ସାଉଦୀ ରାଜବଂଶ; ବିଶେଷକରି ମହମ୍ମଦ ବିନ୍ ସଲମାନ୍‌ଙ୍କ ହାତ ଥିବାର ସନ୍ଦେହ ସତ୍ତ୍ୱେ, ଜି-୨୦ ସମ୍ମିଳନୀରେ କାନାଡ଼ା ଛଡ଼ା ଏ ବିଷୟରେ କେହି ଉତ୍‌ଥାପନ କରିବାରେ ଆଗ୍ରହ ପ୍ରକାଶ କଲେନାହିଁ। ସାଉଦୀ ଆରବକୁ ଏହିଭଳି ଖୁସି କରାଇବାର ମୂଳ କାରଣ ହେଉଛି - ସେ ଦେଶ ପାଖରେ ଅପର୍ଯ୍ୟାପ୍ତ ତୈଳଭଣ୍ଡାର ରହିଛି। ଇସ୍ଲାମ ଜଗତରେ ଏହାର ପ୍ରତିପତ୍ତି ରହିଛି। ତୈଳ ଉତ୍ପାଦନକାରୀ ସେମାନଙ୍କର ଉପରେ ପ୍ରଭାବ ଅଛି।

କେବଳ ସେତିକି ନୁହେଁ, ରାଷ୍ଟ୍ରପତି ଟ୍ରମ୍ପଙ୍କ ଟିପ୍ପଣୀ ଅନୁଯାୟୀ ସଲମାନ୍‌ଙ୍କ ହତ୍ୟାରେ ସମ୍ପୃକ୍ତି ପ୍ରମାଣିତ ହୋଇନାହିଁ, ତେଣୁ ବିଶ୍ୱସନୀୟ ନୁହେଁ। ଏଥିସହିତ ଆହୁରି ମଧ୍ୟ କହିଲେ ସାଉଦୀ ଆରବ ଆମେରିକା ପାଇଁ ଗୁରୁତ୍ୱପୂର୍ଣ୍ଣ। କାରଣ, ଦୁଇଦେଶ ବହୁ ସାମରିକ, ବ୍ୟାବସାୟିକ ଚୁକ୍ତିରେ ଆବଦ୍ଧ। ସାଉଦୀ ଆରବ ଇରାନ ବିରୋଧରେ ଆମେରିକାର ସହଯୋଗୀ ଓ ସମର୍ଥକ। ଇସ୍‌ରାଏଲ ପ୍ରତି ସମ୍ବେଦନଶୀଳ। ରୁଷର ରାଷ୍ଟ୍ରପତି ପୁଟିନଙ୍କ କରମର୍ଦ୍ଦନ ଓ ଶାରୀରିକ ଅଙ୍ଗଭଙ୍ଗୀରୁ ଜଣାପଡୁଥିଲା ସେ ସଲମାନ୍‌ଙ୍କ ସହିତ ତୈଳଦର ଓ ଯୋଗାଣ ନୀତିରେ ଉତ୍ପାଦନକାରୀ ଦେଶ ହିସାବରେ ସହଯୋଗ କରିବାକୁ ଇଚ୍ଛୁକ। ସାଉଦୀ ଆରବ ସହିତ ଫ୍ରାନ୍‌ସ ଓ ଇଂଲଣ୍ଡର ବ୍ୟାବସାୟିକ, ବାଣିଜ୍ୟ ସମ୍ବନ୍ଧରେ କୌଣସି ତଫାତ୍ ପରିଦୃଷ୍ଟ ହୋଇନାହିଁ, ଯଦିଓ ଦୁଇରାଷ୍ଟ୍ର କାଶୋଗୀ ହତ୍ୟାର ପ୍ରତିବାଦ କରିଛନ୍ତି।

ଏଥିରୁ ଗୋଟିଏ ଚିତ୍ର ସ୍ପଷ୍ଟ ହେଉଛି ଯେ ଜାତୀୟ ସ୍ୱାର୍ଥ ହିଁ ସବୁରାଷ୍ଟ୍ରର ବିଦେଶନୀତିର ନିର୍ଣ୍ଣାୟକ ଉପାଦାନ। ଭାରତରେ ତୈଳ ଚାହିଦାର ୮୦% ବିଦେଶରୁ ଆମଦାନୀ ଉପରେ ନିର୍ଭର କରେ। ଏହାର ମୁଖ୍ୟ ରପ୍ତାନିକାରୀ ଦେଶଗୁଡ଼ିକ ହେଲେ ସାଉଦୀ ଆରବ, ଇରାକ୍, ଇରାନ୍, କୁଏତ, ୟୁଏଇ, ନାଇଜେରିଆ ଇତ୍ୟାଦି ଏବଂ ନିକଟ ଅତୀତରେ କିଛିମାତ୍ରାରେ ଆମେରିକାରୁ ମଧ୍ୟ ତୈଳ ଆମଦାନୀ କରାହେଉଛି। ଯେଉଁ ଦେଶ ତା'ର ଚାହିଦାର ୮୦% ପାଇଁ ବିଦେଶ ରାଷ୍ଟ୍ର ଉପରେ ନିର୍ଭରଶୀଳ ଏବଂ ଯାହା ବିନା ବିକାଶର ଧାରା, ବର୍ତ୍ତମାନ ପରିସ୍ଥିତିରେ ଅସମ୍ଭବ ଏବଂ ଜୀବନଶୈଳୀ ନିୟନ୍ତ୍ରିତ; ସ୍ୱାଭାବିକ ଭାବେ ସେ ଦେଶର ବାଣିଜ୍ୟ ନୀତି ଓ ବିଦେଶ ନୀତିର ପରିଚାଳନା ବାସ୍ତବଧର୍ମୀ ହେବା ହିଁ ଶ୍ରେୟସ୍କର।

ଭାରତ ହେଉଛି ଆମେରିକା ଓ ଚୀନ ପରେ ପୃଥିବୀର ତୃତୀୟ ବୃହତ୍ତମ ଶକ୍ତି ଉପଭୋକ୍ତା ବା ବ୍ୟବହାରକାରୀ ଦେଶ। ତୃତୀୟ ଅଶୋଧିତ ତୈଳ ଆମଦାନୀ କରୁଥିବା ଦେଶ। ଚତୁର୍ଥ ଗ୍ୟାସ ଆମଦାନୀକାରୀ ରାଷ୍ଟ୍ର। ତେଣୁ ଦେଶର ଚାହିଦା ଓ ସ୍ୱାର୍ଥ ଦୃଷ୍ଟିରୁ ଶକ୍ତିର ସହଜସାଧ୍ୟ ବ୍ୟବହାର ପାଇବା ପାଇଁ ଅଧିକାର, ସୁଯୋଗ ଓ ଉପାୟ ଆମ ଶକ୍ତିନୀତିର ଭିତ୍ତିଭୂମି ଓ ଶକ୍ତିର ଉପଲବ୍ଧ, ସୁରକ୍ଷା ଏବଂ ଉତ୍ତମ ପ୍ରତିଯୋଗିତାମୂଳକ ଦରରେ କ୍ରୟ ହିଁ ଦେଶର ଲକ୍ଷ୍ୟ ହେବା ଉଚିତ୍। ଯାହା ଜଣାପଡୁଛି ସେ ଦିଗରେ କିଛି ଗଠନମୂଳକ ପଦକ୍ଷେପ ନେଇ କର୍ତ୍ତୃପକ୍ଷ ଆମଦାନୀର ବିବିଧକରଣ କରି ବର୍ତ୍ତମାନ ଆମେରିକାଠାରୁ ମଧ୍ୟ ତୈଳ ଆମଦାନୀ କରିବାରୁ ନିଷ୍ପତ୍ତି ନେଇଛନ୍ତି।

ବହୁ ଦଶନ୍ଧି ଧରି ତୈଳ ଉତ୍ପାଦନକାରୀ ରାଷ୍ଟ୍ରମାନେ, ଉତ୍ପାଦନ ଓ ବିତରଣ ଏବଂ ମୂଲ୍ୟ ଉପରେ ସମ୍ପୂର୍ଣ୍ଣ ନିୟନ୍ତ୍ରଣ ରଖିଛନ୍ତି। ଏଥର ରାଷ୍ଟ୍ରପତି ଡୋନାଲ୍ଡ ଟ୍ରମ୍ପ ଓ ପ୍ରଧାନମନ୍ତ୍ରୀ ମୋଦି ଉପଭୋକ୍ତାର ସ୍ୱାର୍ଥକୁ ଆଲୋଚନାର କେନ୍ଦ୍ରବିନ୍ଦୁ ହିସାବରେ ଧ୍ୟାନ ଆକର୍ଷଣ କରିଛନ୍ତି ଏବଂ ଓପେକ୍ ସମ୍ମିଳନୀ ପୂର୍ବରୁ ସାଉଦୀ ଆରବର ଶକ୍ତିମନ୍ତ୍ରୀ ଖାଲିଦ୍ ଆଲ୍ ଫାଲି ତୈଳଦରର ନିଷ୍ପତ୍ତି ନେଲାବେଳେ ଚାହିଦା ଓ ଯୋଗାଣର ସମନ୍ୱୟ ସହିତ ଡୋନାଲ୍ଡ ଟ୍ରମ୍ପ ଓ ନରେନ୍ଦ୍ର ମୋଦିଙ୍କର ମତାମତକୁ ଦୃଷ୍ଟିରେ ରଖିବା ପାଇଁ ଆଶ୍ୱାସନା ଦେଇଛନ୍ତି। ତାହା ଯଦି ସତ୍ୟ ହୁଏ, ତେବେ ଭାରତ ପାଇଁ ସୁସମ୍ବାଦ।

ତୈଳଦର ଓ ଆମଦାନୀର ଅନିଶ୍ଚିତତା ଲାଗିରହୁଥିବାରୁ ଭାରତ ସରକାର ମଧ୍ୟ ବିଭିନ୍ନ ଦିଗରେ ପ୍ରସ୍ତୁତି ଆରମ୍ଭ କରିଛନ୍ତି। ଭବିଷ୍ୟତରେ ଜରୁରୀକାଳୀନ ବ୍ୟବହାର ପାଇଁ ସଂରକ୍ଷିତ ତୈଳ ଓ ଗ୍ୟାସ ପରିମାଣ ବୃଦ୍ଧିର ଦୁଇଟି ନୂତନ ପ୍ରକଳ୍ପର ଶୁଭାରମ୍ଭ କରିଛନ୍ତି, ଯାହା ମଧ୍ୟରୁ ଓଡ଼ିଶାର ଚଣ୍ଡିଖୋଲ ଓ କର୍ଣ୍ଣାଟକର ପାଦୁର ଅନ୍ତର୍ଭୁକ୍ତ। ବିକଳ୍ପ ଶକ୍ତିସୂତ୍ର ପାଇଁ ସୌର, ବାୟୁ ଓ ଅଣୁଶକ୍ତିର ସଂପ୍ରସାରଣ ପାଇଁ ମଧ୍ୟ ଧ୍ୟାନ ଦିଆଯାଉଛି। ଫଳରେ

ସୌର ଓ ବାୟୁଶକ୍ତି ଦରରେ ପ୍ରଭୂତ ହ୍ରାସ ଦେଖିବାକୁ ମିଳୁଛି। ବିଦେଶରେ ମଧ୍ୟ ବହୁ ତୈଳକୂପ ଭଳି ମୂଲ୍ୟବାନ ସମ୍ପତ୍ତି ଅଧିକରଣ ପାଇଁ ଭାରତୀୟ କମ୍ପାନୀଗୁଡ଼ିକୁ ଉତ୍ସାହିତ କରାଯାଉଛି। ବର୍ତ୍ତମାନ ୨୮ଟି ଦେଶରେ ଭାରତୀୟ ଅଏଲ ଓ ସାର କମ୍ପାନୀ ୩୮ ବିଲିୟନ ଡଲାର ପୁଞ୍ଜି ନିବେଶ କରିଛନ୍ତି। ୟୁଏଇ, ଓମାନ, ଇସ୍ରାଏଲ, ରୁଷିଆରେ ଭାରତୀୟ କମ୍ପାନୀଗୁଡ଼ିକର ଉପସ୍ଥିତି ଏକ ନୂତନ ଦିଗ୍‌ଦର୍ଶନର ସୂଚନା ଦିଏ। ସେଇଭଳି ୟୁଏଇ ଓ ସାଉଦୀ ଆରବ ସହଯୋଗରେ ମହାରାଷ୍ଟ୍ରରେ ପେଟ୍ରୋକେମିକାଲ କମ୍ପ୍ଲେକ୍ସ ପ୍ରକଳ୍ପରେ ପ୍ରଗତି ହୋଇଛି। ବାୟୋଫୁଏଲ, କମ୍ପ୍ରେସ୍ ବାୟୋଗ୍ୟାସ୍ କ୍ଷେତ୍ରରେ ମଧ୍ୟ ପ୍ରଗତି ପରିସ୍ଫୁଟ। ସହରମାନଙ୍କରେ ପାଇପ୍ ଦ୍ୱାରା ଗ୍ୟାସ୍ ବିତରଣ ଓ ୫ କୋଟି ଗରିବ ପରିବାରଙ୍କୁ ଗ୍ୟାସ ଯୋଗାଣ ପ୍ରକଳ୍ପଗୁଡ଼ିକ ନାଗରିକମାନଙ୍କ ମୌଳିକ ଆବଶ୍ୟକତା ମେଣ୍ଟାଇବା ପାଇଁ ସ୍ୱାଗତଯୋଗ୍ୟ ପଦକ୍ଷେପ। କିନ୍ତୁ ଏସବୁ ଜନମଙ୍ଗଳକାରୀ ପ୍ରକଳ୍ପକୁ ଜାରି ରଖିବାକୁ ହେଲେ ଦୀର୍ଘମିଆଦୀ ସବୁଦିନିଆ ଆମଦାନୀର ସ୍ରୋତକୁ ବଜାୟ ରଖିବାକୁ ପଡ଼ିବ। ଏ ଦିଗରେ ବହୁବର୍ଷ ଧରି ଲକ୍ଷ୍ୟ ରହିଛି ଘରୋଇ ଉତ୍ପାଦନରେ ବୃଦ୍ଧି ଘଟାଇ ଯେତେଦୂର ସମ୍ଭବ ଶକ୍ତି କ୍ଷେତ୍ରରେ ସ୍ୱାବଲମ୍ବୀ ହେବାପାଇଁ, କାରଣ ଆନ୍ତର୍ଜାତିକ ତୈଳଦର ବୃଦ୍ଧି କେବଳ ନାଗରିକମାନଙ୍କୁ ପ୍ରଭାବିତ କରେ ନାହିଁ; ବିଦେଶୀ ମୁଦ୍ରା ବିନିମୟ ଦରକୁ ପ୍ରଭାବିତ ମଧ୍ୟ କରେ। କୂଟନୀତିରେ ଅଲିଖିତ ପ୍ରଧାନ ମୌଳିକ ନୀତି ହେଉଛି ଦୁଆରକୁ ସମ୍ପୂର୍ଣ୍ଣ ଭାବେ ବନ୍ଦ କରନାହିଁ, କିଏ ଜାଣେ କେତେବେଳେ ବାହାରକୁ ଯିବାକୁ ପଡ଼ିପାରେ, ଅଥବା ପରିଚିତ କେହି ଆମ ପାଖକୁ ଆସିବାକୁ ମନସ୍ଥ କରେ।

ରାଷ୍ଟ୍ରପତି ଟ୍ରମ୍ପଙ୍କ ଆଫଗାନିସ୍ଥାନ ଓ ସିରିଆରୁ ଆମେରିକାର ସୈନ୍ୟବାହିନୀଙ୍କ ଅପସାରଣ ଘୋଷଣା ବିଶ୍ୱ ପରିସ୍ଥିତିକୁ ଆଉ ଗୋଟିଏ ଅନିଶ୍ଚିତତା ଭିତରକୁ ଠେଲିଦେଇଛି। ଇରାନ ଉପରେ କଟକଣା ସହିତ ୟେମେନ, ସିରିଆ, ଇରାକରେ ଚାଲୁ ରହିଥିବା ସଂଘର୍ଷ କେଉଁ ରୂପ ନେବ କହିବା କଷ୍ଟ। ସାମାନ୍ୟତମ ଭୁଲ ପଦକ୍ଷେପ ହୁଏତ ପାକିସ୍ଥାନ, ଚାଇନା ଓ ସାଉଦୀ ଆରବ ନିକଟତର ହୋଇ ଭାରତ ପାଇଁ କ୍ଷତିକାରକ ଆକ୍ସିସ୍ ବା ଅକ୍ଷ ହୋଇପାରନ୍ତି। ଆତଙ୍କବାଦ ବିରୋଧରେ ୟୁଏଇ ଓ ସାଉଦୀ ଆରବର ଆରମ୍ଭ ହୋଇଥିବା ସହଯୋଗ ଓ ସଦିଚ୍ଛାକୁ ଆମେ ହରାଇ ପାରନ୍ତି। ମଧ୍ୟପ୍ରାଚ୍ୟ ତୈଳ ଓ ପ୍ରାକୃତିକ ଗ୍ୟାସର ମୁଖ୍ୟ ରପ୍ତାନିକାରୀ ଅଞ୍ଚଳ ହୋଇଥିବାରୁ ଏବଂ ଲକ୍ଷ ଲକ୍ଷ ଭାରତୀୟମାନଙ୍କର ଜୀବିକା ନିର୍ଭର ସହ ୭୦ ବିଲିୟନ ଡଲାର ଅର୍ଥ ପ୍ରେରଣର ଉତ୍ସ ହେତୁ ମଧ୍ୟପ୍ରାଚ୍ୟରେ (ସାଉଦୀ ଆରବ ସମେତ) ଭାରତର ଷ୍ଟେକ୍ ବା କ୍ଷତି ଭୟର ଆଶଙ୍କା ଅଧିକ। ସେଥିପାଇଁ ସୁଚିନ୍ତିତ ଦୂରଦୃଷ୍ଟି, ବାସ୍ତବବାଦୀ ପଦକ୍ଷେପ ହିଁ କାମ୍ୟ।

ଭାରତ-ପାକିସ୍ତାନ ଓ କୁଳଭୂଷଣ

ଭାରତ ଓ ପାକିସ୍ତାନ ତିକ୍ତ ସମ୍ପର୍କରେ କୁଳଭୂଷଣ ଯାଦବ ଆଉ ଗୋଟିଏ ଅଧ୍ୟାୟ। ତାଙ୍କୁ ଗୁପ୍ତଚର ଭାବେ ଗୁଇନ୍ଦାଗିରି କରି ଆତଙ୍କ ଖେଳାଇ କ୍ଷୟକ୍ଷତି କରିବା ସହ ପାକିସ୍ତାନର ଅଖଣ୍ଡତା ବିରୋଧୀ କାର୍ଯ୍ୟରେ ଲିପ୍ତ ଥିବା ଅଭିଯୋଗ ଅଣାଯାଇଛି। ତାଙ୍କୁ ଇରାନ୍‌ରୁ ରହସ୍ୟମୟ ଭାବେ ଅପହରଣ କରିବା ପରେ ପାକିସ୍ତାନର ସାମରିକ କୋର୍ଟରେ ଏକତରଫା ବିଚାର କରାଯାଇ ଫାଶୀଦଣ୍ଡର ରାୟ ଶୁଣାଯାଇଛି।

ଭାରତ ଅପ୍ରତ୍ୟାଶିତ ଭାବେ ହେଗସ୍ଥିତ ଇଣ୍ଟରନ୍ୟାସ୍‌ନାଲ କୋର୍ଟ ଅଫ୍ ଜଷ୍ଟିସ୍‌ରେ ମାମଲା ଦାଏର କରି ହସ୍ତକ୍ଷେପ ପାଇଁ ପ୍ରାର୍ଥନା କରିଛି, ଯାହାର ଶୁଣାଣି ସୋମବାର ହେଗ୍‌ରେ ହୋଇଥିଲା ଏବଂ ଭାରତର ଜନତା ଉଦ୍‌ବେଗ ଓ ଉତ୍କଣ୍ଠାର ସହିତ ଧାରାବାହିକ ବିବରଣୀକୁ ଗଣମାଧ୍ୟମରେ ଦେଖିଥିଲେ। ଭାରତର ଯୁକ୍ତି ହେଉଛି ଫାଶୀଦଣ୍ଡକୁ ତୁରନ୍ତ ସ୍ଥଗିତ ରଖାଯାଉ, କାରଣ ପାକିସ୍ତାନରେ ହୋଇଥିବା ବିଚାର ଏକ ପ୍ରହସନ ଏବଂ ପ୍ରତିଷ୍ଠିତ ଆନ୍ତର୍ଜାତିକ ଚୁକ୍ତି, ବୁଝାମଣା ଓ ଆଇନର ବିରୋଧୀ। ଭିଏନା ରାଜିନାମାରେ ଥିବା 'କନ୍‌ସୁଲାର ଆକ୍‌ସେସ୍'କୁ ପାକିସ୍ତାନ ପାଳନ କରିନାହିଁ।

ସାଧାରଣତଃ କୌଣସି ବିଦେଶୀ ନାଗରିକ କୌଣସି ଅପରାଧରେ ବନ୍ଦୀ ହେଲେ କିମ୍ବା କୌଣସି କାରଣରୁ ଅଟକ ରଖାଗଲେ ସେ ଦେଶର ଦୂତାବାସର ପ୍ରତିନିଧିଙ୍କୁ ବନ୍ଦୀଙ୍କୁ ସାକ୍ଷାତ କରିବାର ସୁବିଧା ଦିଆଯାଏ ଯଦ୍ଦ୍ୱାରା ଅଭିଯୁକ୍ତର ନିରାପତ୍ତା, ତା'ର ମାନସିକ ଓ ଶାରୀରିକ ସ୍ୱାସ୍ଥ୍ୟାବସ୍ଥା, ଭଲମନ୍ଦ, ଘଟଣାଟିର ସତ୍ୟତା ଅନୁସନ୍ଧାନ ଓ ଦରକାର ପଡ଼ିଲେ ଆଇନଗତ ସହାୟତା ମଧ୍ୟ ଯୋଗାଇ ଦିଆଯାଏ। କିନ୍ତୁ କୁଳଭୂଷଣଙ୍କ କ୍ଷେତ୍ରରେ ଭାରତୀୟ ଦୂତାବାସର ବାରମ୍ବାର ଅନୁରୋଧକୁ ପାକିସ୍ତାନ ୧୬ଥର ପ୍ରତ୍ୟାଖ୍ୟାନ କରିଛି। ଏହାଛଡ଼ା ୧୯୬୬ର ଆନ୍ତର୍ଜାତିକ ରାଜନୈତିକ ଓ ନାଗରିକ ଅଧିକାରର ଉଲ୍ଲଙ୍ଘନ ସହ ସାମାନ୍ୟତମ ମାନବ ଅଧିକାରରୁ ମଧ୍ୟ କୁଳଭୂଷଣଙ୍କୁ ବଞ୍ଚିତ କରାଯାଇଛି।

ସେଇଭଳି କୁଳଭୂଷଣଙ୍କ ବିରୋଧରେ ଅଭିଯୋଗର କୌଣସି ଠୋସ ପ୍ରାମାଣିକ ଦସ୍ତାବିଜ ଅଥବା ଚାର୍ଜସିଟ୍ କିମ୍ବା ସାମରିକ କୋର୍ଟ ରାୟର ନକଲ ମଧ୍ୟ ଭାରତ ସରକାରଙ୍କୁ ଦିଆଯାଇନାହିଁ। ଏପରିକି କୁଳଭୂଷଣଙ୍କ ପରିବାର ଲୋକଙ୍କୁ ଏ ପର୍ଯ୍ୟନ୍ତ ପରବର୍ତ୍ତୀ ପଦକ୍ଷେପ ପାଇଁ ପାକିସ୍ତାନ ଯିବାକୁ ଭିସା ଦିଆଯାଇନାହିଁ। ସରବ୍‌ଜିତ୍ କେସ୍‌ର ପୃଷ୍ଠଭୂମିରେ ଭାରତର ଆଶଙ୍କା ଯେ ଆଇ.ସି.ଜେ.ର ରାୟ ପୂର୍ବରୁ ହୁଏତ ପାକିସ୍ତାନ କର୍ତ୍ତୃପକ୍ଷ କୁଳଭୂଷଣଙ୍କୁ ଫାଶୀଖୁଣ୍ଟରେ ଝୁଲାଇ ଦେଇପାରନ୍ତି। ତେଣୁ ଆଇ.ସି.ଜେ. ତୁରନ୍ତ ସାମୟିକ ଭାବେ ଦଣ୍ଡାଦେଶକୁ ସ୍ଥଗିତ ରଖିବାକୁ ପାକିସ୍ତାନକୁ ନିର୍ଦ୍ଦେଶ ଦିଅନ୍ତୁ। ଯଦି ପରବର୍ତ୍ତୀ କାଳରେ ପାକିସ୍ତାନ କୋର୍ଟର ନିର୍ଦ୍ଦେଶକୁ ଅମାନ୍ୟ କରେ, ତାକୁ ଅବୈଧାନିକ ବୋଲି ଘୋଷଣା କରନ୍ତୁ। ଭାରତ ନିଜର ଯୁକ୍ତିକୁ ଅଧିକ ଦୃଢ଼ କରିବା ପାଇଁ ଅତୀତର କେତେକ ମାମଲାର ଦୃଷ୍ଟାନ୍ତ ଦେଇଛି, ଯଥା – ପାରାଗୁଏ, ଜର୍ମାନୀ, ମେକ୍ସିକୋ ବନାମ ଆମେରିକା ଏବଂ କୋଷ୍ଟାରିକା ଓ ନିକାରାଗୁଆ। ଏହା ପ୍ରମାଣିତ କରୁଛି ଯେ ଆଇ.ସି.ଜେ.ର ନ୍ୟାୟ ପ୍ରଦାନର ବିଧିସଙ୍ଗତ କ୍ଷମତା ଓ ପରିସର ରହିଛି ଏଭଳି ମାମଲାର ବିଚାର କରିବାର ଏବଂ ନ୍ୟାୟପୂର୍ଣ୍ଣ ପଦ୍ଧତିରେ ରାୟ ଦେବାର, ଯାହା ସଭ୍ୟ ଦେଶମାନଙ୍କ ଦ୍ୱାରା ସ୍ୱୀକୃତ ଓ କାର୍ଯ୍ୟକାରୀ କରିବା ପାଇଁ ବାଧ୍ୟ। ପାକିସ୍ତାନ ଜବାବରେ ଯେଉଁ ଯୁକ୍ତି ଉପସ୍ଥାପିତ କରିଛି ତାହା ହାସ୍ୟାସ୍ପଦ ଓ ଦୁର୍ବଳ। ପାକିସ୍ତାନ ଭାଷାରେ କୁଳଭୂଷଣଙ୍କୁ ନ୍ୟାୟଯୁକ୍ତ ବିଚାର ଦେଶର ଆଇନ ଅନୁଯାୟୀ ଦିଆଯାଇଛି। ତାଙ୍କୁ ନ୍ୟାୟସଂଗତ ସମସ୍ତ ସୁବିଧା ଓ ସୁଯୋଗ ଦିଆଯାଇଛି। କୁଳଭୂଷଣ ଭାରତୀୟ ନୌବାହିନୀର ଜଣେ କର୍ମଚାରୀ ଯିଏ ଛଦ୍ମନାମରେ ନିଜର ପାସ୍‌ପୋର୍ଟ ବ୍ୟବହାର କରି ବେଲୁଚିସ୍ଥାନରେ ଗୁଇନ୍ଦାଗିରି କରି ଆତଙ୍କବାଦକୁ ପ୍ରୋତ୍ସାହନ ଦେଉଥିଲେ ଏବଂ ପାକିସ୍ତାନ ବିରୋଧୀ କାର୍ଯ୍ୟକଳାପରେ ଲିପ୍ତ ଥିଲେ। ତେଣୁ ଏହା ପାକିସ୍ତାନର ଆଭ୍ୟନ୍ତରୀଣ ଓ ସୁରକ୍ଷା ଜନିତ ବ୍ୟାପାର ଏବଂ ଆଇ.ସି.ଜେ.ର କ୍ଷମତା ଓ ପରିସରଭୁକ୍ତ ନୁହେଁ।

ସେମାନଙ୍କ ମତରେ ଭିଏନା ସମ୍ମିଳନୀ ରାଜିନାମାର ନିର୍ଦ୍ଦେଶାବଳୀ ଆତଙ୍କବାଦ ସହିତ ଜଡ଼ିତ ଥିବା ଗୁପ୍ତଚର ପ୍ରତି ପ୍ରଯୁଜ୍ୟ ନୁହେଁ। କ୍ଷମତା ପରିସର ବିଷୟରେ ଯୁକ୍ତି ଛଳରେ ପାକିସ୍ତାନ ମଧ୍ୟ କୁଳଭୂଷଣଙ୍କ ଭାରତୀୟ ନାଗରିକତ୍ୱ ଉପରେ ପ୍ରଶ୍ନ ଉଠାଇଛନ୍ତି।

ଭାରତର ଅଚାନକ ଓ ଅପ୍ରତ୍ୟାଶିତ ଭାବେ କୁଳଭୂଷଣ ମାମଲାକୁ ଆଇ.ସି.ଜେ.ରେ ଉଠାଇବା ରଣକୌଶଳ ପାକିସ୍ତାନର ଅନୁମାନର ବାହାରେ, କାରଣ ସତୁରି ବର୍ଷ ପୂର୍ବେ କାଶ୍ମୀର ସମସ୍ୟାକୁ ଅନ୍ତର୍ଜାତୀୟ କ୍ଷେତ୍ରରେ ଉଠାଇବାର ଦୁଃଖଦ ଅନୁଭୂତି ପରେ ଭାରତ, ପାକିସ୍ତାନ ବିବାଦଗୁଡ଼ିକ ଦ୍ୱିପାକ୍ଷିକ ସ୍ତରରେ ଆପୋଷ ଆଲୋଚନା ମାଧ୍ୟମରେ ସମାଧାନର ନୀତି ଅନୁସରଣ କରିଆସୁଛି। ସିମଳା ଚୁକ୍ତିରେ

ଏହି ନୀତିର ଅବଲମ୍ବନ କରାଯାଇଛି ଓ ଗୁରୁତ୍ୱ ଦିଆଯାଇଛି। କେବଳ ୧୯୭୧ରେ ପାକିସ୍ତାନର ବିମାନ ଚଳାଚଳର ସ୍ୱାଧୀନତା ବୈଷୟିକ ବିଷୟବସ୍ତୁ ଉପରେ ଇଣ୍ଟରନ୍ୟାସ୍‌ନାଲ ସିଭିଲ ଆଭିଏସନ ଅନୁଷ୍ଠାନରେ ଅଭିସନ୍ଧିମୂଳକ ପଦକ୍ଷେପକୁ ନିଷ୍ଫଳ କରିବାକୁ ଏବଂ ୨୦୦୫ରେ ବିଶ୍ୱବ୍ୟାଙ୍କରେ ଭାରତ ପାକିସ୍ତାନର ଦ୍ୱିପାକ୍ଷିକ ସିନ୍ଧୁଜଳ ବିବାଦ ସମାଧାନ ପାଇଁ ଅନ୍ତର୍ଜାତୀୟ ଅନୁଷ୍ଠାନର ସହାୟତା ପାଇଁ ଇଚ୍ଛୁକ ଥିଲା। ସେଗୁଡ଼ିକ ଥିଲା ବ୍ୟତିକ୍ରମ। ଭାରତ ତରଫରୁ ଜଣେ ବ୍ୟକ୍ତିର ଅଧିକାରକୁ ସାବ୍ୟସ୍ତ କରିବା ପାଇଁ ଓ ଭାରତୀୟ ନାଗରିକଙ୍କ ନ୍ୟାୟୋଚିତ ବିଚାର ପାଇଁ ଅନ୍ତର୍ଜାତୀୟ କ୍ଷେତ୍ରରେ ଏହା ବୋଧହୁଏ ପ୍ରଥମ ଘଟଣା। ଯେହେତୁ ଆଇ.ସି.ଜେ. କେବଳ ରାଷ୍ଟ୍ରମାନଙ୍କର ଅଭିଯୋଗ ଶୁଣେ, କୌଣସି ବ୍ୟକ୍ତିବିଶେଷଙ୍କର ନୁହେଁ; ଭାରତକୁ ବାଧ୍ୟବାଧକତାରେ ଏଭଳି ପଦକ୍ଷେପ ଗ୍ରହଣ କରିବାକୁ ପଡ଼ିଲା। ପ୍ରଶ୍ନ ଉଠୁଛି ଯଦି ଆଇ.ସି.ଜେ.ର ରାୟ ଭାରତ ସପକ୍ଷରେ ଯାଏ ଏବଂ ପାକିସ୍ତାନ ତାକୁ କାର୍ଯ୍ୟକାରୀ କରିବା ପାଇଁ ପଛଘୁଞ୍ଚା ଦିଏ ତେବେ ଦୁଇଦେଶର ଭବିଷ୍ୟତ ପଦକ୍ଷେପ କ'ଣ ହେବ ? ନିଃସନ୍ଦେହରେ ଅନ୍ତର୍ଜାତୀୟ କ୍ଷେତ୍ରରେ ପାକିସ୍ତାନ ନିନ୍ଦିତ ହେବ ଏବଂ ବହୁ ରାଷ୍ଟ୍ରର ଭର୍ତ୍ସନାର ପାତ୍ର ହେବ। ଭିଏନା ରାଜିନାମାର ସ୍ୱାକ୍ଷରକାରୀ ହିସାବରେ ଆଶା କରାଯାଏ ଯେ ସେ ତାହାର ସର୍ତ୍ତାବଳୀକୁ ସମ୍ମାନ ଦେବ। ପାକିସ୍ତାନର ଅତୀତର କାର୍ଯ୍ୟକଳାପରେ ବହୁ ସମୟରେ ସଭ୍ୟରାଷ୍ଟ୍ରଙ୍କ ଅନ୍ତର୍ଜାତୀୟ ଆଚରଣ ବିଧିର ଉଲ୍ଲଙ୍ଘନର ଅନେକ ଉଦାହରଣ ରହିଛି। ପାକିସ୍ତାନ ଓକିଲମାନଙ୍କର କୁଳଭୂଷଣ ମାମଲାରେ ସାହାଯ୍ୟ ନ କରିବା ଅଥବା ସରତାଜ୍ ଅଜିଜ୍‌ଙ୍କର ପ୍ରଥମେ କୁଳଭୂଷଣଙ୍କ ବିରୋଧରେ କୌଣସି ସମ୍ପୂର୍ଣ୍ଣ ବିଶ୍ୱାସଜନକ ତଥ୍ୟ ନଥିବାର ବକ୍ତବ୍ୟ ଏବଂ ପରବର୍ତ୍ତୀ କାଳରେ କର୍ତ୍ତୃପକ୍ଷଙ୍କ ନିଷ୍ପତ୍ତିକୁ ସ୍ୱାଗତ ଓ ସମର୍ଥନ କରିବା ଇଙ୍ଗିତ କରେ ଯେ ପାକିସ୍ତାନରେ ସାମରିକ ବାହିନୀ ଓ ବେସାମରିକ ସରକାର ମଧ୍ୟରେ କ୍ଷମତା ଓ ପ୍ରାଧାନ୍ୟ ପାଇଁ ଅନ୍ତର୍ଦ୍ୱନ୍ଦ୍ୱ ଲାଗି ରହିଛି। ତେଣୁ ସୀମାନ୍ତରେ ଅସ୍ଥିରତା ଓ ଅନୁପ୍ରବେଶକାରୀ ରହିବାର ସମ୍ଭାବନା ବେଶୀ।

ସ୍ୱାଧୀନତା ପରଠାରୁ ପାକିସ୍ତାନ ସାମରିକ ବାହିନୀ ଓ ଆଇ.ଏସ୍.ଆଇ. ଭାରତ ବିରୋଧୀ ନୀତି ଦ୍ୱାରା ନିଜକୁ ଶକ୍ତିଶାଳୀ କରିପାରିଛନ୍ତି ଓ ସୁବିଧାପ୍ରାପ୍ତ ଗୋଷ୍ଠୀରେ ପରିଣତ ହୋଇଛନ୍ତି। ସେ ଢାଞ୍ଚାରେ ପରିବର୍ତ୍ତନର କୌଣସି ସୁରାକ ମିଳୁ ନାହିଁ। ସବୁ ନିର୍ଭର କରୁଛି ଆଇ.ସି.ଜେ.ର ରାୟ ଉପରେ। ଦୁଇଦେଶର ପରବର୍ତ୍ତୀ ରଣକୌଶଳ ତାହା ଉପରେ ନିର୍ଭର କରିବ ଓ ଅନ୍ତର୍ଜାତୀୟ ପଶାପାଲିରେ ଅନ୍ୟ ରାଷ୍ଟ୍ରମାନଙ୍କର ଗୋଟିଚାଳନା ସ୍ପଷ୍ଟ ହେବ।

ଇମ୍ରାନ ଖାଁଙ୍କ ଆବିର୍ଭାବ

ଜଣେ ଦକ୍ଷ କ୍ରିକେଟ ଖେଳାଳି ହିସାବରେ ଓ ୧୯୯୨ ୱାର୍ଲଡ କପ୍‌ରେ ପାକିସ୍ତାନକୁ ବିଜୟୀ କରିବାରେ ମୁଖ୍ୟ ଭୂମିକା ଗ୍ରହଣ କରିଥିବା ଏବଂ ଯୌବନରେ ରଂଗୀନ ଜୀବନ ବିତାଇଥିବା ଇମ୍ରାନ ଖାଁ ରାଜନୀତିରେ ଯୋଗଦାନର ୨୨ ବର୍ଷ ପରେ ପାକିସ୍ତାନର ପ୍ରଧାନମନ୍ତ୍ରୀ ପଦ ଅଳଂକୃତ କରିବା ପାଇଁ ପ୍ରସ୍ତୁତ ହେଉଥିବା ନିଶ୍ଚିତଭାବେ ସଫଳତାର ଏକ ନିଦର୍ଶନ। ବିଶ୍ୱ ରାଜନୈତିକ ଦୃଶ୍ୟପଟ୍ଟରେ ଜଣେ କ୍ରିକେଟ ଖେଳାଳି କୌଣସି ରାଷ୍ଟ୍ରର ପ୍ରଧାନମନ୍ତ୍ରୀ ହେବାର ଉଦାହରଣ ବୋଧହୁଏ ନାହିଁ। ପ୍ରସିଦ୍ଧ ଖେଳାଳିମାନେ ସାଂସଦ ଓ ବିଧାୟକ, ମନ୍ତ୍ରୀ ଏବଂ ଅନ୍ୟ ପଦପଦବୀରେ ଅଧିଷ୍ଠିତ ହେବାର ନଜିର ଅଛି, କିନ୍ତୁ ପ୍ରଧାନମନ୍ତ୍ରୀ ହେବାର ଦୃଷ୍ଟାନ୍ତ ନାହିଁ। ଇମ୍ରାନ ଖାଁଙ୍କର ସ୍ୱପ୍ନ ସଫଳ ହୋଇଛି। ତେବେ ବର୍ତ୍ତମାନ ସୁଦ୍ଧା ନିର୍ବାଚନର ବିବାଦୀୟ ଫଳାଫଳ ଘୋଷଣା ପରେ ସରକାର ଗଠନ ପ୍ରକ୍ରିୟାରେ ଯେଉଁସବୁ ଆଶଙ୍କା ସ୍ପଷ୍ଟ ହେଉଛି ମନେହେବ ଇମ୍ରାନଙ୍କ ସ୍ୱପ୍ନ ଦୁଃସ୍ୱପ୍ନରେ ପରିଣତ ହେବାର ବହୁ ଆଶଙ୍କା ରହିଛି। ଯାହା ଜଣାପଡୁଛି ଏବଂ ଗଣମାଧ୍ୟମରେ ପ୍ରକାଶ ପାଇଛି, ଇମ୍ରାନଙ୍କ ପାକିସ୍ତାନ ତେହେରିକ ଇନ୍‌ସାଫ ସଂଖ୍ୟାଗରିଷ୍ଠତା ହାସଲ ପାଇଁ କିଛି ସ୍ୱାଧୀନ ସାଂସଦ, କେତେକ କ୍ଷୁଦ୍ର ରାଜନୈତିକ ଦଳ ଓ ଏମ୍.କ୍ୟୁ.ଏମ୍. ସହିତ ମିଳିତ ସରକାର ଗଠନ କରିବାରେ ପ୍ରଚେଷ୍ଟାରତ। ଏଭଳି ସରକାରର ସ୍ଥାୟିତ୍ୱ ଉପରେ ମନରେ ପ୍ରଶ୍ନବାଚୀ ସୃଷ୍ଟି ହୁଏ। ମନେହୁଏ ମିଳିତ ସରକାରର ଅଂଶୀଦାରମାନେ ନିଜ ସ୍ୱାର୍ଥ ଦୃଷ୍ଟିରୁ ପ୍ରଧାନମନ୍ତ୍ରୀଙ୍କ ନେତୃତ୍ୱ ଓ ନୀତିରେ ଅଙ୍କୁଶ ଲଗାଇବାରେ ବ୍ୟସ୍ତ ଥିଲାବେଳେ ପାକିସ୍ତାନ ସାମରିକ ବାହିନୀ ଶେଷ ନିଷ୍ପତ୍ତିର ମୋହର ନିଜ ପାଖରେ ରଖିବ। ଇମ୍ରାନ ଖାଁ କ୍ରିକେଟ ବୋଲର ହିସାବରେ ନିଜର ଅଭିନବ ସୁଇଙ୍ଗ୍ କୌଶଳ ଓ ଦକ୍ଷତା ପାଇଁ ପ୍ରସିଦ୍ଧି ଲାଭ କରିଥିଲେ। କ୍ରିକେଟ ଖେଳରେ ଜୟୀ ଓ ପରାଜୟୀ ଦଳ ମୈଦାନକୁ ଓହ୍ଲାନ୍ତି ଖେଳ ପାଇଁ। ପାକିସ୍ତାନ ରାଜନୀତି କିନ୍ତୁ

ଅଲଗା। ସାମରିକ ବାହିନୀ ଆମ୍ପାୟାର ରୂପେ ଖେଳର ଫଳାଫଳକୁ ଇଚ୍ଛା ମୁତାବକ ନିୟନ୍ତ୍ରଣ କରିବାକୁ ଚାହେଁ। ରାଜନୀତି ଖେଳରେ ନିଜର ଇନିଂସ ଆରମ୍ଭ କରିବା ପୂର୍ବରୁ ମଇଦାନରେ ଇମ୍ରାନ ଖାଁ ନିଜର ଅସ୍ତିତ୍ୱକୁ ଦୃଢ଼ୀଭୂତ କରିବାର ପ୍ରୟୋଜନ ରହିଛି। ଏହା ବିଶ୍ୱବିଦିତ ଯେ ଇମ୍ରାନ ଖାଁଙ୍କ ୨୦୧୩ ନିର୍ବାନରେ ମାତ୍ର ୩୫ଟି ସିଟ୍‌ରୁ ୨୦୧୮ରେ ୧୧୬ ସିଟ୍ ହାସଲ କରିବା ପଛରେ ସାମରିକ ବାହିନୀର ସମର୍ଥନ ଓ କେତେକ ଚରମପନ୍ଥୀ ଧାର୍ମିକ ଗୋଷ୍ଠୀର ସହଯୋଗ ଥିଲା। ଏହା ସ୍ୱାଭାବିକ ଓ ସାଧାରଣ କଥା ଯେ ଗାଦି ବଞ୍ଚାଇବା ପାଇଁ ସେ ତାଙ୍କର ହିତକାରୀ, ସାହାଯ୍ୟକାରୀ ଓ ଉପକାରୀ ଗୋଷ୍ଠୀଙ୍କ ଏଜେଣ୍ଡାକୁ କାର୍ଯ୍ୟକାରୀ କରାଇବାକୁ ବାଧ୍ୟ ହେବେ।

ପ୍ରାକ୍ ନିର୍ବାଚନ ପ୍ରଚାର ସମୟରେ ସଭାସମିତି ଓ ଗଣମାଧ୍ୟମରେ ଇମ୍ରାନ ଖାଁ ଯେଉଁସବୁ ମତାମତ ରଖିଥିଲେ ତାହା ବିବ୍ରତଦାୟକ। ତାହା ଥିଲା ଭାରତ ବିରୋଧୀ ଏବଂ ତାଲିବାନ ସପକ୍ଷରେ। ତାଙ୍କର ଲିଙ୍ଗଗତ ଚିନ୍ତାଧାରା ମଧ୍ୟ ରକ୍ଷଣଶୀଳ। ସେ ପଶ୍ଚିମ ସଭ୍ୟତାରେ ନାରୀମାନଙ୍କର ପୁରୁଷମାନଙ୍କ ସହିତ ସମାସ୍କନ୍ଧ ଓ ସମାନ ସାମାଜିକ ଓ ରାଜନୈତିକ ଅଧିକାର ଭାବଧାରାର ବିରୋଧୀ। ତାଙ୍କ ମତରେ, ତାହା ମାତୃତ୍ୱର ପ୍ରତିବନ୍ଧକ। ତେଣୁ ପ୍ରଗତିଶୀଳ, ଆଧୁନିକ ବ୍ୟବସ୍ଥା ପରିବର୍ତ୍ତେ ପାକିସ୍ତାନ ମହିଳାମାନେ ପ୍ରତିକ୍ରିୟାଶୀଳ, ପୂର୍ବାବସ୍ଥାକୁ ଫେରିଯିବାର କାର୍ଯ୍ୟକ୍ରମ ଦେଖିପାରନ୍ତି। ତାଙ୍କର ବହୁପତ୍ନୀଙ୍କ ମଧ୍ୟରୁ ଜଣକର ମତ ହେଲା - ଇମ୍ରାନ ଚାହିଁଥିଲେ ତାଙ୍କୁ ଭଗବାନ ବୋଲି ପୂଜା କରିବାପାଇଁ। ଏମିତିକି ସେ ନିଜକୁ ସୁଲେମାନ ବୋଲି କହିଥାନ୍ତି। ପିଟିଆଇ ଦଳରେ ଯୌନ ଓ ଆର୍ଥିକ ଦିଗକୁ ଦୃଷ୍ଟିରେ ରଖି ବ୍ୟବହାର କରାଯାଉଛି ବୋଲି ଅଭିଯୋଗ କରିଛନ୍ତି। ଆଉ ଜଣକ ମତରେ, ଇମ୍ରାନ ଅନ୍ଧବିଶ୍ୱାସୀ। ଜ୍ୟୋତିଷବିଦ୍ୟା ଗଣନାରେ ଓ ତନ୍ତ୍ର, ମନ୍ତ୍ରରେ ବିଶ୍ୱାସ କରନ୍ତି। ଏହା ପ୍ରକାଶ କରୁଛି, ଇମ୍ରାନଙ୍କ ବ୍ୟକ୍ତିତ୍ୱର ଅନ୍ୟ ଦିଗ। ଶଶୀ ଥରୁରଙ୍କ କହିବା କଥା, ଇମ୍ରାନଙ୍କ ଦ୍ୱୈତ୍ୟ ବ୍ୟକ୍ତିତ୍ୱ। ଲଣ୍ଡନ, ବମ୍ବେରେ ସେ ଉଦାର, ମତାନ୍ଧତାରୁ ମୁକ୍ତ, ସବୁ ଦେଶକୁ ନିଜର ବୋଲି ମନେ କରୁଥିବା ବ୍ୟକ୍ତି। କିନ୍ତୁ ପାକିସ୍ତାନରେ ଆକ୍ରମଣଶୀଳ, ଉଗ୍ରବାଦୀ। ଅହମେଦିଆ ଗୋଷ୍ଠୀକୁ ସେ ବିରୋଧ କରନ୍ତି। ତାଙ୍କ ତାଲିବାନ ପ୍ରୀତି ଯୋଗୁଁ କେତେକ ତାଙ୍କୁ ତାଲିବାନ ଖାଁ ନାମରେ ଅଭିହିତ କରିଥାନ୍ତି। ପାକିସ୍ତାନକୁ ଇସ୍‌ଲାମିକ ଜନକଲ୍ୟାଣ ରାଷ୍ଟ୍ର ଭାବେ ଘୋଷଣା କରିବାକୁ ଚାହାନ୍ତି। ନିର୍ବାଚନ ସଫଳତା ପରେ ତାଙ୍କର ପ୍ରଥମ ଭାଷଣରେ ଭାରତ-ପାକିସ୍ତାନ ସମ୍ପର୍କରେ କାଶ୍ମୀର ହିଁ ମୂଳକଥା ବୋଲି ଘୋଷଣା କରିବା ଦ୍ୱାରା ସେ ସାମରିକ ବାହିନୀର ପୁରୁଣା ନୀତିର ପ୍ରତିଧ୍ୱନି କରିଛନ୍ତି ମାତ୍ର। କାରଣ ତାଙ୍କୁ ଭଲଭାବରେ ଜଣା ଭାରତ ପାଇଁ ଆତଙ୍କବାଦ ହିଁ ଦ୍ୱିପାକ୍ଷିକ ସମ୍ପର୍କରେ

ଅବନତିର ମୂଳ କାରଣ। ପାକିସ୍ତାନ ମଧ୍ୟ ଆତଙ୍କବାଦର ଶିକାର ଦୋହରାଇବାରେ ଅର୍ଥ ପୁରୁଣା ନୀତିର ପୁନରାବୃତ୍ତି ହିଁ କରୁଛନ୍ତି। ସେ ଭାରତ-ପାକିସ୍ତାନ ବାଣିଜ୍ୟରେ ସ୍ଥିତାବସ୍ଥା ସପକ୍ଷରେ। ଦ୍ୱିପାକ୍ଷିକ ବାଣିଜ୍ୟରେ 'ଭାରତ ମୋଷ୍ଟ ଫେଭର୍ଡ ନେସନ'ର ସୁବିଧାରୁ ବଞ୍ଚିତ।

ଗତ ନିର୍ବାଚନ ପୂର୍ବରୁ ୨୦୧୧-୧୨ରେ ଇମ୍ରାନ ଖାଁଙ୍କ ସ୍ଲୋଗାନ ଥିଲା ଦୁର୍ନୀତି, ପ୍ରିୟାପ୍ରୀତି ତୋଷଣ ବିରୋଧରେ ସଂଗ୍ରାମ, ସ୍ୱଚ୍ଛ ରାଜନୀତିର ପ୍ରତିଷ୍ଠା, ଉତ୍ତମ ଶାସନ ଏବଂ ଅସମତାର ସମାପ୍ତି। କିନ୍ତୁ କ୍ଷମତା ଲୋଭରେ ଆଦର୍ଶଭିତ୍ତିକ ରାଜନୀତିକୁ ଜଳାଞ୍ଜଳି ଦେଇ ବାସ୍ତବଧର୍ମୀ ରାଜନୀତିକୁ ସେ ଆପଣାଇଲେ; ସାମରିକ ବାହିନୀ, ମୌଳବାଦୀଙ୍କ ସହାୟତାରେ ନୱାଜ ସରିଫଙ୍କୁ ବିତାଡ଼ନରେ ସହଯୋଗୀ ହେଲେ। କିନ୍ତୁ ଏହା ସମସ୍ତଙ୍କୁ ଜଣା ଯେ ସାମରିକ ବାହିନୀ, ଆଇ.ଏସ.ଆଇ. ଇମ୍ରାନ ଖାଁଙ୍କୁ ସମର୍ଥନ ଜାରି ରଖିବେ, ଯେ ପର୍ଯ୍ୟନ୍ତ ସେ ପ୍ରଭୁତ୍ୱସୂଚକ ଆଦେଶ ପାଳନ କରିବେ ଏବଂ ଅବମାନନା କରିବେ ନାହିଁ। ଅନ୍ୟ ଅର୍ଥରେ ଇମ୍ରାନ ଖାଁଙ୍କ ଶାସନ କାଳ ତାଙ୍କର ସେନାବାହିନୀ ପାଇଁ ଉପକାରୀ ଭାବେ ବ୍ୟବହାରଯୋଗ୍ୟ ରହିବା ଉପରେ ନିର୍ଭର କରେ। ହୁଏତ ସମ୍ପୂର୍ଣ୍ଣ ସଂଖ୍ୟାଗରିଷ୍ଠତା ନପାଇବାରେ ମଧ୍ୟ ସେନାବାହିନୀର ହାତ ଥାଇପାରେ, ଯଦ୍ୱାରା ଇମ୍ରାନ ଖାଁ ସଦାସର୍ବଦା ସେନାବାହିନୀର ଅନୁକମ୍ପା ଉପରେ ନିର୍ଭରଶୀଳ ରହିବେ।

ଇତିମଧ୍ୟରେ ପାକ୍ ସେନାବାହିନୀ ବିଦେଶ ନୀତି, ପ୍ରତିରକ୍ଷା ନୀତି, ଗୁଇନ୍ଦା ବିଭାଗ ଉପରେ ନିଜର କର୍ତ୍ତୃତ୍ୱ ଦୃଢ଼ୀଭୂତ କରିଛି। ଫଳରେ ନିର୍ବାଚିତ ପ୍ରଧାନମନ୍ତ୍ରୀଙ୍କ ପାଇଁ ଅସାଧ୍ୟ, କଷ୍ଟସାଧ୍ୟ ଆଇନ ଶୃଙ୍ଖଳା, ଦୁର୍ନୀତି, ଦାରିଦ୍ର୍ୟ ଭଳି ବିଭାଗ ଖୋଲା ରହିଥିଲା ବେଳେ ସେନାବାହିନୀକୁ ପ୍ରଶସ୍ତ କ୍ଷେତ୍ର ନିଜର ଲକ୍ଷ୍ୟସାଧନ ପାଇଁ ଉନ୍ମୁକ୍ତ ରହିବ। ଇମ୍ରାନ ଖାଁ ମଧ୍ୟ କହିଛନ୍ତି ଯେ, ପାକିସ୍ତାନ ନିଜର ହିତ ଦୃଷ୍ଟିରୁ ଚୀନ ଉପରେ ନିର୍ଭରଶୀଳ ରହିବ। ବି.ଆର.ଆଇ. ଓ ଚୀନ-ପାକିସ୍ତାନ ଅର୍ଥନୈତିକ କରିଡର ଗୋଟିଏ ସକ୍ରିୟ ଅଂଶୀଦାର ଭାବରେ ଆଗେଇବ। କେବଳ ସେତିକି ନୁହେଁ, ବର୍ତ୍ତମାନ ଆଫଗାନିସ୍ଥାନ ଓ ତାଲିବାନ ଭିତରେ ଚାଲିଥିବା ଆଲୋଚନାକୁ ମଧ୍ୟ ସେ ସମର୍ଥନ କରିବେ। ଏଥିରୁ ଗୋଟିଏ କଥା ସ୍ପଷ୍ଟ ଯେ, ଇମ୍ରାନ ଖାଁ ସାମରିକ ବାହିନୀର ଏଜେଣ୍ଡାରୁ ନିଜକୁ ଦୂରେଇ ରଖିପାରିବେ ନାହିଁ। କିନ୍ତୁ ପ୍ରଧାନମନ୍ତ୍ରୀ ପଦ ସହିତ ସବୁ ସୁବିଧା ଓ ଆନୁଷଙ୍ଗିକ ଭତ୍ତା ଉପଭୋଗ କରିବେ।

ଏହି ପରିପ୍ରେକ୍ଷୀରେ ପ୍ରଶ୍ନ ଉଠେ ଯେ, ପାକ୍ ସେନାବାହିନୀ ଯଦି ଏତେ ଶକ୍ତିଶାଳୀ, ତେବେ ଶାନ୍ତି ପ୍ରତିଷ୍ଠା ପାଇଁ ଭାରତ ପାକ୍ ସେନାବାହିନୀ ସଙ୍ଗେ ସିଧାସଳଖ

ବାର୍ତ୍ତାଳାପ କରୁନାହିଁ କାହିଁକି ? ଅତୀତରେ ଭାରତର ସେଭଳି ଉଦ୍ୟମ ସଫଳ ହୋଇନଥିଲା। ଆୟୁବ ଖାଁ, ୟାହିଆ ଖାଁ, ଜିଆ-ଉଲ-ହକ୍, ପରଭେଜ ମୁସାରଫଙ୍କ ସହିତ ଆଲୋଚନା ଅମୀମାଂସୀତ ରହିଥିଲା। ଏହି ପୃଷ୍ଠଭୂମିରେ ଭାରତର ନୀତିନିର୍ଦ୍ଧାରକଙ୍କ ପାଇଁ ସମ୍ଭାବ୍ୟ ପ୍ରଧାନମନ୍ତ୍ରୀ ଇମ୍ରାନ ଖାଁଙ୍କ ସହିତ କେଉଁ ରଣକୌଶଳ ଫଳଦାୟକ ? ତା'ର ଉତ୍ତର ହେବ ସତର୍କତା।

ଆମେ ଶ୍ରୀଲଙ୍କାଠାରୁ କ'ଣ ଶିଖିପାରିବା ?

ପ୍ରାୟ ୩୦ ବର୍ଷ ପୂର୍ବେ ପ୍ରଥମଥର ପାଇଁ ଶ୍ରୀଲଙ୍କା ସହିତ ମୋର ପରିଚୟ ହୋଇଥିଲା ଜଣେ କୂଟନୀତିଜ୍ଞ ଭାବେ। ସେତେବେଳେ ଶ୍ରୀଲଙ୍କାରେ ଭିନ୍ନ ପରିସ୍ଥିତି ଥିଲା। ସାରା ଦେଶ ସରକାରଙ୍କ କର୍ତ୍ତୃତ୍ୱରେ ନଥିଲା। ଦେଶରେ ଗୃହଯୁଦ୍ଧ ଜାରି ରହିଥିଲା। ଏଲ.ଟି.ଟି.ଇ. ନେତୃତ୍ୱରେ ତାମିଲମାନେ ନିଜର ସ୍ୱତନ୍ତ୍ର ପରିଚୟ ଓ ସ୍ୱାଧୀନତା ପାଇଁ ଲଢ଼େଇ କରୁଥିଲେ। ସେମାନଙ୍କୁ ନିୟନ୍ତ୍ରଣ କରିବାପାଇଁ ଭାରତୀୟ ଶାନ୍ତିବାହିନୀ (ଆଇ.ପି.କେ.ଏଫ୍.) ଶ୍ରୀଲଙ୍କାରେ ମୁତୟନ ଓ ଯୁଦ୍ଧରତ ଥିଲେ। ଏହାର ସୁଯୋଗ ନେଇ ଚରମପନ୍ଥୀ ଜାତୀୟତାବାଦ ଜେ.ଭି.ପି. ଭଳି ଗୋଷ୍ଠୀ ହିଂସା ଓ ହତ୍ୟା ମାଧ୍ୟମରେ ଅସ୍ଥିରତା ସହ ଗୋଟିଏ ଭୟର ବାତାବରଣ ସୃଷ୍ଟି କରିଥିଲେ। ଧନ ଜୀବନ ନିରାପଦ ନଥିଲା। ଭାରତୀୟ ଦୂତାବାସ ଓ କୂଟନୀତିଜ୍ଞଙ୍କ ଜୀବନ ପ୍ରତି ବିପଦ ଥିଲା। କାଣ୍ଡିରେ ଥିବା ଦୂତାବାସରେ ବୋମା ବିସ୍ଫୋରଣ ହୋଇଥିଲା। ଭାରତୀୟ କୂଟନୀତିଜ୍ଞମାନେ ବ୍ଲାକ୍ କମାଣ୍ଡୋଙ୍କ ସାହାଯ୍ୟ ବିନା ଗମନାଗମନ କରିବା ନିରାପଦ ନଥିଲା। ସ୍ଥାନୀୟ ଲୋକେ ଭାରତୀୟ ଦୂତାବାସକୁ ଯିବା କିମ୍ବା କୂଟନୀତିଜ୍ଞଙ୍କୁ ସାକ୍ଷାତ କରିବାକୁ ସାହସ କରୁନଥିଲେ।

ତିନି ଦଶନ୍ଧି ପରେ ମହାବୋଧି ସୋସାଇଟି ଅଫ୍ ଇଣ୍ଡିଆର ଏକ ପ୍ରତିନିଧି ଦଳର ଗସ୍ତ ସମୟରେ ପୁଣି ଥରେ ଶ୍ରୀଲଙ୍କାକୁ ଭିନ୍ନ ପରିବେଶରେ ଦେଖିବାର ଓ ଅନୁଧ୍ୟାନ କରିବାର ସୁଯୋଗ ମିଳିଲା। ଶାନ୍ତ ଓ ସ୍ୱାଭାବିକ ପରିସ୍ଥିତିରେ ଦେଶର ସ୍ପନ୍ଦନକୁ ଅନୁଭବ କରିହେଲା।

ଶ୍ରୀଲଙ୍କା ଐତିହାସିକ କାଳାନୁକ୍ରମିକ ଲିଖିତ ବିବରଣୀ (ଯାହାକୁ ଇଂରାଜୀରେ କ୍ରୋନିକ୍ଲ କୁହାଯାଏ) ଅନୁଯାୟୀ କଳିଙ୍ଗ ସହିତ ଶ୍ରୀଲଙ୍କାର ସମ୍ପର୍କ ବହୁ ପ୍ରାଚୀନ। ସିଂହଳ ଇତିହାସ ଓ କିମ୍ବଦନ୍ତୀରେ ପ୍ରଥମ ରାଜା ବିଜୟଙ୍କ ପୂର୍ବପୁରୁଷଗଣ କଳିଙ୍ଗ ଓ

ବଙ୍ଗ ରାଜବଂଶର ଥିଲେ। ପରବର୍ତ୍ତୀ କାଳରେ କଳିଙ୍ଗ ରାଜବଂଶର ଲୋକେ ଶ୍ରୀଲଙ୍କାରେ କିଛିଦିନ ପାଇଁ ରାଜତ୍ୱ କରିଥିଲେ। କେତେକ ଗବେଷକ ସେ କାଳକୁ କଳିଙ୍ଗ ଯୁଗ ବୋଲି ଇତିହାସରେ ବର୍ଣ୍ଣନା କରିଛନ୍ତି। ଏବେ ବି ସିଂହଳ ସାଙ୍ଗିଆ ଅଛି ଯାହା ଆମର ପ୍ରଚଳିତ ସାଙ୍ଗିଆ ଭଳି। ଖାଦ୍ୟରେ ମଧ୍ୟ କିଛି ସାମଞ୍ଜସ୍ୟ ରହିଛି। ସେଠାକାର ଲୋକେ କଳିଙ୍ଗର ସିଂହଳକୁ ଅବଦାନ ଶ୍ରଦ୍ଧାର ସହିତ ସ୍ମରଣ କରନ୍ତି। ତାହା ହେଲା - କାଣ୍ଡିରେ ମାଲିଗାଓ୍ୱାରେ ପୂଜା ପାଉଥିବା ଗୌତମ ବୁଦ୍ଧଙ୍କର ଦେହାବଶେଷ (ଦନ୍ତ) କଳିଙ୍ଗର ଦନ୍ତପୁରୀ (ବୋଧହୁଏ ବର୍ତ୍ତମାନର ପୁରୀ) ରାଜକୁମାରୀ ହେମାମାଳୀ ଶତ୍ରୁଙ୍କୁ ଏଡ଼ାଇ ଲୁକ୍କାୟିତ ଭାବେ ନେଇ ଶ୍ରୀଲଙ୍କାର ରାଜପରିବାରକୁ ହସ୍ତାନ୍ତର କରିଥିଲେ ଏବଂ ସେହିଦିନଠାରୁ ଏ ପର୍ଯ୍ୟନ୍ତ ତାହା ପୂଜା ପାଇ ଆସୁଛି। ସମ୍ରାଟ ଅଶୋକ କଳିଙ୍ଗ ଯୁଦ୍ଧର ସମାପ୍ତି ପରେ ଚଣ୍ଡାଶୋକରୁ ଧର୍ମାଶୋକରେ ପରିଣତ ହୋଇ ବୌଦ୍ଧଧର୍ମକୁ ଦେଶ ବିଦେଶରେ ପ୍ରଚାର ପ୍ରସାର କରାଇବାରେ ସକ୍ଷମ ହୋଇଥିଲେ। ବୌଦ୍ଧଧର୍ମର ପ୍ରଚାର ପ୍ରସାର ପାଇଁ ସେ ନିଜ ପୁତ୍ର ମହେନ୍ଦ୍ରଙ୍କୁ ଶ୍ରୀଲଙ୍କା ପଠାଇଥିଲେ ଓ ବୁଦ୍ଧଗୟାରେ ଥିବା ବୋଧିଦ୍ରୁମର ଚାରା କନ୍ୟା ସଂଘମିତ୍ରାଙ୍କ ହାତରେ ପଠାଇଥିଲେ ଯାହା ବର୍ତ୍ତମାନ ଅନୁରାଧାପୁରରେ ବିଦ୍ୟମାନ। ବୌଦ୍ଧଧର୍ମର ସିଂହଳ ସମାଜ ଉପରେ ପ୍ରଭାବ ଏବେ ବି ଦୃଶ୍ୟମାନ। ଜୀବନଶୈଳୀ, ଆଚରଣ ବିଧି, କର୍ମ, ସଂସ୍କୃତିରେ ସେଗୁଡ଼ିକ ପ୍ରତିଫଳିତ।

ବୌଦ୍ଧ ଧର୍ମାବଲମ୍ବୀଙ୍କ ପାଇଁ ପ୍ରତ୍ୟେକ ପୂର୍ଣ୍ଣିମା, ବିଶେଷକରି ବୁଦ୍ଧ ପୂର୍ଣ୍ଣିମାର ଗୁରୁତ୍ୱ ଓ ମହତ୍ତ୍ୱ ରହିଛି। ପୂର୍ଣ୍ଣିମାଗୁଡ଼ିକରେ ସମସ୍ତେ ଦାନଶାଳାରେ ଯୋଗଦାନ କରନ୍ତି। ସେଦିନ ଅନ୍ନଦାନ କରାଯାଏ ଓ ଜନସାଧାରଣଙ୍କ ପାଇଁ ଖାଦ୍ୟର ଆୟୋଜନ ସ୍ଥାନୀୟ ଲୋକେ ବା ସଂସ୍ଥା କରିଥାନ୍ତି। ଏହାକୁ ଏକ ପୁଣ୍ୟ କାର୍ଯ୍ୟ ବୋଲି ବିଚାର କରାଯାଏ। ଶ୍ରୀଲଙ୍କାର ଦାନ ସଂସ୍କୃତି ବର୍ତ୍ତମାନ ବିଶ୍ୱସ୍ୱୀକୃତ। ରକ୍ତଦାନ, ଚକ୍ଷୁଦାନ, ଅଙ୍ଗଦାନରେ ଶ୍ରୀଲଙ୍କା ଅନ୍ୟ ବହୁ ଦେଶଠାରୁ ଆଗରେ। ଦାନ ଶ୍ରୀଲଙ୍କା ସଂସ୍କୃତିର ଏକ ଅଙ୍ଗ ପାଲଟି ଯାଇଛି। ଏଭଳି କି ବର୍ତ୍ତମାନ ବହୁ ମହିଳା କେଶଦାନକୁ ଲୋକପ୍ରିୟ କରାଇବାରେ ସକ୍ଷମ ହୋଇଛନ୍ତି ଯାହା କ୍ୟାନସର ରୋଗୀଙ୍କ ପାଇଁ ନିର୍ମିତ ୱିଗରେ ବ୍ୟବହାର ହୋଇପାରିବ।

ଭାରତୀୟ ପ୍ରତିନିଧି ଦଳର ସପ୍ତାହେ ଗସ୍ତ ସମୟରେ ଶ୍ରୀଲଙ୍କାର ବିଭିନ୍ନ ସ୍ଥାନରେ ଥିବା ବୌଦ୍ଧସ୍ଥଳୀ ଦେଖିବାର ସୁଯୋଗ ମିଳିଥିଲା। ଆମମାନଙ୍କର ଯାହା ଦୃଷ୍ଟିଗୋଚର ହେଲା ତାହା ଆମ ଦେଶର ପରିବେଶଠାରୁ ଭିନ୍ନ ଓ ସଂସ୍କୃତିସମ୍ପନ୍ନ। ପ୍ରଥମତଃ ସେଠାକାର ମନ୍ଦିରଗୁଡ଼ିକ ପରିଷ୍କାର ପରିଛନ୍ନ। ଭକ୍ତ ଓ ମନ୍ଦିରର କର୍ମଚାରୀମାନେ ଏଭଳି

ପରିଷ୍କାର ପରିବେଶ ସୃଷ୍ଟି କରାଇବାରେ ସାହାଯ୍ୟ କରନ୍ତି। ଦ୍ୱିତୀୟତଃ ମନ୍ଦିରଗୁଡ଼ିକ କୋଳାହଳମୁକ୍ତ। ନିରବତା ଅବଲମ୍ବନ କରିବାକୁ ସମସ୍ତେ ଚେଷ୍ଟିତ। ମନ୍ଦିରରେ ଧ୍ୟାନ ପାଇଁ ପରିବେଶ ସହାୟକ ହୁଏ। ମନ୍ଦିର ସେବକ, ସନ୍ନ୍ୟାସୀମାନେ ଦକ୍ଷିଣା, ଦାନ ପାଇଁ ବାଧ୍ୟ କରନ୍ତି ନାହିଁ। ଭକ୍ତମାନେ ଶୃଙ୍ଖଳିତ ଭାବେ ମନ୍ଦିରକୁ ପ୍ରବେଶ କରି ଦର୍ଶନ ପରେ ଫେରନ୍ତି।

ଆଭ୍ୟନ୍ତରୀଣ ବସ୍ ଯାତ୍ରା ସମୟରେ ଉଭୟ ସହରାଞ୍ଚଳ ଓ ଗ୍ରାମାଞ୍ଚଳ ଜୀବନର ଝଲକ୍ ଦେଖିବାକୁ ମିଳିଥିଲା। ସେ ଦୃଷ୍ଟିରୁ କେତେଗୁଡ଼ିଏ କଥା ବାରି ହୋଇ ପଡୁଥିଲା – ସହର ଓ ଗ୍ରାମରେ ବାଇକ୍ ଆରୋହୀ ହେଲ୍‌ମେଟ୍ ପିନ୍ଧିଥିଲେ। ବିନା ହେଲ୍‌ମେଟ୍ ବାଇକ୍ ଚଢ଼ାଳି ଦେଖିବାକୁ ପାଇନଥିଲୁ। ରାସ୍ତାଘାଟରେ ଆମ ଦେଶ ଭଳି ପରିସ୍ରା କରିବାର ଲଜ୍ଜାକର ପରିସ୍ଥିତି ଦୃଷ୍ଟିଗୋଚର ହୋଇନଥିଲା। ଭିକାରୀମାନଙ୍କୁ ମନ୍ଦିର ସାମ୍ନାରେ କିମ୍ବା ଅନ୍ୟ ସ୍ଥାନରେ ଦେଖିବାକୁ ପାଇନଥିଲୁ। ସବୁଜିମା ହେତୁ ଗୋରୁମାନଙ୍କୁ ପ୍ଲାଷ୍ଟିକ୍ ଖାଇବାର ଦାରୁଣ ଦୃଶ୍ୟ ଆଖିରେ ପଡ଼ିନଥିଲା। ସଂକୀର୍ଣ୍ଣ ରାସ୍ତାରେ କିମ୍ବା ଜାତୀୟ ରାଜପଥରେ ଲୋକେ ଶୃଙ୍ଖଳିତ ଭାବେ ଗାଡ଼ି ଚଳାଉଥିଲେ। ଅତ୍ୟନ୍ତ ଜରୁରୀ ନଥିଲେ ହର୍ଣ୍ଣ ବଜାଇବା ବା ଓଭରଟେକ୍ କରିବା ଅଦରକାରୀ, ଅନାବଶ୍ୟକ ବୋଲି ମନେ କରାଯାଏ। କୌଣସି ଜାଗାରେ ବିରାଟ ବପୁ ଥିବା ବା ପୃଥୁଳ ପୁଲିସ କର୍ମଚାରୀଙ୍କୁ ଦେଖିବାକୁ ପାଇଲୁ ନାହିଁ। ପୁଲିସ୍ ଶାରୀରିକ ଓ ସାଧାରଣ ଭାବେ ଫିଟ୍ ଭଳି ଲାଗିଲା। ଶ୍ରୀଲଙ୍କାର ପରିବେଶ ହିଁ ପର୍ଯ୍ୟଟକଙ୍କୁ ଆକୃଷ୍ଟ କରୁଛି। ଏହାର ମୂଳ କାରଣ ହେଲା ପରିଷ୍କାର ପରିଚ୍ଛନ୍ନତା ଏବଂ ପର୍ଯ୍ୟଟକଙ୍କ ପ୍ରତି ବନ୍ଧୁତ୍ୱପୂର୍ଣ୍ଣ ଆଚରଣ।

ଶ୍ରୀଲଙ୍କାର କ୍ଷେତ୍ରଫଳ ଓ ଜନସଂଖ୍ୟା ପ୍ରାୟ ଓଡ଼ିଶାର ଅର୍ଦ୍ଧେକ; କିନ୍ତୁ ପ୍ରାୟ ୨୦ ଲକ୍ଷରୁ ଅଧିକ ବିଦେଶୀ ପର୍ଯ୍ୟଟକ ପ୍ରତିବର୍ଷ ସେଠାକୁ ଆସନ୍ତି ଯାହା ପ୍ରତ୍ୟକ୍ଷ ଓ ପରୋକ୍ଷ ଭାବେ ନ'ଲକ୍ଷ ଲୋକଙ୍କୁ ନିଯୁକ୍ତି ଯୋଗାଇଦିଏ। ଅଥଚ ଓଡ଼ିଶାରେ ବିଦେଶୀ ପର୍ଯ୍ୟଟକଙ୍କ ସଂଖ୍ୟା ଏବେ ବି ଏକଲକ୍ଷରେ ପହଞ୍ଚି ପାରିନି। ସେବା କ୍ଷେତ୍ର ଯଥା – ହୋଟେଲ, ରେସ୍ତୋରାଁ, ଦୋକାନ ବଜାର, ଯାନବାହନ, ବ୍ୟାଙ୍କ କର୍ମଚାରୀମାନେ ଅତିଥି/ଗ୍ରାହକଙ୍କୁ ହସିହସି ସ୍ୱାଗତ କରନ୍ତି। ସେମାନଙ୍କ ମୁଖରେ ସନ୍ତୋଷର ଆଭାସ ପରିସ୍ଫୁଟ ହୁଏ। ଆଗନ୍ତୁକଙ୍କୁ ସାହାଯ୍ୟ କରିବାର ଉତ୍ସୁକତା ପ୍ରକାଶ ପାଏ।

ଏହାର ଅର୍ଥ ନୁହେଁ ଯେ ଶ୍ରୀଲଙ୍କାରେ ଆଇନର ଉଲ୍ଲଙ୍ଘନ ହୁଏ ନାହିଁ। ସବୁ ସମାଜରେ କିଛି ଲୋକ ଥିବେ ଯେଉଁମାନଙ୍କର ସ୍ୱଭାବ ଆଇନ, ସମାଜ ବିରୋଧୀ କାର୍ଯ୍ୟ କରିବା, କିନ୍ତୁ ସେଗୁଡ଼ିକ ବ୍ୟତିକ୍ରମ ଓ ବିରଳ। ସାଧାରଣ ଜୀବନରେ ଦୃଷ୍ଟିରେ ପଡ଼େ ନାହିଁ।

ଭାବିବା ମଧ୍ୟ ଅନୁଚିତ ହେବ ଯେ ଶ୍ରୀଲଙ୍କା ଗୋଟିଏ ସମସ୍ୟାବିହୀନ ରାଷ୍ଟ୍ର। ଏହାର ରାଜନୀତି ଓ ଅର୍ଥନୀତିରେ ଅନିଶ୍ଚିତତା ରହିଛି। ବର୍ତ୍ତମାନ ସରକାରଙ୍କର ସବୁଠାରୁ ବଡ଼ ସମସ୍ୟା ହେଲା ଅତୀତରେ ଚୀନ ସହିତ ବିଭିନ୍ନ କ୍ଷେତ୍ରରେ ବିକାଶ ପାଇଁ ଯେଉଁ ବୁଝାମଣା ଓ ଚୁକ୍ତି ସ୍ୱାକ୍ଷର ହୋଇଥିଲା ତା'ର ସର୍ତ୍ତାବଳୀ ପ୍ରତି ବିଶେଷ ଧ୍ୟାନ ଦିଆଯାଇ ନଥିଲା। ଫଳରେ ଚୀନର ଋଣ ଭାରରେ ଶ୍ରୀଲଙ୍କା ମଧ୍ୟ ମିଆଁମାର, ଲାଓସ ଭଳି ଚାପଗ୍ରସ୍ତ। ବର୍ତ୍ତମାନର ସରକାର ସେ ବିଷୟରେ ସଚେତନ ଓ ପଦକ୍ଷେପ ନେବାପାଇଁ ବ୍ୟସ୍ତ। କଥା ହେଉଛି ଗତ ଶତାବ୍ଦୀର ଅଶୀ ଦଶକରେ ହିଂସା, ଅସ୍ଥିରତା, ବିପର୍ଯ୍ୟସ୍ତ ଆଇନକାନୁନ୍ ଏବଂ ଏବେକାର ସମସ୍ୟା ସତ୍ତ୍ୱେ ବିଶ୍ୱ ପର୍ଯ୍ୟଟକଙ୍କ ପାଇଁ ଦକ୍ଷିଣ ଏସିଆରେ ଅଧିକ ଆଦରଣୀୟ ପସନ୍ଦ ଗନ୍ତବ୍ୟସ୍ଥଳୀ ହେଉଛି ଶ୍ରୀଲଙ୍କା। ଆମେ ଯଦି ବିଦେଶୀ ପର୍ଯ୍ୟଟକଙ୍କୁ ପ୍ରଦେଶକୁ ଆକୃଷ୍ଟ କରିବାକୁ ଚାହିଁବା ତେବେ ଶ୍ରୀଲଙ୍କାର ଜୀବନ ଦର୍ଶନ କିଛି ମାତ୍ରାରେ ଆପଣେଇ ନେବାର ଆବଶ୍ୟକତା ରହିଛି। ସେଥିପାଇଁ ହୃଦୟଙ୍ଗମ କରିବାକୁ ହେବ ଯେ ପ୍ରଦେଶର ଅର୍ଥନୀତିରେ ପର୍ଯ୍ୟଟନର ଗୁରୁତ୍ୱ ରହିଛି ଏବଂ ଏହାର ସାମଗ୍ରିକ ବିକାଶରେ ପ୍ରଦେଶର କାୟାକଳ୍ପ ପରିବର୍ତ୍ତନର ଛବି ମଧ୍ୟ ରହିଛି।

■

ନିର୍ବାଚନ, ନାରୀ ଏବଂ ନିଶା

ଆଗାମୀ ନିର୍ବାଚନରେ ବିଶେଷ କରି ଆମ ପ୍ରଦେଶରେ ଦୁଇଟି କଥା ସମସ୍ତଙ୍କର ଦୃଷ୍ଟିଗୋଚର ହେଉଛି। ପ୍ରଥମଟି ରାଜନେତାମାନଙ୍କର ଘନଘନ ଦଳ ଅଦଳବଦଳ ଏତେ ପ୍ରଖର ଗତିରେ ହେଉଛି ଯେ ବର୍ତ୍ତମାନ କିଏ କେଉଁ ଦଳରେ କହିବା ବା ମନେରଖିବା ଏକ ଦୁରୂହ ବ୍ୟାପାର। ମିଶ୍ରଣ ପର୍ବ ପ୍ରହସନରେ ପରିଣତ ହେଲାଣି। କର୍ମୀ ଓ ନେତା ବର୍ତ୍ତମାନ ନେତୃତ୍ୱର ନିୟନ୍ତ୍ରଣର ବାହାରେ। ଦ୍ୱିତୀୟଟି ପ୍ରାକ୍ ନିର୍ବାଚନ ସମୟରେ ଓ ନିର୍ବାଚନରେ ମଡେଲ ଆଚରଣ ବିଧି ଲାଗୁ ହେବା ପୂର୍ବରୁ ଏତେ ସଂଖ୍ୟାରେ ଜନକଲ୍ୟାଣକାରୀ ସ୍କିମ୍ ବା କାର୍ଯ୍ୟକ୍ରମର ଘୋଷିତ ହେଉଛି ଯେ ସେଗୁଡ଼ିକର ନାମ ମନେ ରଖିବା ମଧ୍ୟ ଏକ ଅସମ୍ଭବ ବ୍ୟାପାର। ସେଗୁଡ଼ିକ କିପରି କାର୍ଯ୍ୟକାରୀ ହେବ ଓ ଜାରି ରଖିବାର ପ୍ରୟାସ ବିଷୟରେ ଦଳର ପ୍ରବକ୍ତା ବା ମୁଖପାତ୍ର ନୀରବ। ସ୍ୱାଧୀନତା ଆନ୍ଦୋଳନ ବେଳର ଆଦର୍ଶ, ତ୍ୟାଗ, ଦେଶପ୍ରେମ ଓ ସମାଜ ସେବା କେଉଁଦିନରୁ ରାଜନୀତିର ଚିତ୍ରପଟରୁ ଉଭାଇ ଗଲାଣି, କିନ୍ତୁ ବର୍ତ୍ତମାନ ଦୃଶ୍ୟମାନ ସ୍ଥିତିରେ ସାମାନ୍ୟତମ ନିଷ୍ଠା ଓ ଆନୁଗତ୍ୟର ଅନୁପସ୍ଥିତି ଦୁଃଖଦାୟକ ଓ ବିପଦସଙ୍କୁଳ। ରାଜନୀତି ଶ୍ରେଷ୍ଠ ନୀତି ବୋଲି ଜଣାଯାଏ, କିନ୍ତୁ ରାଜଧର୍ମର ଅନୁପସ୍ଥିତିରେ ଅସ୍ଥିରତା, ଅନିଶ୍ଚିତତା, ଅସୁରକ୍ଷିତ, ବିପଦଜନକ, ନିରାପତ୍ତା ବିହୀନ ଅରାଜକତାର ବାତାବରଣ ସୃଷ୍ଟି ହୋଇଛି। ରାଜନୈତିକ ଦଳର କର୍ମୀ, କାର୍ଯ୍ୟକର୍ତ୍ତା ଥାନାରେ ପଶି ପୁଲିସ୍‌ଙ୍କୁ ପିଟିବା ଅଥବା ବିଡିଓଙ୍କୁ ବ୍ଲକ୍ ଉପାଧ୍ୟକ୍ଷ ଅପହରଣ କରିବାର ଘଟଣା ସ୍ପଷ୍ଟ କରୁଛି ଯେ ଆମ ଧନ, ଜୀବନ କେତେ ସୁରକ୍ଷିତ? ଦଳ ଛାଡୁଥିବା ନେତାଙ୍କର ଅଭିଯୋଗ ହେଉଛି ଯେ ଦଳ ନୀତି ଓ ଆଦର୍ଶଚ୍ୟୁତ ହୋଇଛି ଏବଂ ଗଣତାନ୍ତ୍ରିକ ପଦ୍ଧତିରେ ପରିଚାଳନା ହେଉନାହିଁ। ସତ୍ୟ ହେଉଛି ଯେ ଏହାର ଆଦର୍ଶ କେବଳ କ୍ଷମତାରେ ତିଷ୍ଠି ରହିବା ବ୍ୟତୀତ ଅନ୍ୟ କିଛି ନୁହେଁ। ସୁପ୍ରିମୋ ସଂସ୍କୃତି ଓ ହାଇକମାଣ୍ଡ ରାଜନୀତିରେ ଦଳୀୟ

ଆଭ୍ୟନ୍ତରୀଣ ଗଣତନ୍ତ୍ର ଏକ ଫମ୍ପା ଆୱାଜ। ଏହା ଅତୀତରେ ନଥିଲା ଏବେ ବି ନାହିଁ। ପ୍ରଦେଶ ରାଜନୀତିରେ ଅନ୍ୟ ଏକ ଦିଗର ପ୍ରବେଶ ମଧ୍ୟ ବିସ୍ମିତ କରିଛି ସମସ୍ତଙ୍କୁ। ତାହା ହେଲା ପରିବାର ରାଜନୀତି। ପରିବାରବାଦ ବର୍ତ୍ତମାନ କେବଳ କଂଗ୍ରେସ ଦଳର ଏକଚାଟିଆ କାରବାର ନୁହେଁ। ସେ ବ୍ୟାଧି ଅନ୍ୟ ଦଳକୁ ମଧ୍ୟ ଗ୍ରାସ କରିଛି। ପରିବାରର ସଦସ୍ୟମାନେ ବିଭିନ୍ନ ପରସ୍ପର ବିରୋଧୀ ଦଳର ଟିକଟ୍ ପାଇବା ପାଇଁ ଆଗ୍ରହୀ। ଏହା ସୂଚାଇଛି ଯେ ରାଜନୀତିଜ୍ଞମାନେ ସୁବିଧାପ୍ରାପ୍ତ ଗୋଷ୍ଠୀରେ ରହିବାକୁ ଚାହାନ୍ତି ଯେ କୌଣଦି ଦଳ କ୍ଷମତାକୁ ଆସୁ? ଗଣତନ୍ତ୍ର ପାଇଁ ଏହା ଶୁଭ ସଂକେତ ନୁହେଁ।

ଶାସନକୁ ଆସିବାର ବହୁ ବର୍ଷ ପରେ ଅତୀତର ପ୍ରତିରୋଧକୁ ଅତିକ୍ରମ କରି କିଛି ବିଶେଷଜ୍ଞ ଓ ଅବସରପ୍ରାପ୍ତ ବ୍ୟୁରୋକ୍ରାଟ୍‌ଙ୍କୁ ସରକାରରେ ଅବସ୍ଥାପିତ କରାହୋଇଛି। ସେମାନଙ୍କୁ କିଛି ସୁବିଧା ଓ କ୍ଷମତା ମଧ୍ୟ ଦିଆଯାଇଛି। କ୍ୟାବିନେଟ୍, ରାଷ୍ଟ୍ରମନ୍ତ୍ରୀ ଭଳି ଅପେକ୍ଷାକୃତ ଗୁରୁତ୍ୱ ଥିବା ପଦ ମଧ୍ୟ ସେମାନଙ୍କୁ ମିଳୁଛି। ଏଭଳି ପଦକ୍ଷେପର ସଫଳତା, ସାର୍ଥକତା ନିର୍ଭର କରୁଛି ସେମାନଙ୍କୁ କାର୍ଯ୍ୟକ୍ଷମ କରାଇବାରେ। ତାହା ହେବାର କୌଣସି ସଂକେତ ମିଳୁ ନାହିଁ। ମନେହୁଏ ଏଗୁଡ଼ିକ କେବଳ ଲୋକଦେଖାଣିଆ ପଦକ୍ଷେପ ଯାହାପାଇଁ ସରକାରୀ କଳର ନିଷ୍ଠା ଓ ସହଯୋଗ ନାହିଁ। ବହୁ ବ୍ୟୁରୋକ୍ରାଟ୍ ଏଥର ନିର୍ବାଚନରେ ଟିକଟ୍ ପାଇ ମଇଦାନକୁ ଓହ୍ଲାଇଛନ୍ତି। ସଫଳତା ନିର୍ଭର କରିବ ନିର୍ବାଚନ ଫଳାଫଳ ଉପରେ। ରାଜନୀତି ଏକ ଭିନ୍ନ ପୃଥିବୀ, ପ୍ରୟୋଜନ କରେ ଭିନ୍ନ ଆଭିମୁଖ୍ୟ ଓ ଜୀବନଶୈଳୀ। ସଫଳତା ଏବଂ ବିଫଳତା ନିର୍ଭର କରେ ସହାୟକ ପରିସ୍ଥିତି ଉପରେ। ଅନ୍ୟକଥାଟି ହେଉଛି ଯେଉଁ ରାଜନୈତିକ କର୍ମୀମାନେ ବର୍ଷ ବର୍ଷ ଧରି ତୃଣମୂଳ ସ୍ତରରେ କାର୍ଯ୍ୟରତ ସେମାନଙ୍କ ପାଇଁ ରାଜନୀତିରେ ନଥିବା ଓ ଦଳ ପାଇଁ କାମ ନକରିଥିବା ଲୋକଙ୍କର ପ୍ରବେଶ; ଆତ୍ମପ୍ରତ୍ୟୟ ନଷ୍ଟ ସହ ଆଶା ଓ ସାହସ ଭଂଗର ଆଶଙ୍କା ରହିଛି। ଅନ୍ୟ କଥାଟି ଯେ ବରିଷ୍ଠ ନେତାମାନେ କନିଷ୍ଠ କିମ୍ବା ନୂତନ ଭାବେ ରାଜନୀତିରେ ଯୋଗ ଦେଉଥିବା ବ୍ୟକ୍ତିଙ୍କୁ ଆଗଭଳି ପ୍ରସ୍ତୁତ କରାଉ ନାହାନ୍ତି। ରାଜନୀତିରେ ଆଗନ୍ତୁକ ଲୋକମାନଙ୍କ ସହ ମିଶି ଗୋଟିଏ ନିର୍ବାଚନ ମଣ୍ଡଳୀର ପ୍ରତିପାଳନ କରିବା ପାଇଁ ଆଗ୍ରହୀ ନୁହନ୍ତି। ସେଥିପାଇଁ ବ୍ୟୁରୋକ୍ରାଟ୍, ଅଭିନେତା, ସଂଗୀତଜ୍ଞ ଓ ଅନ୍ୟ ସେଲିବ୍ରିଟିଙ୍କର ରାଜନୀତିରେ ସଫଳତା ଦକ୍ଷିଣ ଭାରତରେ କିଛି ଦୃଷ୍ଟାନ୍ତକୁ ଛାଡ଼ିଦେଲେ ଅତି ନଗଣ୍ୟ।

ଲୋକସଭାରେ ମହିଳାଙ୍କୁ ୩୩% ସଂରକ୍ଷଣ ପାଇଁ ମୁଖ୍ୟମନ୍ତ୍ରୀ ନବୀନ ପଟ୍ଟନାୟକଙ୍କ ଘୋଷଣା କ୍ରିକେଟ ଭାଷାରେ ଗୁଗ୍‌ଲି ଭଳି ଥିଲା ବିଭ୍ରାନ୍ତିକାରୀ। ବିଚଳିତ

ଓ ବାଉଳା କରିଥିଲା ବିରୋଧୀ ଦଳଗୁଡ଼ିକୁ। ମମତା ବାନାର୍ଜୀ ଘୋଷିତ ପ୍ରାର୍ଥୀ ତାଲିକାରେ ତାହାକୁ ୪୧% ବୃଦ୍ଧି କରିଦେଲେ। ଅନ୍ୟ ଦଳଗୁଡ଼ିକ ଏକଥାର ଗୁରୁତ୍ୱ ବୁଝି ପ୍ରାର୍ଥୀ ମନୋନୟନ ଘୋଷଣାରେ ଜିତିପାରିବା ଭଳି ପରିସ୍ଥିତିରେ ଥିବା ପ୍ରାର୍ଥୀ ମାପଦଣ୍ଡରେ କିଛି ସଂଶୋଧନ ଆଣି ମହିଳା ପ୍ରାର୍ଥୀଙ୍କ କଥା ବିଚାରକୁ ନିଆଯାଇଛି। ଓଡ଼ିଶାର ମୁଖ୍ୟମନ୍ତ୍ରୀ ଏହା ପୂର୍ବରୁ ଏ ବିଷୟରେ ଜନମତ ସୃଷ୍ଟି ଉଦ୍ଦେଶ୍ୟରେ ଦଳୀୟ ପ୍ରତିନିଧିଙ୍କୁ ଆଲୋଚନା ପାଇଁ ଦେଶର ବିଭିନ୍ନ ରାଜ୍ୟକୁ ପଠାଇଥିଲେ। ଗଣତନ୍ତ୍ରରେ ଲିଖିତ ସଂବିଧାନ ସହ ପରମ୍ପରାର ଉପଯୋଗିତା ରହିଛି। ମହିଳାଙ୍କୁ ପ୍ରାର୍ଥୀ କରାଇବା ପାଇଁ ସେଭଳି ପରମ୍ପରା ସୃଷ୍ଟି କରିବା ବହୁ ଆଗରୁ ହେବାର ଥିଲା। ମହିଳା ସଶକ୍ତିକରଣ ବିଷୟରେ ବିଚାର ବିମର୍ଶ ବହୁ ଦିନରୁ ଚାଲିଆସିଛି। ସଂସଦରେ ଏହା ବହୁବର୍ଷ ଧରି ବିଚାରାଧୀନ, କିନ୍ତୁ ନିଷ୍ଠାର ଅଭାବରେ ନିଷ୍ପତ୍ତି ନେବାର ଅଭିପ୍ରାୟ କାହାରି ନାହିଁ। ଭାରତୀୟ ନାରୀ ସମାଜରେ ବର୍ତ୍ତମାନ ସ୍ଥିତି ପାଇଁ ଆମମାନଙ୍କର ମାନସିକତା ହିଁ ଦାୟୀ। ସାମାଜିକ ସମସ୍ୟାର ସମାଧାନ ସଂରକ୍ଷଣ ନୁହେଁ। ତାହାହେଲେ ସ୍ୱାଧୀନତାର ୭୦ ବର୍ଷ ଭିତରେ ଜାତିପ୍ରଥା ପରି ଘୃଣ୍ୟ ପରମ୍ପରା ବହୁଦିନରୁ ସମାପ୍ତ ହୋଇସାରନ୍ତାଣି। ଏହା ମଧ୍ୟ ଭୁଲ ଧାରଣା ଯେ ବିଧାନସଭା, ଲୋକସଭାରେ ୩୦% ସଂରକ୍ଷଣ ମହିଳାଙ୍କର ସମସ୍ୟାରେ ବୈପ୍ଳବିକ ପରିବର୍ତ୍ତନ ଆଣିଦେବ। ଓଡ଼ିଶାରେ ଗତ ଶତାବ୍ଦୀର ନବେ ଦଶକରୁ ପଞ୍ଚାୟତଗୁଡ଼ିକରେ ମହିଳାମାନଙ୍କ ପାଇଁ ସ୍ଥାନ ସଂରକ୍ଷିତ ରହିଛି; କିନ୍ତୁ ବାସ୍ତବରେ ନିଷ୍ପତ୍ତି ନେବାର କ୍ଷମତା ସ୍ୱାମୀ କିମ୍ବା ପରିବାରର ଅନ୍ୟ ଲୋକଙ୍କ ହାତରେ। କ୍ଷମତାର ବିକେନ୍ଦ୍ରୀକରଣ ମଧ୍ୟ ଅଧୁରା। ଏହାର ଅର୍ଥ ଯେଉଁମାନେ ଦାୟିତ୍ୱ ଗ୍ରହଣ କରିବେ ସେମାନଙ୍କର ଦକ୍ଷତା ଓ ନେତୃତ୍ୱ ନେବା ତଥା ସ୍ୱାଧୀନ ଭାବେ ନିଷ୍ପତ୍ତି ନେବାର ପାରଙ୍ଗମପଣିଆ ଥିବା ଦରକାର। ସାମାଜିକ ସଂସ୍କାର ଓ ପରିବର୍ତ୍ତନ କାଗଜ କଲମରେ ହୁଏ ନାହିଁ। ସେଥିପାଇଁ ଦରକାର ପ୍ରତିଶ୍ରୁତିବଦ୍ଧତା, ଅଙ୍ଗୀକାରବଦ୍ଧତା।

ଏଥର ନିର୍ବାଚନରେ ନାଗରିକ ସମାଜ, ଏନ୍.ଜି.ଓ., ସ୍ୱେଚ୍ଛାସେବୀ ଯେଉଁମାନେ ତୃଣମୂଳ ସ୍ତରରେ କାମ କରୁଛନ୍ତି ସେମାନେ ସମ୍ପୂର୍ଣ୍ଣ ଭାବେ ଉପେକ୍ଷିତ। କୌଣସି ରାଜନୈତିକ ଦଳ ସେମାନଙ୍କୁ ଗୁରୁତ୍ୱ ଦେଇନାହାନ୍ତି, କିନ୍ତୁ ବାସ୍ତବରେ ଏଥର ଦୁଇଟି ଜନ ଇସ୍ତାହାର ଦୂରଦୂରାନ୍ତରେ ଥିବା ସ୍ୱେଚ୍ଛାସେବୀ ଅନୁଷ୍ଠାନମାନେ ପ୍ରସ୍ତୁତ କରି ରାଜନୈତିକ ଦଳଗୁଡ଼ିକ ବିଚାର ପାଇଁ ପେସ୍ କରିଛନ୍ତି। ସେମାନଙ୍କ ଭିତରୁ ଅଧିକାଂଶ ମହିଳା ଓ ଅବହେଳିତ ଆଦିବାସୀ ଅଧ୍ୟୁଷିତ ଅଞ୍ଚଳରୁ। ସେମାନଙ୍କୁ ଉପେକ୍ଷା କରିବା ଦ୍ୱାରା ରାଜନୈତିକ ଦଳମାନେ ତୃଣମୂଳ ସ୍ତରରେ ବାସ୍ତବତାକୁ ବିଚାରକୁ ନେବା ପାଇଁ ଅନିଚ୍ଛୁକ ବୋଲି ମନେ ହେଉଛି। ଏହା ଗଣତନ୍ତ୍ରକୁ ଏକ ଶକ୍ତ ଧକ୍କା ଓ ଧୋକା।

ଏହି ପୃଷ୍ଠଭୂମିରେ ଓ ପରିସ୍ଥିତିରେ ଜଣେ ସାଧାରଣ ନାଗରିକର ଦାୟିତ୍ୱ କ'ଣ ? ପ୍ରଥମତଃ ସମସ୍ତେ ମତଦାନ କେନ୍ଦ୍ରରେ ଭୋଟ ଦିଅନ୍ତୁ । ଯଦି ଯୋଗ୍ୟ ପ୍ରାର୍ଥୀ ନାହାନ୍ତି ତେବେ 'ନୋଟା' ଜରିଆରେ ନିଜର ମତବ୍ୟକ୍ତ କରନ୍ତୁ । ସହରାଞ୍ଚଳରେ ବୁଦ୍ଧିଜୀବୀ ଓ ବରିଷ୍ଠ ନାଗରିକ ଆଳସ୍ୟ ଓ ଉଦାସୀନତା ହେତୁ ଭୋଟ ଦେବାକୁ ଆଗ୍ରହ ପ୍ରକାଶ କରନ୍ତି ନାହିଁ । ଏ ସଂକ୍ରାନ୍ତରେ ସେମାନଙ୍କ ନୈତିକ ଦାୟିତ୍ୱ ରହିଛି । ସେମାନେ କେବଳ ନିଜେ ଭୋଟ୍ ଦେବେ ନାହିଁ, ଅନ୍ୟମାନଙ୍କୁ ମଧ୍ୟ ପ୍ରବର୍ତ୍ତାଇ ପାରିବେ ଭୋଟ୍ ଦେବାକୁ । ଯୁବପିଢ଼ି ମଧ୍ୟ ସକାରାତ୍ମକ ମନୋଭାବ ଦ୍ୱାରା ନିଜର ଭବିଷ୍ୟତ ସହିତ ଦେଶର ଭବିଷ୍ୟତର ରୂପରେଖ ରଚନା କରନ୍ତୁ । ଏ ନିର୍ବାଚନରେ ବାଧ୍ୟବାଧକତାରେ ସବୁ ମୁଖ୍ୟ ରାଜନୈତିକ ଦଳ ମହିଳା ଗୋଷ୍ଠୀଙ୍କର ଗୁରୁତ୍ୱ ଉପଲବ୍ଧ କରିଛନ୍ତି । ସେମାନଙ୍କର ସମର୍ଥନ ବିନା ନିର୍ବାଚନରେ ଜୟଲାଭ କରିବା କଷ୍ଟକର ବୋଲି ହୃଦୟଙ୍ଗମ କଲେଣି । ତେଣୁ ନିର୍ବାଚନ ଏକ ସୁଯୋଗ ନିଜର ଅଧିକାରକୁ ସାବ୍ୟସ୍ତ ଓ ପସନ୍ଦ ମୁତାବକ ପ୍ରାର୍ଥୀ ମନୋନୟନ ଓ ନିର୍ବାଚିତ କରିବା ପାଇଁ । ଏବେ ଭୋଟର ପାଖରେ ରହିଛି କେତେକ ମୁଖ୍ୟ ମୁଦ୍ଦା ବା ପ୍ରସଙ୍ଗ । ଓଡ଼ିଶାରେ ବିକାଶ ଏବଂ ବିତରଣର ବହୁ ସ୍ୱପ୍ନ ଭୋଟରମାନଙ୍କୁ ଦିଆଯାଉଛି । ମଦ, ମାଂସ ଓ ଅର୍ଥ ମାଧ୍ୟମରେ ନୂତନ ଭୋଟରଙ୍କୁ ନିଜ ପକ୍ଷକୁ ଟାଣିବାର ସମସ୍ତ ପ୍ରଚେଷ୍ଟା ଚାଲିଥିବା ଅଭିଯୋଗ ଆସିଛି । ତେବେ ଓଡ଼ିଶାର ଗ୍ରାମାଞ୍ଚଳରେ ସାମାଜିକ, ପାରିବାରିକ ଓ ଆର୍ଥିକ ଢାଞ୍ଚାକୁ ସମ୍ପୂର୍ଣ୍ଣ ଭାବେ ଧ୍ୱଂସବିଧ୍ୱଂସ କରୁଛି ତିନୋଟି ପ୍ରସଙ୍ଗ । ପ୍ରଥମତଃ ନିଶା ନିବାରଣ ପାଇଁ ଜରୁରୀକାଳୀନ ଭିତ୍ତିରେ ପଦକ୍ଷେପ ନିଆଯାଉ । ନିଶା ନିବାରଣ ଆନ୍ଦୋଳନରେ ପ୍ରଦେଶର ବିଭିନ୍ନ ପ୍ରାନ୍ତରେ ମହିଳାମାନେ ପ୍ରମୁଖ ଭୂମିକା ଗ୍ରହଣ କରିଛନ୍ତି । ଭୋଟ ଦେବା ପୂର୍ବରୁ ସେମାନେ ପ୍ରାର୍ଥୀମାନଙ୍କୁ ପ୍ରଶ୍ନ କରନ୍ତୁ, ସର୍ତ୍ତ ରଖନ୍ତୁ, ଚାପ ସୃଷ୍ଟି କରନ୍ତୁ ଏବଂ ପରଖନ୍ତୁ ପ୍ରାର୍ଥୀ ଓ ତାଙ୍କ ଦଳର ନିଶା ନିବାରଣ ପ୍ରତି କି ଆଭିମୁଖ୍ୟ ରହିଛି ? ଦଳର ଇସ୍ତାହାରରେ ଏ ବିଷୟବସ୍ତୁ ସ୍ଥାନ ପାଇଛି କି ନାହିଁ ଅଥବା ଅଗ୍ରାଧିକାର ମିଳିଛି କି ନାହିଁ । ତଦନୁଯାୟୀ ସପକ୍ଷ ବା ବିପକ୍ଷରେ ଭୋଟଦାନର ନିଷ୍ପତ୍ତି ନିଅନ୍ତୁ । ଶାସକ ଦଳ କେନ୍ଦ୍ର ବା ପ୍ରଦେଶ ହେଉ ଯେଉଁ ପ୍ରତିଶ୍ରୁତି ଦେଇଥିଲେ ତାର ପାଳନ, ସଂପାଦନ କେତେଦୂର ହୋଇଛି ମଧ୍ୟ ବିଚାରକୁ ନିଆଯାଉ ।

ଦ୍ୱିତୀୟ ସମସ୍ୟାଟି ହେଉଛି କୃଷି ଓ କୃଷକ । ଗତ କିଛି ଦଶନ୍ଧି ଧରି ଏମାନେ ଅବହେଳିତ । କୃଷି ନୀତି, କୃଷି କ୍ୟାବିନେଟ୍, କୃଷିର ଉନ୍ନତି ପାଇଁ ବହୁ ଯୋଜନା ପ୍ରଣୀତ ହୋଇଛି । ପ୍ରଦେଶର ୭୦ ପ୍ରତିଶତ ଲୋକ କୃଷି ଉପରେ ନିର୍ଭର କରୁଥିବା ଓ ଜନସଂଖ୍ୟାର ପ୍ରାୟ ପଚାଶ ପ୍ରତିଶତରୁ ବେଶୀ କୃଷି ପରିବାର ଥିବା ସତ୍ତ୍ୱେ ସବୁଠାରୁ

ଅବହେଳିତ ହେଉଛି ଏହି ଗୋଷ୍ଠୀ। ସେମାନେ ଏକଜୁଟ୍ ହୋଇ ଦାବୀ କରନ୍ତୁ ପ୍ରତିଶ୍ରୁତି ଓ ଇସ୍ତାହାରରେ କୃଷିର ପ୍ରାଥମିକତା - ଭୂସଂସ୍କାର, ଜଳସେଚନ, ଉତ୍ତମ ସାର, ବିହନ, ଉପକରଣ ଓ ମାର୍କେଟିଙ୍ଗ୍‌ର ସୁବିଧା ସହ 'ପ୍ରାଇସ୍' ବୃଦ୍ଧି। ଅନ୍ୟ ଗୋଷ୍ଠୀଟି ହେଉଛି ଯୁବପିଢ଼ି। ଭାରତର ଜନସଂଖ୍ୟାର ୬୫%ଙ୍କ ବୟସ ୩୫ ବର୍ଷରୁ କମ୍। ନିକଟ ଭବିଷ୍ୟତରେ ୫୦% ବୟସ ୨୫ରୁ କମ୍ ହେବ। ଏତେ ବଡ଼ ସଂଖ୍ୟାର ଯୁବପିଢ଼ିଙ୍କୁ ସକାରାତ୍ମକ ଭାବେ ଉପଯୋଗ କରି ଦେଶ ଗଠନରେ ସାମିଲ କରାଇବାର କୌଣସି ଯୋଜନା ରାଜନୈତିକ ଦଳଗୁଡ଼ିକର ନାହିଁ। ସେମାନଙ୍କ ପାଇଁ ମୁଖ୍ୟ ସମସ୍ୟା ହେଉଛି ନିଯୁକ୍ତି। ନିଯୁକ୍ତି ବିନା ସେମାନେ ଅସାମାଜିକ, ଅପରାଧିକ କାର୍ଯ୍ୟକଳାପରେ ଲିପ୍ତ ହେବାର ସମ୍ଭାବନାକୁ ଆମେ ଏଡ଼ାଇ ଦେଇ ପାରିବାନି। ଗଣମାଧ୍ୟମରେ ପ୍ରକାଶ ପାଇଛି ଉଚ୍ଚଶିକ୍ଷିତ ଇଂଜିନିୟର, ମ୍ୟାନେଜ୍‌ମେଣ୍ଟ ଛାତ୍ର କିଭଳି ଅପରାଧମୂଳକ ଫୌଜଦାରୀ ମାମଲାରେ ଲିପ୍ତ। ତେଣୁ ଯୁବପିଢ଼ି ମଧ୍ୟ ଦାବି କରୁ ପ୍ରତିଶ୍ରୁତି ପ୍ରାର୍ଥୀମାନଙ୍କ ପାଖରୁ। ଭାରତୀୟ ଭୋଟର ଭାବିଚିନ୍ତି ଭୋଟ୍ ପ୍ରଦାନ କରେ। ଏଥର ସମୟ ଆସିଛି ପ୍ରାର୍ଥୀ ଓ ରାଜନୈତିକ ଦଳଗୁଡ଼ିକର ସେମାନଙ୍କ ପ୍ରତିଶ୍ରୁତି, ଇସ୍ତାହାରରେ, ଜନମତର ପ୍ରତିଫଳନ ଏବଂ ସେଗୁଡ଼ିକ କାର୍ଯ୍ୟକାରୀ କରିବାର ଅଙ୍ଗୀକାରବଦ୍ଧତାରେ।

■

ଟ୍ରମ୍ପଙ୍କ ବିଶ୍ୱଦୃଷ୍ଟି ଓ ଚୀନ

ଦ୍ୱିତୀୟ ମହାଯୁଦ୍ଧ ପରେ ଯେଉଁ ବିଶ୍ୱ ବ୍ୟବସ୍ଥା ସୃଷ୍ଟି ହୋଇଥିଲା ସେଥିରେ ସବୁ ବାଦ, ବିବାଦ ଓ ବିଭକ୍ତି ସତ୍ତ୍ୱେ ମୋଟାମୋଟି ଭାବେ ଶାନ୍ତି ପ୍ରତିଷ୍ଠିତ ହୋଇପାରିଥିଲା ଏବଂ ଆଉ ଗୋଟିଏ ବିଶ୍ୱଯୁଦ୍ଧର ସମ୍ଭାବନାକୁ ଏ ପର୍ଯ୍ୟନ୍ତ ଏଡ଼ାଇ ଦିଆଯାଇ ପାରିଛି। କମ୍ୟୁନିଷ୍ଟବାଦ, ପୁଞ୍ଜିବାଦ, ପୂର୍ବ-ପଶ୍ଚିମ ଭଳି ବିଭାଜନ ଥାଇ ମଧ୍ୟ ସମଶକ୍ତିର ସନ୍ତୁଳନତା ବଜାୟ ରଖିପାରିଥିଲା। ସେ ବ୍ୟବସ୍ଥାରେ ପ୍ରଥମ ପରିବର୍ତ୍ତନ ଦେଖାଗଲା ବର୍ଲିନର ପତନ ଓ ସୋଭିଏତ ୟୁନିଅନର ବିଲୟ ପରେ। ଫଳରେ ବିଶ୍ୱ ବ୍ୟବସ୍ଥାରେ ଆମେରିକାର ଏକଚାଟିଆ ଆଧିପତ୍ୟ ଦୃଶ୍ୟମାନ ଏବଂ ନିଃସଂକୋଚରେ ଇରାକ୍ ଓ ଲିବିୟା ଭଳି ଦେଶମାନଙ୍କରେ ବିନା କୌଣସି ଯୁକ୍ତିଯୁକ୍ତ କାରଣରେ ଯୁଦ୍ଧ ଘୋଷଣା କରାଯାଇ ସେ ଦେଶର ପ୍ରଚଳିତ ଶାସନ ପଦ୍ଧତି, ପ୍ରଣାଳୀ, ବ୍ୟବସ୍ଥାରେ ପରିବର୍ତ୍ତନ ଆଣି ସେଠାକାର ଶାସକମାନଙ୍କୁ ଗାଦି ଓ କ୍ଷମତାରୁ ହଟାଯାଇ ନୃଶଂସ ଭାବରେ ହତ୍ୟା ମଧ୍ୟ କରାଗଲା। ଏହାଥିଲା କୌଣସି ରାଷ୍ଟ୍ରର ସାର୍ବଭୌମତ୍ୱ ପ୍ରତି ପ୍ରଚଣ୍ଡ ଆଘାତ ଓ ଆହ୍ୱାନ। ପ୍ରତିକ୍ରିୟା ସ୍ୱରୂପ ପୃଥିବୀର ବିଭିନ୍ନ ପ୍ରାନ୍ତରେ କେତେକ ରାଷ୍ଟ୍ର ଅନୌପଚାରିକ ଭାବେ ଆମେରିକାର ଏଭଳି ଆଚରଣର ପ୍ରତିବାଦ ମଧ୍ୟ କରିଥିଲେ। କେତେକ ଆଞ୍ଚଳିକ ଗୋଷ୍ଠୀରେ ସାମିଲ ହୋଇ ନିଜକୁ ସୁଦୃଢ଼ କରିଥିଲେ।

ବିଶ୍ୱ ମହାଯୁଦ୍ଧ ପର ବିଶ୍ୱ ବ୍ୟବସ୍ଥାରେ ଦ୍ୱିତୀୟ ସଂକଟ ଦେଖାଯାଇଛି ଆମେରିକାର ନୂତନ ରାଷ୍ଟ୍ରପତି ଡୋନାଲ୍ଡ ଟ୍ରମ୍ପଙ୍କ ଆଗମନରେ। ସେ ବିଦେଶ ନୀତିକୁ ଟ୍ୱିଟ୍ ମାଧ୍ୟମରେ ପରିଚାଳନା କରନ୍ତି ଏବଂ ଆମେରିକାର ବିଦେଶ ନୀତିରେ ଅନିଶ୍ଚିତତା ଲାଗି ରହିଛି। ଟ୍ରମ୍ପଙ୍କ ଆଭିମୁଖ୍ୟରେ କୌଣସି ନିର୍ଦ୍ଦିଷ୍ଟତା ଥିଲା ବୋଲି ମନେ ହେଉନାହିଁ। ସବୁଠାରୁ ବଡ଼ କଥା ହେଲା ଆମେରିକା ଗତ ଶହେ ବର୍ଷ ଧରି ଗୋଟିଏ ଶକ୍ତିଶାଳୀ ଦେଶ ହିସାବରେ, ବିଶେଷ କରି ଦ୍ୱିତୀୟ ମହାଯୁଦ୍ଧ ପରେ ଆନ୍ତର୍ଜାତିକ କ୍ଷେତ୍ରରେ

ଯେଉଁ ଭୂମିକା ଗ୍ରହଣ କରି ଦାୟିତ୍ୱ ବହନ କରି ଆସୁଥିଲା, ତାହାର ସ୍ଥିତି ଓ ଭବିଷ୍ୟତ ନେଇ ବର୍ତ୍ତମାନ ସବୁ ରାଷ୍ଟ୍ର ସନ୍ଦିହାନ। ଦ୍ୱିତୀୟ ମହାଯୁଦ୍ଧ ପରେ ଇଉରୋପର ଅର୍ଥନୈତିକ ପୁନର୍ଗଠନ ଏବଂ ନାଟୋ ମାଧ୍ୟମରେ ସୁରକ୍ଷା ପ୍ରଦାନର ବ୍ୟବସ୍ଥାରେ ଟ୍ରମ୍ପ ପରିବର୍ତ୍ତନ ଆଣିବାକୁ ଇଚ୍ଛୁକ। ଏହାର ଆର୍ଥିକ ବ୍ୟବସ୍ଥାରେ ଇଉରୋପୀୟ ଦେଶମାନଙ୍କର ଅଧିକ ସଂପୃକ୍ତି ଓ ଅବଦାନ ଉପରେ ପ୍ରାଧାନ୍ୟ ଦେଉଛନ୍ତି ଏବଂ ଚାପ ପକାଉଛନ୍ତି। ପ୍ରାଚ୍ୟରେ ସୁରକ୍ଷା ବ୍ୟବସ୍ଥାରେ ମଧ୍ୟ ସେ ସନ୍ତୁଷ୍ଟ ନୁହନ୍ତି। ଉତ୍ତର କୋରିଆକୁ ଧ୍ୱଂସ କରିଦେବାର ଧମକ ସତ୍ତ୍ୱେ ସିଂଗାପୁରର ଶିଖର ସମ୍ମିଳନୀ ପରେ ସେ ଇଲାକାରେ ଶାନ୍ତି ଦିଗରେ କିଛି ଠୋସ୍ ପଦକ୍ଷେପ ଦୃଷ୍ଟିଗୋଚର ହେଉନାହିଁ।

ଜାପାନ ଓ ଦକ୍ଷିଣ କୋରିଆର ସୁରକ୍ଷା ପାଇଁ ଆମେରିକା ପ୍ରତିଶ୍ରୁତିର ଭବିଷ୍ୟତ ନେଇ ଦୁଇଦେଶ ଅନିଶ୍ଚିତ। ପ୍ରଶାନ୍ତ ମହାସାଗରୀୟ ଦେଶଗୁଡ଼ିକ ସହିତ ବାଣିଜ୍ୟ ବ୍ୟବସ୍ଥା ଏବଂ ଦକ୍ଷିଣ ଆମେରିକା ଓ ଉତ୍ତର ଆମେରିକାର ବାଣିଜ୍ୟ ଚୁକ୍ତିଗୁଡ଼ିକ ରଦ୍ଦ କରିବାର ଧମକ, ମେକ୍ସିକୋ ଓ ମଧ୍ୟ ଆମେରିକାରୁ ଆସୁଥିବା ତଥାକଥିତ ଅନୁପ୍ରବେଶକାରୀ ଯାତ୍ରୀଙ୍କୁ ଆକ୍ରମଣକାରୀ ଭାବେ ଅଭିହିତ କରି ସେମାନଙ୍କୁ ପରାହତ କରିବା ପାଇଁ ଆଦେଶ ଦେବା ସହ ଦକ୍ଷିଣ ସୀମାରେ ବହୁ ବିଲିୟନ ଡଲାର ଖର୍ଚ୍ଚ କରି ପ୍ରାଚୀର ସୃଷ୍ଟି କରି ସେମାନଙ୍କର ପ୍ରବେଶକୁ ପ୍ରତିହତ କରିବା ଏକ ଅସ୍ଥିର ମାନସିକତାର ପରିଚୟ ଦିଏ। ମଧ୍ୟପ୍ରାଚ୍ୟରେ ଆମେରିକା ଦୂତାବାସକୁ ଜେରୁଜେଲମକୁ ସ୍ଥାନାନ୍ତର ନିଷ୍ପତ୍ତି ପାଲେଷ୍ଟାଇନ ଇସ୍ରାଏଲ ସମସ୍ୟାକୁ ଆହୁରି ଜଟିଳ କରିଛି। ସେହିଭଳି ତୁର୍କୀରେ ସାମ୍ବାଦିକ ଖାସୋଗୀଙ୍କ ନୃଶଂସ ହତ୍ୟା ପରେ ସାଉଦୀ ଆରବକୁ ସୁହାଇଲା ଭଳି ମନ୍ତବ୍ୟ ମଧ୍ୟ ବିଶ୍ୱବାସୀଙ୍କୁ ଆଚମ୍ବିତ କରିଛି। ସିରିଆ, ୟେମେନରେ ଚାଲୁଥିବା ଯୁଦ୍ଧରେ ଆମେରିକାର ଆଭିମୁଖ୍ୟର ସ୍ୱଷ୍ଟତା ନାହିଁ। ଇତି ମଧ୍ୟରେ ଜଳବାୟୁ ପରିବର୍ତ୍ତନ ଉପରେ ରାଷ୍ଟ୍ରମାନଙ୍କର ଆନ୍ତର୍ଜାତିକ ବୁଝାମଣାରୁ ପରିହାସମୂଳକ ପ୍ରତାରଣା କହି ଆମେରିକା ଓହରିଯିବାର ନିଷ୍ପତ୍ତି ମଧ୍ୟ ସେ କ୍ଷେତ୍ରରେ ସଂକଟ ସୃଷ୍ଟି କରିଛି। ଇରାନ ଓ ରୁଷ ଉପରେ ଆର୍ଥିକ ଓ ଅନ୍ୟାନ୍ୟ କଟକଣା ଲଗାଇବା ଦ୍ୱାରା ପେଟ୍ରୋଲ ବଜାରରେ ଅନିଶ୍ଚିତତା ଓ ଅସ୍ଥିରତା ଆଣି ଦେଇଛି। ଏସବୁ ପଦକ୍ଷେପ ଓ ସଂରକ୍ଷଣାତ୍ମକ ନୀତି ଡୋନାଲ୍ଡ ଟ୍ରମ୍ପଙ୍କ ସମର୍ଥକଙ୍କୁ ଖୁସି କରାଇଛି ଓ ଅନୁମାନ କରାଯାଉଛି ଯେ ତାଙ୍କ ପ୍ରତି ଥିବା ସଦିଚ୍ଛା ଓ ଭୋଟ ବ୍ୟାଙ୍କ ସୁରକ୍ଷିତ ଯାହା ପୁଣି ଥରେ ତାଙ୍କୁ ନିର୍ବାଚିତ କରିବାର ପଥ ସୁଗମ କରିବ। ଆଶା କରାଯାଉଥିଲା ଆମେରିକୀୟ କଂଗ୍ରେସର ମଧ୍ୟବର୍ତ୍ତୀକାଳୀନ ନିର୍ବାଚନରେ ସିନେଟ୍ ଓ ହାଉସ୍ ଅଫ୍ ରିପ୍ରେଜେଣ୍ଟେଟିଭ୍ସରେ ବିରୋଧୀ ଡେମୋକ୍ରାଟ ଦଳ ସଂଖ୍ୟାଗରିଷ୍ଠତା ହାସଲ କରି ଟ୍ରମ୍ପଙ୍କ ଉପରେ ବିଧିଗତ

ଅଙ୍କୁଶ ଲଗାଇବ, କିନ୍ତୁ ତାହା ଆଂଶିକ ହେଲା, କାରଣ ସିନେଟରେ ରିପବ୍ଲିକାନମାନଙ୍କର ସଂଖ୍ୟାଗରିଷ୍ଠତା ରହିଛି। ତେବେ ଆମେରିକା ଗଣତନ୍ତ୍ରରେ ବିଧିପାଳିକା, ନ୍ୟାୟପାଳିକା, କାର୍ଯ୍ୟପାଳିକା ମଧ୍ୟରେ କ୍ଷମତା ଏଭଳି ଭାବେ ବଣ୍ଟିତ ଯେ ରାଷ୍ଟ୍ରପତି ସ୍ୱେଚ୍ଛାଚାରୀ ଭାବେ କାର୍ଯ୍ୟ କରିବା ସବୁବେଳେ ସମ୍ଭବ ନୁହେଁ। ତେବେ ଜଣେ ଅମାନିଆ, ଲଗାମଛଡ଼ା ଅହଂକାରୀ ରାଷ୍ଟ୍ରପତି ଶାସନ ବ୍ୟବସ୍ଥାରେ ବିଶୃଙ୍ଖଳା ଆଣିପାରନ୍ତି।

ମନେହୁଏ ଟ୍ରମ୍ପଙ୍କ ବିଚାରରେ ଚୀନ ହେଉଛି ଆମେରିକାର ଚରମ ଶତ୍ରୁ ଓ ପ୍ରତିଦ୍ୱନ୍ଦ୍ୱୀ ମଧ୍ୟ। ଅର୍ଥନୈତିକ ଓ ସାମରିକ କ୍ଷେତ୍ରରେ ଚୀନର ପ୍ରତିପତ୍ତି ଓ ବି.ଆର.ଆଇ. ମାଧ୍ୟମରେ ସାରା ବିଶ୍ୱରେ ଉପସ୍ଥିତି ଜାହିର କରିବା ସହ ସବୁ ଦେଶକୁ ନିଜ ପ୍ରଭାବ ବଳୟକୁ ଆଣିବା ଆମେରିକାକୁ ବିବ୍ରତ କରୁଛି। ତେଣୁ ଟ୍ରମ୍ପଙ୍କ ଦୃଷ୍ଟିରେ ଚୀନର ଗୁରୁତ୍ୱ ରହିଛି। ଗତମାସ ଆମେରିକାର ଉପରାଷ୍ଟ୍ରପତି ମାଇକ୍ ପେନ୍ସ ହଡ୍‌ସନ ଇନଷ୍ଟିଚ୍ୟୁଟ୍‌ରେ ଚୀନ ପ୍ରତି ଆମେରିକାର ଆଭିମୁଖ୍ୟ ଓ ନୀତି ଉପରେ ନିଜର ବକ୍ତବ୍ୟ ରଖିଥିଲେ ଯାହା ଗଣମାଧ୍ୟମରେ ବହୁଳ ଭାବରେ ପ୍ରସାରିତ ପ୍ରଚାରିତ ହୋଇ ନଥିଲା, କିନ୍ତୁ ତାହା ଟ୍ରମ୍ପ ଓ ତାଙ୍କ ଶାସନର ଚୀନ ନୀତିର କିଛି ଆଭାସ୍ ଦେଇଥିଲା।

ଆମେରିକାର ବର୍ତ୍ତମାନର ଶାସକ ଗୋଷ୍ଠୀ ଓ ଟ୍ରମ୍ପଙ୍କ ଆକଳନରେ ଚୀନ ରାଜନୈତିକ, ଅର୍ଥନୈତିକ ଓ ସାମରିକ ଶକ୍ତିକୁ ହତିଆର ଭାବେ ପ୍ରୟୋଗ କରି ପ୍ରଚାର ମାଧ୍ୟମରେ ଆମେରିକାରେ ନିଜ ପ୍ରଭାବ ବିସ୍ତାର ସହ ଆମେରିକାର ଆଭ୍ୟନ୍ତରୀଣ ବ୍ୟାପାର ଓ ରାଜନୀତିରେ ହସ୍ତକ୍ଷେପ କରିବାର ପ୍ରୟାସ କରୁଛି। ସେମାନଙ୍କ ମତରେ ସାମ୍ପ୍ରତିକ ଆନ୍ତର୍ଜାତିକ କ୍ଷେତ୍ରରେ ମହାଶକ୍ତିଗୁଡ଼ିକର ପ୍ରତିଦ୍ୱନ୍ଦ୍ୱିତା ଆଶାତୀତ ଭାବେ ବୃଦ୍ଧି ପାଇଛି ଏବଂ ବିଦେଶୀ ଶକ୍ତିମାନେ ବିଶ୍ୱ ବ୍ୟବସ୍ଥାରେ ପରିବର୍ତ୍ତନ ଆଣି ସେମାନଙ୍କୁ ସୁହାଇଲା ଭଳି ପରିସ୍ଥିତି ସୃଷ୍ଟି କରିବା ପାଇଁ ଚେଷ୍ଟିତ। ତାହା ସମ୍ଭବ କେବଳ ଆମେରିକାକୁ ବର୍ତ୍ତମାନର ଭୌଗୋଳିକ ଓ ରାଜନୈତିକ ସୁବିଧାରୁ ବଞ୍ଚିତ କରିବା ଦ୍ୱାରା।

ଅତୀତରେ ଚୀନ-ଆମେରିକା ସୌହାର୍ଦ୍ଦ୍ୟର ମୂଳଭିତ୍ତି ଥିଲା ବନ୍ଧୁତ୍ୱ ଓ ମୁକ୍ତ ବୁଝାମଣା। ଚୀନ ଆମେରିକାର ବ୍ୟବସାୟୀଙ୍କୁ ସ୍ୱାଗତ କରିଥିଲା ନୂଆ ବଜାର ସୃଷ୍ଟି କରିବା ପାଇଁ। ଆମେରିକାର ମିସିନାରୀମାନଙ୍କୁ ସୁଯୋଗ ମିଳିଥିଲା ଉତ୍କୃଷ୍ଟ ବିଶ୍ୱବିଦ୍ୟାଳୟ ପ୍ରତିଷ୍ଠା ସହ ଧର୍ମ ପ୍ରଚାର ପାଇଁ। ଇତିହାସରେ ଚୀନ ପ୍ରତି ଅନ୍ୟାୟ, ଅବିଚାର, ଅପମାନ, ହତାଦର ସମାପ୍ତି ପରେ ଆମେରିକା ମୁକ୍ତ ବାଣିଜ୍ୟର ସମର୍ଥକ ଥିଲା। ଦ୍ୱିତୀୟ ମହାଯୁଦ୍ଧ ସମୟରେ ଚୀନ ଓ ଆମେରିକା ସହଯୋଗୀ ଭାବେ

ସାମ୍ରାଜ୍ୟବାଦ ବିରୁଦ୍ଧରେ ଲଢ଼ିଥିଲେ ଓ ଚୀନର ଜାତିସଂଘରେ ସଦସ୍ୟତାର ଦୃଢ଼ ସମର୍ଥକ ଥିଲା, କିନ୍ତୁ କମ୍ୟୁନିଷ୍ଟମାନେ କ୍ଷମତାକୁ ଆସିଲା ପରେ ସମ୍ପ୍ରସାରଣ ନୀତିରେ କୋରିଆ ଉପଦ୍ୱୀପର ଯୁଦ୍ଧ ସମୟରେ ସହଯୋଗୀ ହୋଇଗଲେ ପ୍ରତିପକ୍ଷ ଓ ପ୍ରତିଦ୍ୱନ୍ଦ୍ୱୀ। କୋରିଆ ଯୁଦ୍ଧର ଦାରୁଣ ଅନୁଭୂତି ସତ୍ତ୍ୱେ ୧୯୭୨ ପରେ ଦ୍ୱିପାକ୍ଷିକ ଅର୍ଥନୈତିକ କ୍ଷେତ୍ରରେ ସୁଧାର ଅଣାଗଲା। ଆମେରିକା ବିଶ୍ୱବିଦ୍ୟାଳୟଗୁଡ଼ିକରେ ଚୀନ ନାଗରିକମାନଙ୍କ ଅଧ୍ୟୟନ ଫଳରେ ହଜାର ହଜାର ଇଞ୍ଜିନିୟର, ବିଶେଷଜ୍ଞ, ବିଜିନେସ୍ ମ୍ୟାନେଜର ସୃଷ୍ଟି ହୋଇପାରିଲେ। ବର୍ତ୍ତମାନ ୪,୩୦,୦୦୦ ଚୀନ ନାଗରିକ ଆମେରିକାର ଶିକ୍ଷାନୁଷ୍ଠାନଗୁଡ଼ିକରେ ବିଦ୍ୟାର୍ଥୀ। ସୋଭିଏତ ୟୁନିଅନର ବିଲୟ ପରେ ଆମେରିକା ଆଶା କରୁଥିଲା - ଚୀନରେ ମୁକ୍ତ ବାତାବରଣ ଅବଶ୍ୟମ୍ଭାବୀ। ଏଭଳିକି ଆମେରିକା, ଡବ୍ଲୁଟିଓ (ବିଶ୍ୱ ବାଣିଜ୍ୟ ଅନୁଷ୍ଠାନ)ରେ ଚୀନର ସଦସ୍ୟତା ପାଇଁ ସାହାଯ୍ୟ କରିଥିଲା, କିନ୍ତୁ ଜଣାପଡୁଛି - ବ୍ୟକ୍ତି ଓ ଧାର୍ମିକ ସ୍ୱାଧୀନତା, ଉଦାରନୀତି, ବ୍ୟକ୍ତିଗତ ଘରୋଇ ସମ୍ପତ୍ତି ପ୍ରଭୃତି ଚୀନରେ ଏବେ ବି ସୁଦୂର ସ୍ୱପ୍ନ।

ଗତ ୧୭ ବର୍ଷ ମଧ୍ୟରେ ଚୀନର ଜିଡିପି ୯ଗୁଣ ବୃଦ୍ଧି ପାଇଛି। ବର୍ତ୍ତମାନ ଏହା ବିଶ୍ୱର ଦ୍ୱିତୀୟ ବୃହତ୍ତମ ଅର୍ଥନୀତି ଯାହା ଆମେରିକୀୟ ପୁଞ୍ଜିନିବେଶ ଯୋଗୁଁ ସମ୍ଭବ ହୋଇଛି। ପରିବର୍ତ୍ତେ ଚୀନ ଟ୍ୟାକ୍ସ ନୀତି, କୋଟା ଓ ନିଜର ସୁବିଧା ପାଇଁ ମୁଦ୍ରାନୀତିକୁ ଅନ୍ୟାୟ ଭାବେ ପରିଚାଳନା କରି ବ୍ୟବହାର କରିବା, ଟେକ୍ନୋଲୋଜି ଟ୍ରାନ୍ସଫର ଓ ଇଣ୍ଟେଲେକ୍‌ଚୁଆଲ ପ୍ରପର୍ଟିର ନୀତିନିୟମ ଉଲ୍ଲଘଂନ କରି ଚୋରି କରିବା ଓ ଶିଳ୍ପକୁ ସବ୍‌ସିଡି ଦେବା ମାଧ୍ୟମରେ ନିଜର ଅର୍ଥନୀତିକୁ ସୁଦୃଢ଼ କରିପାରିଛି। ବର୍ତ୍ତମାନ ଆମେରିକାର ଦ୍ୱିପାକ୍ଷିକ ବାଣିଜ୍ୟରେ ୩୭୫ ବିଲିଅନ ଡଲାର ନିଅଣ୍ଟ ଯାହା ଆମେରିକାର ବିଶ୍ୱ ବାଣିଜ୍ୟ ନିଅଣ୍ଟର ଅର୍ଦ୍ଧେକରୁ ବେଶୀ।

ଚୀନ୍‌ର ୨୦୨୫ ସୁଦ୍ଧା ଲକ୍ଷ୍ୟ - ପୃଥିବୀର ସବୁଠାରୁ ଆଗୁଆ ଶିଳ୍ପ ଓ ଟେକ୍ନୋଲୋଜି, ଯଥା - ରୋବୋଟିକ୍, ବାୟୋ-ଟେକ୍ନୋଲୋଜି, ଆର୍ଟିଫିସିଆଲ୍ ଇଣ୍ଟେଲିଜେନ୍ସରେ ୯୦ ପ୍ରତିଶତ ନିୟନ୍ତ୍ରଣ। ସେଇ ଅନୁସାରେ ଚୀନ ଶିଳ୍ପ ଅନୁଷ୍ଠାନ ଓ ସରକାରୀ କର୍ମଚାରୀଙ୍କୁ ନିର୍ଦ୍ଦେଶ ଦେଇଛି ଆମେରିକାର ଏ କ୍ଷେତ୍ରରେ ଥିବା ଇଣ୍ଟେଲେକ୍‌ଚୁଆଲ ପ୍ରପର୍ଟି ରାଇଟ୍‌ଗୁଡ଼ିକୁ ହସ୍ତଗତ କରିବା। ଚୀନରେ ବ୍ୟବସାୟ କରିବା ପାଇଁ ଶିଳ୍ପ ଗୋପନୀୟତାକୁ କ୍ରୟ ବିକ୍ରୟ ଚୁକ୍ତିର ସର୍ତ୍ତ ବା ପ୍ରତ୍ୟାଶା କରିବା। ଆମେରିକୀୟ କମ୍ପାନୀଗୁଡ଼ିକର ମାଲିକାନା, ସ୍ୱତ୍ୱାଧିକାର ପ୍ରାପ୍ତ କରିବା। ସୁରକ୍ଷା ଏଜେନ୍ସି ଗୁଡ଼ିକର ଆମେରିକୀୟ ଟେକ୍ନୋଲୋଜି ଚୋରି ସହିତ ସୁରକ୍ଷା ବାହିନୀର ଅତି ଗୋପନୀୟ ତଥ୍ୟଗୁଡ଼ିକର କରଗତ କରିବା। ଏସିଆରେ ଆମେରିକାର ସାମରିକ

ଶକ୍ତିକୁ ପ୍ରତିହତ କରିବା ପାଇଁ ଚୀନର ସାମରିକ ବ୍ୟୟ ଅନ୍ୟାନ୍ୟ ଏସୀୟ ରାଷ୍ଟ୍ର ସମୂହ ବ୍ୟୟସ୍ତରରେ। ଆକାଶ, ସମୁଦ୍ର ଓ ଭୂଖଣ୍ଡରେ ଆମେରିକାର ଆଧିପତ୍ୟକୁ ସଂକୁଚିତ କରିବା ପାଇଁ ଚୀନ ଉଦ୍ୟମରତ। ସାଉଥ ଚାଇନା ସମୁଦ୍ରରେ ନିକଟ ଅତୀତରେ ଆମେରିକା ଓ ଚୀନର ମୁହାଁମୁହିଁ ହେବା ପ୍ରମାଣ କରୁଛି ଯେ ୨୦୧୫ର ଚୀନ ଦେଇଥିବା ଆଶ୍ୱାସନାର କୌଣସି ଅର୍ଥ ନାହିଁ। ସେଠାରେ ଚୀନ ବର୍ତ୍ତମାନ କୃତ୍ରିମ ଦ୍ୱୀପ ସୃଷ୍ଟି କରି କ୍ଷେପଣାସ୍ତ୍ର ମହଜୁଦ କରିବାରେ ବ୍ୟସ୍ତ। ଚୀନର ଋଣ କୂଟନୀତିରେ ଭିତ୍ତିଭୂମିର ବିକାଶ ପାଇଁ ଏସିଆ, ଆମେରିକା, ଦକ୍ଷିଣ ଆମେରିକା ଓ ଇଉରୋପକୁ ଦେଇଥିବା ଋଣର ସମସ୍ତ ଲାଭ ଚୀନ ହିଁ ପାଉଛି। ଶ୍ରୀଲଙ୍କା ଭଳି ଋଣ ଭାରାକ୍ରାନ୍ତ ଦେଶ ନିଜର ପୋତାଶ୍ରୟକୁ ହସ୍ତାନ୍ତର କରିବାର ଦୃଷ୍ଟାନ୍ତ ଦେଖିବାକୁ ମିଳିଲାଣି ଯାହା ଚୀନ ନୌବାହିନୀର ଉପଯୋଗୀ ହୋଇପାରେ। କେତେକ ରାଷ୍ଟ୍ର ମଧ୍ୟ ଚୀନର ଚାପରେ ତାଇପେଇ ସହିତ ସମ୍ପର୍କ ଛିନ୍ନ କରିବାକୁ ମନ ବଳାଇଛନ୍ତି।

ଚୀନ ବର୍ତ୍ତମାନ ଆମେରିକା ବ୍ୟବସାୟୀ, ଚଳଚ୍ଚିତ୍ର ଷ୍ଟୁଡିଓ, ବିଶ୍ୱବିଦ୍ୟାଳୟ, ଥିଙ୍କ ଟ୍ୟାଙ୍କ, ଗବେଷକ, ସାମ୍ବାଦିକ, ସରକାରୀ କର୍ମଚାରୀଙ୍କୁ ପ୍ରଲୋଭନ ବା ବାଧବାଧକତା ଦ୍ୱାରା ଆମେରିକା ରାଜନୀତି ଓ ନୀତି ପ୍ରଭାବିତ କରିବାର ପ୍ରଚେଷ୍ଟାରେ। ଏଭଳିକି ୨୦୧୮ ଓ ୨୦୨୦ ନିର୍ବାଚନରେ ଲୋକମତକୁ ପ୍ରଭାବିତ କରିବା ପାଇଁ କାର୍ଯ୍ୟରତ। ଇପ୍ସିତ ଉଦ୍ଦେଶ୍ୟର ଚରିତାର୍ଥ ପାଇଁ ଟ୍ରମ୍ପଙ୍କ ଭୋଟ ଗଡ଼ଗୁଡ଼ିକରେ ନିଜର କାୟା ବିସ୍ତାର କରିବାରେ ଉଦ୍ୟମରତ।

ନିଜ ସପକ୍ଷରେ ଲୋକମତ ସୃଷ୍ଟି କରିବା ପାଇଁ ଆମେରିକାର ବିଭିନ୍ନ ଗୋଷ୍ଠୀ ଭିତରେ ବିଜ୍ଞାପନ ଓ ପ୍ରଚାର ଦ୍ୱାରା ବିଭାଜନ କରିବାରେ ଚୀନ ଆଗ୍ରହୀ। ହଲିଉଡ୍‌ରେ ନିର୍ମିତ ଚଳଚ୍ଚିତ୍ରରେ ଚୀନ ବିଷୟରେ ସକାରାତ୍ମକ ପ୍ରତିଛବି ପାଇଁ ବ୍ୟଗ୍ର। ଚଳଚ୍ଚିତ୍ର ଓ ଗଣମାଧ୍ୟମରେ ଚୀନ ବିରୋଧୀ ମତକୁ ତତ୍‌କ୍ଷଣିକ ସେନ୍‌ସର ପାଇଁ ପ୍ରସ୍ତୁତ।

ଚୀନ ଡ୍ରାଗନ୍‌ର ଏଇ ଋଣକୌଶଳକୁ ପ୍ରତିହତ କରିବା ପାଇଁ ଟ୍ରମ୍ପ ଶାସନ ଆମେରିକାରେ ପ୍ରଚଳିତ ପୁଞ୍ଜି ନିବେଶର ବ୍ୟବସ୍ଥା ଅନୁଧ୍ୟାନ କରିବା ପାଇଁ ସ୍ଥିର କରିଛି। ଆନ୍ତର୍ଜାତିକ ଅନୁଦାନ ଓ ଆର୍ଥିକ ସହାୟତା ଯୋଜନାରେ ସଂଶୋଧନ ଆଣି ଚୀନର ଋଣ କୂଟନୀତିର ମୁକାବିଲା କରିବାକୁ ଚାହୁଁଛି। ପରମାଣୁ ନୀତିରେ ଆଧୁନିକୀକରଣର ପ୍ରାଧାନ୍ୟ, ସାଇବର କ୍ଷେତ୍ରରେ ଅଗ୍ରଣୀ ଭୂମିକା, ଲଢୁଆ ବିମାନ ଓ ନୌଶକ୍ତିରେ ଉନ୍ନତିକରଣ ପ୍ରଭୃତି ବହୁମୁଖୀ ପଦକ୍ଷେପ ନେବାକୁ ସ୍ଥିର କରିଛି। ଇଣ୍ଡୋ-ପାସିଫିକ୍ ଇଲାକାରେ ନିଜର ଉପସ୍ଥିତି ଓ ଶକ୍ତି ବୃଦ୍ଧି କରିବାକୁ ଚାହୁଁଛି। ଉତ୍ତର କୋରିଆ ସମସ୍ୟା ସମାଧାନ ପାଇଁ ଆମେରିକା ଚୀନ ଉପରେ ନିର୍ଭରଶୀଳ କେବଳ

ସେତିକି ନୁହେଁ, ଦୁଇଦେଶର ଅର୍ଥନୀତି ପରସ୍ପର ଉପରେ ଏତେ ନିର୍ଭରଶୀଳ ଯେ ଚୀନ ବିରୁଦ୍ଧରେ କଠୋର ପଦକ୍ଷେପ ସମ୍ଭାବନା କମ୍ ।

ଟ୍ରମ୍ପଙ୍କ ଦୁଇବର୍ଷ ଶାସନ କାଳରେ ଆମେରିକା ଅର୍ଥନୀତିରେ ସନ୍ତୋଷଜନକ ଅଭିବୃଦ୍ଧି ଓ ନିଯୁକ୍ତିର ସୁଯୋଗ ବୃଦ୍ଧି ପାଇବା ଅସ୍ୱୀକାର କରି ହେବ ନାହିଁ, କିନ୍ତୁ ଭବିଷ୍ୟତରେ ଚୀନ-ଆମେରିକାର ବିବାଦ ଲାଗି ରହିବ, କାରଣ ଗୋଟିଏ ମହାଶକ୍ତିର ମାନ୍ୟତାକୁ ବଜାୟ ରଖିବାର ପ୍ରବଳ ଇଚ୍ଛା ଓ ଅନ୍ୟଟି ମହାଶକ୍ତିର ସ୍ୱୀକୃତି ପାଇଁ ଆଶାୟିତ । ଏ ଦୃଶ୍ୟପଟ କାଳ୍ପନିକ ନୁହେଁ, ବରଂ ବାସ୍ତବ । ଭାରତର ବିଦେଶ ନୀତି ନିର୍ଦ୍ଧାରକମାନେ ଏଗୁଡ଼ିକୁ ଦୃଷ୍ଟିରେ ରଖି ପଦକ୍ଷେପ ନେବା ହିଁ ଶ୍ରେୟସ୍କର ।

∎

ମହାଶକ୍ତି ଓ 'କିନ୍ତୁ'

ପୃଥିବୀର ବିଭିନ୍ନ ପ୍ରାନ୍ତରେ ଚିନ୍ତାନାୟକମାନେ ବିଶ୍ୱ ବ୍ୟବସ୍ଥାର ଭବିଷ୍ୟତ ବିଷୟରେ ଅବିରତ ଆକଳନ କରୁଛନ୍ତି ଏବଂ ପ୍ରାୟ ସମସ୍ତଙ୍କର ମତ ଯେ, ଏକବିଂଶ ଶତାବ୍ଦୀ ଜ୍ଞାନର ଯୁଗ ଓ ଏସିଆର ଯୁଗ, ଅନ୍ୟ ଅର୍ଥରେ ପାଶ୍ଚାତ୍ୟ ଦେଶଗୁଡ଼ିକର ଆଧିପତ୍ୟର ଅବସାନ ହେବ ଏବଂ ଏହି ଶତାବ୍ଦୀରେ ଚୀନ ଓ ଭାରତର ମହାଶକ୍ତି ଭାବେ ଉଦୟର ସମ୍ଭାବନା ଉଜ୍ଜ୍ୱଳ। ପ୍ରକୃତରେ ଚୀନର ଅର୍ଥନୀତିରେ ଅଭୂତପୂର୍ବ ଅଗ୍ରଗତି ଓ ସାମରିକ କ୍ଷେତ୍ରରେ ନିରନ୍ତର ଶକ୍ତିବୃଦ୍ଧି ସେ ଦେଶକୁ ମହାଶକ୍ତି ଭାବେ ସ୍ୱୀକୃତି ଦେଲାଣି ବୋଲି କହିଲେ କିଛି ଅତ୍ୟୁକ୍ତି ହେବନାହିଁ। ଆମେରିକା ସହିତ ସମସ୍କନ୍ଧ ଭାବେ ବିଭିନ୍ନ କ୍ଷେତ୍ରରେ ନିଜର ଅଧିକାରକୁ ସାବ୍ୟସ୍ତ କରିବା ଏବଂ ଏସିଆ, ଆଫ୍ରିକାର ଦେଶଗୁଡ଼ିକୁ ନିଜର ପ୍ରଭାବ ବଳୟକୁ ଆଣିବା କିଛି କମ୍ ସଫଳତା ନୁହେଁ। ଆମ ଦେଶର କେତେକ ବିଶେଷଜ୍ଞଙ୍କ ମତ ଯେ, ଆଉ ଚାରି/ପାଞ୍ଚ ବର୍ଷ ଭିତରେ ଭାରତ ମଧ୍ୟ ମହାଶକ୍ତି ଆଖ୍ୟା ପାଇବ।

ଭାରତବର୍ଷ ଗୋଟିଏ ବୃହତ୍, ଜନବହୁଳ ଏବଂ ପ୍ରାଚୀନ ସଭ୍ୟତାର ଦେଶ। ପ୍ରାଚୀନ କାଳରେ ଏହାର ବିଶ୍ୱ ସଭ୍ୟତା ଓ ଜ୍ଞାନଭଣ୍ଡାରକୁ ଅତୁଳନୀୟ ଅବଦାନ ବିଶ୍ୱ ସ୍ୱୀକୃତ। ଶୂନ୍ୟର ପରିକଳ୍ପନା, ଆୟୁର୍ବେଦ, ଜ୍ୟୋତି ବିଜ୍ଞାନ, ବାୟୁମଣ୍ଡଳ ବିଜ୍ଞାନ, ଧାତୁ ବିଜ୍ଞାନ, ଖଣିଜ ବିଜ୍ଞାନ, ସ୍ଥପତି ବିଜ୍ଞାନରେ ଭାରତ ଥିଲା ଅଗ୍ରଣୀ ଓ ପଥପ୍ରଦର୍ଶକ। ପୃଥିବୀର ପ୍ରଥମ ବିଶ୍ୱବିଦ୍ୟାଳୟ ସ୍ଥାପନ ହୋଇଥିଲା ଭାରତରେ। ଯୋଗ ମଧ୍ୟ ମାନବ ସମାଜକୁ ଭାରତର ଅନନ୍ୟ ଅବଦାନ। ଜୈନ ଓ ବୁଦ୍ଧ ଧର୍ମର ସୃଷ୍ଟି ଭାରତରେ। ଅଣୁ ତତ୍ତ୍ୱ ଓ ରକେଟ୍ ବିଜ୍ଞାନର ଜ୍ଞାନ ବହୁକାଳ ପୂର୍ବେ ଭାରତରେ ଥିଲା ବୋଲି କେତେକ ବିଶେଷଜ୍ଞଙ୍କର ମତ। ବିଶ୍ୱ ଅର୍ଥନୀତିରେ ଅଷ୍ଟାଦଶ ଶତାବ୍ଦୀ ପର୍ଯ୍ୟନ୍ତ ଭାରତର ଅବଦାନ ୨୪ ପ୍ରତିଶତରୁ ବେଶୀ ଥିଲା ବୋଲି କୁହାଯାଏ। ପରାଧୀନତା ଓ ବିଦେଶୀ ଶାସନ

ସମୟରେ ହିଁ ଆମ ଦେଶର ଗୁରୁତ୍ୱ ବିଶ୍ୱ ବ୍ୟବସ୍ଥାରେ ଗୌଣ ହୋଇଥିଲା। ଗତ ଦୁଇଶହ ବର୍ଷରେ ଭାରତର ବିଶ୍ୱକୁ ଏକମାତ୍ର ଦାନ – ମହାତ୍ମା ଗାନ୍ଧୀ।

୧୯୪୭ ମସିହାରେ ଭାରତର ସ୍ୱାଧୀନତା ଏସିଆ, ଆଫ୍ରିକା ଓ ଲାଟିନ ଆମେରିକାର ଅନୁନ୍ନତ ଦେଶଗୁଡ଼ିକୁ ଔପନିବେଶିକବାଦ କବଳରୁ ମୁକ୍ତ ହେବାର ପ୍ରେରଣା ଯୋଗାଇଥିଲା। ଦ୍ୱିତୀୟ ମହାଯୁଦ୍ଧ ପରେ ବିଭାଜିତ ବିଶ୍ୱ ବ୍ୟବସ୍ଥା ପୂର୍ବ-ପଶ୍ଚିମ, ପୁଞ୍ଜିବାଦ-କମ୍ୟୁନିଷ୍ଟବାଦ ଊର୍ଦ୍ଧ୍ୱରେ ନୂତନ ସ୍ୱାଧୀନତା ପାଇଥିବା ବହୁ ରାଷ୍ଟ୍ରକୁ ଗୋଟିଏ ସୂତ୍ରରେ ବାନ୍ଧି ରଖିବାର ଗୋଷ୍ଠୀ ନିରପେକ୍ଷତାର ନେତୃତ୍ୱ ନେଇଥିଲା ଭାରତ।

ଆନ୍ତର୍ଜାତିକ କ୍ଷେତ୍ରରେ ଗୋଟିଏ ଦେଶର ଗାରିମା, ମର୍ଯ୍ୟାଦା ଓ ଶକ୍ତି ନିର୍ଭର କରେ ଏହାର ସାମରିକ ଓ ଅର୍ଥନୈତିକ ଶକ୍ତି ଉପରେ। ଇତିମଧ୍ୟରେ ବିଶ୍ୱରେ ଭାରତର ସମ୍ମାନ ଓ ମର୍ଯ୍ୟାଦା ବୃଦ୍ଧି ପାଇଛି ବହୁ ପରିମାଣରେ ଏବଂ ସବୁ ରାଷ୍ଟ୍ରର ଧ୍ୟାନ ଭାରତ ପ୍ରତି ଆକର୍ଷଣ କରିବାରେ ଦେଶର ନେତୃତ୍ୱ ସଫଳ ହୋଇଛି ଏବଂ ଭାରତର ମତାମତକୁ ସମ୍ମାନର ସହିତ ବିଚାରକୁ ନିଆଯାଇ ସ୍ଥଳବିଶେଷରେ ଗ୍ରହଣ କରାଯାଉଛି।

ସାମରିକ କ୍ଷେତ୍ରରେ ଭାରତର ଶକ୍ତି ବୃଦ୍ଧି ପାଇଛି। ଦେଶର ସୁରକ୍ଷା ପାଇଁ ଅସ୍ତ୍ରଶସ୍ତ୍ର ଉତ୍ପାଦନ କ୍ଷେତ୍ରରେ ସ୍ୱାବଲମ୍ବନ ପାଇଁ ରୁଷ, ଆମେରିକା ଓ ଇସ୍ରାଏଲ ପ୍ରଭୃତି ଦେଶ ସହିତ ବୁଝାମଣା ହୋଇଛି ଏବଂ ସ୍ଥାନୀୟ ଉତ୍ପାଦନ ପାଇଁ ପ୍ରସ୍ତୁତି ଚାଲିଛି। ଭାରତୀୟ କମ୍ପାନୀଗୁଡ଼ିକୁ ପ୍ରୋତ୍ସାହନ ଦିଆଯାଉଛି। ଏଥିସହିତ ଭାରତ ମହାସାଗର ସମଗ୍ର ଇଣ୍ଡୋ-ପାସିଫିକ୍ ଇଲାକାରେ ଆମେରିକା, ଅଷ୍ଟ୍ରେଲିଆ, ଜାପାନ ସହିତ ଭାରତର ସହଯୋଗ ମାଧ୍ୟମରେ ଏ ଅଞ୍ଚଳଟିକୁ ସୁରକ୍ଷିତ ରଖିବା ସହିତ ଆନ୍ତର୍ଜାତୀୟ କ୍ଷେତ୍ରରେ ମୁକ୍ତ ସାମୁଦ୍ରିକ ବାଣିଜ୍ୟ ଉପରେ ପ୍ରାଧାନ୍ୟ ଦିଆଯାଇଛି। ଯଦ୍ଦ୍ୱାରା କୌଣସି ଅଞ୍ଚଳରେ ଗୋଟିଏ ଦେଶର ଆଧିପତ୍ୟ ଅଥବା ମୁକ୍ତ ବାଣିଜ୍ୟ ବିରୋଧୀ ପଦକ୍ଷେପକୁ ପ୍ରତିହତ କରିହେବ। ଆତଙ୍କବାଦ ବିରୋଧରେ ମଧ୍ୟ ସର୍ଜିକାଲ ଷ୍ଟ୍ରାଇକ୍ ଭଳି ଦୃଢ଼ ସାହସିକ ପଦକ୍ଷେପ ନିଆହୋଇଛି। ଏଥିସହ ଆନ୍ତର୍ଜାତିକ ସମନ୍ୱୟର ଆତଙ୍କବାଦର ମୁକାବିଲା ପାଇଁ ରଣକୌଶଳରେ ଭାରତର ଭୂମିକା ଗୁରୁତ୍ୱପୂର୍ଣ୍ଣ।

ଗତ ଦୁଇ ଦଶନ୍ଧି ଭିତରେ ଅର୍ଥନୈତିକ କ୍ଷେତ୍ରରେ ଦେଶର ଅଭୂତପୂର୍ବ ଅଗ୍ରଗତି ହୋଇଛି। କୋଟି କୋଟି ଲୋକ ଦାରିଦ୍ର୍ୟ ସୀମାରେଖା ଉପରକୁ ଆସିବାକୁ ସକ୍ଷମ ହୋଇଛନ୍ତି, ଗତ ଚାରିବର୍ଷ ଭିତରେ ସଂସ୍କାରମୂଳକ ନୀତି ପ୍ରଣୟନ ହେତୁ ସମାଜର ଅବହେଳିତ ବର୍ଗ ଲାଭବାନ ହୋଇଛନ୍ତି। ଜନଧନ, ମୁଦ୍ରା, ଷ୍ଟାର୍ଟ ଅପ୍ ଇଣ୍ଡିଆ, ମେକ୍ ଇନ୍ ଇଣ୍ଡିଆ, ଜିଏସ୍‌ଟି ଭଳି ନୀତି ମାଧ୍ୟମରେ ନାଗରିକମାନଙ୍କୁ ଦେଶର ଅର୍ଥନୈତିକ ଅଗ୍ରଗତିରେ ଅବଦାନକୁ ପ୍ରୋତ୍ସାହନ ଦିଆଯାଉଛି। ଯୁବପିଢ଼ିଙ୍କୁ ଦକ୍ଷ ଓ

କୁଶଳୀ କରି ପାରଙ୍ଗମତାରେ ବୃଦ୍ଧି କରାଇ ବିଶ୍ୱ ପ୍ରତିଦ୍ୱନ୍ଦ୍ୱିତାରେ ସଫଳ କରାଇବାର ପ୍ରୟାସ ମଧ୍ୟ ଜାରି ରହିଛି।

ଆଇ.ଏମ.ଏଫ. ଭଳି ବିଶ୍ୱ ଅନୁଷ୍ଠାନ ଭାରତର ନୀତିଗୁଡ଼ିକର ପ୍ରଶଂସା କରି ଭବିଷ୍ୟତରେ ଦେଶ ଗୋଟିଏ ବିକଶିତ ରାଷ୍ଟ୍ରରେ ପରିଚିତ ଓ ମାନ୍ୟତା ପାଇବାର ଆଶା ବ୍ୟକ୍ତ କରିଛନ୍ତି। ଆଇ.ଏମ.ଏଫ.ର ବିଶେଷଜ୍ଞଙ୍କ ଆକଳନ ଅନୁସାରେ, ଦୃତ ଅଭିବୃଦ୍ଧିଶୀଳ ଅର୍ଥନୀତିର ଦେଶଭାବେ ଭାରତ ଏହାର ସ୍ଥିତିକୁ ଆହୁରି ମଜଭୁତ କରିପାରିଛି। ଚଳିତ ଆର୍ଥିକ ବର୍ଷରେ ୭.୩% ଓ ଆସନ୍ତା ବର୍ଷଠାରୁ ୭.୫% ହାରରେ ବଢ଼ିବାକୁ ଯାଉଛି। ଚୀନ ଭଳି ଅନ୍ୟ ଦେଶ ତୁଳନାରେ ଭାରତୀୟ ଅର୍ଥନୀତି ପ୍ରତି ବିପଦ କମ୍ ରହିଛି ଏବଂ ଦେଶର ଅର୍ଥନୀତି ଦୀର୍ଘବର୍ଷ ଧରି ସୁଦୃଢ଼ ରହବ ବୋଲି ଆଇ.ଏମ.ଏଫ. ବିଶେଷଜ୍ଞମାନେ ଆଶା ବ୍ୟକ୍ତ କରିଛନ୍ତି।

ଏସବୁ ସକାରାତ୍ମକ ଚିତ୍ରପଟରେ ଗୋଟିଏ ବଡ଼ 'କିନ୍ତୁ' ରହିଛି। ଜଗତୀକରଣ ପରେ ବର୍ତ୍ତମାନ ବିଶ୍ୱ ଅର୍ଥନୀତି ପରସ୍ପର ନିର୍ଭରଶୀଳ। ଆମେରିକା ଓ ଚୀନରେ ଅର୍ଥନୀତିରେ ଯଦି କିଛି ପତନ ଘଟେ; ତେବେ ତାହା ବିଶ୍ୱ ଅର୍ଥନୀତିକୁ ପ୍ରଭାବିତ କରିବ। ଭାରତ ସେଥିରୁ ବର୍ତ୍ତିପାରିବା ସମ୍ଭାବନା କମ୍। ଚୀନ ଅର୍ଥନୀତିରେ ମାନ୍ଦାବସ୍ଥା, ଆମେରିକାର ସଂରକ୍ଷଣାତ୍ମକ ନୀତି ଓ ୟୁରୋପର ଅନିଶ୍ଚିତତା ଭାରତ ପାଇଁ ସତର୍କ ଘଣ୍ଟି। ବିଶ୍ୱର ବିଭିନ୍ନ ସ୍ଥାନ ୟେମେନ, ସିରିଆ, ଇରାକ, ୟୁକ୍ରେନ୍ ପ୍ରଭୃତିରେ ଲାଗିରହିଥିବା ସଂଘର୍ଷ ବିସ୍ତାରର ଆଶଙ୍କା ମଧ୍ୟ ରହିଛି। ଏସବୁ ସତ୍ତ୍ୱେ ଭାରତର ପୂର୍ବ ଗୌରବ ଫେରାଇଆଣି ବିଶ୍ୱ ଦରବାରରେ ଗୋଟିଏ ଆଧୁନିକ, ପ୍ରଗତିଶୀଳ, ସ୍ପନ୍ଦିତ ରାଷ୍ଟ୍ର ଭାବେ ଗୁରୁତ୍ୱପୂର୍ଣ୍ଣ ଭୂମିକା ଗ୍ରହଣ କରିବାର ସମ୍ଭାବନା ଓ ଅନ୍ତର୍ନିହିତ ଶକ୍ତି ଭାରତର ରହିଛି। ଏହାକୁ ରୂପାୟନ କରିବାରେ ସବୁ ଭାରତୀୟଙ୍କର ଦାୟିତ୍ୱ ରହିଛି।

ରାଜନୀତିର ରଙ୍ଗ

ଗତ ଚାରି ଦଶନ୍ଧି ଭିତରେ ଦେଶର ରାଜନୈତିକ ରଙ୍ଗରେ ବହୁ ପରିବର୍ତ୍ତନ ଘଟିଛି। ଅତୀତରେ ରାଜନୀତି କହିଲେ ବୁଝାଯାଉଥିଲା ବେଶୀ ଭାଗ ରାଜନୈତିକ ଦଳ ଓ ରାଜନୀତିଜ୍ଞମାନେ ଆଦର୍ଶ, ତ୍ୟାଗ, ଦେଶପ୍ରେମ ଓ ସମାଜ ସେବାରେ ନିଜକୁ ନିୟୋଜିତ କରୁଥିଲେ। ବର୍ତ୍ତମାନ ସେଥିରେ ପରିବର୍ତ୍ତନ ପରିଲକ୍ଷିତ ହୁଏ। କୁହାଯାଏ, ଗଣତନ୍ତ୍ର ଗଣିତର ଖେଳ। ସେଥିପାଇଁ ରାଜନୀତି ଭୋଟସର୍ବସ୍ୱ ହୋଇଯାଇଛି। କ୍ଷମତାରେ ତିଷ୍ଠି ରହିବା ବା କ୍ଷମତାକୁ ଆସିବାର ପ୍ରୟାସରେ ସବୁ ଦଳ ଓ ନେତୃତ୍ୱଙ୍କର ଲକ୍ଷ୍ୟ ହୋଇଯାଇଛି। 'ଆୟା ରାମ-ଗୟା ରାମ' ଯୁଗରୁ ବର୍ତ୍ତମାନ ପର୍ଯ୍ୟନ୍ତ ଯାହାସବୁ ଦେଖିବାକୁ ମିଳୁଛି ପ୍ରମାଣିତ କରେ ରାଜନୀତିର ଦୁରବସ୍ଥା ଓ ଦୟନୀୟ ଅବସ୍ଥା ଫଳରେ ଗୁଣସମ୍ପନ୍ନ, ଯୋଗ୍ୟ ବ୍ୟକ୍ତି ରାଜନୀତିକୁ ପ୍ରବେଶ କରିବାକୁ ଚାହୁଁନାହାନ୍ତି। ଯେଉଁମାନେ ନେତୃତ୍ୱର ସମସ୍ତ ନୀତିକୁ ଅନ୍ଧଭାବରେ ସମର୍ଥନ ଦେଉଛନ୍ତି ସେମାନଙ୍କୁ ନେତୃତ୍ୱ ପସନ୍ଦ କରୁଛନ୍ତି। ଆନୁଗତ୍ୟ ହିଁ ମାନଦଣ୍ଡ ହୋଇଯାଇଛି। କେବଳ ସେତିକି ନୁହେଁ, ଭାରତୀୟ ରାଜନୈତିକ ଆକାଶକୁ ଦୃଷ୍ଟି ନିକ୍ଷେପ କଲେ ଆହୁରି ଗୋଟିଏ କଥା ସୁସ୍ପଷ୍ଟ ହେଉଛି, ତାହା ହେଲା କ୍ଷମତାର ଶୀର୍ଷରେ ଜଣେ ମାତ୍ର ନେତା ଯେ ସବୁ ନିଷ୍ପତ୍ତି ନିଅନ୍ତି। କ୍ଷମତା ଶିଡ଼ିରେ ଅନ୍ୟ ସ୍ତରର କୌଣସି ନେତାଙ୍କୁ ରଖାଯାଏ ନାହିଁ। ନେତାଙ୍କର ସ୍ଥାୟିତ୍ୱକୁ ଦୃଢ଼ୀଭୂତ କରେ। ନେତୃତ୍ୱ ଏବେ ବ୍ୟକ୍ତିକୈନ୍ଦ୍ରିକ। ବଂଶବାଦୀ ରାଜନୀତି ସବୁଠାରେ ବିଦ୍ୟମାନ ଓ ଦୃଶ୍ୟମାନ। ଆଗକାଳରେ କେତେଗୁଡ଼ିଏ ସୁସ୍ଥ ପରମ୍ପରା ଥିଲା। ଦଳର ମୁଖ୍ୟ ହୁଅନ୍ତୁ ବା ଶାସନ ମୁଖ୍ୟ, ଗଣତାନ୍ତ୍ରିକ ଢାଞ୍ଚାରେ ନିଜର ସହଯୋଗୀମାନଙ୍କୁ ସମ୍ମାନ ଦେଉଥିଲେ ଓ ସେମାନଙ୍କର ମତାମତକୁ ଉପେକ୍ଷା କରୁନଥିଲେ। ଉପନିର୍ବାଚନରେ ପ୍ରଧାନମନ୍ତ୍ରୀ ବା ମୁଖ୍ୟମନ୍ତ୍ରୀ ପ୍ରଚାର କରିବାକୁ ପସନ୍ଦ କରୁନଥିଲେ। ସ୍ୱାୟତ୍ତଶାସନ ବା ପଞ୍ଚାୟତ ନିର୍ବାଚନରେ ମଧ୍ୟ ସେମାନଙ୍କର ଅଂଶଗ୍ରହଣ

କରିବା ଦେଖାଯାଇ ନଥିଲା। ବର୍ତ୍ତମାନର ଦୃଶ୍ୟ କିନ୍ତୁ ଭିନ୍ନ। ନିର୍ବାଚନ ପ୍ରଚାରରେ ଶାଳୀନତା, ସୌଜନ୍ୟତା ଓ ପଦମର୍ଯ୍ୟାଦା ହୁଏତ ଆଜିକାଲିର ନେତାମାନଙ୍କୁ ଅଜଣା ଅଥବା ଅଗୋଚର। କେବଳ ସେତିକି ନୁହେଁ। ଦଳର ଯଦି କୌଣସି ବ୍ୟକ୍ତି ବା ସହଯୋଗୀ କୌଣସି କାରଣରୁ ନେତାଙ୍କ ସହିତ ମନୋମାଳିନ୍ୟ ହେଉ କିମ୍ବା ନେତା ନିକଟତର ହେବାରେ ବିଫଳ ହୁଅନ୍ତି, ତେବେ ସେ ରାଜନିତିଜ୍ଞଙ୍କୁ ସାମାଜିକ ବାସନ୍ଦ କରାଯାଉଛି। ଦଳୀୟ ସହଯୋଗୀଙ୍କର ଘରେ ବାହାଘର, ବ୍ରତଘରକୁ ନଯିବାକୁ ଗୋଟିଏ ଅଲିଖିତ ନିର୍ଦ୍ଦେଶ ରହୁଛି।

ଏଭଳି ଦୁଃଖଦାୟକ ପରିସ୍ଥିତି ଆଗ କାଳରେ ଦେଖାଯାଇନଥିଲା। ନେତା ବିରୋଧୀ ଦଳର ନେତାମାନଙ୍କୁ, ମତାମତକୁ ସମ୍ମାନ ଦେଉଥିଲେ ଏବଂ ଦଳର କର୍ମୀ ଓ ସହଯୋଗୀଙ୍କ ସହ ସୁସମ୍ପର୍କ ରଖୁଥିଲେ। ଆଉ ଗୋଟିଏ କଥା, ସରକାରଙ୍କୁ ସମାଲୋଚନା କଲାବେଳେ ପାର୍ଲାମେଣ୍ଟ ହେଉ ବା ବିଧାନସଭା, ସେଗୁଡ଼ିକର ଉତ୍ତର ଆନ୍ତରିକତାପୂର୍ଣ୍ଣ ରହୁଥିଲା। ବର୍ତ୍ତମାନର ସରକାରଙ୍କର ଦୋଷତ୍ରୁଟିକୁ ସମାଲୋଚନା କଲେ ଉତ୍ତର ମିଳୁଛି - ପୂର୍ବ ସରକାରଙ୍କ ରାଜତ୍ୱ କାଳରେ ମଧ୍ୟ ସେଭଳି ପରିସ୍ଥିତି ଥିଲା। ଏହାର ଅର୍ଥ - ଭୁଲ ଭଟକାକୁ ସୁଧାରିବା ପରିବର୍ତ୍ତେ ଅତୀତର ଉଦାହରଣ ଦେଇ ତା'ର ଯଥାର୍ଥତା ପ୍ରତିପାଦନ କରାଯାଉଛି। ତେଣୁ ଚର୍ଚ୍ଚାଗୁଡ଼ିକ ନିମ୍ନସ୍ତରର ହେଉଛି।

ସମବାୟ ସଂଘୀୟ ଢାଞ୍ଚାରେ ଆମ ପ୍ରଦେଶ ଓ କେନ୍ଦ୍ର ସରକାରଙ୍କ ସହଯୋଗ ସନ୍ତୋଷଜନକ। କରୋନାର ଭୟାବହ ପରିସ୍ଥିତିରେ ସୀମିତ ସମ୍ବଳ ସୁପରିଚାଳନାରେ କେନ୍ଦ୍ର ଓ ପ୍ରଦେଶ ସରକାର ସହଯୋଗୀ ମନୋଭାବ ନେଇ ସ୍ଥିତିରେ ନିୟନ୍ତ୍ରଣ ଆଣିବାକୁ ଉଦ୍ୟମରତ। ଅନ୍ୟ କ୍ଷେତ୍ରରେ ମଧ୍ୟ ସହଯୋଗର ସୂଚନା ମିଳୁଛି। ଇତି ମଧ୍ୟରେ ପେଟ୍ରୋଲ, ଗ୍ୟାସ, ଇସ୍ପାତ ମନ୍ତ୍ରଣାଳୟ ପକ୍ଷରୁ ପ୍ରଚୁର ପୁଞ୍ଜିନିବେଶ ପ୍ରତିଶ୍ରୁତି ମିଳିଛି। ପ୍ରାୟ ୧ଲକ୍ଷ ୩୪ହଜାର କୋଟି ଟଙ୍କାର ପୁଞ୍ଜିନିବେଶ ଆଶା କରାଯାଏ ଏବଂ ବହୁ ପରିକଳ୍ପନା ଓ ପ୍ରକଳ୍ପକୁ କେନ୍ଦ୍ର ସରକାର ସ୍ୱୀକୃତି ଦେଇଛନ୍ତି। ଏ ପ୍ରକଳ୍ପ ଗୁଡ଼ିକର କାର୍ଯ୍ୟକାରୀ କରିବାର ଗୁରୁଦାୟିତ୍ୱ ରାଜ୍ୟ ସରକାରଙ୍କର। ବହୁ ପ୍ରଶଂସିତ ଉଜ୍ଜଳାରେ ୪୮ ଲକ୍ଷରୁ ଅଧିକ ଲୋକଙ୍କ ପାଖେ ଏଲ୍‌ପିଜି ଉପଲବ୍ଧ।

ସେହିଭଳି ଧାମରା-ହଳଦିଆ-ଜଗଦୀଶପୁର ପ୍ରକଳ୍ପ ୩୦୦୦ କିଲୋମିଟର ଅଞ୍ଚଳକୁ ସୁବିଧାରେ ଗ୍ୟାସ ବିତରଣ କରିବାର ପରିକଳ୍ପନା କରାଯାଇଛି। ସେଥିରୁ ୭୬୦ କିଲୋମିଟର ଓଡ଼ିଶା ଭିତରେ। ୩୫୮୦ କୋଟି ଟଙ୍କାର ପ୍ରାରମ୍ଭିକ ଖର୍ଚ୍ଚ ପାଇଁ ଉଦ୍ୟମ ହେଲାଣି। ୧୯ଟି ଜିଲ୍ଲାର ସହରଗୁଡ଼ିକରେ ଗ୍ୟାସ୍ ବିତରଣ କରିବା

ପାଇଁ ୪୦୦୦ କୋଟି ଟଙ୍କାର ପୁଞ୍ଜିନିବେଶ ହେବା ଆଶା କରାଯାଏ। ଭାରତ ପେଟ୍ରୋଲିୟମ ଇଥାନଲ ବା କ୍ରୁଡ୍ ରିଫାଇନେରୀ ୧୬୦୬ କୋଟି ଟଙ୍କାର ନିବେଶ ଯୋଜନା ରହିଛି। ପାରାଦ୍ୱୀପ ରିଫାଇନେରୀରେ ୩୧୫୫୫ କୋଟି ଟଙ୍କାର ନିବେଶ ହୋଇଛି। ଭଦ୍ରକରେ ଟେକ୍ସଟାଇଲ ପାର୍କ ପାଇଁ ୨୦୦୦ କୋଟି ଟଙ୍କାର ବ୍ୟବସ୍ଥା ରହିଛି। କଳିଙ୍ଗ ନଗରରେ ଇସ୍ପାତ ଉତ୍ପାଦନ ପାଇଁ ୮୦୦୦୦୦ କୋଟି ଟଙ୍କାର ନିବେଶ ଆଶା କରାଯାଏ। ନିପନ ଇଣ୍ଡିଆ, ଆର୍‌ସେଲର ପ୍ରଭୃତି କମ୍ପାନୀମାନଙ୍କ ସହିତ ବୁଝାମଣା ସ୍ୱାକ୍ଷରିତ ହୋଇଛି। ରାଉରକେଲା ଇସ୍ପାତ କାରଖାନାର ଆଧୁନିକୀକରଣ ପାଇଁ ୧୨୬୦୦ କୋଟି ଟଙ୍କାର ବରାଦ ରହିଛି। ତାଳଚେର ସାର କାରଖାନାର ମଧ୍ୟ ପୁନରୁଦ୍ଧାର କରିବାର ଯୋଜନା ରହିଛି। ଏଗୁଡ଼ିକ ପେଟ୍ରୋଲିୟମ ମନ୍ତ୍ରୀ ଶ୍ରୀ ପ୍ରଧାନଙ୍କ ଉଦ୍ୟମରୁ ହେଉଛି। ତେବେ ଏଗୁଡ଼ିକର କାର୍ଯ୍ୟକାରୀ କରିବାର ଦାୟିତ୍ୱ ରାଜ୍ୟ ସରକାରଙ୍କର। ପ୍ରତି ପ୍ରକଳ୍ପର ଅଗ୍ରଗତିକୁ ମନିଟର କରିବାର ପ୍ରୟୋଜନ ରହିଛି।

ଅତୀତରେ ଏତେ ସଂଖ୍ୟାରେ କେନ୍ଦ୍ରମନ୍ତ୍ରୀ ଓ ବିଶିଷ୍ଟ ପ୍ରଶାସକଙ୍କର ଓଡ଼ିଶାରେ ଗଠନମୂଳକ କାର୍ଯ୍ୟରେ ସଂପୃକ୍ତି ଦେଖାନଥିଲା। ଦିଲ୍ଲୀ ଦରବାରରେ ଓଡ଼ିଶାର ସମସ୍ୟାକୁ ଭଲଭାବରେ ଉପସ୍ଥାପିତ କରାଯାଇ ପାରୁଛି। ଯେଉଁମାନେ ଦିଲ୍ଲୀ ଦରବାର ସହିତ ପରିଚିତ ସେମାନେ ଜାଣିଛନ୍ତି - ନେଟ୍‌ୱାର୍କ, ଲବିଂ ବିନା କୌଣସି କାର୍ଯ୍ୟ କରାଇବା ଦିଲ୍ଲୀରେ ଦୁରୂହ।

ଆଜି ଏତେ ସଂଖ୍ୟାରେ ଓଡ଼ିଆ ବ୍ୟୁରୋକ୍ରାଟଙ୍କ ଗୁରୁତ୍ୱପୂର୍ଣ୍ଣ ପଦ ପଦବୀରେ ଅବସ୍ଥାନ ମଧ୍ୟ ପ୍ରତିପାଦିତ କରୁଛି ଯେ, ଦିଲ୍ଲୀ ଦରବାରରେ ଆମର ପ୍ରତିନିଧି ସଜାଗ। ରାଜନୀତିକରଣ ପରିବର୍ତ୍ତେ ପ୍ରକୃତ ସହଯୋଗରେ ଅବହେଳିତ ଓଡ଼ିଶାର ପ୍ରଗତି ଅନିବାର୍ଯ୍ୟ। ଏଥିରେ ବେଶୀ ଦାୟିତ୍ୱ ରାଜ୍ୟ ସରକାରଙ୍କର।

ବେଶ୍ କିଛି ଶିଖିବାର ଅଛି

ଭାରତୀୟ ନିର୍ବାଚନ ଫଳାଫଳର ପୂର୍ବାନୁମାନ କରିବା ଏତେ ସହଜ ନୁହେଁ। ଗତ କିଛି ନିର୍ବାଚନ ସମୟରେ ବିଭିନ୍ନ ଏକ୍‌ଜିଟ୍ ପୋଲ୍‌ର ଭବିଷ୍ୟତବାଣୀ ଭୁଲ୍ ପ୍ରମାଣିତ ହୋଇଥିଲା। କିନ୍ତୁ ଏଥର ୫ଟି ରାଜ୍ୟ ବିଧାନସଭା ନିର୍ବାଚନରେ ଗଣମାଧ୍ୟମ ଓ ଭବିଷ୍ୟତବିତ୍, ଭୋଟଦାନର ଗତି ଅଧ୍ୟୟନ କରୁଥିବା ବିଶେଷଜ୍ଞଙ୍କ ନିର୍ବାଚନ, ଭୋଟଦାନର ଏବଂ ଏକ୍‌ଜିଟ୍ ପୋଲ୍ ପୂର୍ବାନୁମାନ କେତେକାଂଶରେ ସଠିକ୍ ପ୍ରମାଣିତ ହୋଇଛି। ମୋଟାମୋଟି ଭାବେ ଫଳାଫଳର ଅନୁଶୀଳନ କଲେ କିଛି ଟ୍ରେଣ୍ଡ ବା ଧାରା ପ୍ରସ୍ଫୁଟିତ ହେଉଛି।

ପ୍ରଥମତଃ ବିମୁଦ୍ରାୟନ ଓ ଜିଏସ୍‌ଟି ଭାରତୀୟ ଭୋଟରଙ୍କୁ ପ୍ରଭାବିତ କରିଛି ଓ ଭୋଟ ଫଳାଫଳର ସେମାନଙ୍କର ଅସନ୍ତୋଷର ପ୍ରତିଫଳନ ମାତ୍ର। ଦ୍ୱିତୀୟ କାରଣ ହେଲା କୃଷି ଓ କୃଷକର ଅବହେଳା। ଚାଷୀମାନଙ୍କ ଦାରୁଣ ଦୁଃଖଦାୟକ ପରିସ୍ଥିତି ଏବଂ ଏହା ତାଙ୍କର ପ୍ରତିକୂଳ ପ୍ରକ୍ରିୟାର ପ୍ରକାଶ। ତେଲେଙ୍ଗାନାରେ ମୁଖ୍ୟମନ୍ତ୍ରୀଙ୍କ କୃଷକମାନଙ୍କ ପାଇଁ ହିତକାରୀ ନୀତି ଓ ଜନମଙ୍ଗଳକାରୀ କାର୍ଯ୍ୟକ୍ରମ ଟିଏସ୍‌ଆରକୁ ଜୟଯୁକ୍ତ କରାଇବାରେ ସକ୍ଷମ ହୋଇଛି। ବେରୋଜଗାରୀ ମଧ୍ୟ ବିଜେପି ବିରୋଧରେ ଯୁବପିଢ଼ିଙ୍କୁ ବିମୁଖ କରିଛି। ଦେଶରେ ଦୃଶ୍ୟମାନ ହିଂସା, ଘୃଣାର ବାତାବରଣ ବିରୁଦ୍ଧରେ ଭୋଟର ନିଜର ସ୍ପଷ୍ଟ ମତାମତ ପ୍ରକାଶ କରିଛି।

ରାଜସ୍ଥାନ, ମଧ୍ୟପ୍ରଦେଶ ଓ ଛତିଶଗଡ଼ରେ ବିଜେପିର ସରକାର ଓ ସମ୍ବଳ ଥିଲେ ମଧ୍ୟ ଭାଜପା ବହୁଦିନ ଧରି କ୍ଷମତାରେ ଥିବା ଗାଦୀସାନ ଶାସକ ଦଳ ବିରୋଧରେ ମତାମତର ପ୍ରତିଫଳିତ ହୋଇଛି। ବିକାଶ ସହିତ ଧର୍ମ ନିର୍ବାଚନର ପ୍ରମୁଖ ପ୍ରସଙ୍ଗ ଭାବେ ଉଭା ହୋଇଛି। ବିଜେପିର କାର୍ଯ୍ୟକ୍ରମ, ପ୍ରଚାର ଓ ପ୍ରାର୍ଥୀ ମନୋନୟନରେ ଧର୍ମର ପ୍ରାଧାନ୍ୟ ଜଣାଶୁଣା କଥା; କିନ୍ତୁ ରାହୁଲ ଗାନ୍ଧୀଙ୍କର ମନ୍ଦିର, ମସ୍‌ଜିଦ, ଗୁରୁଦ୍ୱାର

ପରିଦର୍ଶନ ଓ ପୂଜାର୍ଚ୍ଚନା ପ୍ରମାଣ କରୁଛି ଭାରତୀୟ ନିର୍ବାଚନରେ ଧର୍ମର ଗୁରୁତ୍ୱ ରହିଛି। କିନ୍ତୁ ରାମମନ୍ଦିର କାର୍ଡ଼ ଏଥର ନିର୍ବାଚନରେ ବିଶେଷ ଫଳପ୍ରଦ ହୋଇପାରି ନାହିଁ। ପ୍ରଧାନମନ୍ତ୍ରୀଙ୍କ ନିର୍ବାଚନ ପ୍ରଚାରରେ ଗାନ୍ଧୀ ପରିବାର, ପରିବାରବାଦ, ଅଗଷ୍ଟା ହେଲିକେପ୍ଟରରେ ଦୁର୍ନୀତି ମୁଖ୍ୟ ପ୍ରସଙ୍ଗ ଥିଲାବେଳେ ରାହୁଲ ଗାନ୍ଧୀ କୃଷି, କୃଷକ ଓ ଜନଜାତିର ଅବହେଳା ଓ ସେମାନଙ୍କର ଆଶା ଏବଂ ଆକାଙ୍‌କ୍ଷା ଉପରେ ଦୃଷ୍ଟି ଆକର୍ଷଣ କରିଥିଲେ। ପ୍ରଚାରରେ ଭାଷା ପ୍ରୟୋଗରେ ଶାଳୀନତା, ଭଦ୍ରତାର ଅଭାବ ପରିଲକ୍ଷିତ ହୋଇଥିଲା। ପ୍ରଧାନମନ୍ତ୍ରୀ ଓ ରାହୁଲ ଅତୀତର ପ୍ରଚାର ଶୈଳୀରେ ପରିବର୍ତ୍ତନ ଆଣି ବ୍ୟକ୍ତିଗତ ଆକ୍ଷେପବହୁଳ ନିର୍ବାଚନ ପ୍ରଚାର କରିବାକୁ କୁଣ୍ଠାବୋଧ କରିନଥିଲେ। ମନେହୁଏ, ରାହୁଲ ଗାନ୍ଧୀ ଏଭଳି ଗୋଟିଏ ଉଦ୍ଦେଶ୍ୟମୂଳକ ରଣକୌଶଳ ସବୁଦିଗରୁ ବିଚାର କରି ମୋଦୀଙ୍କୁ ପ୍ରତିରକ୍ଷାମୂଳକ କରିବାରେ ସକ୍ଷମ ହୋଇଥିଲେ। ରାଜସ୍ଥାନ, ମଧ୍ୟପ୍ରଦେଶ ଓ ଛତିଶଗଡ଼ରେ କଂଗ୍ରେସ ସପକ୍ଷରେ ଗତ ନିର୍ବାଚନ ଠାରୁ ୬-୭ ପ୍ରତିଶତ ଅଧିକ ଭୋଟ୍ ପ୍ରଦାନ ଓ ବହୁଜନ ସମାଜ ପାର୍ଟିର ଭୋଟ୍ ହାର ବୃଦ୍ଧି ୨୦୧୯ ପାର୍ଲାମେଣ୍ଟ ନିର୍ବାଚନରେ ବିଜେପି ପାଇଁ ମୁଣ୍ଡବିନ୍ଧାର କାରଣ ହୋଇପାରେ।

ଏ ନିର୍ବାଚନର ଆଉ ଗୋଟିଏ ବଡ଼ କଥା ହେଉଛି ରାହୁଲ ଗାନ୍ଧୀଙ୍କର ଉଦୟ। ଏକାକୀ ନିର୍ବାଚନ ପ୍ରଚାରର ମଙ୍ଗ ଧରି ଦମ୍ଭ ଭାଙ୍ଗିଯାଇଥିବା ଓ ଆତ୍ମପ୍ରତ୍ୟୟ ନଷ୍ଟ ହୋଇଥିବା କଂଗ୍ରେସ ଦଳକୁ ତିନୋଟି ରାଜ୍ୟରେ ସରକାର ଗଠନ ଅବସ୍ଥାକୁ ଆଣିବା ଏକ ବିରାଟ ସଫଳତା। ମଧ୍ୟପ୍ରଦେଶର ବିଜେପିର ଗଡ଼ରେ ଟକ୍କର ଦେଇ କଂଗ୍ରେସ ଏକକ ସଂଖ୍ୟାଗରିଷ୍ଠ ହେବା କିଛି କମ୍ କଥା ନୁହେଁ। ତାଙ୍କୁ ଯେଉଁମାନେ ଗୁରୁତ୍ୱ ଦେଉନଥିଲେ ଏବଂ ତାଚ୍ଛଲ୍ୟ ବ୍ୟଙ୍ଗାତ୍ମକ ଶବ୍ଦରେ ଚିତ୍ରଣ କରୁଥିଲେ, ଏହି ଫଳାଫଳ ପରେ ସେମାନଙ୍କୁ ମତ ପରିବର୍ତ୍ତନ କରିବାକୁ ପଡ଼ିବ। ରାହୁଲଙ୍କ ଭାବମୂର୍ତ୍ତି ବର୍ତ୍ତମାନ ଭିନ୍ନ। କେବଳ ସେତିକି ନୁହେଁ, କଂଗ୍ରେସ ଦଳରେ ନେତୃତ୍ୱରେ ପିଢ଼ି ପରିବର୍ତ୍ତନ କରି ବହୁ ସଂଖ୍ୟାରେ ଯୁବପିଢ଼ି ଲୋକଙ୍କ ସାହାଯ୍ୟ ସମର୍ଥନରେ ବୁଥ୍‌ସ୍ତରରୁ ନିର୍ବାଚନ ପ୍ରଚାରରେ ଶକ୍ତି ସଂଚାର କରିବାରେ ସେ ସକ୍ଷମ ହୋଇଥିଲେ। ନିର୍ବାଚନ ଫଳାଫଳ ନିଶ୍ଚିତ ଭାବେ ଦେଶର ଅନ୍ୟ ପ୍ରାନ୍ତରେ କଂଗ୍ରେସ ଦଳର ନେତା ଓ କର୍ମୀଙ୍କୁ ଉତ୍ସାହିତ କରିବ ଓ ୨୦୧୯ ନିର୍ବାଚନରେ ଦଳକୁ ସକରାତ୍ମକ ପ୍ରଚାର ଓ କାର୍ଯ୍ୟକ୍ରମ ପାଇଁ ଉପାଦାନ ଯୋଗାଇବ।

୨୦୧୯ରେ ନିର୍ବାଚନ ଫଳାଫଳର କ'ଣ ପ୍ରଭାବ ପଡ଼ିବ କହିବା କଷ୍ଟ। କାରଣ ପ୍ରଧାନମନ୍ତ୍ରୀ ମୋଦୀଙ୍କ ଲୋକପ୍ରିୟତାରେ କୌଣସି ପରିବର୍ତ୍ତନ ଆସି ନାହିଁ। ଜନସାଧାରଣଙ୍କ ମାନସରେ ଏବେ ବି ସେ ଜଣେ ଦକ୍ଷ ନେତା। ତାଙ୍କର ବିକଳ୍ପ

ଭାବେ କୌଣସି ନେତା ଉଭା ହୋଇ ନାହାନ୍ତି । କିନ୍ତୁ ବାସ୍ତବତା ହେଉଛି ଦକ୍ଷିଣ ଓ ପୂର୍ବ ଭାରତରେ ବିଜେପିର ସ୍ଥିତି ଭଲ ନୁହେଁ । ହିନ୍ଦୀ ଭାଷାଭାଷୀ ଅଞ୍ଚଳର ତିନୋଟି ପ୍ରଦେଶରେ ପରାଜୟ ୨୦୧୯ ନିର୍ବାଚନରେ ଭୋଟରମାନଙ୍କୁ ପ୍ରଭାବିତ କରିବାର ଆଶଙ୍କା ରହିଛି । ଗତ ତିନୋଟି ଲୋକସଭା ନିର୍ବାଚନକୁ ଅନୁମାନ କଲେ ଜଣାପଡ଼ିବ ଯେ ବିଧାନସଭାର ଫଳାଫଳ ଲୋକସଭା ନିର୍ବାଚନରେ ସମଭାବେ ଦୃଷ୍ଟିଗୋଚର ହୁଏ । ଯଦି ସେପରି ହୁଏ ତେବେ ବିଜେପି ଏହି ତିନୋଟି ପ୍ରଦେଶରେ ପ୍ରାୟ ୪୫ଟି ସିଟ୍ ହରାଇବାର ଆଶଙ୍କା ରହିଛି । ପଞ୍ଜାବରେ ବର୍ତ୍ତମାନ କଂଗ୍ରେସ ସରକାର । ଉତ୍ତର ପ୍ରଦେଶରେ ସମାଜବାଦୀ ଓ ବହୁଜନ ସମାଜ ପାର୍ଟିର ବୁଝାମଣା ହେବାର ପ୍ରସ୍ତୁତି ଖବର ଗଣମାଧ୍ୟମରେ ପ୍ରକାଶ ପାଇଛି । ତାହା ହୋଇପାରିଲେ ଉତ୍ତର ପ୍ରଦେଶରେ ନିର୍ଣ୍ଣାୟକ ନିର୍ବାଚନ ହେବାର ସମ୍ଭାବନା ରହିଛି, ଯାହା ଜାତୀୟ ରାଜନୀତିକୁ ପ୍ରଭାବିତ କରିବ । ବିରୋଧୀ ଦଳମାନେ ଏକତ୍ର ହୋଇପାରିଲେ ଏବଂ ପ୍ରଧାନମନ୍ତ୍ରୀ ପ୍ରାର୍ଥୀରେ ସହମତ ଆସିପାରିଲେ ୨୦୧୯ ନିର୍ବାଚନ ପ୍ରତିଦ୍ୱନ୍ଦ୍ୱୀମୂଳକ ଏବଂ ଚିତ୍ତାକର୍ଷକ ହେବ ।

୧୫୦ତମ ପୂର୍ତ୍ତିର ବାର୍ତ୍ତା

ମହାତ୍ମା ଗାନ୍ଧୀଙ୍କ ୧୫୦ତମ ଜୟନ୍ତୀ ପାଳନ ଉପଲକ୍ଷେ ଆମ ସହରରେ, ପ୍ରଦେଶରେ, ଦେଶରେ ଏବଂ ପୃଥିବୀର ବିଭିନ୍ନ ପ୍ରାନ୍ତରେ ବହୁ କାର୍ଯ୍ୟକ୍ରମ ଦେଖିବାକୁ ମିଳୁଛି। ଆଲୋଚନାଚକ୍ର, କର୍ମଶାଳା, ସଭାସମିତି, ପ୍ରଭାତଫେରି, ଶାନ୍ତି ଓ ସଦ୍‌ଭାବନା ଯାତ୍ରା, ପଦଯାତ୍ରା, ମାରାଥନ୍ ରେସ୍, ରାଜନୈତିକ ଦଳଗୁଡ଼ିକର ଲୋକସମ୍ପର୍କ ଯାତ୍ରା ସହ ରକ୍ତଦାନ, ଶ୍ରମଦାନ, ଅନ୍ନଦାନ ଏବଂ ସଂଗୀତ, ନୃତ୍ୟ ଓ କଳା ମାଧ୍ୟମରେ ଗାନ୍ଧିଜୀଙ୍କ ପ୍ରତି ଶ୍ରଦ୍ଧାଞ୍ଜଳି, ପ୍ରତିମୂର୍ତ୍ତି ଉନ୍ମୋଚନ ଓ ତାଙ୍କ ସମ୍ବନ୍ଧରେ ଲିଖିତ ପୁସ୍ତକ ଉନ୍ମୋଚନ ପ୍ରଭୃତିର ଖବର ମଧ୍ୟ ମିଳୁଛି। ମୋଦୀ ସରକାର ଜାତିର ପିତା ମହାତ୍ମା ଗାନ୍ଧୀଙ୍କ ଦେଶ ଓ ମାନବ ସମାଜ ପାଇଁ ଅବଦାନର ସ୍ମରଣେ ଜୟନ୍ତୀ ପାଳନର ଅବଧି ଦୁଇବର୍ଷ କରିବା ନିଷ୍ପତ୍ତି ସହ ୨୦୧୪ ଓ ୨୦୧୯ ଅଗଷ୍ଟ ପନ୍ଦର ସ୍ୱାଧିନତା ଦିବସରେ ଲାଲକିଲ୍ଲାରୁ ଦେଶବାସୀଙ୍କ ପ୍ରତି 'ସ୍ୱଚ୍ଛ ଭାରତ' ଓ 'ପ୍ଲାଷ୍ଟିକମୁକ୍ତ ଭାରତ' ଅଭିଯାନର ଶୁଭାରମ୍ଭ କରିଛନ୍ତି।

ଭାରତବର୍ଷର ଲୋକକ୍ଷେତ୍ରରେ ଗାନ୍ଧିଜୀ ବୋଧହୁଏ ପ୍ରଥମ ବ୍ୟକ୍ତି ଯିଏ ଦେଶର ଦୃଶ୍ୟମାନ ଅପରିଷ୍କାର, ଅପରିଚ୍ଛନ୍ନତା ଭଳି କଳଙ୍କର ଅପସାରଣ ପାଇଁ ଜାତୀୟ ସ୍ତରରେ ସମସ୍ତଙ୍କର ଧ୍ୟାନ ଆକର୍ଷଣ କରିବାରେ ସକ୍ଷମ ହୋଇଥିଲେ ଏବଂ ଗୋଟିଏ ସାମାଜିକ ଆନ୍ଦୋଳନର ରୂପ ଦେବାକୁ ଚେଷ୍ଟା କରିଥିଲେ। ନିଜ ସହକର୍ମୀଙ୍କ ଆଚରଣରେ ତା'ର ପ୍ରତିଫଳନ ପାଇଁ ପ୍ରଚେଷ୍ଟା କରିଥିଲେ। ସ୍ୱାଧୀନତା ପରବର୍ତ୍ତୀ କାଳରେ ସରକାରୀ ଉଦ୍ୟମରେ ବହୁ ଯୋଜନା ମାଧ୍ୟମରେ ସ୍ୱଚ୍ଛ ଭାରତର ପରିକଳ୍ପନା କରାଯାଇଥିଲା, କିନ୍ତୁ ନିଷ୍ଠା, ଉତ୍ସାହର ଅଭାବ ଓ ସରକାରୀ କଳର ଉଦାସୀନତା ହେତୁ ଆଶାଜନକ ଫଳାଫଳ ମିଳିନଥିଲା। ପ୍ରଧାନମନ୍ତ୍ରୀ ମୋଦୀଙ୍କର ସଂପୃକ୍ତି ଓ ଦେଶବାସୀଙ୍କ ପ୍ରତି ନିବେଦନ ସୂଚିତ କରାଉଛି ଯେ ଏହାର ସଫଳତା ପାଇଁ ସେ ବ୍ୟଗ୍ର। ଅତୀତରେ

ସରକାରୀ ସ୍ତରରେ ସର୍ବୋଚ୍ଚ ଅଧିକାରୀଙ୍କର ଏଭଳି ଆଗ୍ରହ ଓ ପ୍ରତିଶ୍ରୁତିବଦ୍ଧତା ଦୃଷ୍ଟିଗୋଚର ହୋଇନଥିଲା। ଫଳରେ ୨୦୧୪ରୁ ୨୦୧୯ ପାଞ୍ଚବର୍ଷ ଭିତରେ ଦେଶ ଖୋଲା ମଳତ୍ୟାଗର କଳଙ୍କରୁ ମୁକ୍ତ ହେବାର ଘୋଷଣା କରିବାକୁ ପ୍ରଧାନମନ୍ତ୍ରୀ ସକ୍ଷମ ହେଲେ। ହୁଏତ ଏଥିରେ କିଛି ଭୁଲ ଭଟକା ଥାଇପାରେ, ୧୦୦% ସଫଳତା ମିଳି ନଥାଇପାରେ, କେତେକ ଜାଗାରେ ଶୌଚାଳୟ କାର୍ଯ୍ୟକ୍ଷମ ନହୋଇ ଥାଇପାରେ କିମ୍ବା ଶୌଚାଳୟର ଦୁରୁପଯୋଗ ହୋଇପାରିଥାଏ, କିନ୍ତୁ ସ୍ୱୀକାର କରିବାକୁ ପଡ଼ିବ ଯେ ଏହା ଜାତୀୟ ସ୍ତରରେ ସଚେତନତା ସୃଷ୍ଟି କରିଛି ଏବଂ ଯଦି ୭୦% ସହର ଓ ଗ୍ରାମରେ ଏହା କାର୍ଯ୍ୟକାରୀ ହୋଇଛି ତେବେ ଭାରତ ଭଳି ଏକ ପ୍ରାଚୀନ ସଭ୍ୟତା, ଜନବହୁଳ ଦେଶରେ ଏହା ଗୋଟିଏ ବିରାଟ ସଫଳତା। 'ସ୍ୱଚ୍ଛ ଭାରତ' ମାଧ୍ୟମରେ ହିଁ ସ୍ୱାସ୍ଥ୍ୟରକ୍ଷା ବ୍ୟବସ୍ଥାରେ ଉନ୍ନତି ଓ ଶିଶୁମୃତ୍ୟୁ ହାର ହ୍ରାସ କରିବା ସମ୍ଭବ ହେବ ଯାହାର ସୁପ୍ରଭାବ ଉତ୍ପାଦକ ଓ ଅର୍ଥନୈତିକ ଅଭିବୃଦ୍ଧିରେ ପ୍ରତିଫଳିତ ହେବ ଭବିଷ୍ୟତରେ। ସେଥିପାଇଁ ଗାନ୍ଧୀଙ୍କ ଚଷମାକୁ 'ସ୍ୱଚ୍ଛ ଭାରତ' ଅଭିଯାନର ଲୋଗୋ ବା ପ୍ରତୀକାତ୍ମକ ଚିହ୍ନ ଭାବେ ପ୍ରୟୋଗ କରାହୋଇଥିଲା। ଏହା ଗୋଟିଏ ଦିନର କାର୍ଯ୍ୟକ୍ରମ ନୁହେଁ। ସମ୍ପୂର୍ଣ୍ଣ ସଫଳତା ପାଇଁ କ୍ରମାଗତ ନାଗରିକ ସହଯୋଗ, ସମର୍ଥନ, ତୃଣମୂଳ ସ୍ତରରେ କାର୍ଯ୍ୟ କରୁଥିବା ସ୍ୱେଚ୍ଛାସେବୀ, ରାଜନୈତିକ କର୍ମୀ, ସରକାରୀ ପଦାଧିକାରୀ ଓ ପରିବାରଙ୍କର ବଡ଼ ଭୂମିକା ରହିଛି।

ବର୍ତ୍ତମାନ ଗାନ୍ଧିଜୀଙ୍କୁ ନିଜର କରିବାର ପ୍ରବଳ ଆଗ୍ରହ ସବୁ ରାଜନୈତିକ ଦଳ ଓ ଅନ୍ୟାନ୍ୟ ସଂଗଠନରେ ଦେଖିବାକୁ ମିଳୁଛି। ଏଭଳିକି ରାଷ୍ଟ୍ରୀୟ ସ୍ୱୟଂ ସେବକ ସଂଘ ମହାତ୍ମା ଗାନ୍ଧୀଙ୍କର ପୁନଃ ମୂଲ୍ୟାଙ୍କନ କରିବାର ଆଭାସ ଦେଖିବାକୁ ମିଳୁଛି। ଆରଏସଏସ ଚିନ୍ତନରେ ମନ୍ଥନ ସୃଷ୍ଟି ହୋଇଛି। ହୁଏତ ସଂଘକୁ ନୂତନ ପରିଚୟ ଦେବାରେ ଏହା ଏକ ନିଷ୍ଠାପର ପ୍ରଚେଷ୍ଟା। ସଂଘର ମୁଖ୍ୟ ମୋହନ ଭାଗବତ ବାପୁଜୀଙ୍କ ୧୫୦ତମ ଜନ୍ମବାର୍ଷିକୀ ଅବସରରେ ସଦସ୍ୟମାନଙ୍କୁ ପରାମର୍ଶ ଦେଇଛନ୍ତି ଯେ ସଂକଳ୍ପ ସହ ଗାନ୍ଧିଜୀଙ୍କର ପବିତ୍ର, ସମର୍ପିତ, ପାରଦର୍ଶୀ ଜୀବନଦର୍ଶନରେ ଅନୁପ୍ରାଣିତ ହୋଇ ସେ ଦେଖାଇଥିବା ମାର୍ଗରେ ତାଙ୍କର ଗୁଣଗୁଡ଼ିକ ଦ୍ୱାରା ପରିଚାଳିତ ହୋଇ ଭାରତକୁ ବିଶ୍ୱଗୁରୁ କରିବାରେ ସମର୍ପିତ ଓ ନିୟୋଜିତ କରିବାପାଇଁ। ସେ ଗାନ୍ଧିଜୀଙ୍କର ସାମାଜିକ ସମତା ଦର୍ଶନର ପ୍ରଶଂସା କରିଛନ୍ତି ଓ ଆଶାବ୍ୟକ୍ତ କରିଛନ୍ତି ଯେ ଗାନ୍ଧିଜୀଙ୍କ ନୀତି ଓ ଆଦର୍ଶ ବିଶ୍ୱସମ୍ବନ୍ଧୀୟ ଆହ୍ୱାନର ଉପଯୁକ୍ତ ଜବାବ ଦେବାକୁ ସମର୍ଥ। ଭାଗବତଙ୍କ ଭାଷାରେ ଦେଶର ନେତା, ନୀତି ନିର୍ଦ୍ଧାରକ, ସରକାର ଯେଉଁ ପଥରେ ଯିବେ, ଦେଶର ଜନସାଧାରଣ ସେଇ ପଥ ଅନୁସରଣ କରିବେ। ଶ୍ରେଷ୍ଠ ବିଚାରଧାରାର ବ୍ୟକ୍ତି ଯେଉଁ

ପଥ ଦେଖାଇବେ ତାହାକୁ ସାଧାରଣ ଲୋକେ ଆନ୍ତରିକତାର ସହ ଅନୁସରଣ କରିବେ ଏବଂ ସମାଜରେ ପରିବର୍ତ୍ତନ ସମ୍ଭବ ହେବ।

ଆମ ପ୍ରଦେଶରେ ମଧ୍ୟ ନୂତନ ଚିନ୍ତନ ଓ ସ୍ୱରର ଇଙ୍ଗିତ ଦେଖିବାକୁ ମିଳୁଛି। ମୁଖ୍ୟମନ୍ତ୍ରୀ ନବୀନ ପଟ୍ଟନାୟକ ତାଙ୍କର ସହକର୍ମୀମାନଙ୍କୁ ଉପଦେଶ ଦେଇଛନ୍ତି - ଲୋକମାନଙ୍କ ସହ ସମ୍ପର୍କ ରଖିବାକୁ, ନିକଟତର ହେବାକୁ, ସେମାନଙ୍କର ସୁଖଦୁଃଖ ସହିତ ପରିଚିତ ହେବାକୁ। ଏଥି ସହିତ ପରାମର୍ଶ ଦେଇଛନ୍ତି ସରଳ ଜୀବନଯାପନ ଶୈଳୀକୁ ଆଦରି ନେବାପାଇଁ, ବିନମ୍ରତାର ଗୁରୁତ୍ୱକୁ ମଧ୍ୟ ପ୍ରାଧାନ୍ୟ ଦେବାକୁ। ନିଜ ଜନ୍ମଦିନ ପାଳନ ନକରି ଅନାଥ ଆଶ୍ରମ, ଭିନ୍ନକ୍ଷମ ପିଲାଙ୍କ ପାଇଁ ଥିବା ଶିକ୍ଷାନୁଷ୍ଠାନକୁ ଯାଇ ସେମାନଙ୍କ ଭଲ ପାଇଁ କାମ କରିବାକୁ ଦଳର କର୍ମୀ ଓ ଶୁଭେଚ୍ଛୁଙ୍କୁ ମୁଖ୍ୟମନ୍ତ୍ରୀ ନିବେଦନ କରିଛନ୍ତି। କେବଳ ସେତିକି ନୁହେଁ, ଜୀବନର ସ୍ମରଣୀୟ ଦିନରେ, ଯଥା: ଜନ୍ମଦିନ, ବିବାହବାର୍ଷିକୀ ଦିନମାନଙ୍କରେ ଅନାଥ ଆଶ୍ରମ ଓ ଭିନ୍ନକ୍ଷମ ପିଲାଙ୍କ ସ୍କୁଲ ଗଲାବେଳେ ନିଜ ପରିବାର ଓ ପିଲାମାନଙ୍କୁ ନେଇଯିବା ପାଇଁ ଅନୁରୋଧ କରିଛନ୍ତି। କାରଣ ପିଲାମାନେ ଆମର ଭବିଷ୍ୟତ। ଆଶା କରିବା ଏଭଳି ପରାମର୍ଶ ଓ ଉଦ୍ୟମ ପଛରେ ଥିବା ବାର୍ତ୍ତାକୁ ରାଜନୀତି ସମେତ ସାଧାରଣ କ୍ଷେତ୍ରରେ କାର୍ଯ୍ୟ କରୁଥିବା ବ୍ୟକ୍ତି ସମୂହ ହୃଦୟଙ୍ଗମ କରିବେ ଏବଂ ନିଜକୁ ତଦନୁଯାୟୀ ପରିଚାଳିତ କରିବେ। ଏହି ପରାମର୍ଶଗୁଡ଼ିକ ଗାନ୍ଧୀ ବିଚାରଧାରା ଦ୍ୱାରା ପ୍ରଭାବିତ। ମହାତ୍ମା ଗାନ୍ଧୀଙ୍କ ୧୫୦ତମ ଜୟନ୍ତୀ ପାଳନ ଅବସରରେ ଭାରତ ସମ୍ବିଧାନର ମୁଖବନ୍ଧରେ 'ଅହିଂସା'କୁ ସ୍ଥାନ ଦେବା ପାଇଁ ଓ ସଂସଦରେ ଏକ-ତୃତୀୟାଂଶ ଆସନ ମହିଳାଙ୍କ ପାଇଁ ସଂରକ୍ଷିତ ରଖିବାର ପ୍ରସ୍ତାବ ମୁଖ୍ୟମନ୍ତ୍ରୀଙ୍କ ଭାବମୂର୍ତ୍ତିରେ ଭିନ୍ନ ଏକ ଦିଗ ସୃଷ୍ଟି କରିଛି।

ଏହି ପୃଷ୍ଠଭୂମିରେ ଆଉ ଗୋଟିଏ ଦିଗ ପ୍ରତି ଆମ ସମସ୍ତଙ୍କୁ ଧ୍ୟାନ ଦେବାକୁ ପଡ଼ିବ। ତାହା ହେଉଛି ଗାନ୍ଧିଜୀଙ୍କ ଚିନ୍ତନ, କଥନ ଓ କାର୍ଯ୍ୟରେ ଗୋଟିଏ ଯୋଗସୂତ୍ର ବା ନିରବଚ୍ଛିନ୍ନ ଭାବେ ସଂଯୋଗ ରହୁଥିଲା। ଅନ୍ୟ ଅର୍ଥରେ ସେ ଯାହା ଚିନ୍ତା କରୁଥିଲେ, ତାହା କହୁଥିଲେ ଓ ଯାହା କହୁଥିଲେ ତାହା କରୁଥିଲେ। ସେଥିପାଇଁ ସେ ଦେଶବାସୀଙ୍କର ଆସ୍ଥାଭାଜନ ହୋଇପାରିଥିଲେ ଓ ତାଙ୍କର ବିଶ୍ୱସନୀୟତା ଯୋଗୁଁ ଅଗଣିତ ଧନୀ-ଦରିଦ୍ର, ପୁରୁଷ-ମହିଳା, ପାଠୁଆ-ଅପାଠୁଆ ସବୁ ଜାତିର, ସବୁ ଧର୍ମର, ସବୁ ପିଢ଼ିର ଭାରତବାସୀଙ୍କୁ ଏକଜୁଟ କରାଇ ପରାକ୍ରମଶାଳୀ ବ୍ରିଟିଶ ସାମ୍ରାଜ୍ୟର ମୂଳଦୁଆକୁ ଦୋହଲାଇ ଦେବାକୁ ସକ୍ଷମ ହୋଇଥିଲେ। ଏହା ତାଙ୍କ ବ୍ୟକ୍ତିତ୍ୱର ସାଧୁତା, ସଚ୍ଚୋଟତା ଓ ନ୍ୟାୟପରାୟଣତାର ନିଦର୍ଶନ। ଏହି ଗୁଣଟିର ଘୋର ଅଭାବ ଆମ ଚରିତ୍ରରେ ଦେଖିବାକୁ ମିଳୁଛି। କହିବା ବାହୁଲ୍ୟ ରାଜନୀତି କ୍ଷେତ୍ରରେ ଏହାର ଅନୁପସ୍ଥିତି ସବୁଠାରୁ ବେଶୀ।

ଆଉ ଗୋଟିଏ କଥା ଯାହାର ପ୍ରୟୋଜନୀୟତା ବର୍ତ୍ତମାନ ସବୁଠାରୁ ଅଧିକ ଓ ସମସ୍ତଙ୍କ ପ୍ରଣିଧାନଯୋଗ୍ୟ। ତାହା ହେଉଛି ଗାନ୍ଧିଜୀଙ୍କ ସରଳ ଜୀବନଶୈଳୀ। ସେ ଥିଲେ 'ମିନିମାଲିଷ୍ଟ' ବା 'ସ୍ୱଳ୍ପତମରେ ବିଶ୍ୱାସୀ'। ଗାନ୍ଧିଜୀଙ୍କର ବ୍ୟବହୃତ ଜିନିଷ ଖଣ୍ଡିଏ ଧୋତି, ଛୋଟ ଚଦର, ଗୋଟିଏ ଚଷମା, ହଳେ ଚପଲ, ପକେଟ ଘଣ୍ଟା ଓ ଗୋଟିଏ ଗ୍ଲାସ୍‌ରେ ସୀମିତ ଥିଲା। ଆବଶ୍ୟକତାକୁ ସବୁଠାରୁ ନିମ୍ନସ୍ତରରେ ରଖି ଅଧିକରୁ ଅଧିକତର ବସ୍ତ୍ର, ସମ୍ପତ୍ତି ଠୁଳ କରିବାର ପ୍ରବୃତ୍ତିରୁ ନିଜକୁ ଦୂରରେ ରଖିଥିଲେ। ଥରେ ତାଙ୍କୁ ପ୍ରଶ୍ନ ହୋଇଥିଲା - 'ଆପଣଙ୍କର ବିଶ୍ୱକୁ ବାର୍ତ୍ତା କ'ଣ ?' ଉତ୍ତରରେ ଗାନ୍ଧୀ କହିଥିଲେ - 'ମୋ ଜୀବନ ହିଁ ମୋ ବାର୍ତ୍ତା'। ଏହି ଉକ୍ତିର ଗୂଢ଼ତତ୍ତ୍ୱ ଆଜିର ରାଜନୀତିଜ୍ଞ, ଉଚ୍ଚପଦାଧିକାରୀ, ବ୍ୟବସାୟୀ ଓ ବିଭିନ୍ନ କ୍ଷେତ୍ରରେ ପ୍ରତିଷ୍ଠିତ ସେଲିବ୍ରିଟିଙ୍କ ପାଇଁ ପ୍ରଯୁଜ୍ୟ। ସେମାନେ ଯେଉଁ ପଥ ଦେଖାଇବେ, ସାଧାରଣ ଲୋକେ ତାହା ଆନ୍ତରିକତାର ସହ ଅନୁସରଣ କରିବେ। ପରିବେଶ ପ୍ରଦୂଷଣ, ଜଳବାୟୁ ପରିବର୍ତ୍ତନର ଅସଲ କାରଣ ହେଲା - ବସ୍ତୁବାଦୀ ଜୀବନଶୈଳୀରେ ଅତ୍ୟଧିକ ଆସକ୍ତି ଏବଂ ଆବଶ୍ୟକତାଠାରୁ ଅଧିକ ବସ୍ତୁର ମାଲିକ ହେବାର ପ୍ରବଳ ବାସନା, ଯାହା ବର୍ତ୍ତମାନ ମାନବ ସଭ୍ୟତା ତିଷ୍ଠି ରହିବାର ଭିତ୍ତି ଉପରେ ପ୍ରଶ୍ନବାଚୀ ସୃଷ୍ଟି କରିଛି। ଗାନ୍ଧିଜୀଙ୍କ ଜୀବନଦର୍ଶନ ଓ ଆଦର୍ଶ ସାଂପ୍ରତିକ ପରିସ୍ଥିତିର ଉପଯୁକ୍ତ ଓ ସମୁଚିତ ଉତ୍ତର।

ବେଳେବେଳେ ପ୍ରଶ୍ନ ଉଠେ - ଗାନ୍ଧୀ ଦର୍ଶନ, ଚିନ୍ତାଧାରା, ଆଦର୍ଶର ପ୍ରାସଙ୍ଗିକତା ଓ ଯଥାର୍ଥତା ଉପରେ। କଥା ହେଉଛି - ସେଗୁଡ଼ିକ କାଳଜୟୀ। କାରଣ ତାହା ଚିରନ୍ତନ ମାନବୀୟ ମୂଲ୍ୟବୋଧ ଉପରେ ଆଧାରିତ।

■

ଓଡ଼ିଆ ଭାଷାରେ ବୈଷୟିକ ଶିକ୍ଷା

ଜାତୀୟ ଶିକ୍ଷାନୀତି ୨୦୨୦ ଇତି ମଧ୍ୟରେ ଘୋଷିତ ହୋଇଛି। ସେଥିରେ ଯାହାସବୁ ଉଲ୍ଲେଖ କରାଯାଇଛି ତାହା ନିଷ୍ଠାପରଭାବେ କାର୍ଯ୍ୟକାରୀ ହେଲେ ଶିକ୍ଷା କ୍ଷେତ୍ରରେ ବୈପ୍ଳବିକ ପରିବର୍ତ୍ତନ ଆସିବାର ସମ୍ଭାବନା ରହିଛି। ନୀତିରେ ମଧ୍ୟ ମାତୃଭାଷା ମାଧ୍ୟମରେ ଶିକ୍ଷା ଦେବାର ପରିକଳ୍ପନା କରାଯାଇଛି ଓ ପ୍ରାଧାନ୍ୟ ଦିଆଯାଇଛି। ଏ ସଂକ୍ରାନ୍ତରେ କିଛି ଲୋକଙ୍କର ସନ୍ଦେହ ରହିଛି ଏବଂ ଆଶଙ୍କା ମଧ୍ୟ କରାଯାଇଛି, ଗଣମାଧ୍ୟମରେ ଏହା ଚର୍ଚ୍ଚିତ। ସନ୍ଦେହ ରହିବା ସ୍ୱାଭାବିକ। ସେମାନଙ୍କ ମତରେ ଓଡ଼ିଆ ମାଧ୍ୟମରେ ପଢ଼ିଲେ ଆମେ ପଛୁଆ ରହିଯିବା। ଆଧୁନିକ ଯୁଗରେ ପ୍ରତିଦ୍ୱନ୍ଦ୍ୱିତା ମୂଳକ ପୃଥିବୀରେ ଅନ୍ୟମାନଙ୍କ ସହ ସମକକ୍ଷ ହୋଇପାରିବା ନାହିଁ। ଇଂରାଜୀ ବର୍ତ୍ତମାନ କମ୍ପ୍ୟୁଟର ଭାଷା, ବିଜ୍ଞାନର ଭାଷା, ଆନ୍ତର୍ଜାତୀୟ ବ୍ୟବସାୟର ଭାଷା। ମାତୃଭାଷା ଓଡ଼ିଆ ସେଇ ସ୍ତରକୁ ଆସିନାହିଁ। ଓଡ଼ିଆରେ ପ୍ରତି ଶବ୍ଦର ପରିଭାଷାର ଅଭାବ। ତେଣୁ ମାତୃଭାଷାରେ ଶିକ୍ଷା ନିରର୍ଥକ। ଏହା ଏକ ଭ୍ରମାତ୍ମକ ଧାରଣା। ବିଶ୍ୱର ବିକଶିତ ଦେଶଗୁଡ଼ିକରେ ଶିକ୍ଷାନୀତିକୁ ଅନୁଶୀଳନ କଲେ ଜଣାଯିବ ଯେ ସେସବୁ ଦେଶରେ ମାତୃଭାଷାରେ ଶିକ୍ଷା ଦିଆଯାଏ ଏବଂ ସେମାନେ ଉନ୍ନତ ଯଥା ଜାପାନ, କୋରିଆ, ଫ୍ରାନ୍ସ, ଜର୍ମାନୀ, ଇଟାଲି ଏଭଳି କି ରୁଷିଆରେ ମଧ୍ୟ ମାତୃଭାଷାରେ ଶିକ୍ଷା ଦିଆଯାଏ। ଏମିତି ତ ବ୍ରିଟେନ, ଆମେରିକା, କାନାଡ଼ାର ମାତୃଭାଷା ହେଲା ଇଂରାଜୀ; କିନ୍ତୁ ଦେଖାଯାଉଛି ଇଂରାଜୀ ମାଧ୍ୟମରେ ପଢ଼ାଇବାକୁ ସବୁ ଅଭିଭାବକ ବ୍ୟଗ୍ର। ଯେ କୌଣସି ମତେ ସନ୍ତାନ ସନ୍ତତିମାନଙ୍କୁ ଇଂରାଜୀ ମାଧ୍ୟମରେ ପଢ଼ାଇବାର ପ୍ରବଳ ଆଗ୍ରହୀ ଓ ଗର୍ବ ଅନୁଭବ କରନ୍ତି। ଏମାନେ ସାଧାରଣତଃ ସହରାଞ୍ଚଳ ଓ ସ୍ୱଚ୍ଛଳ ଲୋକେ। ଓଡ଼ିଶାର ପଛୁଆ ଏବଂ ଗରିବ, ଦଳିତ ଓ ପଛୁଆବର୍ଗର ସେ ସୁବିଧାରୁ ନିବୃତ୍ତ ରହିବେ ଏବଂ ସେମାନେ ପ୍ରତିଦ୍ୱନ୍ଦ୍ୱିତାରେ ଭାଗ ନେବାକୁ ଅସମର୍ଥ ଓ ଅନିଚ୍ଛୁକ।

ମନେ ରଖିବାକୁ ହେବ ଓଡ଼ିଶାର ପ୍ରାୟ ୯୧ ପ୍ରତିଶତ ଶିକ୍ଷାର୍ଥୀ ଓଡ଼ିଆ ମାଧ୍ୟମ ସ୍କୁଲରେ ପଢ଼ନ୍ତି ଏବଂ +୨ ସ୍ତରକୁ ଆସିଲେ ବହୁତ ଅସୁବିଧାର ସମ୍ମୁଖୀନ ହୁଅନ୍ତି। କାରଣ ଓଡ଼ିଆ ପୃଷ୍ଠଭୂମିରୁ ଆସି ଇଂରାଜୀ ମାଧ୍ୟମରେ ପଢ଼ିବାର ଅସୁବିଧା ଅନୁଭବ କରନ୍ତି। ପ୍ରତିଦ୍ୱନ୍ଦ୍ୱୀ ହେବାର ସୁଯୋଗ ସେମାନଙ୍କୁ ମିଳେ ନାହିଁ। ଆମ ପ୍ରଦେଶର ପ୍ରଗତି ପାଇଁ ଏଡ଼େ ବଡ଼ ସଂଖ୍ୟାର ଛାତ୍ରଛାତ୍ରୀମାନଙ୍କ ଅବହେଳା ଅସମ୍ଭବ। ତେଣୁ ସେମାନଙ୍କର ପାରଙ୍ଗମତା ବୃଦ୍ଧି କରିବାକୁ ହେଲେ ମାତୃଭାଷା ଶିକ୍ଷା ସବୁ କ୍ଷେତ୍ରରେ ଦେଖିବାକୁ ମିଳୁ।

ଏଥିପାଇଁ ଓଡ଼ିଆ ଅଧ୍ୟୟନ ଓ ଗବେଷଣା ସଂସ୍ଥା ଓଡ଼ିଆ ଶାସ୍ତ୍ରୀୟ ଭାଷାର ସ୍ୱୀକୃତି, କେନ୍ଦ୍ରୀୟ ଶାସ୍ତ୍ରୀୟ ଓଡ଼ିଆ ଭାଷା ଉତ୍କର୍ଷ ସଂସ୍ଥା, ଓଡ଼ିଆ ବିଶ୍ୱବିଦ୍ୟାଳୟ ପ୍ରତିଷ୍ଠା ପାଇଁ ଆନ୍ଦୋଳନରେ ମୁଖ୍ୟ ଭୂମିକା ଗ୍ରହଣ କରିଥିଲା। ବର୍ତ୍ତମାନ ମାତୃଭାଷାରେ ଶିକ୍ଷା ଗ୍ରହଣର ସୁଯୋଗ ପାଇଁ ଦାବି କରିଆସିଛି। ଇତି ମଧ୍ୟରେ ଓଡ଼ିଆ ଭାଷା ମାଧ୍ୟମରେ ପରୀକ୍ଷା ଦେବାକୁ ସିଭିଲ୍ ସର୍ଭିସ୍, ରେଳବାଇ ଏବଂ ଡାକ୍ତରୀ ପ୍ରବେଶିକା ପରୀକ୍ଷା ଦେବାର ସୁଯୋଗ ଉପଲବ୍ଧ।

ଓଡ଼ିଆ ଭାଷା ସହିତ ଦେଶର ୧୧ଟି ଆଞ୍ଚଳିକ ଭାଷାରେ ବି.ଟେକ୍ ପଢ଼ାଇବା ପାଇଁ ଅଖିଳ ଭାରତୀୟ ବୈଷୟିକ ଶିକ୍ଷା ପରିଷଦ(ଏଆଇସିଟିଇ) ନୀତିଗତ ଭାବେ ସମ୍ମତି ଦେଇଛନ୍ତି। ଏଥି ମଧ୍ୟରୁ ହିନ୍ଦୀ, ମରାଠୀ, ତାମିଲ, ତେଲୁଗୁ, ଗୁଜରାଟି, କନ୍ନଡ଼, ମାଲାୟାଲମ୍, ବଙ୍ଗଳାରେ କାର୍ଯ୍ୟ ଆରମ୍ଭ ହୋଇଗଲାଣି। ଓଡ଼ିଆ, ପଞ୍ଜାବୀ, ଅହମୀୟା ପାଇଁ ଏଆଇସିଟିଇ ପଦକ୍ଷେପ ନେଇଛନ୍ତି। ଇତି ମଧ୍ୟରେ ଓଡ଼ିଶା ଅଧ୍ୟୟନ ଓ ଗବେଷଣା ସଂସ୍ଥାର ପ୍ରତିନିଧିମାନେ ଏଆଇସିଟିଇର ଅଧ୍ୟକ୍ଷ ଓ ଅନ୍ୟ ସଦସ୍ୟମାନଙ୍କୁ ସେପ୍ଟେମ୍ବରରେ ଦୁଇଥର ଭେଟି ଏ ବିଷୟରେ ଆଲୋଚନା କରିଛନ୍ତି। ଏହାଦ୍ୱାରା ପଛୁଆ ବର୍ଗ ଓ ଜନଜାତି ବିଦ୍ୟାର୍ଥୀମାନେ ଉପକୃତ ହେବେ।

ବର୍ତ୍ତମାନର କେନ୍ଦ୍ର ଶିକ୍ଷାମନ୍ତ୍ରୀ ଏହି ବିଷୟବସ୍ତୁ ସହିତ ପରିଚିତ। ଗୋଟିଏ ଦଶନ୍ଧିରୁ ବେଶୀ ସମୟ ପାଇଁ ସେ ଉଦ୍ୟମ କରି ଆସିଛନ୍ତି। ଆଶା କରାଯାଏ ତାଙ୍କର ପ୍ରୋତ୍ସାହନରେ ଓଡ଼ିଆର ବିଦ୍ୟାର୍ଥୀମାନେ ଶିକ୍ଷାବର୍ଷ ୨୦୨୨ରୁ ଏ ସୁବିଧା ସୁଯୋଗ ପାଇବାର ହକ୍‌ଦାର ହେବେ। ଏହାଦ୍ୱାରା ଓଡ଼ିଆ ଛାତ୍ରଛାତ୍ରୀଙ୍କୁ ଗୁଣାତ୍ମକ ଶିକ୍ଷା ସହ ନିଯୁକ୍ତି ପାଇବାର ଦ୍ୱାର ଖୋଲିଯିବ।

■

କୋଭିଡ, ୟୁକ୍ରେନ୍ ଓ ଆଫଗାନିସ୍ତାନ

୨୦୨୧ରେ ଯେଉଁ ପ୍ରମୁଖ ଘଟଣାଗୁଡ଼ିକ ସାରା ବିଶ୍ୱବାସୀ ଓ ବିଶ୍ୱ ବ୍ୟବସ୍ଥାକୁ ପ୍ରଭାବିତ କରିଥିଲା ତାହା ହେଲା କୋଭିଡ-୧୯, ୟୁକ୍ରେନ ଓ ଆଫଗାନିସ୍ତାନ। କୋଭିଡ-୧୯ ଯୋଗୁଁ ବର୍ତ୍ତମାନ ସୁଦ୍ଧା ୪୦୦ ନିୟୁତ ସଂକ୍ରମିତ ଓ ୫ ନିୟୁତ ମୃତ। ଏହାର ସବୁ ମହାଦେଶରେ ଉପସ୍ଥିତି ହୁଏତ ଅତୀତରେ ଦେଖାଯାଇ ନଥିଲା। ଏ ପର୍ଯ୍ୟନ୍ତ ଏହାର ପ୍ରତିକାର ପାଇଁ ବିଜ୍ଞାନ, ଅନୁଭୂତିସମ୍ପନ୍ନ କୌଣସି ଦୀର୍ଘକାଳୀନ ଟିକା କିମ୍ବା ଔଷଧ ଓ ଇଞ୍ଜେକ୍ସନର ଉଦ୍‌ଭାବନ କିମ୍ବା ଆବିଷ୍କାର ହୋଇନାହିଁ। ଏ ପର୍ଯ୍ୟନ୍ତ ଆମେ ଯେଉଁ ଟିକା ନେଇଛେ ଓ ଯେଉଁ ଔଷଧ ସେବନ କରୁଛେ - ତାହା ପରୀକ୍ଷା ନିରୀକ୍ଷା ମାତ୍ର। ପରାମର୍ଶ ଅନୁଯାୟୀ ଟିକା ଗ୍ରହଣ କରିଥିଲେ ମଧ୍ୟ ସେଗୁଡ଼ିକର ଫଳାଫଳରେ ବ୍ୟତିକ୍ରମ ଦେଖାଯାଉଛି। ତିନି ତିନି ଥର ଟିକାର ଡୋଜ୍ ନେଲାପରେ ମଧ୍ୟ ଲୋକେ ଏଥିରେ ଆକ୍ରାନ୍ତ ହେଉଛନ୍ତି। ଥରେ ସଂକ୍ରମିତ ହେବାପରେ ଆଉ ଥରେ ଏ ବ୍ୟାଧିରେ ସଂକ୍ରମିତ ହେବାର ବହୁ ଦୃଷ୍ଟାନ୍ତ ଦେଖାଗଲାଣି। ଏହାର ସୃଷ୍ଟି ବିବାଦୀୟ ଓ ସଂକ୍ରମଣ କେଉଁ କାରଣରୁ ହେଉଛି ସେଥିରେ ବହୁମତ ରହିଛି। ଭବିଷ୍ୟତରେ ଏହା କେଉଁ ରୂପ ନେବ ତାହା ଆକଳନ କରିବା କଷ୍ଟ। ବର୍ତ୍ତମାନ ତ ବିଶ୍ୱ ସ୍ୱାସ୍ଥ୍ୟ ସଂଗଠନ ମନ୍ତବ୍ୟ ଦେଇଛି ଯେ ଭବିଷ୍ୟତରେ ଆମକୁ କରୋନା ସହିତ ବଞ୍ଚିବାକୁ ପଡ଼ିବ ଏବଂ କରୋନାର କ୍ଷତିକାରକ କ୍ଷମତା ବିଷୟରେ କୌଣସି ଭବିଷ୍ୟତ ବାଣୀ ଦେବା କଷ୍ଟକର ବ୍ୟାପାର। ଆମ ଜୀବନ ଶୈଳୀରେ ବହୁ ପରିବର୍ତ୍ତନର ଆଶଙ୍କା ରହିଛି। ଏ ପର୍ଯ୍ୟନ୍ତ ତୁଣ୍ଡି (ମାସ୍କ) କେବଳ ପ୍ରତିକାର ବୋଲି ମନେ ହେଉଛି ଏବଂ ତାହା ବିଶ୍ୱ ସ୍ୱାସ୍ଥ୍ୟ ସଂଗଠନ ଓ ବିଶ୍ୱର ବହୁ ନେତୃତ୍ୱ ସ୍ୱୀକାର କରିଛନ୍ତି। ତେବେ ଏହା କେତେ ଫଳପ୍ରଦ ହେବ ତାହା ବର୍ତ୍ତମାନ ଅନୁମାନ କରିବା କଷ୍ଟ। ଏତିକି

କୁହାଯାଇପାରେ ଯେ ବିଶ୍ୱବାସୀ ଏଥିପାଇଁ ଚିନ୍ତିତ ଓ ଭୟଭୀତ । ଦୁଇବର୍ଷ ପରୀକ୍ଷା, ନିରୀକ୍ଷା ଓ ଅପେକ୍ଷା ସତ୍ତ୍ୱେ ସବୁକିଛି ଅନିଶ୍ଚିତ ।

ୟୁକ୍ରେନ୍‌ରେ ଯାହା କିଛି ଘଟୁଛି ସେଥିପାଇଁ ବିଶ୍ୱ ବ୍ୟବସ୍ଥାରେ କି ପରିବର୍ତ୍ତନ ହେବ କହିବା କିମ୍ବା ରୂପରେଖ ସମ୍ବନ୍ଧ ବିଷୟରେ ଅନୁମାନ କରିବା ସହଜ ନୁହେଁ । ଶୀତଳ ଯୁଦ୍ଧର ପୁନଃଆଗମନର ଇଙ୍ଗିତ ଦେଖିବାକୁ ମିଳୁଛି, ମହାଯୁଦ୍ଧର ସମ୍ଭାବନାକୁ ମଧ୍ୟ ଏଡ଼ାଇ ଦିଆଯାଇ ନପାରେ ।

ସଂକ୍ଷେପରେ କେତେକ ପୂର୍ବ ୟୁରୋପର ରାଷ୍ଟ୍ର 'ନାଟୋ'ର ସଦସ୍ୟ ହେବାପରେ ଅନ୍ୟ କେତେକ ରାଷ୍ଟ୍ର ସଦସ୍ୟ ହେବାରେ ଆଗ୍ରହ ଦେଖାଇଛନ୍ତି । ତାହା ରୁଷିଆର ସୁରକ୍ଷା ପାଇଁ ସଂକଟ ସୃଷ୍ଟି କରିବ ବୋଲି ରୁଷିଆର ମତ । ଇତି ମଧ୍ୟରେ ପ୍ରାୟ ଏକଲକ୍ଷ ସତୁରୀ ହଜାର ସୈନ୍ୟଙ୍କୁ ବେଲାରୁଷ ଓ ୟୁକ୍ରେନ ସୀମାରେ ମୁତୟନ କରିଛି ରୁଷିଆ । ଅସ୍ତ୍ରଶସ୍ତ୍ର ସମୂହ ସହିତ ପ୍ରାକ୍ ଯୁଦ୍ଧର ପ୍ରସ୍ତୁତି କରିସାରିଛି । ୟୁକ୍ରେନର ପୂର୍ବଭାଗରେ କେତେକ ଅଞ୍ଚଳରେ ବିଚ୍ଛିନ୍ନତାବାଦୀ ସଂଗ୍ରାମ ଚାଲୁରହିଛି । ସେମାନେ ରୁଷର ସମର୍ଥକ । ଆମେରିକା ଓ ନାଟୋ ଦେଶଗୁଡ଼ିକର ସନ୍ଦେହ ହେଉଛି ଯେ ରୁଷିଆ କ୍ରିମିଆ ଭଳି ୟୁକ୍ରେନକୁ ଜବରଦସ୍ତ ଦଖଲ କରିବାକୁ ଚାହେଁ ବା ଚେଷ୍ଟିତ । ପୂର୍ବରୁ ମଧ୍ୟ ଜର୍ଜିଆରେ ନିଜର ପ୍ରଭାବ ପରିସର ରଖିବାକୁ ସମର୍ଥ ହୋଇଛି । ଅନ୍ୟ ରାଷ୍ଟ୍ରଗୁଡ଼ିକର ନାଟୋର ସଦସ୍ୟ ହେବାର ଆଗ୍ରହକୁ ଦୃଷ୍ଟିରେ ରଖି ପୁଟିନ ଦାବି କରିଛନ୍ତି ଯେ ୟୁକ୍ରେନର ନାଟୋର ସଦସ୍ୟତା ରୁଷିଆ ସୁରକ୍ଷା ପାଇଁ ବିପଦ । ତେଣୁ ଆମେରିକା ଓ ଅନ୍ୟ ରାଷ୍ଟ୍ରଗୁଡ଼ିକ ୟୁକ୍ରେନ୍‌ର 'ନାଟୋ'ର ସଦସ୍ୟତା ଚେଷ୍ଟାରୁ ନିବୃତ୍ତ ରୁହନ୍ତୁ । ପୂର୍ବ ୟୁରୋପର ଅନ୍ୟ ରାଷ୍ଟ୍ରଗୁଡ଼ିକର ସଦସ୍ୟତା ରୁଷିଆ ପାଇଁ କ୍ଷତିକାରକ; ତେଣୁ ସୋଭିଏତ ସଂଘର ବିଲୟ ପରେ ୟୁରୋପର ସୁରକ୍ଷା ଢାଞ୍ଚାରେ ଯେଉଁସବୁ ପରିବର୍ତ୍ତନ ଆସିଥିଲା ତାହା ବାତିଲ କରାଯାଉ ଏବଂ ଶୀତଳ ଯୁଦ୍ଧ ସମୟରେ ପୂର୍ବ ୟୁରୋପର ସୁରକ୍ଷା ଜନିତ ପଦକ୍ଷେପ ନିଆଯାଉ ।

ଅନ୍ୟ ଅର୍ଥରେ ପୂର୍ବ ୟୁରୋପ ରୁଷିଆର ପ୍ରଭାବ ପରିସର ମଧ୍ୟରେ ଆଗଭଳି ରହୁ । ରୁଷର ଏଭଳି ଆକାଂକ୍ଷା ଆମେରିକା ଭଳି କେତେକ ରାଷ୍ଟ୍ରଙ୍କ ପାଇଁ ଅଗ୍ରହଣୀୟ । ଫଳରେ ଆମେରିକା ନେତୃତ୍ୱରେ କେତେକ ରାଷ୍ଟ୍ର ସୈନ୍ୟସାମନ୍ତ ଓ ଅସ୍ତ୍ରଶସ୍ତ୍ର ମୁତୟନ ପାଇଁ ପ୍ରସ୍ତୁତି କରୁଛନ୍ତି । ଏହା ମନେ ପକାଇ ଦେଉଛି ଶୀତଳ ଯୁଦ୍ଧର ପରିସ୍ଥିତି । ଦୁଇଟି ଶକ୍ତିଶାଳୀ ଗୋଷ୍ଠୀଙ୍କର ଯୁଦ୍ଧ ପାଇଁ ପ୍ରସ୍ତୁତି ଏବଂ ଆମେରିକା ଓ ରୁଷିଆକୁ ସାମ୍ନା ସାମ୍ନା ଅବସ୍ଥାକୁ ଟାଣି ଆଣିଛି ଏବଂ ପରିସ୍ଥିତିକୁ ଜଟିଳ କରିଦେଇଛି । ଏ ପର୍ଯ୍ୟନ୍ତ ବହୁ ମଧ୍ୟସ୍ଥ ଶାନ୍ତିର ବାତାବରଣ ପାଇଁ ଚେଷ୍ଟିତ । ଆମେରିକା ରାଷ୍ଟ୍ରପତି ବାଇଡେନ୍‌ଙ୍କ

ସହିତ ବାର୍ତ୍ତାଳାପ ବ୍ୟର୍ଥ ହୋଇଛି। ଅନ୍ୟମାନଙ୍କର ପ୍ରଚେଷ୍ଟା ମଧ୍ୟ ବିଫଳ ହୋଇଛି। ଶେଷରେ ଫ୍ରାନ୍‌ସର ରାଷ୍ଟ୍ରପତି ମ୍ୟାକ୍ରନ ପୁଟିନଙ୍କ ସହିତ ସାକ୍ଷାତ ପରେ ନିରାଶ ହୋଇ ଫେରିଛନ୍ତି। ତଥାପି ଆଲୋଚନା ଓ କଥାବାର୍ତ୍ତା ଜରିଆରେ ଏ ସମସ୍ୟାର ସମାଧାନ କୂଟନୀତି ଦ୍ୱାରା ସମ୍ଭବ ବୋଲି ଦୁଇପକ୍ଷରୁ କୁହାଯାଉଛି।ଏ ପର୍ଯ୍ୟନ୍ତ ପୁଟିନଙ୍କ ଗହନ ମନର କଥା ଜାଣିବାକୁ ଓ ବୁଝିବାକୁ ବା ତାଙ୍କର ରଣ କୌଶଳର ପରବର୍ତ୍ତୀ ପଦକ୍ଷେପ ବିଷୟ ବୁଝିବାକୁ ଅନ୍ୟମାନେ ଅକ୍ଷମ। ଆଉ କେତେକଙ୍କ ମତ ହେଉଛି ପୁଟିନଙ୍କର ଏହା ବ୍ଲଫ୍ ବା ଏକ ଛଳ, ନିଜ ଶକ୍ତିର ମିଛ, ବଢ଼େଇ ଚଢ଼େଇ କରିବା ଓ ପ୍ରତାରଣା କରିବା ପାଇଁ। ଦେଖାଯାଉ ଏହାର ସମାଧାନ ଯୁଦ୍ଧରେ ନା ଶାନ୍ତିରେ।

ଆଫଗାନିସ୍ତାନରେ ତାଲିବାନ୍‌ର ପ୍ରତ୍ୟାବର୍ତ୍ତନ ମଧ୍ୟ ସୃଷ୍ଟି କରିଛି ଅନିଶ୍ଚିତତା। ଆତଙ୍କବାଦର ସମ୍ଭାବନା ବିଶେଷକରି ଭାରତ, ପାକିସ୍ତାନ ଓ ଇରାନ୍ ପାଇଁ ଉଦ୍‌ବେଗର କାରଣ ହୋଇଛି। ଦୋହା ବୁଝାମଣାକୁ ଅବଜ୍ଞା କରି ତାଲିବାନ ଯେଉଁଭଳି ଭାବେ କାବୁଲକୁ ଅକ୍ତିଆର କଲା ସେଭଳି ଅତର୍କିତ ଆକ୍ରମଣ ଆମେରିକା ଅନୁମାନ କରିପାରି ନଥିଲା ଓ ପ୍ରସ୍ତୁତି ମଧ୍ୟ କରିନଥିଲା। ଶେଷରେ ଅନିଚ୍ଛା ସତ୍ତ୍ୱେ ଆଫଗାନିସ୍ତାନରୁ ହଟିବାକୁ ପଡ଼ିଲା। ଅତୀତର ତାଲିବାନ ଶାସନ କାଳରେ ଇସ୍‌ଲାମୀୟ ମୌଳବାଦୀଙ୍କ ଗ୍ରପରେ ନିଷ୍ଠୁର, କଠୋର, ଅନ୍ୟାୟ ଭାବେ ନାରୀ ଓ ସଂଖ୍ୟାଲଘୁଙ୍କ ହତାଦର, ବାଧା ସୃଷ୍ଟି କରିବା ଏବଂ ଅନ୍ତର୍ଜାତୀୟ ଆତଙ୍କବାଦୀଙ୍କୁ ଶରଣ ଦେବା ଫଳରେ ବହୁଦେଶ ତାଲିବାନ ସରକାରକୁ ବୈଧ, ଯଥାର୍ଥ ଭାବେ ସ୍ୱୀକୃତି ଦେଇନାହାନ୍ତି ଏବଂ ବିକାଶ ପାଇଁ ଅନୁଦାନରେ କଟକଣା ରୋକ୍ ଲଗାଯାଇଛି। ବର୍ତ୍ତମାନ ଆମେରିକା ଓ ଅନ୍ୟ ରାଷ୍ଟ୍ର ଯେଉଁ ମାନବୀୟ ସାହାଯ୍ୟ ପଠାଉଛନ୍ତି ତାହା ଶରଣାର୍ଥୀ ସମସ୍ୟାକୁ ନିୟନ୍ତ୍ରିତ କରିବାପାଇଁ। ଜାତିସଂଘର ଖାଦ୍ୟ ଓ କୃଷି ଅନୁଷ୍ଠାନର ଆକଳନରେ ଆଫଗାନିସ୍ତାନ ଲୋକସଂଖ୍ୟାରୁ ଅର୍ଦ୍ଧେକରୁ ଅଧିକ ଲୋକଙ୍କ ପାଇଁ ନିରାପଦ ଓ ପୁଷ୍ଟିକର ଖାଦ୍ୟ ନାହିଁ ଏବଂ ପ୍ରାୟ ୭୨ ପ୍ରତିଶତ ଲୋକେ ଗରିବ ସୀମାରେଖା ତଳେ ଅଛନ୍ତି। ତାଲିବାନ ସରକାର ମଧ୍ୟ ପୁଲିସ ଓ ସେନାବାହିନୀକୁ ବରଖାସ୍ତ କରିବା ଦ୍ୱାରା ଦେଶରେ ବେକାର ଓ ବେରୋଜଗାରୀଙ୍କ ସଂଖ୍ୟା ଆଶାତୀତ ଭାବେ ବୃଦ୍ଧି ପାଇଛି।

ଏଥର କିନ୍ତୁ ବାସ୍ତବତାର ବାଧ୍ୟବାଧକତାରେ ନାରୀମାନଙ୍କ ପାଇଁ ବୁର୍ଖା ବଦଳରେ ମସ୍ତକର ଆବରଣ ପିନ୍ଧିବାକୁ ଅନୁମତି ମିଳିଛି। ପ୍ରଥମ କିଛିମାସ ପାଇଁ ନାରୀମାନଙ୍କୁ ଶିକ୍ଷା ଓ ସ୍ୱାସ୍ଥ୍ୟ କ୍ଷେତ୍ରରେ କାମ କରିବାକୁ ଅନୁମତି ଦିଆଯାଇଛି। କେବଳ ଛ'ଗ୍ରେଡ୍ ପର୍ଯ୍ୟନ୍ତ ନାରୀଶିକ୍ଷାକୁ ସମ୍ମତି ଦିଆହୋଇଛି। ଅନ୍ୟଦିଗରେ କିନ୍ତୁ ନାରୀମାନଙ୍କ ପାଇଁ ଉଦ୍ଦିଷ୍ଟ ମନ୍ତ୍ରାଳୟକୁ ବନ୍ଦ କରିଦିଆ ଯାଇଛି; କିନ୍ତୁ ଆଭ୍ୟନ୍ତରୀଣ ମତଭେଦ ଯୋଗୁଁ ଏ

ନୀତିଗୁଡ଼ିକ କେତେଦିନ ପାଇଁ କାର୍ଯ୍ୟକାରୀ ହେବ ସେ ବିଷୟରେ ଆଶଙ୍କା ରହିଛି । ସେଇଭଳି ସଂଖ୍ୟାଲଘୁଙ୍କ ପ୍ରତି ଅନ୍ୟାୟ ଅବିଚାର ଏବେ ମଧ୍ୟ ବଳବତ୍ତର ରହିଛି । ଜଣେ ମାତ୍ର ହାଜରା ଗୋଷ୍ଠୀରୁ ମନ୍ତ୍ରିମଣ୍ଡଳରେ ସ୍ଥାନ ପାଇଛନ୍ତି ।

ଆଫଗାନିସ୍ତାନ ମୁସଲମାନ ଚରମପନ୍ଥୀଙ୍କ ପାଇଁ ଆକର୍ଷଣୀୟ କ୍ଷେତ୍ର । ୧୯୭୯ରେ ରୁଷିଆ ଭଳି ଶକ୍ତିଶାଳୀ ଦେଶକୁ ବିତାଡ଼ିତ କରିବା ଚରମପନ୍ଥୀଙ୍କ ପାଇଁ ବିରାଟ ସଫଳତା । ତେଣୁ ତାଲିବାନର ଭାବମୂର୍ତ୍ତି ଭିନ୍ନ । ତେବେ ବର୍ତ୍ତମାନ ବି ଅଳ୍ପସଂଖ୍ୟକ ଆଲ୍‌ କାଇଦାଙ୍କର ଉପସ୍ଥିତି ଆଫଗାନିସ୍ତାନରେ ରହିଛି । ତେବେ ୨୦୨୦ ବୁଝାମଣାରେ ତାଲିବାନ ଆଶ୍ୱାସନା ଦେଇଛି ଯେ କୌଣସି ଚରମ ଗୋଷ୍ଠୀକୁ ଆକ୍ରମଣ କରିବାର ମଞ୍ଚ ଦେବନାହିଁ । ସେଇଭଳି ଆଇ.ଏସ୍. ଓ ତାଲିବାନ ମଧ୍ୟରେ ମତାନ୍ତର ଓ ଭିନ୍ନମତ ଆଦର୍ଶରେ । ଆଇ.ଏସ୍. ମୁସଲମାନ ସାରା ବିଶ୍ୱରେ ଗୋଟିଏ ଗୋଷ୍ଠୀ ବୋଲି ଦାବି କରୁଥିଲାବେଳେ ତାଲିବାନ୍‌ ଏକ ଜାତୀୟ ଆନ୍ଦୋଳନ ଏବଂ ଏହାର ଅତୀତ କାର୍ଯ୍ୟକଳାପରେ ଆନ୍ତର୍ଜାତୀୟତାର କୌଣସି ଲକ୍ଷଣ ଦେଖାଯାଇନି । ଶେଷରେ ୨୦୨୧ର ଏଇ ଘଟଣାଗୁଡ଼ିକର ଅନୁସରଣ କଲେ ଜଣାପଡ଼ିବ ବିଶ୍ୱ ଏକ ତରଳ ଅବସ୍ଥା ଦେଇ ଗତି କରୁଛି । ଏଭଳି ସଙ୍କଟ ପରିପ୍ରେକ୍ଷୀରେ ଭାରତକୁ ସୁରକ୍ଷା ଦୃଷ୍ଟିରୁ ସତର୍କତା ଓ ସାବଧାନତାର ସହ ପ୍ରସ୍ତୁତ କରିବାକୁ ପଡ଼ିବ ।

ରୁଷ-ୟୁକ୍ରେନ୍ ଯୁଦ୍ଧ

ଯୁଦ୍ଧ ଆରମ୍ଭ ହୋଇଛି । ୟୁକ୍ରେନ ଓ ରୁଷିଆ ମଧ୍ୟରେ । ତେବେ ଆଶଙ୍କା ରହିଛି ଯେ ଏ ଯୁଦ୍ଧର ସଂପ୍ରସାରଣ - ଯେଉଁଥିରେ ଅନ୍ୟ ରାଷ୍ଟ୍ରଗୁଡ଼ିକ ମଧ୍ୟ ଜଡ଼ିତ ହୋଇଯିବେ । ଏ ବିଷୟରେ ଦୃଷ୍ଟିପାତ କଲେ ଜଣାଯିବ ଯେ ଆଧୁନିକ ଯୁଗରେ ଯୁଦ୍ଧ ଆଉ ଦୁଇପକ୍ଷରେ ସୀମିତ ହେବାର ସମ୍ଭାବନା କମ୍ । ୟେମେନ୍ ଓ ସିରିଆ ଏହାର ଜ୍ୱଳନ୍ତ ଉଦାହରଣ । ୟୁକ୍ରେନ ଓ ରୁଷିଆ ଯୁଦ୍ଧର ପ୍ରଥମ ଦିନରେ ୟୁକ୍ରେନର ୧୭୦ ଜଣ ନିହତ ଏବଂ ଏହାର ବହୁ ସାମରିକ ଘାଟି, ବାୟୁସେନାର ହେଲିକପ୍ଟର ଧ୍ୱଂସ ପାଇସାରିବା ସହ ଏକାଧିକ ସାମରିକ ସ୍ଥାପନା ମଧ୍ୟ କ୍ଷତିଗ୍ରସ୍ତ ହୋଇଛି । ଏହା ରୁଷ ପକ୍ଷରୁ କୁହାଯାଇଛି । ଅନ୍ୟ ପକ୍ଷରେ ୟୁକ୍ରେନ ମଧ୍ୟ ସୂଚନା ଦେଇଛି ଯେ, ରୁଷ ସେନାବାହିନୀର ବହୁ ମୃତାହତ ହୋଇଛନ୍ତି ଏବଂ କେତେକ ରୁଷ ହେଲିକପ୍ଟର ନଷ୍ଟ ହୋଇଯାଇଛି ।

ରୁଷର ଏଭଳି କାର୍ଯ୍ୟକଳାପକୁ ବିରୋଧ କରି ଆମେରିକାର ରାଷ୍ଟ୍ରପତି ବାଇଡେନ୍ ଘୋଷଣା କରିଛନ୍ତି ଯେ, ରୁଷ ବିପକ୍ଷରେ କେତେକ ପଦକ୍ଷେପ ନିଆଯାଇଛି, ଯାହା ରୁଷର ଅର୍ଥନୈତିକ ଓ ଆର୍ଥିକ ବ୍ୟବସ୍ଥାକୁ ବହୁଳ ଭାବରେ ପ୍ରଭାବିତ କରିବ । ଏ କଟକଣା ଦ୍ୱାରା ଆମେରିକାରେ ଥିବା ରୁଷୀୟ ବ୍ୟାଙ୍କ ଓ ମୁଷ୍ଟିମେୟ ଧନୀ ବ୍ୟକ୍ତିଙ୍କର ସମ୍ପତ୍ତି ଅକାମୀ କରିଦିଆ ଯାଇଛି ଓ ଭବିଷ୍ୟତରେ ଆହୁରି କଠୋର କଟକଣା ଲଗାଯିବ । ଏ ପଦକ୍ଷେପକୁ ସ୍ୱାଗତ କରିବା ସହ ୟୁରୋପିଆନ ୟୁନିଅନ, ଜି-୭, ଜାପାନ ଓ ଦକ୍ଷିଣ କୋରିଆ ଭଳି ବିକଶିତ ରାଷ୍ଟ୍ରମାନେ ମଧ୍ୟ କଟକଣା ଲଗାଇବେ । ବାଇଡେନ୍ ଘୋଷଣା କରିଛନ୍ତି ଯେ, ବିଶ୍ୱର ପ୍ରାୟ ୭୦ଟି ରାଷ୍ଟ୍ର ଆମେରିକା ସହ ଏକମତ ଓ ସହଯୋଗର ଆଶ୍ୱାସନା ଦେଇଛନ୍ତି । ଫଳରେ ରୁଷର ଅର୍ଥନୀତି ନିଶ୍ଚିତ ଭାବେ ପ୍ରତିକୂଳ, କ୍ଷତିକାରକ ହେବ । ଏହାର ଗ୍ୟାସ, ତେଲ ରପ୍ତାନି, ଶକ୍ତି କ୍ଷେତ୍ରରେ ଆଧୁନିକୀକରଣ, ଅଗ୍ରଣୀ ଟେକ୍‌ନୋଲୋଜି ଓ ସାମରିକ କ୍ଷେତ୍ରରେ ଇଂଜିନ ଓ ଯନ୍ତ୍ର ଇତ୍ୟାଦିର ଅଂଶ

ମିଳିବା କଷ୍ଟକର ହେବ; ଯାହା ରୁଷର ଅର୍ଥନୀତିକୁ ପଙ୍ଗୁ କରିଦେବ। କିଛିଦିନ ତଳେ ଖବର ପ୍ରକାଶ ପାଇଥିଲା ଏ ସବୁର ପୂର୍ବାନୁମାନ କରି ଚୀନ ସହିତ ସହଯୋଗରେ କିଛିଟା ବିକଳ୍ପ ବ୍ୟବସ୍ଥା ଅନୁସରଣ କରାଯିବ, ଯାହା ରୁଷର ଅର୍ଥନୀତିକୁ ସାହାଯ୍ୟ କରିବ। ଏହା ପୁତିନ ଶୀତକାଳୀନ ଅଲମ୍ପିକ୍‌ର ଉଦ୍‌ଘାଟନ ଉତ୍ସବରେ ଯୋଗ ଦେବାର ମୁଖ୍ୟ କାରଣ ଥିଲା। ଚୀନ, ରୁଷିଆର ବାଣିଜ୍ୟ କ୍ଷେତ୍ରରେ ନମ୍ବର ୱାନ ସହଯୋଗୀ। ଏହା ମଧ୍ୟ ଅତୀତରେ ଦେଖାଦେଇଛି ଯେ, ଅର୍ଥନୈତିକ କଟକଣା ଦ୍ୱାରା ଗୋଟିଏ ଦେଶକୁ ସମ୍ପୂର୍ଣ୍ଣ ଭାବେ ପଙ୍ଗୁ କରିବାର ଉଦ୍ୟମ ଶତ ପ୍ରତିଶତ ସଫଳତା ହୋଇପାରି ନାହିଁ। ଇରାନ ଉପରେ ସେଭଳି କଟକଣା ଲାଗିଥିଲେ ମଧ୍ୟ ଦ୍ୱିପାକ୍ଷିକ ଓ ବିକଳ୍ପ ବ୍ୟବସ୍ଥାରେ ବୁଝାମଣା କରି ଇରାନ ତିଷ୍ଠି ରହିବା ସହିତ ପୂର୍ବ ଯୋଜନା ଅନୁସାରେ ଧୀର ଗତିରେ ପରମାଣୁ ଅସ୍ତ୍ର ପ୍ରସ୍ତୁତିରେ ଆଗଉଛି। ଏମିତି ତ ୟୁରୋପ ରୁଷିଆରୁ ଶକ୍ତି ବା ଗ୍ୟାସ ଇତ୍ୟାଦି ଆମଦାନୀ କରିବାରେ ଉପକୃତ ହେଉଛନ୍ତି। ଅର୍ଥନୀତି ବିଶ୍ୱର ପ୍ରାୟ ସବୁରାଷ୍ଟ୍ରର ବିଦେଶ ନୀତିର ମୁଖ୍ୟ ଅଙ୍ଗ ହୋଇପଡ଼ିଛି। ତେଣୁ ୟୁରୋପର ଦେଶଗୁଡ଼ିକୁ ମଧ୍ୟ କ୍ଷତିର ମୁକାବିଲା କରିବାକୁ ପଡ଼ିବ।

ୟୁକ୍ରେନ ନାଟୋର ସଦସ୍ୟ ହୋଇନଥିବାରୁ ନାଟୋର ଅନ୍ୟ ସଦସ୍ୟମାନେ ସେ ଦେଶରେ ସେନାବାହିନୀକୁ ମୁତୟନ କରିବାକୁ କୁଣ୍ଠିତ। କିନ୍ତୁ ଅସ୍ତ୍ରଶସ୍ତ୍ର ଦେବାରେ ସକ୍ଷମ ଓ ଆଗ୍ରହ ପ୍ରକାଶ କରିଛନ୍ତି। ଏହାର ଅର୍ଥ ହେବ ଯେ, ୟୁକ୍ରେନ ସେନାବାହିନୀକୁ ଶକ୍ତିଶାଳୀ ରୁଷ ବିରୁଦ୍ଧରେ ଏକା ଲଢ଼ିବାକୁ ହେବ। ସେଥିରେ ଅକଳ୍ପନୀୟ ସଂଖ୍ୟାରେ ମୃତାହତ ହେବେ ଏବଂ ଏହାର ଅର୍ଥନୀତି ଭୁଷୁଡ଼ି ପଡ଼ିବାର ସମ୍ଭାବନା ବେଶୀ। ୟୁକ୍ରେନର ରାଷ୍ଟ୍ରପତି ୧୮ରୁ ୬୦ ବର୍ଷର ନାଗରିକମାନଙ୍କ ୟୁକ୍ରେନ ବାହାରକୁ ଯିବାରେ କଟକଣା ଲଗାଇଛନ୍ତି ଏବଂ ସେମାନଙ୍କୁ ବାଧ୍ୟତାମୂଳକ ସୈନ୍ୟ ଶ୍ରେଣୀରେ ଭୁକ୍ତ କରାଇ ନାଗରିକମାନଙ୍କୁ ଉପଯୋଗ କରିବାର କଳ୍ପନା କରିଛନ୍ତି।

ଏ ଯୁଦ୍ଧ କେତେଦିନ ଚାଲିବ ଆକଳନ କରିବା କଷ୍ଟ। ତେବେ ଅନୁମାନ କରାଯାଇପାରେ ଯେ, ୟୁକ୍ରେନର ରାଜଧାନୀ କିଏଭକୁ ଦଖଲ କରିବା ପରେ ରୁଷ ବର୍ତ୍ତମାନର ରାଷ୍ଟ୍ରପତି ଜେଲେନସ୍କିଙ୍କୁ କ୍ଷମତାଚ୍ୟୁତ କରି ରୁଷ ସପକ୍ଷବାଦୀ ଅନ୍ୟ କାହାକୁ ଗାଦିସୀନ କରାଇବ। ପ୍ରକୃତରେ ଜେଲେନସ୍କିଙ୍କ ପୂର୍ବରୁ ଥିବା ରାଷ୍ଟ୍ରପତି ରୁଷ ସପକ୍ଷବାଦୀ ଥିଲେ ଓ ରୁଷ ସହିତ ଭଲ ସମ୍ପର୍କ ରଖିଥିଲେ। କିନ୍ତୁ ଲୋକପ୍ରିୟ ସତ୍ତ୍ୱେ ତାଙ୍କୁ ଗାଦିଚ୍ୟୁତ କରାଯାଇଥିଲା। ଏହା ହିଁ ଥିଲା ପୁତିନଙ୍କ କ୍ଷୋଭ। କାରଣ ସୋଭିଏତ ୟୁନିଅନର ବିଲୟ ପରେ ଏଥିରେ ସାମିଲ ହୋଇଥିବା ବହୁ ରାଷ୍ଟ୍ର ସ୍ୱାଧୀନ ଓ ସାର୍ବଭୌମ ରାଷ୍ଟ୍ର ଭାବରେ ଘୋଷଣା କରି ଅଲଗା ହୋଇଯାଇଥିଲେ। ତନ୍ମଧ୍ୟରୁ କେତେକ ନାଟୋର

ସଦସ୍ୟତା ଗ୍ରହଣ କରିଥିଲେ। ପୁତିନଙ୍କ କହିବା ଅନୁସାରେ, ଏହା ରୁଷର ସୁରକ୍ଷା ପ୍ରତି ବିପଦ। ସେଥିପାଇଁ ସେ ବିରୋଧ କରୁଥିଲେ ଯେ, ୧୯୯୧ ପରେ ବିଶ୍ୱ ବ୍ୟବସ୍ଥାରେ ଯେଉଁ ପରିବର୍ତ୍ତନ ଆସିଥିଲା ତାହା ରୁଷର ସୁରକ୍ଷା ପ୍ରତି ଆକ୍ରମଣାତ୍ମକ ମନୋଭାବ। ସେ ଚାହୁଁଥିଲେ ନୂତନ ବିଶ୍ୱ ବ୍ୟବସ୍ଥାରେ ସେଇ ରାଷ୍ଟ୍ରଗୁଡ଼ିକ ସ୍ୱାଧୀନ ହେଲେ ମଧ୍ୟ ରୁଷିଆର କ୍ଷମତା ଓ ପ୍ରଭାବ ପରିସର ଯାହାକୁ ଇଂରାଜୀରେ ସ୍ଫିୟର ଅଫ୍ ଇନ୍‌ଫ୍ଲୁଏନ୍ସରେ ରହନ୍ତୁ। ଦୁଇ ଶକ୍ତି ଗୋଷ୍ଠୀରେ ସମତୁଲତା ବା ଭାରସାମ୍ୟ ରହୁ। ସେମାନଙ୍କୁ ନାଟୋର ସଦସ୍ୟତା ଦେଇ ସଶସ୍ତ୍ରୀକରଣ ବିଶେଷକରି ପରମାଣୁ ଅସ୍ତ୍ରଦ୍ୱାରା ସୁସଜ୍ଜିତ କରିବା ରୁଷ ବିରୋଧୀ ଓ ଏହାର ସୁରକ୍ଷା ପ୍ରତି ବିପଦ। ପୂର୍ବରୁ ଜର୍ଜିଆ ମଧ୍ୟ ନାଟୋର ସଦସ୍ୟତା ଗ୍ରହଣ କରିଥିବାର ଆଗ୍ରହ ଦେଖାଇଥିଲା। ଯେଉଁଥିପାଇଁ ଦୁଇଟି ଅଞ୍ଚଳକୁ ସୈନ୍ୟ ପଠାଇ ବିଦ୍ରୋହର ବହ୍ନି ଜଳାଇ ଦୁଇଟି ଅଞ୍ଚଳରେ ରୁଷିଆ ସପକ୍ଷତା ଶାସନକୁ ଗାଦିସୀନ କରିଥିଲା। ଏଥର କିଛିବର୍ଷ ପୁତିନଙ୍କ ବିରୋଧ ସତ୍ତ୍ୱେ ୟୁକ୍ରେନକୁ ନାଟୋର ସଦସ୍ୟ କରିବାର ସମସ୍ତ ପ୍ରକ୍ରିୟା ସମାପ୍ତି ହୋଇସାରିଥିଲା। ପୁତିନ ଅନ୍ୟ କିଛି ନପାଇ ଏ ଯୁଦ୍ଧର ଘୋଷଣା କରିଥିଲେ। ଯାହା ଆମେରିକା ରାଷ୍ଟ୍ରପତି ଗତ କିଛିଦିନ ହେବ ଯୁଦ୍ଧର ସମ୍ଭାବନା ବିଷୟରେ ବାରବାର ବିଶ୍ୱ ସମୁଦାୟକୁ ସୂଚନା ଦେଇଥିଲେ।

ରୁଷିଆର ବିଭିନ୍ନ ସହରରେ ଶାନ୍ତିପ୍ରେମୀ ବିଶେଷକରି ମାନବ ଅଧିକାର ପାଇଁ ଲଢୁଥିବା ନାଗରିକମାନେ ଏ ଯୁଦ୍ଧ ବିରୋଧରେ ବିକ୍ଷୋଭ ପ୍ରଦର୍ଶନ କରୁଛନ୍ତି। ଏଥି ସହିତ ଶରଣାର୍ଥୀଙ୍କ ସମସ୍ୟା ବୃଦ୍ଧି ପାଇଛି। ହଜାର ହଜାର ସଂଖ୍ୟାରେ ଶରଣାର୍ଥୀ ବର୍ତ୍ତମାନ ମାଲଡୋଭା ଓ ରୁମାନିଆରେ ଆଶ୍ରୟ ନେଇଛନ୍ତି। ଭବିଷ୍ୟତରେ ଏହାର ସଂଖ୍ୟାରେ ବୃଦ୍ଧି ପାଇ ହଙ୍ଗେରୀ, ପୋଲାଣ୍ଡକୁ ମଧ୍ୟ ସ୍ରୋତ ଚାଲୁ ରହିବ ଏବଂ ୟୁରୋପର ଅନ୍ୟ କିଛି ବିକଶିତ ରାଷ୍ଟ୍ରଗୁଡ଼ିକ ଏଥିରୁ ମୁକ୍ତ ରହି ପାରିବେନି।

ଭାରତ ପାଇଁ ଏ ଯୁଦ୍ଧର ପ୍ରଭାବ କ'ଣ ରହିବ ଆକଳନ କରିବା କଷ୍ଟ। ଖବର ଅନୁଯାୟୀ, ୟୁକ୍ରେନରେ ଭାରତୀୟ ବିଦ୍ୟାର୍ଥୀଙ୍କ ସହ ପ୍ରାୟ ୨୦ ହଜାର ଭାରତୀୟ ନାଗରିକ ବର୍ତ୍ତମାନ କାର୍ଯ୍ୟରତ। ସରକାର ସେମାନଙ୍କୁ ନିରାପଦରେ ଆଣିବା ପାଇଁ ଚେଷ୍ଟିତ। ପ୍ରଧାନମନ୍ତ୍ରୀ ମୋଦି ପୁତିନଙ୍କ ସହିତ ବାର୍ତ୍ତାଳାପ କରି ଶାନ୍ତି ପ୍ରତିଷ୍ଠା ପାଇଁ ଉଦ୍ୟମର ଆବଶ୍ୟକତା ଉପରେ ଜୋର ଦେଇଛନ୍ତି। ଚୀନ ମଧ୍ୟ ଦୁଇ ଦେଶକୁ ଯୁଦ୍ଧରୁ କ୍ଷାନ୍ତ ହେବା ପାଇଁ ପ୍ରସ୍ତାବ ଦେଇଛି। ପୃଥିବୀର ବହୁ ରାଷ୍ଟ୍ରରେ ଯୁଦ୍ଧବିରୋଧୀ ରାଲି ପ୍ରଭୃତି ଚାଲୁ ରହିଛି। ସବୁଠାରୁ ମଜାଦାର କଥା ହେଉଛି, ଆମେରିକାର ପୂର୍ବତନ ରାଷ୍ଟ୍ରପତି ଡୋନାଲ୍ଡ ଟ୍ରମ୍ପ ପୁତିନଙ୍କୁ ଜଣେ ଜିନିୟସ୍ ବା ଅସାଧାରଣ ଧୀଶକ୍ତି ଥିବା ବ୍ୟକ୍ତି ବୋଲି ଚିହ୍ନିତ କରିଛନ୍ତି।

BLACK EAGLE BOOKS

www.blackeaglebooks.org
info@blackeaglebooks.org

Black Eagle Books, an independent publisher, was founded as a nonprofit organization in April, 2019. It is our mission to connect and engage the Indian diaspora and the world at large with the best of works of world literature published on a collaborative platform, with special emphasis on foregrounding Contemporary Classics and New Writing.

www.ingramcontent.com/pod-product-compliance
Lightning Source LLC
Chambersburg PA
CBHW031150020426
42333CB00013B/600
* 9 7 8 1 6 4 5 6 0 3 3 4 4 *